Unterfränkische
Geschichte

Unterfränkische Geschichte

Herausgegeben von
Peter Kolb und Ernst-Günter Krenig

Band 1
Von der germanischen Landnahme
bis zum hohen Mittelalter

Mit Beiträgen von:

Roman Fischer
Peter Herde
Otto Meyer
Dirk Rosenstock
Erik Soder von Güldenstubbe
Wilhelm Störmer
Ludwig Wamser
Alfred Wendehorst

Im Auftrag des Bezirks Unterfranken 1989
echter

Die Deutsche Bibliothek – CIP-Einheitsaufnahme

Unterfränkische Geschichte / hrsg. von Peter Kolb u. Ernst-Günter Krenig.
Im Auftr. d. Bez. Unterfranken. – 3. Aufl. – Würzburg : Echter 1991
NE: Kolb, Peter [Hrsg.]
Bd. 1. Von der germanischen Landnahme bis zum hohen Mittelalter –
    mit Beitr. von: Roman Fischer.
    ISBN 3-429-01263-5
NE: Fischer, Roman [Mitverf.]

3. Aufl. 1991
© 1989 Echter Verlag Würzburg
Umschlaggestaltung: Ernst Loew
Gesamtherstellung: Echter Würzburg
Fränkische Gesellschaftsdruckerei und Verlag GmbH
ISBN 3-429-01263-5

Inhalt

Zum Geleit

»Das Wesen der Geschichte ist die Wandlung«
Jacob Burckhardt: Weltgeschichtliche Betrachtungen

Unterfranken gedenkt 1989 in vielgestaltiger Weise des Martyriums seiner Frankenapostel Kilian, Kolonat und Totnan vor 1300 Jahren. Band 1 der »Unterfränkischen Geschichte«, der auch dieses für die Mainlande so wichtige Ereignis mit enthält, versteht sich in diesem Zusammenhang insoweit als ein besonderer, historisch ausgerichteter Beitrag von Staat und Bezirk. Er lenkt den Blick zurück in eine Zeit, in der die Geschichte der prägenden Kräfte und strukturformenden Faktoren dieses Gebietes noch ziemlich nebelhaft war. Wie gestalteten sich die Anfänge Mainfrankens, wann werden die maßgeblichen Koordinaten seiner Entwicklung erkennbar und auf welche Weise entstanden jene Bedingungen, unter denen sich sein Schicksal vollzog? Wer immer sich mit solchen Problemen beschäftigt, wird sehr bald feststellen, wie mühsam und zeitraubend es ist, sich aus einer Vielzahl historischer Einzelheiten mosaikartig ein gültiges Gesamtbild zu erarbeiten.

Mit dem Band 1 der »Unterfränkischen Geschichte« ist diese Schwierigkeit jedenfalls für die Zeit von der germanischen Landnahme bis zum Jahre 1202, dem Todesjahr des Bischofs Konrad von Querfurt, behoben. Das Buch bietet für jene Epoche eine überzeugende Darstellung des geschichtlichen Werdens von Mainfranken. Der Leser findet die maßgeblichen historischen Fakten übersichtlich dargestellt und sorgfältig gewertet. Er vermag dabei unschwer zu erkennen, wie manches Ereignis, dem er vordergründig eine nur lokale Bedeutung beizumessen geneigt ist, über den engumrissenen örtlichen Raum hinausgreift und verknüpft ist mit dem großen Ganzen der deutschen Geschichte. Auf diese Weise werden die vielgestaltigen Bezüge zwischen dem, was im lokalen Bereich berichtenswert ist, und dem historisch überregional bedeutsamen Geschehen herausgearbeitet und nachvollziehbar gemacht. Mit dem Erscheinen des Buches geht ein langgehegter Wunsch vieler in Erfüllung.

Es bedeutete eine glückliche Fügung, daß es gelang, acht Persönlichkeiten zur Mitarbeit zu gewinnen, die es mit Hingabe und Opferbereitschaft auf sich nahmen, aus ihrem Fachgebiet Wegweisendes beizusteuern. Wir haben daher den Mitarbeitern für ihre sachkundigen, in prägnanter Form abgefaßten Ausführungen sehr herzlich zu danken.

Ein nicht minder herzlicher Dank gilt den beiden Herausgebern, den Her-

9

ren Dr. Peter Kolb und Dr. Ernst-Günter Krenig, bei denen die gesamte Arbeit von der ersten gedanklichen Konzeption des Buches bis zu seiner drucktechnischen Fertigstellung lag.

Jetzt, da das Werk erschienen ist, vermag kaum einer zu ermessen, wie arbeitsaufwendig sein Zustandekommen war. Um so größer ist unsere Freude, daß nunmehr alles ein gutes Ende gefunden hat.

Wir hoffen und wünschen, daß Band 1 der »Unterfränkischen Geschichte« in der Öffentlichkeit auf Interesse und Zustimmung stößt. Das Buch bestärkt uns in der Überzeugung, daß es dazu dienen kann, das Bewußtsein für die Geschichte, insonderheit jene des heutigen Unterfranken, zu stärken. Alles dies wäre Ansporn genug, den nächsten Band alsbald auf den Weg zu bringen.

Würzburg, im September 1989

Dr. Franz Gerstner
Bezirkstagspräsident

Dr. Franz Vogt
Regierungspräsident

Vorwort

Die Idee bestand schon lange, ihre Realisierung aber nahm erst 1986 Gestalt an: Der Wunsch nämlich, eine »Unterfränkische Geschichte« zu erarbeiten, d. h. eine Geschichte, die alle wesentlichen Ereignisse jener Gebiete anschaulich macht, die sich heute im Regierungsbezirk Unterfranken wiederfinden. Man wird fragen können, ob es so etwas wie eine »unterfränkische« Geschichte überhaupt gibt. Die Frage ist berechtigt und hat den Herausgebern erhebliches Kopfzerbrechen bereitet.

Das betrifft zum einen einmal die rein sprachliche Formulierung, denn den Begriff »unterfränkisch« gab es in jener Zeitepoche, über den der vorliegende Band handelt, noch gar nicht. Hier sprach ganz einfach die erhoffte Akzeptanz des Buches durch den Leser für die Beibehaltung des Begriffes. Das betrifft aber zum andern vor allem seinen Inhalt. Augenfällig und wohl jedermann einsichtig wird dies für die Frühgeschichte, die sich ja in ganz anderen räumlichen Dimensionen abspielte; aber auch für die darauffolgenden Jahrhunderte bleibt das Problem in der Substanz das gleiche.

Den geographischen Raum, dessen geschichtliches Werden untersucht wird, prägt eine Vielgestaltigkeit besonderer Art. Die weiten Hochflächen der Hohen Rhön, im Grenzbereich zu Hessen und Thüringen gelegen, beherrscht ein rauhes und recht unwirtliches Klima. Wenn der Wind über die weitgehend baumlosen Basaltkuppen hinwegfegt, bieten nur die Täler dem Menschen Schutz. Wesentlich angenehmer zeigt sich das im Westen gelegene Bergland Spessart; Buntsandstein über Urgestein bildet den Untergrund dieses größten zusammenhängenden Waldgebietes von Bayern. Jahrhundertelang der Besiedlung verschlossen, hat es sich inzwischen dem Fremdenverkehr geöffnet und bietet dem Erholungssuchenden Ruhe und Natur gleichermaßen. Nicht vergessen sei der bayerische Teil des Odenwaldes, der im Amorbacher Raum das Landschaftsbild bestimmt. Das Pendant zu beiden bilden im Osten die Haßberge und der Steigerwald, der sich besonders ausgedehnter Laubwaldbestände rühmen darf. Hier ist es überwiegend der Keuper, der beide Hügelketten kennzeichnet. Die ebenen Gaulandschaften, die sich vom Grabfeld bis zur Tauber hinziehen, wurden wegen ihres fruchtbaren Bodens seit eh und je vom Menschen bevorzugt besiedelt.

Für den Geschichtsinteressierten hält Unterfranken eine Fülle von historischen Themen bereit, was sich in zahlreichen und kaum mehr überblickbaren Veröffentlichungen niedergeschlagen hat. Freilich, nicht wenige von ihnen sind zuweilen nur schwer auffindbar und damit nicht zugänglich.

Ihre spezielle Themenstellung erlaubt außerdem nur eine punktuelle Betrachtungsweise, läßt aber die Erkenntnis übergreifender Zusammenhänge nicht selten vermissen. Aus dieser Situation heraus galt es, eine Konzeption zu entwerfen, welche das heute unterfränkische Gebiet als gesamtes in seiner geschichtlichen Genese erfahrbar werden läßt. Eine aktuelle Publikation dieser Art gibt es nicht. In den Büchern über deutsche oder baierische Geschichte spielt Unterfranken kaum eine oder doch bestenfalls eine untergeordnete Rolle. Die Geschichte Frankens von F. Stein ist inzwischen gut hundert Jahre alt und behandelt das ganze Franken. Letzteres gilt auch für Band III des von M. Spindler herausgegebenen Handbuches der bayerischen Geschichte, in welchem Unterfranken eben nur als Teil des gesamtfränkischen Raumes figuriert. Die Aufzählung ließe sich fortsetzen, manch andere Veröffentlichung könnte noch angeführt werden. Programmatisch für eine unterfränkische Geschichte versteht sich Otto Meyer in seiner Veröffentlichung »Unterfranken. Ein Aufriß seines Weges durch die Jahrhunderte« (Mainfränkisches Heft Nr. 69).

Die Herausgeber werten es deshalb als einen richtungweisenden Schritt des Bezirks Unterfranken, als er ihrer Bitte, die finanziellen Voraussetzungen für die Entstehung dieses Buches zu schaffen, ohne Zögern entsprach. Im Bewußtsein seiner kulturellen Verantwortung und in der Verpflichtung, die Menschen mit den vielgestaltigen Beziehungen und Verbindungen ihrer Heimat vertraut zu machen, traf der Bezirk Unterfranken damit eine Entscheidung, die weit über den Tag hinausreicht und als deren Frucht nunmehr der erste Band der »Unterfränkischen Geschichte« vorliegt.

Er umfaßt den Zeitraum von der germanischen Landnahme bis zum gewaltsamen Tode von Bischof Konrad von Querfurt im Jahre 1202. Sicherlich eine gewaltige Zeitspanne, doch schien sie vertretbar, weil so eigentlich erst mit dem 7. Jahrhundert die Ereignisse dichter überliefert werden. Das Jahr 1202 bot sich als Zäsur an, da im 13. Jahrhundert insbesondere mit den Bischöfen Otto I. und Hermann I. aus dem Hause Lobdeburg die Territorialisierung des Hochstifts Würzburg festere Formen annimmt, ein Vorgang, mit dem der nächste Band beginnen soll.

Den Herausgebern gelang es, acht Persönlichkeiten als Mitarbeiter zu gewinnen, deren wissenschaftliche Reputation Gewähr für fachlich fundierte Einzelbeiträge bot. Dabei galt es, inhaltliche Schwerpunkte zu setzen und die großen Linien herauszuschälen, um die wesentlichen Strukturen geschichtlichen Werdens deutlich zu machen. Die politische, kirchliche, wirtschaftliche und gesellschaftliche Zusammenschau all jener Ereignisse, die von den Germanen bis ins hohe Mittelalter in Mainfranken ihre Spuren hinterlassen haben, war das Ziel, dem sich alle Mitarbeiter verpflichtet fühlten. Jeder Beitrag ist in sich abgeschlossen. Das bedingt zwar gelegentliche inhaltliche Überschneidungen in thematischen Randbereichen, die aber notwendig sind, um z. B. Querbezüge oder Anknüpfungen zu bereits geschilderten Ereignissen herzustellen.

Das Buch wendet sich an alle, die Interesse an der Geschichte, speziell der »unterfränkischen«, besitzen und die mehr darüber wissen wollen, welche prägenden Kräfte für das Schicksal der Lande um den Main bestimmend waren. Es bietet den zahlreichen historisch ausgerichteten Vereinigungen, die in den Gemeinden um eine neue Hinwendung zur Geschichte bemüht sind, die Möglichkeit, größere Zusammenhänge zu erkennen und zu erschließen. Es soll schließlich landeskundlich interessierten Personen als Orientierungshilfe zur Verfügung stehen und auch der Forschung als Einstieg dienlich sein.

Die Herausgeber sind dem Bezirk Unterfranken mit Bezirkstagspräsident Dr. Franz Gerstner an der Spitze zu außerordentlichem Dank verbunden, daß er die finanzielle Sicherstellung des Vorhabens in seine Hände nahm. Das Bewußtsein, unser historisches Erbe zu bewahren und zu pflegen, und die Überzeugung, die Kenntnis über das Vergangene bei jung und alt fördern und vertiefen zu müssen, war dem Bezirk Unterfranken Verpflichtung und Aufgabe zugleich. In seinem Auftrag kam das Ganze zustande.

Ein nicht minder herzlicher Dank gilt den Mitarbeitern des Buches. Für sie, die zumeist bis an die Grenze der Zumutbarkeit schon mit anderen Arbeiten belastet waren, bedeutete es in der Tat eine zusätzliche Leistung, für dieses Werk einen Beitrag zu schreiben. Sie haben es alle rechtzeitig geschafft, so daß das Buch wie geplant erscheinen konnte.

Viele Persönlichkeiten und Institutionen haben mit Rat und Tat das Entstehen des Buches gefördert. Sie alle namentlich aufzuzählen, ist schwierig. Stellvertretend seien die Universitätsprofessoren Dr. Otto Meyer (Würzburg), Dr. Alfred Wendehorst (Erlangen) und Dr. Gerd Zimmermann (Bamberg) erwähnt, wobei die beiden zuerst Genannten auch als Mitarbeiter gewonnen werden konnten. Dankbar gedenken die Herausgeber auch der verschiedenen Archive und Bibliotheken sowie dem Bayerischen Landesamt für Denkmalpflege, Abteilung Vor- und Frühgeschichte, die bei der Beschaffung von Bildmaterial behilflich waren. Und schließlich sei der Echter Verlag Würzburg nicht vergessen, der nach Kräften dafür mitgesorgt hat, daß alles zu einem guten Ende kam.

Die Herausgeber hoffen und wünschen, daß der erste Band der »Unterfränkischen Geschichte« beim Leser eine gute Resonanz findet. All die Arbeit und Mühe, die mit so einem Unternehmen notwendigerweise verbunden sind, hätten sich dann aufs schönste gelohnt.

Würzburg, im September 1989 *Peter Kolb* *Ernst-Günter Krenig*

DIRK ROSENSTOCK UND LUDWIG WAMSER

Von der germanischen Landnahme bis zur Einbeziehung in das fränkische Reich

1. *Siedlungs- und Bevölkerungsverhältnisse von der Spätlatènezeit bis zur Zeitenwende*

Naturgegebenheiten beeinflußten zu allen Zeiten den Siedlungsgang in einer Landschaft. Siedlungsfördernde Elemente standen im steten Wechselspiel mit siedlungsbehindernden. Der Mensch konnte zunächst an diesen Grundvoraussetzungen wenig ändern. Gebirgige Gebiete wurden weitgehend gemieden. Sie stellten deshalb nicht selten natürliche Barrieren zwischen den Siedlungslandschaften dar und grenzten sie dadurch gegeneinander ab. Flüsse verbinden dagegen. Sie sind die von der Natur vorgegebenen Leitlinien des Verkehrs und fördern dadurch den Kulturaustausch. Der Main ist die Achse Mainfrankens. Die seinen Mittelabschnitt begleitenden lößbedeckten Gäuflächen mit ihren ursprünglich äußerst fruchtbaren Schwarzerden waren immer die bevorzugten Siedlungsgefilde in diesem Lande. Eine gleichartige Kulturentwicklung zu beiden Seiten seines Laufes unterstreicht den ursprünglichen Gleichklang von landschaftlicher Einheit und menschlichem Tun. Die seßhafte bäuerliche Siedlungsweise prägte die Landschaft schon seit dem Neolithikum (ab ca. 5000 v. Chr.). Allenfalls die Randbereiche Mainfrankens im Norden und Süden können nicht mehr uneingeschränkt zu dieser einheitlichen Kernlandschaft gerechnet werden. Im Nordosten tendieren das Saale- und Rhön-Grabfeld-Gebiet landschaftlich und kulturell bereits nach Südwestthüringen. Das Taubertal im Südwesten gehört heute zwar politisch zu Baden-Württemberg, aber eine lange geschichtliche Tradition verbindet es auch mit den mittleren Mainlanden, so daß viele gleichlaufende kulturelle Entwicklungen in beiden Räumen festzustellen sind. Der westliche Teil Oberfrankens liegt ebenfalls peripher zum Mittelmaingebiet, teilt aber mit diesem noch viele Gemeinsamkeiten. In andere politische Zusammenhänge war auch stets das heutige bayerische Untermaingebiet eingebunden. Erst mit der Neuordnung Mitteleuropas während des Wiener Kongresses ist es endgültig zu Unterfranken gekommen. Kulturell orientierte es sich während vieler urgeschichtlicher Epochen sehr viel stärker zum Rhein-Main-Mündungsgebiet hin.

Nach Tacitus hat der keltische Stamm der Helvetier in dem Gebiet zwischen Rhein, Main und hercynischem Wald gesessen, bevor er in die Schweiz abwanderte.[1] Obwohl der Begriff des *hercynischen Waldes* bei den antiken Historiographen notorisch unklar ist, dürfte Tacitus in diesem Zusammenhang damit den Böhmerwald gemeint haben, da die im gleichen Atemzug nach den Helvetiern genannten Bojer jenseits davon in Böhmen gesiedelt haben. Noch später als Tacitus berichtet dann Ptolemaeus von dem *Helvetion eremos,* der Einöde der Helvetier, die sich nördlich der Rauhen Alb erstreckt haben soll.[2] Beide Nachrichten sind miteinander gut zu vereinbaren und ergänzen sich. Demnach dürfte das helvetische Siedlungsgebiet große Teile des heutigen Baden-Württemberg nördlich der Schwäbischen Alb und wahrscheinlich den gesamten fränkischen Raum nördlich und westlich des Fränkischen Jura umfaßt haben. Im Falle des Maines benutzte Tacitus vermutlich den römischen Topos von der Flußgrenze als Stammes- oder Völkerscheide. Bei dem gewundenen Lauf des Flusses und der kulturlandschaftlichen Übereinstimmung der nord- und südmainischen Gebiete ist eine derartige Annahme aber ohnehin wenig wahrscheinlich. Vielleicht hatte Tacitus auch mehr einen Mainverlauf im Auge, der von seiner Einmündung in den Rhein als gedachte Linie nach Osten verlängert wurde.

Tacitus und Ptolemaeus müssen aus älteren ethnographischen Quellen geschöpft haben, denn zu ihrer Zeit (Ende 1. bzw. Ende 2. Jahrhundert n. Chr.) waren die Mainlande und weitere Teile Süddeutschlands bereits germanisch. Ihre Quelle kann deshalb nur Zustände aus der ersten Hälfte des letztlich vorchristlichen Jahrhunderts wiedergeben, denn 60 v. Chr. saßen die Helvetier bereits in der heutigen Schweiz. Beim jetzigen Kenntnisstand darf angenommen werden, daß die Mainlande bis in die erste Hälfte des letzten vorchristlichen Jahrhunderts helvetisch besiedelt waren. Archäologisch gesehen ist das die Spätlatènezeit, deren Dauer ungefähr zwischen 150–50 v. Chr., mit einzelnen regionalen Nachläufern bis um Christi Geburt, angegeben wird.

1.1 Spätlatènezeit

In diesem Zeitraum sind große Teile des südlichen Mittel- und Westeuropa von der keltischen Oppidazivilisation geprägt.[3] Die keltische Gesellschaft hatte sich in den letzten beiden vorchristlichen Jahrhunderten so weit differenziert, daß sie nach mittelmeerischem Vorbild eine eigene Stadtkultur entwickelte. Diese polisartigen Zentren mit politischen, wirtschaftlichen und sakralen Funktionen lagen meist auf Höhen und waren befestigt. Es gab aber auch große Städte in den Ebenen, von denen das oberitalische

Mediolanum (Mailand) und das vindelikische Manching bei Ingolstadt wohl die bekanntesten sind. In diesen großen Siedlungen gab es in dichter Bebauung Wohn- und Handwerkerviertel und einen in die Stadt integrierten Tempelbezirk. Entsprechend entwickelt waren das keltische Handwerk und Wirtschaftssystem. Ausgesprochene Massengüter wie Keramik wurden auf der schnell rotierenden Drehscheibe hergestellt. Es gibt kaum eine keltische Siedlung dieser Zeit, in der nicht die feuerfeste Graphittonkeramik vorkommt. Münzprägungen belegen ein Handelssystem, das nicht mehr nur auf dem alleinigen Warentausch beruhte (Abb. 1). Im Mittelmaingebiet hat sich die Oppidazivilisation nur noch ansatzweise ausprägen können. Nur das Oppidum Staffelberg in Oberfranken erreicht eine vergleichbare Qualität wie die genannten Siedlungen im Süden.[4] Die übrigen großen Höhenbefestigungen wie der Schwanberg bei Iphofen und der Bullenheimer Berg scheinen in ihrer Entwicklung steckengeblieben zu sein und zeigen eher Merkmale größerer Refugien, in die sich die einheimische Bevölkerung nur in Notzeiten flüchtete.[5] Bei jetzigem Kenntnis- und Forschungsstand ist es nicht sehr wahrscheinlich, daß in diesen Anlagen eine dichte Bebauung vorhanden war. Darin ähneln sie allem Anschein nach der großen Befestigung bei Finsterlohr im Taubertal, die wahrscheinlich ebensowenig ein Oppidum im klassischen Sinne gewesen ist.

Über das sonstige Siedlungswesen der Kelten in Unterfranken sind wir immer noch zu wenig unterrichtet. Die Siedlungsdichte muß aber beträchtlich gewesen sein, legt man die bisherige Verbreitung keltischer Funde zugrunde. Über Größe und innere Gliederung der damaligen Siedlungen, über Hausbau und Wirtschaftsbauten sind forschungsbedingt noch keine Aussagen möglich. Es darf aber eine ähnliche Siedlungsstruktur wie in besser erforschten Gebieten vermutet werden. Demnach wären die einzelnen Siedlungen meist recht klein gewesen, die kaum über die Größenordnung von Einzelhöfen oder Weilern hinausgereicht haben. Regelrechte Dörfer im heutigen Sinne oder gar offene Handelsplätze werden sehr selten gewesen sein.

Bis auf Roggen, der nur gelegentlich in keltischen Siedlungen nachgewiesen wurde, sind alle heute gebräuchlichen Getreidearten angebaut worden. Allerdings waren es meist einfache Arten, die der Urform noch sehr nahestanden. Die heutigen komplizierten und anspruchsvollen Arten waren damals noch nicht gezüchtet. Von den Obstfrüchten, deren Wildformen bereits gesammelt oder in Zucht genommen worden waren, soll hier nur die Traube der wilden Weinrebe genannt werden. Regelrechter Weinanbau wird im Weinland Unterfranken allerdings erst in der Karolingerzeit eingeführt worden sein. Deutliche Domestikationsmerkmale zeigen alle als Fleisch- und Nutztiere gehaltenen Haustiere. Im Vergleich zu den heuti-

Abb. 1   *Spätkeltische Silbermünze (Quinar) mittelgallischer Provenienz vom Bullenheimer Berg. Auf der Vorderseite weiblicher Kopf, auf der Rückseite Kriegerdarstellung mit Schild und Lanze (um 50 v. Chr.). M. 3:1.*

gen Hochzuchtrassen und gegenüber den Stammformen waren sie sehr viel kleiner. Die stets in Siedlungen zahlreich nachgewiesenen Tierknochen sind Schlachtabfälle und erweisen bei nur geringem Anteil von Jagdwild eine gemischte Kostform der damaligen Menschen. Der vegetabile Anteil war aber im Gegensatz zu heutigen Ernährungsgewohnheiten wohl erheblich größer.

Über das Bestattungswesen und den Totenkult sind wir für die Spätlatènezeit in weiten Gebieten des keltischen Siedlungsgebietes nur ganz unzureichend unterrichtet. Gräber oder gar große Friedhöfe sind eine Rarität ersten Ranges. Darin macht auch Mainfranken keine Ausnahme. Die Gründe für das weitgehende Fehlen der Gräber konnten bislang nicht zufriedenstellend geklärt werden. Ganz anders liegen in dieser Hinsicht die Verhältnisse im Untermaingebiet. Hier gibt es größere Brandgräbernekropolen mit Urnen und zahlreichen Beigaben. Die Ausstattung der eingeäscherten Toten ist reichhaltig, insbesondere mit Keramik, Waffen und Trachtbestandteilen (z. B. Fibeln, Glasarmringschmuck; Farbbild S. 49). Seit kurzem wird ein derartiges Brandgräberfeld bei Hörstein, Lkr. Aschaffenburg, exemplarisch und vollständig untersucht.[6] Als Besonderheit bleibt anzumerken, daß die einzelnen Brandgräber innerhalb oder in unmittelbarer Nähe von Grabengevierten und Kreisgräben liegen, die als kultische Grabeinhegungen und sichtbare Bezugspunkte für Bestattungsplätze einzelner Familien gedeutet werden. Bestattungsritus, Grabform und Beigaben legen engste kulturelle Beziehungen dieses Gebietes zum heutigen hessischen Rhein-Main-Gebiet nahe.

Einen Zugang zu Jenseitsvorstellungen und religiösem Brauchtum verschaffen uns die Viereckschanzen der Kelten.[7] Es sind größere viereckige Anlagen mit einfachem Erdwall und vorgelagertem Graben. Sie umgrenzen einen sakralen Bezirk, in dem meist hölzerne Tempel, Brunnen und tiefe Erdschächte für kultische Praktiken dienten. Die Erforschung dieser Anlagen, insbesondere auch ihre religionsgeschichtliche Ausdeutung, steckt erst in den Anfängen. Der Erdschacht oder Brunnen der württembergischen Schanze von Fellbach-Schmieden bei Stuttgart barg eine zusammengehörige Gruppe hölzerner Kultfiguren, die ursprünglich wohl in einem Holztempel aufgestellt waren. Die beiden antithetisch angeordneten Hirsch- und Ziegenbockdarstellungen wurden in der Mitte von einer wohl menschlichen Figur, die nicht mehr vorhanden ist, umfaßt. Die Hölzer des Brunnens, in der die Figuren lagen, lieferten auch eine absolute Zeitmarke seiner Erbauung. Ihr Fällungsdatum wurde auf das Jahr 123 v. Chr. bestimmt.

Heute sind in Mainfranken die Viereckschanzen nur in den waldreichen Arealen des Steigerwaldvorlandes und im südlichen Ochsenfurter Gau oberirdisch zu finden.[8] Sie gewinnen dort Anschluß an jene im Taubergebiet gelegenen Anlagen. Ihre Verbreitung war aber einstmals dichter und größer. Neuere Luftbildbefunde zeigen, daß sie auch in den Gäuflächen südlich und nördlich des Mains vorhanden waren. Durch die Luftbildarchäologie können viele eingeebnete Viereckschanzen erfaßt werden. Die bislang nördlichste Schanze ist im Raume Schweinfurt – bei Schnackenwerth – nachgewiesen.[9] Es bleibt abzuwarten, ob auch im Rhön-Grabfeld-Gebiet mit Viereckschanzen zu rechnen ist. Bislang fehlen sie in Oberfranken und im Untermaingebiet, wo sie aber wegen andersartiger kultureller Einbindung kaum zu erwarten sind.

Neben Viereckschanzen hat es auch Naturheiligtümer gegeben, an denen oder zu denen geopfert wurde. Die Örtlichkeiten einiger kultisch motivierter Deponierungen lassen heute keinerlei Besonderheiten erkennen. Ein Seeheiligtum könnte der Hermannsee bei Großlangheim, Lkr. Kitzingen, gewesen sein.[10] Auch Quellen und Flüsse, insbesondere der Main, waren stets hervorragende Stätten der Verehrung.[11] Einige scheinbar als Einzelfunde aufgelesene keltische Münzen, vor allem solche aus Edelmetall, können ursprünglich rituell dem Boden anvertraut worden sein. Der Schwanberg und seine Umgebung scheinen eine besondere Anziehungskraft für Deponierungen besessen zu haben. Bekannt sind bislang ein Hort aus eiserner Gürtelkette und Armreif[12] sowie ein weiterer, der sich aus 52 Eisenbarren in Schwertform zusammensetzt.[13] Beide Horte legen einen Zusammenhang mit der Eisenmetallurgie nahe. Nur kurz sei hier angemerkt, daß es in der Nähe des Schwanberges ein bisher undatiertes großes Schürffeld auf Eisenerze gibt. Keltische Eisenerzgewinnung im Umkreis des Schwanberges ist nicht unwahrscheinlich, zumal es auch andernorts Beispiele für die räumliche Nähe von Eisenabbau und Oppida gibt.

Bei den spätkeltischen Fibelfunden Unterfrankens fällt auf, daß die sog. Nauheimer Fibel – Leitfossil der Spätlatènezeit im keltischen Gebiet schlechthin – recht selten ist. In diesem Punkt ähnelt Unterfranken solchen Gebieten, die entweder nicht von Kelten oder aber von Stämmen besiedelt waren, über deren Ethnikum keine Einigkeit besteht. Dazu gehören auch Inner- und Südwestthüringen mit der Steinsburg auf dem Kleinen Gleichberg als Mittelpunkt des Grabfeldgebietes.[14] Im Raum Rhön-Grabfeld bilden sich zur Spätlatènezeit in der materiellen Kultur Merkmale aus, die ihre besten Entsprechungen in den genannten thüringischen Räumen haben. Bei dem erwähnten Kulturgut handelt es sich um gedrehte Keramik mit Horizontalrillen und Einglättmustern. Des weiteren sind in diesem Zusammenhang als Trachtbestandteile Fibeln vom sog. Typ Beltz Var. J, eiserne Stabgürtelhaken und Lochgürtelhaken zu nennen, die im keltischen Kerngebiet fremd sind.[15]

20

Diese wenigen Hinweise sollen andeuten, daß sich in Unterfranken im Unterschied zum keltischen Kerngebiet während der Spätlatènezeit bereits nördliche Bezüge bemerkbar machen. Das Gräberfeld von Aubstadt bei Bad Königshofen i. Gr. zeigt ein ähnliches Kulturprofil wie noch weitere Gräberfelder im ehemaligen Randbereich der Keltiké.[16] In Aubstadt werden überdies in der Keramik Elemente sichtbar, die unzweifelhaft germanisch sind. Diese Keramik ist kennzeichnend für die Großromstedter Kultur (zweite Hälfte des letzten vorchristlichen Jahrhunderts bis kurz nach der Zeitenwende), die viele Gebiete des nachmaligen Germanien kulturell beeinflußt hat.

1.2 Großromstedter Kultur

Diese Kultur formiert sich allem Anschein nach in Westthüringen und strahlt von dort nach Westen und Südwesten aus.[17] Sie ist diesseits und jenseits des Thüringer Waldes verbreitet, jeweils in unterschiedlicher Intensität (Abb. 2). Die geringere Funddichte in Mainfranken dürfte somit einen sekundären Ausbreitungsraum widerspiegeln. Besonders kennzeichnend für diese Kultur sind die scharfkantigen pokalartigen Situlen (lat. ›Eimerchen‹) mit feinen Punkt- und Strichverzierungen auf der Schulter (Abb. 3, 5), rundbauchige Terrinen, ebenfalls meist verziert, und Trachtbestandteile in Form geschweifter Fibeln (Abb. 3, 1.2). Auch einige provinzialrömische Fibelformen kommen bereits vor. Im Grabkult überwiegen Urnenbestattungen. Manche Gräber sind besonders reich mit Waffen – Schwert, Lanze, Schild – und Metallgefäßen ausgestattet. Ein Großromstedter Gräberfeld mit Situlen fehlt bisher in Mainfranken.

Verschiedene spätlatènezeitliche keltische Siedlungsplätze waren bis in die frühe germanische Großromstedter Phase kontinuierlich belegt.[18] Damit kann wohl indirekt ein Nachleben keltischer Bevölkerungsteile erschlossen werden, zumindest muß es eine direkte Berührung zwischen keltischer Vorbevölkerung und germanischen Einwanderern gegeben haben. Das wohl bekannteste Beispiel für die angenommene Siedlungskontinuität stellt die Siedlung Baldersheim im Ochsenfurter Gau dar.[19] Die Zahl derartiger Siedlungen wird sich sicherlich mit Intensivierung der Forschung vermehren. Selbst anhand der Keramik lassen sich gegenseitige handwerkliche Beeinflussungen nachweisen. So gibt es in der Großromstedter Siedlung von Dingolshausen, Lkr. Schweinfurt, im Vorfeld des Steigerwaldes, Großromstedter Keramik mit Graphitbeimengung. Die Drehscheibenkeramik verrät deutlich keltische Töpfertradition. Sie ist aber in typischer germanischer Rollrädchentechnik verziert. Sogar die schlanke, zierliche Variante der Großromstedter Situla (Abb. 3, 5)) – eine Leitform dieser Kultur – wird

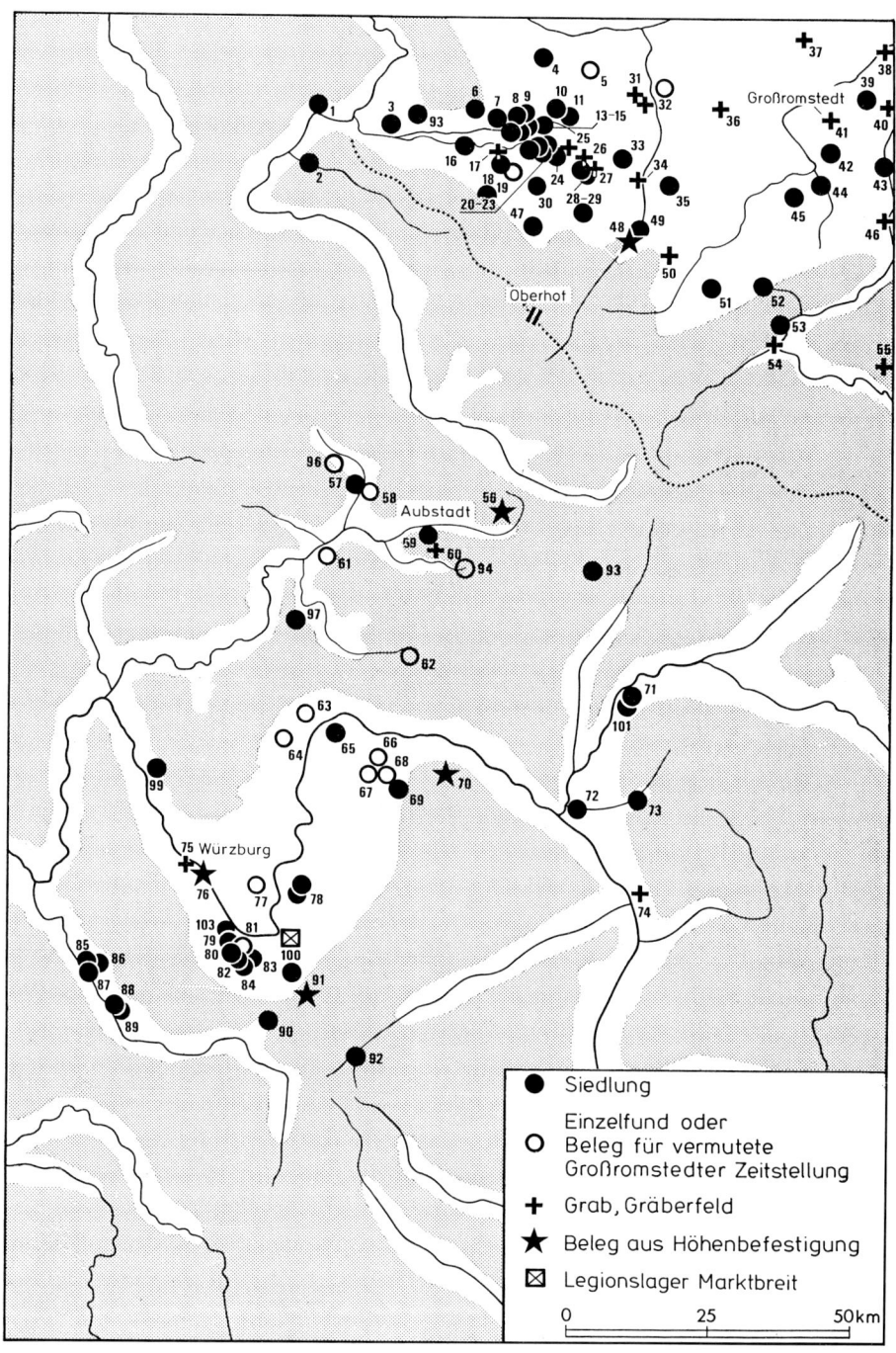

Abb. 2 *Fundplätze der Großromstedter Kultur in Mainfranken und Thüringen.*

von keltischem Stilempfinden mitgeprägt. Der Bullenheimer Berg ist die bisher einzige Bergstation, von der Reste von Großromstedter Situlen bekannt geworden sind. Frühgermanische Benutzungsspuren zeigt auch der Marienberg über Würzburg. Auch in diesem Bereich erweist sich die Großromstedter Kultur nicht als etwas grundsätzlich Neues, das mit allen älteren vorgefundenen Einrichtungen radikal bricht, sondern als etwas, das diese teilweise aufgreift und fortsetzt. Erst während der nachfolgenden rheinwesergermanischen Kultur setzen grundlegende Veränderungen ein, welche die aus keltischer Zeit stammenden Strukturen endgültig ablösen.[20] Die Höhenbefestigungen werden für mehrere Jahrhunderte verlassen. Bei

1 *Wommen*, Werra-Meißner-Kreis/Hessen.
2 *Herda*, Kr. Eisenach.
3 *Stregda*, Kr. Eisenach.
4 *Burgtonna*, Kr. Bad Langensalza.
5 *Großfahner*, Kr. Erfurt, »Stauwärterhaus«. Einzelfund.
6 *Oesterbehringen*, Gem. Behringen, Kr. Bad Langensalza.
7 *Brüheim*, Kr. Gotha.
8 *Wangenheim*, Kr. Gotha, »Sandgrube Mönch«.
9 *Wangenheim*, Kr. Gotha, »Tiefenborn«.
10 *Eschenbergen*, Kr. Gotha.
11 *Molschleben*, Kr. Gotha.
12 *Sonneborn*, Kr. Gotha, »Wüstung Honnrode«.
13 *Sonneborn*, Kr. Gotha, »Meyerscher Schafstallplan«.
14 *Goldbach*, Kr. Gotha, »Mühlfeld«.
15 *Bufleben*, Kr. Gotha.
16 *Sättelstädt*, Kr. Eisenach.
17 *Fröttstedt*, Kr. Gotha.
18 *Hörselgau*, Kr. Gotha.
19 *Leina*, Kr. Gotha. Einzelfund.
20 *Siebleben*, Stadt Gotha, »Geierslache«.
21 *Siebleben*, Stadt Gotha, »Heimbrunnen«.
22 *Siebleben*, Stadt Gotha, »Schlufter«.
23 *Siebleben*, Stadt Gotha, »Schmiedebrunnquelle«.
24 *Seebergen*, Kr. Gotha.
25 *Seebergen*, Kr. Gotha.
26 *Wandersleben*, Kr. Gotha, »Seeberger Feld«.
27 *Wandersleben*, Kr. Gotha, »Lehmgrube«.
28 *Wandersleben*, Kr. Gotha, »Komplexsiedlung Stangenweg«.
29 *Wandersleben*, Kr. Gotha, »Komplexsiedlung Waidmühle-Mittelmühle«.
30 *Schwabhausen*, Kr. Gotha.
31 *Gispersleben-Viti*, Stadt Erfurt.
32 *Gisperleben-Viti*, Stadt Erfurt.
33 *Ingersleben*, Kr. Erfurt.

34 *Molsdorf*, Kr. Erfurt.
35 *Elxleben*, Kr. Arnstadt.
36 *Niederzimmern*, Kr. Weimar.
37 *Niederreißen*, Kr. Apolda.
38 *Bad Sulza*, Kr. Apolda.
39 *Wormstedt*, Kr. Apolda.
40 *Wilsdorf*, Kr. Jena.
41 *Großromstedt*, Kr. Apolda.
42 *Großschwabhausen*, Kr. Weimar.
43 *Lobeda*, Stadt Jena, »Norrkeule«.
44 *Magdala*, Kr. Weimar.
45 *Rottdorf*, Kr. Weimar.
46 *Kahla*, Kr. Jena.
47 *Ohrdruf*, Kr. Gotha.
48 *Arnstadt*, Höhensiedlung »Alteburg«.
49 *Arnstadt*, »Neuer Friedhof«.
50 *Görbitzhausen*, Kr. Arnstadt.
51 *Großliebringen*, Kr. Arnstadt.
52 *Remda*, Kr. Rudolstadt.
53 *Volkstedt*, Gem. Remda, Kr. Rudolstadt.
54 *Schwarza*, Stadt Rudolstadt.
55 *Brandenstein*, Gem. Ranis, Kr. Pößneck.
56 *Römhild*, Kr. Meiningen, Höhensiedlung »Steinsburg« (Kl. Gleichberg).
57 *Oberstreu*, Lkr. Rhön-Grabfeld, »Klingen«.
58 *Oberstreu*, Lkr. Rhön-Grabfeld, »Mönchshof«.
59 *Aubstadt*, Lkr. Rhön-Grabfeld.
60 *Aubstadt*, Lkr. Rhön-Grabfeld.
61 *Salz*, Lkr. Rhön-Grabfeld.
62 *Aidhausen*, Lkr. Haßberge.
63 *Geldersheim*, Lkr. Schweinfurt.
64 *Zeuzleben*, Lkr. Schweinfurt.
65 *Schwebheim*, Lkr. Schweinfurt.
66 *Unterspiesheim*, Lkr. Schweinfurt.
67 *Herlheim*, Lkr. Schweinfurt.
68 *Alitzheim*, Lkr. Schweinfurt.
69 *Dingolshausen*, Lkr. Schweinfurt.
70 Gemeindefreies Gebiet *Neuhauser Forst*, Lkr. Haßberge. Höhensiedlung »Gr. Knetzberg«.
71 *Staffelstein*, Lkr. Lichtenfels.
72 *Hallstadt*, Lkr. Bamberg.
73 *Scheßlitz*, Lkr. Bamberg.

74 *Altendorf*, Lkr. Bamberg.
75 *Würzburg* (Zellerau), »Frankfurter Straße«.
76 Würzburg, Höhensiedlung »Marienberg«.
77 *Biebelried*, Lkr. Kitzingen. Einzelfund.
78 *Großlangheim*, Lkr. Kitzingen.
79 *Acholshausen*, Lkr. Würzburg, »Wolkshauser Brunnen« oder »Klingental«.
80 *Acholshausen*, Lkr. Würzburg, »Lehmgrube Kappler«.
81 *Tückelhausen*, Lkr. Würzburg, »Im Boden«. Einzelbeleg.
82 *Gaukönigshofen*, Lkr. Würzburg, »Bieberlein«.
83 *Hopferstadt*, Lkr. Würzburg, »Müllers Äcker«.
84 *Eichelsee*, Lkr. Würzburg, »Breitäcker«.
85 *Tauberbischofsheim*, Main-Tauber-Kreis, »Heimbergsflur«.
86 *Tauberbischofsheim*, Main-Tauber-Kreis, »Guten Morgen«.
87 *Tauberbischofsheim*, Main-Tauber-Kreis, »Krautgartenäcker«.
88 *Königshofen*, Main-Tauber-Kreis, »Bei der Ochsenmühle«.
89 *Königshofen*, Main-Tauber-Kreis, »Reißwaag«.
90 *Baldersheim*, Lkr. Würzburg.
91 *Seinsheim*, Lkr. Kitzingen, u. Bullenheim, Lkr. Neustadt/Aisch – Bad Windsheim, Höhensiedlung »Bullenheimer Berg«.
92 *Schwebheim*, Lkr. Neustadt/Aisch – Bad Windsheim.
93 *Gauerstadt*, Lkr. Coburg.
94 *Bad Königshofen*, Lkr. Rhön-Grabfeld.
96 *Stockheim*, Lkr. Rhön-Grabfeld.
97 *Münnerstadt*, Lkr. Rhön-Grabfeld.
99 *Eußenheim*, Lkr. Main-Spessart.
100 *Unterickelsheim*, Lkr. Kitzingen.
101 *Schönbrunn*, Lkr. Lichtenfels.
103 *Darstadt*, Lkr. Würzburg.

der Keramikproduktion gerät die Technik der Drehscheibe in Vergessenheit. Die Weiterbenutzung älterer Höhenbefestigungen in Großromstedter Zeit muß aber nicht unbedingt bedeuten, daß auch alle sonstigen wirtschaftlichen und sozialen Verhältnisse aus keltischer Zeit unverändert weiterbestanden haben. Eher ist anzunehmen, daß das Aufsuchen von Höhenbefestigungen nur als kurzzeitiger Reflex auf die römische Bedrohung zu werten ist. Archäologisch bekundet sich diese in einem vor kurzer Zeit neuentdeckten Zweilegionenlager bei Marktbreit, das inmitten der Mainlande und inmitten der Großromstedter Siedlungslandschaft entstand.[21]

Die Großromstedter Kultur ist im mitteldeutschen Bergland zwischen Elbe und Rhein verbreitet. Die mittleren Mainlande gehören ebenso dazu wie Böhmen und Teile Mährens. Die Träger dieser Kultur werden im weitesten Sinne als elbgermanisch oder suebisch bezeichnet.[22] Der Begriff der Elbgermanen ist rein archäologisch definiert, die Bezeichnung Sueben stammt aus der historischen Überlieferung. Ob beide Begriffe immer den gleichen Sachverhalt bezeichnen, ist nicht erwiesen. Für die Elbgermanen wird auch manchmal der ebenfalls von der Historiographie überlieferte Name der Herminonen[23] verwendet. Zu dieser großen Völkerfamilie sollen die Sueben im engeren Sinne gehören, aber auch die Semnonen, Langobarden, Hermunduren, Markomannen, Naristen und Quaden. Die Chatten bezeichnet nur Plinius der Ältere einmal als Herminonen. In der modernen Forschung werden sie nicht dazu gerechnet. Die Bezeichnung Sueben ist darüber hinaus in der antiken Überlieferung sehr schillernd. Sueben gab es schon unter den sieben Teilverbänden, die Ariovist 58 v. Chr. gegen Cäsar aufbietet.[24] Der Name der Sueben taucht später an allen Kriegsschauplätzen Germaniens auf, als die Römer versuchen, eine Provinz Germania bis zur Elbe zu begründen.[25] Die weitgespannten Operationen der Sueben lassen sich nur schwer mit der Vorstellung von einem Stamm mit festem Siedlungsgebiet vereinbaren. Das Suebische erscheint in den römischen Schilderungen als Synonym für bestimmte germanische Kriegerverbände. Einige Forscher meinen deshalb, der Suebenbegriff sei keine eigentliche Stammesbezeichnung, sondern der römische Sammelbegriff für germanische Bevölkerungsgruppen, die sich zu einer Sozialgruppe zusammengefunden hatten, in der eine kriegerische Ideologie und vorwiegend beutemachende Daseinsgestaltung verbunden mit einer ausgesprochenen Wotansverehrung die verbindenden Elemente dargestellt haben. Organisatorisch wurde diese Gruppe durch das Gefolgschaftswesen zusammengehalten und geprägt.[26]

Die Deutung als Sozialverbände scheinen auch einige archäologische Befunde widerzuspiegeln. Mehrere große Gräberfelder des Mittelelbsaalegebietes mit scharfkantigen Situlen und reichen Waffengräbern könnten Be-

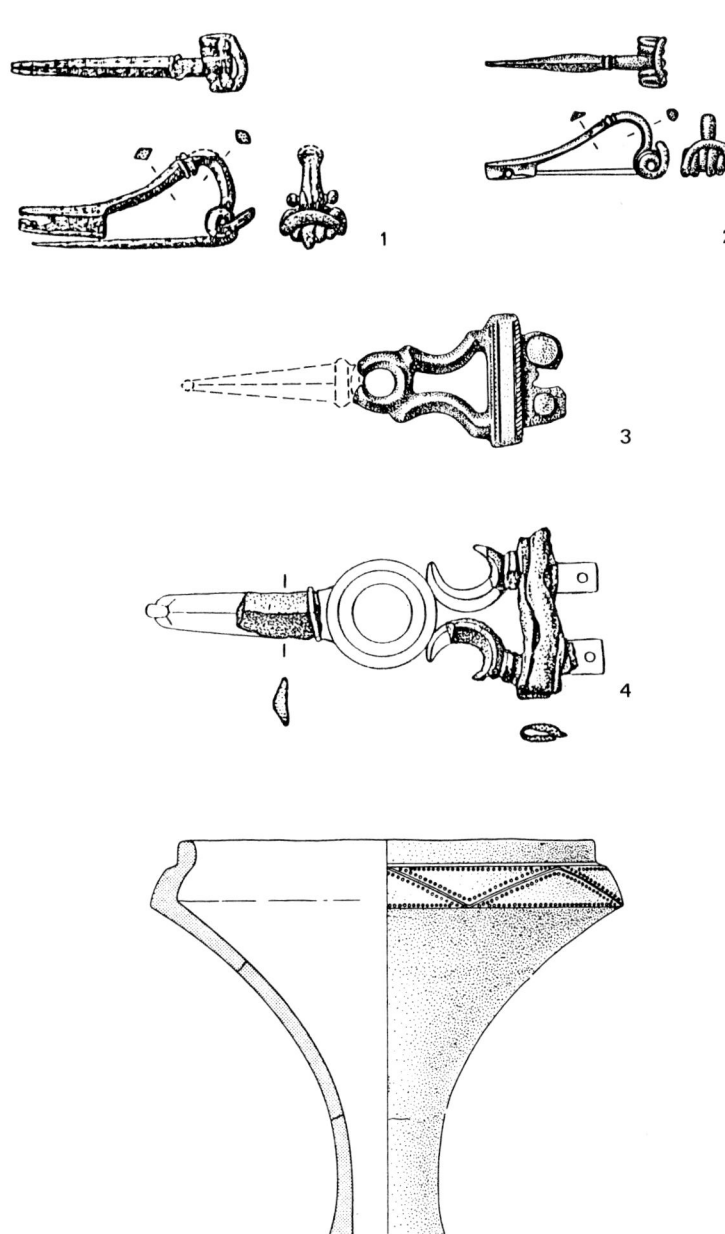

Abb. 3 *Typische Funde der Großromstedter Kultur. 1–2 Eiserne geschweifte Fibeln aus Aubstadt, Lkr. Rhön-Grabfeld; 3–4 Bronzene Lochgürtelhaken aus Gaukönigshofen, Lkr. Würzburg, und aus Aubstadt; 5 Tonsitula aus Baldersheim, Lkr. Würzburg. M. 1–4 = 1:1; 5 = 1:3.*

stattungsplätze derartiger Gruppen gewesen sein. Manche Forscher sind sogar der Ansicht, auf diesen Gräberfeldern seien ausschließlich Männer bestattet worden.

Die germanische Bevölkerung Mainfrankens zu dieser Zeit wird gewöhnlich als markomannisch angesehen. Einige Karten mit den überlieferten oder erschlossenen Sitzen germanischer Stämme verzeichnen diesen Namen im Maingebiet.[27] Einen sicheren, unbezweifelbaren Quellenbeleg gibt es für eine solche Annahme nicht. Sie beruht auf neueren historischen Kombinationen. Die dafür herangezogenen Textstellen bei Cassius Dio[28] und Tacitus[29] werden dabei gegenseitig aufeinander bezogen und miteinander verknüpft, obwohl beide Autoren zu unterschiedlichen Zeiten gelebt und wohl auch verschiedene Quellen benutzt haben. Wahrscheinlich hat der Legat in Germanien, Lucius Domitius Ahenobarbus, die Markomannen unter Marbod – wohl nach ihrer Niederlage 11/10 v. Chr. gegen die Römer – zwischen 7/6 und 3 v. Chr. veranlaßt, ihre bisherigen Sitze aufzugeben und sich im böhmischen Kessel niederzulassen. Im nun verlassenen einstigen Markomannenland soll er anschließend umherschweifende Hermunduren angesiedelt haben. Tacitus dagegen berichtet von Hermunduren, die in der römischen Provinz Rätien Handel treiben. Daraus wird von modernen Historikern abgeleitet, daß die Hermunduren nördlich von Augsburg gesessen haben müssen, was dann gleichzeitig als Hinweis auf das ehemalige markomannische Siedlungsgebiet angesehen wird.[30] Folgerichtig wird daraus ein Markomannenland vom Main bis fast an die Donau rekonstruiert. Das ist nun keineswegs schlüssig. Abgesehen davon, daß der Bericht von Cassius Dio zur Tätigkeit des Domitius Ahenobarbus manche Ungereimtheiten enthält und einige Ereignisse offensichtlich falsch miteinander verknüpft werden, ist ein derartig großes markomannisches Siedlungsgebiet nicht gerade wahrscheinlich. Dennoch enthalten beide Berichte einen wahren Kern. Mutmaßliche Hermunduren sind später tatsächlich im Oberrheintal bei Kehl und in der Groß-Gerauer Gegend, ebenfalls in Rheinnähe, archäologisch nachgewiesen.[31] Eine mit der Siedlergruppe in Mainfranken verwandte Bevölkerung saß in der Ladenburger Gegend, die später als ›Suebi Nicreti‹ (Neckarsueben) bezeichnet werden. Nach alledem erscheint es nicht unwahrscheinlich, daß in Mainfranken tatsächlich einmal Markomannen gesiedelt haben. Hermunduren waren es wohl nicht, denn dann müßten vor Ende der älteren Kaiserzeit (160/180 n. Chr.) elbgermanische Kultureinflüsse in Mainfranken nachzuweisen sein. Diese fehlen vollständig. Die in den römischen Quellen genannten An- und Umsiedlungsaktionen werden sich alle im Nahbereich unmittelbarer römischer Macht abgespielt haben, zu dem offenbar auch das Maingebiet gehörte. Umsiedlungen in Böhmen oder an der Elbe können kaum noch von Römern veranlaßt worden sein. Die Bedeutung des Namens Markomannen kennzeichnet eher eine Randlage ihrer Wohnsitze. Im zentralen germanischen Siedlungsgebiet werden sie nicht gesessen haben.

Bisher sieht es so aus, als stünde das Schicksal der Großromstedter Bevölkerung mit der Anlage und Aufgabe des Marktbreiter Legionslagers in einem noch nicht näher bekannten Zusammenhang.[32] Die Zahl ihrer Siedlungen scheint sich gegen Ende des letzten Jahrhunderts deutlich zu vermindern. Auch die wenigen bekannten Gräberfelder brechen etwa zu gleicher Zeit ab. Dieser Umstand verleitet zur Verknüpfung beider Erscheinungen: Abbruch der Gräberfelder und Siedlungen einerseits, Aufgabe des Marktbreiter Lagers andererseits. Der Abbruch von Siedlungen und Gräberfeldern ist allerdings keine Einzelerscheinung in der gesamten Germania Libera zu jener Zeit. Die weiträumig auftretenden Umgruppierungen und Umstrukturierungen innerhalb des germanischen Siedlungsgefüges sind deshalb nicht unbedingt als isoliertes politisches Einzelschicksal nur einer Bevölkerungsgruppe zu bewerten. Die fortbestehende Besiedlung in Baldersheim gemahnt ohnehin zu besonderer Vorsicht vor zu weitgehenden Schlüssen. Dennoch ist nicht auszuschließen, daß eine partielle Siedlungsverdünnung eingetreten sein kann. Eine mögliche Abwanderung wird man sich nicht so vorzustellen haben, daß sämtliche Stammesangehörigen mit Marbod das Land verlassen haben. Zu den Abwanderern gehörten sicherlich die mit Marbod eng verbundenen Führungsschichten samt ihren Klientelen und wahrscheinlich auch Betreiber wichtiger Handwerkseinrichtungen. Damit fehlten den Zurückgebliebenen wesentliche Bestandteile einer Infrastruktur, um das Bisherige in angemessenem Umfang weiterführen zu können. Das kulturelle Großromstedter Erbe könnte bei den Zurückgebliebenen verblaßt sein, zumal wenn sich diese noch in beträchtlichem Maße aus der keltischen Vorbevölkerung zusammengesetzt haben sollte. Als Germanen fühlte sich diese Bevölkerung aber nun schon, denn das zeigt ihr späteres Aufgehen im größeren rheinwesergermanischen Kulturkreis.

(D. R.)

2. Die Okkupation des Landes durch die Römer.
Eroberungen und weitgehender Rückzug auf die Ausgangspositionen

2.1 Erste großräumige Vorstöße ins Innere Germaniens unter Augustus

Mit dem 1986 an der Südspitze des Maindreiecks – bei Marktbreit – gelungenen Nachweis eines frührömischen Zweilegionenlagers[33] (Abb. 4) wurde ein bis dahin unbekannter Abschnitt mainfränkischer Geschichte schlaglichtartig erhellt: Ein erster Versuch Roms, diesen Raum im Rahmen einer großangelegten Offensive gegen das rechtsrheinische Germanengebiet bis zur Elbe dem römischen Imperium anzugliedern.

Vorausgegangen war diesem Vorstoß die Eroberung Galliens durch Caesar (58–49 v. Chr.) und damit die Ausweitung des römischen Machtbereichs bis zum Rhein. In der Folgezeit verlagerte sich der Schwerpunkt der militärischen Operationen an den Niederrhein.[34] Dort waren Kampfverbände rechtsrheinischer Germanenstämme – zuerst Sueben, dann Sugambrer, Usipeter und Tenkterer – in die gallischen, von inneren Unruhen erschütterten Provinzen wiederholt eingedrungen und hatten dem unter dem Kommando des Legaten Marcus Lollius stehenden römischen Heer im Jahre 16 v. Chr. eine schwere Niederlage bereitet. Dies war für Augustus, den ersten römischen Kaiser (27 v. –14 n. Chr.), der Anstoß, in den Jahren 16–13 v. Chr. die Verhältnisse in Gallien durch Verbesserung der gesamten Infrastruktur neu zu ordnen und damit zugleich geeignete Vorbereitungen für eine über den Rhein tief ins Innere Germaniens vorgetragene Offensive zum Schutz der linksrheinischen Provinzen zu treffen (Farbbild S. 50). Bereits im Jahre 15 v. Chr. wurden von den Stiefsöhnen des Kaisers, Drusus und Tiberius, zur südlichen Flankensicherung weiterreichender Eroberungsvorhaben zunächst das zentrale Alpengebiet unterworfen und der römische Machtbereich bis zur unteren Donau ausgeweitet.

Die im Jahre 12 v. Chr. unter dem Kommando des Drusus einsetzende Germanienoffensive[35] ging vom Niederrhein und von der Nordseeküste aus. Sie richtete sich in den drei ersten Kriegsjahren zunächst gegen die wenige Jahre zuvor nach Gallien eingefallenen Usipeter und Sugambrer, ferner gegen die damals vielleicht schon im nördlichen Hessen siedelnden Chatten. Ausgangspunkt des Chattenfeldzugs war das zwischen 15 und 10 v. Chr. erbaute Zweilegionenlager Mainz, die bedeutendste rheinische Militärbasis dieser Zeit.[36] Von ihr gingen auch die Operationen des Jahres 9 v. Chr. aus; die Angriffe galten wieder den Chatten, danach dem suebischen Teilstamm der Markomannen, deren Sitze im fränkisch-thüringischen Raum vermutet werden, ferner dem weiter im Landesinnern gelegenen Kerngebiet der Sueben sowie den Cheruskern. Im selben Jahr stieß Drusus ostwärts bis zur Elbe vor und starb auf dem Rückmarsch an den Folgen eines Unfalls.

Sein Bruder Tiberius, der danach das Kommando über das Heer in Germanien übernahm, setzte die Okkupation des Landes erfolgreich fort, doch sind Stoßrichtung und Einzelheiten dieses Feldzugs nicht überliefert. Bereits in den Jahren 8/7 v. Chr. war das Hauptziel der augusteischen Germanenpolitik erreicht: der Schutz Galliens durch Schaffung einer der

Rheingrenze vorgelagerten Zone ›befriedeter‹, abhängiger Germanengebiete. Zu den ordnungspolitischen Begleitmaßnahmen dieses Konzepts zählen auch die von römischer Seite gesteuerte Abwanderung bzw. Absetzbewegung der unterworfenen markomannischen Stammesteile unter ihrem Anführer Marbod um 6/5 v. Chr. nach Böhmen und die Zuweisung neuer, ehemals von Markomannen besiedelter Teilgebiete an Bevölkerungsteile der Hermunduren, eine losgelöste suebische Gruppe, durch Lucius Domitius Ahenobarbus, einen der Nachfolger des Tiberius; dieser unternahm von der Rheinbasis Mainz aus einen Vorstoß tief ins Innere Germaniens und überschritt dabei auch die Elbe.

Wie wenig gefestigt die Position Roms zu jener Zeit jedoch noch war, zeigt der im Jahre 1 n. Chr. ausbrechende große Aufstand der niedergermanischen Stämme zwischen Rhein und Elbe, die selbst durch jahrelange, hart geführte Kämpfe – die Velleius Paterculus als *immensum bellum* beschrieb – nicht zur Raison gebracht werden konnten.[37] Die in den Eroberungsfeldzügen der Jahre 12–7 v. Chr. geschaffene Ordnung eines sicheren Glacis im rechtsrheinischen Germanengebiet war zerstört, so daß sich Rom nunmehr zu einer Neukonzeption seiner bisherigen Strategie gezwungen sah: einer strafferen Strukturierung des eroberten Landes mit dem Ziel seiner stufenweisen Überführung in den Status einer regelrechten Provinz. Überdies war in Böhmen unter der Führung Marbods ein neuer, für Germanien und die Donaugrenze potentiell immer bedrohlicher werdender Machtfaktor entstanden: die erste Staatsbildung eines germanischen Volkes mit einem schlagkräftigen Heer und angeschlossenen germanischen Bündnispartnern. Ein im Jahre 6 n. Chr. unternommener gemeinsamer Versuch des zuvor wieder auf den Kriegsschauplatz zurückgekehrten Befehlshabers Tiberius und des kaiserlichen Legaten C. Sentius Saturninus, von Deutsch-Altenburg/Carnuntum bzw. Mainz aus diese Machtkonzentration durch einen gewaltigen Zangengriff zweier elbwärts marschierender Heeresverbände aus insgesamt 12 mobilisierten Legionen auszuschalten, mußte jedoch wegen eines schweren Aufstands pannonischer Stämme noch vor der geplanten Vereinigung der beiden Heere abgebrochen werden.[38] Von schlimmeren Folgen dieses Fehlschlags blieb Rom jedoch verschont, da Marbod diese prekäre Situation nicht nutzte, sondern Frieden schloß.

Eine für Rom folgenschwere Katastrophe bahnte sich bereits im darauffolgenden Jahre an, als der neuernannte Befehlshaber der Rheinarmee, der Verwaltungsfachmann P. Quintilius Varus, im Zusammenhang mit der ge-

---

Abb. 4 *(S. 30/31) Marktbreit. Gesamtplan des frührömischen Legionslagers auf der Grundlage der kombinierten Auswertung von Luftbild, magnetischer Prospektion und Ausgrabung (Stand der Erforschung Juni 1989). Plan Nr. 6326/240.*

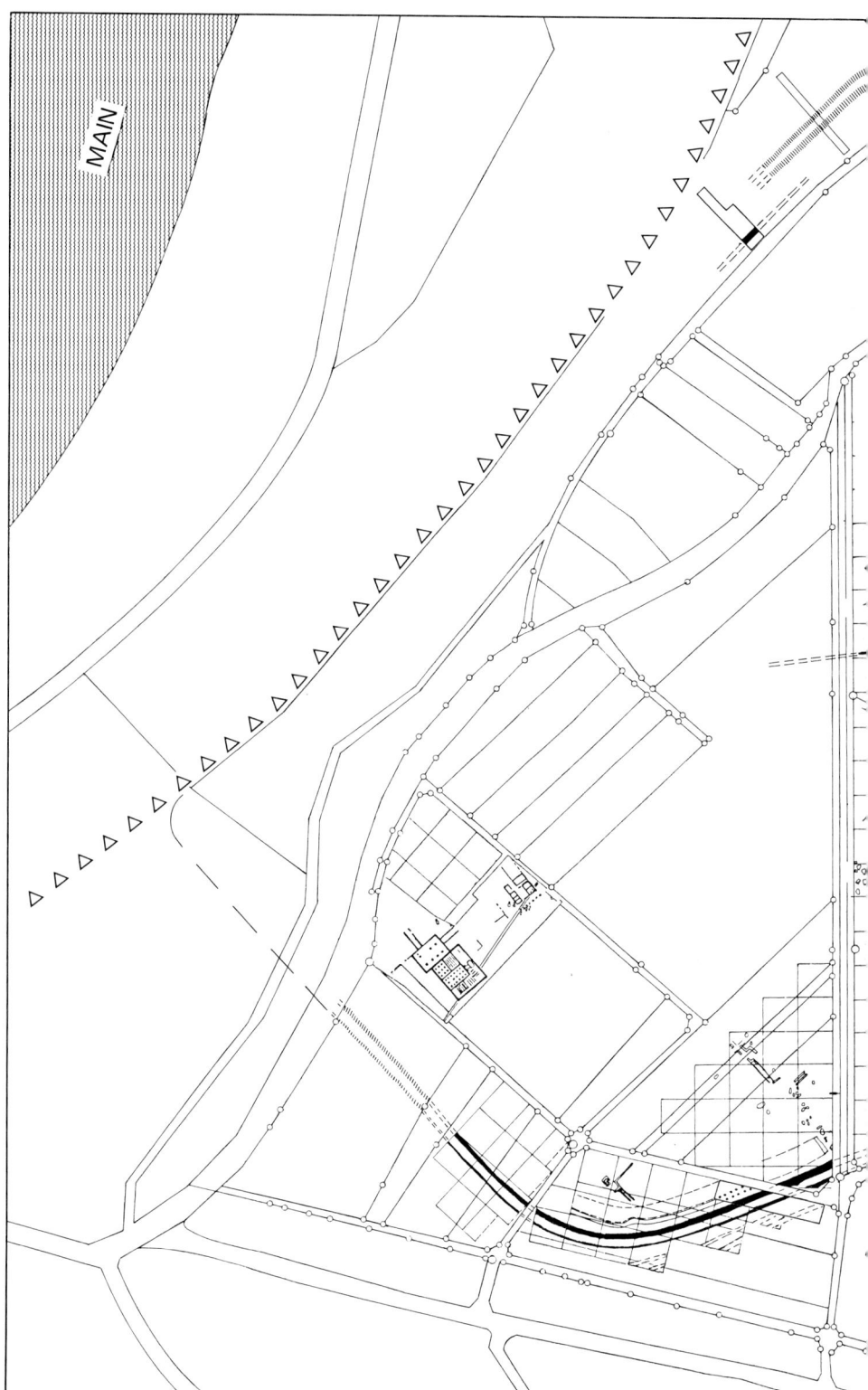

Legionslager Marktbreit

0   100   200 m

planten Einführung einer römischen Provinzverwaltung einschneidende Maßnahmen zur strukturellen Umgestaltung der okkupierten Gebiete zwischen Rhein und Elbe ergriff. Sie riefen bei den germanischen Stämmen Empörung und Widerstand hervor. Er wurde durch Arminius, einen cheruskischen Adeligen, organisiert und führte im Jahre 9 n. Chr. zur berühmten Schlacht im saltus Teutoburgensis, die mit der Vernichtung dreier Legionen, ebenso vieler Reitergeschwader und sechs weiterer Kohorten Hilfstruppen sowie des mitgeführten ›riesigen‹ Trosses endete.[39] Der tiefe Schock, den die Schreckensnachricht von der Niederlage in Rom auslöste, und die Angst vor einem Übergreifen der Unruhen ins römische Reichsgebiet hatten den fast völligen Rückzug Roms auf die Ausgangspositionen vor der Offensive des Jahres 12 v. Chr. zur Folge. Die noch intakten Legionen des Mainzer Heereskommandos wurden eilends an den Niederrhein zur Grenzsicherung verlegt. Darüber hinaus wurde – unter dem Oberbefehl des Tiberius – die Rheinarmee von bisher sechs auf acht Legionen verstärkt und in zwei Kommandobezirke zu je vier Legionen in Ober- bzw. Untergermanien unterteilt.

Erst ab 11 n. Chr., nach anfänglich völliger Beschränkung auf die Defensive, erfolgten begrenzte Einzelaktionen gegen einige rechtsrheinische Stämme. Ihnen folgte nach dem Regierungsantritt des Tiberius (14–37 n. Chr.) schließlich in den Jahren 15/16 n. Chr. unter dem Kommando von Germanicus, dem Sohn des (älteren) Drusus und Adoptivsohn des Tiberius, eine große, durch zunehmende innergermanische Zwistigkeiten begünstigte Offensive gegen die Cherusker, Chatten, Angrivarier und Marser. Diese kostspieligen, für beide Seiten verlustreichen Feldzüge brachten trotz einzelner römischer Teilerfolge jedoch keine grundlegende Änderung des in der Varus-Schlacht erzwungenen Status quo; sie dienten nach Tacitus *mehr um die Schmach zu tilgen wegen des mit Quintilius Varus verlorenen Heeres als aus Verlangen nach Erweiterung des Reiches oder wegen eines sich verlohnenden Gewinns.*[40] Tiberius forderte daher in realistischer Einschätzung der germanischen Verhältnisse Germanicus im Jahre 16 n. Chr. auf, das wenig erfolgversprechende Unternehmen im Norden des Imperiums abzubrechen und die Germanen ihren inneren Fehden zu überlassen. Das Ziel des dreißigjährigen Eroberungskriegs – die Elbgrenze – blieb trotz aller Anstrengungen unerreicht; der Rhein erhielt wieder seine Funktion als Defensivlinie.

Bisher konzentrierte sich die Erforschung des oben skizzierten militärischen Geschehens, d. h. der von Augustus in die Wege geleiteten Eroberung Germaniens, entsprechend der Quellenlage auf die archäologisch-historischen Zeugnisse der großräumigen Operationen entlang der Nordseeküste, an der Lippe, in der Wetterau bzw. Hessischen Senke und im Alpenvorland.[41] Unbekannt blieb dagegen die strategische Rolle des südlich der Mittelgebirgszone – in einer auffallend großen ›Lücke‹ zwischen den räumlich z. T. weit voneinander entfernten frührömischen Angriffskeilen – sich erstreckenden Maintals als der einzigen von der Natur vorgezeichneten West-Ost-Route ins Innere Germaniens. An ihrem Ausgangspunkt lag immerhin die Hauptoperationsbasis der römischen Angriffskriege ins rechtsrheinische Gebiet: das Doppellegionslager Mainz.

Angesichts dieser Sachlage mußte der im Jahre 1986 rd. 140 km (Luftlinie) ostwärts von Mainz, an der Südspitze des Maindreiecks, gelungene Nachweis eines Zweilegionenlagers der Okkupationszeit zu einer Korrektur des bisher so unbefriedigenden Bildes der römischen Unternehmungen ins rechtsrheinische Germanien führen.[42] Bereits 1983 hatten Einzelfunde frührömischer Sachformen aus den umliegenden Niederlassungen der ansässigen Bevölkerung elbgermanischer Prägung erstmals die Möglichkeit archäologisch faßbarer ›Kontakte‹ zwischen Römern und Germanen in Mainfranken angedeutet.[43] Im Steigerwaldvorland, auf einem topographisch und verkehrsgeographisch – mit sicherem Blick für die strategischen Möglichkeiten dieses Raumes (Nachschubmöglichkeit per Schiff, Lage an einem alten Verkehrsweg in Richtung Thüringer Becken bzw. Böhmen) – ganz hervorragend gewählten Platz gelegen, ist dieser nach ersten Grabungsbefunden als Standlager konzipierte Stützpunkt zugleich das bislang östlichste Römerlager der Frühzeit im Freien Germanien überhaupt. Durch seine Auffindung hat die Suche nach zweifellos vorhandenen weiteren römischen Stationen im fränkisch-nordbayerischen Raum ohne Frage einen gänzlich neuen Ansatz- und ersten konkreten Fixpunkt gewonnen.

Der bisher ermittelte, auf der Grundlage kombinierter Auswertung von Magnetik, Luftbild- und Ausgrabungsbefund erstellte Teilplan des Militärlagers läßt bereits seine Gesamtausdehnung und Grundstruktur erkennen (Abb. 4). Danach war das Lager mindestens 850 × 660 m groß und hatte eine Innenfläche von knapp 40 ha, bot also genügend Platz für eine Besatzung von der Stärke etwa zweier Legionen (rd. 12 000 Mann) einschließlich eventueller Hilfstruppen. Neben größeren, magnetometrisch ermittelten Baulichkeiten von z. T. rd. 100 m Seitenlänge – darunter der principia (Kommandantur) – konnten bereits das Süd- und Osttor, Teile der fast 3 km langen Lagerumwehrung (eine 3 m breite Holz-Erde-Mauer mit zwei davor verlaufenden Spitzgräben), ein 25 × 21 m großer, zweigeschossiger Wirtschaftsbau mit einer kombinierten Heiz- und Trocknungsanlage (wohl für Getreide)[44] und angefügtem Porticus-Hof (fabrica mit Teilfunktion als Magazin; Abb. 5) sowie ein 18,5 × 15,5 m großer Kopfbau mit offenem, auf Holzpfeilern ruhendem Vordach und angegliedertem, nach Art provisorischer Mannschaftsunterkünfte auf Schwellbalken errichteten An-

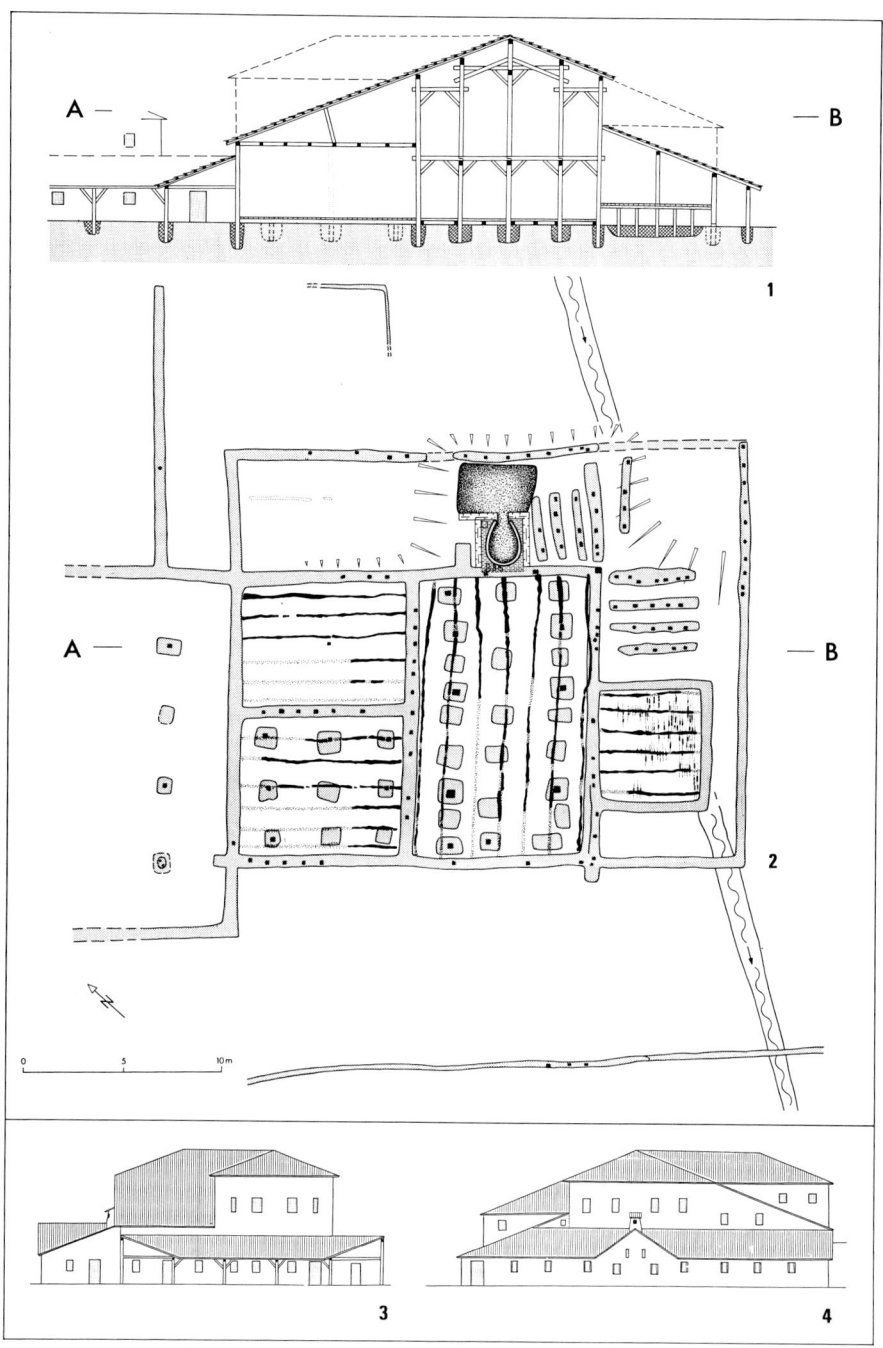

Abb. 5 *Legionslager Marktbreit, Werkhallenbau (fabrica). Befundplan mit Schnitt-
rekonstruktion.*

bau noch unbestimmter Länge aufgedeckt werden.[45] Die Fundamente jenes Kopfbaus überschnitten drei von insgesamt neun ebenfalls römischen Ofenanlagen sowie ein in der Orientierung abweichendes Abwassergräbchen von mehr als 110 m Länge, das wiederum eine der Ofenanlagen überschnitt. Dieser Befund einer zumindest partiellen Mehrphasigkeit sowie ein 1988 im nördlichen Lagerareal entdecktes Grabensystem von der Umwehrung eines zweiten, mindestens 350 × 330 m großen (Vorgänger?-)Lagers deuten möglicherweise eine wiederholte Nutzung des Platzes an.[46]

Mit der römischen Okkupation des Landes tritt Unterfranken zum ersten Mal in das hellere Licht der Geschichte, da die archäologischen Funde der römischen Zeit nun zum Teil schriftliche Angaben enthalten. Diese lassen sich nicht selten mit der allgemeinen römischen Geschichte verbinden und können so auch Informationen über Vorgänge am Main in größerem Zusammenhang beleuchten. Detaillierte, für eine einigermaßen befriedigende historische Einordnung unerläßliche Aussagen über genaue Belegungszeit, Umfang, Baugeschichte, Bebauungsstruktur und Ausbaustand der beiden Lager sowie Stärke, Zusammensetzung und Organisation ihrer Besatzungen sind zum gegenwärtigen Zeitpunkt zwar noch kaum möglich. Die bisher vorliegenden Ausgrabungsfunde und -befunde geben jedoch in Verbindung mit den aus den Schriftquellen erschließbaren Vorgängen bereits erste konkrete Hinweise auf eine römische Beherrschung des Mittelmaingebietes (und wohl auch der umliegenden Regionen) mit einer beachtlichen Truppenmacht irgendwann zwischen 10 v. Chr. und 16 n. Chr., d. h. im Zeitraum zwischen den von Mainz ausgehenden Feldzügen des Drusus und der Abberufung des Germanicus.

Das recht bemerkenswerte Vorkommen frührömisch-augusteischer Kleinfunde vor allem in mittelmainischen Fundzusammenhängen der Großromstedter Kultur[47], deren Träger – zugewanderte Bevölkerungsteile elbgermanisch-suebischer Herkunft – hier, in ihren südwestlichen (an Main, Tauber und Fränkischer Saale gelegenen) Siedlungsgebieten gewöhnlich als markomannisch angesehen werden, wie auch die Anlage eines großen frührömischen Truppenlagers inmitten dieser mutmaßlich markomannisch besiedelten Teilregion des elbgermanischen Kulturkreises lassen bereits einen Zusammenhang jener für Mainfranken neuerdings erschließbaren Maßnahmen Roms mit den oben geschilderten Ereignissen der Jahre zwischen 9 v. Chr. und 6 n. Chr. vermuten. Der Umstand, daß das großangelegte, von Mainz bzw. Carnuntum ausgehende Unternehmen des Jahres 6 n. Chr. gegen Marbod wegen eines schweren Aufstands pannonischer Stämme vorzeitig abgebrochen werden mußte, braucht im übrigen keineswegs gegen die Anlage eines großen Standlagers bei Marktbreit zu sprechen. Sein Ausbau, der nach dem archäologischen Befund bereits ein gutes

Stück vorangeschritten war, ließe sich ebenso plausibel mit einer planmäßigen, umfassenden Vorbereitungsmaßnahme Roms erklären, die ein solcher Feldzug, an dem immerhin eine gewaltige Streitmacht von insgesamt 12 Legionen beteiligt war, fraglos erforderte. Das Verbreitungsbild einiger augusteischer Kleinfunde aus frühgermanischen Siedlungen am Maindreieck legt zudem eine Beteiligung ›rheinischer‹ Truppen, die zuvor am Niederrhein stationiert waren, an den Militäraktionen in Mainfranken nahe. Nach Ausweis der Münzfunde aus dem Lager dürften den überwiegend aus römischen Bürgern Italiens rekrutierten Legionären auch Truppenteile anderer Herkunft zugeteilt gewesen sein: keltische Hilfstruppen – vielleicht Reiter – aus dem gallischen Gebiet. Die hinsichtlich Grundrißform, Größe und Pfostenanordnung auffallende Übereinstimmung der augusteischen Lagertore von Marktbreit (Südtor; Abb. 6) und Rödgen/Wetterau[48] könnte ferner ein Indiz dafür sein, daß hier wie dort die Bautradition eines bestimmten Truppenverbandes, vielleicht einer in Mainz stationierten Legion, ihre spezifische Ausdrucksform fand.

War die bisherige Meinung der Forschung aufgrund der unzureichenden Quellenlage von der Vorstellung geprägt, daß die römischen Feldzüge von Mainz aus durch die Wetterau und die Hessische Senke über das Gebiet der Chatten hinweg nach Mitteldeutschland an die Elbe geführt hätten, so tritt heute durch die Auffindung des großen, analog zu den Lippe-Lagern

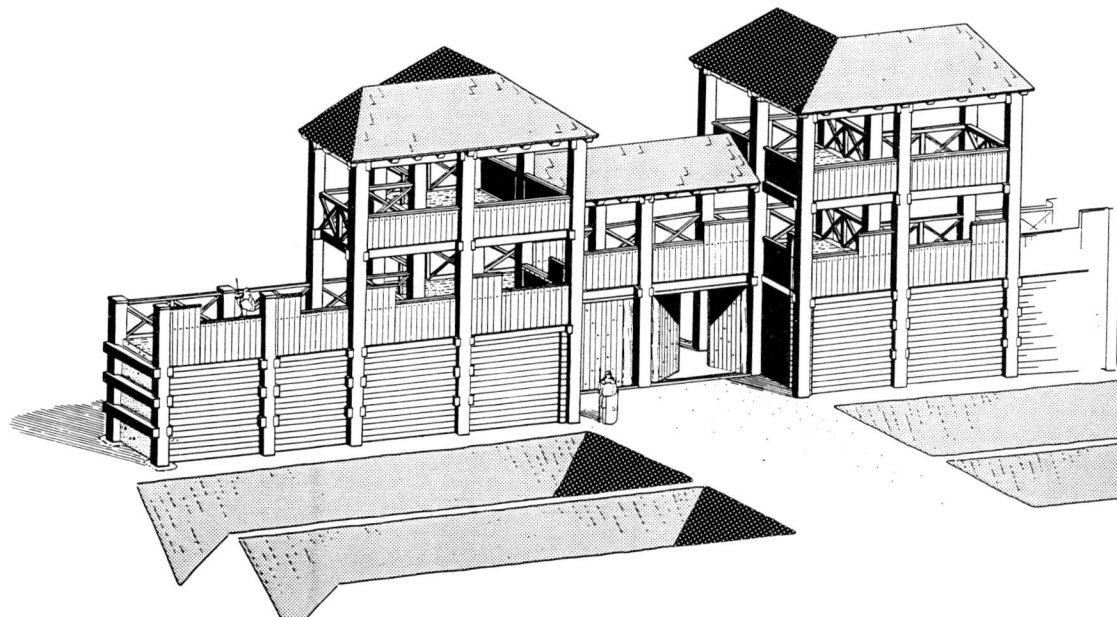

Abb. 6 *Legionslager Marktbreit. Rekonstruktionsvorschlag des Südtores.*

an einem schiffbaren Fluß angelegten Standlagers bei Marktbreit zum er-
stenmal noch eine andere, wohl ebenfalls von Mainz ausgehende Vorstoß-
richtung entlang des Maintals deutlich hervor, die eine neue Betrachtungsweise von Verlauf und Reichweite der römischen Eroberungen unter Augustus ermöglicht.

2.2 Die Besetzung des Untermaingebietes während des
1. bis 3. Jahrhunderts n. Chr.

Nach dem Scheitern der römischen Eroberungspolitik im Jahre 16 n. Chr.
wurde der Rhein wieder Reichsgrenze. Abgesehen von einigen begrenzten
Vorstößen in das rechtsrheinische Germanengebiet ist die Folgezeit bis zu
den flavischen Kaisern (69–96 n. Chr.) im wesentlichen durch eine Reihe
defensiver Sicherungsmaßnahmen zur Konsolidierung der Grenzverhält-
nisse gekennzeichnet, zu denen die Anlage rechtsrheinischer Brückenköpfe
nahe der Main- und Neckarmündung ebenso gehörte wie der Abbau von
Silbererzen im Taunus.[49] Die nächsten, für die spätere Grenzorganisation
entscheidenden Schritte erfolgten nach den Wirren des Jahres 69, als es
darum ging, die römische Einflußzone entlang des rechten Rheinufers zu
sichern bzw. auszuweiten und den bisherigen, über Basel führenden Rhein-
Donau-Weg durch eine schnellere Verbindung abzukürzen.
In mehreren Aktionen besetzte dann das römische Militär wahrscheinlich
in den Jahren 85–90, etwa gleichzeitig mit Gründung der Provinzen Germania Superior (Obergermanien) und Germania Inferior (Niedergerma-
nien), unter Kaiser Domitian (81–96 n. Chr.) zunächst auf der Höhe des
Taunus sowie an der West- und Nordgrenze der Wetterau, kurze Zeit später, wohl um 90/91 n. Chr., auch am Ostrand der Wetterau, am Main und
im Odenwald eine Linie zur Abgrenzung des römischen Reichs gegen das
außerhalb davon liegende Germanengebiet (Abb. 7).[50] Diese von Norden
aus der östlichen Wetterau kommende Linie, limes genannt, erreichte bei
Hainstadt/Großkrotzenburg den Main, der nun flußaufwärts bis in die
Gegend von Obernburg/Wörth als nasse Grenze (ripa) diente (älterer
Mainlimes). Nach den neuesten Forschungen ist es sehr wahrscheinlich,
daß der Limes bei Wörth auf die Höhe des Odenwaldes führte[51], um dort –
wieder durchgehend sicher nachgewiesen – weiter bis nach Bad Wimpfen
am Neckar zu verlaufen. Der Neckar diente dann von dort ab weiter nach
Süden wieder als nasse Grenze.
Um 155 n. Chr., unter Kaiser Antoninus Pius (138–161), wurde der Südab-
schnitt des obergermanischen Limes um 20 bis 30 km nach Osten vorver-
legt. Während der Odenwaldlimes und die Neckarlinie ihre Funktion als li-
neare Grenzmark verloren, wurden der bisherige Taunus-, Wetterau- und

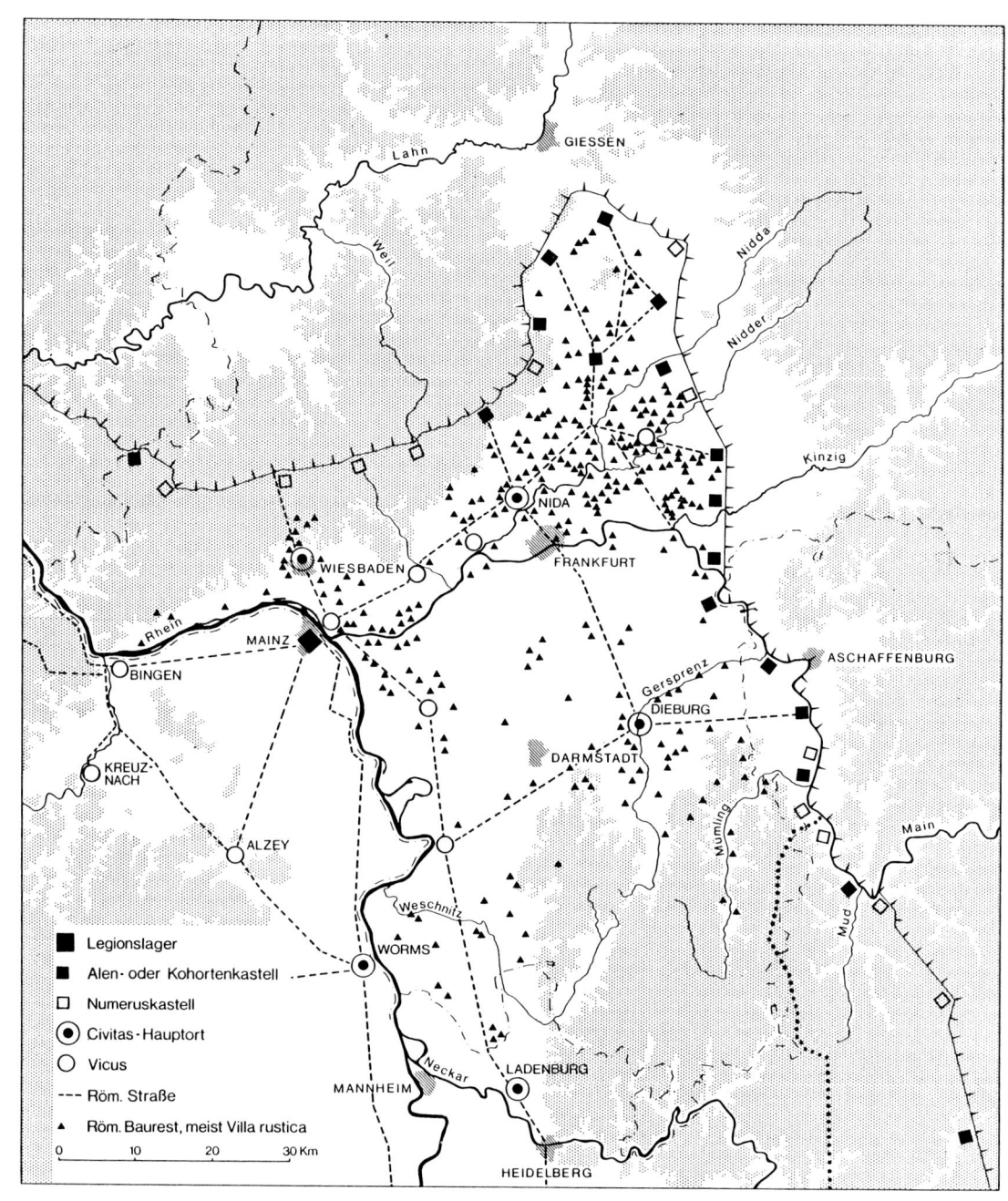

Abb. 7   *Das römische Untermaingebiet in der zweiten Hälfte des 2. Jahrhunderts n. Chr. Der Verlauf des älteren Odenwald- und Neckarlimes (aus der Spätzeit Domitians) ist durch eine Punktreihe markiert.*

38

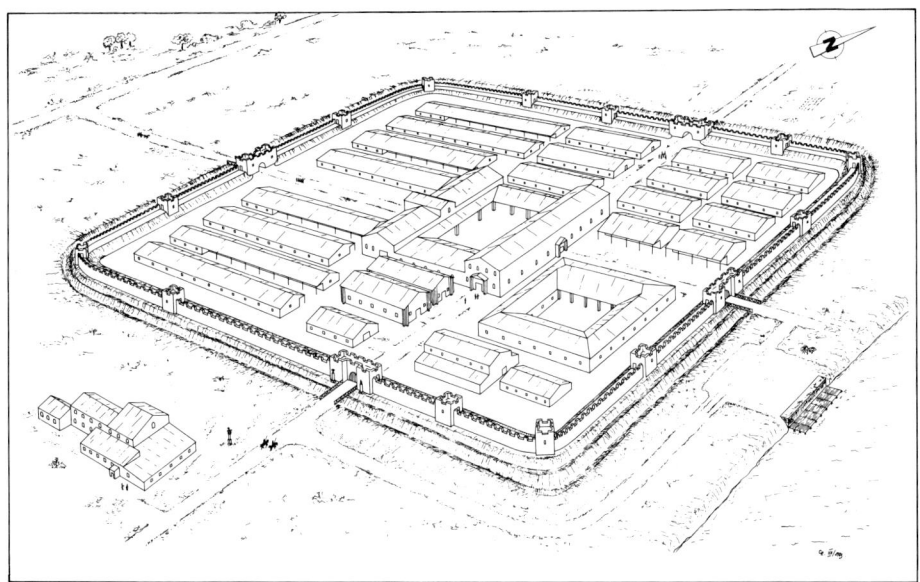

Abb. 8 *Rekonstruktionsbild des römischen Kohortenkastells Miltenberg-Altstadt mit Militärbad und Anlegekai für Schiffe (Lagerdorf nicht dargestellt). Ansicht von Osten.*

Mainlimes hingegen nach Süden bis Miltenberg (Abb. 8) verlängert. Dort, am Eckpunkt des sogenannten jüngeren Mainlimes, lag jetzt der Übergang von der nassen Grenze (ripa) zur Landgrenze (limes). Dieser vordere Limes lief zunächst über die Wenschdorfer Steige auf die Höhe der waldreichen Mittelgebirgslandschaft hinauf und führte dann über Walldürn und von da in schnurgerader Richtung bis etwa nach Lorch an den raetischen Limes.

Abgesehen von lokalen, geländebedingten Abweichungen lassen sich am obergermanischen Limes vier Ausbaustadien unterscheiden. Anfänglich, seit der Regierungszeit Domitians, war der Limes nichts weiter als ein Patrouillenweg mit Holztürmen[52], der in den Wäldern als breite Schneise angelegt war. Einige Jahrzehnte später, unter Kaiser Hadrian (117–138), errichtete man vor dem Postenweg eine durchgehende Holzpalisade. Um die Mitte des 2. Jahrhunderts, unter Kaiser Antoninus Pius, wurden die alten, baufällig gewordenen Holztürme durch dauerhafte Steintürme ersetzt. Gegen Ende des 2. oder zu Beginn des 3. Jahrhunderts wurde hinter, d. h. auf der römischen Seite der Palisade ein durchgehender Wall mit nach außen vorgelagertem Spitzgraben aufgeschüttet. Dieser vierte Bauzustand kam jedoch nur am vorderen Limes zur Ausführung.

Mit der Anlage des römischen Grenzsicherungssystems ›Limes‹ waren die linksmainischen, heute unterfränkischen Teile des bayerischen Untermaingebietes in die dem römischen Kaiser unmittelbar unterstellte Provinz Obergermanien einbezogen. Diese wurde von einem ›kaiserlichen Statthalter mit praetorischer Amtsgewalt‹ (Legatus Augusti pro praetore) verwaltet, in dessen Hand die militärische und zivile Gewalt lagen. Sitz der Verwaltung war Mainz, die Provinzhauptstadt und Standort der – als bewegliche Eingreifreserve sofort verfügbaren – XXII. Legion. Einzelne Vexillationen dieser Legion (z. B. Holzfällerkommandos) waren zeitweise auch an den Mainlimes abkommandiert.

Im allgemeinen waren am römischen Limes, der zugleich eine sichere Kontrolle über den grenzüberschreitenden Personen- und Warenverkehr ermöglichte, jedoch nicht Legionstruppen, sondern kleinere, in Kastellen stationierte Auxiliareinheiten – Hilfstruppen v. a. aus Gallien, Britannien, Spanien, Obergermanien und Raetien – eingesetzt. Sie waren anfänglich peregrini (ohne römisches Bürgerrecht) und stammten seit dem späten 1. Jahrhundert nur noch teilweise aus ihren ursprünglichen Aufstellungsgebieten, nach denen sie benannt wurden. Spätestens vom 2. Jahrhundert an erhielten sie dagegen in zunehmendem Maße das römische Bürgerrecht (civitas Romana) und ergänzten sich seither zum überwiegenden Teil aus der Bevölkerung ihrer Standortprovinz.

Bei Anlage des älteren Mainlimes wurde der Abschnitt zwischen Hainstadt und Wörth zunächst wohl nur von kleineren Einheiten besetzt, an deren Stelle wenig später jedoch meist reguläre Auxiliarkohorten traten: teils reine Infanterie-Einheiten von 480 Mann Stärke, teils rd. 600 Mann starke gemischte Verbände aus Reiterei und Infanterie (Seligenstadt, Stockstadt, Niedernberg, Großwallstadt?[53], Obernburg). In der Kastellreihe des Odenwaldlimes (Seckmauern, Lützelbach, Vielbrunn, Eulbach, Würzberg, Hesselbach, Schlossau) bezogen hingegen kleinere Wach-, Beobachtungs- und Aufklärungsabteilungen – in Britannien ausgehobene numeri Brittonum von etwa 150 Mann Stärke – Quartier[54]). Aber auch in einigen erst nach Vorverlegung der Odenwaldlinie angelegten Kastellen des jüngeren Mainlimes (Wörth, Trennfurt, Miltenberg-Ost) lagen kleinere Auxiliareinheiten in Numerusstärke. Nur in einem Kastell des südlich von Obernburg verlaufenden Abschnitts der jüngeren Mainlinie, in Miltenberg-Altstadt, war eine reguläre, teilweise berittene Auxiliareinheit in voller Kohortenstärke eingesetzt.[55] Sowohl Miltenberg als auch Obernburg und Stockstadt, die untermainischen Garnisonsorte mit gemischten Verbänden aus Infanterie und Kavallerie, waren zugleich Sitze von Kommandozentralen, denen die militärische wie zivile Überwachung und Verwaltung eines größeren Limesabschnitts unterstanden.

Stellvertretend für die ganz ähnlich gelagerten Verhältnisse bei vielen anderen Limeskastellen mögen die römischen Wehrbauten und Schriftzeugnisse von Stockstadt als die am besten erforschten des Mainlimes exemplarisch die recht verwickelte baugeschichtliche Abfolge der verschiedenen Militärlager und den damit nur zum Teil einhergehenden Wechsel der Besatzungstruppen verdeutlichen.[56] Als ältester Wehrbau der Römer in Stockstadt diente offenbar ein hölzernes Kleinkastell von nur 0,3 ha Fläche, das um 90 n. Chr. errichtet worden sein dürfte. Ein zweites, nahe südöstlich davon liegendes Holzkastell nur unzulänglich bekannter Ausdehnung ist wohl etwas später entstanden und könnte größer gewesen sein. Vielleicht war es nur ein vorübergehendes Baulager für die Cohors III Aquitanorum equitata civium Romanorum, die um 100 n. Chr. dicht südlich des zweiten Holzkastells ein weiteres, drittes Holzkastell von 3,2 ha Fläche – das Kohortenkastell – errichtete, das dann später – wohl um 160 n. Chr. – in Stein ausgebaut wurde. Noch in der ersten Hälfte des 2. Jahrhunderts wurde die 3. Aquitanerkohorte in das Kastell Neckarburken versetzt. An ihre Stelle trat in Stockstadt die zuvor in Wimpfen stationierte Cohors II Hispanorum equitata pia fidelis, die jedoch schon in der Mitte des 2. Jahrhunderts nach Neuwied-Heddesdorf kommandiert wurde. Nun wurde die Cohors I Aquitanorum veterana equitata, die aus dem Kastell Arnsburg am Wetteraulimes kam, Besatzungstruppe in Stockstadt. Diese Truppe hatte um 170 n. Chr. anscheinend auch einen Chatteneinfall abzuwehren, in dessen Gefolge offenbar ein umfangreicher, nicht wieder gehobener Münzschatz von mindestens 1316 Denaren und 6 Goldstücken im Kastellinneren vergraben wurde. Vermutlich ist es damals zu Zerstörungen im Kastell gekommen, die aber bald beseitigt wurden; denn das Lager bestand weiter und erfüllte seine Aufgabe bis in die Mitte des 3. Jahrhunderts. Zum typischen Erscheinungsbild der römischen Garnisonsorte gehörten ferner dorfartige Zivilsiedlungen von z. T. beträchtlichem Umfang (vici). Sie erstreckten sich im unmittelbaren Vorgelände der Limeskastelle. In diesen bürgerlichen Niederlassungen lebten vorwiegend Händler, Handwerker, Gastwirte, ›schöne Mädchen‹, Soldatenfamilien und Veteranen. Ihre oftmals langgestreckten, teilweise unterkellerten Wohnhäuser und Bauten reihten sich an den Ausfallstraßen der Lager auf und waren teils in Steinbauweise, teils in einer Art Fachwerkkonstruktion errichtet. Aus den überlieferten Baubefunden und Beobachtungen läßt sich das Bild blühender Gemeinwesen mit z. T. zentralörtlichen Funktionen erschließen. Hier gab es Bäder oder Thermen, die auch beim kleinsten Limeskastell nicht fehlen durften, handwerkliche und landwirtschaftliche Betriebe, Straßenwachtposten sowie Verwaltungs- und Versorgungsbauten (Umspannstationen mit Übernachtungshäusern und Stallungen, Lagerhäuser für Pachtleistungen der Landbevölkerung u. ä.). Kennzeichnend für die größeren Niederlassungen waren insbesondere Anlegekais für Schiffe, Benefiziarierstatio-

nen (zur Überwachung des Straßen- und Handelsverkehrs), Unterkunfts-
und Aufenthaltshäuser für durchreisende Offiziere und Beamte, zentrale
Einrichtungen der weit verstreut in zahlreichen Gutshöfen des Limeshinterlandes ansässigen Bevölkerung sowie Kultbereiche mit z. T. mehreren
Heiligtümern bzw. Tempelbauten (z. B. Heiligtümer für Jupiter Doliche-
nus, Mithras- und Fortunatempel, Quellheiligtümer für Nymphen, Benefi-
ziarier-Weihebezirke).

Neben der offiziellen ›Staatsreligion‹ konnten sich im Grenzland des Römerreiches noch zahlreiche religiöse Sonderformen entfalten, denn die Römer tolerierten die einheimischen Gottheiten der Provinzbevölkerung,
setzten sie mit ihren eigenen gleich und gaben ihnen römische Namen (In-
terpretatio Romana). Die eigentlichen keltischen oder germanischen Namen der romanisierten Gottheiten sind daher meist unbekannt. Besonders
geschätzt war Mercur wegen seiner Vielseitigkeit. Dies bezeugen u. a. zwei
Heiligtümer auf dem Greinberg über Miltenberg, in denen mit Merkur verbundene nichtrömische Gottheiten (M. Cimbrianus und M. Avernoricus)
verehrt wurden.[57] Die Assimilationskraft der römischen Religion bezeugen
auch die vornehmlich im nordgallisch-obergermanischen Raum verbreiteten Jupitergigantensäulen: Steinskulpturen auf Säulen mit der Darstellung
des über einen Giganten hinwegreitenden Jupiter, hinter dem sich zugleich
der keltische Himmelsgott Taranis verbirgt.[58] Zu den wenigen keltischen
Gottheiten, die ihren ursprünglichen Namen bewahrt haben, gehört die im
gallo-römischen Bereich sehr beliebte Göttin Epona, die Herrin der Pferde
und Reiter. Die Friedhöfe – in der Limeszeit fast durchweg Bestattungsplätze mit Brandgräbern – wurden nach antiker Sitte stets außerhalb der
Wohnbereiche, entlang den Straßen, angelegt.

Die äußeren Lebensumstände der einstigen Bewohner wurden in hohem
Maße von den z. T. überörtlichen militärischen und zivilen Funktionen des
jeweiligen Römerorts geprägt. Bestimmender Faktor der Garnisonsorte
war zweifelsohne die Anwesenheit der dort stationierten Truppe, mit der
man durch ein vielfältiges Geflecht wechselseitiger – wirtschaftlich-sozialer
wie verwandtschaftlicher – Beziehungen verbunden war. Zu dieser ›Symbiose‹ von Garnison und Vicus trat als weiterer prägender Faktor noch die
spezifische ›Infrastruktur‹ des Limeshinterlandes mit ihrer bemerkenswer-
ten Massierung landwirtschaftlicher Gutsbetriebe (villae rusticae) vor allem
westlich des Abschnitts Niedernberg-Wörth. Durch ihre geographische
Nähe und ihre günstige Lage an einem gut ausgebauten, auf dem Zusam-
menwirken von Schiffs- und Straßenverbindungen beruhenden Verkehrs-
system geben letztere ihre wirtschaftliche und verwaltungspolitische Anbindung an die größeren Garnisonsorte, die zugleich zivile Hauptorte waren, deutlich zu erkennen. In diesen Markt- und Händlersiedlungen am

Rande der Limeskastelle, die nicht nur Anlegestellen für die Rhein-Main-Flußschiffahrt, sondern auch Kopfstationen wichtiger, vom Landgebiet der Civitas Auderiensium (einer Gebietskörperschaft ähnlich einem heutigen Landkreis mit dem Hauptort Dieburg) kommender Verkehrsstraßen waren, spielte sich im wesentlichen der Warenumschlag zwischen Landwirtschaft, Handel, Gewerbe und Militär ab. Hier wurden die verschiedensten Produkte vertrieben, von denen dann ein gut Teil an die Bevölkerung des Umlandes, besonders an die Truppen bzw. Zivilbewohner der benachbarten Kastellorte und Gutshöfe, gelangten. (L. W.)

3. Germanen im Vorfeld des Römischen Reiches

3.1 Die rheinwesergermanische Kultur

Seit dem 1. Jahrhundert n. Chr. gehörte Mainfranken zum rheinwesergermanischen Kulturkreis, der sich im Raum zwischen Rhein im Westen und Weißer Elster im Osten ausgebildet hatte. Im norddeutschen Flachland hat er kaum die Grenzen der Lößverbreitung überschritten. Im Süden ist dagegen bisher keine eindeutige Begrenzung gefunden worden. Die Mainlande bis zum Steigerwald gehören ganz sicher dazu, im Südwesten werden die Hohenloher Ebene und der Unterlauf des Neckar erreicht. Im wesentlichen ist also die rheinwesergermanische Kultur eine Erscheinung der deutschen Mittelgebirgszone. Im gleichen Raum – wenn auch nicht flächendeckend – war schon die Großromstedter Kultur während des jüngsten Abschnittes der vorrömischen Eisenzeit verbreitet.

Die rheinwesergermanische Kultur ist zwar räumlich die Erbin, nicht aber der direkte Sproß, der genetisch auf andersartiger, elbgermanischer Grundlage entstandenen Großromstedter Kultur.[59] Im nachmaligen rheinwesergermanischen Gebiet vollzieht sich nach Abklingen der Großromstedter Einflüsse ein kultureller Ausgleichs- und Angleichsprozeß, an dem vor allem die von alters her bodenständigen Bevölkerungsgruppen beteiligt waren. Trotz ihrer Einheitlichkeit ist kein antiker Name für die rheinwesergermanische Kulturgruppe überliefert. Wahrscheinlich hat es einen solchen auch nicht gegeben. Statt dessen sind für einige Regionen Stammesnamen bekannt. Im Weserbergland saßen z. B. die Cherusker und in Nordhessen die Chatten. Die in Mainfranken siedelnde Germanengruppe ist für uns dagegen namenlos.

Die Anfangsdatierung der rheinwesergermanischen Kultur beschäftigt die Forschung seit langem. Neuerdings mehren sich die Anzeichen dafür, daß sie zumindest in der Wetterau bereits 20 n. Chr. fertig ausgebildet entgegentritt.[60] Wenn die rheinwesergermanische Kultur, wie angenommen, das Ergebnis eines kulturellen Ausgleichsprozesses innerhalb eines größeren Gebietes war, dann muß zwangsläufig mit einer gewissen zeitlichen Staffelung dieses Vorganges gerechnet werden. Auch regional dürften sich in der materiellen Kultur zunächst einmal Lokalformen ausgebildet haben, die erst im Laufe der weiteren Entwicklung mit dem Bekanntwerden überregionaler Standardformen ausliefen. So fehlt bei der Keramik z. B. häufig die Gefäßform I (nach v. Uslar), eine Leitform der älteren Kaiserzeit[61] (1. und 2. Jahrhundert n. Chr.). Zu einem Gebiet mit nur vereinzeltem Vorkommen gehört auch Mainfranken. In dieser Hinsicht bildet auch die kontinuierlich seit der Großromstedter Zeit belegte Siedlung von Baldersheim im Ochsenfurter Gau keine Ausnahme. Aus ihrem Fehlen darf somit nicht unbedingt auf eine Siedlungsleere in dieser Zeit geschlossen werden.

Statt dessen ist anzunehmen, daß örtliche Formen, in Baldersheim z. B. in Großromstedter Tradition hergestellte Keramik, weiter benutzt wurden und damit die scheinbare Lücke ausfüllten. Typische rheinwesergermanische Stilmerkmale wie flächendeckend eingedrückte oder plastisch erhabene Muster in Kombination mit Strichverzierungen unterschiedlicher Anordnung sind in Baldersheim und anderswo schon vor dem Auftreten der jüngeren Gefäßform II (nach v. Uslar) vorhanden. Form II stellt eine Schale mit steilem, fast geradem Halsteil dar. Bei ihren niedrigen, gedrungenen Varianten haben vielleicht sogar römische Terra-sigillata-Schüsseln das Vorbild abgegeben. Diese gegenüber Form I im allgemeinen jüngeren Gefäßformen kommen sehr zahlreich vor und sind geradezu typisch für Siedlungen des 2. und 3. Jahrhunderts. Bis zum Erscheinen neuer, elbgermanisch geprägter Stileinflüsse in Mainfranken im Laufe des 3. Jahrhunderts bleiben solche Gefäße dominierend. Noch eine weitere Gemeinsamkeit verbindet die rheinwesergermanischen Gebiete untereinander; es ist die außerordentliche Spärlichkeit an Fibelfunden während der älteren Kaiserzeit. Vor allem im Vergleich zu der mannigfaltigen Fibelentwicklung im Elbegebiet macht der rheinwesergermanische Raum einen ausgesprochen ärmlichen Eindruck. Diese Fibelarmut kommt auch nicht durch das scheinbare Fehlen von Gräberfeldern dieser Zeit zustande. Selbstverständlich hat es damals Gräberfelder gegeben. Sie sind aber entweder nahezu völlig zerstört oder wegen der allgemeinen Beigabenarmut in Verbindung mit einer Grabsitte, bestehend aus unscheinbaren Leichenbrandhäufchen in kleinen Brandgruben, selten als Urnengrab, ohnehin nur sehr schwer nachzuweisen.

Im heutigen Unterfranken gibt es nur sehr wenige Fibeln, die aus der Zeit um Christi Geburt stammen könnten. Einige von ihnen sind zudem eher noch mit der ausklingenden Großromstedter Kulturphase zu verbinden. Erst in den Jahrzehnten um 100 n. Chr. tauchen in Mainfranken wieder Fibeln in ansehnlicher Stückzahl auf, von denen viele römische Fabrikate darstellen und zu eigenen germanischen Nachahmungen angeregt haben. Auch die Belieferung Mainfrankens mit römischer Terra sigillata ist vor 100 n. Chr. in keinem nennenswerten Umfang erfolgt. So fehlen u. a. Schüsseln der sogenannten Form Dragendorff 27, deren Produktion vor 100 n. Chr. anzusetzen ist, bislang vollständig in den mainländisch-germanischen Siedlungen. Eine geregelte Versorgung Innergermaniens mit Terra sigillata scheint ohnehin erst später mit der Aufnahme der Produktion in den Werkstätten von Rheinzabern begonnen zu haben. Nach alledem sieht es fast so aus, als hätte die germanische Bevölkerung Mainfrankens erst durch das Medium römischer Fibeln oder Terra sigillata (Farbbild S. 51) wieder deutliches Profil gewonnen.

Die besten Entsprechungen zu diesen Fibeln lassen sich in den Kastellen im Odenwald und in der Wetterau finden. Zwischen dem Erscheinen römischer Erzeugnisse in Mainfranken einerseits, und der Anlage des Limes als römischer Reichsgrenze andererseits, mag sogar ein innerer Zusammenhang bestanden haben. Damals war der Limes wohl mehr eine sichtbare Zollmarkierungslinie als eine militärisch ausreichend geschützte Grenzbefestigung. Zwischen dem Römischen Reich und Innergermanien mögen damals Handelsgüter in Art eines kleinen Grenzverkehrs nach beiden Richtungen die Grenzen überschritten haben. Einige Kastelle am Odenwald- und Mainabschnitt des Limes hatten bezeichnenderweise Beneficiarierstationen. Diese Sonderformationen des römischen Heeres erfüllten u. a. straßenpolizeiliche Aufgaben, wozu auch die Kontrolle des Warenverkehrs gehörte.

Worin der Gegenwert für römische Handelsgüter bestand, ist weitgehend unbekannt. Größtenteils mag er aus Naturalien bestanden haben, die der Versorgung der Grenztruppen mit Nahrung dienten. In der Wetterau und im Hohenlohischen haben einheimische germanische Bevölkerungsgruppen in unmittelbarer Nähe der Kastelle gelebt. Möglicherweise lebte auch die kastellnahe Vicusbevölkerung nicht selten mit Germanen zusammen. Dadurch waren vielerlei Gelegenheiten der Kontaktaufnahme zwischen römischem Militär und der einheimischen Zivilbevölkerung gegeben. Außerdem warben die Römer Einheimische für die Kontingente der Hilfstruppen an, die häufig als selbständige Formationen eingesetzt waren. Allerdings lagen die Standorte dieser Einheiten nur selten in jenen Gebieten, aus denen sie rekrutiert wurden. Ein derartiger Rekrutierungsraum könnte auch Mainfranken, zumindest in seinen grenznahen Gebieten, gewesen sein.

Von zahlreichen germanischen Siedlungsstellen Mainfrankens gibt es in erstaunlicher Anzahl Metallbeschläge römischer Militärausrüstungen.[62] Nicht zufällig befindet sich darunter auch zahlreiches Zubehör des Sattelzeuges. Aber auch römische Waffenteile fehlen nicht ganz. Vielleicht bekunden diese Funde indirekt den Dienst germanischer Krieger aus Mainfranken im römischen Heer. So könnten beispielsweise germanische Reiter nach ihrer Entlassung diese Dinge mit in ihre Heimat gebracht haben. Auch manche der recht zahlreichen römischen Fundmünzen in Mainfranken könnten aus einer Soldzahlung stammen. Inwieweit Münzen über diese Funktion hinaus auch in Innergermanien als reguläres Zahlungsmittel galten, entzieht sich unserer Kenntnis. Sehr wahrscheinlich ist eine Funktion als echtes Zahlungsmittel jedoch nicht, da dies ein differenziertes Wirtschaftssystem voraussetzt. Nach einer Tacitusstelle sollen aber die grenznahen Germanen Münzen als Zahlungsmittel benutzt haben.[63] Vielleicht hatte Tacitus hierbei jedoch nur Handel mit Römern im Auge. Die meisten in Mainfranken vorkommenden Prägungen gehören dem 2.–4. Jahrhundert an.

In jedem Fall haben die germanisch-römischen Kontakte zur Übernahme und Nachahmung römischer Vorbilder in der materiellen Kultur der Germanen geführt. Dieser Impuls läßt sich u. a. sehr deutlich bei den Fibeln nachvollziehen. Nicht immer ist es ganz leicht, Germanisches von Römischem zu trennen. Vieles kann von germanischen Handwerkern sehr detailgetreu nachgemacht worden sein. Auch das Qualitätskriterium ist wohl nicht immer ein sicheres Indiz. Erstaunlicherweise haben die Germanen bei Fibeln nicht die römische Scharnierkonstruktion übernommen. Sie bevorzugten statt dessen die traditionelle Spiralkonstruktion, deren Vorteil in der federnden Befestigung lag. Prunkvolle reichverzierte Emailscheibenfibeln (Farbbild S. 52) sind sicher nicht in Innergermanien hergestellt worden. Die komplizierte Emailherstellung beherrschten germanische Handwerker ganz offensichtlich nicht.

Zur damaligen germanischen Frauentracht gehörten kleine runde Scheibenfibeln, deren Preßblechauflage heute meist fehlt. Diese Fibeln gelten allgemein als römische Erzeugnisse. Dagegen sind kleeblattartige und tiergestaltige Scheibenfibeln (Hirsch, Eber) von einheimischen germanischen Handwerkern hergestellt worden. Einheimischer Produktion entstammen auch die einfachen Bügelfibeln der sogenannten Gruppe Almgren V, darunter einige mit ›geknicktem‹ Bügel.[64] Allgemein ist mit Beginn der jüngeren Kaiserzeit (ab 160/180 n. Chr.) die Tendenz zu immer ›höherem‹, d. h. längerem Nadelhalter festzustellen. Von den Bügelfibeln wird die sogenannte Kniefibel zu den verschiedenen Varianten der Gruppe Almgren VII weiterentwickelt (eine Auswahl zeigt Abb. 9).

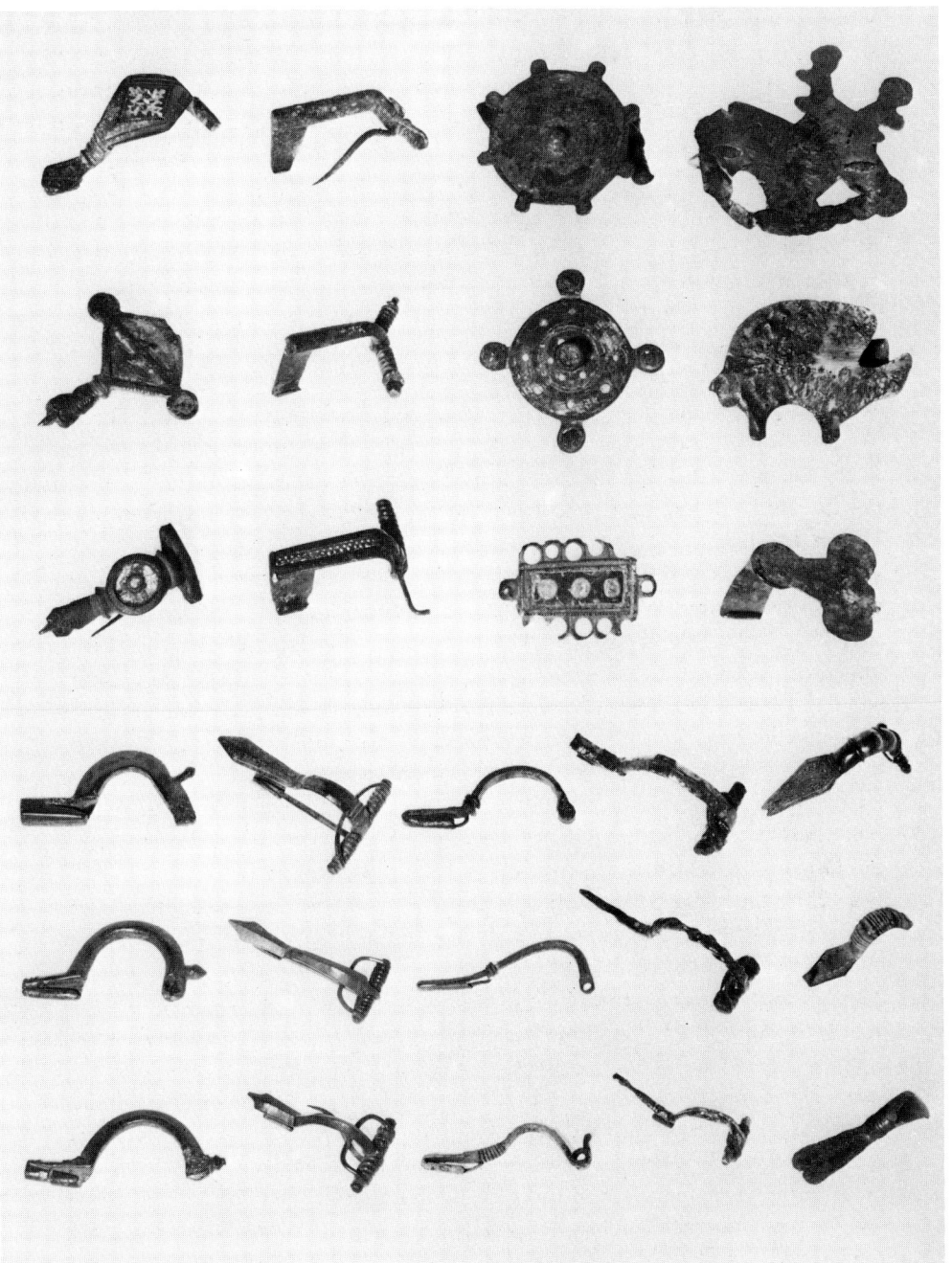

Abb. 9   *Auswahl germanisch-mainfränkischer Fibelformen. Obere Hälfte: 1.–3. Jahrhundert n. Chr.; untere Hälfte: 3.–5. Jahrhundert n. Chr. M. = 2:3.*

Die Farbbilder

Seite 49   *Spätkeltischer Glasschmuck aus einem Brandgräberfeld bei Hörstein, Lkr. Aschaffenburg.*

Seite 50   *Porträt des Kaisers Augustus auf einer römischen Bronzemünze (halbierter As), geprägt ca. 10–2 v. Chr. in Nemausus/Nîmes. Aus dem frührömischen Legionslager Marktbreit. H. 2,6 cm.*

Seite 51   *Römische Terra Sigillata-Schale mit Schiffdarstellungen und Fabelwesen (Tritonen und Hippokampen). Aus einem Brunnen der Zivilsiedlung (vicus) des Römerkastells Obernburg, Lkr. Miltenberg. 2. Jahrhundert n. Chr.*

Seite 52   *Oben: Römische Bronzeapplike mit Medusenhaupt aus der germanischen Siedlung von Acholshausen, Lkr. Würzburg (2./3. Jh. n. Chr.). – Unten: Römische Emaillescheibenfibel aus Frankenwinheim, Lkr. Schweinfurt (2. Jh. n. Chr.).*

Seite 53   *Oben: Bronzefibeln der jüngeren Kaiserzeit aus den germanischen Siedlungen von Frankenwinheim und Acholshausen. – Unten: Spätrömischer Münzschatzfund der Zeit um 400 n. Chr. vom Areal der völkerwanderungszeitlichen Bergbefestigung in der Mainschleife bei Urphar-Kreuzwertheim.*

Seite 54   *Thüringer Zangenfibel (links) und fränkische Bügelfibel (rechts) aus einem Frauengrab des frühen 6. Jahrhunderts bei Gelchsheim, Lkr. Würzburg.*

Seite 55   *Merowingerzeitlicher gläserner Guttrolf aus Unterspiesheim, Lkr. Schweinfurt. Sonderform mit dicker kurzer Mittelröhre und einem Kranz von insgesamt acht aufgesetzten, alternierend nach unten bzw. nach oben gerichteten Hohlrüsseln. Fränkisches, in spätrömischer Tradition stehendes Erzeugnis des 6. Jahrhunderts. Höhe: 18 cm.*

Seite 56   *Vergoldete Bronzebeschlagplatte des 7. Jahrhunderts n. Chr. mit durchbrochen gearbeiteter Tierstil-II-Verzierung. Vom Areal der befestigten Bergstation auf dem Judenhügel bei Kleinbardorf, Lkr. Rhön-Grabfeld.*

48

50

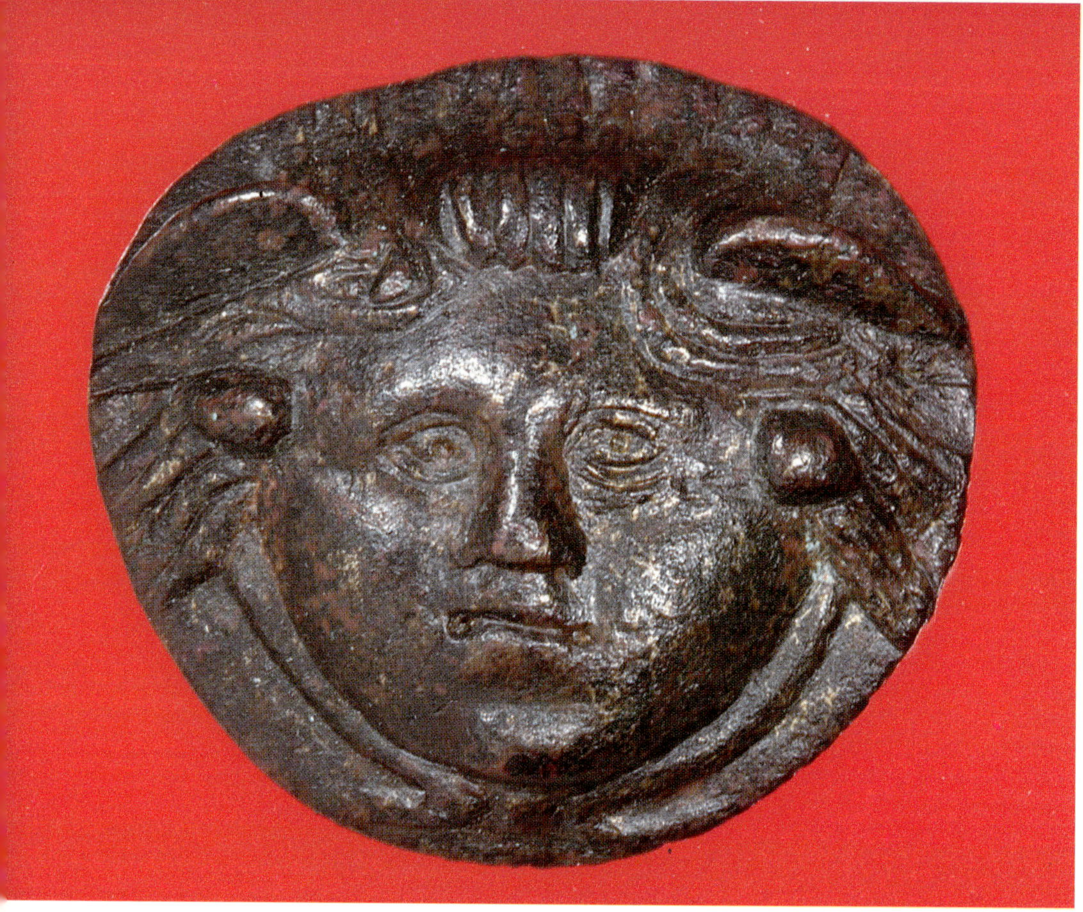

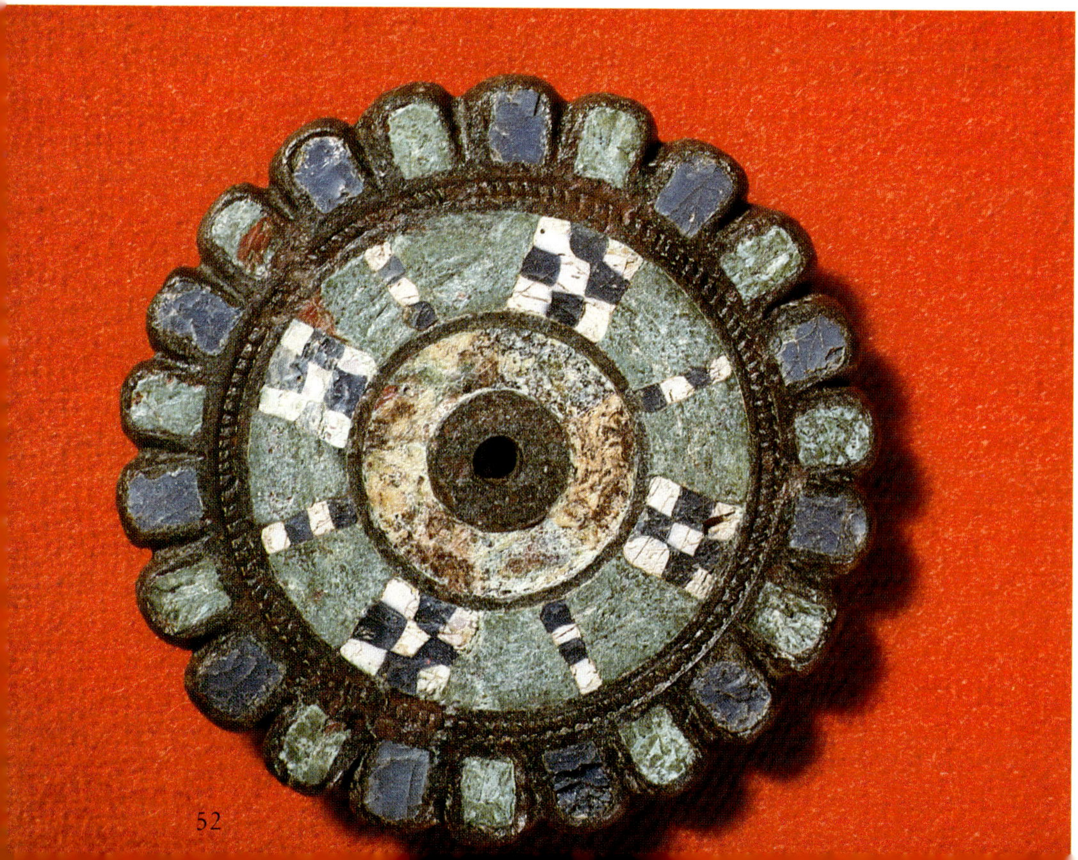

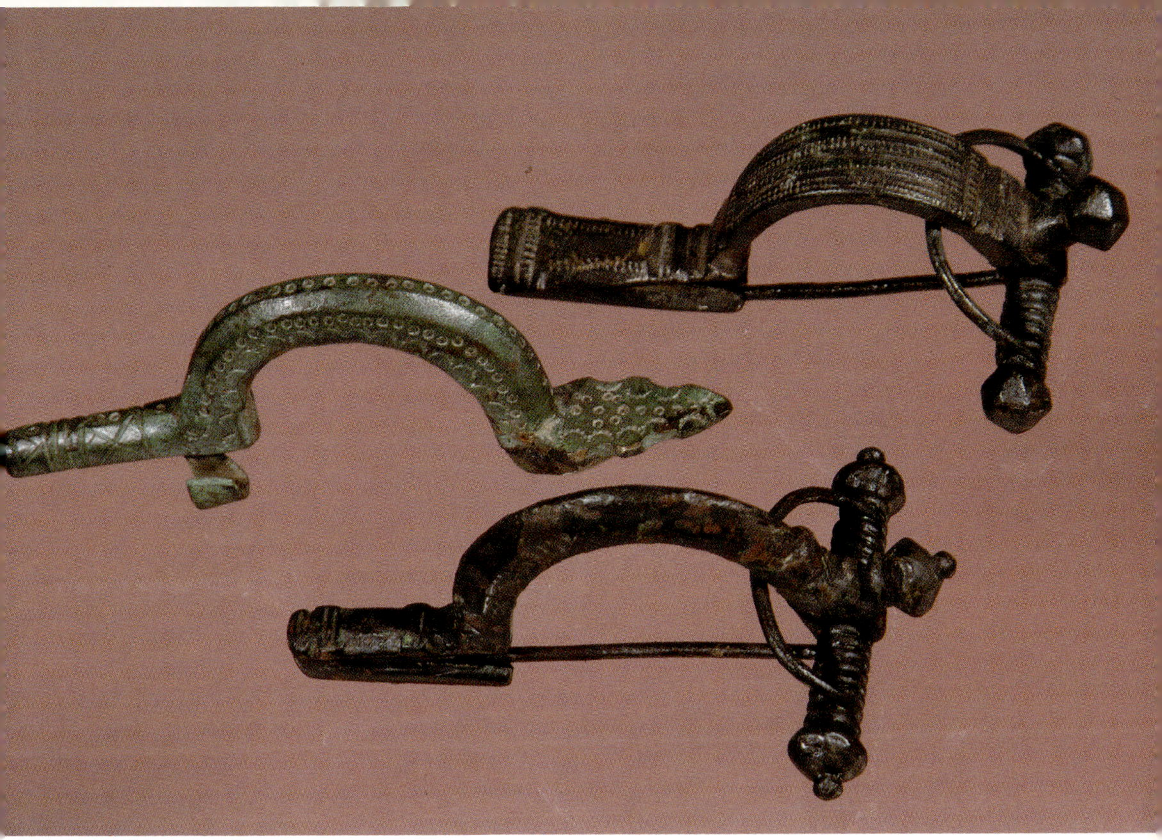

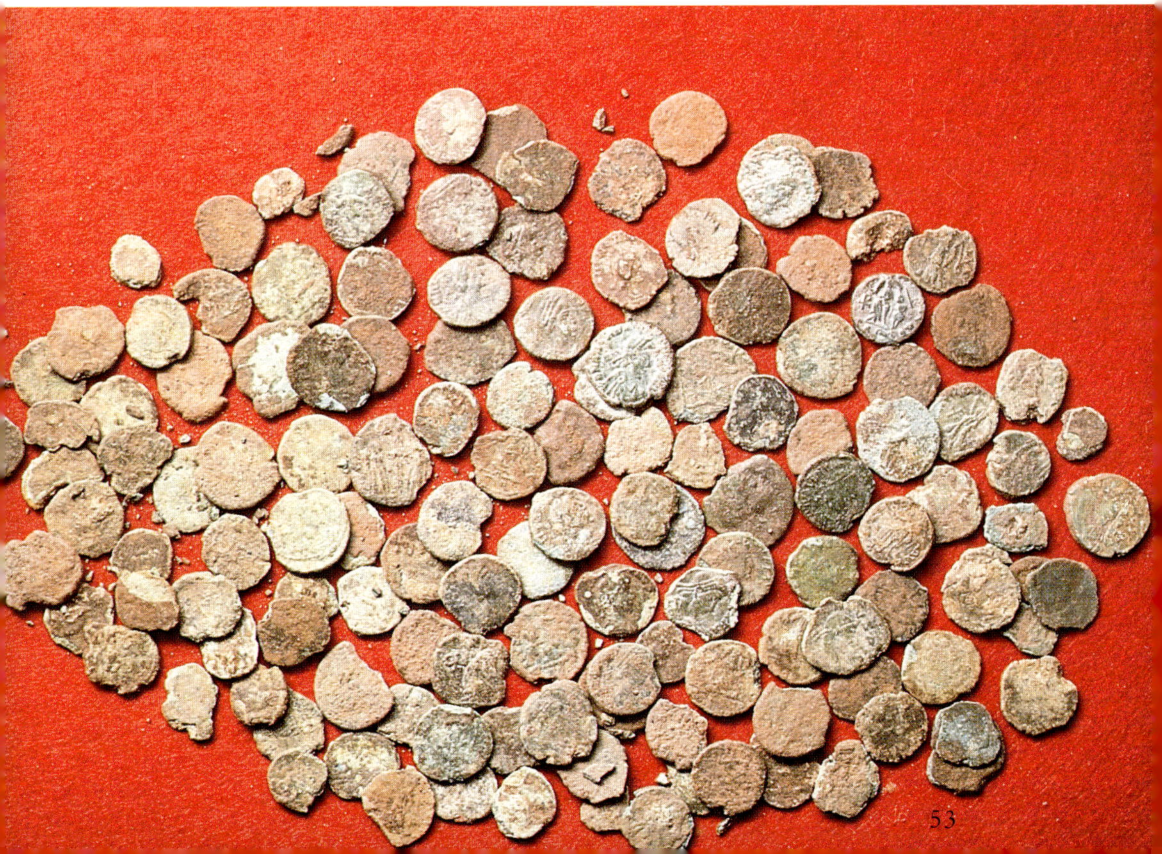

55

Über die technischen Aspekte des Metallhandwerkes sind wir durch zahlreiche Spezialstudien sehr gut unterrichtet.[65] Das Verfahren des Bronzegusses ist ebenso in allen Einzelheiten geläufig wie jenes des Schmiedens. Wenig ist dagegen über Organisation und Struktur dieses Handwerkes bekannt. Als sicher darf gelten, daß Metallgewinnung und Weiterverarbeitung in unterschiedlichen Händen lag. Schließlich dürfen wir noch annehmen, daß Grob- und Feinschmiedearbeiten zwei unterschiedlichen Tätigkeitsbereichen angehörten und frühzeitig voneinander getrennt waren. Archäologisch mehren sich die Anzeichen, daß die Werkstätten nur sehr klein waren und für den örtlichen, allenfalls für den regionalen Bedarf arbeiteten. Eine kleine Gießereiwerkstatt fand sich bei Altendorf südlich von Bamberg.[66] In ihr wurden Bronze und Silber, vielleicht auch Eisen verarbeitet. Andere Werkstätten weisen noch Gußtiegel, Schmelzschalen, Werkzeuge und Halbfabrikate auf. Klumpen von zusammengeklopftem und angeschmolzenem Bronzeschrott gibt es auch in zahlreichen anderen Siedlungen Mainfrankens, so daß in vielen Siedlungen kleinere Werkstätten anzunehmen sind. Schrott deckte den Rohstoffbedarf. Er setzte sich aus einheimischen und römischen Altsachen zusammen. Analysen germanischer Bronzeerzeugnisse ergaben Zusammensetzungen, wie sie für römische Bronzen typisch sind. Es hat fast den Anschein, als hätten Händler diesen Schrott an Handwerker weiterverkauft. Eine weitere Metallquelle, insbesondere bei Edelmetallen, stellten römische Münzen dar. Auch sie werden nicht selten in verklumptem und angeschmolzenem Zustand in germanischen Siedlungen Mainfrankens gefunden. Neben der Verwendung von Bunt- und Edelmetallen, aus denen Klein- und Schmuckgegenstände hergestellt wurden, spielte selbstverständlich auch das Eisen bei der Versorgung mit Dingen des alltäglichen Lebens eine wesentliche Rolle. Vor allem für die Geräte- und Waffenherstellung wurden größere Mengen an Eisen benötigt. Dieses Metall wurde z. T. in Barrenform verhandelt. Abbau im Steigerwald käme ebenfalls als Rohstoffquelle in Frage, doch gibt es für diese Annahme noch keine Anzeichen. Eine weithin genutzte Ressource waren die in Sandgebieten häufig vorkommenden Raseneisenerze. Ihre Nutzung hatte den Vorteil, daß sie gleichsam vor der eigenen Haustür lagen. Allerdings genügte ihre Qualität nicht immer den Ansprüchen. Ebenso wie bei der Buntmetallverarbeitung zeugen viele Reste von Eisenschlacken in den Siedlungen von ihrer an vielen Plätzen erfolgten Weiterverarbeitung.

Fibeln wurden geschmiedet und gegossen. Da Eisen nicht gegossen werden konnte, mußte die Fibelform vollständig aus einem Eisenstab geschmiedet werden. Dazu eigneten sich verständlicherweise nur einfache Formen. Ansonsten erfolgte der Bronzeguß meist in ›verlorener Form‹, wobei die Vor-

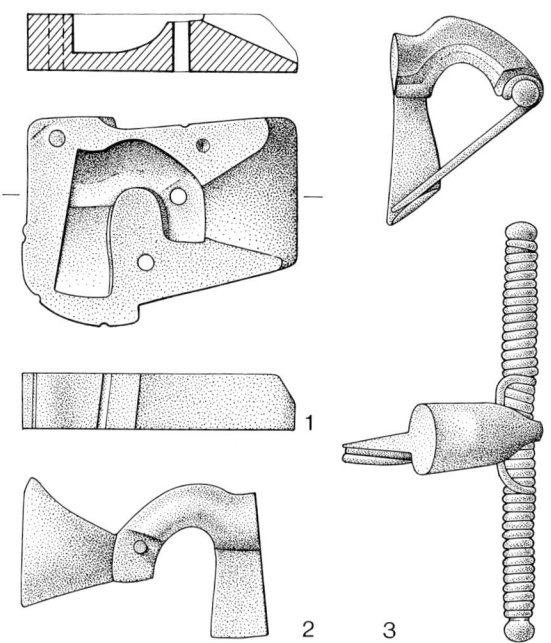

Abb. 10 *Metallgußform für eine germanische Fibel mit hohem Nadelhalter aus Gel-*
dersheim, Lkr. Schweinfurt. 1 Model (Draufsicht und Seitenansicht), 2 Ausformung des
Negativs, 3 Beispiel einer fertigen Fibel dieses Typs (Seitenansicht und Draufsicht).
Natürliche Größe.

lage in Wachs und Lehm abgeformt wurde. Selten sind dagegen Metallmo-
del, in der das Negativ der Fibel abgebildet ist. Ein solcher Model stammt
aus der Siedlung Geldersheim, Lkr. Schweinfurt (Abb. 10).[67] Mit ihm
konnten Fibeln mit extrem hohem Nadelhalter gegossen werden. Dieser
Model könnte einem Wanderhandwerker gehört haben, der sich dort nie-
derließ, wo seine Arbeit benötigt wurde. Neben den Dorf- und Wander-
handwerkern wird es auch Feinschmiede gegeben haben, die am Sitz eines
einheimischen Großen arbeiteten. Ihr Können war entsprechend vielseiti-
ger.
Innerhalb der germanischen Bevölkerung hatte sich bereits in der älteren
Kaiserzeit eine von der übrigen Bevölkerung abgehobene Gesellschafts-
schicht herausgebildet. In Mainfranken sind derartige gesellschaftliche
Differenzierungen für die Kaiserzeit noch nicht deutlich nachzuweisen,
doch könnte die Situation bei der Siedlung Frankenwinheim, Lkr.
Schweinfurt, im Vorfeld des Steigerwaldes für den Sitz eines germanischen
Vornehmen sprechen.[68] Überdurchschnittlich reiche Metallfunde (Farbbil-
der S. 52, 53) der Tracht, Münzen, Terra sigillata und Reste einer römischen

Hypocaust-Anlage belegen, daß keine einfache ländliche Siedlung vorliegt. Die Funde gehören zwei Perioden an, so daß es bisher noch nicht feststeht, zu welcher Phase die Hypocaustziegel zu rechnen sind. Selbstverständlich fehlen auch nicht die Hinweise auf Metallverarbeitung an dieser Stelle.

Das Siedlungswesen der römischen Kaiserzeit ist in Mainfranken bisher nur in Ansätzen erforscht, da größere Siedlungsgrabungen noch ausstehen. Nach wie vor kann hier nur Baldersheim im südlichen Ochsenfurter Gau angeführt werden. Die Untersuchung liegt aber bereits mehr als 50 Jahre zurück und genügt heutigen Methoden nicht mehr. Forschungsgeschichtlich ist sie aber nicht wegzudenken und wird immer mit dem Namen des ersten unterfränkischen Amtsarchäologen, Prof. Dr. G. Hock, verbunden bleiben. Damals konnte in Baldersheim im Bereich der Flur Staffelsbrunn eine dichte Bebauung mit Grubenhäusern und Pfostenspuren nachgewiesen werden, die zu ehemaligen ebenerdigen Pfostenbauten gehörten. In Analogie zu besser erforschten Siedlungen, insbesondere im norddeutschen Flachland, waren dies sicherlich Reste von Großbauten in Pfostenständerbauweise gewesen. In altbesiedelten und heute tiefgründig beackerten Lößlandschaften sind derartige Bauten nur schwer nachzuweisen. In Baldersheim sind die Erhaltungsbedingungen indes relativ gut. Die in Baldersheim und auch anderswo untersuchten Grubenhäuser waren keine regelrechten Wohnbauten. Sie dienten Wirtschaftszwecken und wurden allenfalls im Winter als Schlafräume aufgesucht, weil die Erdwärme einen besseren Schutz vor Kälte gewährte als oberirdische Großbauten. Innerhalb der Dörfer sind Differenzierungen sowohl in wirtschaftlicher als auch in sozialer Hinsicht festzustellen.

Die Größe der Gräberfelder steht in einer bestimmten Relation zur Größe und Dauer der dazugehörigen Siedlungen. Der Umfang der in Mainfranken mehr oder weniger vollständig ausgegrabenen germanischen Gräberfelder spricht eher für kleinere Siedlungsgemeinschaften. Das Gräberfeld von Aubstadt, Lkr. Rhön-Grabfeld, und die älteren Bestattungen des Gräberfeldes von Altendorf, Lkr. Bamberg, gehören in die zweite Hälfte des letzten vorchristlichen Jahrhunderts und reichen vereinzelt bis ins erste nachchristliche Jahrzehnt. Die Belegung beider Gräberfelder scheint dann abzubrechen. Während in Altendorf gegen Mitte oder gegen Ende des 2. Jahrhunderts n. Chr. eine erneute Wiederbelegung, wahrscheinlich im Zusammenhang mit einer elbgermanischen Zuwanderung oder zumindest eines elbgermanischen Kultureinflusses, festzustellen ist, ist das Gräberfeld von Aubstadt wohl endgültig aufgegeben worden. In das 2./3. Jahrhundert n. Chr. gehört allem Anschein nach der neu entdeckte Friedhof der Siedlung von Baldersheim. Wie eine Testgrabung ergab, war dieses Gräberfeld aber bereits tiefgründig zerstört.[69] Als Grabgefäße sind dort des öfteren Terra sigillata-Schalen nachgewiesen. In der zugehörigen Siedlung ist Terra sigillata ebenfalls überaus häufig. Das Gräberfeld liegt nur 200 m nördlich des Siedlungsplatzes in leicht erhöhter Lage. In Aubstadt beträgt der Abstand zwischen Gräberfeld und bekannter nächster Siedlung gleicher Zeit dagegen rd. 900 m. Ein Zusammenhang zwischen beiden Stellen ist deshalb keineswegs sicher, ebensowenig wie im Falle Altendorfs, wo die dazugehörige Siedlungsstelle im Bereich der mindestens 350 m südlich davon gelegenen ehemaligen Keltensiedlung vermutet wird. Zwischen angenommener Siedlung und Gräberfeld fließt außerdem ein kleiner Bach, in dessen Nähe die zugehörige Siedlung eher anzunehmen ist. Das Brandgräberfeld von Kleinlangheim beginnt zwar schon in der ersten Hälfte des 3. Jahrhunderts, doch ist die Masse der Gräber jünger, so daß es erst im nächsten Kapitel behandelt werden soll.[70]

Neben vereinzelten kriegerischen Verwicklungen ist das Verhältnis zwischen Germanen und Römern bis an das Ende der älteren Kaiserzeit (160/180 n. Chr.) durch überwiegend friedliche Beziehungen geprägt gewesen. Die Germania Libera stellte für das Römische Reich einen Ergänzungsraum für seinen Rohstoff- und Menschenbedarf dar. Römische Güter waren schon ihrer Andersartigkeit und Qualität wegen bei den Germanen hoch geschätzt (z. B. Farbbilder S. 51, 52). Im Gefolge der Markomannenkriege ab 166 n. Chr. war das Verhältnis zwischen Germanen und Römern gestört. Die Kriege haben sich zwar im wesentlichen im Bereich des Donaulimes und seines Vorfeldes abgespielt, mit Fernwirkungen muß aber gerechnet werden. Dadurch entstand ein Mißtrauen, das zumindest die wirtschaftlichen Beziehungen beeinträchtigt hat.

In dieser Zeit wandelt sich bei den Germanen allmählich ein Teil ihrer materiellen Kultur, wodurch die nun beginnende jüngere Phase der Kaiserzeit von der älteren abgehoben ist. Der Wandel betraf vor allem die Keramik und den Fibelschmuck. Die Anregungen dazu gingen vom Elbegebiet aus und stehen eventuell sogar mit Einwanderungen neuer Bevölkerungsgruppen ins Maingebiet in ursächlichem Zusammenhang. Den in dieser Zeit festgestellten Veränderungen innerhalb der mainfränkisch-germanischen Siedlungsstruktur kann aber zusätzlich auch eine innere Dynamik zugrunde liegen. Bisher anscheinend weitgehend unbesiedelt gebliebene Gebiete des Steigerwaldvorlandes, die sich von den Gäuplatten durch geringere Fruchtbarkeit abheben, sind jetzt ebenfalls in das allgemeine Siedlungsgefüge einbezogen worden. Der Beginn des Gräberfeldes von Kleinlangheim dürfte ebenso wie die mutmaßliche Neubelegung des Gräberfeldes Altendorf bei Bamberg mit diesen Vorgängen in Verbindung stehen.

3.2 Alamannen und Burgunder

Alamannen werden das erste Mal im Jahre 213 am Rhein erwähnt.[71] Ihre Formierung als Stamm muß sich also in den Jahren davor vollzogen haben. Allgemein wird angenommen – was auch durch die Archäologie gestützt wird –, daß sich die Alamannen zu einem wesentlichen Teil aus elbgermanischen Bevölkerungselementen zusammengesetzt haben. Die Archäologie geht sogar soweit, ihre teilweise Herkunft aus Mecklenburg oder dem Havelgebiet festlegen zu wollen. In diesem Zusammenhang werden immer wieder die Semnonen als das Stammvolk genannt, daneben auch die Juthungen, die vor allem wegen ihrer Reiterei bekannt waren. Die Anmarschrichtung der Alamannen gegen den Rhein soll über Mainfranken, das Taubertal und die Hohenloher Ebene verlaufen sein. In der zuletzt genannten Gegend müßte auch der ›Sieg‹ Caracallas (211–217) von 213 über die Alamannen stattgefunden haben, der die politisch-militärische Lage wieder einigermaßen für die Römer stabilisierte. Ob dies wirklich Folge eines durchgreifenden Schlachtenerfolges war, wird von der Forschung mit guten Gründen bezweifelt. Einige Anzeichen weisen eher in die Richtung eines durch beträchtliche Zahlungen Caracallas erkauften ›Sieges‹.[72] Wenn dem so wäre, dann muß Caracalla in Verhandlungen entsprechende Zugeständnisse und Gegenleistungen für ein alamannisches Wohlverhalten gemacht haben. Dessen ungeachtet hat es ihn nicht gehindert, den Friedensschluß und ›Sieg‹ propagandistisch groß herauszustellen und sich in Rom als Triumphator feiern zu lassen. Nach diesen Ereignissen herrschte jedenfalls in dieser Gegend für zwei Jahrzehnte einigermaßen Ruhe. Erst im Jahre 233 verwüsten Alamannen erneut Teile des Limes und des Reichsgebietes. Das war aber nur ein relativ folgenloses Vorspiel zu den verheerenden Einfällen der Jahre 259/60, in deren Gefolge die gesamte Provinz Germania Superior bis an den Rhein verlorenging.

Der mainfränkische Raum muß an den Vorgängen in irgendeiner Weise beteiligt gewesen sein, ohne daß dieses unmittelbar in den archäologischen Befunden sichtbar wird. Der Name ›Alamanni‹ deutet bereits an, daß es sich um einen Neustamm handelt, der namensmäßig nicht die Tradition eines älteren Stammesverbandes fortführt. Nach L. Schmidt sollen auch die Burgunder bereits in der ersten Hälfte des 3. Jahrhunderts aus ihren Sitzen zwischen mittlerer Elbe und Oder (Bereich der Lebus-Lausitzer Kultur) in das obere und mittlere Maintal gekommen sein, wo sie die aufgegebenen Positionen der Alamannen eingenommen haben.[73] Die schriftliche Überlieferung weiß aber nichts von diesen Vorgängen, sondern erwähnt die Burgunder erst 278 im Zusammenhang mit ihrer Niederlage am Lech (?) durch Kaiser Probus (276–282).[74] Da ihre Geschichte erst von da ab einigermaßen Konturen gewinnt, soll auf sie noch einmal im nächsten Kapitel etwas näher eingegangen werden. (D. R.)

4. *Die Mainlande in spätrömischer Zeit*

Im Jahre 250/60 überrennen die Alamannen endgültig den Limes und nehmen weite Landstriche bis an den Rhein in ihren Besitz. In der Folgezeit konnten die Römer das Land nicht zurückerobern, so daß fortan der Rhein die Ostgrenze des Römischen Reiches bildete. Dieser wird dann rund hundert Jahre später unter Valentinian (364–375) militärisch noch einmal durch zahlreiche Festungsbauten gesichert, was aber den Verlust auch dieser Linie dreißig Jahre später nicht verhindern kann.[75] Damit mußte endgültig das Konzept einer linearen Grenzverteidigung aufgegeben werden. Die Bevölkerung in den bedrohten Gebieten hatte schon im Laufe des 4. Jahrhunderts befestigte Orte aufgesucht oder flüchtete sich bei aktuellem Anlaß vom flachen Land in die ebenfalls befestigten Bergrefugien.

Durch zahlreiche Verträge und Bündnisse versuchte die römische Verwaltung, zum Schutz des innerrömischen Reichsgebietes ein glacisartiges Vorfeld zu schaffen, in dem sich romfreundliche Germanen ansiedeln durften, die gleichzeitig auch militärische Sicherungsaufgaben zu übernehmen hatten. Innergermanische Zwiste nutzten die Römer selbstverständlich für ihre Zwecke aus. Dabei kam ihnen die traditionelle Feindschaft zwischen Alamannen und Burgundern zustatten. Zum Jahre 370 berichtet z. B. Ammianus von Streitigkeiten über Salzquellen zwischen beiden Stämmen.[76] Die Forschung sucht diese mit guten Gründen bei Schwäbisch Hall, was, wenn es zuträfe, einen Anhaltspunkt für die Lokalisierung der Sitze der Burgunder nördlich davon abgeben könnte.[77] Als Julian Apostata, Kaiser von 361–363, nach seinem Alamannensieg 357 mehrfach über den Rhein setzte, kam er auch an den ehemaligen Limes, der nach Ammianus die Römer von den Burgundern schied.[78] In dieser Passage hat man einen Lese- oder Übertragungsfehler vermutet und die Bezeichnung *Romanorum* durch den Begriff Alamannorum ›verbessert‹. Höchstwahrscheinlich hat Ammianus aber tatsächlich die Römer gemeint, denn nach damaliger politischer Fiktion gehörte das schon längst an die Alamannen verlorene Dekumatenland noch zum Römischen Reich. Einige Teilstämme der Alamannen hatte man auch vertraglich an sich gebunden, so daß eine römische Oberhoheit theoretisch geltend gemacht werden konnte. An anderer Stelle behauptet derselbe Autor sogar, die Burgunder seien Nachkommen alter römischer Kastellbesatzungen gewesen.[79] Ganz so absurd, wie diese Stelle

62

auf den ersten Blick erscheinen mag, muß diese Behauptung aber nicht gewesen sein. Einige von den Römern aufgelassene obergermanische Limesstationen sind wenigstens sporadisch von Germanen aufgesucht worden, wobei mitunter sogar kleine bauliche Veränderungen innerhalb der Ruinen vorgenommen wurden. Dies geht aus archäologischen Untersuchungen und einem fast regelhaft auftretenden nachlimeszeitlichen Fundniederschlag hervor.[80] Damals sind wohl nicht alle Bewohner der römischen Grenzbefestigungen und des flachen Landes ringsum in den allgemeinen Strudel des überhasteten Abzugs gerissen worden. Manche mögen gar nicht geflohen oder nach Beruhigung der Lage zurückgekehrt sein. Sie haben sich mit den veränderten Gegebenheiten unter den neuen Herrn abgefunden. Sehr bald ist es dann auch zu persönlichen Bindungen zwischen ihnen und germanischen Neuankömmlingen gekommen, so daß Ammianus tatsächlich mit einigem Recht von Nachkommen der ehemaligen Kastellbesatzungen sprechen konnte. Bemerkenswert ist auch seine Feststellung, daß sich Burgunder inmitten dieser Limesreste niedergelassen haben sollen. Weil die Burgunder des öfteren als Verbündete der Römer gegen die Alamannen genannt werden, war dies für einen Römer sicher eher zu akzeptieren, als wenn es sich dabei um Alamannen gehandelt hätte. Vielleicht dürfen wir mit Ammianus die Siedlungsgebiete der Burgunder am ehemaligen Limes nördlich der Jagst bis an den Untermain suchen. Wenn dem so wäre, dann müßten weite Teile der hohenlohischen Ebene, das Taubertal, das Mittelmaingebiet und das Land am Untermain burgundisch besiedelt gewesen sein. Die Schriftquellen schweigen sich darüber aus, so daß wir allein auf den archäologischen Befund angewiesen sind. Da Alamannen und Burgunder aus unterschiedlichen Kulturzusammenhängen stammen, müßten sich archäologische Unterschiede feststellen lassen. So überwiegt bei den Alamannen gemäß ihrer elbgermanischen Grundlage das Urnengrab, im Gegensatz zu den Burgundern, für die das mehr im ostgermanischen Bereich verbreitete Brandgrubengrab kennzeichnend ist.[81] Allerdings übernehmen beide Stämme seit der zweiten Hälfte des 3. Jahrhunderts schrittweise die Körpergrabsitte nach römischem Vorbild. Das scheinbare Überwiegen der Körpergräber im 4. Jahrhundert hat zu dem forschungsbedingt falschen Schluß geführt, damals sei die Mehrzahl der unmittelbar an das Römische Reich grenzenden Germanen bereits zur Körpergrabsitte übergegangen. Neuerdings zeigen aber Brandbestattungsplätze bei Kahl, Lkr. Aschaffenburg, und Distelhausen, Main-Tauber-Kreis, daß Brandgräber ganz offensichtlich vorherrschend geblieben sind (Abb. 11).[82] Diese einfachen Brandgräber, frei im Boden ohne Urne und fast ohne Beigaben, sind freilich dermaßen schlecht zu erkennen, daß ihr extrem seltener Nachweis jetzt besser verständlich wird. Körpergräber bildeten nach wie vor die Aus-

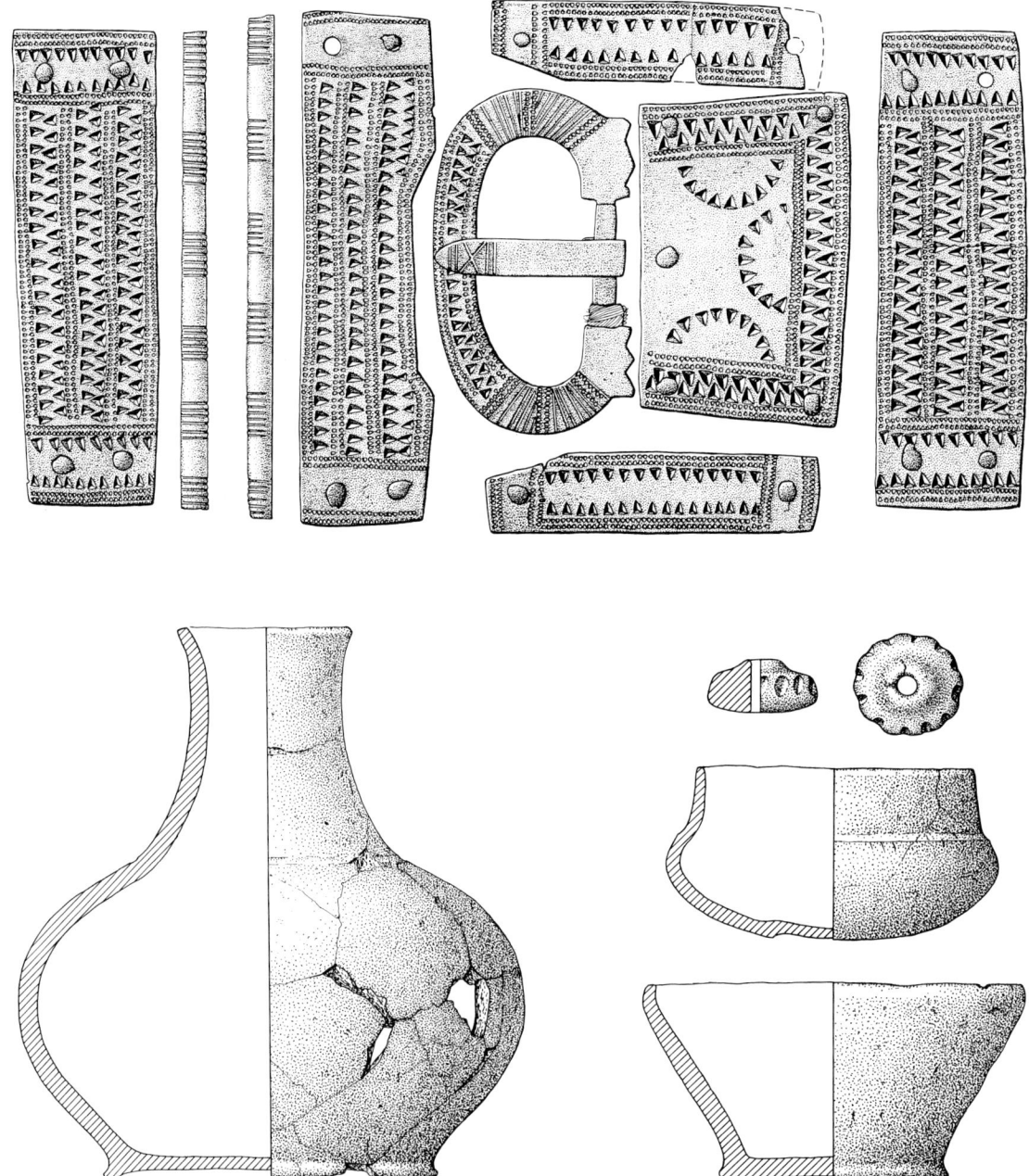

Abb. 11 *Funde aus dem germanischen Gräberfeld der Völkerwanderungszeit bei Kahl, Lkr. Aschaffenburg. Oben: Bronzene Militärgürtelgarnitur mit reichem Kerbschnittdekor. M. = 1:1. Unten: Keramik und Spinnwirtel. M. 1:3.*

nahme. Das kommt auch durch ihre Vereinzelung zum Ausdruck, die selten mehr als drei Gräber umfaßt, oder auch durch ihre ausgesprochene Randlage in größeren, länger belegten Gräberfeldern (Kleinlangheim, Altendorf, Kahl am Main). Sehr wahrscheinlich läßt sich in ihnen eine sozial herausgehobene Bevölkerungsschicht fassen.

Auch im Mittelmaingebiet und in Oberfranken wird bis weit in das 4. Jahrhundert hinein fast ausnahmslos brandbestattet. In Kleinlangheim und in Altendorf wurde der ausgelesene Scheiterhaufenrückstand meist ohne Umhüllung in die Erde vergraben. Pescheck bezeichnet diese Brandgräber zwar als Brandgruben, doch sind sie im Vergleich zu denen des ostgermanischen Gebietes sehr viel kleiner und können nicht den gesamten Scheiterhaufenrückstand aufgenommen haben. Deshalb ist es in den meisten Fällen eher angebracht, von Knochenlagern zu sprechen. Damit entfällt auch leider die Möglichkeit, vom Bestattungsritus auf evtl. eingewanderte Burgunder Rückschlüsse zu ziehen.

Nach Schulze-Dörrlamm dürfte die Sitte der Waffenbeigabe im Westen auf einen ostgermanischen Kulturimpuls zurückgehen.[83] Damit könnte vielleicht auch ein bestimmter Fibeltyp – die sogenannte Fibel mit ›umgeschlagenem Fuß‹ (Abb. 9) – in Verbindung gebracht werden. So ist dieser Fibeltyp im alamannischen Südwesten sehr selten. Anders stellt sich dagegen die Situation in Mainfranken dar. Zwar überwiegt hier, wie im alamannischen Südwesten, der Fibeltyp ›mit festem Nadelhalter‹ – die Leitform der späteren Kaiserzeit schlechthin – bei weitem, doch fehlt auch der Typ ›mit umgeschlagenem Fuß‹ auf fast keiner Siedlungsstelle, die statistisch ausreichende Fundmengen geliefert hat.[84] Seine Verbreitung in Thüringen und im Westen verdankt er wohl ebenfalls dem bereits genannten Kulturimpuls.

Ansonsten dominieren im Mittelmaingebiet in der materiellen Kultur Einflüsse aus dem mitteldeutsch-elbgermanischen Raum. Das gilt für die Keramik und die Fibeltracht gleichermaßen. Bereits im 3. Jahrhundert bestanden in Innerthüringen Produktionsstätten für scheibengedrehte Keramik nach römischem Vorbild.[85] Gemeinhin wird diese Ware trotz ihrer weiten Verbreitung bei den germanischen Stämmen als Terra nigra bezeichnet. Ein sehr bekanntes Fundensemble ist der als Töpferdepot bekannt gewordene Massenfund solcher Ware aus Eßleben, südlich von Schweinfurt. Neben dieser wohl ausschließlich einheimisch hergestellten Ware hat es auch eine ausgeprägte Belieferung mit römischer Keramik aller Gebrauchssorten gegeben. Vermittler hierbei dürften die grenznahen, ehemals römischen Gebiete gewesen sein.

Nach Rückverlegung der römischen Reichsgrenze vom obergermanischen Limes an den Rhein wird zum ersten Mal mit dem reichen Brandgrab

(Brandgrubengrab?) von Obernau, Lkr. Aschaffenburg, das germanische Element im bayerischen Untermaingebiet faßbar.[86] Vorher gab es während der gesamten Limeszeit keine eindeutigen Anzeichen für die Anwesenheit einer einheimisch-germanischen Bevölkerung in diesem Raum. Im ehemaligen Kastell Stockstadt südlich von Aschaffenburg wurden inmitten der aufgegebenen Befestigungsanlagen zwei germanische Krieger unverbrannt bestattet. Eines der Gräber gehört in die Zeit um 300, das andere ist fast zwei Generationen jünger. Elbgermanische Scherben vom Kastellgelände zeigen den Standort einer germanischen Siedlung an.[87] Ihre nächsten Entsprechungen haben sie in Innerthüringen. Auch in anderen Kastellen und Zivilsiedlungen (Miltenberg, Obernburg, Wörth) sind Spuren germanischer Siedler, zumindest aber deren sporadischer Aufenthalt, archäologisch bezeugt. Um zufällige Einzelerscheinungen kann es sich hierbei nicht handeln, denn ähnliche Beobachtungen liegen gleichermaßen aus hessischen und baden-württembergischen Limesstationen vor. Sie dürften so zu erklären sein, daß Germanen zusammen mit evtl. zurückgebliebenen provinzialrömischen Bevölkerungsgruppen sich in diesen Ruinen niedergelassen und eine neue Existenz aufgebaut haben, die freilich gegenüber dem römischen Standard nur recht reduziert und verkümmert in Erscheinung tritt. Der Anteil römischer Kleinfunde – Keramik, Metallerzeugnisse, Münzen, Gläser – ist in germanischen Siedlungen und Gräbern beträchtlich und zeigt eine fortbestehende kulturelle Anbindung der von den Römern aufgegebenen Gebiete an das Römische Reich. Im Bestattungsritus werden zunehmend die römischen Körpergrabsitten übernommen und die Gefäßbeigabe nach römischem Vorbild kopiert. Neben Handelsgut aus römischem Gebiet rechnet man seit kurzem mit eigenständiger Produktion auch solcher Warensorten, deren Herstellung man bisher nur in römischen Werkstätten für möglich hielt. Ein derartiges, im Gebiet der Alamannen gelegenes, Produktionszentrum läßt sich seit einiger Zeit auf dem Runden Berg bei Urach nachweisen.[88]

In der Metallkleinkunst ist gegen Ende des 4. Jahrhunderts ein deutlicher Einschlag aus ostgermanisch-donauländischen Werkstätten festzustellen. Dagegen zeichnet sich bei bestimmten Punzornamenten ein relativ gebündelt erscheinendes Verbreitungsbild im Gebiet zwischen Neckar, Rhein, Taunus und Main ab, das sicherlich den Ausstrahlungsbereich mehrerer, durch gleiche Verzierungsvorlieben gekennzeichneter Werkstätten widerspiegelt.[89]

Nach Westen ziehende Völkerschaften haben zahlreiche Turbulenzen im Untermaingebiet verursacht. Im Jahre 406/07 ziehen Wandalen und andere Ostgermanen zusammen mit den iranischen Alanen durch unser Gebiet über den Rhein, um sich in Gallien festzusetzen.[90] 413 wird ein Teil der

Burgunder von den Römern in Rheinnähe angesiedelt. Ihre neuen Sitze werden nach den Angaben des Nibelungenliedes um Worms lokalisiert. Alle diese Vorgänge haben mittel- oder unmittelbar unseren Raum betroffen und auf irgendeine Weise trotz ihrer kurzen Dauer ihren archäologischen Niederschlag hinterlassen. Darüber hinaus ist mit Truppenverschiebungen, insbesondere vom Rhein an die Donau und umgekehrt, fremdes Fundgut ins Land gekommen. Bei der Vielfalt bekannter Stammeswanderungen und Kriegszüge ist es aber nahezu aussichtslos, die verschiedenen Fundstücke mit bestimmten Ereignissen in Verbindung zu bringen.

Während im Untermaingebiet noch vor der Mitte des 5. Jahrhunderts die ersten zaghaften Ansätze der sich ausbildenden Reihengräbersitte festzustellen sind (z. B. in Niedernberg), bleiben die Kulturverhältnisse der Zeit um 400 im Mittelmaingebiet noch völlig undurchsichtig. Zwar findet sich hier und da einmal ein Bestandteil eines römisch-germanischen Militärgürtels, doch reichen die Zahl und die Fundumstände in keiner Weise aus, die Fund- oder Forschungslücke dieser Zeit zu schließen. Dagegen zeichnet sich für ganz Franken die Anlage von Höhenbefestigungen gegen Ende des 4. Jahrhunderts ab: Gangolfsberg in der Vorrhön, Bullenheimer Berg an der unterfränkisch-mittelfränkischen Grenze, der Staffelstein, die Ehrenbürg, der Turmberg bei Kasendorf, der Reißberg bei Schlappenreuth, alle vier in Oberfranken, die Gelbe Bürg bei Gunzenhausen in Mittelfranken, der Greinberg bei Miltenberg und die Wettenburg bei Kreuzwertheim am südlichen Spessart. Die Verbreitung dieser Höhenbefestigungen scheint ihre spiegelbildliche Entsprechung in den römischen Bergstationen jenseits des Rheins zu besitzen.

Am südöstlichen Mainviereck ist in den letzten Jahren mit der Wettenburg in der Urpharer Mainschleife bei Kreuzwertheim ein befestigter spätantiker germanischer Herrschaftsmittelpunkt erforscht worden.[91] Er lag außerordentlich verkehrsgünstig. Seine Lage an einer Mainfurt im Schnittpunkt mehrerer Verkehrslinien zu Wasser und zu Lande ermöglichte es den hier Ansässigen, Bewegungen ins Saale- und Taubertal einerseits, ins Untermaingebiet und in die zentralen mainfränkischen Gäulandschaften andererseits, zu beobachten und zu kontrollieren. Die Siedlungslandschaft des dazugehörigen Gentilverbandes ist im südlich gelegenen Taubertal zu suchen. Trotz ihres außerhalb des eigentlichen Siedlungsgebietes gelegenen Standortes bot diese Befestigung den unschätzbaren Vorteil, nicht nur Verkehrs- und Handelswege zu überwachen, sondern darüber hinaus frühzeitig feindliche Bedrohungen zu erkennen. Mit dieser Funktion könnte gleichzeitig auch ein Frühwarnsystem im Rahmen der römischen Reichsverteidigung genutzt worden sein. Die Römer waren sicherlich daran interessiert, frühzeitig zu erfahren, was sich im breiten Vorfeld der Grenze am

Rhein an Gefahren zusammenbraute. Unter diesem Aspekt könnte der hier ansässige Gentilverband mit den Römern verbündet gewesen sein und einen militärischen Sicherungsauftrag in vorgeschobener Position erfüllt haben.

Die militärische Funktion der Anlage unterstreicht auch ein Großteil des Fundgutes, darunter ganz besonders Waffen und Ausrüstungsgegenstände der Militärtracht, die nach römischem Vorbild an Ort und Stelle gefertigt wurden. Zahlreicher Bronzeschrott, Gußtropfen und Bleimodel für Schnallen belegen den Bronzeguß und die Weiterverarbeitung der geschaffenen Gegenstände, aber auch die Tätigkeit von Eisen- und Edelmetallschmieden.

Die Wettenburg wurde gegen Ende des 4. Jahrhunderts angelegt. Um 400 wird sie ihre größte Bedeutung erlangt haben. Wieweit sie dann noch bis in das entwickelte 5. Jahrhundert hinein Bestand hatte, ist derzeit noch nicht hinreichend deutlich zu erkennen. Möglich wäre auch eine Nutzungsunterbrechung. Über das Ende des 5. Jahrhunderts hinaus wird sie aber in keinem Falle bestanden haben. Damals ging die Alamannenherrschaft am Untermain zu Ende, und die fränkischen Eroberer des Landes knüpften nicht an diese alten Herrschaftsmittelpunkte an. (D. R.)

5. Die Eingliederung der Mainlande in das merowingische Reich

5.1 Nach dem Sieg über die Alamannen

Unmittelbare Auswirkungen der Siege der Franken 496/97 und 506 über die Alamannen auf das Herrschaftsgefüge in Mainfranken sind der Überlieferung nicht zu entnehmen; sie dürften aber nicht zu bezweifeln sein. Direkt betroffen war mit hoher Wahrscheinlichkeit das Untermaingebiet, da sich die alamannische Herrschaft bis dorthin und nordwärts darüber hinaus erstreckt haben soll. Schriftliche Quellen, die auf diese Zeit und diesen Raum Bezug nehmen, sind in ihren Aussagen zu spärlich und ungenau, um daraus ein einigermaßen sicheres Bild der damaligen Macht- und Siedlungsverhältnisse zu gewinnen. So nennt die Beschreibung des unbekannten Geographen von Ravenna[92], die zwar erst frühestens gegen 700 aufgezeichnet wurde, sich aber auf ältere Zustände bezieht, die *civitates Uburzis* und *Ascapha* als in der *patria* der Alamannen bzw. der Schwaben liegend. Trotz einiger Schwierigkeiten sprachwissenschaftlicher Art hat sich heute die Gleichsetzung von *Uburzis* mit Würzburg durchgesetzt[93]; im Falle *Ascapha* hat es nie vernünftige Zweifel gegeben, daß sich hinter dieser Bezeichnung Aschaffenburg oder Mainaschaff, zumindest aber der Bachname Aschaff verbirgt. Dagegen berichtet Jordanes in seiner Gotengeschichte aus der Mitte des 6. Jahrhunderts, die Thüringer hätten nördlich der Schwaben (= Alamannen) gesiedelt.[94] Da die im gleichen Zusammenhang außerdem noch genannten Baiern, Burgunder und Franken in ihrer Lage zu den Alamannen zutreffend wiedergegeben sind, gibt es keinen stichhaltigen Grund, die Angabe im Falle der Thüringer anzuzweifeln. Jordanes hat an dieser Stelle vermutlich zeitgenössische oder wenig ältere Verhältnisse beschrieben.

Bei antiken historischen Berichten ist grundsätzlich zu beachten, daß sie eher Machtverhältnisse schildern als genaue Angaben zur Verbreitung solcher Stämme machen, die im politischen Kräftespiel der Zeit keine Rolle spielten. Zumindest bis 531, als das Thüringerreich unter seinem König Herminafried besiegt wurde und seine Machtstellung verlor, dürfte thüringische Herrschaft oder thüringischer Einfluß bis in ehemalige nordalamannische Gebiete hineingereicht haben, die nicht direkt unter fränkische Kontrolle geraten waren. So sprechen des öfteren fränkische Quellen pauschal von der *Thoringia,* wobei nicht hinreichend deutlich wird, ob sie damit insgesamt das Gebiet ostwärts des mittleren Rheins oder nur das thüringische Gebiet im engeren Sinne kennzeichnen wollen. Zur Klärung dieser überlieferungsbedingt nur schwer zu durchschauenden ethnischen und politischen Verhältnisse konnte die Archäologie bisher nur wenig beitragen. Die archäologische Überlieferung der Zeit zwischen 400–500 ist in den mittleren Mainlanden außerordentlich dürftig und läßt es nicht zu, ein auch nur halbwegs gesichertes Bild zu diesen frühen Besiedlungsabläufen zu zeichnen. Die wenigen Körpergräber, die um 450 datiert werden und als Einzelbefunde, offenbar in isolierter Lage, zutage kamen (Thüngersheim bei Würzburg und Hammelburg), lassen keine Rückschlüsse auf stammliche Zuordnung zu.[95] Zwei Siedlungsstellen etwa gleicher Zeit bei Oberspiesheim, Lkr. Schweinfurt, und Oberstreu, Lkr. Rhön-Grabfeld, sowie die etwas späteren Gräber von Staffelstein und Hirschaid in Oberfranken weisen deutliche Bezüge nach Innerthüringen auf.[96] Möglicherweise ist auch die letzte Befestigungsphase auf dem Staffelberg mit Thüringern in Verbindung zu bringen.[97] Alle genannten Plätze brechen aber ab und zeigen keine Kontinuität bis in die Reihengräberzeit.

Dagegen beginnen die Reihengräberfelder im Taubergebiet und am Untermain bereits Mitte des 5. Jahrhunderts. Ein Bruch innerhalb ihres Belegungsablaufes ist um 500 in diesen Gebieten nicht zu erkennen. Man darf sogar annehmen, daß der politischen Frankisierung schon geraume Zeit eine kulturelle vorausging. In der handgefertigten Keramik machen sich aber bis in das 6. Jahrhundert hinein bodenständige Elemente und thüringische Einsprengsel bemerkbar. Ein Zusammenhang mit der Keramik, die weiter west- und südwärts geläufig war, ist unverkennbar. Vielleicht scheinen hierin ältere ethnische Verhältnisse zur Alamannenzeit durch.

Wohl nicht nur aus Gründen des Forschungsstandes ist die kulturelle Entwicklung im Mittelmaingebiet nicht ganz so gut zu überblicken. Gräberfelder größeren Umfangs sind nur in geringer Zahl bekannt geworden; vermutlich sind sie hierzulande auch nicht allzu häufig gewesen. Sieht man einmal von dem noch zu erläuternden Sonderfall Zeuzleben, Lkr. Schweinfurt, ab, so ist nur das Gräberfeld von Kleinlangheim, Lkr. Kitzingen, annähernd vollständig untersucht.[98] Nach den bisherigen Verlautbarungen beginnt das Gräberfeld Ende des 5. oder Anfang des 6. Jahrhunderts und setzt sich kontinuierlich bis gegen Ende des 7. Jahrhunderts fort. In Kleinlangheim sind wir überdies in der glücklichen Lage, eine Besiedlungskontinuität seit dem 3. Jahrhundert bis zum heutigen Dorf einschließlich einer frühchristlichen Kirche archäologisch nachweisen zu können.[99]

Kleinlangheim wird zweifelsohne den Ablauf der kulturellen Frankisierung der mittleren Mainlande besser verstehen helfen. Allerdings gehört Kleinlangheim nicht zu den reich ausgestatteten Gräberfeldern dieser Epoche. Darin wird es von dem in den letzten Jahren ebenfalls vollständig untersuchten Gräberfeld bei Dittigheim im Taubertal trotz häufiger antiker Beraubung um ein Vielfaches übertroffen.[100] Die Auswahl, Anzahl und Qualität der Grabbeigaben richten sich nach Geschlecht, Alter und sozialem Rang des Bestatteten in Verbindung mit seinen individuellen Vorstellungen und Ansprüchen. Darüber hinaus wirken politische und wirtschaftliche Rahmenbedingungen, Tradition und Modeströmungen auf Gestaltung und Inhalt des praktizierten Totenkultes ein. Hinter allem stand aber letztlich die Vorstellung von einer Weiterexistenz nach dem Tode. Allgemein nimmt man für diese Zeit an, daß es sich bei den Beigaben um persönliches Eigentum der Toten handelt. Bei den Männern nannte man das Eigentum ›Gewäte‹, bei den Frauen die ›Gerade‹. Zeittypisch dominieren bei den Männern Totenausstattungen mit Waffen wie Spatha (Langschwert), Sax (Kurzschwert) mit ihrem Zubehör, Lanze oder Speer, Franziska (Wurfaxt), Schild und mitunter auch Pfeil und Bogen. Vollbewaffnung dieser Art ist aber selten; häufiger sind sogar nur ein oder zwei Waffen. Ob diese Grabbeigaben dann reale Bewaffnungen im Kampfe widerspiegeln, darf deshalb bezweifelt werden. Sonstige Kleingerätschaften und der Gürtel vervollständigen die Ausstattungen, wobei ausgesprochene Schmucksachen deutlich zurücktreten. Diese sind aber charakteristisch für die Frauenausstattungen (Farbbild S. 54). Mit ihrer Hilfe vermag man Trachten zu unterscheiden, die für bestimmte Regionen und Zeiten kennzeichnend waren. Üblich sind für beide Geschlechter ein bis zwei Tongefäße, während sich die ebenfalls mitgegebenen Holzgefäße nur selten archäologisch nachweisen lassen. Bei bessergestellten Personen können die Gefäße noch durch Holzeimer, Gläser (Farbbild S. 55) und Metallgefäße ergänzt werden. Für viele dieser Gegenstände hat die Forschung Schwerpunkte der Verbreitung erschließen können, in denen zumeist auch die entsprechenden Produktionsstätten vermutet werden, wenn nicht gewichtige Gründe dagegen sprechen. Außerhalb dieser engeren Verbreitungsräume vorkommende Erzeugnisse bedürfen dann einer besonderen Erklärung, wenn sie nicht mehr im angenommenen Absatzgebiet eines Produktes liegen oder nicht als Bestandteil der landesüblichen Tracht angesehen werden können. Fernhandelsbeziehungen, Fernconnubien, Verschleppung durch kriegerische Ereignisse oder Wanderbewegungen von Menschengruppen – um nur einige der wichtigsten Erklärungsmodelle zu nennen – werden dann zur Deutung jener aus dem Rahmen fallenden Verbreitungsbilder bemüht.

Viele der überdurchschnittlich gut ausgestatteten Gräber Mainfrankens – in ihnen fassen wir wohl ausnahmslos die Vertreter einer Oberschicht – zeigen nicht selten mittelrheinische, insbesondere rheinhessische Verbindungen.[101] Selbst Verbindungslinien nach Nordostfrankreich in die fränkischen Kernräume Austrasiens und Neustriens werden durch Funde vereinzelt sichtbar.[102] Im 7. Jahrhundert macht sich daneben auch ein alamannischer Einfluß im materiellen Besitz der Oberschicht geltend. Er mag über die Flußsysteme von Neckar, Jagst, Kocher und Tauber nach Nordosten in die Mainlande vermittelt worden sein. Vermutlich waren neben Adelsgruppen aus Rheinhessen auch solche aus dem Alamannengebiet an der herrschaftlichen Erschließung Mainfrankens beteiligt[103] (vgl. unten S. 80). Aus der schriftlichen Überlieferung, die allerdings erst ab Mitte des 8. Jahrhunderts reichlicher zu fließen beginnt, lassen sich vielfältige Adelsverbindungen, insbesondere in den Wormser Raum, erschließen.[104]

5.2 Fränkische Besiedlung

War die ältere Forschung noch weitgehend davon überzeugt, in den Reihengräbern mit ihrem überwiegend reichsfränkischen Kulturgut direkt eine Einwanderung von Franken in das mittlere Maingebiet zu fassen, so ist man seit längerem weit vorsichtiger mit derartigen Ausdeutungen geworden. Auch von sprachwissenschaftlicher Seite ist immer wieder darauf hingewiesen worden, daß der mainfränkische Dialekt auf elbgermanischer Grundlage entstanden ist und kaum rheinfränkische Spracheigentümlichkeiten aufweist.[105] Daraus wäre zu schließen, falls wirklich eine namhafte fränkische Volkssiedlung in Mainfranken erfolgt ist, daß diese doch nur schwach war im Vergleich zur zahlenmäßig stärkeren einheimischen Bevölkerung. Dennoch dürften an einigen Plätzen fränkische Siedler – vielleicht als Militärkolonisten – planmäßig angesetzt worden sein (Abb. 12). Die Landschaften im Iff- und Ehegau mit ihren Ortsnamen auf -heim in Verbindung mit Personennamen könnten auf diese Weise aufgesiedelt worden sein. Auch das verkehrsmäßig und strategisch wichtige Taubertal als Verbindungslinie zum rückwärtigen Mittelrheingebiet, dürfte eine reichsfränkische Siedlungsintensivierung erfahren haben.

Im bayerischen Untermaingebiet wird neuerdings deutlich, wie fränkische Inbesitznahme und herrschaftliche Durchdringung offenbar ganz gezielt an Plätzen anknüpfen, die seit römischer Zeit, von gelegentlichen Aufenthalten in burgundisch-alamannischer Zeit einmal abgesehen (vgl. oben S. 66), verlassen waren, deren Ruinen und Befestigungen aber noch sichtbar und, was letztere betrifft, z.T. sogar noch intakt waren. Neueste Untersuchungen im ehemaligen Kastell Miltenberg-Altstadt zeigen eine merowingerzeitliche Neubenutzung.[106] Der Vorgang ist keine Einzelerscheinung, sondern mehrfach im ehemaligen Limesgebiet belegt. Die von der älteren Forschung immer wieder in die Diskussion gebrachten militärisch gesicherten Etappenstationen bei der Inbesitznahme neuerworbenen Landes durch die Franken könnten durch weitere Forschungen an derartigen Plätzen ihre weitgehende Bestätigung erfahren. Allem Anschein nach haben die Franken vorgegebene ältere Strukturen aufgegriffen und zumindest teilweise wieder instand gesetzt.

Inwieweit und ob überhaupt das mittlere Maingebiet bereits in merowingischer Zeit politisch enger in das Frankenreich integriert war, wird seit längerem kontrovers diskutiert. Zwei Forschungsmeinungen stehen sich in dieser Frage gegenüber. Die eine geht von den zeitgenössisch-schriftlichen Zeugnissen aus und kommt zu dem Ergebnis, daß die ›Gebiete jenseits des Rheins‹ (von der Francia aus gesehen) allenfalls lose und bisweilen tributär an das Frankenreich angeschlossen waren.[107] Die andere Richtung, insbesondere die ältere Forschung, war von einer nahezu vollständigen Integration überzeugt.[108] Sicherlich war der Raum ostwärts des Rheins kein politisch einheitlich organisiertes Gebilde. Verschiedene Abstufungen hinsichtlich der Intensität der Herrschaftsausübung sind dabei zu unterscheiden. Zu den Gebieten mit stärkerer fränkischer Durchdringung scheint Mainfranken gehört zu haben. Das kommt auch durch die Einsetzung eines Amtsherzogs wohl schon im ersten Drittel des 7. Jahrhunderts zum Ausdruck.[109] Der in etwa zur gleichen Zeit in der Thoringia eingeführte Dukat hatte dagegen einen stärker militärischen Charakter und diente vor allem der Grenzsicherung gegen die Slawen.

Der insgesamt noch recht unbefriedigende Forschungsstand zur Merowingerzeit in Mainfranken läßt nur ungenügend scharf den Gang der Besied-

Abb. 12 *Trachtrekonstruktion eines fränkischen Paares nach unterfränkischen Befunden.*

lung erkennen. Zum größten Teil verdanken wir unsere bisherigen Erkenntnisse der Gräberarchäologie. Siedlungen sind nur im geringen Maße bekannt; ihre Erforschung ist über erste Ansätze nicht hinausgekommen. In Analogie zu besser aufgearbeiteten Regionen kann erschlossen werden, daß Siedlungsstellen nicht allzu weit von Gräberfeldern entfernt lagen. Die Siedlungen waren meist klein und reichten selten über die Größenordnung einer locker miteinander verbundenen Gehöftgruppe hinaus. Sie befanden sich meist in unmittelbarer Nähe eines Gewässers. Das dazugehörige Gräberfeld lag nicht weit davon entfernt erhöht in Hanglage.

Trotz des im Detail wenig befriedigenden Forschungsstandes zeichnen sich einige Schwerpunkte der Besiedlung in Mainfranken ab[110] (Abb. 13). Auffallend sind die Konzentrationen der Gräberfelder im Taubertal und im südlichen Unterfranken bzw. nördlichen Mittelfranken (Iff- und Ehegau; Abb. 14). Ein weiterer Verdichtungsraum lag im nördlichen Ochsenfurter Gau südwärts des Mainknies (Badanachgau). Dieses Gebiet war ähnlich wie das Taubertal auch schon in der römischen Kaiserzeit dicht bevölkert (vgl. oben S. 59), so daß mit einer durchgehenden Besiedlung seit jener Zeit gerechnet werden kann. Westlich von Würzburg im Waldsassengau gibt es ebenfalls eine ganze Reihe von Gräberfeldern. Ähnlich flächendeckend scheint auch die Besiedlung im Mittel- und Unterlauf der Wern westlich von Schweinfurt (Werngau) und südlich der Stadt im Gozfeld- und Volkfeldgau gewesen zu sein. Weiter nördlich, wenn auch eher verstreut, liegen einige Fundpunkte im Saaletal um Hammelburg und besonders im Raume zwischen Bad Königshofen i. Gr. und Bad Neustadt a. d. S. (Abb. 13). Im gleichen Zusammenhang sind auch die Fundstellen des Gleichberggebietes, insbesondere an dem Flüßchen Milz, zu sehen.

5.3 Thüringische Einflüsse

Im nördlichen Unterfranken machen sich im 6. Jahrhundert vereinzelt auch thüringische Kultureinflüsse bemerkbar. Am deutlichsten sichtbar sind diese bisher im Raum südlich von Schweinfurt, kaum dagegen im Rhön-Grabfeld-Gebiet. In Zeuzleben, am Mittellauf der Wern, konnte ein

---

Abb. 13 *Besiedlung Mainfrankens in spätmerowingischer Zeit (nach L. Wamser).*
Signaturen: 1 Befestigte Bergstation bzw. Burganlage, urkundliche Erwähnung durch archäologische Funde bestätigt; 2 Burganlage, urkundlich erwähnt; 3 Befestigte Bergstation bzw. Burganlage, durch archäologische Funde erschlossen; 4 Befestigte Bergstation bzw. Burganlage, aufgrund archäologischer Funde vermutet; 5 Burganlage, aufgrund späterer urkundlicher Erwähnung vermutet; 6 Befestigte Talstation (Stützpunkt in römischem Kohortenkastell an strategisch wichtigem Fernweg), durch archäologischen Befund bestätigt; 7 Befestigte curtis(?); 8 Siedlung; 9 Gräberfeld; 10 Einzelfund.

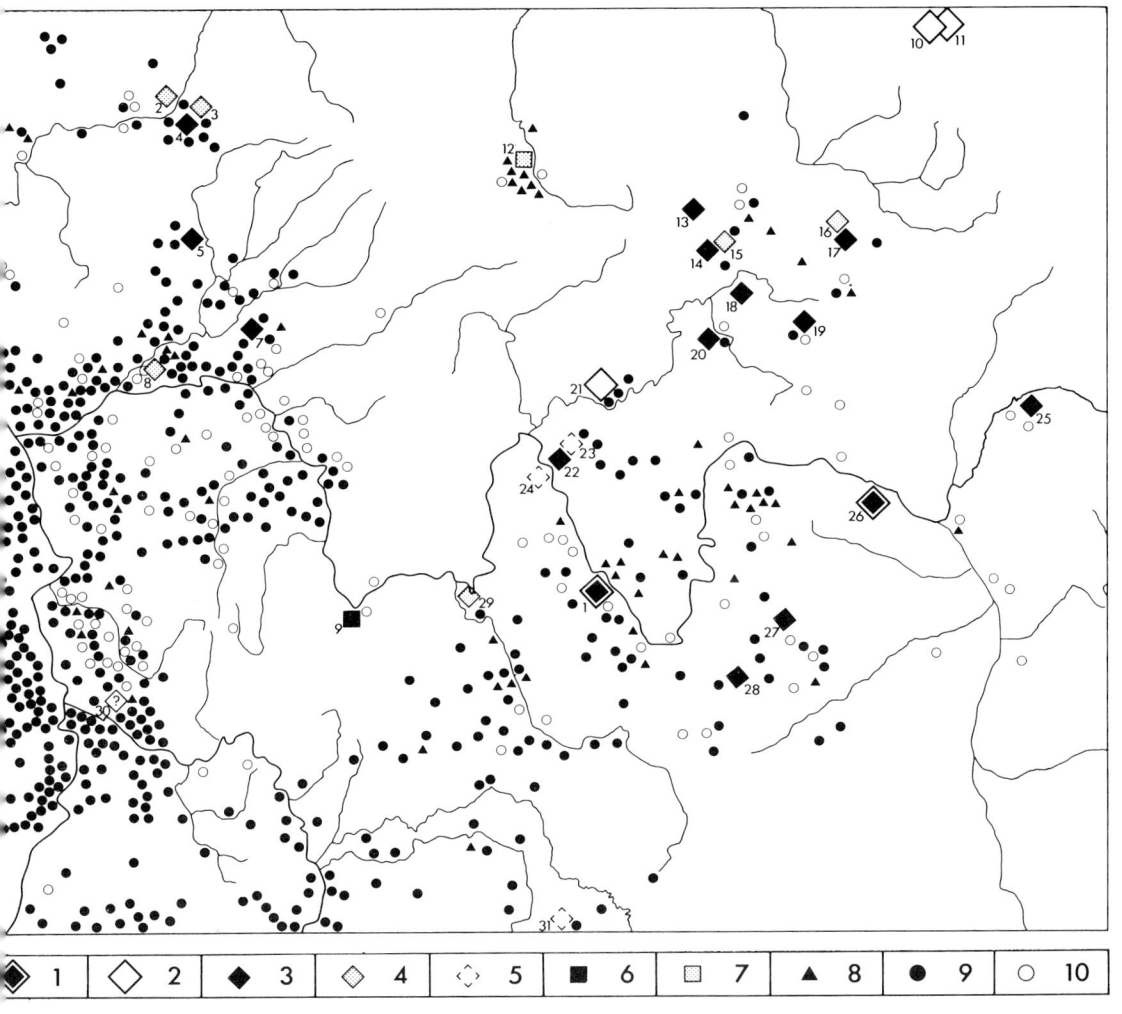

| ◆ 1 | ◇ 2 | ◆ 3 | ◇ 4 | ⟨⟩ 5 | ■ 6 | ▣ 7 | ▲ 8 | ● 9 | ○ 10 |

Liste der befestigten Plätze: 1 Virteburh-Würzburg; 2 Königsberg (Dünsberg); 3 Krofdorf-Gleiberg (Battingsfeld/Altes Schloß); 4 Gießen (Schiffenberg); 5 Bad Nauheim (Johannisberg); 6 Limburg a. d. Lahn; 7 Büdingen (Glauberg); 8 Eschborn (Hünerburg); 9 Miltenberg (Ostecke des römischen Kohortenkastells Miltenberg-Altstadt); 10 Mulenberge-Mühlberg; 11 Erphesfurt-Erfurt; 12 Fulda; 13 Oberelsbach (Gangolfsberg); 14 Wechterswinkel (Schwedenschanze); 15 Mittelstreu (Eiersberg); 16–17 Römhild (Kleiner u. Großer Gleichberg); 18 Bad Neustadt (Salzburg); 19 Kleinbardorf (Judenhügel/Wartburg); 20 Münnerstadt (Grapfeldonoburg); 21 Hamulum-Hammelburg; 22 Gambach (Greinberg); 23 Hohenburg-Homburg; 24 Karstadt (Karloburg); 25 Staffelstein (Staffelberg); 26 Eltimoin-Eltmann; 27 Rödelsee (Schwanberg); 28 Bullenheim-Seinsheim (Bullenheimer Berg); 29 Kreuzwertheim (Wettenburg/Urpharer Mainschleife); 30 Heidelberg (Heiligenberg); 31 Stochamburg-Stöckenburg bei Vellberg.

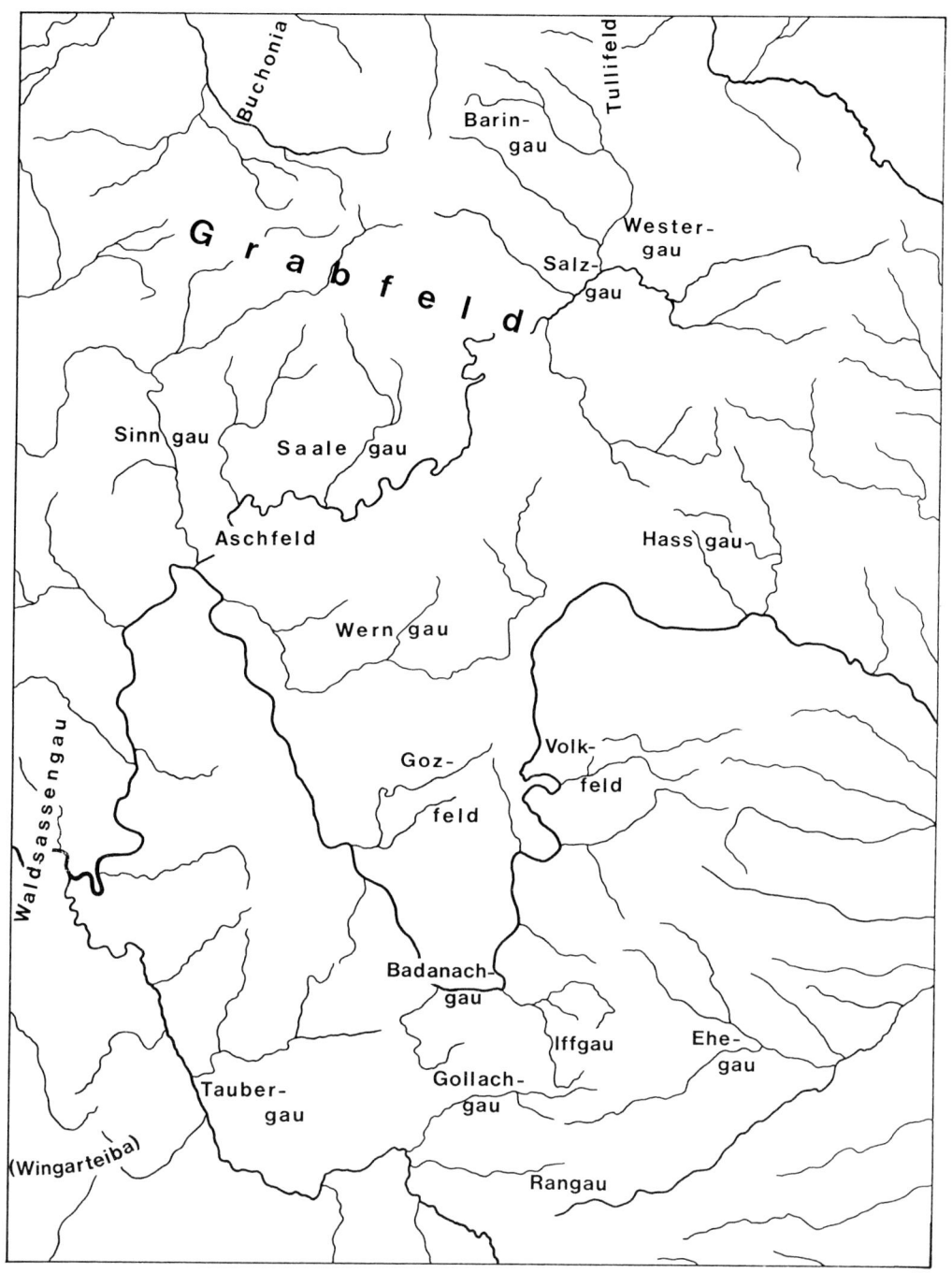

Abb. 14 *Frühmittelalterliche Gaue im Fränkischen Gäuland (nach G. Wagner).*

thüringisches Gräberfeld mit fast 70 Bestattungen (von ursprünglich wohl 80) nahezu vollständig untersucht werden.[111] Eine kleinere Adelsgemeinschaft mit stark männlich-kriegerischer Komponente bestattete hier vom zweiten Viertel des 6. Jahrhunderts bis in die erste Hälfte des 7. Jahrhunderts. Dieser späte Beginn ist um so erstaunlicher, weil er erst nach dem Untergang des thüringischen Königtums 531 einsetzt, als eine machtpolitische thüringische Einflußnahme ins Mittelmaingebiet nicht mehr möglich war. Viele Grabbeigaben verraten in den Metallarbeiten und in der Art der Bewaffnung deutlich thüringische Tradition und Herkunft.

Auch der Grabbau mit eingetieften Pfostenkammern zeigt klare Bezüge zum östlichen Reihengräberkreis, dem die germanischen Stämme der Thüringer, Langobarden, Rugier und Gepiden zuzuordnen sind. Zahlreiche Tierbestattungen von nicht weniger als 18 Pferden und fünf Hunden verstärken den Eindruck östlicher Kulturzusammenhänge. Ihre offenbar herausragende Bedeutung im Totenkult übertrifft bei weitem das gelegentliche Vorkommen auf alamannischen und fränkischen Gräberfeldern. Dennoch ist der von Anfang an vorhandene fränkische Einfluß auf diesem Gräberfeld nicht zu übersehen. Er zeigt sich u. a. in der scheibengedrehten Keramik.

Herausragender Mittelpunkt des Gräberfeldes ist eine mehr als 4 m eingetiefte große Grabkammer mit etagenartig untergliederten Holzeinbauten und hausartigem Oberbau (Abb. 15). Vielleicht darf in diesem aufwendigen Bau ein memorienartiger Andachtsraum zum Andenken an die Tote darunter gesehen werden. Ähnliche Anlagen, wenn auch viel kleiner, sind von den weiter westlich liegenden Gebieten am Rhein bekannt, wo sie in älterer christlicher Tradition stehen.[112] In seiner Funktion als sogenanntes Stiftergrab mit eingebautem frühchristlichen Oratorium (?) ist dieses Grab sicherlich ideeller Mittelpunkt des gesamten Gräberfeldes gewesen. Das Grab war mehrfach altberaubt und barg ehedem eine Frau und ihren vierrädrigen Wagen. Wohl schon vor der antiken Beraubung waren ihre Leiche und der Wagen aus der Grabkammer entfernt worden. Die zufällig übersehenen Beigaben lassen sie aber als vornehme Dame noch hinreichend deutlich erkennen. Ihre ›anglische‹ Ringfibel und weitere Beigaben verschiedener Art deuten Beziehungen in den weiter nördlich gelegenen thüringischen Kernraum an.[113]

Zeuzleben stellt eine absolute Ausnahmeerscheinung unter den bisher ergrabenen merowingerzeitlichen Gräberfeldern Mainfrankens dar. Selbst in unmittelbarer Nachbarschaft im Werntal sind bisher nur typisch ›fränkische‹ Bestattungsplätze festgestellt worden.

Das Bestimmungswort -leben im Ortsnamen macht es nahezu zur Gewißheit, daß sich in Zeuzleben eine thüringische Siedlergruppe mit vielleicht

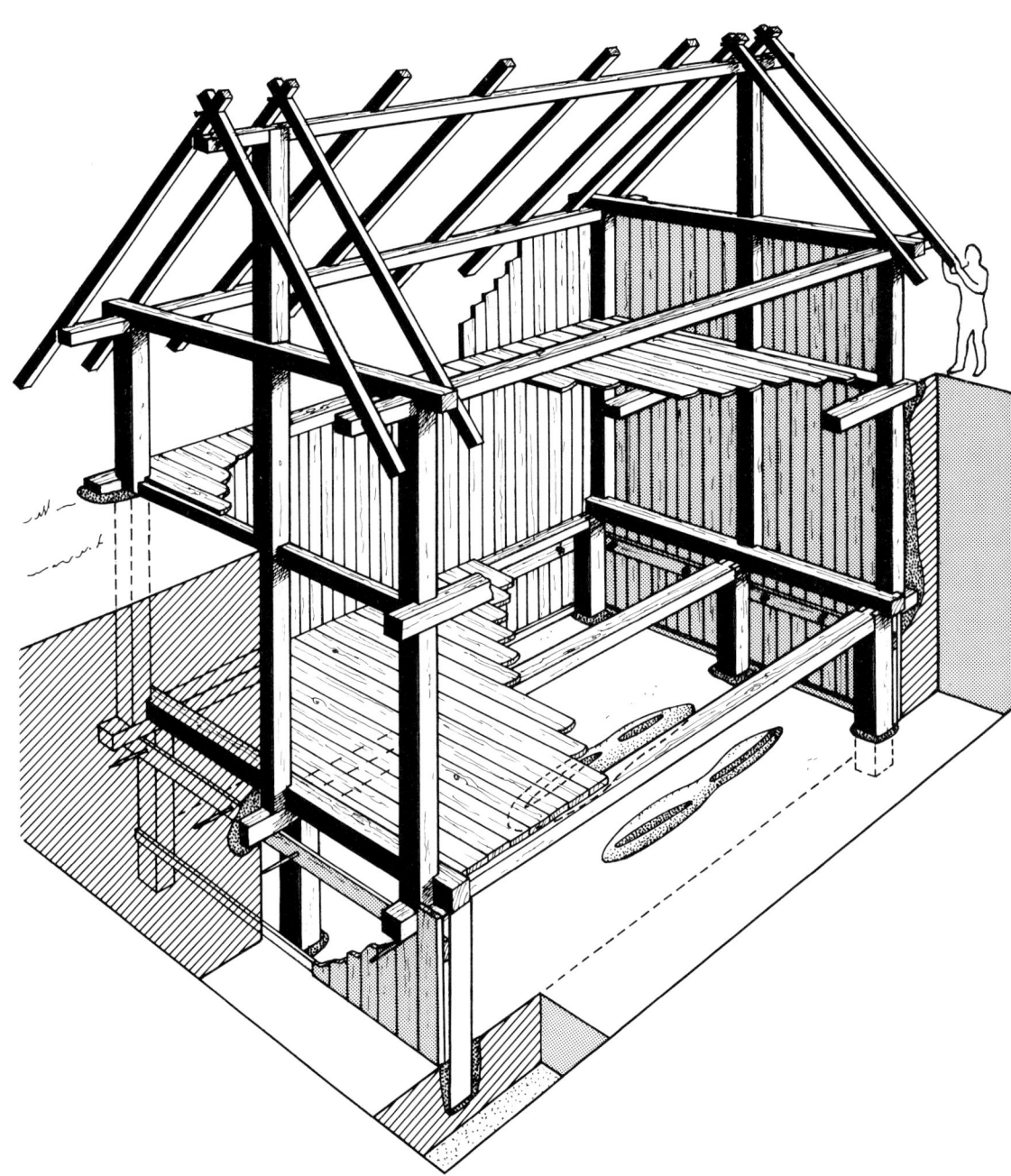

Abb. 15 *Zeuzleben, thüringisch-fränkische Adels- und Gefolgschaftsgrablege: Rekon-struktion des mehrgeschossigen Hauptgrabes 25 (6. Jh. n. Chr.; Kubikinhalt der Grab-grube: 65 m³; nach L. Wamser).*

militärischem Auftrag angesiedelt hatte. Damit dürfte sich die schon früher aufgrund weiterer Ortsnamen mit dem Suffix -leben und, in geringerem Maße, -ungen und -stedt geäußerte Vermutung, in Nordostunterfranken müsse mit volksmäßiger Thüringersiedlung gerechnet werden, archäologisch bestätigt haben.[114] Noch ungewiß ist, wann diese Besiedlung einsetzt. So muß es sich erst noch erweisen, ob Zeuzleben, dessen Beginn nach 530 wahrscheinlich ist, einen Einzelfall darstellt oder verallgemeinert werden darf. Die Sonderstellung des nördlichen Mainfranken scheint noch später in einem Brief von Papst Gregor III. aus dem Jahre 739 an Bonifatius durch, in dem er neben anderen Völkerschaften auch die *Graffelti* nennt.[115] Damit sind ganz offensichtlich die Bewohner des Grabfeldgaues gemeint, der in früheren Zeiten bis in den Raum Schweinfurt-Geldersheim gereicht hat.

Dem Grabfeld lagen östlich und südöstlich die Siedlungsgebiete der Slawen an der Itz, am oberen Main und der Rednitz benachbart.[116] Die hier ansässigen Slawen sind vermutlich nach dem Untergang des Thüringerreiches in diese Räume eingerückt, das nach einer Notiz beim Geographen von Ravenna bis an die Naab und den Regen in der Oberpfalz gereicht haben soll.[117] Vielleicht war auch das Grabfeld an diesen Vorgängen in irgendeiner Weise mitbeteiligt.

So deutet sich für das 6. Jahrhundert im heutigen nordunterfränkischen Raum eine andersartige ethnische und kulturelle Entwicklung an als im übrigen Mainfranken. Vor diesem Hintergrund ist möglicherweise auch die Siedlergruppe in Zeuzleben zu sehen. Mehrfach berichten fränkische Quellen davon, daß merowingische Könige *jenseits des Rheins* militärische Verbände ausgehoben haben, freilich meist, um sie in den innerfränkischen Wirren zu verwenden.[118] Dazu waren sie nur befugt, wenn dieses Land erobert war und als Königsland galt. Leider gibt es keine näheren Aufschlüsse darüber, welche Bevölkerungsgruppen ausgehoben wurden. Es könnte sich dabei um Militärkolonen, aber auch um Gentilverbände gehandelt haben, wie sie uns beispielsweise in Zeuzleben entgegentreten. Die Rekrutierungen dürften in nicht allzu großer Entfernung vom fränkischen Kernreich vorgenommen worden sein; Aushebungen in Innerthüringen waren damit wohl nicht gemeint.

Die Franken setzten die altbewährte römische Institution der Zwangsumsiedlung von gentilen Verbänden fort, um sie in fremder Umgebung besser unter Kontrolle zu haben. Im Rahmen einer solchen Maßnahme könnte auch ein Adelsverband von Innerthüringen nach Zeuzleben verpflanzt worden sein, um ihn hier mit militärischen Aufgaben zu betrauen. Erst im Zuge der Neuordnung Thüringens und Mainfrankens im Zusammenhang mit der wachsenden Slawengefahr, verschwindet diese Gruppe. Mittlerweile war man nämlich genötigt, andernorts, weiter nordostwärts (v. a. im Grab-feld-Gebiet), Präsenz zu zeigen.[119]

5.4 Neustrukturierung Mainfrankens

Den Franken war im Slawenreich des Samo ein respektabler Gegner er-wachsen, in dessen Gefolge ganz Thüringen und weitere Randgebiete ver-lorenzugehen drohten. Mehrere fränkische Expeditionsheere waren be-reits gescheitert, so u. a. auch vor der Wogastisburg. Fränkischerseits über-trug man nun einem wohl neustrischen Adligen[120] (nach Schmale und Friese) namens Radulf den neugeschaffenen Dukat Thüringen.[121] Gleich-zeitig könnte auch ein mainfränkischer Dukat unter den später so genann-ten Hedenen entstanden sein (nach Schlesinger und Lindner).[122] Damit einher ging eine straffere politische Neustrukturierung Mainfrankens, wie sie seit kurzem archäologisch deutlicher erkennbar wird. Eine ganze Reihe von Höhenbefestigungen, vor allem im Grenzgebiet zu den Slawen, wird im 7. Jahrhundert angelegt.[123] Besonders zahlreich sind sie im Grabfeld-Gebiet (Abb. 13), was im auffallenden Gegensatz zur geringen Zahl bisher bekannter merowingerzeitlicher Siedlungen und Gräberfelder in dieser Re-gion steht. Diese Erscheinung entspricht wohl realen Gegebenheiten und unterstreicht die Sonderstellung des Gebietes gegenüber den weiter südlich gelegenen Gäulandschaften. Zu gleicher Zeit mag auch der Schwanberg am westlichen Steigerwaldrand erneut befestigt und als Abwehrriegel im Zusammenhang mit dem Slawenvorstoß an unterer Aisch und Ebrach, der später sogenannten regio Slavorum, eingerichtet worden sein.[124]
Die Initiative hierzu lag sicherlich beim merowingischen König und dem dux, seinem Beauftragten, in Mainfranken. Der beteiligte Adel stammte aus dem Rheingau, dem Moselgebiet, dem nordfranzösischen Kernraum der Francia und aus Alamannien. Ein Teil des auf Bergstationen gebor-gen Fundgutes, insbesondere der Frauentracht, war in alamannischen Werkstätten angefertigt (Farbbild S. 56). Daneben muß es im Grabfeld-Gebiet eine breite Schicht kleiner freier Grundbesitzer gegeben haben, wie sie uns in den Schenkungen des 8.–9. Jahrhunderts an das Kloster Fulda entgegentritt.[125] Höchstwahrscheinlich gab es damals auch bereits auf dem Marienberg oberhalb Würzburgs eine Befestigung. Belegt ist sie urkund-lich für den Anfang des 8. Jahrhunderts.[126] Ein Würzburger dux wird mög-licherweise zum ersten Mal im letzten Drittel des 7. Jahrhunderts faßbar.[127] Seine Nachkommen hatten auch Besitz in Hammelburg und in Thürin-gen.[128] Der dux wird auch über königliches Amtsgut verfügt haben. Um 700 erscheint ein dux Theotbald im Aschaffenburger Raum (Inschrift von Nilkheim!) in der Überlieferung[129]. Vielleicht hat es schon im 7. Jahrhun-

dert ein System von Königshöfen gegeben, das allerdings erst in Urkunden des 9. Jahrhunderts faßbar wird, als sich das Bistum Würzburg seine um 750 verliehenen Zehntrechte von diesen Königshöfen bestätigen läßt.[130] Insgesamt werden in diesem Zusammenhang 26 Königshöfe genannt, von denen sich 14 im heutigen Unterfranken befinden. Sie liegen, wie die auch gleichzeitig tradierten Kirchen, nahezu ausnahmslos in jenen Siedlungskammern, die auch schon im 7. Jahrhundert als Schwerpunkte merowingerzeitlicher Besiedlung in Erscheinung treten.

Nach kirchlicher Überlieferung wird Mainfranken erst mit der Tätigkeit des irischen Wanderbischofs Kilian und seiner Mitarbeiter christlich. Sie ist aber mit zahlreichen hagiographischen Mythen und Polemiken durchsetzt; ihr entspricht im politischen Bereich die Verschleierung der Begleitumstände bei der Entmachtung und Aussschaltung der Heden-Familie und bei der Usurpation Mainfrankens durch die Karolinger in der 1. Hälfte des 8. Jahrhunderts.[131] Obwohl aus der Passio des hl. Kilian nicht hervorgeht, daß die in Würzburg residierende Familie des dux Gozbert um 680 bereits christlich war[132], ist dies doch anzunehmen. Kilian hat vielleicht gerade deswegen seine Wege nach Mainfranken gelenkt.[133] Außerdem ist ein Nichtchrist als fränkischer Amtsherzog nur schwer vorstellbar. Schon früher waren Angehörige des thüringischen Königshauses arianische Christen. Willibald nennt später in seiner Lebensbeschreibung des Bonifatius die Nachfolger des thüringischen Herrschaftshauses *religiosi Duces*.[134] Vermutlich hat aber Kilian in Mainfranken ein nicht in allen Punkten kanonisches Christentum – neben vielleicht synkretistischen und heidnischen Glaubensvorstellungen – angetroffen. So konnte archäologisch in den Randgebieten des Frankenreiches im 7. Jahrhundert beim Totenkult eine Rückbesinnung auf ältere, d. h. heidnische Vorstellungen festgestellt werden.[135] Damals ließ sich so mancher wieder in einem älteren oder auch neu aufgeschütteten Grabhügel bestatten. Auch die auf Gräberfeldern wie Kleinlangheim, Lkr. Kitzingen, und Wenigumstadt, Lkr. Aschaffenburg, vorkommenden Brandgräber, die nach neuester Einschätzung zur jüngsten Belegungsschicht am Ende des 7. Jahrhunderts gehören sollen, könnten einen Fingerzeig auf die erschlossene heidnische Reaktion in dieser Zeit abgeben. Kilian mußte nicht deshalb sterben, weil das Herrscherhaus seine christliche Lehre ablehnte, sondern, weil er wegen der unkanonischen Ehe Gozberts mit dessen Schwägerin Bedenken angemeldet hatte. Das Schlimmste, was dem strengen Glaubensboten dann noch widerfahren konnte, war seine Bestattung in einem Pferdestall oder in der Nähe eines solchen.[136] Wußten er und seine Chronisten doch aus der Überlieferung, daß die von ihm als Iren wenig geschätzten Angelsachsen in ihrer heidnischen Zeit das Pferd kultisch verehrten und sich sogar mit ihnen auf Gräberfeldern bestatten ließen. Unter Umständen waren ihm auch letzte Ausläufer dieses entsprechenden Brauchtums in Mainfranken noch zu Augen oder Ohren gekommen. In Zeuzleben, Kleinlangheim und anderswo ist dieser Bestattungsbrauch nachgewiesen. Die dort Bestatteten waren aber sicherlich schon größtenteils Christen. Auch Grabbeigaben und Einzelfunde mit christlicher Symbolik belegen, daß ihre Träger mit christlichem Gedankengut vertraut waren.

Die jüngsten merowingerzeitlichen Gräberfelder brechen am Ende des 7. oder zu Anfang des 8. Jahrhunderts ab. An ihre Stelle treten meist Gräberfelder an anderer Stelle, die sogenannten Ortsfriedhöfe. Den Vorgang der Verlegung hat man mit der Errichtung von Kirchen in Zusammenhang gebracht, doch ist bei diesen neuen Bestattungsplätzen nur selten ein früher Kirchenbau nachgewiesen. In Kleinlangheim scheint es so zu sein, daß erst nach Anlage des Ortsfriedhofes mit der Gründung einer einfachen Holzkirche begonnen wurde, denn der Bau überschneidet einige ältere Gräber. Dieser Holzbau, der mehrfach erneuert und umgebaut wurde, ist der direkte Vorläufer des heutigen Steinbaues an gleicher Stelle.[137] Aus einem der älteren Vorgängerbauten stammt auch ein früher Altarstein.[138] Trotz ihres hohen Alters läßt sich für die Kleinlangheimer Kirche nicht der Status einer Pfarrkirche nachweisen. Womöglich ist aber diese Funktion an die Kirche des später bedeutenderen Großlangheim übergegangen.

Bei der Gründungsdotation des Würzburger Bistums (741/42) werden aus dem gesamten Maingebiet zahlreiche Kirchen geschenkt, z. T. mit den charakteristischen fränkischen Patrozinien Martin, Remigius und Dionysius. Bei einigen von ihnen kann ebenfalls auf vorkarolingisches Alter geschlossen werden. Zu diesen frühen Kirchen gehört auch eine Marienkirche auf dem Würzburger Marienberg oder an seinem Fuße. Nach der Überlieferung soll sie bereits um 700 mit einem Kloster an gleicher Stelle gestanden haben[139]. Vermutlich war sie als Eigenkirche des Würzburger Herrscherhauses gegründet worden, und schon Kilian hatte sie oder ihren Vorgängerbau vorgefunden.[140]

(D. R.)

Anmerkungen

[1] Tacitus, Germania 28, 2.
[2] Ptolemaeus, Geographia 2, 11, 6.
[3] J. Werner, Die Bedeutung des Städtewesens für die Kulturentwicklung des frühen Keltentums, in: Die Welt als Geschichte 5, 1939, S. 380 ff.; Wiederabdruck in: Ders., Spätes Keltentum zwischen Rom und Germanien.
[4] Abels, Neue Ausgrabungen auf dem Staffelberg.
[5] L. Wamser, Spätkeltische Einzelfunde aus der Uferzone eines Altsees am Fuße des

Schwanberges in der Gemarkung Großlangheim, Lkr. Kitzingen, Unterfranken, in: ArchJB 1982, 1983, S. 83 ff., hier: S. 86.

[6] S. Becker, Ein jüngerlatènezeitliches Brandgräberfeld bei Hörstein, Stadt Alzenau i. UFr., Lkr. Aschaffenburg, Unterfranken, in: ArchJB 1986, 1987, S. 99 ff.

[7] K. Schwarz, Atlas der spätkeltischen Viereckschanzen Bayerns, 1959.

[8] O. Braasch, L. Wamser, Eine neue spätkeltische Viereckschanze bei Marktbreit, Lkr. Kitzingen, Unterfranken, in: ArchJB 1983, 1984, S. 85 ff.

[9] H. Hahn, Chr. Pescheck, Die erste keltische Viereckschanze nördlich des Mains, in: Germania 41, 1963, S. 104 f.

[10] Wamser, wie Anm. 5.

[11] G. Wegner, Die vorgeschichtlichen Flußfunde aus dem Main und aus dem Rhein bei Mainz. Materialhefte z. Bayer. Vorgeschichte 30, 1976; G. Diemer, Ein bemerkenswertes Ensemble spätbronzezeitlicher Brillenspiralen aus dem Mainkies bei Heidenfeld, Gemeinde Röthlein, Lkr. Schweinfurt, Unterfranken, in: ArchJB 1987, 1988, S. 60 ff.

[12] Chr. Pescheck, Ein keltischer Schmuckhort aus dem Nahbereich des Schwanbergs, Stadt Iphofen, Lkr. Kitzingen, Unterfranken, in: ArchJB 1984, 1985, S. 80 ff.

[13] Unpubliziert. Nachweis: Ortsakten d. Landesamtes für Denkmalpflege, Außenstelle Würzburg.

[14] Übersicht zum Forschungsstand: R. Feustel (Hg.), Keltenforschung in Südthüringen, 1979.

[15] K. Peschel, Brandgräber aus der spätkeltischen Randzone in Südostthüringen, in: Beiträge zum Randbereich der Latènekultur, 1978, S. 73 ff.

[16] D. Rosenstock, Die ersten Grab- und Siedlungsfunde der Großromstedter Kultur aus dem Landkreis Rhön-Grabfeld, Unterfranken, in: ArchJB 1985, 1986, S. 95 ff.

[17] Rosenstock, Ein reicher Keramikkomplex der Großromstedter Kultur aus Oberstreu.

[18] Pescheck, Zum Bevölkerungswechsel.

[19] Pescheck, Beginn der germanischen Siedlung bei Baldersheim; Ders., Die germanischen Bodenfunde der römischen Kaiserzeit in Mainfranken.

[20] v. Uslar, Westgermanische Bodenfunde.

[21] L. Wamser, Ein augusteisches Legionslager auf dem Kapellenberg bei Marktbreit, Lkr. Kitzingen, Unterfranken, in: ArchJB 1986, 1987, S. 105 ff.; Becker, Braasch, Wamser, Neue Untersuchungen im frührömischen Legionslager bei Marktbreit; Wamser, Legionen des Augustus am Maindreieck. Das frührömische Truppenlager bei Marktbreit: Wiederentdeckung eines vergessenen Kapitels römisch-germanischer Geschichte, 1989.

[22] Peschel, Anfänge.

[23] C. Plinius Secundus Maior, Naturalis Historia IV, 99.

[24] Caesar, Commentarii de bello Gallico I, 51, 2.

[25] Timpe, Die Siedlungsverhältnisse Mainfrankens; Peschel, Die Sueben.

[26] Peschel, Anfänge, S. 65.

[27] z. B. Putzger, Historischer Weltatlas [100]1984, Bl. 30/31; zur Quellenlage vgl. Timpe, wie Anm. 25, S. 128 f.

[28] Cassius Dio, Historia Romana LV, 10a, 2–3.

[29] Tacitus, Germania 41, 1.

[30] Ludwig Schmidt, Geschichte der deutschen Stämme bis zum Ausgang der Völkerwanderungszeit. Die Westgermanen (Nachdruck 1970), S. 130, 320.

[31] Nierhaus, Das suebische Gräberfeld von Diersheim.

[32] Vgl. weiter unten S. 33 ff.

[33] Vgl. Anm. 21.

[34] Zur archäologisch-historischen Situation im rechtsrheinischen Germanien vgl. v. a. Timpe, wie Anm. 25, S. 119 ff.; C. M. Wells, The German Policy of Augustus, 1982; Ph. Filtzinger, Die römische Besetzung Baden-Württembergs, in: Ph. Filtzinger, D. Planck, B. Cämmerer (Hg.), Die Römer in Baden-Württemberg 1976; [3]1986, S. 22 ff.; H.-G. Simon, Eroberung und Verzicht. Die römische Politik in Germanien zwischen 12 v. Chr. und 16 n. Chr., in: Baatz, Herrmann (Hg.), Die Römer in Hessen, S. 38 ff.; H. Schönberger, Die

römischen Truppenlager der frühen und mittleren Kaiserzeit zwischen Nordsee und Inn, in: Bericht der Römisch-Germanischen Kommission (Ber. RGK) 66, 1985, S. 321 ff.; J. Kunow, Die Militärgeschichte Niedergermaniens, in: H. G. Horn (Hg.), Die Römer in Nordrhein-Westfalen, 1987, S. 27 ff.

[35] Timpe, wie Anm. 25, S. 124 ff.; Kunow, wie Anm. 34, S. 36 ff.

[36] Zur Rolle von Mainz in der frührömischen Okkupationsgeschichte und zum Stand der archäologischen Forschung vgl. D. Baatz, Mogontiacum ; Baatz, Herrmann, wie Anm. 34, S. 425 ff.

[37] Velleius Paterculus, Historiae Romanae II, 104.

[38] Velleius Paterculus, wie Anm. 37, 108–115; D. Timpe, Zur Geschichte und Überlieferung der Okkupation Germaniens unter Augustus; E. Klement, Der Vorstoß des C. Sentius Saturninus, in: Colloquium Historicum Wirsbergense. Geschichte am Obermain 10, 1975/76, 1976, S. 60 ff.; Simon, wie Anm. 34, S. 50.

[39] Cassius Dio 56, 18–22; Tacitus, Annales, 1, 55; Velleius Paterculus, wie Anm. 37, 117–119; Florus, Hist. Rom. 2, 30. Die übrigen antiken Literaturstellen zur Varusschlacht zusammengestellt bei A. Riese, Das Rheinische Germanien in der antiken Literatur, 1892, S. 76 ff. Zum bisher einzigen archäologischen Zeugnis der Varusschlacht vgl. M. Siebourg, Das Denkmal der Varusschlacht, in: Bonner Jahrbücher 135, 1930, S. 84 ff.

[40] Tacitus, Ann. 1, 3. 49–51.

[41] G. Fingerlin, Dangstetten, ein augusteisches Legionslager am Hochrhein. Vorbericht über die Grabungen 1967–1969, in: Ber. RGK 51/52, 1970–71, 1971, S. 197 ff.; v. Schnurbein, Untersuchungen; Ders., Die Besetzung des Alpenvorlandes durch die Römer; Schönberger, wie Anm. 34, S. 321 ff.; Kunow, wie Anm. 34, S. 36 ff.

[42] Vgl. Anm. 21.

[43] Vgl. Anm. 8.

[44] Von den Innenbauten römischer Legionslager der Prinzipatszeit bieten bisher lediglich die – offenbar nur sehr lückenhaft überlieferten – Fabrica-Befunde von Dangstetten und Exeter gewisse, wenn auch nur vage Vergleichsmöglichkeiten hinsichtlich Grundrißform, Größe und Lageposition im Lagerareal; vgl. v. Petrikovits, Innenbauten, S. 90, Abb. 23, 1–2.

[45] Zu ähnlichen Befunden in den frührömischen Truppenlagern Oberaden und Dangstetten vgl. D. Baatz, Hibernacula, in: Germania 63/1, 1985, S. 147 ff. mit Abb. 1; v. Petrikovits, wie Anm. 44, S. 37, Abb. 2, 11.

[46] So bezeugt Tacitus (Ann. 1, 56) die wiederholte Nutzung eines bereits unter Drusus als Stützpunkt angelegten Lagerplatzes in monte Tauno durch Germanicus im Jahre 15 n. Chr., ohne daß jedoch eine genaue Analogie zu den Verhältnissen in Marktbreit vorzuliegen braucht.

[47] Vgl. Anm. 8; die Bearbeitung und Vorlage der frührömischen Kleinfunde Mainfrankens erfolgt z. Zt. durch Th. Völling im Rahmen einer Münchener Magisterarbeit.

[48] H. Schönberger, Das augusteische Römerlager Rödgen. Limesforschungen 15, 1976, S. 12 ff., mit Abb. 2, 4 u. 3.

[49] H.-G. Simon, Die Zeit der Defensive: Die römische Grenzpolitik zwischen 16 und 69 n. Chr., in: Baatz, Herrmann, wie Anm. 34, S. 58 ff.

[50] Fabricius, Hettner, von Sarwey, Der obergermanisch-raetische Limes des Römerreichs (ORL) Abt. A, Bd. II, 1, 1936, Strecken 3–5 und 10, S. 3 ff.; H. Schönberger, The Roman frontier in Germany, in: Journal of Roman Studies 59, 1969, S. 155 ff.; D. Baatz, Der römische Limes. Archäologische Ausflüge zwischen Rhein und Donau, ²1975; Ders., Römische Eroberungen unter den flavischen Kaisern, Bau des Limes, in: Baatz, Herrmann, wie Anm. 34, S. 66 ff.

[51] L. Wamser, Ausgrabungen und Funde in Unterfranken 1979, in: Frankenland, Zeitschrift für Fränkische Landeskunde und Kulturpflege, NF 32, 1980, S. 157 f. mit Abb. 49, 1–23.

[52] D. Baatz, Die Wachttürme am Limes, 1976.

[53] Zu limeszeitlichen Fundstellen im Ortsgebiet von Großwallstadt, dem vermuteten Standort eines römischen Auxiliarkastells, vgl. BVBl. Beiheft 1, 1987, S. 147 ff. mit Abb. 101, 1–5.

Noch nicht näher datierbar ist ferner ein erst kürzlich von O. Braasch bei archäologischen Befliegungen westnordwestlich des Ortes Niedernberg entdecktes zweites Römerlager (Holz-Erde-Kastell oder Übungslager).

54 Zum Aussehen eines typischen Numeruskastells der Odenwaldlinie vgl. D. Baatz, Kastell Hesselbach und andere Forschungen am Odenwaldlimes. Limesforschungen 12, 1973.

55 Zum Kastell Miltenberg-Altstadt vgl. zuletzt B. Beckmann, Neuere Ausgrabungen im römischen Limeskastell Miltenberg-Altstadt und im mittelalterlichen Walehusen, in: Jahresbericht der Bayer. Bodendenkmalpflege 17/18, 1976/77, 1978, S. 62 ff.

56 Zu Stockstadt zuletzt zusammenfassend D. Baatz, in: Baatz, Herrmann, wie Anm. 34, S. 479 ff.

57 Zu den zahlreichen archäologischen Zeugnissen römischer Religion im Miltenberger Stadtgebiet vgl. zuletzt B. Beckmann, H. Merten, in: Römisches Lapidarium. Sammlung römischer Steindenkmäler. Museum der Stadt Miltenberg (Katalog 1984), S. 57 ff. und S. 102 ff.

58 G. Bauchhenß, P. Noelke, Die Jupitersäulen in den germanischen Provinzen, in: Beihefte der Bonner Jahrbücher 41, 1981. Zur Interpretation der Krönungsfigur (Radgott) einer zerstörten Gigantensäule aus einem römischen Brunnen von Obernburg vgl. auch W. Torbrügge, Vor- und frühgeschichtliche Flußfunde. Zur Ordnung und Bestimmung einer Denkmälergruppe, in: Ber. RGK 51/52, 1970/71, 1972, S. 108 ff.

59 v. Uslar, wie Anm. 20.

60 R. v. Uslar, Germanische Keramik aus Steinkastell und vicus in Heddernheim und aus dem Osthafen in Frankfurt. Zur Entstehung der rhein-wesergermanischen Keramik, in: Fundberichte aus Hessen 19/20, 1979/80, S. 697 ff.

61 v. Uslar, wie Anm. 20.

62 D. Rosenstock, L. Wamser, Schätze aus Bayerns Erde. Fundkatalog. Beiheft zum kulturgeschichtlichen Führer, Arbeitsheft 17 (Denkmalpflege Informationen), 1983, S. 31 ff.

63 Tacitus, Germania 5, 12.

64 Almgren, Studien über nordeuropäische Fibelformen.

65 Vgl. Sammelband: H. Jankuhn et al. (Hg.), Das Handwerk in vor- und frühgeschichtlicher Zeit, Teil II. Abhandlungen der Akademie der Wissenschaften in Göttingen, philol.-histor. Kl. Nr. 123, 1983.

66 H. Roth, Bronzeherstellung und -verarbeitung während der späten römischen Kaiserzeit in Geismar bei Fritzlar, Schwalm-Eder-Kreis, und Altendorf bei Bamberg (Oberfranken), in: Fundberichte aus Hessen 19/20, 1979/80, S. 795 ff.

67 D. Rosenstock, Eine Fibelgußform aus der germanischen Siedlung von Geldersheim, Lkr. Schweinfurt, Unterfranken, in: ArchJB 1984, 1985, S. 124 f.

68 D. Rosenstock, Eine prachtvolle römische Emailscheibenfibel und weitere Erzeugnisse römischen Kunstgewerbes aus der germanischen Siedlung von Frankenwinheim, Lkr. Schweinfurt, Unterfranken, in: ArchJB 1983, 1984, S. 120 ff.

69 D. Rosenstock, Zweierlei Verlust. Zum Schicksal germanischer Gräberfelder in Mainfranken, in: ArchJB 1986, 1987, S. 132 ff.

70 Vgl. unten S. 65; Nach Pescheck, Bodenfunde, wie Anm. 19, beginnt das Gräberfeld bereits in der entwickelten älteren römischen Kaiserzeit. Dieser frühe Ansatz ist aus dem Fundmaterial aber nicht zu begründen.

71 Inschrift von Meimsheim: F. Haug, G. Sixt, Die römischen Inschriften und Bildwerke Württembergs, ²1914, S. 506, Nr. 358. Die Inschrift nennt zwar nur Germani, aber es besteht kein Zweifel, daß darunter die Alamannen zu verstehen sind.

72 Cassius Dio LXXVII 14, 2; anders dagegen: Schmidt, wie Anm. 30, S. 226 f.; G. Wirth, Caracalla in Franken. Zur Verwirklichung einer politischen Ideologie, in: JffL 34/35, 1975, 37 ff.

73 L. Schmidt, Die Ostgermanen, S. 131 f.

74 Ebd., S. 132.

75 Zur archäologisch-historischen Situation vgl. D. Baatz, Fall des Limes und Spätantike, in: Baatz, Herrmann, wie Anm. 34, S. 210 ff.

[76] Ammianus Marcellinus, Rerum gestarum libri XXVIII, 5, 11.
[77] Zur archäologischen Situation vgl. R. Koch, Siedlungsfunde der Latène- und Kaiserzeit aus Ingelfingen (Kr. Künzelsau), in: Fundberichte aus Schwaben NF 19, 1971, S. 124 ff., hier: S. 172.
[78] Ammianus Marcellinus XVIII, 2, 15; zur Interpretation dieser Stelle vgl. Schmidt, wie Anm. 73, S. 132.
[79] wie Anm. 76.
[80] Roeren, Zur Archäologie und Geschichte Südwestdeutschlands im 3. bis 5. Jahrhundert n. Chr.; Rosenstock, Zwei völkerwanderungszeitliche Körpergräber aus Dettingen.
[81] Godłowski, The Chronology of the Late Roman and Early Migration Periods in Central Europe, Prace Arch. 11, 1970.
[82] Zu Kahl: unpubliziert, Landesamt für Denkmalpflege Würzburg (freundlicher Hinweis von L. Wamser); zu Distelhausen vgl. Vorbericht: K. Frank, Zwei neue germanische Fundstellen bei Tauberbischofsheim-Distelhausen und Lauda-Königshofen, Main-Tauber-Kreis, in: Archäologische Ausgrabungen in Baden-Württemberg 1986, 1987, S. 178 ff.
[83] Schulze-Dörlamm, Germanische Kriegergräber.
[84] Zur Fibel mit ›festem Nadelhalter‹ vgl. Schulze, Die spätkaiserzeitlichen Armbrustfibeln mit festem Nadelhalter. Eine Gesamtbearbeitung der Fibel mit ›umgeschlagenem Fuß‹ steht noch aus. Eine bemerkenswerte Verdichtung dieses Fibeltyps in Mainfranken und in den weiter westlich angrenzenden Landschaften zu beiden Seiten des Mainmündungsgebiets sowie einzelne Fundpunkte im südwestlich davon gelegenen linksrheinischen Teilraum ergab eine Kartierung durch L. Wamser (unpubliziert). Zu den Fibelvorkommen in Mainfranken vgl. D. Rosenstock, L. Wamser, wie Anm. 62.
[85] S. Dušek, Die Produktion römischer Drehscheibenkeramik in Thüringen – Technologie, ökonomische und gesellschaftliche Konsequenzen, in: Römerzeitliche Drehscheibenware im Barbarikum. Weimarer Monographien z. Ur- und Frühgeschichte 11, 1984, S. 5 ff.
[86] R. Koch, Ein germanisches Brandgrab der späten Kaiserzeit von Obernau, Lkr. Aschaffenburg, in: BVBl. 32, 1967, S. 82 ff.
[87] H. Schönberger, Die Körpergräber des vierten Jahrhunderts aus Stockstadt a. Main, in: BVBl. 20, 1954, S. 128 ff.
[88] B. Kaschau, Die Drehscheibenkeramik aus den Plangrabungen 1967–1972. Heidelberger Akademie d. Wiss. Kommission f. Alamannische Altertumskunde 2, 1976.
[89] Dies ergab eine Kartierung durch L. Wamser (noch unpubliziert).
[90] Schmidt, wie Anm. 73, S. 134.
[91] Wamser, Eine völkerwanderungszeitliche Befestigung im freien Germanien: Die Mainschleife bei Urphar, Markt Kreuzwertheim.
[92] Ravennatis anonymi cosmographia IV, 26, ed. J. Schnetz, 1940.
[93] Butzen, Die Merowinger, S. 23.
[94] Jordanis de origine actibusque Getarum LV 280, ed. Th. Mommsen, MG AA V, 1, S. 130.
[95] Koch, Bodenfunde der Völkerwanderungszeit aus dem Main-Tauber-Gebiet. Germanische Denkmäler der Völkerwanderungszeit.
[96] Oberspiesheim: unpubliziert, erwähnt bei Pescheck, Neue Reihengräberfunde aus Unterfranken, S. 68; Oberstreu: unpubliziert; Staffelstein: Koch, wie Anm. 95, S. 177; Hirschaid: Chr. Pescheck, Die wichtigsten Bodenfunde und Ausgrabungen des Jahres 1972, in: Frankenland NF 24, 1972, S. 278.
[97] B.-U. Abels, Ausgrabungen und Funde in Oberfranken 3, 1981–1982, in: Jb Colloquium Historicum Wirsbergense 14, 1983/84 (im gleichnamigen Separatdruck S. 26).
[98] Pescheck, Germanische Gräberfelder in Kleinlangheim; Ders., Zum Beginn des Christentums in Nordbayern, in: BVBl. 51, 1986, S. 343 ff.
[99] Schwarz, Der frühmittelalterliche Landesausbau, hier: S. 374 ff.
[100] I. Stork, Das fränkische Gräberfeld von Dittigheim, Stadt Tauberbischofsheim, Main-Tauber-Kreis, in: Archäologische Ausgrabungen in Baden-Württemberg 1983, 1984, S. 199 ff.
[101] Koch, wie Anm. 95, hier S. 106 ff., 117.

86

[102] Wamser, Zur Bedeutung des Schwanberges, hier: S. 182 f.

[103] Koch, wie Anm. 95, hier S. 110; Wamser, Merowingerzeitliche Bergstationen.

[104] Bosl, Franken um 800.

[105] Ernst Schwarz, Die elbgermanische Grundlage des Ostfränkischen, in: JffL 15, 1955, S. 31 ff.

[106] Grabungen 1988 durch das Landesamt f. Denkmalpflege Würzburg (freundlicher Hinweis L. Wamser).

[107] Sprandel, Der merovingische Adel und die Gebiete östlich des Rheins.

[108] Dazu neuerdings differenzierter Butzen, wie Anm. 93.

[109] Schlesinger, Das Frühmittelalter, S. 340; Lindner, Untersuchungen, S. 56, 89.

[110] Koch, wie Anm. 95; H. Dannheimer, Die germanischen Funde der späten Kaiserzeit und des frühen Mittelalters in Mittelfranken.

[111] Wamser, Eine thüringisch-fränkische Adels- und Gefolgschaftsgrablege des 6./7. Jahrhunderts bei Zeuzleben, Lkr. Schweinfurt, in: Jahrbuch d. Bayer. Denkmalpflege 38, 1984, 1987, S. 30 ff.; Ders., in: Mainfr Jb 36, 1984, S. 1 ff.

[112] Weitere Parallelen: Wamser 1987, wie Anm. 111, S. 48, Anm. 28–35.

[113] Zu ähnlichen Erscheinungen in Innerthüringen vgl. W. Timpel, Das altthüringische Wagengrab von Erfurt-Gispersleben, in: Alt-Thüringen 17, 1980, S. 181 ff.

[114] Koch, wie Anm. 95, S. 117 f.

[115] S. Bonifatii et Lulli epistolae, ed. M. Tangl, 1916, I 43, S. 68.

[116] P. Reinecke, Die Slawen in Nordostbayern, in: Bayer. Vorgeschichtsfreund 7, 1927/28, S. 17 ff.; W. Sage, Das frühe Mittelalter, in: W. Sage (Hg.), Oberfranken in vor- und frühgeschichtlicher Zeit, 1986, S. 171 ff.

[117] Wie Anm. 92, IV 25, S. 61.

[118] Fredegar, Chronicarum quae dicuntur Fredegarii scholastici libri IV cum continuationibus IV 87, MG SS rer. Merov. II, S. 165 Z. 22 f.; Gregor von Tours, Gregorii episcopi Turonensis libri historiarum X, lib. IV 49, MG SS rer. Merov. I, 1, S. 185 Z. 15 f.

[119] L. Wamser, Neue Untersuchungen im thüringisch-fränkischen Adelsfriedhof von Zeuzleben, Markt Werneck, Lkr. Schweinfurt, Unterfranken, in: ArchJB 1984, 1985, S. 131 ff., hier: S. 134.

[120] Friese, Studien. Diese Auffassung ist nicht unwidersprochen geblieben.

[121] Fredegar, wie Anm. 118, IV 77, S. 159.

[122] Wie Anm. 109.

[123] Wamser, wie Anm. 103.

[124] Wamser, wie Anm. 102.

[125] Bosl, wie Anm. 104.

[126] Erwähnt in einer Urkunde Hetans II. zum Jahr 704: C. Wampach, Geschichte der Grundherrschaft Echternach I, 2 Nr. 8, S. 29 ff.; außerdem in einer erzählenden Quelle des 12. Jahrhunderts: Vita Burchardi II c. 6, S. 28 f., ed. F. J. Bendel, 1912; dazu: L. Wamser, Castellum quod nominatur Wirziburc, in: Kilian, Mönch aus Irland – aller Franken Patron. Veröffentlichungen z. Bayer. Geschichte u. Kultur 19/89, 1989, S. 173 ff.

[127] Vgl. Anm. 109.

[128] Wampach, wie Anm. 126; außerdem ebd. Nr. 26, S. 64 f.

[129] Vita S. Bonifatii auctore Willibaldo, SS rer. Germ. c. 9, S. 32 mit Anm. 4.

[130] MG D Arn Nr. 69, S. 103 f.

[131] Lindner, wie Anm. 109, S. 95.

[132] Ebd. 94.

[133] Ebd.; Wamser, wie Anm. 102, S. 183 f.

[134] Vita S. Bonifatii, wie Anm. 129, S. 33.

[135] H. Ament, Merowingische Grabhügel, in: W. Schlesinger (Hg.), Althessen im Frankenreich. Nationes 2, 1975, S. 63 ff.

[136] Passio maior S. Kiliani c. 15, ed. F. Emmerich, Der heilige Kilian, 1896, S. 20; die ältere Passio minor kennt noch keinen Pferdestall als Begräbnisstätte. Das um 800 entstandene Martyrologium Tamlachtense, ed. R. I. Best und H. J. Lawlor, 1931, S. 54, kennt dagegen einen Hippodrom als Tötungsort.

[137] Schwarz, wie Anm. 99; Ders., Frühmittelalterlicher Landesausbau im östlichen Franken zwischen Steigerwald, Frankenwald und Oberpfälzer Wald. Römisch-germanisches Zentralmuseum, Monographien 5, 1984, S. 140 ff.; Pescheck, Beginn, wie Anm. 98, S. 349 f.; H. Dannheimer, Baumaße einiger frühmittelalterlicher Gebäude aus Bayern, in: Archäolog. Korrespondenzbl. 15, 1985, 515 ff., hier: S. 517.

[138] K. Schneider, Ein ›sigmaförmiger‹ Altarstein aus der ersten Kirche von Kleinlangheim (Unterfranken), in: Archäolog. Korrespondenzbl. 12, 1982, S. 511 ff.; H. Dannheimer, Frühe Holzkirchen aus Bayern. Prähistor. Staatssammlung München, Kleine Ausstellungsführer 3, 1984, S. 22 ff.; Ders., Zur frühmittelalterlichen Altarmensa aus Kleinlangheim, Lkr. Kitzingen (Unterfranken), in: Archäol. Korrespondenzbl. 15, 1985, S. 249 ff.

[139] Vita S. Burchardi, wie Anm. 126, c. 4, S. 27.

[140] Wie Anm. 131.

Literatur (Auswahl)

Zu 1. Siedlungs- und Bevölkerungsverhältnisse von der Spätlatènezeit bis zur Zeitenwende

B.-U. Abels, Neue Ausgrabungen auf dem Staffelberg, in: Jahresbericht d. Bayer. Bodendenkmalpflege 21, 1980, S. 62 ff.; R. Nierhaus, Das suebische Gräberfeld von Diersheim. Römisch-germanische Forschungen 22, 1966; Chr. Pescheck, Zum Bevölkerungswechsel von Kelten und Germanen in Unterfranken, in: BVBl. 25, 1960, S. 55 ff.; Ders., Beginn der germanischen Siedlung bei Baldersheim, Lkr. Ochsenfurt, und damit das Einsetzen germanischer Funde in Unterfranken, in: Studien aus Alteuropa 2 (Festschrift K. Tackenberg), 1965, S. 195 ff.; K. Peschel, Anfänge germanischer Besiedlung im Mittelgebirgsraum. Sueben – Hermunduren – Markomannen. Arbeits- und Forschungsberichte zur sächsischen Bodendenkmalpflege. Beiheft 12, 1978.; Ders., Die Sueben in Ethnographie und Archäologie, in: Klio 60, 1978, S. 259 ff.; D. Rosenstock, Ein reicher Keramikkomplex der Großromstedter Kultur aus Oberstreu, Lkr. Rhön-Grabfeld. Ein Beitrag zur frühgermanischen Besiedlung in Mainfranken, in: Aus Frankens Frühzeit (Festgabe f. P. Endrich), Mainfränkische Studien 37, 1986, S. 113 ff.; D. Timpe. Die Siedlungsverhältnisse Mainfrankens in caesarisch-augusteischer Zeit nach den literarischen Quellen, in: Chr. Pescheck, Bodenfunde, 1978, S. 119 ff.; J. Werner, Spätes Keltentum zwischen Rom und Germanien. Gesammelte Aufsätze zur Spätlatènezeit. Münchner Beiträge zur Vor- und Frühgeschichte. Ergänzungsband 2, 1979, S. 1 ff.

Zu 2. Die Okkupation des Landes durch die Römer. Eroberungen und weitgehender Rückzug auf die Ausgangspositionen

D. Baatz, Mogontiacum. Neue Untersuchungen am römischen Legionslager in Mainz. Limesforschungen 4, 1962, S. 14 ff.; D. Baatz, F.-R. Herrmann (Hg.), Die Römer in Hessen, 1982; H. Becker, O. Braasch, L. Wamser, Neue Untersuchungen im frührömischen Legionslager bei Marktbreit, Lkr. Kitzingen, Unterfranken, in: ArchJB 1987, 1988, S. 92 ff.; E. Fabricius, F. Hettner, O. von Sarwey, Der obergermanisch-raetische Limes des Römerreichs (ORL) Abt. A, Bd. II, 1, 1936, Strecken 3–5 und 10, S. 3 ff.; Ph. Filtzinger, D. Planck, B. Cämmerer (Hg.), Die Römer in Baden-Württemberg, ³1986; H. G. Horn (Hg.), Die Römer in Nordrhein-Westfalen, 1987, S. 27 ff.; H. v. Petrikovits, Die Innenbauten römischer Legionslager während der Prinzipatszeit, 1975; S. v. Schnurbein, Untersuchungen zur Geschichte der römischen Militärlager an der Lippe, in: Ber. RGK 62, 1981, S. 5 ff.; Ders., Die Besetzung des Alpenvorlandes durch die Römer, in: Die Römer in Schwaben. Arbeitshefte des Bayer. Landesamtes f. Denkmalpflege 27, 1985, S. 17 ff.; H. Schönberger,

Die römischen Truppenlager der frühen und mittleren Kaiserzeit zwischen Nordsee und Inn, in: Ber. RGK 66, 1985, S. 321 ff.; D. Timpe, Zur Geschichte und Überlieferung der Okkupation Germaniens unter Augustus, in: Saeculum 18, 1967, S. 285 ff.; L. Wamser, Ein augusteisches Legionslager auf dem Kapellenberg bei Marktbreit, Lkr. Kitzingen, Unterfranken, in: ArchJB 1986, 1987, S. 105 ff.

Zu 3. Germanen im Vorfeld des Römischen Reiches

O. Almgren, Studien über nordeuropäische Fibelformen. Mannus-Bücherei 32, [2]1923; Chr. Pescheck, Die germanischen Bodenfunde der römischen Kaiserzeit in Mainfranken. Münchner Beiträge z. Vor- und Frühgeschichte 27, 1978; D. Rosenstock, L. Wamser, Schätze aus Bayerns Erde. Fundkatalog. Beiheft zum kulturgeschichtlichen Führer. Arbeitsheft 17 (Denkmalpflege Informationen), 1983, S. 31 ff.; R. v. Uslar, Westgermanische Bodenfunde des 1.–3. Jh. n. Chr. aus Mittel- und Westdeutschland. Germanische Denkmäler der Frühzeit 3, 1938; Ders., Germanische Keramik aus Steinkastell und vicus in Heddernheim und aus dem Osthafen in Frankfurt. – Zur Entstehung der rhein-westgermanischen Keramik, in: Fundberichte aus Hessen 19/20, 1979/80, S. 697 ff.

Zu 4. Die Mainlande in spätrömischer Zeit

K. Godłowski, The Chronology of the Late Roman and Early Migration Periods in Central Europe. Prace Arch. 11, 1979; R. Roeren, Zur Archäologie und Geschichte Südwestdeutschlands im 3. bis 5. Jh. n. Chr., in: Jb RGZM 7, 1960, S. 214 ff.; D. Rosenstock, Zwei völkerwanderungszeitliche Körpergräber aus Dettingen, Gde. Karlstein a. Main, Lkr. Aschaffenburg, Unterfranken, in: BVBl. 52, 1987, S. 105 ff.; L. Schmidt, Geschichte der deutschen Stämme bis zum Ausgang der Völkerwanderungszeit. Die Westgermanen (Nachdruck 1970); Die Ostgermanen (Nachdruck 1969); M. Schulze, Die spätkaiserzeitlichen Armbrustfibeln mit festem Nadelhalter (Gruppe Almgren VI, 2). Antiquitas Reihe 3, Bd. 19, 1977; M. Schulze-Dörrlamm, Germanische Kriegergräber mit Schwertbeigabe in Mitteleuropa aus dem späten 3. Jahrhundert und der ersten Hälfte des 4. Jahrhunderts n. Chr. Zur Entstehung der Waffenbeigabensitte in Gallien, in: Jb RGZM 32, 1985, S. 509 ff.; L. Wamser, Eine völkerwanderungszeitliche Befestigung im Freien Germanien: Die Mainschleife bei Urphar, Markt Kreuzwertheim, Lkr. Main-Spessart, Unterfranken, in: Das Archäologische Jahr in Bayern 1981, 1982, S. 156 ff.

Zu 5. Die Eingliederung der Mainlande in das merowingische Reich

K. Bosl, Franken um 800. Strukturanalyse einer fränkischen Königsprovinz, [2]1969; R. Butzen, Die Merowinger östlich des mittleren Rheins, Mainfränkische Studien 38, 1987; H. Dannheimer, Die germanischen Funde der späten Kaiserzeit und des frühen Mittelalters in Mittelfranken. Germanische Denkmäler der Völkerwanderungszeit, Ser. A, 7, 1962; A. Friese, Studien zur Herrschaftsgeschichte des fränkischen Adels. Der mainländisch-thüringische Raum vom 7.–11. Jahrhundert, 1979; R. Koch, Bodenfunde der Völkerwanderungszeit aus dem Main-Tauber-Gebiet. Germanische Denkmäler der Völkerwanderungszeit, Ser. A 8, 1967; K. Lindner, Untersuchungen zur Frühgeschichte des Bistums Würzburg und des Würzburger Raumes. Veröffentlichungen des Max-Planck-Instituts f. Geschichte 35, 1972; Chr. Pescheck, Germanische Gräberfelder in Kleinlangheim, Lkr. Kitzingen, in: Ausgrabungen in Deutschland II, 1975, S. 211 ff.; Ders., Neue Reihengräberfunde aus Unterfranken. Kataloge der Prähistor. Staatssammlung 21, 1983; W. Sage (Hg.), Oberfranken in vor- und frühgeschichtlicher Zeit, 1986, S. 171 ff.; W. Schlesinger, Das Frühmittelalter, in: H. Patze, W. Schlesinger (Hg.), Geschichte Thüringens, [2]1985; K. Schwarz, Der frühmittelalterliche Landesausbau in Nordost-Bayern archäologisch gesehen, in: Ausgrabungen in Deutschland II, 1975, S. 338 ff.; Ders., Frühmittelalterlicher Landesausbau im östlichen Franken zwischen Steigerwald, Frankenwald und Oberpfälzer Wald. Römisch-Germanisches Zentralmuseum, Monographien 5, 1984, S. 140 ff.; R. Sprandel, Der merovingische Adel und die Gebiete östlich des Rheins. Forschungen zur oberrheinischen Landesgeschichte 5, 1957; L. Wamser, Eine thüringisch-fränkische Adels- und Gefolgschaftsgrablege des 6./7. Jahrhunderts bei Zeuzleben, in: MainfrJb 36, 1984, S. 1 ff. (= Wegweiser zu vor- und frühgeschichtlichen Stätten Mainfrankens, Heft 5); Ders., Merowingerzeitliche Bergstationen in Mainfranken – Stützpunkte der Machtausübung gentiler Gruppen, in: ArchJB 1984, 1985, S. 136 ff.; Ders., Zur Bedeutung des Schwanberges im frühen und hohen Mittelalter, in: Aus Frankens Frühzeit (Festgabe f. P. Endrich), Mainfränkische Studien 37, 1986, S. 164 ff.

ERIK SODER V. GÜLDENSTUBBE

Christliche Mission
und kirchliche Organisation

1. *Heidnische und christliche Spuren in*
Ostfranken während der Merowingerzeit

Nicht eben zahlreich sind die schriftlichen Nachrichten, die etwas über das Christentum in den Mainlanden während der Zeit der Merowinger berichten. Dort, wo die historischen Quellen versagen, hat die mittelalterliche Archäologie das Wort. Indessen lohnt es sich, wenigstens einige der spärlichen Nachrichten hier zusammenzutragen.

Methodisch nähern wir uns am besten diesem Thema, wenn wir zunächst die benachbarten Räume des heutigen Unterfranken betrachten. Wenn auch vorsichtig, können wir daraus gewisse Rückschlüsse ziehen, wie, über welche Wege, mit welcher Intensität und mit welchen Inhalten die Verchristlichung des Mittelmaingebietes erfolgte. Bekanntlich handelt es sich hier nicht um den Siedlungsraum eines einheitlichen ethnischen Stammes. Wie oben schon beschrieben, haben wir es mit Überresten einer ehemals keltischen Gruppe zu tun, gefolgt von slawischen und germanischen Stämmen. Im Südwesten Frankens herrschten die Römer, dadurch und durch zeitweise militärische Eingriffe und Handelsbeziehungen haben auch sie einen gewissen Anteil an der Geschichte dieser Landstriche gehabt.

Überprüfen wir, was vielleicht noch an Christentum aus der Römerzeit in den Mainlanden feststellbar ist, so fällt besonders der bereits in der Antike bestehende Bischofssitz Mainz auf. Da dieses Bistum vor der Erhebung Würzburgs zum eigenen Bistum auch den mittleren und oberen Main als sich zugehörig angesehen haben dürfte, andererseits ein beträchtlicher Teil des alten Mainzer Bistums im frühen 19. Jahrhundert dem Würzburger Sprengel einverleibt wurde, sind für die fränkische Kirchengeschichte auch die ehemals mainzischen Traditionsstränge von Bedeutung. Daneben ist seit der Eroberung und Kolonisation Mainfrankens durch die Franken, die um 500 n. Chr. beginnt, die gallorömische Kultur, die in der Merowingerzeit die christliche Antike mit dem Mittelalter verbindet, nicht zu übersehen. Während also für die allmählich einsetzende Christianisierung der Westen in breiter Front vom Rheintal her bestimmend wird, so sind auch vom Süden her Einflüsse gekommen.

Vermutlich waren es Christen, die im 4. Jahrhundert die Kultstätten für Mithras in Dieburg, Stockstadt und Krotzenburg vernichteten. Bei Mithras handelte es sich um eine besonders in Persien verehrte Gottheit, der im Zeitalter des Hellenismus in grottenartigen Mithräen Stieropfer dargebracht wurden.[1] Schon im 2. Jahrhundert hatte Irenäus von Lyon über Christen in den beiden damaligen römischen Provinzen Germaniens berichtet.[2] Mainz aber war die Hauptstadt der Germania prima, und seine Bischöfe haben im 4. Jahrhundert an verschiedenen Synoden teilgenommen. Den Bischöfen beider Provinzen widmete Hilarius von Poitiers seine Schrift ›Über die Synoden‹. An einem christlichen Feiertag überfiel der Alamannenführer Raudo 368 die Stadt Mainz. Von einer weiteren Eroberung durch die Alanen und Vandalen 406 berichtet niemand Geringerer als der Kirchenvater und Bibelübersetzer Hieronymus.[3] Um 450 beherrschen die Franken die ehemalige Römerstadt an der Mainmündung. Auf die verschiedenen feindlichen Einfälle des 5. Jahrhunderts gehen auch mit Sicherheit die Martyrien der Missionare Theonest und Alban um 400 und wenig später der Tod des Geschwisterpaares Justina und Aureus[4] zurück. Im 6. Jahrhundert wird in Sidonius wieder ein Bischof von Mainz greifbar, der die Spätantike hineinbindet in das neue fränkische Reich, das immer mehr nach Osten, mainaufwärts, drängt. Sidonius, der im Kontakt stand zu dem großen spätlateinischen Dichter Venantius Fortunatus, dem Berater der Königin Radegunde in deren Kloster bei Poitiers, erhielt beim Neuaufbau seiner Bischofsstadt auch die Hilfe von Berthoara, der Tochter des Merowingers Theudebert.[5]

Allerdings scheint sich das kirchliche Leben im Bistum Mainz doch sehr stark auf den engeren Umkreis der Stadt beschränkt zu haben. So entdeckte man einen frühmittelalterlichen Grabstein mit Kreuz bei Hochheim am Main; bei Goddelau im späteren Hessen wurde ein christlicher Grabstein aus der Zeit um 500 gefunden.[6] Der irische Missionar Kolumban der Jüngere, der besonders durch seine Ordensregeln und seine Klostergründungen bedeutsam wurde, wie in Luxeuil oder in Bobbio, weilte um 610 auch kurz in Mainz.[7] Aus dem frühen 7. Jahrhundert werden uns archäologische Funde am Main bekannt, die bereits auf dem Boden des heutigen Unterfranken christliche Spuren bezeugen. Dazu gehören besonders die Kreuzfibeln von Niedernberg und Pflaumheim oder die Bronzeschüssel von Großwallstadt (alle drei Orte im Lkr. Aschaffenburg gelegen), die mit dem Kreuzzeichen versehen ist.[8]

Wohl etwas jünger, aber noch ins 7. Jahrhundert zu datieren, sind Fundstücke, die aus dem Steigerwald und seinem Vorland stammen oder aus dem nördlichen Unterfranken. So z. B. eine Bronzenadel mit Kreuz, die bei Kleinlangheim ans Tageslicht kam, eine kreuzförmig durchbrochene

Bronzescheibe vom Schwanberg und ähnliche Funde vom Judenhügel bei Kleinbardorf oder vom Rehberg bei Wechterswinkel.[9]

Die Alamannen siedelten – trotz ihrer Niederlage 497 gegen den Merowingerfürsten Chlodwig – auch im 7. Jahrhundert noch südlich der Mainlinie, wenngleich die fränkische Kolonisation sie im Laufe der Zeit mehr nach Süden abdrängte. Nach dem Untergang des Ostgotenreiches 553 zogen Alamannen und Franken gemeinsam nach Norditalien, um dort Beute zu erwerben. Der byzantinische Geschichtsschreiber Agathias beobachtet die Krieger dieser beiden Stämme in ihrem Verhalten sehr genau. Danach herrschte bei den Alamannen ihre heidnische Naturreligion vor, erst wenige von ihnen hätten sich bereits dem Christentum zugewandt. Dagegen seien die fränkischen Truppen bereits stärker vom christlichen Glauben geprägt gewesen, denn im Gegensatz zu den Alamannen scheuten die Franken eher vor Kirchenplünderungen und dem Raub der geheiligten Gefäße zurück.[10] Dies ist meines Erachtens ein deutlicher Hinweis, daß eine verstärkte Verchristlichung unter den Alamannen frühestens ab dem späten 6., eher jedoch erst ab dem 7. Jahrhundert erfolgte.

Ein Beinkästchen mit den griechischen Anfangsbuchstaben des Namens Christos und den Buchstaben Alpha und Omega wurde in Heilbronn am Neckar gefunden. Zweifelsohne gehört dieses Objekt in die frühchristliche Zeit.[11] Im Main-Tauber-Gebiet bei Dittigheim kamen eine Münze mit Kreuz und ein Brustkreuz zum Vorschein, die ins 7. Jahrhundert datiert werden. Vom Bodensee bis zum mittleren Neckar waren die Goldblattkreuze verteilt, die auf eine langobardische Herkunft hindeuten. Mögen manche dieser Kreuze und anderen Gegenstände Beutestücke oder weithin versandter Schmuck gewesen sein, die klaren Hinweise auf das Kreuz Jesu können doch bereits auf eine anfängliche Christusbegegnung der früheren Träger hinweisen. Daß sich Heidentum und Christenglaube noch lange in Mischformen verbanden, belegt unter anderem die Bestattung eines Reiters mit seinem Pferd und der Beigabe eines Goldblattkreuzes in Giengen an der Brenz.[12]

Um 600 wirkten Kolumban, bald auch sein vermutlicher Landsmann aus Irland, St. Gallus, am Bodensee. Gallus heilte nach seiner Lebensbeschreibung die Tochter des Alamannenherzogs Gunzo, die mit dem ostfränkischen König Sigibert verlobt war. Diese Angabe gibt uns eine Datierungshilfe für Gallus, denn 613 wurde der ostfränkische Zweig der Merowinger durch Lothar II. vernichtet.[13] Der Bischof Marcian, der in Konstanz von 603 bis 605 amtierte, ist vielleicht identisch mit dem gleichnamigen Bischof von Grado an der Adria, der von 605 bis 608 dort wirkte. Es ist anzunehmen, daß dieser Marcian zuerst in Tirol, dann in Baiern und Schwaben als Missionar tätig war.[14]

Kurz vor Kilians Auftreten in Mainfranken wird uns noch ein anderer Missionar bekannt, St. Amandus, der Gründer des Klosters Gent sowie Bischof zu Maastricht († um 675/680). Dessen Wirken wird besonders im engen Zusammengehen mit dem Merowingerhaus sichtbar, so, wenn der ›Flamenapostel‹ auch eine Missionsreise durch Baiern zu den Slawen unternimmt, wobei er die Donau überquert, also wohl in den ober- oder niederösterreichischen Raum hineinwirkte.[15]

Nördlich der Mainlinie siedelten die Thüringer. Bereits früh bestanden aber schon einige – wenngleich wenig intensive – Kontakte zwischen Christen und den in der Hauptsache noch heidnischen Thüringern. Theoderich der Große, ab 490 Gründer-König des Ostgotenreiches in Norditalien, versuchte, durch eine Heiratspolitik einen germanischen Staatenbund zu schaffen. Dadurch stellte er sich in Gegensatz zu dem aufstrebenden und expandierenden Merowingerstaat. Theoderich hing außerdem dem arianischen Bekenntnis an, was den erwähnten Gegensatz nochmals vergrößerte; denn die von ihm besiegte italienische Bevölkerung bekannte sich – wie Chlodwig – zum katholischen Glauben. Dieser Theoderich verheiratete nun mit den erwähnten Absichten seine Nichte Amalberga mit dem Thüringerkönig Irmfried. Nach dem Tod Theoderichs 526 in Ravenna verloren die Thüringer einen mächtigen Bundesgenossen.[16] Als auch noch ein Streit das Herrscherhaus selbst spaltete, gelang es den Franken 531, die Thüringer vernichtend zu schlagen. In Teile der bisherigen Siedlungsräume der Thüringer drangen im Norden Sachsen, im Osten Slawen und im Süden Franken ein. Unter den Geiseln aus dem entmachteten Herrscherhaus ist auch eine junge Prinzessin namens Radegunde, die nach Süd-Gallien entführt wird. Sie ist Christin, gründet nach mancherlei weiterer Schicksalsschläge ein Frauenkloster bei Poitiers und wirkte dort selbst vor allem durch Belebung des religiösen und geistigen Lebens – unter anderem sind hier Venantius Fortunatus sowie dessen dichterisches Werk zu nennen.[17] Die später als Heilige verehrte Frau kam nie mehr in ihre Heimat zurück, aber es ist doch möglich, daß die eine oder andere Nachricht über das Christentum durch sie nach Thüringen gelangte. Um 550 zog der thüringische Adelige Brachio – wohl schon Christ – im Reichsdienst nach Gallien zum Herzog Sigiwald in die Auvergne. Dort wurde er später Abt von Menat.[18]

Ein Jahr nach dem Tod des Merowingers Theuderich II. 613 sandte die fränkische Königin Brunhilde den Prinzen Sigibert nach Thüringen, wo ihn der Hausmeier Warnachar vor dem Zugriff eines anderen Thronbewerbers Lothar II. schützen sollte. Allerdings war das Eingreifen der Königin erfolglos, Lothar siegte mit Hilfe des Warnachar und ließ Brunhilde und zwei der Söhne Theudeberts hinrichten.[19]

Dieses Geschehen gibt uns nicht nur einen kleinen Einblick in die kampf-
durchtobte Zeit der Merowinger, sondern zeigt uns auch, daß Thüringen
sich in starker Randlage des Frankenreiches befand und daß dort in wech-
selnden Koalitionen fränkische Adelige das Sagen hatten.

Ein bezeichnendes Schlaglicht auf den Grad der Christianisierung Thüringens wirft bald danach eine Szene, die in der Lebensbeschreibung des hl.
Arnulf von Metz, einem der Stammväter der späteren Karolinger, aufgezeichnet ist. Zwischen den Jahren 623 und 630 reiste König Dagobert I. in
Begleitung des Bischofs Arnulf nach Thüringen. Während ein junger Verwandter des Thüringer Adeligen Noddilo auf den Tod erkrankte, mußte
sein Herr ihn verlassen, um den abreisenden König zu begleiten. Kein anderer Rat bestand mehr für den Edelmann, als dem Todkranken das Haupt
abzuschlagen und nach der Sitte dieses Volksstammes den Leichnam dann
zu verbrennen. Der noch nicht abgereiste Bischof erfuhr davon, er wusch
und salbte ihn mit dem geweihten Krankenöl; am nächsten Tag war der
Sterbende genesen.[20] Da es in unmittelbarer Umgebung des Königs denkbar war, einem Todkranken aktive Sterbehilfe zu leisten, wie man es heute
vielleicht ausdrücken würde, und eine im Christentum früher nicht allgemein gebräuchliche Brandbestattung vorzunehmen, wird der Grad der
Verchristlichung beim einfachen Volk eher noch geringer gewesen sein.
Das Land nördlich des Mains spielte gegenüber den thüringischen Kern-
landen noch keine gesonderte Rolle, der Rennsteig war daher offensichtlich noch nicht die Grenzscheide zwischen Franken und Thüringern.

In der frühen Merowingerzeit wurde allmählich die vorwiegend germanische Sitte der Brandbestattung – zunächst vor allem bei den gehobenen Ge-
sellschaftsschichten – abgelöst durch die reihenförmig gruppierten Gräberfelder. Häufig wurden die Leichen dabei in Ost-West-Richtung so bestattet, daß die Gesichter der aufgehenden Sonne entgegengewandt waren.
Vielfach wurde diese Änderung in der Begräbnisweise den Einflüssen des
Christentums zugeschrieben; dies scheint durchaus möglich, da besonders
die Ausrichtung nach der aufgehenden Sonne den Glauben an eine Aufer-
stehung der Toten dokumentieren könnte. Es ist aber auch denkbar, daß
diese Brauchänderung eher ursächlich mit der – nach der Völkerwanderung – einsetzenden Seßhaftwerdung vieler Germanenstämme zusammen-
hängt oder eine Art Akkulturation wegen der verstärkten Kontakte zu den
Franken darstellt. Nach altem heidnischen Brauch wurden die Verstorbenen
weiterhin bis Ende des 7. Jahrhunderts in ihrer Tracht und mit ihrem
persönlichen Eigentum beigesetzt: mit Waffen, Schmuck, Hausgerät,
Trank und Speise, mit Münzen, die man als eine Art Wegegeld in die Un-
terwelt ansah, nicht selten auch mit Tieren, insbesondere mit Rindern und
Pferden, bei Hochgestellten gelegentlich sogar mit Dienern oder Beglei-

tern. Erst allmählich erlauben es einzelne Grabbeigaben, an ein mögliches Christentum solcher Verstorbenen zu denken.[21]

Bei der Betrachtung der christlichen Missionierung ist es sicher sinnvoll, auch einige Gedanken auf die religiöse Welt der sogenannten Heiden zu richten. Dies allerdings ist sehr schwierig, denn wir haben kaum authentische Aussagen der Heiden über ihre Glaubensinhalte. Was wir davon wissen, stammt entweder aus späteren, meist nordgermanischen Aufschreibungen, die nur mit Vorsicht auf andere Stammesgruppen übertragbar sind, oder ist aus Beschreibungen christlicher Autoren übernommen, die naturgemäß subjektiv gefärbt sind. Ansonsten geben einige frühere römerzeitliche Aufzeichnungen, wie die bekannten von Caesar über Gallien und seine religiöse Welt oder die von Tacitus in seiner leicht idealisierenden ›Germania‹ einige Aufschlüsse. Archäologische Funde aber sind im Hinblick auf eine geistesgeschichtliche oder religiöse Ausdeutung nie mit völliger Sicherheit interpretierbar. Unter diesen Vorbehalten stehen die folgenden Zeilen.

Da die Franken – anders als viele Germanenstämme – vermehrt der spätrömischen Kultur offenstanden, ging nach der Taufe Chlodwigs die Christianisierung wesentlich schneller voran als beispielsweise bei Alamannen und Thüringern.[22]

Bedeutend für den Glauben und den Kult der alten Franken war die freie Natur, daneben werden aber auch Sakralbauten und Standbilder von Göttern und Heroen erwähnt. Solche Standbilder werden übrigens schon in der ältesten Kilianspassio genannt[23], aber auch sonst sind aus Würzburg oder Ebrach Nachrichten über möglicherweise heidnische Bildsäulen überliefert.[24] Ob diese allerdings fränkisch waren oder anderen Kulturen zugerechnet werden müssen, ist letztlich wohl nicht mit Sicherheit zu entscheiden. Das religiöse Leben der Germanen und Kelten ist relativ schwer zu unterscheiden.[25]

Für den Zusammenhalt des Stammesverbandes war der Glaube an die mystische Herkunft der königlichen Dynastie wichtig, die bei den Merowingern von einem stierköpfigen Meeresungeheuer abgeleitet wurde. Erst nach seiner Taufe verzichtete Chlodwig auf die sakrale Familiensage, das heidnische Erbcharisma wird christlich umgeformt. Eine separate heidnische Priesterkaste scheint es bei den Franken nicht gegeben zu haben. Die Familienväter und Stammesoberhäupter nahmen wohl gleichzeitig rituelle Funktionen wahr. Besonders war dies der Fall bei Tieropfern und Gastmählern mit religiöser Bedeutung.[26]

In eine viel ältere Zeit, die der Urnenfelder (ca. 1200–700 v. Chr.), reicht ein Fürstengrab, das nördlich von Acholshausen gefunden wurde, wo einem Herrscher neben vielen anderen Beigaben der berühmte sogenannte

Acholshauser Kultwagen beigegeben worden war, der vielleicht im Zusammenhang mit der Bitte um Regen in Dürrezeiten stand. An die Verehrung der Sonne erinnern zwei bronzene Zierscheiben aus demselben Grab.[27] Die Kelten gelten als Nachfahren der Urnenfelderkultur. Sie verbreiten sich ab dem 6. vorchristlichen Jahrhundert in ganz Europa. Überlebt haben die Kelten im Baskenland, in der Bretagne, in Wales, in Schottland und Irland. Wenngleich die Kelten des Festlandes durch die Germanen verdrängt wurden, scheinen doch im religiösen Bereich zumindest gewisse Analogien bestanden zu haben, will man nicht eine direkte Beeinflussung annehmen. Am entsprechendsten scheint beiden Stammesverbänden die gemeinsame Naturreligiosität zu sein. Verehrung erfuhren schon bei den Kelten Mond, Sonne, Wind, Flüsse, Quellen und Bäume. Unter den Tieren sind vorrangig Pferde, Krähen und Stiere zu nennen.

Daneben standen personale Gottheiten.[28] Julius Caesar beschrieb in seinen Kommentaren zum Gallischen Krieg die Religiosität der keltischen Gallier mit ihren Druiden, einer besonderen, hochgeachteten und gebildeten Priesterschicht, den Barden und Wahrsagern.[29] Folgen wir nun der viel späteren Schilderung der Religion der Alamannen, die der oben schon erwähnte byzantinische Geschichtsschreiber Agathias († um 580) aufgezeichnet hat, so finden wir manches Gemeinsame, aber auch Unterschiede. Die Alamannen nämlich verehrten bestimmte Bäume, Flußläufe, Hügel und Klüfte. Sie brachten ihren Gottheiten Pferde-, Stier- und ungezählte andere Tieropfer dar, wobei das Haupt des Opfertieres als der wertvollste Teil galt.[30] Die zuletzt gemachte Beobachtung entspräche wieder in gewisser Weise der kultischen Schädelverehrung der Kelten.[31]

Um 470–80 begegnete der Alamannenfürst Gibuld bei Passau dem hl. Severin, dem berühmten ›Seher von Norikum‹, wie ihn Peter Dörfler in einem Buchtitel genannt hat. Dem Heiligen gelang es damals, die Alamannen von einer Plünderung zurückzuhalten und Gefangene freizulassen.[32] Von der Bedeutung der Wahrsagerei bei den Alamannen erfahren wir durch den Geschichtsschreiber Ammianus Marcellinus anläßlich einer militärischen Auseinandersetzung 354 mit dem Kaiser Constantius II. Da nämlich damals die Auspizien ungünstig schienen, gaben die Alamannen den Kampf mit den kaiserlichen Truppen aus Angst auf.[33] Die Lebensbeschreibungen Kolumbans und Gallus' berichten vom frühen 7. Jahrhundert über heidnische Bieropfer an Wodan, *den andere Merkur nennen*. Kolumban bekehrte die daran beteiligten Heiden, die Christen belehrte und bestärkte er in ihrem Glauben. Die von Alamannen profanierte Aureliakirche zu Bregenz stellte Kolumban wieder her, wobei er die dort befindlichen germanischen Götterbilder stürzte.[34]

Bei den Thüringern fällt auf, daß sie in bestimmten Bräuchen, die vermutlich auch religiös begründet waren, bis nach 500 unter dem Einfluß der sie zeitweise beherrschenden Hunnen standen, wofür in der Archäologie besonders bezeichnend die künstlichen Schädeldeformationen (vermutlich durch entsprechende Kopfbinden bei den Säuglingen) sind.[35]

Zusammenfassend kann gesagt werden, daß die Christianisierung in den Gegenden am Main, besonders aber im Gebiet des späteren Bistums Würzburg, sehr langsam erfolgte. Dabei erfahren wir gelegentlich die Namen von christlichen Missionaren, die aber eigentlich alle nur an der Peripherie, besonders vom Rhein her oder über die Alamannen im Süden auftauchen. Massen- oder Zwangsbekehrungen haben hier in der Merowingerzeit offensichtlich nicht stattgefunden. Immerhin werden bis zum 7. Jahrhundert hin die Spuren des Christentums deutlicher, wenngleich meist nur in eigentümlichen Mischformen. Auf rechtsrheinischem Gebiet erhielt sich das Heidentum länger als auf gallischem Boden.

2. Die irische Missionsepoche, ihr kultureller und religiöser Hintergrund

Zeitgenössische Quellen zu St. Kilians Wirken in Mainfranken fehlen uns praktisch völlig. Kritische Geschichtsforschung hat die beiden Passiones Sancti Kiliani als erbauliches Legendenwerk abgetan. Vielleicht geschah dies vorschnell. Natürlich sollten solche Legenden der religiösen Vertiefung dienen und nacheifernswerte Vorbilder darstellen, darüber hinaus waren es auch literarische Werke, die zudem noch quasiliturgische Bedeutung vor allem für die monastische Geistlichkeit besaßen sowie Vorlagen für Predigten an Heiligenfesten lieferten. Da aber alle diese mittelalterlichen Viten und Passiones einen historischen Kern haben, geben die beiden frühen Kilianspassiones – bei vorsichtiger Betrachtungsweise – vielleicht doch einige Hinweise auf die geschichtliche Einordnung der Frankenapostel.

Zunächst einmal bietet die ältere Passio, die sicher noch im 8. Jahrhundert entstand, einige Möglichkeiten zur Chronologie. Bisher am meisten beachtet wurde dabei der Hinweis – im Zusammenhang mit einer Romreise Kilians – auf den Tod eines Papstes Johannes, dem Papst Konon folgte. Da Konon am 21. Oktober 686 seine Regierung antrat, muß Johannes V. gemeint sein. Dies gäbe uns einen zeitlichen Fixpunkt für Kilians Ankunft in Mainfranken. Dagegen steht aber die Nachricht der Passio minor, daß Kilian neben Kolonat und Totnan noch weitere Mitpilger gehabt haben soll. An sich wäre das auch nicht weiter verwunderlich, ist doch auch sonst überliefert, daß irische Pilger im Drang nach möglichster Jesusnachfolge öfters zu zwölft reisten, so gewissermaßen die Apostelschar Jesu nachahmend. Chronologische Probleme aber entstehen wegen zweier Personen, welche die Passio ausdrücklich als Gefährten und Schüler Kilians benennt, die aber tatsächlich wesentlich älter als Kilian waren: Gallus und Arnuval. Es liegt nahe, daß der Autor an dieser Stelle hinweisen wollte auf Gallus, den Begründer des später so bedeutenden Klosters St. Gallen, sowie auf den hl. Arnual, den Bischof von Metz.

Beide sind sicher vor 600 geboren, gehören also überwiegend in die erste Hälfte des 7. Jahrhunderts. Arnual war wohl Franke, der versteckte Hinweis auf Metz sollte vielleicht stärker als bisher beachtet werden. Gallus wird zu den Iren gezählt, die als Schüler Kolumbans des Jüngeren ins Frankenreich kamen. Offensichtlich wollte der Verfasser der Passio Kilian damit in die innere Nähe der Schüler Kolumbans stellen, da dieser möglicherweise der Kolumbansregel folgte. Der Hinweis auf den früheren Kiliansgefährten in Metz sollte vielleicht auf Kontakte des Missionsbischofs zu Austrasien hinweisen. Die jüngere Kilianspassio nennt sogar Kolumban selbst einen Begleiter Kilians auf der Reise nach Rom. Diese Passio beschreibt Kilians Weg von Irland über Britannien und Gallien nach Germanien. Arnuval aber erwähnt sie nicht mehr. Die ältere Passio bleibt über die Reiseroute Kilians merkwürdig unbestimmt. Sie schreibt lediglich, er sei auf schottischer Erde geboren und habe mit seinen Gefährten die Heimat verlassen, um in den östlichen Teil – gemeint ist zweifelsfrei des Merowingerreiches – zu kommen, zu einem Kastell, das *Wirziburg* genannt wurde.

Gleichgültig, ob man nun zum zeitlichen Fixpunkt den erwähnten Pontifikatswechsel 686 wählt, oder Kilian zeitlich früher in die Nähe von Kolumban, Gallus und Arnual rückt, entscheidende Fortschritte in der Christianisierung der Mainlande scheinen im 7. Jahrhundert gemacht worden zu sein, wobei die bisherigen archäologischen Erkenntnisse eher auf dessen letzte Jahrzehnte hinweisen als auf dessen erste. Wir geben also der Datierung Kilians auf die achtziger Jahre des 7. Jahrhunderts den Vorrang. Zumindest aber soll vermerkt sein, daß die oben genannten Notizen vor allem der Passio minor vielleicht doch einige Andeutungen zu Kilians religiöser und geistiger Herkunft und Umgebung enthalten können. In religiöser Hinsicht bezieht sich dies wohl am ehesten darauf, daß Kilian in der Traditionslinie und in der Klosterregel irofränkischen Mönchtums kolumbanischer Prägung gestanden haben kann. Dann sind im 7. Jahrhundert kaum irgendwelche Iren auf dem Kontinent als Missionare bekannt geworden, außer den eben genannten.[36]

In biographischer Hinsicht kann der Kilian von Würzburg vielleicht verwechselt worden sein mit jenem gleichnamigen irischen Mönch bei Arras und Aubigny, der offensichtlich Kolumbans Gefährte war[37], andererseits kann natürlich der ›fränkische‹ Kilian mit seinen Begleitern über Burgund und Gallien an den Main gelangt sein.

Deutliche Spuren von Kilians Missionstätigkeit sind nicht auf uns gekommen, zu kurz war wohl sein Wirken hier, um festgegründete kirchliche Strukturen zu hinterlassen, zu abrupt beendete der Mord sein irdisches Leben. Immerhin scheint Kilian Impulse für das religiöse Lebens bewirkt zu haben, gemäß der Passio minor verkündete er vor allem in Würzburg das Wort Gottes.[38]

Diese Aussage führt uns in die von der Bibel bestimmte religiöse Welt Altirlands. Die irischen ›Peregrini‹, Pilger, Wanderer, Heimatlose, Mönche, Asketen verbanden nämlich häufig die Erfüllung des Missionsauftrages Christi *Gehet hin in alle Welt und lehret alle Völker* (Mt 28, 19) mit ihrer freiwillig gewählten Armut und Heimatlosigkeit. Schon in der Kolumbansvita heißt es, der Heilige wollte in Gallien *das Heil säen*, falls er aber dort die Herzen verhärtet finden sollte, wollte er mit seinen Gefährten weiterziehen.[39]

Vielleicht nicht die geringste Wirkung dieser irischen Spiritualität ging durch die von den Iren stark beeinflußten Angelsachsen aus. Diese Wirkungsgeschichte veranlaßt uns, die Entwicklung Altirlands kurz zu skizzieren. Die keltischen Abkömmlinge auf der grünen Insel, zwischen irischer See und Atlantik, waren nie dem Imperium Romanum untertan. Die Insel beherbergte hauptsächlich Bauern, Fischer und Seeleute. Städte kannte man dort nicht. Die Bevölkerung gliederte sich in Stämme, Clans oder Septs genannt, die wiederum zu kleinen Königreichen zusammengeschlossen waren. 431 sandte Papst Cölestin I. mit Palladius den ersten Bischof nach Irland. Dieser und noch stärker Patrick, der zum alles überragenden Landespatron wurde, missionierten die Iren, und mit britannischem Einfluß vor allem vom stammesverwandten Wales aus entstand ab etwa 450 eine eigenständige Landeskirche mit einem überwiegend einheimischen Klerus. Das Christentum brachte neben der Schrift auch die Kenntnis der biblischen Sprachen und die Werke der antiken Autoren. Vieles davon verschmolz mit dem altirischen Kulturerbe zu einer neuen, unverwechselbaren Synthese. Ab 500 begann das Klosterleben auf der Insel sich zu entfalten. Es war stark beeinflußt von den Wüstenvätern Ägyptens und Syriens. Das Seefahrervolk stand nicht nur mit der größeren britischen Insel im engen Kontakt, sondern auch mit der romanischen Welt des westlichen Mittelmeeres. Endzeitliche Erwartungen, starke Vitalität und Kreativität sowie eine oft verwundernde Geradlinigkeit und Ausdauer prägten die Religiosität ebenso wie intensive biblische und theologische Studien.

In jenen Gebieten übertrafen die Iren bald die kontinentalen Länder, die in diesen Jahrhunderten schwer von der Völkerwanderung und den damit verbundenen Kriegen betroffen waren. Die Klöster, die auf der Insel eine Art Ersatz für die fehlenden Städte bildeten, überflügelten die älteren bischöflichen Strukturen der irischen Kirche. Die hochentwickelte Geistigkeit der irischen Mönche, die nicht selten in ihrer radikalen Jesusnachfolge die asketische Heimatlosigkeit als Existenzform wählten, faszinierte viele der Christen, aber auch die Heiden auf dem Kontinent. Ihre strenge Lebensweise, ihr Temperament und ihre hohen sittlichen Anforderungen und manche Besonderheiten konnten natürlich auch andere, besonders lauere Christen, abstoßen oder Widerspruch hervorrufen.

Solche Faszination spiegeln noch die Passiones Sancti Kiliani in einigen Passagen wieder, aber auch die harten Reaktionen, welche die Predigt und die religiösen Forderungen der irischen Missionare hier erfahren mußten.[40] Das Grab der irischen Märtyrer am Main zog in der Folgezeit auch stets wieder Landsleute auf ihren Reisen und Pilgerzügen an. Nicht wenige von ihnen ließen sich für längere Zeit oder für immer hier nieder. Besonders erwähnenswert ist in diesem Zusammenhang das im 12. Jahrhundert entstandene Schottenkloster St. Jakob in Würzburg mit seinem seligen Gründerabt Makarius.[41]

3. *Die thüringisch-fränkischen Herzöge*

Die Passio minor Sancti Kiliani bringt eine Art Ahnenreihe jener austrasischen Herzöge, die nacheinander über Würzburg herrschten: Hruodi, dessen Sohn Hetan d. Ä., dessen Sohn Gozbert. Des weiteren wird dort ein Bruder des Herzogs Gozbert genannt, mit dessen Frau Gailana jener Gozbert verheiratet gewesen sein soll. Nach der Ermordung der Missionare sei Gailana dem Wahnsinn verfallen, Gozbert sollen seine eigenen Diener mit dem Schwert getötet haben. Seinen Sohn, den jüngeren Hetan, soll das Volk der Ostfranken von der Herrschaft vertrieben haben. So sehr sei dessen Sippe verfolgt worden, daß keiner davon überlebte.[42] Weil die genaue Abfassungszeit der Passio minor unbekannt ist – vermutlich ist sie nach 750 entstanden – ziehen wir noch weitere Nachrichten hinzu, die von Kilian und seinem Tod berichten. Das Martyrologium des Rabanus Maurus, des fuldischen Abtes und späteren Mainzer Erzbischofs, notiert zum 8. Juli: *Im Gau Austrien und in der Burg mit Namen Wirziburg am Mainfluß Todestag der Heiligen Kilian, des Märtyrers und seiner beiden Gefährten, die von der Insel der Schotten Hibernien kamen, um den Namen Christi an den genannten Orten zu verkünden, und dort wurden sie wegen des Bekenntnisses der Wahrheit von einem ungerechten Richter Gozbert umge-*

bracht und später durch viele Zeichen als wahre Blutzeugen für Christus bekannt.[43]

Das wohl beinahe gleichzeitige Martyrologium von Beda Venerabilis (vor 850 entstanden), berichtet noch kürzer zm 8. Juli: *An ebendiesem Tag wurde der Bischof Kilian im Kastrum Uuirziburg mit seinen Gefährten, dem Priester Totmann und dem Diakon Colman, unter dem Herzog Gozbert gemartert.*[44]

Der Martyrologiumseintrag des St. Gallener Dichters Notker Balbulus, kurz vor 900, geht inhaltlich nicht über die Passioberichte Kilians hinaus, bezichtigt also, wie diese, die Gemahlin Gozberts namens Gailana des Mordes an Kilian.[45]

Aus anderen historischen Quellen können wir als thüringische Herzöge der Merowingerzeit folgende belegen: Radulf, der durch den König Dagobert I. nach der Schlacht bei der Wogastisburg um 631/632 zur Abwehr der Wenden als Amtsherzog in Thüringen eingesetzt worden ist. Die genannte Feste soll die Westgrenze des Westslawenreiches von Samo bei Kaaden an der Eger geschützt haben.[46] Von diesem Radulf berichtet ein merowingischer Chronist, er sei der Sohn von Chamar gewesen.[47] Er gilt als Franke. Dieser Radulf entfesselte zusammen mit dem Agilolfinger Fara 641 einen Aufstand gegen den Frankenkönig Sigibert III., den Sohn Dagoberts I., Fara verlor in der Schlacht im rechtsrheinischen Gebiet sein Leben, Radulf verschanzte sich in einer mit hölzernen Stämmen gesicherten Feste oberhalb des Unstrutufers in Thüringen. Der Abfall einiger weiterer Herzöge Sigiberts zu Radulf ermöglichte letzterem den Sieg über den noch jugendlichen König. Von Radulfs Freunden fiel der königliche Haushofmeister Fredulf in der Schlacht. Die Leute aus Mainz waren gleichfalls zu Radulf übergegangen. Der Sieger erlaubte dem Besiegten die Rückkehr zum Main. In der Folgezeit ließ Radulf die königliche Herrschaft formal weiterbestehen, wie der Chronist aber schreibt, ging *er in seinem Übermut und Stolz soweit, daß er sich für den König in Thüringen hielt.* Die Wenden, die Radulf zusammen mit Dagobert I. einmal bekämpft hatte, machte er sich mit anderen benachbarten Völkern zu Freunden.[48] Dabei sind wohl, neben anderen Slawen, auch die damals nördlich von Thüringen wohnenden Sachsen gemeint. Da sowohl die Slawen als auch die Sachsen seinerzeit noch Heiden gewesen sind, dürften die Bündnisse das Christentum in Thüringen zumindest nicht gestärkt haben. Ob nun dieser Radulf mit dem in der Kilianspassio genannten Hruodi identisch ist, wird vor allem aus sprachlichen Gründen angezweifelt.[49] Vermutlich waren es zwei verschiedene Personen, die zudem vielleicht nicht einmal derselben Familie angehörten.

Außer dem Radulf sind später noch Theotbald und Hetan der Jüngere als

Herzöge von Thüringen belegt. Zwischen Radulf und Hetan d. J. aber liegen rund 64 Jahre, die wir eigentlich quellenmäßig nicht überbrücken können, abgesehen eben von der Generationenfolge der Thüringerherzöge in der Passio minor. Über zwei Urkunden Hetans und seiner Gemahlin Theodrada werden wir im 4. Kapitel noch sprechen.

Ein Herzog Theotbald wurde genannt in einer heute verlorengegangenen Steininschrift, die sich in der ehemaligen mittelalterlichen Kirche zu Nilkheim bei Aschaffenburg befand. Übersetzt lautet der Text folgendermaßen: *Hier erbaute zuerst der Priester Adalhuno zur Zeit des Herzogs Theotbald eine Kirche, die der Mainzer Bischof Regebert zu Ehren des heiligen Märtyrers Dionysius und seiner Gefährten einweihte.*[50] Die Einweihung dieser Kirche wird in die Zeit zwischen 711 und 716 gesetzt.[51]

Diese Nachricht verbindet den Herzog Theotbald noch nicht mit einem ihm zugehörigen Herrschaftsgebiet. Das geschieht vielmehr in der Lebensbeschreibung des hl. Bonifatius durch Willibald, wo Theotbald und Heden (= Hetan) als Herzöge der Thüringer erwähnt werden.[52] Will man diese Nachrichten miteinander übereinbringen, muß man annehmen, das Thüringer Herzogtum habe bis an das linke Mainufer bei Aschaffenburg gereicht[53], wenn es sich in Nilkheim nicht möglicherweise um ein Eigengut des Theotbald mit Dionysiuskapelle gehandelt hat. Zum anderen belegt uns diese Inschrift den im frühen 8. Jahrhundert bis in den Aschaffenburger Raum wirksamen Einfluß des Mainzer Bischofs.

Spätere Legenden bringen auch die hl. Bilhildis, Gründerin des Klosters Altmünster in Mainz kurz nach 700, in Zusammenhang mit der Hetan-Sippe. Dafür könnte sprechen, daß zu dem klösterlichen Ausstattungsgut Besitz zu Hettstadt und (Veits- oder Margets-)Höchheim westlich von Würzburg gehörte, dazu eventuell noch Richelbach bei Miltenberg.[54]

Die oben zitierte Nachricht über Kilian im Martyrologium des Rabanus Maurus hat meines Erachtens allen Anschein einer hohen Authentizität. Wenn wir dazu noch die eigenwillige Rolle von Gozberts Amtsvorgänger Radulf gegenüber dem merowingischen Königtum und den benachbarten Westslawen betrachten und andererseits die sehr negative Beurteilung der Herzöge Hetan und Theotbald durch Willibald im Auge behalten, gewinnt die Annahme, jener *ungerechte Richter Gozbert* habe Kilian und seine Gefährten auf dem Gewissen, doch eine stärkere Glaubwürdigkeit. Die Randlage des Herzogtums Thüringen, wenig gestützt durch ein in sich uneiniges Reich, das sich mächtigen, feindseligen, großteils andersgläubigen Nachbarn gegenübersah, legt es nahe, sich einerseits – zum Reich – eine weitgehend unabhängige Stellung zu schaffen, auf der anderen Seite die Nachbarn durch eigene Stärke und durch wechselseitige Verträge und Friedensschlüsse in Schranken zu halten. In einer solchen Situation schien wohl für den Thüringerherzog die vertiefte Christianisierung seiner Gebiete nicht besonders dringlich. Die zu religiös-ethischer Radikalität neigende Eigenart irischer Mönche – man vergleiche beispielsweise nur St. Kolumban und dessen Konflikte mit den Herrschenden – kann sehr leicht den tödlich endenden Zusammenstoß zwischen dem Herzogshaus und den fremdländischen Glaubensboten herbeigeführt oder wird ihn zumindest nicht entschärft haben.

Bei den Kämpfen des austrasischen Hausmeiers Pippin des Mittleren um die Alleinherrschaft im Frankenreich ist eine militärische Hilfe von seiten des thüringischen Herzogs nicht erkennbar. Als aber 687 bei Tertry Pippin den Merowingerkönig Theuderich III. besiegt hatte, der damit zu einem Schattenkönig absank, empfahl es sich für den Herzog Gozbert, die irischen Mönche unter dem Wanderbischof Kilian aufzunehmen. 689 mußte Gozbert dem Pippin Heeresfolge leisten, als es zum Kampf gegen die heidnischen Friesen kam. Da der Sieg Pippins fraglich schien, fand Gozbert vielleicht eine Rücksichtnahme auf die Missionare in seinem Gebiet nicht mehr für notwendig. Als der Sieg unerwarteterweise doch den Franken zufiel, wurde(n) nach Rückkehr des Herzogs der/die Mörder der Geistlichen mundtot gemacht, bzw. – wie es die Kilians-Passio berichtet – einer Art Gottesurteil unterworfen.[55] Dieser Rekonstruktionsversuch der tatsächlichen Vorgänge um den Mord an Kilian und seinen Gefährten wird neben der hier kurz angedeuteten politischen Konstellation hauptsächlich begründet aus der Eintragung des Rabanus-Martyrologiums und aus der Tatsache, daß offensichtlich eine strafrechtliche Verfolgung der Täter nie stattgefunden hat. Dazu wäre aber der Herzog als Inhaber der richterlichen Gewalt verpflichtet gewesen.[56]

Die legendenhaft umkleideten Passioberichte über St. Kilian und der Eintrag in das Notker-Martyrologium schreiben den Mord der Veranlassung durch Gailana zu. Auf dieser Sichtweise beruht die jahrhundertelange Kilianstradition in Legenden, Dichtungen, Gebeten und Liedern sowie in der bildenden Kunst.[57]

Bei dieser Schilderung wird angegeben, Kilian habe Gozbert ermahnt, die Frau seines Bruders aus der Ehe mit ihm zu entlassen, da diese nicht erlaubt sei. Es geht aus dem Text der Passio nicht eindeutig hervor, ob Gailana, wie die Frau benannt wird, zum Zeitpunkt der Eheschließung mit Gozbert bereits verwitwet war.[58] Nun kennt das Eherecht die Schwägerschaft als Ehehindernis. Jedoch kann aus wichtigen Gründen von diesem Hindernis dispensiert werden. Es muß aber vor allem geklärt werden, daß 1. der vorige Ehepartner tatsächlich nicht mehr lebt und daß 2. der verstorbene Ehepartner weder durch List noch Gewalt beseitigt wurde.[59] Da in den Passioberichten eine Dispens überhaupt nicht erwogen wurde, müßte also die

Situation so gewesen sein, daß eine Aufhebung des vorliegenden Ehehindernisses nicht erlaubt war, sei es, daß Gailana noch rechtmäßig mit Gozberts Bruder verheiratet war oder daß dieser ihr erster Ehemann ermordet worden war, um einer neuen Verheiratung Gailanas nicht mehr im Wege zu stehen.[60]

Sei es nun, daß Kilian mit seinen Gefährten umgebracht wurde, weil er der Gewaltherrschaft des Herzogs widersprach oder weil er – wie Johannes der Täufer bei Herodes – unchristliche Verhaltensweisen im Herzogshaus anprangerte, er wurde als Märtyrer zum Symbol eines entschiedenen Christenglaubens, der seine Überzeugungskraft durch das Lebensopfer der Missionare erhielt. Kilian, Kolonat und Totnan sind so wirkmächtig geworden als die Apostel Frankens, wie es bereits die Passio maior ausdrückt.[61] Würzburg als Ort von Wirken und Martyrium dieser Pilger und Prediger wurde nach der Erhebung ihrer Gebeine zum locus sanctus, zum geheiligten Platz, und ist heute noch »die Stadt des heiligen Kilian«.[62]

4. Der Beginn der angelsächsischen Missionsepoche: Willibrord und Hetan

Hauptsächlich den Angelsachsen wird im 8. Jahrhundert der starke Aufschwung der Christianisierung verdankt. Für das thüringisch-fränkische Gebiet steht am Beginn dieser neuen Phase St. Willibrord, einer der großen Heiligen des frühen Mittelalters. Dieser stammte aus Northumbrien (geb. um 658) und wuchs in seine künftige Tätigkeit in seiner Heimat im Kloster Ripon hinein. Den Konvent leitete Wilfried von York († um 710), der dort wahrscheinlich die Benediktinerregel eingeführt hat, nachdem er vorher der irischen Observanz gefolgt war. Wilfried war einer der Anführer der römischen Richtung bei den Angelsachsen.

Im irisch bestimmten Kloster Hy oder Iona, das auch als Ordensheimat Kilians gilt, auf einer Insel vor der Westküste Schottlands, kam er unter den Einfluß Egberts († 729), der gleichfalls aus Northumbrien stammte, aber in Irland Mönch geworden war. Egbert sandte Willibrord 690 zur Mission nach Friesland. Hier war der Schwerpunkt seines Wirkens, unterstützt durch Papst Sergius I. und den Hausmeier Pippin. Aber auch auf andere Gebiete und Stämme versuchte Willibrord seine Mission auszudehnen, entweder durch Mitarbeiter und Schüler oder persönlich. Militärische Erfolge der heidnischen Friesen unter ihrem Fürsten Radbod drängten immer wieder die erobernden Franken zurück, besonders 714. Diese Kämpfe unterbrachen daher stets von neuem Willibrords Arbeit, zumal er als Schützling der Frankenherrscher den freien Friesen suspekt bleiben mußte. Sicher ist darin ein Motiv des Missionars zu suchen, zeitweise nach Thüringen und Mainfranken auszugreifen.[63] Die herzoglichen Schenkungen zur Zeit Hetans II. an ihn können natürlich auch zur Unterstützung seines weiteren Wirkens in Friesland gedient haben. Darauf deutet die Tatsache hin, daß bis 907 das durch Willibrord begründete Kloster Echternach diese Besitzungen in Ostfranken innehatte.[64] Allerdings war ursprünglich Willibrord, nicht aber sein Eigenkloster, der Empfänger jener Schenkungen.[65]

704 erfolgte die erste Güterübergabe an Willibrord *in Castello Virteburch* – übrigens die früheste urkundliche Nennung von Würzburg. Herzog Hetan und seine Gemahlin Theodrada sind die Schenker, ihrer beider Sohn Thuringus stimmt dem zu. Übergeben werden: ein Wirtschaftshof zu Arnstadt, Teile eines Gutes zu Großmonra und drei Höfe im Burgbezirk von Mühlberg. Diese Orte liegen in Thüringen, im Bezirk Erfurt.[66]

716 erfolgt eine weitere Güterschenkung an Willibrord, diesmal im Kastell zu Hammelburg, wo als Urkundenschreiber der Kleriker Richisius fungiert. Wieder schenkt das Herzogspaar gemeinsam. Es handelt sich um Erbgut väter- und mütterlicherseits, an der Fränkischen Saale gelegen. In unserem Zusammenhang steht die Zweckbindung: *auf Anraten des apostolischen Mannes Willibrord* soll in Hammelburg ein Kloster entstehen.[67] Weitere Besitzungen Echternachs in Ostfranken wurden bei deren Aufgabe 907 namhaft gemacht.[68]

In welcher Zeit und aus welchen Händen ostfränkische Güter, zum Teil in unmittelbarer Nähe der Echternachschen Besitzungen gelegen, in die Zugehörigkeit des elsässischen Klosters Weißenburg kamen, ist nicht bekannt, es ist aber nicht ausgeschlossen, daß dies bereits im 8. Jahrhundert geschah.[69]

Eine längere Anwesenheit Willibrords in Ostfranken kann wohl ausgeschlossen werden. Es ist auch nicht ganz geklärt, von welcher Seite aus die genannten Schenkungen angeregt wurden. Es könnte gut sein, daß der Anstoß von Willibrord selbst ausging. Dieser hatte 703/704 mit der Erhebung Utrechts zum Erzbistum einen ersten organisatorischen Abschluß seiner Missionsarbeit erreicht und wollte vielleicht daher seine Tätigkeitsgebiete erweitern bzw. verlagern. Nach etwa einem Jahrzehnt schien ihm der Boden für eine Klostergründung in Ostfranken genügend vorbereitet. Sicher hätte dieses – neben der allgemeinen Vertiefung des religiösen Lebens – vor allem für die Ausbildung der Geistlichen wirken sollen. Es kam nicht mehr zu einer solchen Gründung. Vielfach wird dafür als Ursache das Aussterben der Hetaniden im Mannesstamm genannt. Jedenfalls gab es 719, bei der Ankunft von Bonifatius in Thüringen, dort keine Herzöge mehr.[70] Sollte der Anstoß zu den beiden Schenkungen an Willibrord aber vom Herzogshaus ausgegangen sein, so dürfte man in erster Linie an Einflüsse der

Theodrada denken, die möglicherweise dem moselfränkischen Adel ange-
hörte, der kirchlichem Wirken gegenüber sehr aufgeschlossen war. Andererseits könnte auch von seiten der Hausmeier ein gewisser Druck auf Hetan ausgeübt worden sein, der eine Förderung des Missionsbestrebens na-
helegte. Daß die Thüringerherzöge Hetan und Theotbald persönlich dem
Christentum sehr nahestanden, möchte ich aufgrund der Aussagen Willibalds in seiner Lebensbeschreibung des hl. Bonifatius eher anzweifeln. In
dieser Vita heißt es nämlich: *Zu der Zeit nämlich, als das Reich ihrer Könige*
(von Thüringen) *aufhörte, war eine große Anzahl ihrer Grafen, während der
unheilvollen Regierung des Theotbald und Heden, die über sie eine finstere
Gewalt tyrannischen Herzogtums und eine mehr auf Verwüstung als auf Hingabe beruhende Zwingherrschaft ausübte, entweder von diesen durch Tötung
beiseite geschafft, oder durch mannigfache Übel in dem Maße bedrängt, daß
der noch zurückbleibende Rest des Volkes sich der Herrschaft der Sachsen unterwarf. Aber mit dem Aufhören der Herrschaft christlicher Herzöge hörte im
Volk auch der Eifer für die christliche Religion auf und falsche Brüder drangen
ein ...*[71]
Interessant ist, daß Willibald auch für eine zeitlang *christliche Herzöge* erwähnt. Ob damit Gozbert gemeint sein kann? Die *falschen Brüder*, von denen Willibald eine ganze Reihe mit Namen nennt, scheinen Angelsachsen
gewesen zu sein. Daß diese ursprünglich im Gefolge Willibrords nach Thüringen gekommen waren und danach hier – ohne geistliche Leitung und
Aufsicht – verwilderten, ist nicht völlig auszuschließen. In Thüringen gab
es jedoch noch nach der herzoglichen Zeit massive Versuche, das Christentum wieder zurückzudrängen. Das belegt der Brief des Papstes Gregor II.
722 an verschiedene Adelige und *alle gottgeliebten Christgläubigen Thüringer*, in dem er diese lobt, welche den Heiden, die sie zum Götzendienst
drängten, zur Antwort gaben, sie wollten lieber sterben, als ihren Christenglauben verletzen.[72]
So kann man wohl feststellen, daß Willibrords Wirken in Ostfranken nur
Episode blieb. Festzuhalten ist daran, daß er, der an irischem und benedik-
tinischem Erbe teilhatte, durch den Erhalt von Gütern im fränkisch-thüringischen Raum für die Abtei Echternach Vorposten schuf und zumindest
einen gewissen religiösen Einfluß auf das Herzogshaus ausüben konnte.
Vielleicht geht die Berufung der Herzogstochter Immina zum Ordensleben auf seine Predigt zurück. Obwohl Willibrord Angelsachse war, gelang
es ihm, ähnlich wie dem Iren Kilian jedenfalls in Mainfranken nicht, feste
kirchliche Strukturen zu schaffen.[73] Nach dem ›Chronicon Wirceburg-
ense‹ entstand aber die Rundkirche auf dem Marienberg zu Würzburg in
der Zeit Willibrords.[74]

5. Der Aufbau kirchlicher Strukturen durch Bonifatius und die frühen Karolinger

Groß war die Zersplitterung christlichen Lebens, verwildert die Sitten, gering die Geistesbildung in den mittleren Mainlanden und in Thüringen, als Bonifatius hierher kam. Die Bevölkerung war sprachlich und kulturell gemischt, die religiösen Anschauungen waren unklar und verworren. Viele Kirchen bestanden zwar auf den adeligen und königlichen Gutshöfen der fränkischen Kolonisatoren. Die einheimische Bevölkerung lebte jedoch auf dem Lande in kleinen Rodungsinseln verstreut, weithin noch dem Heidentum zugetan.

So bestand die erste Aufgabe, vor die sich ein Missionar wie Bonifatius gestellt sah, in der Reinigung des christlichen Bekenntnisses von heidnischen Anschauungen. Dem christlichen Leben mußte eine gewisse Form gegeben werden, um überdauern zu können. Von daher lag es nahe, römisches Rechtsdenken und kanonische Bestimmungen der katholischen Kirche auch in den noch nicht völlig christlichen Gebieten an den Randzonen des Frankenreiches zur Geltung zu bringen. Zu einem wesentlichen Element bei der Verfolgung dieses Planes wurden die durch Bonifatius gegründeten oder neu belebten Klöster, von denen Amöneburg der erste der benediktinischen Konvente war. Daneben war für den Missionar die enge Bindung an das Papsttum wichtig. Der Angelsachse, der bald in Rom aus der Hand von Gregor II. die Bischofsweihe erhielt (722), hatte keineswegs eine kleinräumige Landeskirche im Auge, er dachte vielmehr universalkirchlich. Dies brachte ihn in langanhaltende Konflikte mit den adeligen Bischöfen des Frankenreiches.[75] Gewiß war das Petrusamt der kirchlichen Einheit, das dem Bischof von Rom aufgetragen ist, im Merowingerreich nicht unbekannt, so daß Bonifatius hier auf manches aufbauen konnte, aber er gab der bisher mehr als Idealvorstellung gehegten Verbindung nach Rom doch verstärkt eine konkret faßbare Realisierung.[76]

Von den Missionsversuchen in Friesland zu Beginn und am Ende seiner Tätigkeit abgesehen, waren die damaligen Wohngebiete der Hessen, und ab etwa 725 der Thüringer, Bonifatius zum persönlich bevorzugten Missionsland geworden, obwohl der ihm 722 zuerkannte päpstliche Legatentitel generell für alle germanischen Gebiete östlich des Rheins galt.[77] Hier geriet er jedoch offensichtlich in Kompetenzstreitigkeiten mit dem Bischof von Mainz, auf dessen Hirtenstuhl mit Gerold ein weltlich gesinnter, eher kriegerischen als geistlichen Interessen dienender Mann saß. Als Bonifatius sich daraufhin 724 über die Behinderung seiner Arbeit in Rom beklagte, schaltete Gregor II. den Hausmeier Karl Martell ein.[78] Dieser hatte auf dessen Antrag hin bereits ein Jahr vorher Bonifatius unter seinen Schutz gestellt.[79] Gregor II. aber ergriff noch einmal die Initiative, indem er in einem Schreiben vom Dezember 724 an das gesamte Volk der Thüringer diesem seinen Legaten Bonifatius empfiehlt. Nach eindringlichen religiösen Mahnungen ruft der Papst zum Gehorsam gegenüber seinem Sendling auf und fordert die Thüringer auf, für Bonifatius ein Haus zu bauen und Kirchen, um darin zu beten.[80] Ein solcher fester Bischofssitz ließ freilich noch lange auf sich warten.

Nach mühseliger Missionsarbeit, von deren allmählichen Fortschritten Bonifatius immer wieder Rom unterrichtete, schien die Zeit gekommen, festere kirchliche Organisationsformen in Germanien zu schaffen. Um das Jahr 732 herum ernannte Gregor III. Bonifatius zum Erzbischof – immer noch ohne festen Sitz – und erteilte ihm die Vollmacht, Bischöfe einzusetzen. Es ist anzunehmen, daß das Desinteresse des Hausmeiers, der damals mit der Eindämmung der arabisch-mohammedanischen Invasion beschäftigt war (Schlacht von Tours und Poitiers 732)[81], die zügige Durchführung der päpstlichen Weisung verzögerte. Noch viel stärker wird der Wiederstand des Regenten deswegen gewesen sein, weil Bonifatius mit seinen organisatorischen Plänen ein großangelegtes Reformprogramm verband, das unter anderem die Forderung nach Rückgabe von entfremdetem Kirchengut und nach Rückerstattung kirchlicher Zehnten einschloß, die von weltlichen Adeligen usurpiert worden waren. Dies und die eigentlich religiös-ethischen Erneuerungspläne widersprachen den Interessen der Reichsaristokratie wie auch dem, dieser entstammenden, fränkischen Episkopat, der in Gallien, am Rhein und im Alpenvorland residierte.[82]

So wird es verständlich, daß Bonifatius in den dreißiger Jahren des 8. Jahrhunderts die Gelegenheit wahrnimmt, erst einmal die kirchlichen Verhältnisse im Herzogtum der Baiern neu zu ordnen. Der Agilolfinger Herzog Odilo, der auf Kosten des Frankenreiches eine weithin selbständige Politik betrieb, bot 739 Bonifatius die Möglichkeiten zur Errichtung von Bistümern in Salzburg, Regensburg, Freising und Passau.[83]

In den Mainlanden um Würzburg wirkte Bonifatius offensichtlich nicht unmittelbar als Missionar, hier hatte wohl schon die Tätigkeit der Iren unter Kilian vorgearbeitet. Wie mühselig aber die Christianisierung insgesamt vorankam, belegt u.a. der oben erwähnte Brief Gregors III. von 732, in dem noch die Opferung von Sklaven angeprangert wird, der Mord an Verwandten, die Verwandtenehe und manches andere. Gerade die Verantwortung für die Familie und die, von der Kirche vertretene höhere, menschlichere Auffassung von der Ehe waren in jenen Tagen nur sehr schwer durchzusetzen.[84]

Solche Zustände verzögerten sicher die schnelle Schaffung von Bistümern in Hessen, Thüringen und Mainfranken, zumal Bonifatius in dieser Zeit von staatlicher Seite keine Unterstützung dafür erfuhr. Erst nach dem Tod Karl Martells kam eine neue Generation an das Ruder, die den bonifatianischen Plänen positiver gegenüber stand. Die Erben Karl Martells Pippin und Karlmann hatten ihre Erziehung im alten merowingischen Königskloster St. Denis erhalten. So hatten beide ein gewisses Gespür für die kirchlichen Aufgaben und die nötigen Reformen ihrer Strukturen erworben, da sie die Kirche als geistliche und ethische Größe ansahen. In politischer Hinsicht waren die Hausmeier-Söhne darauf bedacht, ihre eigene Vorrangstellung gegenüber der hohen Aristokratie, der sie selbst entstammten, zu festigen und nach Möglichkeit auszubauen. So trafen sich für eine Zeit die Interessen der Karolinger mit denen von Bonifatius, der damit eines seiner Ziele, feste kirchliche Strukturen in den, erst jüngst missionierten, Landen zu schaffen, nach langer Wartezeit erreichte.

Vielleicht schon Ende 741, eher aber erst 742, konnte der Erzbischof mit Zustimmung Karlmanns in dessen Reichsteil die drei neuen mitteldeutschen Bistümer errichten: Büraburg an der Eder bei Fritzlar für Hessen, Erfurt für das Gebiet nördlich des Rennsteigs, also Innerthüringen, und Würzburg für die Lande rechts und links des oberen und mittleren Mains.[85] Die Betreuung der Kirchen in den Grenzgebieten der Franken, Sachsen und Slawen übernahm Bonifatius selbst, wie sein Biograph Willibald berichtet.[86] Das missionarische Ausgreifen der beiden Diözesen Worms und Speyer nach Nordosten bis zum Neckar fand mit dem neu errichteten Bistum Würzburg sein Ende.

6. Der angelsächsische Hintergrund

Die epochale Bedeutung des hl. Bonifatius für Franken, wo seine beiden wichtigsten Gründungen Würzburg und Fulda bis heute weiterwirken, macht einen kurzen Blick auf seine geistig-religiöse Herkunft wünschenswert.

Die keltischen Bewohner der britischen Insel südlich des Hadrianswalles standen bis kurz nach 400 unter der Herrschaft des Römerreiches. Die Romanisierung der Urbevölkerung erfolgte nur zu einem geringen Teil. Vom Norden bedrängten die Schotten und Pikten die Briten, seit dem 3. Jahrhundert kamen immer wieder Germanen beutesuchend und kriegerisch an die Küsten der Insel. In erster Linie waren es Angehörige der Jüten, Angeln und Sachsen. Die zunächst kleinen Germanensiedlungen schlossen sich erst allmählich zu verschiedenen Herrschaftsbezirken zusammen, die von Königen regiert wurden. Kent im Südosten war das Hauptsiedlungsgebiet der Jüten; Wessex, Sussex, Essex schlossen sich als Kleinkönigreiche den Sachsen an. Aus Wessex stammte Winfried, der unter dem Namen Bonifatius in die abendländische Geschichte eingehen sollte.

Die Angeln konnten größere Gebiete unter ihre Herrschaft bringen: Ostanglien, Mittelanglien und Mercia. Nördlich vom Humber lag die engere Heimat von Willibrord. Die bereits christlichen keltischen Briten wurden entweder unterworfen und dann germanisiert, oder sie wichen nach Wales und Cornwall, viele auch in die Bretagne zurück. Eine Integration der verschiedenen Volksstämme und Sprachfamilien fand also kaum statt.[87] Den König beriet ein Rat der Weisen (Witenagemôt), die Ceorls übten eine patriarchalische Grundherrschaft aus und bildeten somit eine Schicht von Landadelsfamilien.

Vermutlich entstammte Winfried dieser Schicht von Gutsbesitzern und Grundherren. Daneben traten bald noch königliche Gefolgsleute, die eine Art Dienstadel bildeten. Um 600 faßten die Angelsachsen ihre Rechtsgewohnheiten schriftlich zusammen; anders als die übrigen germanischen Volksrechte, die in lateinischer Sprache aufgezeichnet wurden, geschah dies bei den Angelsachsen in der Volkssprache. Spätestens seit dem 7. Jahrhundert begann unter den angelsächsischen Königreichen der Kampf um die Vorherrschaft. Um 600 hatte sie König Ethelbert I. von Kent inne. Unter ihm hielt das Christentum Einzug. Dies wurde einerseits gefördert durch verschiedentliche Kontakte zwischen dem Merowingerreich und den Angelsachsen, noch mehr aber mittels des Einsatzes von Missionaren durch Papst Gregor den Großen (590–604). Der König war mit Berta, der Tochter des Merowingers Charibert I. von Paris, verheiratet. In ihrem Gefolge war der fränkische Bischof Liuthard, der bei Canterbury eine Martinskirche errichtete. Nach dem Tod Ethelberts um 616/618 verlor Kent seine Vorrangstellung zunächst an Ostanglien, dann an Northumbrien, das aus den zwei kleineren Herrschaftsbezirken Deira (Yorkshire) und Bernicia (Northumberland) entstanden war. Kurz nach der Jahrhundertmitte aber erstarkte Mercia in Mittelengland, das allmählich die politische Führung übernahm, während Northumberland noch lange seine kulturelle Höhe bewahrte. Zur Jugendzeit Winfrieds blühte auch das geistige Leben in seiner Heimat Wessex unter dessen König Ine (688–725), der das Recht der Westsachsen aufzeichnen ließ.[88] Der König Ethelbald von Mercia (716–757), mit dem Bonifatius korrespondierte, konnte die lange währende Rivalität zu Northumbrien zugunsten seines Königreiches entscheiden. In späteren Jahren stand Bonifatius unter anderem auch mit den Königen Aelbwald von Ostanglien (747–749) und Ethelbert II. von Kent (748–762) in Briefkontakt.[89]

Gregor I. sandte 596 den Propst des von ihm gegründeten St.-Andreas-

Klosters in Rom, Augustinus, mit anderen Mönchen zur Mission nach England. Dieser wurde der Apostel Englands und bereitete als der erste Metropolit eine neue Kirchenprovinz mit Sitz in Canterbury vor. Versuche von Augustinus, mit der älteren britischen Hierarchie, die im engen Kontakt zu Irland stand, eine Kooperation zu erreichen, scheiterten. Allerdings wird auch in England irofränkische Mission greifbar.

Für die künftige Missionsgeschichte war der durch Gregor den Großen legitimierte Methodenwandel bei den Bekehrungsversuchen von höchster Bedeutung. Zunächst war nämlich Ethelbert von diesem Papst ermahnt worden, die Mission intensiv zu fördern, den Götzendienst zu verfolgen, die heidnischen Heiligtümer zu zerstören und die Sittlichkeit seiner Untertanen zu heben. Die Instruktion Gregors für Augustinus aber, die 601 an diesen ergeht, zeigt den Wandel von destruktiver Radikalität gegenüber dem Heidentum zur allmählichen pädagogischen Hinführung der Andersgläubigen an den Christenglauben. So sollen Göttertempel nicht mehr zerstört, sondern in Kirchen verwandelt werden. Heidnische Opfermähler und Feste sollen mit christlichem Inhalt erfüllt und zu Kirchweih- und Heiligenfesten umgewandelt werden.[90] Nicht immer hat man sich in der Folgezeit an diese Instruktionen gehalten. Sieht man einmal von dem demonstrativen Fällen der Donareiche bei Geismar durch Bonifatius ab, hat der angelsächsische Missionar in Germanien doch zumeist diese Methode angewandt, schon weil sie – wenngleich langwieriger als die frühere – doch eher bleibende Erfolge bei der Christianisierung hatte.[91]

Rückschläge blieben der Mission bei den Angelsachsen nicht erspart. Auch entstanden um die Mitte des 7. Jahrhunderts Spannungen zwischen den keltisch-irisch-altbritischen und den gallofränkischen, romorientierten Gemeinden. Die Synode von Whitby (644) in Yorkshire bringt das Aufgeben der Sonderbräuche der keltischen Partikularkirche gegenüber der universalen Weltkirche zustande, aber es dauert noch einige Jahrzehnte, bis diese Sonderbräuche gänzlich verschwinden. Dennoch wirkt die irische Kirche weiterhin belebend für die Geistigkeit und Spiritiualität der jüngeren angelsächsischen Kirche, ebenso wie für die festländische. Auch weitet sich der Gesichtskreis der Angelsachsen, als 668 aus Rom Bischof Theodor, ein philosophisch gebildeter Grieche aus Tarsus, und der gebürtige Afrikaner Abt Hadrian nach England gesandt wurden.[92]

Zur Geburtszeit Winfrieds war, trotz aller Fortschritte bei der Christianisierung, seine engere Heimat Wessex kirchlich noch nicht völlig durchgegliedert. Vielfach übten noch wandernde Prediger die Seelsorge aus.[93] Bischof Birinus, von Papst Honorius I. (625–638) nach England gesandt, war der bedeutendste Missionar von Wessex, dessen König Cynegirl (611–ca. 642) er taufte. In Dorchester an der Themse, südlich von Oxford, nahm Birinus seinen Sitz. Mit dem Bischof Agilbert, der aus Irland kam, wo er zu Studien weilte, der aber eigentlich aus dem Frankenreich stammte, kamen wieder verstärkt irische und auch fränkische Einflüsse nach Wessex. Da Agilbert die Sprache der Angelsachsen nicht beherrschte, stellte ihm der König Cenwealh (641–672) in Wine einen einheimischen Bischof zur Seite, der ebenfalls in Gallien geweiht worden war. Als der König sich nach 664 mit Wine überwirft, vermittelt ihm, auf seine Bitten hin, Agilbert, der inzwischen nach Gallien zurückgekehrt war, Leuthari zum neuen Bischof von Wessex. Das Kloster Malmesbury in Wiltshire, in dem der bedeutende Lehrer und Abt Aldhelm (ca. 639–709) wirken sollte, der auch großen geistigen Einfluß auf Bonifatius ausübte, wurde vor 660 durch den irischen Mönch Maildubh gegründet.[94]

Winfried begab sich – gegen den Willen seines Vaters – schon als Jugendlicher in das Kloster Exeter, das damals vom Abt Wulfhard geleitet wurde. Seine eigentliche, umfassende Bildung erfuhr er aber im Benediktinerkloster Nuthscelle, später Nursling genannt, zwischen Winchester und Southampton gelegen. Dort wurde vor allem der Abt Winbert sein – zeitlebens verehrter – Lehrer. Nach Jahren wirkte Winfried selbst als Leiter der Klosterschule von Nursling, wo unter anderem Lullus, der spätere Mainzer Oberhirte oder Dudd, der spätere Abt und Korrespondent des Bonifatius, seine Schüler waren. In seinen teilweise erhaltenen Schriften erschließt sich Winfrieds Bildung, die dem Bibelstudium ebenso verpflichtet war, wie den antiken Autoren, so Vergil oder dem Grammatiker Aelius Donatus. Auch dem Kirchenlehrer Isidor von Sevilla verdankt Bonifatius viel.[95]

Als der angelsächsische Mönch und Lehrer als Missionar zum europäischen Festland kam, besaß er nicht nur viele Erfahrungen mit einer Landeskirche, die unter vergleichbaren Bedingungen entstanden war, wie diese in seinen neuen Wirkungsgebieten herrschten. Er verfügte auch über ein großes kulturelles Erbe, das von den biblischen Schriften ebenso gespeist war wie vom Bildungsgut der römischen Antike, das dem benediktinischen Ordensleben verpflichtet war, aber zugleich auch Kenntnisse über die Religiosität der altirischen und altbritischen Kirchen einschloß.

Die angelsächsischen Einflüsse auf Mainfranken beschränkten sich allerdings nicht nur auf die Person von Bonifatius allein, sondern leiteten sich auch von den Mitarbeitern und Schriften ab, die er von jener Insel hierher brachte. Ein Leben lang blieb er mit seiner Heimat in engem Briefkontakt.

7. Burkard (742–753[754?]), der erste Bischof Würzburgs

Relativ wenig Sicheres wissen wir über das Leben Burkards vor seiner Erhebung zum Würzburger Bischof. Fest steht: er war Angelsachse von Geburt und er war Benediktiner wie Willibrord und Bonifatius.

Die ältere Lebensbeschreibung Burkards berichtet davon, daß dieser sich schon in jungen Jahren Gott weihte und schließlich als Pilger Britannien verlassen habe, um in Gallien zu weilen. Vom großen Ruf des hl. Bonifatius beeindruckt, sei Burkard zu ihm gegangen, der die Mainzer Kirche leitete. Dieser habe den Neuankömmling unverzüglich als künftigen Würzburger Bischof ausersehen und ihn auf einer gemeinsamen Reise in Rom weihen lassen.[96] Die jüngere Lebensbeschreibung Burkards, die um 1150 entstanden sein dürfte, wird dem Chronisten und Mönch Ekkehard von Aura zugeschrieben.[97] Darin ist aufgrund angelsächsischer Berichte angegeben, daß Burkard einen Bruder gehabt habe, mit Namen Suidonus, der ebenfalls zum Bischofsamt und zur Heiligkeit gelangt sei. Die, sicher auch von der ersten Vita abhängige, jüngere Lebensbeschreibung, berichtet gleichfalls, Burkard sei, von Britannien kommend, in Gallien an Land gegangen, und zwar in jenem Teil, der früher zum Römerreich gehört hatte *(Gallia comata)*.[98]

Die in der älteren Geschichtsschreibung reichlich verworrene Chronologie der Frühgeschichte des Bistums Würzburg und seines ersten Oberhirten konnte besonders durch die Forschungen von Alfred Wendehorst[99] und Heinrich Wagner[100] eher zurechtgerückt werden.

In der Vita secunda steht, daß Burkard *40 Jahre im Weinberg des Herrn Sabaoth die Last und Hitze des Tages als treuer Diener und unermüdlicher Arbeiter getragen habe*. Wenn diese Nachricht zuverlässig sein sollte, bedeutet das, Burkard sei – von seinem vermutlichen Todestag am 2. Februar 754 zurückgerechnet[101] – um 713 zum Priester geweiht worden. Da das damalige Kirchenrecht zur Priesterweihe das Lebensalter auf mindestens 30 Jahre festgesetzt hatte, wäre Burkard um 683 geboren. Sollten sich die Worte von den 40 Jahren im Weinberg des Herrn aber schon von der Diakonatsweihe ableiten, die damals frühestens mit dem 25. Lebensjahr erteilt wurde, so verschöben sich die erwähnten Daten um jeweils fünf Jahre.[102] Die Richtigkeit dieser Berechnungen hängt in der Hauptsache von der Beurteilung der Zuverlässigkeit der jüngeren Vita S. Burkardi ab.

Vielleicht allzu unbesehen wurde Burkard bisher als Schüler und Mitarbeiter von Bonifatius betrachtet. In der Umgebung des Legaten ist Burkard jedoch erst um 740 nachweisbar.[103] Kurz danach weihte ihn Bonifatius bereits zum Bischof von Würzburg, und wieder einige Zeit später sandte ihn Pippin in einer höchst delikaten diplomatischen Mission nach Rom, er muß also ein großes Vertrauen zu Burkard gehabt haben. Nun hat Winfried Böhne aufgrund eingehender Studien von burkardzeitlichen Handschriften dabei nicht nur die bereits bekannten Beziehungen zu Rom bestätigt, sondern auch solche zu Echternach wahrscheinlich machen können.[104] Dies eröffnet die Möglichkeit anzunehmen, Burkard sei tatsächlich aus Angelsachsen in die *Gallia comata* gekommen und habe sich dort St. Willibrord angeschlossen und unter anderem in Echternach gewirkt (Farbbilder S. 146, 147). Vielleicht war er auch in den Willibrordschen Besitzungen zu Mainfranken und Thüringen[105] als Priester tätig, dies hätte ihn mit seinem späteren Bistum bereits vertraut gemacht. In Echternach wurde Pippin von Willibrord getauft, dort soll auch sein Bruder Karlmann aufgewachsen sein, der später als Hausmeier Würzburg so opulent ausstattete. Zeitlich würde das Auftauchen von Burkard im Bonifatiuskreis mit dem 739 erfolgten Ableben Willibrords gut zusammenpassen.[106] Vielleicht liegt in der mutmaßlich früheren Bekanntschaft zwischen Pippin und Burkard der Grund, warum der Hausmeier und künftige König Burkard und nicht Bonifatius 750/751 nach Rom schickte.

Eine der folgenreichsten Entscheidungen des Bischofs Burkard war die – wohl 743 erfolgte[107] – Erhebung der Gebeine der drei irischen Missionare und Märtyrer Kilian, Kolonat und Totnan. Die Ermordung hatte im Oratorium Kilians, das wir an der Stelle des späteren Neumünsters vermuten können, stattgefunden. Die Leichen waren wohl in der näheren Umgebung des rechtsmainischen Herzogshofes, sehr wahrscheinlich im Bereich der heutigen Westtürme des Domes aufgefunden worden.[108] Die erste Beisetzung der Reliquien der Schutzpatrone des damals neu gegründeten Bistums erfolgte nach dem Zeugnis der jüngeren Burkards-Vita in der altehrwürdigen Rundkirche St. Mariens auf dem Würzberg, oberhalb des linksmainischen Ufers. Nachdem die Errichtung des Bischofssitzes an dieser Stelle damals wegen der Wasserknappheit und der ungünstigen Berglage schon nach einigen Jahren gescheitert war[109], wurden die Reliquien wohl bis zur Fertigstellung des ersten Domes in der Allerheiligenkirche auf dem heutigen Paradeplatz (1528 abgebrochen)[110] beigesetzt. Der bald als Reichsheiliger verehrte Kilian hat in der Folgezeit eine wichtige Bedeutung für Stadt und Bistum erlangt.

Wenn der Angelsachse Burkard damals nicht diese irischen Glaubensboten und Blutzeugen Christi zur Ehre der Altäre erhoben hätte, wäre Würzburg nicht das geworden, was es wurde.[111]

Einen Schüler und geistlichen Mitarbeiter Burkards, namens Magnus mit dem Beinamen Andreas, sandte Burkard wieder in seine angelsächsische Heimat zurück – möglicherweise im Zusammenhang mit dem Mahnschreiben der Bischöfe um Bonifatius, das 746/747 an den sittenlosen König

Ethelbald von Mercien geschickt wurde – um, wie die jüngere Burkardsvita berichtet, bei einigen Volksstämmen Englands das unchristliche Verhalten zu verbessern. Dieser Priester, der auch Mönch gewesen sein soll, wurde in seinem Heimatland erschlagen, den Leib des Märtyrers brachte man nach Würzburg, wo ihn St. Burkard in dem von ihm begründeten Chorherrenstift St. Andreas beisetzte.[112] Burkard trat vermutlich im Spätjahr 753 von der Leitung seines Bistums zurück und starb 754, vielleicht in Homburg am Main, wo möglicherweise ein Klosterbau von ihm geplant war.[113]

8. *Die Dotationskirchen und der Beginn des Reichsdienstes der Bischöfe*

Mit Ausnahme jener bereits erwähnten mainzischen Landzunge, die im Westen nahe an die Stadt Würzburg herankam, umfaßte das Gebiet des neuen, von Bonifatius errichteten Bistums kirchlich wohl ganz Ostfranken mit neunzehn Gauen oder Grafschaften, einschließlich dem Volkfeld und dem Radenzgau, die im 11. Jahrhundert an das vom Kaiserpaar Heinrich II. und Kunigunde 1007 dotierte Bistum Bamberg fielen.

Wenngleich auf der Alten Mainbrücke in Würzburg im Reigen von Heiligenfiguren auch zwei Herrschergestalten, nämlich Pippin III. (ca. 714–768) und Karl der Große, vertreten sind, so müßte als der Hauptfundator der Diözese Würzburg doch mit viel mehr Recht Karlmann dort aufgestellt sein. So kommt es einer späten Ehrenrettung gleich, wenn in dem 1988 neugeschaffenen Fries von fränkischen Heiligen, Helfern und Glaubenszeugen im Chor des Kiliansdomes auch eine Figur Karlmanns steht, zumal dieser 747 sein Herrscheramt aufgab und im Orden des hl. Benedikt zu Monte Cassino 754 seine Tage beschloß, am Ende Gefangener seines eigenen Bruders Pippin, der 751 zum König des Frankenreiches aufgestiegen war. Karlmann hatte bei Pippin sich für einen Frieden mit dem Langobardenkönig Aistulf eingesetzt.[115]

Karlmanns Schenkungen an Burkards Bistum kennen wir nur noch durch spätere königliche Bestätigungen, das Original seiner Urkunde ist verlorengegangen. Auch die nachfolgende Bestätigung Karls des Großen ist nicht mehr erhalten. Kaiser Ludwig der Fromme stellte am 19. Dezember 822 auf Bitten des damaligen Würzburger Bischofs Wolfgar (810–832) ein Diplom aus[116], aus dem wir den Umfang der Karlmannschen Dotationen erkennen. Im einzelnen sind es (Abb. 16) eine Marienkirche innerhalb oder unterhalb (*infra*) des Castrums Würzburg, im Wormsgau die Marienkirche zu Nierstein, die Remigiuskirche in (Nieder-)Ingelheim und die Martinskirche zu Kreuznach, im Maingau die Peterskirche in (Groß-)Umstadt, im

Neckargau die Martinskirche in Lauffen und die Michaelskirche in Heilbronn, im Gau Wingarteiba die Martinskirche zu (Oster-)Burken, im Maulachgau die Martinskirche innerhalb des Castrums Stöckenburg, im Taubergau die Martinskirchen in Königshofen und Schweigern, im Rangau die Martinskirche in (Klein-)Windsheim, im Gollachgau die Kirche St. Johannes der Täufer zu Gollhofen, im Iffgau die Martinskirche zu Willanzheim, die Andreaskirche zu Kirchheim (später Wüstung bei Markt Einersheim), die Remigiuskirche zu Dornheim, die Kirche von St. Johann dem Täufer zu Iphofen, in Volkfeld die Johannes-Baptista-Kirche zu Herlheim, im Badanachgau die Martinskirche zu (Gau-)Königshofen und die Remigiuskirche zu Sonderhofen, im Grabfeldgau die Martinskirche zu (Unter-)Eßfeld und die Petruskirche in (Bad)Köunighofen, im Westergau die Martinskirchen zu Brendlorenzen und Mellrichstadt, im Saalegau die Martinskirche zu Hammelburg sowie das Marienkloster im Dorf Karlburg.

Diese bisherigen königlichen (oder karolingischen) Eigenkirchen wurden durch Schenkung dem Bischof von Würzburg übereignet. Einige davon sind inzwischen wohl archäologisch ergraben worden, vor allem Mellrichstadt.[117] Sicher gehörte wenigstens eines der beiden untersuchten Gotteshäuser, die Marien- bzw. die Allerheiligenkirche auf dem Paradeplatz zu Würzburg[118] oder die Rundkirche auf dem Festungsberg[119], zu den Dotationskirchen. Viele dieser Kirchen sind dann Zentren großer Pfarrsprengel geworden.[120]

Ludwig der Fromme bestätigte auch weitere Schenkungen Karlmanns, Pippins und anderer *gottesfürchtiger Menschen*, die früher schon Karl der Große in einem ebenfalls verlorengegangenen Diplom bestätigt hatte.[121] Dazu gehörte der Zehnte vom Bodenertrag aus 26 königlichen Fiskalgütern in Ingelheim, Riedfeld im Rangau, Rügshofen im Volkfeld, (Bad)Kreuznach, Nierstein, (Groß-)Umstadt, Albstadt (spätere Wüstung bei Roßbrunn, Lkr. Würzburg), (Gau-)Königshofen und Sonderhofen, Gollhofen, (Burg-)Bernheim, Ickelheim, Willanzheim, (Grafen-)Rheinfeld, Gänheim im Gozfeldgau, Prosselsheim, Hallstadt im Radenzgau, Königshofen (a. d. Tauber oder Königsfeld bei Hollfeld?), (Bad)Königshofen im Grabfeld, Salz, Hammelburg, Iphofen, Dettelbach (Ober-)Pleichfeld, Heilbronn und Lauffen. Wie aus der Aufzählung hervorgeht, sind von nicht wenigen Gütern, zu denen die oben schon genannten Eigenkirchen gehörten, auch jährliche Erträgnisse an Würzburg gefallen.

Weitere fiskalische Abgaben erhält das Bistum vom Zehnten des Jahrestributes, den die Ostfranken und Slawen aus folgenden Gauen entrichten mußten: Waldsassen-, Tauber-, Wingarteiba-, Jagst-, Maulach-, Neckar-, Kocher-, Ran-, Gollach-, Iff-, Haß-, Grabfeld-, Tullifeld-, Saale-, Wern-,

Abb. 16

Die königlichen Kirchen, die zum Ausstattungsgut des Bistums Würzburg 741/42 gehörten, mit ihren Patrozinien

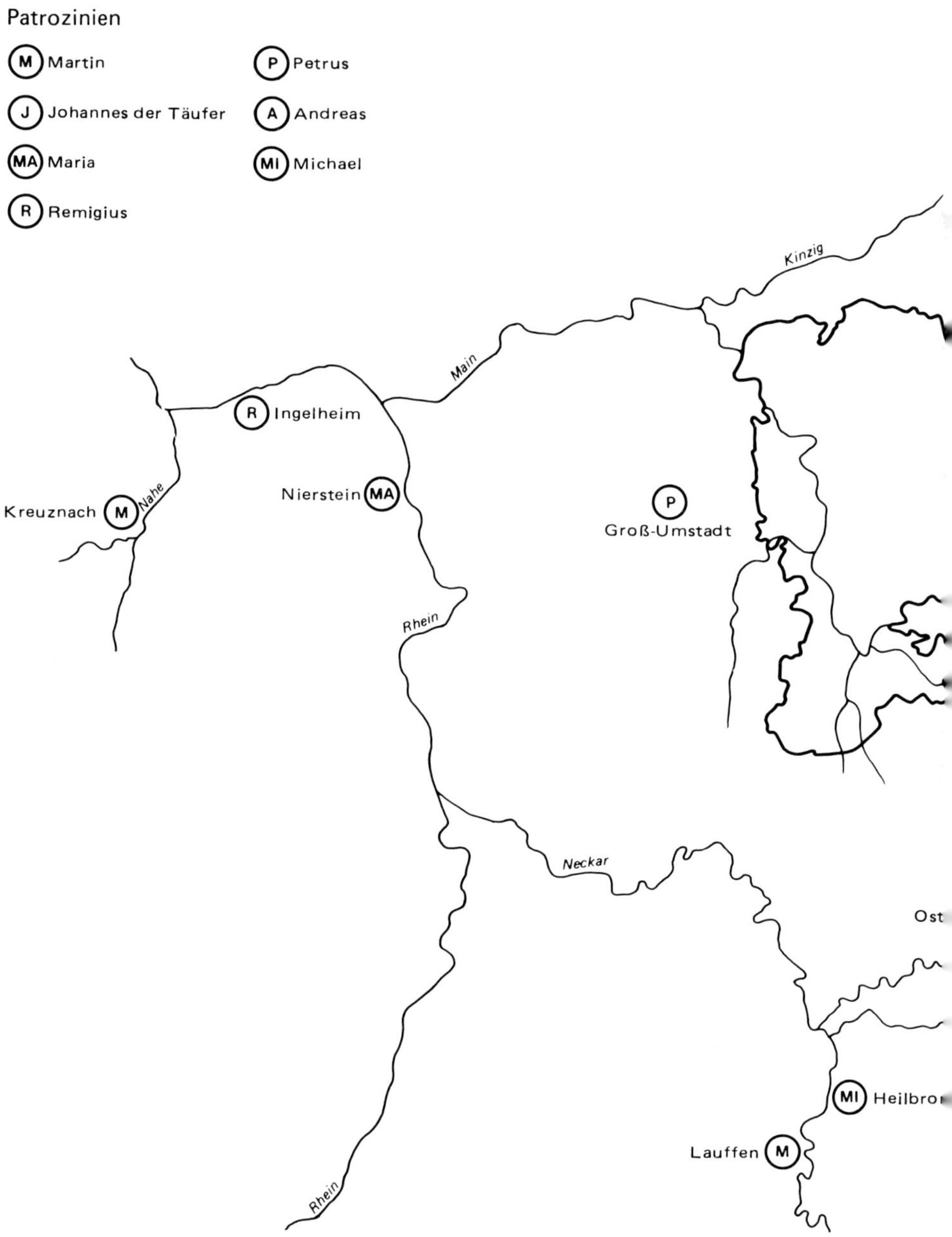

Patrozinien

(M) Martin   (P) Petrus

(J) Johannes der Täufer   (A) Andreas

(MA) Maria   (MI) Michael

(R) Remigius

Kinzig

Main

(R) Ingelheim

Kreuznach (M)   Nahe

Nierstein (MA)

(P)
Groß-Umstadt

Rhein

Neckar

Ost

(MI) Heilbro

Lauffen (M)

Rhein

Gozfeld- und Badanachgau.[122] Weitgedehnter Streubesitz und regelmäßige Einkünfte waren die Charakteristiken der Fundation.

Pippin gestand dem neuen Bistum auch noch die Immunität zu. Dies bedeutete, daß das Eigentum der Kirche unangetastet bleiben sollte; kein Graf oder Richter durfte hier ohne Erlaubnis des Bischofs Amtsobliegenheiten vollziehen oder Steuern einheben. Die Gerichtsbarkeit in diesen Gebieten übten Vögte (lat. advocati) der Kirche, nicht aber königliche Amtsträger aus.[123]

Neben der unmittelbaren Bedeutung der Fundationen für das Bistum Würzburg, dessen Bischöfe damit instandgesetzt waren, ihren kirchlichen und bildungsmäßigen Aufgaben zu entsprechen, halten diese Urkunden für die Historiker noch viele weitere Auskünfte bereit. So erhält man wünschenswerte Informationen über die Kolonisierung der Mainlande durch die Franken, über das System der Königshöfe und der dazugehörigen Eigenkirchen.[124] Auch zur Ortsnamenskunde und zur Patrozinienforschung[125] und zur Geschichte des kaiserlichen Urkundenwesens und der Reichskanzlei bieten diese Quellen wertvollen Stoff.

Weitere Zustiftungen für das Bistum machte vielleicht Karlmann mit den Dörfern Michelstadt und Homburg am Main, ebenso mit dem Castell Karlburg und anderen Ländereien; gleichermaßen geschah dies durch Adelige Ostfrankens.[126]

Die Synoden, an denen Burkard teilnahm, dienten sowohl den von Bonifatius angestrebten kirchlichen Reformen, als auch den Intentionen Karlmanns im Zusammenhang mit der Reichskirche.[127] Ausgesprochen politische Dimensionen hatte der Auftrag Pippins III. an Burkard und den fränkischen Geistlichen Fulrad, den nachherigen Abt von St. Denis.[128] 750/751 weilten beide an der römischen Kurie, um von Papst Zacharias die Entscheidung darüber einzuholen, wer künftig das Frankenreich regieren solle: der legitime, aber machtlos gewordene König aus dem Merowingerhaus (Childerich III.) oder derjenige, der tatsächlich die Macht in Händen hielt, ohne aber vom Geblüts- und Erbrecht her die Königswürde zu besitzen. Die Entscheidung, die zugunsten von Pippin ausfiel, wird bei diesem dazu beigetragen haben, den erfolgreichen Sendboten Burkard bzw. sein Bistum nach Kräften zu fördern.[129] Naturgemäß bestimmte daraufhin das enge Verhältnis von Kirche und Staat die weitere Entwicklung maßgeblich mit.[130] Das zeigt sich beispielsweise schon unter Burkards erstem Nachfolger Megingoz, der ebenfalls an Reichsversammlungen und -synoden teilnimmt.[131]

Die Frankenapostel waren pilgernde Mönche gewesen, die nach einer der Ordensregeln ihrer irischen Heimat, wahrscheinlich vom Vorbild Kolumbans geprägt, lebten.[132] Ihre Gemeinschaft hatte Wohnung genommen um das von Kilian errichtete Oratorium, wohl im Umkreis des Würzburger Herzoghofes gelegen. Sicher gab es mehr Angehörige dieses kleinen Konvents, wenn uns auch nur die Namen der drei Märtyrer erhalten blieben. Der Mord an den Glaubensboten setzte der Gemeinschaft ein rasches Ende.[133]

Dagegen war das Mönchtum benediktinischer Prägung für das frühmittelalterliche Mainfranken wesentlich umfänglicher und langlebiger. Möglicherweise bestand ein Kloster bereits vor Kilians Ankunft im Würzburgischen: Karlburg am Main. Dieses wird in verschiedenen Überlieferungen als Gründung oder zeitweiliger Aufenthaltsort der hl. Gertrud von Nivelles in Brabant benannt. Sie war eine Tochter des Hausmeiers von Austrasien, Pippin dem Älteren, und der Itta oder Iduberga. Durch ihren Vater gehörte sie dem arnulfingischen Hause an, der später so berühmt gewordenen Dynastie der Karolinger. Gertrud verstarb am Tag des hl. Patrik, des Patrons von Irland, am 17. März ums Jahr 659. Wie oben schon geschildert, war bereits Arnulf von Metz, einer der Stammväter der Karolinger, in Thüringen gewesen. Das Kloster Nivelles, das ihre Mutter begründet hatte, pflegte Kontakte zu irischen Pilgern, einer davon namens Ultan soll im Kloster Fosses Gertruds Todesstunde verkündigt haben.[134] Später besaß Nivelles Reliquien des hl. Kilian.[135] Mag auch die vielfache legendarische Umkleidung der Gertraudenüberlieferung in Franken den tatsächlichen historischen Kern nicht mehr ohne jeden Zweifel freilegen lassen, fest steht, daß dieses Kloster zu Karlburg wenigstens schon zur Zeit des hl. Burkard Bestand hatte. Es wird nämlich in zweierlei Überlieferungssträngen davon berichtet: einmal in der Passio maior an der Stelle, an der vom Auffinden der Gebeine Kilians und seiner Gefährten erzählt wird und zum anderen im Zusammenhang mit jenem Tausch, den die selige Immina, die Tochter des Herzogs Hetan d. J., mit St. Burkard vorgenommen hat.

Nach der jüngeren Kilianspassio erhielt der Priester Atalong, der als Lehrer an der Klosterschule in Karlburg Dienst tat, aus den Kreisen seiner Schüler und der Landbevölkerung erste Nachrichten über Kilians Leben, Ermordung und dessen erste unwürdige Begräbnisstätte. Daraufhin erst sei die Erhebung der Reliquien dieser Märtyrer möglich geworden.[136]

Die Überlieferung über Immina gibt uns den Hinweis auf ein weiteres Kloster. Die jüngere Burkardsvita berichtet, Immina habe zur Zeit der Bistumsgründung bereits 41 Jahre lang in dem Kloster gelebt, das ihr Vater auf dem Würzberg erbaut habe.[137] Um dem Bischof die zunächst in Aussicht genommene Möglichkeit zu verschaffen, auf dem späteren Marienberg seinen Amtssitz einzurichten, habe Immina einem Tausch zwischen ihrem Eigenkloster aus väterlichem Erbe und dem Kloster Karlburg zugestimmt, das Burkard erst kürzlich von Karlmann erhalten hatte. So hat es sich bei Karlburg vermutlich nicht um ein ursprünglich königliches Kloster, sondern um ein Eigenkloster des karolingischen Hauses gehandelt, selbst wenn die Vita secunda von einem Kastell namens Karloburg mit einem königlichen Gut berichtet, das an die Kirche des hl. Kilian geschenkt worden sei.[138] Immina blieb bis zu ihrem Tode in Karlburg, wo sie auch zunächst begraben wurde, bevor sie im Kiliansdom ihr Ehrengrab erhielt, nach ihrem Ableben fiel das Kastell bzw. Kloster wieder an den Bischof von Würzburg zurück.[139]

Der Name Königsgüter, der noch bis in die Neuzeit gebräuchlich war – die Nutzung bzw. Verpachtung derselben fiel später dem Karlburger Pfarrer und dem Neumünsterstift zu – erstreckt sich noch auf Liegenschaften in der Himmelstadter Gemarkung, in deren Ortsnamen noch manche den Anklang an Immina = Himminastadt finden.[140]

Langlebiger waren andere klösterliche Niederlassungen. Falls der berühmte Würzburger Chronist Lorenz Fries recht hat, bestand an der Stelle unterhalb des Marienberges, wo später St. Burkard den St.-Andreas-Konvent errichtete, eine schlichte *Bruderscelle und ein kleines Kirchlein, von andechtigen Leuten ufgericht*.[141] Die Niederlassung von St. Andreas scheint – ungeachtet früherer Auffassung – doch ursprünglich eher ein Chorherrenstift als ein Benediktinerkloster gewesen zu sein, wie neuerdings Heinrich Wagner wahrscheinlich gemacht hat. Wohl erst die Reform des Bischofs Hugo um 986/88 hat daraus eine Abtei nach der Regula Sancti Benedicti gestaltet, wobei das ursprüngliche Patrozinium St. Andreas bzw. Magnus zusammen mit einer Reliquie in den Dom übertragen wurde, während die Gebeine des Gründers in die linksmainische Kirche kamen.[142] Damit erst erhielten dieses Kloster und die mit ihm verbundene Pfarrei den Weihetitel St. Burkard. Mit St. Andreas/St. Burkard war auch das ehemalige Marienklösterchen auf dem Würzberg verbunden worden, das einstmals die Selige Immina bewohnt hatte. St. Burkard pflegte lange Zeit besonders die Seelsorge in verschiedenen Pfarreien, namentlich in der näheren Umgebung, wie in Heidingsfeld, Höchberg, aber beispielsweise auch in Aub und an anderen Orten des Ochsenfurter Gaues.[143]

Bischof Burkard hatte wohl das von ihm begründete Domkloster am Bruderhof als Benediktinerkonvent konzipiert, das sein zweiter Nachfolger Berowelf in ein Chorherrenstift nach der Regel des Erzbischofs Chrodegang von Metz umwandelte.[144]

Vor der Bistumsgründung bestanden schon weitere Klöster, so Amorbach im Odenwald und Mosbach, letzteres heute im Badischen gelegen. Das Kloster Murrhardt, im gleichnamigen Forst erbaut, nahe der südwestlichen Grenze des alten Diözesansprengels nach den Speyerer und Augsburger Bistumsgebieten hin, geht in seinen ersten Anfängen auf einen Einsiedler namens Walterich zurück, welcher der karolingischen Dynastie angehört haben soll.[145] Amorbachs Gründung wurde früher oft dem Einwirken Pirmins zugeschrieben. Das ist so sicher nicht historisch; vielmehr geht die Entstehung dieser, später so bedeutenden Abtei, auf Stiftungen des rheinfränkischen Adels zurück, die jedoch möglicherweise Pirmin und den von ihm gegründeten Klöstern nahegestanden haben können.[146]

Vielleicht vor Bonifatius sind entstanden die Frauenkonvente von Kitzingen und Kleinochsenfurt. Ihre erste Ausstattung wird das fränkische Adelshaus der Mattonen gestiftet haben. Jedenfalls hat Bonifatius mit Hilfe seiner gebildeten und befähigten Verwandten St. Thekla und St. Lioba diese und einige nahegelegene Frauenklöster reformiert und der Benediktsregel unterworfen.[147]

Eine Überlieferung des 12. Jahrhunderts berichtet – wohl nicht ganz ohne Grund –, die Abtei Schlüchtern sei durch Pippin, Karl den Großen und Bischof Burkard ins Leben gerufen worden. Immerhin ist Schlüchterns Existenz als Reichskloster unter der Reformrichtung des Benedikt von Aniane bereits 817 belegt.[148]

Von großer Bedeutung für die Erschließung und Kultivierung im Rangau, im Gebiet des heutigen Unterfranken, war das Kloster, das St. Gumbert in Ansbach errichtete. Wie die jüngere Burkardsvita erzählt, hat der religiöse Einfluß dieses Bischofs den Kriegsmann Gumbert umgewandelt, daß er nicht nur seinen Besitz der Kirche übergab, sondern auch selbst ins Kloster eintrat und dort als Abtbischof die Leitung übernahm. In den fränkischen Bistümern wird dieser verdienstvolle Ordensmann als Vorbild und Heiliger verehrt.[149] Ein Adliger war es auch, der ähnlich wie Gumbert, das Kloster Holzkirchen stiftete: Graf Throand. Der Stifter übergab es dem König zu eigen, Karl der Große übergab Holzkirchen der Abtei Fulda.[150]

Bonifatius, der in seinem Herzen der Benediktinermönch geblieben war, hatte Fulda 744 gegründet und gab dem neuen Konvent einen bisherigen Mitarbeiter, den Baiern Sturmius, zum Abt.[151] Dieses Kloster spielte in der langen Zeit seines Bestehens eine Franken weit überragende Rolle in der Geistes- und Kulturgeschichte. Im 18. Jahrhundert wurde es zum Bistum erhoben. Seinerseits bildete Fulda wieder neue klösterliche Ableger. Die Abtei war im Sprengel des Bistums Würzburg gelegen, ebenso wie viele der von ihr abhängigen Zellen und Propsteien. Für die pfarrliche Seelsorge im schnell anwachsenden Gebiet der Reichsabtei waren die beiden Bistümer

Mainz und Würzburg zuständig, durch ein Privileg des Papstes Zacharias wurde die Abtei selbst 751 unabhängig von bischöflicher Gewalt.[152] Es ist nicht auszuschließen, daß die Vorgängerbauten in Fulda vom fränkisch-thüringischen Herzogshaus der Hetaniden erbaut worden waren.[153]

Eine Gründung des Würzburger Bischofs Megingaud (Megingoz) war die Benediktinerabtei Neustadt am Main. Diese war dann – ebenso wie Würzburg und Fulda – neben der schon erwähnten Odenwaldabtei Amorbach besonders bei der Mission in Sachsen tätig geworden.[154]

Die ersten Grundlagen, daß Franken auch mit Recht eine Terra benedictina genannt werden konnte, wurden so bereits in der Zeit der ersten beiden Bischöfe von Würzburg erstellt.[155]

10. Bischof Megingaud (753–768[?]), Schüler von Bonifatius und Nachfolger Burkards

Vielleicht mit mehr Recht als Burkard bezeichnet man Megingaud (Megingoz, Magingaoz, Megingotus u. ä.) als Schüler von Bonifatius. Jedenfalls bezeugt die Lebensbeschreibung Gregors von Utrecht[156] Megingoz im Schülerkreis des großen Missionars und Kirchenreformers. Schon um das Jahr 737 war er im Rang eines Diakons Mönch im Kloster zu Fritzlar.[157] Bonifatius gab nach dem Tod des Abtes Wigbert I. dem Priester Wigbert d. J. und eben unserem Diakon Megingotus leitende Funktionen im dortigen Konvent, wobei er die Mitbrüder ermahnte, *darauf bedacht zu sein, daß Ihr die Regel mönchischen Lebens mit umso größerer Gewissenhaftigkeit beachtet ...*

Wigbert und Megingoz sollen die Konventsangehörigen *über Eure Regel belehren, auf die Einhaltung der Gebetsstunden und den Ablauf des Kirchendienstes achten, die andern anweisen, die Kinder lehren und den Brüdern Gottes Wort zu verkünden.*[158]

Da Megingaud hier bereits mit wichtigen Aufgaben betraut wird: der Verkündigung, der Einführung in die Ordensregel, dem rechten Vollzug von Chorgebet und Liturgie und dem Unterricht der Kinder, muß er lange Erfahrungen im Geiste und in der Praxis benediktinischer Lebensweise gemacht sowie in der Bibel, der Theologie und den Schulfächern entsprechende Studien betrieben haben. Da er neben Wigbert d. J. das volle Vertrauen von Bonifatius besitzt, wird Megingoz sicher schon seit Jahren dessen Schüler- und Mitarbeiterkreis angehört haben.

Dabei war Megingoz der Abstammung nach wohl kein Angelsachse, obschon die jüngere Burkardsvita ihn als Mitpilger und Landsmann von Bonifatius, Burkard und Lullus, dem späteren Bischof von Mainz, bezeichnete.[159]

Übrigens widmete der Mainzer Priester Willibald – nicht zu verwechseln mit dem Eichstätter Bischof gleichen Namens – den Bischöfen Lullus und Megingoz seine Lebensbeschreibung des hl. Bonifatius[160], was alleine schon auf ein enges Verhältnis dieser genannten hochgebildeten Persönlichkeiten hinweist. Megingaud gehörte mit Gewißheit diesen angelsächsischen Reformkreisen zu, war aber mit hoher Wahrscheinlichkeit ostfränkischer Abkunft, wohl aus dem sehr religiös bestimmten und stiftungsfreudigem Grafenhause der sogenannten Mattonen.[161]

Falls dies zutrifft, kennen wir eine Reihe seiner Verwandten: Matto d. J. und dessen Bruder Megingoz d. J., der Megingaudeshausen stiftete, ein Kloster im Steigerwald (Ursprung der Abtei Münsterschwarzach), waren dann Neffen des Bischofs.[162] Von seinen mutmaßlichen Schwestern sind zwei Äbtissinnen gewesen, Juliane[163] und Ruadlaug. Die Äbtissin Juliana von Wenkheim war vielleicht seine Nichte.[164] Sehr wahrscheinlich war mit dem zweiten Würzburger Oberhirten ein gleichnamiger Megingoz d. J. verwandt, der von Würzburg aus an der Missionierung Westfalens, wohl im Gebiet von Wiedenbrück, teilnahm und nach 800 Bischof von Osnabrück wurde.[165]

Megingaud d. Ä. war möglicherweise schon vom alternden Burkard zu seinem Nachfolger ausersehen worden, wie es die Vita secunda erzählt.[166] Sicher geschah aber seine Ernennung zum Bischof von Würzburg durch den König Pippin. Noch vor seiner Abreise nach Friesland, wo der greise Erzbischof Bonifatius den Tod finden sollte, erteilte dieser dem Megingaud die Bischofsweihe.[167] Wie Burkard und viele seiner Nachfolger nimmt der neue Oberhirte an Reichsversammlungen und -synoden, wie in Compiègne und Attigny teil.[168] Sehr enge Beziehungen zwischen Pippin und Megingoz bestanden jedoch augenscheinlich nicht. Nach dem Mord an Bonifatius wurde zwar Lullus sein Nachfolger auf dem Mainzer Bischofsstuhl; Metropolit von Austrasien, also ranghöchster Kirchenführer dieses Reichsteils, wurde aber der fränkische Adelige Chrodegang, Erzbischof von Metz.[169] Den Angelsachsen, die so lange in Ostfranken missioniert hatten, war damit die Leitung des austrasischen Kirchenwesens entglitten. Um so mehr wandten sich Lullus und Megingaud seelsorglichen und kirchenrechtlichen Problemen zu.[170] Der innere Aufbau der Diözese und der Ausbau der vorwiegend klösterlichen Bildungsanstalten standen im Vordergrund des bischöflichen Wirkens von Megingaud. Sicher hat er die von Burkard begonnenen Bauten weitergeführt, ebenso eine Kirche an der Stelle jenes Kilians-Oratoriums errichtet, wo er bis zum heutigen Tag bestattet liegt (Kiliansgruft unter der Neumünsterkirche zu Würzburg).[171]

Geschwächt durch sein Alter, legt Megingaud schließlich um 768 die Regierung seiner Diözese nieder, die er rund fünfzehn Jahre betreut hatte. Wohl auf eigenem Grund und Boden hatte er die oben schon erwähnte Abtei Neustadt am Main gegründet, die er als Vorsteher bis zu seinem Tode leitete (Farbbild S. 148). Mit anderen Bischöfen, so besonders zusammen mit Lullus von Mainz oder dem Bischof Basinus von Speyer, konsekrierte Megingaud im Auftrag Karls des Großen die Kirche zu St. Goar und die Abteikirche St. Nazarius zu Lorsch (774).[172]

Liudger schreibt in seiner Vita des Abtes Gregor von Utrecht über Megingoz: *Er hat die Stadt Würzburg und alles, was dazugehört, in seiner Amtszeit durch das Salz seiner Weisheit und Gelehrsamkeit grundgelegt und bewahrt.*[173] Im Würzburger Bistum und bei den Benediktinern wurde Megingaud als heiligmäßig angesehen.[174] Die Deckplatte seines Sarkophages trägt die älteste Monumentalschrift Frankens mit christlichem Inhalt.[175]

Dem religiösen Impetus der beiden Bischöfe Burkard und Megingaud sind sicher neben den ansehnlichen Klostergründungen ihrer Zeit und den vielen damit verbundenen Stiftungen und Schenkungen auch eine Anzahl von Kirchenbauten zu danken, die zu den oben erwähnten Dotationskirchen aus der Hand Karlmanns und Pippins im 8. Jahrhundert hinzukamen. Manche davon sind vielleicht auch erst in der Amtszeit von Bischof Berowelf entstanden, worunter besonders der Salvatordom[176] und die berühmten ›Slawenkirchen‹[177] zu rechnen sind.

Mit großer Sicherheit sind durch die Archäologie ins 8. Jahrhundert folgende Kirchen zu datieren: Kleinlangheim[178], Serrfeld[179] und Euerdorf[180]. Dies gilt natürlich nur für die früheren Vorgängerbauten, nicht für die heutigen Gotteshäuser an diesen Orten.

11. *Die fränkischen Synoden als Spiegel der kirchlichen, staatlichen und gesellschaftlichen Situation zur Zeit Burkards und Megingauds*

In einem Schreiben an den damals neu erwählten Papst Zacharias teilt ihm Bonifatius mit, daß er auf Bitten Karlmanns eine Synode für dessen Reichsteil einberufen solle. Der Herrschaftsbereich Karlmanns umfaßte Austrasien, Thüringen und Alamannien. Schon seit mindestens 60 oder 70 Jahren, so schreibt Bonifatius weiter, sei die Kirche im Frankenreich zerrüttet, seit mehr als 80 Jahren habe keine Synode mehr stattgefunden. Ein Erzbischof sei nicht vorhanden gewesen, der für seine Kirchenprovinz gesorgt hätte, die kanonischen Bestimmungen seien kaum beachtet worden. Die Bischofssitze seien teilweise Laien überlassen worden, die nur nach Besitz strebten, oder unwürdigen Geistlichen, die ganz weltlich gesonnen seien. Wegen dieser schwerwiegenden Mißstände nun bat Bonifaz den Papst um geeignete Ratschläge.[181]

Wie unter anderem aus dem Briefwechsel hervorgeht, war im Frankenreich die moralische Autorität des Papstes hoch. So legte dieser sein ganzes Gewicht in die Waagschale, um seinem Legaten Bonifatius beim schwierigen Erneuerungswerk zu helfen.

Der Ort der geplanten Synode ist nicht mehr feststellbar, als Zeitpunkt ist der 21. April 743 wahrscheinlich. Der Kreis der Bischöfe war klein, neben dem Erzbischof und Legaten nahmen Burkard von Würzburg, Witta von Büraburg, Willibald von Eichstätt, Dadanus, der vermutlich Bischof von Erfurt war, sowie Heddo von Straßburg und Reginfried von Köln teil. Vom linksrheinischen Bereich fehlten die Bischöfe ebenso wie die von Baiern und Alamannien; besonders bezeichnend aber ist das Fehlen der Bischöfe Gewilib von Mainz und Milo von Trier bzw. Reims, die zu jenen reformbedürftigen Geistlichen gehörten.[183] Insoferne ist die heute allgemein übliche Bezeichnung dieser Synode als Concilium germanicum nicht nur vom Wortgebrauch her ungeschichtlich, denn es war eben kein ›deutsches‹, sondern ein Konzil der Regenten von Austrasien.[184]

Die wichtigsten Bestimmungen des Konzils waren organisatorischer und disziplinärer Art. So wurde z. B. vereinbart, daß in Zukunft in Gegenwart des Hausmeiers alljährlich eine Synode stattfinden soll. Die der Kirche entzogenen Güter sollen zurückgegeben werden, die schlechten Kleriker aber werden abgesetzt und gehen ihrer Einkünfte verlustig. Dem Klerus werden das Waffentragen und die Teilnahme an Kriegszügen untersagt, lediglich einige Priester dürfen für Gottesdienste und die Sakramentenspendung die Heere begleiten. Auch die Jagd wird den Dienern Gottes verboten. Jeder Priester untersteht dem zuständigen Ortsbischof, dem er alljährlich in der Fastenzeit Bericht über seine Amtsführung zu erstatten hat. Aber das kanonische Recht verpflichtet auch den Bischof, seinen Sprengel zu visitieren und den Gläubigen das Sakrament der Firmung zu spenden. Diese Bestimmungen sollen den Übelständen bei den Eigenkirchen die Spitze nehmen, indem Bischof und Diözese enger miteinander verbunden werden, als es vorher im Frankenreich der Fall war.

Ohne Prüfung vor einer Synode dürfen unbekannte Priester und Bischöfe nicht zu kirchlichen Tätigkeiten zugelassen werden. Diese Anordnung trifft natürlich die umherreisenden Geistlichen. Nach der akuten Missionsphase und der eben durch Bonifaz erfolgten Neuorganisation der kirchlichen Sprengel, soll damit der wandernde Missionar zurückgedrängt werden gegenüber den nunmehr territorial zuständigen Seelsorgern. Bischöfe und Grafen, von denen die letzteren als Schützer der Diözesen angesprochen werden, erhalten eingeschärft, daß sie heidnische und abergläubische Bräuche abschaffen. Zum Schluß werden Strafbestimmungen erlassen gegen Geistliche und Ordensfrauen, die sich gegen die Keuschheit verfehlt haben, wird den Klerikern eine entsprechende Standeskleidung vorgeschrieben und die Benediktsregel für Ordensleute verbindlich gemacht.[185] Schon die Abwesenheit vieler Bischöfe macht deutlich, daß diese Synode von 743 zwar vielversprechende Ansätze zeigte, die Reform der Kirche voranzubringen, daß aber gleichzeitig der Widerstand gegen eine solche Besserung erheblich war. Immerhin stand die Autorität Karlmanns hinter den oben geschilderten Bestimmungen, die in seinem Namen verkündet wurden.

Ähnlich, wie früher schon in Angelsachsen üblich, galten hier erstmals im Frankenreich die Synodalbeschlüsse als königliche Gesetze.[186] Eng mit diesen Reformbestrebungen hängt die im Herbst 743 in Rom stattfindende Synode zusammen, die Papst Zacharias einberief, die gleichfalls für eine geziemende Lebensführung der Geistlichen eintritt, sich gegen heidnische Bräuche ausspricht und über das auch Bonifatius immer wichtige Eherecht berät, besonders im Zusammenhang mit der Heirat allzu eng Verwandter.[187]

Im März 744 folgt für Austrasien eine Synode unter dem Vorsitz Karlmanns in Les Estinnes an der Sambre, diese vertieft die Anordnungen der vorjährigen Synode. Verstöße gegen das Eherecht sollen in Zukunft vor einem bischöflichen Gericht verhandelt und geahndet werden. Christliche Unfreie dürfen nicht mehr an Heiden ausgeliefert werden. Parallel zu dem Treffen in Les Estinnes, an dem möglicherweise auch Bonifatius und die Mitverfechter seines Reformkurses teilgenommen hatten, fand in Soissons eine Synode statt, die Karlmanns Bruder Pippin für den westlichen Reichsteil einberufen hatte.[188]

In Les Estinnes hatte man auch über die Rückgabe des kirchlichen Eigentums verhandelt, allerdings konnten die damit ausgestatteten Adeligen sich nicht zu einer völligen Rückgabe verstehen, wie es 743 auf dem sogenannten Concilium Germanicum – auf Betreiben von Bonifaz -- gefordert worden war. Die Karolinger waren zu sehr auf ihre Gefolgsleute aus den Kreisen der aristokratischen Grundbesitzer angewiesen, als daß sie jetzt von ihnen alle Liegenschaften zurückfordern hätten können, die der Kirche in den vergangenen Jahrzehnten entfremdet worden waren, zumal es meist die Hausmeier selbst gewesen waren, die solche Schenkungen vorgenommen hatten, um auf Kosten der Kirchen den Adel zur Unterstützung der Karolinger zu bewegen. Zum Teil war kirchliches Eigentum auf königlichen Befehl erzwungenermaßen verliehen worden. In Zukunft sollte wenigstens so viel wieder zurückgegeben werden, daß Kirchen und Klöster keinen drückenden Mangel leiden müßten. Der sonstige Besitzteil wurde als zinspflichtige Landleihe betrachtet, von der jeder Hof einen Solidus alljährlich an die jeweilige Kirche zu entrichten habe. Hier liegt eine der Wurzeln des später weiter ausgebauten Lehensrechts, das im Zusammenhang zwischen der Vasallenschar des Herrschers und der Landleihe (›beneficium, feudum‹) die künftigen Gesellschafts-, Wirtschafts- und politischen Strukturen des Abendlandes maßgeblich mitgeprägt hat.[189] Kirchliche und staatliche Interessen stießen hier zusammen, die Reformbestrebungen von Bonifatius hatten keinen vollen Erfolg, immerhin war ein, für beide Seiten erträglicher Kompromiß zustande gekommen.

Dem Bericht des Bonifatius über die Entschlüsse dieser Synoden stimmte Papst Zacharias in einem Schreiben vom 22. Juni 744 zu, in dem besonders auch die neuernannten Bischöfe des Frankenreiches bestätigt wurden und die Metropolitanverfassung der Kirchenprovinzen wieder belebt wurde.[190] Der Papst schließt seinen Brief mit ernsten Ermahnungen an Bonifatius: *Setze den Kampf weiter fort, Geliebtester, handle mannhaft und bleibe wachsam im Dienste Christi, damit Gottes Herde immer mehr wachse und Dich reichlicher Lohn der ewigen Vergeltung erwarte und Du, wie wir glauben, mit den Heiligen und Auserwählten Gottes zusammen und in der Gemeinschaft der Apostel erfunden wirst.*

Die Wachsamkeit, die Zacharias hier anspricht, bezog sich sicher nicht zum geringsten Teil auf zwei Irrlehrer und Ärgernis erzeugende Geistliche namens Aldebert, einen Gallier, und Clemens, einen iroschottischen Wanderprediger, die bereits die Konzilien von Soissons und Les Estinnes beschäftigt hatten.

Häufig kennen wir von den Synoden der Karolingerzeit nicht einmal die Tagungsorte und die Teilnehmer. Das Konzil von 745, das Neustrier und Austrasier vereinte, in Anwesenheit von Bonifatius, setzte den Bischof Gewilib von Mainz ab, der einer der stärksten Gegner des kirchlichen Erneuerungswillen gewesen war. Formaler Anlaß zu dieser Maßnahme war die Blutrache, die Gewilib an dem sächsischen Kriegsmann geübt hatte, der seinen Vater und Amtsvorgänger Gerold getötet hatte.[191]

Um 746 hielt Bonifatius ein Treffen der angelsächsischen Bischöfe im Frankenreich ab, an dem auch St. Burkard aus Würzburg teilnahm. Der Grund zu dieser Versammlung waren besorgniserregende Berichte von der heimatlichen Insel. Bei der vom Bonifatiuskreis angestrebten kirchlichen Erneuerung war es sicher problematisch, wenn ihm die Franken vorhalten konnten, in seiner Heimat gehe es auch nicht viel besser zu. So entwarf der Kreis dieser Bischöfe ein Mahnschreiben an den König Ethelbald von Mercien, der neben manchem Guten auch viel Tadelnswertes tat. Außer vor dem sittenlosen Verhalten, bei dem Bonifatius sogar die sittenstrengen heidnischen Altsachsen und Wenden als vorbildlich preist, warnt er vor Kindermord und Kirchenraub.[192]

Die letzte Reformsynode des Frankenreiches unter der geistigen Führung von Bonifatius fand 747 statt, und wieder nahm Bischof Burkard daran teil.[193] Die Hausmeier blieben dabei abwesend, es ist anzunehmen, daß sie aus politischen Gründen eine weitere Konfrontation mit dem fränkischen Adel scheuten.[194]

Eigentliche Akten dieser Synode sind uns nicht erhalten, wir erfahren davon nur durch verschiedene Briefe. Im Schreiben, das Bonifatius an den Erzbischof Cuthbert von Canterbury richtet, stehen die wesentlichen Beschlüsse der Synode. Vieles, was auf den vorausgegangenen Treffen schon angesprochen wurde, mußte von neuem eingeschärft werden, ein überdeutliches Zeichen, daß die Reformen nur sehr mühselig in Gang kamen. Besonderer Wert wird von Bonifatius dabei auf das Bekenntnis des katholischen Glaubens und der Unterordnung unter das Petrusamt des Papstes (Mt 16,18f par.; Lk 22,32; Jo 21,15–17) gelegt, ebenso auf die schon oben angesprochene Organisation der Bistümer in Kirchenprovinzen unter der Aufsicht von Erzbischöfen bzw. Metropoliten.[195] Indessen sollte erst in der Regierungszeit Karls des Großen die Metropolitanverfassung im Frankenreich wirksam eingerichtet werden. Der Bericht von Bonifatius an seinen angelsächsischen Amtsbruder in Canterbury (740–758) hat übrigens die dort kurz danach stattfindende Synode von Cloveshoe maßgeblich mit beeinflußt. Auch König Ethelbald von Mercien, in dessen Umgebung es möglicherweise zu dem Mord an Burkards Sendboten Magnus/Andreas gekommen sein kann[196], stellte sich nunmehr neben dem Erzbischof Cuthbert an die Spitze der Erneuerung in der Kirche von Süd- und Mittelengland.[197] Die Gehorsamserklärung der fränkischen Synode von 747 unterfertigt auch St. Burkard, die nach dem erwähnten Brief von Bonifatius an Cuthbert folgendermaßen lautete:

Wir haben auf unserer Synode den Beschluß gefaßt und das Bekenntnis abgelegt, daß wir am katholischen Glauben, an der Einheit und an der Unterwerfung unter die römische Kirche festhalten wollen bis ans Ende unseres Lebens, daß wir dem heiligen Petrus und seinem Stellvertreter untertan sein und alle Jahre eine Synode abhalten wollen, daß die Metropoliten ihre Pallien[198] sich von jenem Stuhl beschaffen und daß wir in allem, wie es die Kirchensatzungen vorschreiben, den Geboten des heiligen Petrus Folge leisten wollen, um zu den anvertrauten Schafen gezählt zu werden. Und diesem Bekenntnis haben wir alle zugestimmt und es, mit unseren Unterschriften versehen, am Grab des heiligen Apostelfürsten Petrus niederlegen lassen, wo es von der römischen Geistlichkeit und dem Papst mit Freuden aufgenommen worden ist.

Dieses Schreiben von Bonifatius ist eine Art geistliches Testament, das nicht nur seinem Mitbruder in Canterbury gelten sollte, sondern jedem Verantwortlichen in der Kirche, in dem er immer wieder mit neuen Worten aus der Heiligen Schrift auf die große Verantwortung von Priestern und Bischöfen hinweist, unverkürzt die Frohe Botschaft zu verkünden, selbst ein vorbildliches Leben zu führen und für die Gemeinden, nicht für sich selbst zu sorgen. Vielleicht hat St. Burkard die Bekenntnisschrift der Synode nach Rom gebracht, jedenfalls schreibt Zacharias im Mai 748 in einem Dankschreiben an Bonifatius, wo er auch auf die fränkischen Synoden eingeht, daß Burkard ihm einen Brief des Erzbischofs überbracht hat. *Aus dessen Wortlaut haben wir ersehen, daß Deine Brüderlichkeit einen schweren Kampf führt und sich angestrengt abmüht in der Verkündigung des Evangeliums Christi, unseres Gottes und in der Ermahnung zum heiligen katholischen rechten und wahren Glauben, den wir von unserem Erlöser unserem Gott und Herrn Jesus Christus, durch den von ihm eingesetzten seligen Apostelfürsten Petrus, durch Paulus, das auserwählte Werkzeug und durch alle Apostel überkommen haben.*[199]

Die Sorge um die rechte Lehre, die aus diesen Zeilen spricht, war bei der damals herrschenden geistigen Verwirrung, dem Synkretismus, der Heidnisches und Christliches, Wahres und Falsches vermengte, sicher sehr berechtigt. Jedoch erst nach dem Tod des Bonifatius wurden wieder Synoden in der fränkischen Kirche abgehalten. Je mehr die Reformideen an Einfluß bei den neuen fränkischen Bischöfen gewannen, desto mehr ging der Einfluß des unbequem gewordenen Mahners und Lehrers Bonifatius, der wohl das Stigma der Fremdheit auf dem Kontinent nie ganz verloren hatte, zurück. Pippin suchte in der Folgezeit unmittelbar, nicht mehr durch die Vermittlung des päpstlichen Legaten, den Kontakt mit Rom.[200]

Im Juli 755 versammelte König Pippin fast alle gallischen Bischöfe zu einer Synode in Verneuil, die bewußt die Anliegen der kirchlichen Erneuerung aufgreifen sollte, wenngleich für eine völlige Wiederherstellung der kirchlichen Ordnung die Zeit noch nicht günstig sei und daher auf später verschoben wurde. In einer ganzen Reihe von Anordnungen aber wurden Verbesserungen eingeleitet. So heißt es u. a.: *In jeder Stadt muß ein Bischof sein. Da die Metropolitanverfassung noch nicht vollständig wiederhergestellt ist, so müssen alle Bischöfe denjenigen, welche in vicem metropolitanorum (= anstelle von Metropoliten) von uns bestellt wurden, den canonischen Gehorsam leisten.*

Jeder Bischof hat in seiner Parochie (gemeint ist hier der Diözesansprengel, später bedeutet der Ausdruck »Pfarrei«) *das Recht, sowohl die Cleriker, als die Regularen* (gemeint Welt- und Ordensgeistliche) *nach canonischer Ordnung zu corrigieren.*

Zweimal im Jahr soll eine Synode abgehalten werden ...

In keiner Parochie darf ein öffentliches Baptisterium (Taufkapelle) *sein, außer da, wo es der Bischof bestimmt. Nur in Notfällen dürfen die Priester an jedem Ort taufen.*

Alle Priester, die in einer Diözese leben, sind dem Bischof unterworfen und dürfen ohne seine Erlaubnis weder taufen noch Messe feiern. Auch müssen sie beim Concil (gemeint ist die Diözesansynode) *des Bischofs erscheinen ... Mönche dürfen weder nach Rom oder anderwärts reisen, außer im Auftrag des Abtes. Ist der Abt so nachlässig, daß sein Kloster in die Hände von Laien kommt, und es wollen deßhalb einige seiner Mönche, um ihre Seele zu retten, in ein anderes Kloster übertreten, so dürfen sie es mit der Zustimmung des Bischofs thun ...*

Cleriker müssen bei der Kirche bleiben, an der sie dienen.[201]

Wenngleich wir nicht sicher wissen, daß Bischof Megingaud aus Würzburg an dieser Synode teilnahm, so mag es für den Bonifaz-Schüler und Ordensmann ein Trost gewesen sein, daß es auch nach dem Tod seines Meisters (754) in dessen Geist der Erneuerung weiterging.

Jedenfalls war Megingaud auf der Reichssynode von Compiègne 757, an der nicht nur Pippin, sondern auch der Herzog Tassilo aus Baiern, ein Gesandter des Kaisers von Byzanz und zwei päpstliche Legaten teilnahmen. Dort beschäftigte man sich hauptsächlich mit eherechtlichen Problemen. Megingaud gehörte in Compiègne zu den Unterzeichnern einer Urkunde des Erzbischofs Chrodegang von Metz für das Kloster Gorze.[202]

762 war die letzte Synode in der Regierungszeit Pippins, auf der wir mit Sicherheit Megingaud unter den Teilnehmern kennen. Zwar sind uns von dieser Synode zu Attigny an der Aisne in der Champagne leider – wie so häufig – keine Akten überliefert, aber es gibt davon ein ergreifendes Dokument, den sogenannten Totenbund von Attigny, wo 27 Bischöfe und 17 Äbte einander zusicherten, im Todesfall füreinander zu beten. An der Spitze der Unterzeichner steht Chrodegang von Metz, der Verfasser einer Regel für Chorherren- und -frauenstifte, deren Einführung in Würzburg die unter Burkard und Megingaud beobachtete Benediktsregel unter Bischof Berowelf im Domkloster ablösen sollte. Diese gegenseitigen Gebetsverpflichtungen, die ihren biblischen Grund im 2. Buch der Makkabäer 12, 43–45 fanden, waren durch Bonifatius aus dem angelsächsischen Raum ins Frankenreich verpflanzt worden.[203]

Anmerkungen

[1] J. Frank, Beitrag zur Frage der Christianisierung der Dreieich, in: 12. Bericht der freiw. Arbeitsgemeinschaft zur Förderung der Heimatforschung, 1929, S. 223–246.

[2] W. Neuss, Die Anfänge des Christentums im Rheinlande, in: Rheinische Neujahrsblätter 2, 1923, ²1933, S. 5 ff.

[3] Hieronymus, Epistolae 123, 16; vgl. Büttner, Frühes fränkisches Christentum am Mittelrhein, S. 49.

[4] Büttner, wie Anm. 3, ebd. S. 51 f.

[5] K. Schumacher, Siedlungs- und Kulturgeschichte der Rheinlande II, 1923, S. 165 ff.

[6] F. Kutsch, Ein christliches Frankengrab aus Hochheim am Main, in: Nassauische Annalen 48, 1927, S. 24–30; K. Nahrgang, Archäologische Fundkarte des Mainmündungsgebietes, in: Mainzer ZS 29, 1934, S. 28–43, bes. S. 41 f.; E. Anthes, Frühchristliche Inschrift aus Goddelau im Ried, in: Germania 2, 1918, S. 25 ff.

[7] K. U. Jäschke, Kolumban von Luxeuil und sein Wirken im alemannischen Raum (Vorträge und Forschungen 20), 1974; Vita Columbani I cap. 27, ed. B. Krusch, S. 212.

[8] C. Pescheck, Das fränkische Reihengräberfeld Niedernberg am Main, in: AJb 8, 1984, S. 15–119; Ders., Die wichtigsten Bodenfunde und Ausgrabungen des Jahres 1977, in: Frankenland NF 29, 1977, S. 211–217; R. Koch, Über die Zerstörung eines merowingischen Reihengräberfeldes bei Pflaumheim im Landkreis Obernburg, in: Jahresberichte der bayerischen Bodendenkmalspflege 1961, S. 34–40; Ders., Völkerwanderungs- und Merowingerzeit. Führer zu vor- und frühgeschichtlichen Denkmälern 8, 1967; P. Endrich, Vor- und Frühgeschichte des bayerischen Untermaingebietes, 1961.

[9] R. Koch, Bodenfunde der Völkerwanderungszeit aus dem Main-Tauber-Gebiet I, 1967, S. 138; C. Pescheck, Germanische Gräberfelder in Kleinlangheim, Lkr. Kitzingen, in: Ausgrabungen in Deutschland II, 1975, S. 211–223; L. Wamser, Zur Bedeutung des Schwanbergs im frühen und hohen Mittelalter, Mainfränkische Studien 37, 1986, S. 164–192; M. Pfrang, Über die Anfänge des Christentums in Unterfranken. Theol. Diplomarbeit masch.-schr. Würzburg 1988, S. 48 in: WDGBL 51, 1989, S. 79–141.

[10] Agathias, Historiae I, 7; vgl. H. Büttner, Christentum und Kirche zwischen Neckar und Main im 7. und frühen 8. Jahrhundert, in: Ders., wie Anm. 3, S. 106; W. Müller, Die Christianisierung der Alemannen, in: Ders. (Hg.), Zur Geschichte der Alemannen, 1975, S. 401–429, hier S. 427 f.

[11] Das Kästchen selbst stammt wohl aus einer rheinischen Werkstätte des 5. Jh., fand sich aber als Beigabe in einem jüngeren Grab, wahrscheinlich aus dem 7. Jh., vgl. P. Goessler, Das frühchristliche Beinkästchen von Heilbronn, in: Germania 10, 1932, S. 294–299; W. Mattes, Neue Funde im Heilbronner Raum, in: Veröffentlichungen d. H.V. Heilbronn 22, 1957, S. 15–39, hier bes. S. 31 f.

[12] Vgl. P. Paulsen, Die Anfänge des Christentums bei den Alemannen, in: ZWLG 15, 1956, S. 1–24; J. Stark, Das fränkische Gräberfeld von Dittigheim, Stadt Tauberbischofsheim, Main-Tauber-Kreis, in: Archäologische Ausgrabungen in Baden-Württemberg 1983, S. 199–202; J. Oexle, Merowingerzeitliche Pferdebestattungen – Opfer oder Beigabe? in: Frühmittelalterliche Studien 18, 1984, S. 122–157, hier S. 138 f. u. 148.

[13] Vita S. Galli, MGH SS rer. Merov. 4, S. 251–337; F. Blanke, Columban und Gallus, 1940; Klebel, Zur Geschichte der christlichen Mission im schwäbischen Stammesgebiet, S. 155; A. Borst, Mönche am Bodensee 610–1525, 1978, S. 19–32.

[14] Klebel, wie Anm. 13, S. 164 f.

[15] Vita S. Amandi, MGH SS rer. Merov. 5, S. 440; Klebel, wie Anm. 13, S. 185.

[16] W. Ensslin, Theoderich der Große, ²1959; W. Schlesinger, Die Entstehung der Landesherrschaft, 1976, S. 31, 44.

[17] K. Langosch, Profile des lateinischen Mittelalters, 1965, S. 13–79; Vita Radegundis, MGH SS rer. Merov. II, 1888, S. 358–395.

[18] Gregor v. Tours, Libri historiarum X, MGH SS rer. Merov. I, 1, ²1951, V, 12.

[19] H. Löwe, Deutschland im fränkischen Reich, in: Gebhardt, Handbuch der deutschen Ge-

schichte II, ⁹1973, S. 68; Büttner, Das mittlere Mainland, S. 84; Kusternig, Haupt u. a., Quellen, S. 196–201.

²⁰ Vita Arnulfi, MGH SS rer. Merov. 2, S. 426–466, hier S. 436 f.; vgl. Büttner, wie Anm. 19, S. 85.

²¹ Goessler, Die Anfänge, hier bes. S. 168 f.; Menghin, Kelten, Römer und Germanen, S. 209.

²² Goessler, wie Anm. 21, S. 162. Der kaiserzeitliche römische Einfluß auf das Mainland war übrigens in Wirklichkeit wohl nicht so gering, wie es die ältere Forschung angenommen hat. Hier vgl. nur: Führer zu vor- und frühgeschichtlichen Denkmälern 27, S. 67–94.

²³ Emmerich, Der heilige Kilian, S. 4: *idola daemonum colentes.*

²⁴ Vgl. J. H. von Falkenstein, Antiquitates et memorabilia Nordgaviae veteris, oder Nordgauische Alterthümer und Merckwürdigkeiten, 1734–35, 1, S. 68 f. ebd. Bild eines ›Götzen‹ Lollus bei Schweinfurt; H. Jakob, Die Bamberger Götzen. Relikte eines attilazeitlichen Fürstengrabes, in: 103. BHVB 1967, S. 283–314; L. Fries, Historie ... der gewesenen Bischoffen zu Wirtzburg, in: Joh. P. Ludewig, Geschichtsschreiber von dem Bischoffthum Wirtzburg, 1713, S. 396.

²⁵ Zöllner, Geschichte der Franken, S. 177–189.

²⁶ Zöllner, wie Anm. 25, S. 178.

²⁷ Führer, wie Anm. 22, S. 35–40; C. Pescheck, Vor- und Frühzeit Unterfrankens, MainfrH 38, 1961, S. 22–24; Ders., Ein reicher Grabfund mit Kesselwagen aus Unterfranken, in: Germania 50, 1972, S. 29–56; Ders., Neues zum Kultwagen von Acholshausen, in: MainfrJb 30, 1978, S. 75–79.

²⁸ König, Der Glaube der Menschen, S. 132 f. C. Pescheck, Die Kelten in Unterfranken im Spiegel der Bodenfunde, in: MainfrJb 11, 1959, S. 1–17.

²⁹ G. Julius Caesar, Commentarii de bello Gallico VI. 17 f.; König, wie Anm. 28, S. 134 f.

³⁰ Agathias, Geschichte des Gotenkriegs I, 7, vgl. Goessler, wie Anm. 21, S. 162–164.

³¹ König, wie Anm. 28, S. 133.

³² Eugippius, Vita S. Severini Kap. 19; Zeiß, Die Donaugermanen und ihr Verhältnis zur römischen Kultur, in: Ostbairische Grenzmarken 17, 1928, S. 9 ff.; Goessler, wie Anm. 21, S. 160 f.; P. Dörfler, Severin, der Seher von Norikum, 1947; F. Lotter, Severin von Norikum, 1976.

³³ Ammianus Marcellinus 14, 10, 9; vgl. Goessler, wie Anm. 21, S. 159.

³⁴ Vita Columbani von Jonas, MGH Kap. I, 27; Walafried Strabo, Vita S. Galli, MGH SS rer. Merov. IV, 2, 7, Kap. 17; vgl. Goessler, wie Anm. 21, S. 164 f.

³⁵ Menghin, wie Anm. 21, S. 194 f. Der Hunnenführer Attila starb 453.

³⁶ Vgl. Schäferdieck (Hg.), Die Kirche des früheren Mittelalters, S. 494 f. Anm. 124; Löwe (Hg.), Die Iren und Europa im früheren Mittelalter, hier bes. die Beiträge von M. Werner, A. Wendehorst, W. Müller, H. Koller u. H.-D. Kahl.

³⁷ J.-R. Palanque, Die Kirche in der Völkerwanderung. Der Christ in der Welt. Eine Enzyklopädie XI, 2, 1960, S. 73; Bigelmair, Die Passio, in: WDGBl 14/15, 1952, S. 23.

³⁸ Emmerich, Der heilige Kilian, S. 3–10; Passio minor, hier Kap. 4, S. 5; S. 11–25 Passio maior.

³⁹ H. J. Vogt, Zur Spiritualität, in: Löwe, wie Anm. 36, S. 26–51; Angenendt, Die irische Peregrinatio, ebd., hier bes. S. 63; Jonas, Vita Columbani, MGH SS rer. Merov. 37, 1905, I 4 S. 160; C. Courtois, Die Entwicklung des Mönchtums in Gallien vom heiligen Martin bis zum heiligen Columban, in: Prinz (Hg.), Mönchtum und Gesellschaft, S. 13–36.

⁴⁰ Bigelmair, wie Anm. 37, S. 1–25 und WDGBl 16/17, 1955, S. 104–130; A. Wendehorst, Die heiligen Kilian, Kolonat und Totnan, S. 89–106; Ders., Die Iren und die Christianisierung Mainfrankens, in: Löwe, wie Anm. 36, S. 319–329; Bieler, Irland, 1961; K. Wittstadt, Sankt Kilian, 1984; Levison, Die Iren und die fränkische Kirche, in: Ders., Aus rheinischer und fränkischer Frühzeit. Ausgewählte Aufsätze, Hg. W. Holtzmann, 1948.

⁴¹ Gwynn, The Continuity, S. 57–81; Ders., Irland und Würzburg, S. 1–10; Spilling, Irische Handschriftenüberlieferung in Fulda, Mainz und Würzburg, in: Löwe (Hg.), wie Anm. 36, S. 876–902.

42 Emmerich, wie Anm. 38, S. 4, 6, 9.

43 MGH SS rer. Merov. 5, 713.

44 UBW M.p.th.f. 49, abgedruckt: Ernst Müller, Karolingische Miszellen, in: Forschungen zur Deutschen Geschichte 6, 1866, S. 116.

45 SS rer Merov. 5, S. 717; vgl. Lindner, Untersuchungen zur Frühgeschichte, S. 53 f.

46 E. Schwarz, Die Mainwenden und Wogastisburg, in: Zs für Ostforschung 16, 1967; F. Tiso, The Empire of Samo 623–58, 1961; R. Barroux, Dagobert, roi des Francs, 1938.

47 Kusterning/Haupt u. a., Quellen, S. 248 f. (Fredegar IV 77).

48 Kusterning/Haupt, wie Anm. 47, S. 260–263.

49 Lindner, wie Anm. 45, S. 59.

50 MGH SS rer. Merov. 5, S. 711, Anm. 4.

51 Vgl. MGH SS 13, 311, 314 (Series archiepiscoporum Moguntinorum); vgl. A. Hauck, Kirchengeschichte Deutschlands I, 3 + 4, 1904, S. 385, Anm. 4; Büttner, Die Mainlande, hier S. 112.

52 Rau, Tangl, Külb, Briefe des Bonifatius, S. 494–497.

53 Büttner, wie Anm. 51, S. 112 f.

54 Büttner, wie Anm. 51, S. 113; Ders., Das mittlere Mainland, S. 83–90, nach: J. W. Wurm, Compendium patrimonii S. Bilhildis 1735 (StA Darmstadt Hs. 84) S. 800–829; F. Arens, Darstellungen und Kult der hl. Bilhildis zu Veitshöchheim bei Würzburg, in: MainfrJb 13, 1961, S. 63–100; M. Wegner, Adelsfamilien im Umkreis der frühen Karolinger, 1982, S. 151 f.

55 Emmerich, wie Anm. 38, S. 8 f.; S. 18–21.

56 F. Beyerle, Das Kulturporträt der beiden alemannischen Rechtstexte Pactus und Lex Alamannorum, in: W. Müller (Hg.), Zur Geschichte der Alemannen, 1975, S. 126–150, hier bes. S. 128 f.

57 Vgl. J. B. Stamminger, Franconia Sancta. Das Leben der Heiligen und Seligen des Frankenlandes I, 1881, S. 58–133; J. Dienemann, Der Kult des Heiligen Kilian im 8. und 9. Jahrhundert, QFW 10, 1955; W. Engel, Neue Forschungen zur mittelalterlichen Kilianslegende, in: Th. Kramer/H. Holzapfel, Heiliges Franken, 1952, S. 50–56, 106–113; K. Firsching, Die deutschen Bearbeitungen der Kilianslegende unter besonderer Berücksichtigung deutscher Legendarhandschriften des Mittelalters, QFW 26, 1973; St. Muth, Kiliansdarstellungen im Bereich Dom/Neumünster, in: WDGBl 50, 1988, S. 687–702.

58 Emmerich, wie Anm. 38, S. 6: *Ipse autem Gozbertus dux in matrimonio habuit uxorem fratris sui, sicut antiquitus fuit consuetudinis*, wobei der Herausgeber in Bezug auf die alte Gewohnheit auf Deut. 25,5 verweist. Ebd. S. 16 (Passio minor): *Erat illi tamen coniux secundum gentilitatis ritum, quae quondam fratris ipsius coniugio fuerat copulata.*

59 Vgl. U. Mosiek, Kirchliches Eherecht unter Berücksichtigung der nachkonziliaren Rechtslage ²1972, S. 167 f.; siehe auch: § 4 Ehegesetz.

60 Bei dieser Argumentation folgte ich teilweise den Ausführungen von Domkapitular Kilian Josef Meisenzahl in seinem Manuskript: Heimatgeschichte des Marktfleckens Bürgstadt am Main, 2. Kapitel: Die Franken in unserer Heimat S. 12–16, Meisenzahl-Nachlaß im DAW.

61 Emmerich, wie Anm. 38, S. 12 u. 16.

62 E. Soder v. Güldenstubbe, Würzburg, Stadt des heiligen Kilian. Marginalien zur Geschichte der Seelsorge und Frömmigkeit von der Christianisierung bis zur Neuzeit, in: H. Otremba/B. Rottenbach (Hg.), 15 Jahrhunderte Würzburg, 1979, S. 56–116, 464–471.

63 C. Wampach, Sankt Willibrord. Sein Leben und Lebenswerk, 1953; Löwe, Pirmin, Willibrord und Bonifatius, hier bes. S. 201–208.

64 Wampach, Geschichte, Nr. 16, S. 250 f.

65 Werner, Adelsfamilien, S. 158–160.

66 Wampach, wie Anm. 64, S. 29 ff., Nr. 8; W. Schlesinger, Die Entstehung der Landesherrschaft, 1976, S. 46 f.

67 Wampach, wie Anm. 64, S. 65, Nr. 26; O. Meyer, Hammelburg zwischen Fulda und Würzburg, in: MainfrJb 18, 1966, S. 135–150, hier S. 137 f.

[68] Wampach, wie Anm. 64, S. 250 f., Nr. 162.

[69] Werner, wie Anm. 65, S. 160–164.

[70] Butzen, Die Merowinger, S. 168–170.

[71] Rau u. a., wie Anm. 52, S. 494–497.

[72] Rau u. a., wie Anm. 52, S. 70–73, Brief Nr. 19.

[73] Selbst in Friesland konnten die Fundamente kirchlicher Organisation durch Willibrord noch nicht sehr fest gelegt werden; vgl. Löwe, wie Anm. 63, S. 206–208. Zu Immina s. u. die Kapitel 7 und 9.

[74] J. G. v. Eckhart, Commentarii de rebus Franciae orientalis, 1729, S. 816: *Anno Domini 706 Gozberto a suis interfecto filius eius Hetanus in monte Uuirzpurch in honorem b. virg. Mariae primam ecclesiam construxit et dedicari fecit.*

[75] Von der unabsehbaren Bonifatiusliteratur sei v. a. das grundlegende Werk von Schieffer, Winfried – Bonifatius und die christliche Grundlegung Europas, hier bes. S. 139 ff. genannt.

[76] Hallinger, Römische Voraussetzungen, in: St. Bonifatius, Gedenkgabe zum 1200. Todestag, Fulda 1954, S. 320–361.

[77] Vgl. H. Nottarp, Die Bistumserrichtung in Deutschland im achten Jahrhundert (Kirchenrechtliche Abhandlungen 96), 1920, S. 97 ff., hier bes. S. 92.

[78] Rau u. a., wie Anm. 52, S. 86 f.; W. Köhler, Bonifaz in Hessen und das hessische Bistum Buraburg, in: ZKG 25, 1904, hier S. 203 f.

[79] Rau u. a., wie Anm. 52, S. 76–79, Brief 22.

[80] Rau u. a., wie Anm. 52, S. 86–89, Brief 25.

[81] J. H. Roy / J. Deviosse, La Bataille de Poitiers, 1966.

[82] Vgl. Schieffer, wie Anm. 75, S. 127–133; E. Ewig, »Milo et eiusmodi similes«, in: St. Bonifatius, wie Anm. 76, S. 412–440.

[83] R. Bauerreiss, Die Anfänge der Metropolitanverfassung in Altbayern, in: St. Bonifatius, wie Anm. 76, S. 465–470; Ders., Bonifatius und das Bistum Staffelsee. Zur bayrischen Bistumsorganisation von 736, in: StMBO 57, 1939, S. 1 ff.; M. Erbe (Hg.), Quellen zur germanischen Bekehrungsgeschichte (5.–8. Jh.), 1971.

[84] Schieffer, wie Anm. 75, S. 152 ff., verweist hier auch zu Recht auf Analogien zur frühchristlichen Welt. Anton Mayer, Religions- und kultgeschichtliche Züge in bonifatianischen Quellen, in: St. Bonifatius, wie Anm. 76, S. 291–319.

[85] Schieffer, Angelsachsen und Franken, 1950/51; Nottarp, wie Anm. 77, S. 98 f.; Rau u. a., wie Anm. 52, S. 502 f.; Schieffer, wie Anm. 75, S. 186 ff.
Heinz Löwe ist der Auffassung, Bonifatius habe die mitteldeutschen Bistümer ohne Genehmigung durch die Hausmeier bereits vor dem Tode Karl Martells errichtet. Karlmann und Pippin hätten dem erst nachträglich zugestimmt; vgl. Ders., Bonifatius und die bayerisch-fränkische Spannung, in: JffL 15, 1955, S. 85–127. Ein solches Vorgehen von Bonifatius, der aus der von den Königen mitbestimmten Landeskirche Englands kam, ist allerdings ziemlich unwahrscheinlich, siehe auch: Lindner, wie Anm. 45, S. 212 f.; A. Wendehorst, GS Würzburg 1, 1962, S. 14 ff.; H. Büttner, Bonifatius und die Karolinger, in: Hessisches Jb f. Landesgeschichte 4, 1954, S. 21–36.

[86] Rau u. a., wie Anm. 52, S. 508 f.; Dagegen spricht Nottarp, wie Anm. 77, S. 99, Anm. 3 davon, Bonifatius habe Würzburg die Kirchen in Sachsen zugeteilt. Gewiß hat ab dem Ende des 8. Jh. das Bistum Würzburg bei den Sachsen missioniert, aber die von Willibald angegebenen Grenzgebiete bezogen sich eher auf die bald an Mainz zurückgekommenen Sprengel von Erfurt und Büraburg, was offensichtlich noch zu Lebzeiten von Bonifatius geschah. Ähnlich wird auch der eigenartige Mainzer ›Zwickel‹, der mit Kleinrinderfeld oder Kist bis vor die Tore Würzburgs reichte, ebenfalls in die Bonifatiuszeit zurückgehen. Vgl. F. J. Bendel, Die Würzburger Dommatrikel aus der Mitte des 15. Jh. in: WDGBl 2/II, 1934, hier bes. S. XIX ff.; siehe auch: Gotthold Wagner, Comitate in Franken, in: MainfrJb 6, 1954, S. 1–71, hier bes. S. 58–64.

[87] J. W. Barley / P. P. C. Hanson (Hg.), Christianity in Britain 300–700, 1968.

[88] Lohaus, Die Merowinger und England, 1974.

[89] Schäferdiek, Die Grundlegung, S. 149–191; Schieffer, wie Anm. 75, 1954, S. 28–32.

[90] Schäferdiek, wie Anm. 89, S. 157–159; Brechter, Das Apostolat, S. 22–33.

[91] E. Iserloh, Die Kontinuität des Christentums beim Übergang von der Antike zum Mittelalter im Lichte der Glaubensverkündigung des heiligen Bonifatius, in: Ders., Verwirklichung des Christlichen im Wandel der Geschichte, hg. von Klaus Wittstadt, 1975, S. 11–23; Lortz, Untersuchungen zur Missionsmethode und zur Frömmigkeit des heiligen Bonifatius nach seinen Briefen, in: Willibrordus-Festschrift (Echternach 1940), S. 247–283 und : Tübinger Theologische Quartalschrift 121, 1940, S. 133–167.

[92] Schäferdiek, wie Anm. 89, S. 168–191.

[93] Rau u. a., wie Anm. 52, S. 460 f.

[94] Schäferdiek, wie Anm. 89, S. 171 f.

[95] Schieffer, wie Anm. 75, S. 104–109; Rau u. a., wie Anm. 52, S. 460–525 passim; W. Levison, England and the Continent in the Eighth Century, 1946.

[96] Holder-Egger, Vita Burchardi episcopi Herbipolensis, MGH SS 15, 1887, S. 44–62.

[97] Schmale, Die Glaubwürdigkeit, S. 45–83.

[98] Bendel, Vita Sancti Burkardi, der als Verfasser einen Mönch, den spät. Abt von St. Stefan in Würzburg Engelhard oder Engelhard vermutet.

[99] Wendehorst, wie Anm. 85, S. 18–25; Ders., Burghard, Bischof von Würzburg († 753), S. 1–9.

[100] Heinr. Wagner, Frühzeit I, S. 95–121; Ders., Frühzeit II, S. 111–131; Ders., Die Äbte, S. 11–41. Bei H. Wagner hat gegenüber A. Wendehorst die Vita secunda einen höheren Quellenwert.

[101] Wendehorst vermutete als Todesjahr Burkards 753, Wagner, Frühzeit I, wie Anm. 100, S. 100, dem wir hier folgen, 754. Der Todestag 2. Febr. ist unstrittig.

[102] Wagner, wie Anm. 100, Frühzeit II, S. 111–113.

[103] Tangl, S. Bonifatii et Lulli epistolae, 1916, Brief Nr. 49, S. 78–80.

[104] Böhne, Bischof Burchard von Würzburg, S. 43–56.

[105] s. o. Kap. 4, (S. 105–107).

[106] Böhne, wie Anm. 104, hier bes. S. 50–52; Wagner, wie Anm. 100, Frühzeit II, S. 113 f. hält es aufgrund einer Glosse in einer Handschrift der jüngeren Vita für möglich, daß Burkard auch schon vor 741 in Italien war, wofür die italienische Herkunft einiger Codices der ehemaligen Würzburger Dombibliothek, die als Eigentum Burkards angesehen wurden, sprechen könnte.

[107] Wagner, wie Anm. 100, Frühzeit II, S. 115 f.

[108] H. Schulze, Das Oratorium und die Grabkirche des Bischofs Megingoz am Platz des späteren neuen ›Allerheiligen-Münsters‹ in Würzburg, in: WDGBl 50, 1988, S. 545–550; Ders., Der Dom zu Würzburg, 1989.

[109] Wagner, wie Anm. 100, Frühzeit II, S. 115–119, wieder großteils beruhend auf der Vita secunda.

[110] C. Schenk (†), Die Allerheiligenkapelle – Die Kapelle Annuntiationis Mariae. Grabungen auf dem Würzburger Paradeplatz, durchgeführt 1944/45, in: WDGBl 46, 1984, S. 183–254; E. Soder v. Güldenstubbe, Die Würzburger Dombauamtsrechnung des Rechnungsjahres 1529/30, in: WDGBl 50, 1988, S. 659–686, hier S. 686, Nr. 90.

[111] Vgl. Dienemann, wie Anm. 57; Dünninger, Processio Peregrinationis, in: WDGBl 23, 1961, S. 53–176; WDGBl 24, 1962, S. 52–188, ebd. S. 143–168 ›Die Kilianiwallfahrt‹; E. Soder v. Güldenstubbe, St. Burkard in seiner Bedeutung für die Würzburger Bistumsgeschichte, in: Klaus Wittstadt (Hg.), 1000 Jahre Translatio Sancti Burkardi, 1986, S. 21–33, hier bes. S. 29 f.

[112] Bendel, wie Anm. 98, Kapitel 8 f.; Wagner, wie Anm. 100, Frühzeit II, S. 124 f.; Ders., Die Äbte, wie Anm. 100, S. 15 f.

[113] Wagner, wie Anm. 100, Frühzeit I, S. 97, 100 f.; Ders., Frühzeit II, S. 128 ff.; vgl. auch: Tangl, wie Anm. 103, S. 268, Anm. 1: Tod des hl. Burkard vor 5. Juni 754. Dagegen macht A. Wendehorst mit Berufung auf die Passio minor St. Kiliani das Jahr 753 für sehr wahrscheinlich, wie Anm. 85, S. 23. Völlige Sicherheit darüber ist wohl nicht mehr zu erlangen.

[114] Fraundorfer, Das Territorium des Hochstifts Würzburg. 1. Teil: Die kirchlichen Besitzungen von der Gründung des Bistums (741) bis zum Regierungsantritt des Bischofs Hermann I. von Lobdeburg (1225). Diss. phil Erlangen (masch.-schr.), 1923, überarbeitet 1924, S. 3 und 1ʹf.

[115] O. Bertolini, Astolfo, in: Dizionario biografico degli Italiani 4, 1962.

[116] BHStAM Kaiserselekt 11; RI 2. A. Nr. 768; MB 28a, 16–18; Fraundorfer, wie Anm. 114, S. 4f.; Wendehorst, wie Anm. 85, S. 15; generell zum Thema vgl. W. Metz, Zur Erforschung des karolingischen Reichsgutes, 1971.

[117] E. Soder v. Güldenstubbe, Die katholischen Kirchenbauten von Mellrichstadt, in: Mellrichstadt, Stadtrechte 1232/33 ebd., 1983, S. 177–253, hier S. 187f.

[118] Schenk (†), wie Anm. 110, S. 183–254.

[119] Vgl. B. H. Röttger, Felix Ordo. Würzburger Beiträge zur Architekturgeschichte des Mittelalters, in: WDGBl 11/12, 1950, S. 5–84; K. Gerstenberg, Die Kirche auf dem Marienberg zu Würzburg, ebd. 14/15, 1952, S. 91–95; G. Mildenberger, Ausgrabungen auf dem Marienberg in Würzburg, in: MainfrJb 16, 1964, S. 294–301, nimmt aber an, daß die Kirche in ihrer heutigen Form nicht ins frühe 8. Jh. zurückgeht.

[120] Vgl. P. Schöffel, Der Archidiakonat Rangau am Ausgang des Mittelalters, in: JffL 5, 1939, S. 132–175; Ders., Pfarreiorganisation und Siedlungsgeschichte im mittelalterlichen Mainfranken (Mainfränkische Heimatkunde 2), 1950, S. 7–39; A. Wendehorst, Der Archidiakonat Münnerstadt am Ende des Mittelalters, in: WDGBl 23, 1961, S. 5–52; Ders., Das Würzburger Landkapitel Coburg zur Zeit der Reformation, 1964.

[121] Die Bestätigungsurkunde Ludwigs des Frommen ist nicht mehr im Original erhalten, dagegen liegt eine Erneuerung der Schenkung durch Arnulf 889 vor, MGD Arn. Nr. 69; MB 28a Nr. 71; Wendehorst, wie Anm. 85, S. 15f.; BHStAM Kaiserselekt Nr. 71.

[122] Wendehorst, wie Anm. 85, S. 15.

[123] Das Original Pippins verloren, erhalten im Diplom vom 31. Dez. 992 (Kaiser Otto III.) MG D O. III. Nr. 554; Fraundorfer, wie Anm. 116, S. 8.

[124] K. Bosl, Franken um 800. Strukturanalyse einer fränkischen Königsprovinz (Schriftenreihe zur bayer. Landesgeschichte 58), 1959; Lindner, wie Anm. 45, hier bes. S. 74ff.; Zum Thema allgemein: U. Stutz, Die Eigenkirchen als Element des mittelalterlich-germanischen Kirchenrechts, ¹1895 (Neudruck Darmstadt 1955).

[125] Vgl. G. Zimmermann, Patrozinienwahl und Frömmigkeitswandel im Mittelalter, in: WDGBl 20, 1958, S. 24–126; 21, 1959, S. 5–124.

[126] Fraundorfer, wie Anm. 116, S. 6; Wagner, Frühzeit II, wie in Anm. 100, S. 129–130; A. Friese, Studien zur Herrschaftsgeschichte des fränkischen Adels, 1979, S. 47.

[127] Wendehorst, wie Anm. 85, S. 20; Schieffer, wie Anm. 75, S. 186ff.; s. u. Kap. 11, (S. 126–132).

[128] J. Fleckenstein, Fulrad von Saint-Denis und der fränkische Ausgriff in den süddeutschen Raum, in: Forschungen zur Oberrheinischen Landesgeschichte 4, 1957, S. 9–39.

[129] Schieffer, wie Anm. 75, S. 256ff.; vgl. allgemein: E. Hlawitschka (Hg.), Königswahl und Thronfolge in fränkisch-karolingischer Zeit, 1975, bes. S. 56–58, S. 269–286; H. Büttner, Aus den Anfängen des abendländischen Staatsgedankens. Die Königserhebung Pippins, in: HJb 71, 1952, S. 77–90.

[130] Vgl. K. Bosl, Würzburg als Reichsbistum. Verfassungsgeschichtliche Grundlagen des staufischen Reichskirchenregiments, in: FS Theod. Mayer, 1954, S. 161–181; B. Heusinger, Servitium regis in der deutschen Kaiserzeit, in: AU 8. Jg., 1923, S. 26–159; A. Wendehorst, Der Dom, das Reich, das Bistum und die Stadt, in: Richard Schömig (Hg.), Ecclesia Cathedralis. Der Dom zu Würzburg, 1967, S. 83–93.

[131] Wendehorst, wie Anm. 85, S. 27f., s. auch u. Kap. 10, (S. 124–126).

[132] K. Schäferdiek, Columbans Wirken im Frankenreich (591–612), in: Löwe (Hg.), Die Iren und Europa im früheren Mittelalter 1. Bd., 1982, S. 171–201; F. Prinz, Die Rolle der Iren beim Aufbau der merowingischen Klosterkultur, ebd. S. 202–218; I. Eberl, Das Iren-Kloster Honau und seine Regel, ebd. S. 219–238; L. Gougaud, Inventaire des régles monastiques irlandaises, in: Revue Bénédictine 25, 1908, S. 167–184, 321–373; 28, 1911, S. 86–89.

138

133 Vgl. Kapit. 2 und 3, (S. 98–105).

134 Vgl. B. Schemmel, Sankt Gertrud in Franken, in: WDGBl 30, 1968, S. 7–153, hier bes. S. 26–37; P. Schöffel (†), hg. von Wilh. Engel, Karlburg, Karlstadt und die ›fränkische Gertrud‹, in: Herbipolis Sacra, 1948, S. 13–55.

135 Dienemann, wie Anm. 57.

136 Emmerich, wie Anm. 38, S. 22–25.

137 Bendel, Vita Sancti Burkardi, 2. Buch, Kap. 4 ff., S. 27 ff.

138 Bendel, wie Anm. 137, 2. Buch, Kap. 3, S. 26–28.

139 Bendel, wie Anm. 137, Kap. 5, S. 29, vgl. Soder v. Güldenstubbe, wie Anm. 62, S. 61.

140 H. Daul, Die Karlburger Königsgüter. Zum Zehntstreit der Pfarrei Karlburg mit dem Stift Neumünster 1541–1551, in: MainfrJb 14, 1962, S. 84–100.

141 StadtAW, Fries-Chronik, 15 f.; D. M. Feineis, Die Herrschaft des Ritterstiftes St. Burkard in Waldbüttelbrunn, 1978, S. 511.

142 Wagner, Die Äbte, S. 11–41, hier bes. S. 14 ff.

143 Wagner, Die Äbte, S. 15, 19; M. Wieland, Historische Darstellung des Stiftes St. Burkard zu Würzburg, in: AU Fr 15/I, 1861, S. 73–78.

144 Vgl. Wendehorst, wie Anm. 85, S. 21 f., 29, 32 f., wobei hier St. Andreas als erstes Dom-kloster angenommen wird, siehe aber: Bendel, wie Anm. 137, Kap. 8 und 12, S. 32 f., 39–42. Zum Ganzen vgl. N. Backmund, Die Kollegiat- und Kanonissenstifte in Bayern, 1973, bes. S. 17–26.

145 K.-H. Mistele, Zur Gründung der Benediktinerabtei Murrhardt, in: ZWLG 22, 1963, S. 377–383; E. Kost, Walterichüberlieferungen in Murrhardt, in: WürttembFr NF 26/27, 1952, S. 170–196.

146 F. J. Bendel, Die Gründung der Abtei Amorbach nach Sage und Geschichte. Eine kritische Untersuchung, in: StMBO 39, 1918, S. 1–29; H. Büttner, Amorbach und die Pirminsle-gende, in: AMKG 5, 1953, S. 102–107; W. Eichhorn, Die Reichsabtei Amorbach unter den Karolingern 734(?)–910, in: StMBO 78, 1968, S. 28–67.

147 H. Petzolt, Die Abtei Kitzingen – Gründung und Rechtslage, in: JffL 15, 1955, S. 69–83; P. Schöffel, Das Alter Ochsenfurts im Lichte der mittelalterlichen Pfarreiorganisation, 2. Teil, in: Die Frankenwarte 1937 Nr. 27; Th. J. Scherg, Das Grafengeschlecht der Matto-nen, in: StMBO 29, 1908, S. 506–516, 674–680; 30, 1909, S. 162–179, 438–450; siehe aber: Friese, wie Anm. 126, S. 63 ff., der mit Berufung auf Karl Bosl, Franken um 800, S. 38 ff. u. 78 einen karolingischen Ursprung Kitzingens für möglich hält.

148 MG Capit. I S. 351 (Corpus Consuetudinum Monasticarum I), 1963, S. 496; Hessisches UB II/1 S. 77 Nr. 100; K. Lübeck, Die Anfänge des Klosters Schlüchtern, in: Zeitschrift des Vereins für hessische Geschichte und Landeskunde 62, 1940, S. 160–182. J. Winandy, L'oeuvre monastique de Saint Benoit d'Aniane. S. Wandrille 1947, S. 237–258, in: Melan-ges bénédictins.

149 A. Bayer, S. Gumberts Kloster und Stift in Ansbach, 1948; E. Soder v. Güldenstubbe, Le-ben und Bedeutung des heiligen Gumbert von Ansbach, in: K. Kreßel/W. Bürger (Hg.), 250 Jahre barocke Kirche St. Gumbertus. Ev.-luth. Kirchengemeinde Ansbach 1988, S. 11–28; W. Scherzer, St. Gumbert, Kloster und Stift, ebd. S. 29–44.

150 Rau u. a., wie Anm. 52, Nr. 83, S. 276–283; A. Amrhein, Geschichte des ehemaligen Bene-diktinerklosters Holzkirchen, in: AU Fr 38, 1896, S. 37–131; K. Lübeck, Fuldaer Neben-klöster in Mainfranken, in: MainfrJb 2, 1950, S. 1–52, hier S. 21–32; W. Störmer, Eine Adelsgruppe um die Fuldaer Äbte Sturmi und Eigil und den Holzkirchener Gründer Tro-and. Beobachtungen zum bayrisch-alemannisch-ostfränkischen Adel des 8./9. Jahrhun-derts, in: FG für Karl Bosl, 1969, S. 1–34; E. Soder v. Güldenstubbe, St. Michael in Holz-kirchen, in: P. Mai (Hg.), Sankt Michael in Bayern, ²1979, S. 173–176 f.

151 P. Engelbert, Die Vita Sturmi des Eigil von Fulda. Literarkritisch-historische Untersu-chung und Edition, 1968; Ders., Eigil. Das Leben des Abtes Sturmi (lat.-dt.), in: Fuldaer Geschichtsblätter 56, 1980, S. 17–49.

152 Vgl. E. E. Stengel, Abhandlungen und Untersuchungen zur Geschichte der Reichsabtei Fulda (ebd. 1960); P. J. Jörg, Würzburg und Fulda – Rechtsverhältnisse zwischen Bistum und Abtei bis zum 11. Jahrhundert, QFW 4, 1951.

[153] H. Hahn, Eihhola-Sturm und das Kloster Fulda, in: Fuldaer Geschichtsblätter 56, 1980, S. 50–82; K. Heinemeyer, Die Gründung des Klosters Fulda im Rahmen der bonifatianischen Kirchenorganisation, ebd. S. 83–132.

[154] E. E. Stengel, Das gefälschte Gründungsprivileg Karls des Gr. für das Spessartkloster Neustadt am Main, in: MIÖG 58, 1950, S. 1–30; H. Wagner, Frühzeit II, hier S. 129 f.

[155] Für dieses Kapitel war sehr wertvoll: A. Wendehorst, Das benediktinische Mönchtum im mittelalterlichen Franken, S. 83–99.

[156] Vita Gregorii, ed. Oswald Holder-Egger, MG SS 15/I S. 63–79, hier S. 71.

[157] W. Jestädt, Geschichte der Stadt Fritzlar (ebd. 1924).

[158] Rau u. a., wie Anm. 52, Nr. 40, S. 118–121; Wendehorst, wie Anm. 85, S. 25–30, hier S. 26: datiert diesen Brief nach Tangl auf ca. 737, Rau nimmt die Zeit mit 746–747 an! Auch Schieffer, wie Anm. 75, S. 172, nennt Wigberts d. Ä. Todesjahr 737.

[159] Bendel, wie Anm. 98, S. 44.

[160] Rau u. a., wie Anm. 52, S. 454 f.; vgl. H. Hahn, Bonifaz und Lul. Ihre angelsächsischen Korrespondenten. Erzbischof Luls Leben, 1883; Schieffer, Angelsachsen und Franken, S. 1471 ff.

[161] Wendehorst, wie Anm. 85, S. 26.

[162] B. Schmeidler, Fränkische Urkundenstudien, in: JffL 5, 1939, S. 73–101; E. E. Stengel, UB des Klosters Fulda 1. Bd., S. 264–269, Nr. 175, hier wird u. a. das mattonische Eigenklösterchen Einfirst = Einforst bei Euerdorf, Lkr. Bad Kissingen, erwähnt.

[163] Stengel, wie Anm. 162, S. 299–301, Nr. 202.

[164] Stengel, wie Anm. 162, S. 66–68, Nr. 39; MG Epp. III 417 Nr. 130; vgl. F. Stein, Geschichte Frankens 1. Bd., 1885, S. 46–48; 2. Bd. 1886, S. 248–250, 434.

[165] J. Prinz, Das Territorium des Bistums Osnabrück, in: Studien und Vorarbeiten zum Historischen Atlas Niedersachsen 15, 1934, S. 49 f.; vgl. zum Ganzen: Wendehorst, wie Anm. 85, S. 26 f.

[166] Bendel, wie Anm. 98, Kapit. 11.

[167] Miracula S. Goaris auctore Wandalberto, MG SS 15 S. 364, ed. Oswald Holder-Egger; vgl. Megingauds Sarkophaginschrift: *quondam Bonifatius arcis honorem perduxit sacro constituitque gradu*, F. X. Herrmann, Die Versinschrift für Bischof Megingoz († 794) im Neumünster zu Würzburg, S. 143, 146 f.

[168] s. u. Kapit. 11, (S. 126–132).

[169] Schieffer, wie Anm. 160, S. 1456 ff., 1486 f.; Saint Chrodegang, 1967.

[170] Tangl, Die Briefe des heiligen Bonifatius, 1912, Nr. 130, 134, 136, wobei bes. im Brief Nr. 134 eherechtliche Probleme angesprochen wurden, wie solche in den Passiones S. Kiliani geschildert sind, s. o. Kapit. 3, (S. 101–105). Vgl. Friese, wie Anm. 126, S. 34–36.

[171] H. Schulze, Das Oratorium und die Grabkirche des Bischofs Megingoz am Platz des späteren neuen ›Allerheiligen-Münsters‹ in Würzburg, in: WDGBl 50, 1988, S. 545–550.

[172] W. Selzer, Das karolingische Reichskloster Lorsch, 1955; H. P. Wehlt, Reichsabtei und König, 1970; F. Knöpp (Hg.), Die Reichsabtei Lorsch Bd. 1, 1973. Vgl. auch: Lindner, wie Anm. 45, S. 215–218, hier S. 217 f.

[173] Vita Gregorii wie Anm. 156, S. 71.

[174] Wendehorst, wie Anm. 85, S. 30.

[175] Herrmann, wie Anm. 167.

[176] Schulze, Der Dom zu Würzburg, 1989.

[177] Wendehorst, wie Anm. 85, S. 32 f.; siehe auch den Beitrag von W. Störmer in diesem Band.

[178] H. Dannheimer, Frühe Holzkirchen aus Bayern. Führer durch die Ausstellung: Prähistorische Staatssammlung München, 1984, S. 22–25; F. Grosch, Zur Archäologie der Pfarrkirche von Kleinlangheim, in: Jb des Lkr. Kitzingen 1982, S. 150–154; C. Pescheck, Zum Beginn des Christentums in Nordbayern, in: Bayerische Vorgeschichtsblätter 51, 1986, S. 343–355, hier S. 352.

[179] M. Klein/D. Nitsche/P. Vychitil, Serrfeld, in: Frankenland NF 32, 1980, S. 172–174; M. Klein, Ausgrabungen in der Kirchenburg von Serrfeld, in: Jb des Lkr. Rhön-Grabfeld 1980, S. 133–142.

[180] P. Vychitil, Rettungsgrabung in der katholischen Pfarrkirche St. Johannes, in: F. Warmuth, Pfarrei und Kirche Euerdorf (ebd. 1977), S. 22–26.

[181] Rau u. a., wie Anm. 52, S. 140–149, Nr. 50.

[182] Rau u. a., wie Anm. 52, S. 148–159, Nr. 51, Zachariasbrief an Bonifaz: 1. April 743.

[183] Schieffer, wie Anm. 75, S. 203 ff.; MG Conc. II S. 1 ff.

[184] Schieffer, wie Anm. 75, S. 208 f.

[185] C. J. v. Hefele, Konziliengeschichte 3. Bd., S. 497–501; Rau u. a., wie Anm. 52, S. 376–381.

[186] Schieffer, wie Anm. 85, S. 1450 f.

[187] A. Werminghoff, MG Conc. II S. 8 ff.; Schieffer, wie Anm. 75, S. 212 f.; v. Hefele, wie Anm. 185, S. 515–518.

[188] Konzilsbeschlüsse von Les Estinnes, in: MG Conc. II S. 5 ff.; Konzil zu Soissons ebd. S. 33 f.; Schieffer, wie Anm. 75, S. 215–222; v. Hefele, wie Anm. 185, S. 501–513, 518–522; M. Tangl, Studien zur Neuausgabe der Bonifatius-Briefe, in: NA 40. Bd., 1916, S. 772 ff.

[189] Vgl. Theodor Mayer (Hg.), Studien zum mittelalterlichen Lehenswesen, 1960; A. Bergengruen, Adel und Grundherrschaft im Merowingerreich (VSWG Beiheft 41), 1958; H. Mitteis, Lehnrecht und Staatsgewalt, ²1958; F. L. Ganshof, Was ist das Lehenswesen? 1961; G. Duby, Krieger und Bauern. Die Entwicklung der mittelalterlichen Wirtschaft und Gesellschaft bis um 1200, 1984; U. Stutz, Geschichte des kirchlichen Benefizialwesens, 1895, Neudruck 1961.

[190] Rau u. a., wie Anm. 52, S. 164–169, Nr. 57.

[191] Rau u. a., wie Anm. 52, S. 174–183, Nr. 60; Schieffer, wie Anm. 75, S. 129–232.

[192] Rau u. a., wie Anm. 52, S. 212–233, Nr. 69, 73–75; Schieffer, wie Anm. 75, S. 237–239; M. Tangl, Studien zur Neuausgabe der Bonifatius-Briefe (II. Teil), in: NA 41, 1917, S. 64.

[193] Rau u. a., wie Anm. 52, S. 272–277, Brief Nr. 82: Zacharias bedankt sich für die Oboedienzerklärung bei den jeweiligen Bischöfen.

[194] Vgl. H. Nottarp, Sachkomplex und Geist des kirchlichen Rechtsdenkens bei Bonifatius, in: St. Bonifatius, 1954, S. 173–196; G. W. Sante, Bonifatius, der Staat und die Kirche, ebd. S. 197–226.

[195] Rau u. a., wie Anm. 52, S. 238–255, Nr. 78, hier bes. S. 240–243.

[196] s. o. Kapit. 7, (S. 114–116).

[197] Schieffer, wie Anm. 75, S. 242–245; Tangl, wie Anm. 188, S. 783 f.; v. Hefele, wie Anm. 185, S. 552–567.

[198] Pallien sind Schulterbinden aus weißer Schafwolle mit sechs schwarzen Kreuzen darauf, die der Papst als Zeichen besonderer Verbindung den Erzbischöfen verleiht.

[199] Rau u. a., wie Anm. 52, S. 256–271, Nr. 80; Tangl, wie Anm. 192, S. 54 f.; vgl. auch: Wendehorst, wie Anm. 85, S. 20.

[200] Schieffer, wie Anm. 85, S. 1454 f., siehe auch oben Kapit. 7 und 8, (S. 114–120). Gesandtschaft Burkards und Fulrads 750/751 nach Rom wegen des Thronwechsels von den Merowingern zu den Karolingern.

[201] v. Hefele, wie Anm. 185, S. 587–592.

[202] v. Hefele, wie Anm. 185, S. 593–596; MG Conc. II S. 62.

[203] L. Oelsner, Jahrbücher des fränkischen Reiches unter König Pippin, 1871, S. 357–376; MG Capit. I S. 221; Conc. II S. 73; Schieffer, wie Anm. 75, S. 279; Wendehorst, wie Anm. 85, S. 27 f. vgl. auch: E. Soder von Güldenstubbe, Die Missionierung des Frankenlandes, in: Kiliansplatz 1988 (Kleine Schriftenreihe des Archivs der Stadt Heilbronn), 1988, S. 38–53; St. Kilian. 1300 Jahre Martyrium der Frankenapostel, WDGBl 51, 1989; Katalog zur Sonder-Ausstellung. Festung Marienberg Würzburg 1989. J. Erichsen/E. Brockhoff (Hg.), Kilian. Mönch aus Irland. Aufsätze (Veröffentlichungen zur Bayer. Geschichte und Kultur 19/89), 1989.

Literatur (Auswahl)

Zu 1. Heidnische und christliche Spuren in Ostfranken während der Merowingerzeit

Agathias, ed. R. Keydell, Agathiae Myrinaei Historiarum libri quinque, 1967; H. Büttner, Das mittlere Mainland und die fränkische Politik des 7. und frühen 8. Jahrhunderts, in: WDGBl 14/15, 1952, S. 83–90; Ders., Frühes fränkisches Christentum am Mittelrhein, in: Ders., Zur frühmittelalterlichen Reichsgeschichte am Rhein, Main und Neckar (Hg. A. Gerlich), 1975; F. Emmerich, Der heilige Kilian. Regionarbischof und Martyrer, 1896; Führer zu vor- und frühgeschichtlichen Denkmälern. 27. Bd., 1975; P. Goessler (Goeßler), Die Anfänge des Christentums in Württemberg, in: ZWKG NF 36, 1932, S. 149–187; E. Klebel, Zur Geschichte der christlichen Mission im schwäbischen Stammesgebiet, in: ZWKG 17, 1958, S. 145–218. F. König, Der Glaube der Menschen, 1985; A. Kusternig/ H. Haupt u. a., Quellen zur Geschichte des 7. und 8. Jahrhunderts (Ausgewählte Quellen zur deutschen Geschichte des Mittelalters 4a), 1982; W. Menghin, Kelten Römer und Germanen. Archäologie und Geschichte, 1980; E. Zöllner, Geschichte der Franken bis zur Mitte des 6. Jahrhunderts, 1970.

Zu 2. Die irische Missionsepoche, ihr kultureller und religiöser Hintergrund

A. Angenendt, Die irische Peregrinatio und ihre Auswirkungen auf dem Kontinent vor dem Jahre 800, in: H. Löwe (Hg.), Die Iren und Europa im früheren Mittelalter, 1. Teil, 1982, S. 52–79; L. Bieler, Irland. Wegbereiter des Mittelalters, 1961; A. Bigelmair, Die Passio des hl. Kilian und seiner Gefährten, in: Herbipolis Jubilans, WDGBl 14/15, 1952, S. 1–25; WDGBl 16/17, 1954, S. 104–130; A. Gwynn, The Continuity of Irish Tradition at Würzburg, in: WDGBl 14/15, 1952, S. 57–81; Ders., Irland und Würzburg im Mittelalter, in: MainfrJb 4, 1952, S. 1–10; W. Levison, Aus rheinischer und fränkischer Frühzeit. Ausgewählte Aufsätze, hg. von W. Holtzmann, 1948; H. Löwe (Hg.), Die Iren und Europa im früheren Mittelalter, 2 Bde., 1982; F. Prinz (Hg.), Mönchtum und Gesellschaft im Frühmittelalter (Wege der Forschung 31), 1976; K. Schäferdieck (Hg.), Die Kirche des früheren Mittelalters (Die Kirchengeschichte als Missionsgeschichte II), 1978; H. Spilling, Irische Handschriftenüberlieferung in Fulda, Mainz und Würzburg, in: H. Löwe (Hg.), Die Iren und Europa, 1982, S. 876–902; H. J. Vogt, Zur Spiritualität des frühen irischen Mönchtums, ebd. S. 26–51. A. Wendehorst, Die Heiligen Kilian, Kolonat und Totnan, in: Gg. Schwaiger (Hg.), Bavaria Sancta I, S. 89–106; Ders., Die Iren und die Christianisierung Mainfrankens, in: H. Löwe (Hg.), Die Iren und Europa, 1982, S. 319–329.

Zu 3. Die thüringisch-fränkischen Herzöge

H. Büttner, Die Mainlande um Aschaffenburg im frühen Mittelalter, in: AJb 4, 1957, S. 107–128; F. Emmerich, Der heilige Kilian. Regionarbischof und Martyrer, 1896; A. Kusternig/ H. Haupt u. a., Quellen zur Geschichte des 7. und 8. Jahrhunderts. (Ausgewählte Quellen zur deutschen Geschichte des Mittelalters 4a), 1982; W. Levison, Passio Kiliani martyris Wirziburgensis, in: MGH SS rer Merov. V 1890, S. 711–728; K. Lindner, Untersuchungen zur Frühgeschichte des Bistums Würzburg und des Würzburger Raumes (Veröffentlichungen des Max-Planck-Instituts 35), 1972.

Zu 4. Der Beginn der angelsächsischen Missionsepoche: Willibrord und Hetan

R. Butzen, Die Merowinger östlich des mittleren Rheins. Studien zur militärischen, politischen, rechtlichen, religiösen, kirchlichen, kulturellen Erfassung durch Königtum und Adel im 6. sowie 7. Jahrhundert, Mainfränkische Studien 38, 1987; H. Löwe, Pirmin, Willibrord und Bonifatius. Ihre Bedeutung für die Missionsgeschichte ihrer Zeit, in: K. Schäferdiek (Hg.), Die Kirche des früheren Mittelalters, 1978, S. 192–226; R. Rau / M. Tangl / Ph. H. Külb, Briefe des Bonifatius, Willibalds Leben des Bonifatius. Lat.-deutsch, 1968; C. Wampach, Geschichte der Grundherrschaft Echternach im Frühmittelalter. 1,2: Quellenband, 1930; M. Werner, Adelsfamilien im Umkreis der frühen Karolinger. Die Verwandtschaft Irminas von Oeren und Adelas von Pfalzel, 1982.

Zu 5. Der Aufbau kirchlicher Strukturen durch Bonifatius und die frühen Karolinger

K. Hallinger, Römische Voraussetzungen der bonifatianischen Wirksamkeit im Frankenreich, in: St. Bonifatius. Gedenkgabe zum 1200. Todestag, 1954, S. 320–361; K. Lindner, Untersuchungen zur Frühgeschichte des Bistums Würzburg und des Würzburger Raumes, 1972; H. Löwe, Bonifatius und die bayerisch-fränkische Spannung, in: JffL 15, 1955, S. 85–127; Anton Mayer, Religions- und kultgeschichtliche Züge in bonifatianischen Quellen, in: St. Bonifatius. Gedenkgabe, 1954, S. 291–319; H. Nottarp, Die Bistumserrichtung in Deutschland im 8. Jahrhundert. (Kirchenrechtliche Abhandlungen, hg. von Ulrich Stutz, 96. H.), 1920; R. Rau / M. Tangl / Ph. H. Külb, Briefe des Bonifatius, Willibalds Leben des Bonifatius, 1968; Th. Schieffer, Winfried – Bonifatius und die christliche Grundlegung Europas, 1954; G. Wagner, Comitate in Franken, in: MainfrJb 6, 1954, S. 1–71; A. Wendehorst, Das Bistum Würzburg. Die Bischofsreihe bis 1254 (GS NF 1), 1962.

Zu 6. Der angelsächsische Hintergrund

S. Brechter, Das Apostolat des hl. Bonifatius und Gregors d. Gr. Missions-Instruktion für England, in: St. Bonifatius. Gedenkgabe, 1954, S. 22–33; A. Lohaus, Die Merowinger und England. (Münchener Beiträge zur Mediävistik und Renaissance-Forschung 19), 1974; J. Lortz, Untersuchungen zur Missionsmethode und zur Frömmigkeit des hl. Bonifatius nach seinen Briefen, in: Tübinger Theol. Quartalschrift 121, 1940, S. 133–167; R. Rau / M. Tangl / Ph. H. Külb, Briefe des Bonifatius, Willibalds Leben des Bonifatius, 1968; K. Schäferdiek, Die Grundlegung der angelsächsischen Kirche im Spannungsfeld insularkeltischen und kontinental-römischen Christentums, in: Ders., Die Kirche des früheren Mittelalters, 1978, S. 149–191. Th. Schieffer, Winfried – Bonifatius und die christliche Grundlegung Europas, 1954.

Zu 7. Burkard (742–753[754?]), der erste Bischof Würzburgs

F. J. Bendel, Vita Sancti Burkardi. Die jüngere Lebensbeschreibung des hl. Burkard, ersten Bischofs zu Würzburg, 1912; W. Böhne, Bischof Burchard von Würzburg und die von ihm benutzten liturgischen Bücher, in: WDGBl 50, 1988, S. 43–56; H. Dünninger, Processio Peregrinationis. Volkskundliche Untersuchungen zu einer Geschichte des Wallfahrtswesens im Gebiet der heutigen Diözese Würzburg. 1. Teil, WDGBl 23, 1961, S. 53–176; 2. Teil ebd. 24, 1962, S. 52–188; O. Holder-Egger, Vita Burchardi episcopi Herbipolensis, in: MGH SS 15, 1887, S. 44–62; F.-J. Schmale, Die Glaubwürdigkeit der jüngeren Vita Burchardi, in: JffL 19, 1959, S. 45–83. H. Schulze, Der Dom zu Würzburg. Sein Werden bis zum späten Mittelalter. Eine Baugeschichte, 1989; M. Tangl, S. Bonifatii et Lulli Epistolae, 1916; Heinrich Wagner, Zur Frühzeit des Bistums Würzburg (I), in: MainfrJb 33, 1981, S. 95–121; Ders., Zur Frühzeit des Bistums Würzburg (II), in: WDGBl 48, 1986, S. 111–131; Ders., Die Äbte von St. Burkard zu Würzburg im Mittelalter; ebd. 50, 1988, S. 11–41; A. Wendehorst, Das Bistum Würzburg. Die Bischofsreihe bis 1254 (GS NF 1), 1962; Ders., Burghard, Bischof von Würzburg († 753), in: Fränkische Lebensbilder 1, Würzburg, S. 1–9.

Zu 8. Die Dotationskirchen und der Beginn des Reichsdienstes der Bischöfe

P. J. Fraundorfer, Das Territorium des Hochstifts Würzburg. Diss. phil. masch.-schr. Erlangen 1923; Th. Schieffer, Winfried – Bonifatius und die christliche Grundlegung Europas, 1954; A. Wendehorst, Das Bistum Würzburg, Die Bischofsreihe bis 1254 (GS NF 1), 1962.

Zu 9. Erste Klöster Mainfrankens

F. J. Bendel, Vita Sancti Burkardi, 1912; A. Wendehorst, Das benediktinische Mönchtum im mittelalterlichen Franken, in: St. Amon / U. Märzhäuser (Hg.), Laeta Dies, 1968, S. 83–99.

Zu 10. Megingaud (753–768[?]), Schüler von Bonifatius und Nachfolger Burkards

F. J. Bendel, Vita Sancti Burkardi, 1912; F. X. Hermann, Die Versinschrift für Bischof Megingoz († 794) im Neumünster zu Würzburg, in: WDGBl 48, 1986, S. 133–162;. R. Rau / M. Tangl / Ph. H. Külb, Briefe des Bonifatius, 1968; Th. Schieffer, Angelsachsen und Franken. Zwei Studien zur Kirchengeschichte des 8. Jahrhunderts, 1951; H. Schulze, Der Dom zu Würzburg. Sein Werden bis zum späten Mittelalter. Eine Baugeschichte, 1989. E. E. Stengel, Urkundenbuch des Klosters Fulda. 1. Bd., 1958; Vita Gregorii, ed. O. Holder-Egger, in: MG SS 15/I, S. 63–79; A. Wendehorst, Das Bistum Würzburg, Die Bischofsreihe bis 1254 (GS NF 1), 1962.

Zu 11. Die fränkischen Synoden als Spiegel der kirchlichen, staatlichen und gesellschaftlichen Situation zur Zeit Burkards und Megingauds

C. J. v. Hefele, Konziliengeschichte. 3. Bd., 1877; R. Rau / M. Tangl / Ph. H. Külb, Briefe des Bonifatius, 1968; Th. Schieffer, Angelsachsen und Franken, 1951; Ders., Winfried – Bonifatius und die christliche Grundlegung Europas, 1954; A. Wendehorst, Das Bistum Würzburg. Die Bischofsreihe bis 1254 (GS NF 1), 1962.

Die Farbbilder

Seite 146 ›Comes Romanus Wirziburgensis‹, eine der wichtigsten Handschriften mit Nachrichten über die altrömische Liturgie. Vermutlich hat St. Burkard diesen Codex in Rom erhalten. Auf S. 2ᵛ eine farbige Initiale in angelsächsischer Schrift, umpunktete Federzeichnung IN (aus M. p. th. f. 62, S. 2ᵛ der Universitätsbibliothek Würzburg, früher Dombibliothek Würzburg).

Seite 147 Farbig gestaltete Kanontafel aus dem Burkardsevangeliar. Unter dem Kreuz im halbkreisförmigen Bogen die griechischen Buchstaben Alpha und Omega, Symbol für den Anfang und das Ende in Gott. Zwischen den Säulen stehen zur Orientierung beim Bibelstudium Parallelstellen der vier Evangelien nebeneinander (aus M. p. th. f. 68, S. 2ʳ der Universitätsbibliothek Würzburg, früher Dombibliothek Würzburg).

Seite 148 Das ehemalige, wohl karolingerzeitliche Peters- und Paulsmünster zu Neustadt am Main, eine Klostergründung des seligen Bischofs Megingaud. An das heutige Pfarrhaus angelehnt scheint der Vierungsbau. Daran anschließend fanden sich bei verschiedenen Ausgrabungen die Fundamente der Chorapsis, des Langhauses sowie des angebauten südlichen Querschiffarms mit seinen Zellenmauern und seinem apsidialen Abschluß.

Seite 149 Reiterstatuette Karls des Großen (Bronze), aus dem Schatz der Metzer Kathedrale (9. Jahrhundert), 23,5 cm hoch (heute im Louvre, Paris).

Seite 150 Initiale Lamm Gottes, ein ›einzigartiges Initialmotiv‹ aus einem Isidor-Text der Würzburger Schreibschule und Bibliothek des 9. Jahrhunderts. Schrift: deutsch-angelsächsische Minuskel des länglichen Typs. Auch die Ornamentik folgt in ihrem Aufbau Vorbildern der insularen Buchkunst (aus M. p. th. q. 28ᵇ, S. 43ᵛ der Universitätsbibliothek Würzburg).

Seite 151 Initiale Pfau oder Greif aus einer Würzburger Handschrift des 9. Jahrhunderts, die Augustins Werk ›De civitate Dei‹ enthält. Diese Handschrift gehört zum Schriftgut der sogenannten ›zweiten Gozbald-Gruppe‹ (aus MS. Laud. Misc. 134, S. 15ᵛ der Bodleian Library Oxford).

Seite 152 Zweite Würzburger Markbeschreibung. Die beiden Würzburger Markbeschreibungen der Karolingerzeit wurden um 1000 in ein älteres Würzburger Evangeliar auf noch unbeschriebenen Blättern eingetragen (aus M. p. th. f. 66 S. 208ᵛ der Universitätsbibliothek Würzburg).

ccx· lciminic purpura

ccxi· Inascndir

ccxii· Indedicatione basilice

ccxiii· lcc euist beati

Item Incipiunt capitula de temporibus anni
De nativitate dni et per anni circulum

I · Natale dni ad sca maria lcc epistola beati pauli
apostoli ad romanos· fr̄s paulus seruus xp̄i ih̄u uocatus ap̄s
usq̄· ad uocatur ih̄u xp̄i dm̄ nostru·

II · Ad sca maria lcc ep̄ist beati pauli ap̄os· ad titum· carissimi ap̄paruit
uc̄ro gratia dn̄i saluatoris nr̄i usq̄· h̄ c loquere et exortare· In xp̄o ih̄u dn̄o

III · Ad sc̄a anastasia lcc ep̄ist beati pauli ap̄o ad titum· carissimi ap̄paruit
benignitas et humanitas usq̄· in uitam aeternam· In xp̄o ih̄u dn̄o no

IIII · Ad sc̄m petrum lcc ep̄ist beati pauli ap̄ost ad ebreos· fr̄s multifariam multis
modis usq̄· quam tu non deficient· Item ebruis usq̄· In luctida a modo usq̄· In xp̄o

II · Ad sc̄a maria lcc libru isaie et ep̄et ecc̄ haec dicit dn̄s populus gentium qui ambulat

III · Ad sc̄a anastasia lcc libru isaie et ep̄et ecc̄ haec dicit dn̄s ip̄se dn̄s eo quod unxit me dn̄s usq̄·
redemptor ad dn̄o nostro· nomen meum In die illa usq̄· in debunt omnes qui cusq̄ saluatus

IIII · Ad sc̄m petrum lcc lib isaie et ep̄et ecc̄ haec dicit dn̄s propter quod pro populus meus

IIII · In nat s̄c̄i stephani lcc lib actuum ap̄osto In diebus illis stephanus plenus gratia et faciebat
prodigia usq̄· et cum hoc dixisset obdormiuit In dn̄o·

IIII · In nat s̄c̄i iohannis euang· lcc lib parabola et salomonis quid mei dn̄s et quae sit bonitas qui con
cupiscit luxit ad prehendere illam· usq̄· et nomine et uno hereditauit illam·

146

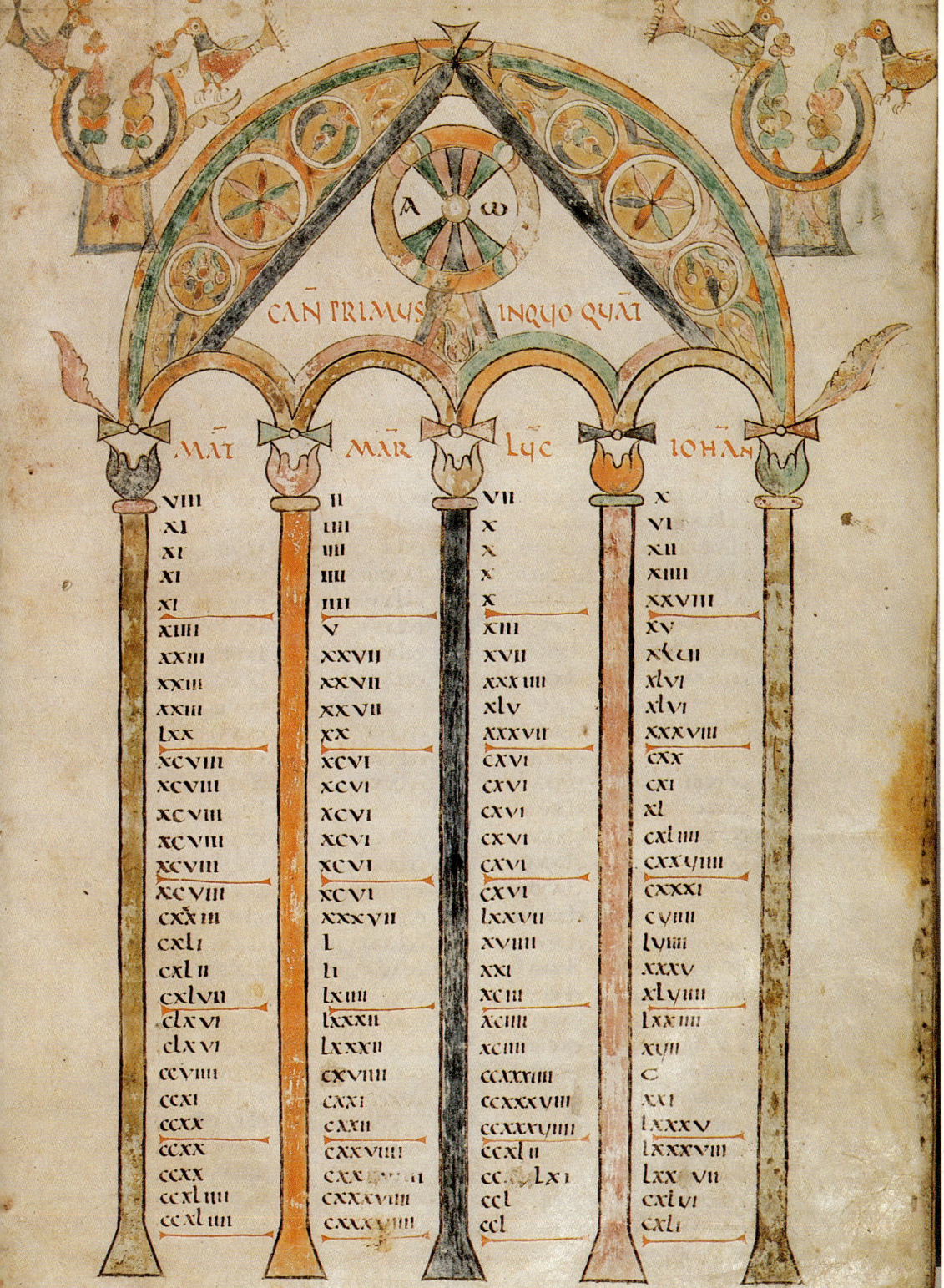

CAN PRIMUS · INQUO QUA

MAT	MAR	LUC	IOHAN
VIII	II	VII	X
XI	IIII	X	VI
XI	IIII	X	XII
XI	IIII	X	XIIII
XI	IIII	X	XXVIII
XIIII	V	XIII	XV
XXIII	XXVII	XVII	XLII
XXIII	XXVII	XXXIIII	XLVI
XXIII	XXVII	XLV	XLVI
LXX	XX	XXXVII	XXXVIII
XCVIII	XCVI	CXVI	CXX
XCVIII	XCVI	CXVI	CXI
XCVIII	XCVI	CXVI	XL
XCVIII	XCVI	CXVI	CXLIIII
XCVIII	XCVI	CXVI	CXXVIIII
XCVIII	XCVI	CXVI	CXXXI
CXXIII	XXXVII	LXXVII	CVIIII
CXLI	L	XVIIII	LVIII
CXLII	LI	XXI	XXXV
CXLVII	LXIIII	XCIII	XLVIII
CLXVI	LXXXII	XCIIII	LXXIIII
CLXVI	LXXXII	XCIIII	XVII
CCVIIII	CXVIIII	CCXXXIIII	C
CCXI	CXXI	CCXXXVIII	XXI
CCXX	CXXII	CCXXXVIII	LXXXV
CCXX	CXXVIIII	CCXLII	LXXXVIII
CCXX	CXXXVIII	CC·LXI	LXXVII
CCXLIIII	CXXXVIII	CCL	CXLVI
CCXLIIII	CXXXVIIII	CCL	CXLI

149

pentir pationis·· explicprolo
micipit liber sci risidoris ep

OMOI· ANIMA ME
M mangustat·ꝫ SP
meus estuat·ꝫ
meum pluctuat·ꝫ Cugus
animi possidet me·ꝫ Cug
animi adpligit me e Cipcu
datussum ⫲ mccliꝫ·ꝫ Cipcum
tus epumi nis· Cipcum durus aduersius·ꝫ ob
miresuir·ꝫ opentur infelicitate·ꝫ ob pues
surtur·ꝫ nperpetuo urpiam·ꝫ tanti mali prus

DQUE SCRIPSERAM

TRES LIBROS · QUORUM TITULUS EST
de peccatorum meritis & remissione ubi dili
genter disputatur & iam de baptismo paruu
lorum; rescripsit mihi se fuisse pmotum.
quod dixerim fieri posse ut sit homo sine
peccato si uoluntas eius non desit ope adiuuante diuina
quamuis nemo tam pfecte iustitiae in hac uita uel fuerit
uel sit uel futurus sit; Quaesiuit enim quomodo dixerim
posse fieri cuius rei desit exem plum; propter hanc eius in
quisitionem · scripsi librum cuius est titulus de spiritu & li
tera p tractans apostolicam sententiam ubi ait · Littera occi
dit · spiritus aut uiuificat; In quo libro quantum ds adiuuit au

MARCHIA AD UUIRZIBURG

In rabanesbrunnon · nidarunhalba uuirziburg · ostarunhalba moines ·
danan in anutseo · danan in blidhererbrunnon · danan in habuchotal ·
danan in daz steininahouc · danan in den diot uueg · in die churuuinun struot ·
diu dar heizzit giggimada · danan in pleihaha in den steinnon furt ·
danan uffan grimberg · in daz grimensol · danan in quirnaha zedemo
geruuinesrode · danan uffan quirnberg · zedero haganinunhului · danan
in den ostaron egalseo · dar der spirboum stuont · danan in stacchenhoug ·
danan in uuolfgruoba · danan duruh den fredthantesuuin gasson mitten ·
in die egga sosa diu rabanesbuohha stuont · obahettingesueld in mittan
moin · in die nideroftun urslaht furtes · in mitten moin unzenden
brunnon · so dar uuesterunhalba moines · uf in brunniberg · indruhi
riod · indruhelingon · in moru ruhhesstafful · danan in brehelunseo ·
danan in den diotuuig · danan in buresberg · danan in ufingestal ·
zedemo seuuiu · danan in huohhobura · danan in ezzilenbuohhur j ·
dar in daz houe · in derohende · in gozoluesbah · danan in mitten moin ·
auur in rabanesbrunnon · Sosagant daz sosi uuirziburgo marcha ·
unte hettingesueldono unte quedent daz indero marchu si ieguue
dar · Ioh chirihsahha sa keilianes · Ioh frono · Ioh friero franchono erbi ·

Diz sageta marcuuart · nanduuin · helitberaht · fredthant · heio · unuuarj ·
fridurih · reginberaht · ostuuin · gozuuin · utto · luitberaht · bazo · berah
tolf · ruotberaht · sigifrid · reginuuart · folcberaht ·

Wilhelm Störmer

Im Karolingerreich

1. *Vom Land ohne Namen zur Francia orientalis*

Das Land Franken ist weder das Ergebnis einer germanischen Stammesbildung noch eine geographische Einheit, wenn wir nicht das Flußsystem des Mains mit seinen Nebenflüssen als solche ansehen. Und doch ist es das Ergebnis eines historischen Prozesses, der den Namen der ›Okkupatoren‹ des Landes gerade auf diesen Raum übertragen ließ und heute Ausdruck eines stammesartigen Selbstbewußtseins darstellt. Noch zur Zeit der Gründung des Bistums Würzburg fehlte – zumindest im offiziellen Sprachgebrauch – ein entsprechender Begriff für den Raum der Diözese Würzburg, also für die Mainlande. Im Ringen des Bonifatius um die neuen Bistümer Würzburg, Büraburg und Erfurt ist immer wieder pauschal von den Völkern Germaniens die Rede, während 738 bei der Organisation der baierischen Bistümer im Briefwechsel Papst – Bonifatius die Stammesräume Baiern und Alamannien deutlich angesprochen werden. Die große Schwierigkeit, die Räume und deren Bevölkerung südlich der althessischen und thüringischen Gebiete zu benennen, zeigt ein Brief Papst Gregors III. in der Zeit um 738, der Bonifatius mitgegeben wurde. Die Anrede lautet: *Papst Gregorius allen Edlen und dem Volk in den Provinzen Germaniens, den Thüringern und Hessen, den Bortharern und Nistresern, den Wedreciern und denen vom Lahngau, den Sudvoden und denen vom Grabfeld, sowie allen im östlichen Landstrich Wohnenden.*[1]

Das Grabfeld tritt als eine wichtige ›politische‹ Landschaft in Erscheinung. Dabei ist von keiner, wie immer auch gearteten Eingliederung in den Würzburger (ehemaligen Herzogs-)Raum die Rede. Die unbeholfene Formulierung *sowie allen im östlichen Landstrich Wohnenden* zeigt, daß offensichtlich noch kein Landschaftsname ›Ostfranken‹ vorhanden war. Auch Willibald, der Biograph des hl. Bonifatius, kannte vor 768 noch keinen konkreten (main-)fränkischen Landschaftsnamen, wenn er schreibt, daß der hl. Bonifatius Burkard und Willibald zu Bischöfen erhoben und *unter ihre Aufsicht die in den entferntesten* (oder: *innersten*) *Gebieten der Ostfranken (in intimis orientalium Franchorum partibus) und den Grenzgebieten Baierns übergebenen Kirchen*[2] verteilt habe. Erst die Annalen von St. Bertin umschreiben dann die Ostfranken etwas genauer.[3]

Bei der neuen Namengebung ›Ostfranken‹ mag durchaus die Notwendigkeit eine Rolle gespielt haben, das Bistum ›des hl. Kilian‹ zu umschreiben, noch entscheidender scheint uns die Bewußtwerdung der Führungsaufgabe der *orientales Franci*, der Grundbesitzerschicht im Mainland, gewesen zu sein, und dies bezeichnenderweise gerade in der Zeit der großen Expansion Karls des Großen. In dieser Zeit nennen sich die weltlichen Grundbesitzer des mainfränkischen Zentralortes Würzburg ›freie Franken‹.[4] Wir kennen sie nicht mit Namen; ihre genealogische Herkunft läßt sich nicht entwickeln. Entscheidend ist aber, daß sie sich als Franken fühlten. In einer Zeit, in der der *rex Francorum* auch *rex Langobardorum* und schließlich Kaiser wird, scheint dieses Wir-Gefühl auch im mainländischen ›Kolonialgebiet‹ neue emotionale Nahrung gefunden zu haben. Es ist bezeichnend, wenn man im 9. Jahrhundert die Mainlande ohne weitere Spezifizierung Ostfranken nannte – genau wie das viel größere fränkische Teilreich Ludwigs des Deutschen und seiner Nachfolger östlich des Rheins. Das kann nur bedeuten, daß der Raum als Kernstück dieses Teilreiches gedeutet wurde. Und dies, obwohl die wichtigsten Machtbasen Ludwigs des Deutschen, Arnulfs von Kärnten und seines Sohnes an der Donau und in Baiern lagen. Schon der neue Landschaftsname verweist also darauf, daß die Politik Karls des Großen und seiner Nachfolger den Raum Mainfranken und dessen Zentrum Würzburg tief und nachhaltig geprägt haben.

2. *Karl der Große und Ostfranken*

Das Jahr 768 ist in zweierlei Hinsicht für Ostfranken von großer Bedeutung. In diesem Jahr dankte der zweite Würzburger Bischof Megingoz ab und zog sich in das von ihm gegründete Kloster Neustadt am Main zurück.[5] Im selben Jahr starb aber auch König Pippin, Förderer des Bistums und des ersten Bischofs. Ihm folgten noch im Oktober seine Söhne Karl und Karlmann auf den Königsthron. Wie die ›Grenzen‹ der beiden neuen Reichsteile im ostrheinischen Raum verliefen, wissen wir nicht. Der neue Würzburger Bischof Berowelf nahm schon im April 769 im Auftrag Karls und Karlmanns an der Lateransynode in Rom teil. Ansonsten fehlt von 768 bis zum Tode Karlmanns 771, der Karls Alleinregierung brachte, jegliche datierte Urkunde für Würzburg und für Fulda, die die Frage der königlichen Kompetenz klären könnte. Gleich im Jahre 772 begann Karl den Krieg gegen die Sachsen. In der Folgezeit hatten die Würzburger Domkirche und zwei mainfränkische Klöster erhebliche Missionshilfe zur Befriedung Sachsens zu leisten.[6]

Da sich Karl (Farbbild S. 149) im Oktober 783 in dritter Ehe in der Pfalz zu Worms mit Fastrada, der Tochter eines ostfränkischen Großen, vermählte, wird man hinter diesem Schritt eine bewußte politische Zielsetzung sehen dürfen – ganz ähnlich wie bei den vorhergehenden Ehen. Karl wollte den ostfränkisch-thüringischen Raum besser in den Griff bekommen. Ob dies in jeder Hinsicht gelungen ist, bleibt zweifelhaft. Einhard, Biograph und enger Vertrauter Karls des Großen, der wohlinformiert war, da seine Eltern und Verwandten im Saalegau Besitz hatten[7], berichtet in seiner Karlsvita von einer gefährlichen Verschwörung in Germanien – gemeint ist sicherlich unter anderem die Verschwörung des Hardrat 786 – und fügt hinzu: *Diese Verschwörungen hatten jedoch, wie man glaubt, ihren Grund und Ursprung in der Grausamkeit der Königin Fastrada, und darum verschwor man sich beide Male gegen den König, nur weil er, gegen die Grausamkeit seiner Gemahlin allzu nachgiebig, von seiner Güte und seiner gewöhnlichen Milde in furchtbarer Weise abgewichen zu sein schien.*[8]

Selbst wenn Einhard mit dem schlimmen Einfluß der Fastrada auf den König wohl übertrieben und gleichzeitig andere Tendenzen verfolgt hat, nämlich seinen späteren Herrn, Kaiser Ludwig den Frommen, vor derartigen weiblichen Einflüsterungen zu warnen – dieser stand, als Einhard die Karlsvita schrieb, schon ganz unter dem Regiment seiner Gattin Judith –, so ist doch der Text nicht nur klischeehaft zu werten.

Der Hardrataufstand[9] ist Zeichen einer echten Krise im Verhältnis zwischen König und ostfränkischem Adel. Dabei mag es letztlich gleichgültig sein, ob der Kern der Verschwörer Ostfranken im engeren Sinne (wie die meisten Quellen es nahelegen) oder Thüringer waren (wie die Murbacher Annalen[10] besagen). Denn die Verschwörer können kaum unbedeutende Adelsgruppen gewesen sein. Die Spitzengruppe des ostfränkischen Adels zeichnet sich besonders dadurch aus, daß sie beachtlichen Besitz diesseits und jenseits des Thüringer Waldes, sowohl in den Mainlanden als auch in Nordthüringen, hatte. Von den Verschwörern berichten die Murbacher Annalen, daß diese ›Thüringer‹, als das königliche Heer anmarschierte, um ihre Besitzungen zu zerstören, entsetzt in das Kloster Fulda geflohen seien. Die erwähnte ostfränkisch-thüringische Spitzengruppe ist aber nur in ihren großzügigen Spenden an das Kloster Fulda greifbar. Sie muß also – wie auch immer im einzelnen – in das Hardrat-Geschehen auf der einen oder anderen Seite involviert gewesen sein. Es scheint, daß die stolze Königin mit Herablassung und Herrschsucht ihre Standesgenossen und ihren Verwandtschaftsclan unter Druck gesetzt hat. Von wem freilich das konfliktauslösende Moment ausging, von der Königin (wie Einhard es darstellen will) oder vom König, bleibt offen.

Die Murbacher Annalen stellen die Ursache so dar, daß eine adelige Tochter aus dieser ostfränkisch-thüringischen Gruppe mit einem Franken verlobt war und zu einem festgesetzten Zeitpunkt ihrem (sicherlich west-) fränkischen Gatten übergeben werden sollte, was ihr Vater verweigerte – mit militärischer Hilfe der ›Thüringer‹ und seiner Verwandten. Man wird die Murbacher Nachricht so interpretieren dürfen, daß sich diese ›thüringischen‹ Großen der Integrationspolitik Karls widersetzten, und zwar in einer Zeit, in der einerseits der Sachsenkrieg gerade zugunsten Karls beendet schien, andererseits Karl die Schlußabrechnung mit dem Baiernherzog Tassilo in Szene setzte, wobei die Mainlande für ihn als Aufmarschgebiet wichtig waren.

In den achtziger Jahren scheint Karl den alten Königshof Salz an der Fränkischen Saale in eine Pfalz umgewandelt zu haben. Salz liegt an einem wichtigen Kreuzungspunkt alter Fernstraßen nach Thüringen, Althessen und Sachsen, Fulda, Frankfurt, Würzburg und schließlich in das weitgehend slawische Obermaingebiet. In der näheren und weiteren Umgebung von Salz greifen wir seit der Errichtung des Bistums Würzburg, noch mehr aber seit der Karolinger- und Ottonenzeit, massiertes Königsgut. Wagner[11] hat wohl zu Recht vermutet, »daß der König seinen Einfluß vornehmlich in den Zentren der alten Siedlungslandschaften durch umfangreiche Konfiskationen von Grundbesitz zu sichern suchte«. Dies betrifft offenbar gerade den Raum Salz – Mellrichstadt – Königshofen. Hier schuf Karl augenscheinlich zur Kontrolle Thüringens und zur Angliederung und Sicherung Sachsens einen Stützpunkt, der als Ausgangs- und Rückzugsbasis dienen konnte. Vielleicht ist auch in diesem Zusammenhang der Hardrat-Aufstand zu verstehen.

Die sogenannten Einhardsannalen berichten 790 zum ersten Mal von einem Aufenthalt des Königs im *palatium* Salz. Diese Pfalz muß also vorher errichtet worden sein. Aufenthalte Karls in Salz sind ferner für 793 und 803 nachweisbar, für 804 erschließbar. 803 empfing der Kaiser hier seine aus Konstantinopel zurückkehrenden Gesandten gemeinsam mit Vertretern des byzantinischen Kaisers. Welcher Art die gleichzeitig hier von Karl ausgestellte Friedensurkunde war, wissen wir nicht. Anschließend zog Karl nach Baiern, um die pannonischen Angelegenheiten an der Südostgrenze des Reiches zu regeln. Ein Jahr später führte der Kaiser die große Zwangsevakuierung von Sachsen jenseits der Elbe und im Gau Wihmuodi ›ins Frankenland‹ durch. Daß darunter auch Mainfranken gemeint ist, sieht man – bei aller nötigen Vorsicht im Einzelfalle – an einer Reihe von Sachsen-Ortsnamen. Diese Zwangsevakuierung ›unzuverlässiger‹ Gruppen konnte nur in Kerngebieten seines Reiches von Nutzen sein, zu denen eben das heutige Unterfranken gehörte.

Mit Recht hat man seit langem die Errichtung und den Ausbau der Pfalz

Salz im nördlichen Unterfranken als »sichtbares Zeichen für die Verlagerung des politischen Schwergewichts innerhalb des karolingischen Reiches nach Osten«[12] gesehen.

So problematisch das Verhältnis Karls des Großen zum Adel des ostfränkischen Raumes im einzelnen gewesen sein mag – verzichten konnten jedenfalls weder die Adelsfamilien auf die Königsnähe, noch der König auf den Adel; die große und neue Kraft des Raumes, nämlich die Kirche, stand offensichtlich jederzeit hinter dem großen Frankenkönig. Dies gilt vor allem für das Bistum Würzburg, dessen Bischof Berowelf – wie erwähnt – bereits 769 im königlichen Auftrag an der Lateransynode in Rom teilnahm. Im Zusammenhang mit der Zerschlagung des baierischen Herzogtums 788 muß Würzburg erneut einen großen Stellenwert für Karl erhalten haben als ›Etappenzentrum‹ für den Weg nach dem Südosten. Der – freilich mißlungene – Bau der Fossa Carolina, einer Kanalverbindung in der Nähe des mittelfränkischen Treuchtlingen, unterstreicht die neue Bedeutung der Wasserstraßen Main, Rednitz, Rezat, Altmühl und Donau für Karls Südostpolitik.

Karl der Große hat sich in dieser ›heißen‹ Phase des Baiern-Konflikts wohl zweimal in Würzburg aufgehalten, am 8. Juli 787 und Anfang Oktober 788.[13] Sicher bezeugt ist sein Besuch des Bischofssitzes Würzburg im Jahre 788. Dieser Besuch ist deshalb von besonderem Gewicht, weil in Anwesenheit des Königs die feierliche Übertragung der Gebeine des Frankenapostels Kilian in den neuen Dom erfolgte – Zeichen der Einheit von Kirche und Königtum. Daß Berowelf von Karl – vielleicht bei dieser Gelegenheit – den Auftrag erhielt, die Mission der noch heidnischen Main- und Rednitzwenden zu organisieren, versteht sich, denn diese slawischen Siedelgebiete berührten den Wasserweg des königlichen Heeres – vielleicht des Königs selbst – nach Baiern und nach dem Awarenland. Unmittelbar nach den Würzburger Feierlichkeiten fand sich der König am 25. Oktober 788 in Regensburg, der Metropolis Baierns, ein. Seine Rückreise nach Aachen, wo er das Weihnachtsfest feierte, hat vielleicht wieder über Würzburg geführt.

Ein weiteres Mal besuchte Karl nachweislich Würzburg, und zwar wiederum auf dem Rückweg von Baiern, wobei er im Herbst 793 noch den Bau des strategisch wichtigen Karlsgrabens besichtigte. Weihnachten 793 feierte er in Würzburg[14], das bedeutet feierliche kirchlich-politische Repräsentation des Königtums im neuen Würzburger Dom. Anschließend verbrachte er den Winter und das Osterfest in seiner Pfalz zu Frankfurt. Wahrscheinlich hat Karl den Weg von Würzburg nach Frankfurt auf dem Main zurückgelegt. Spätestens bei diesem feierlichen Würzburg-Aufenthalt dürfte der König den Bischof zur Sachsenmission, speziell zur

Missionsarbeit im Raum Paderborn, verpflichtet haben (Abb. 17). Dem Würzburger Bischof kam dabei zustatten, daß bereits gebürtige Sachsen in seinem Domstift ausgebildet worden waren. Das Gebiet von Paderborn war kein beliebiger Missionsraum in Sachsen. Das beweist zum einen das Faktum, daß der Ort Kreuzungspunkt der meisten fränkischen Aufmarschwege zur Niederringung der widerspenstigen Sachsen war, zum anderen die Tatsache, daß Karl der Große 799, ein Jahr vor seiner Kaiserkrönung, auf einer großen Reichs- und Stammesversammlung in Paderborn den bedrängten Papst Leo III. empfing. »Die Erinnerung an den äußeren Glanz dieser für das Zeitalter kennzeichnenden Begegnung des Franken, der das lateinische Imperium beherrschte, mit dem Papst aus Rom, der seinerseits Oberkaiseransprüche zu vertreten geneigt war, hat die ältere Vorgeschichte des Paderborner Bistums in das Dunkel der Vergessenheit versinken lassen.«[15]

Wie schwierig eine solche Missionsaufgabe in der Zeit der Sachsenkriege war, deutet die Translatio sancti Liborii an: *Es fanden sich ... kaum Männer, welche man zu Bischöfen des rohen und halb heidnischen Volkes hätte ernennen können, weil kein Geistlicher es für sicher hielt, unter einem Volke zu wohnen, das zu Zeiten wieder in das Heidentum zurücksank und dem der Gottesdienst und was immer dazu gehörte, nicht nur fehlte, sondern auch gänzlich unbekannt war. Deshalb teilte er* (Karl der Große) *jedem der erwähnten* (= sächsischen) *Bischofssitze mit seinem Sprengel Bischöfen anderer Bistümer in seinem Reiche zu, damit sie sich, so oft sie Zeit hätten, selbst dahin begäben, um das Volk in der heiligen Religion zu unterrichten und zu befestigen und aus ihrem Klerus geeignete Männer ... zu bestimmen, die sich ... dauernd unter ihnen niederlassen sollten. Dies sollte so lange währen, bis ... die Lehre vom Heile dort erstarkt und ... soweit in Aufnahme gekommen wäre, daß in den einzelnen Sprengeln auch eigene Bischöfe mit Würde und Sicherheit verweilen konnten.*[16] Die Translatio berichtet später, daß der Sitz des Bistums Paderborn durch kaiserliche Bestimmung und durch päpstlichen Segen gegründet und *für einige Zeit zum Schutze der Bischöfe einer Burg im östlichen Franken, welche ... Würzburg genannt wird, übergeben* wurde.[17] Nach den in Sachsen üblichen Anfangsschwierigkeiten des Würzburger Bischofs Berowelf wurden schließlich zwei Vertreter des Würzburger Domstifts, die sächsischen Geistlichen und Aristokraten Hathumar und Badurad, Paderborner Bischöfe. Würzburgs kirchlicher Einfluß zwischen Eder, unterer Werra und Paderborn ist noch in späteren Jahrhunderten sichtbar in verstreutem Würzburger Grundbesitz und vor allem in sächsischen Kilianskirchen. Zu nennen wären die Kilianspatrozinien in Steinheim (Lippe), Lügde, Stadtoldendorf, Höxter, Exten bei Hameln und Bovenden bei Göttingen.

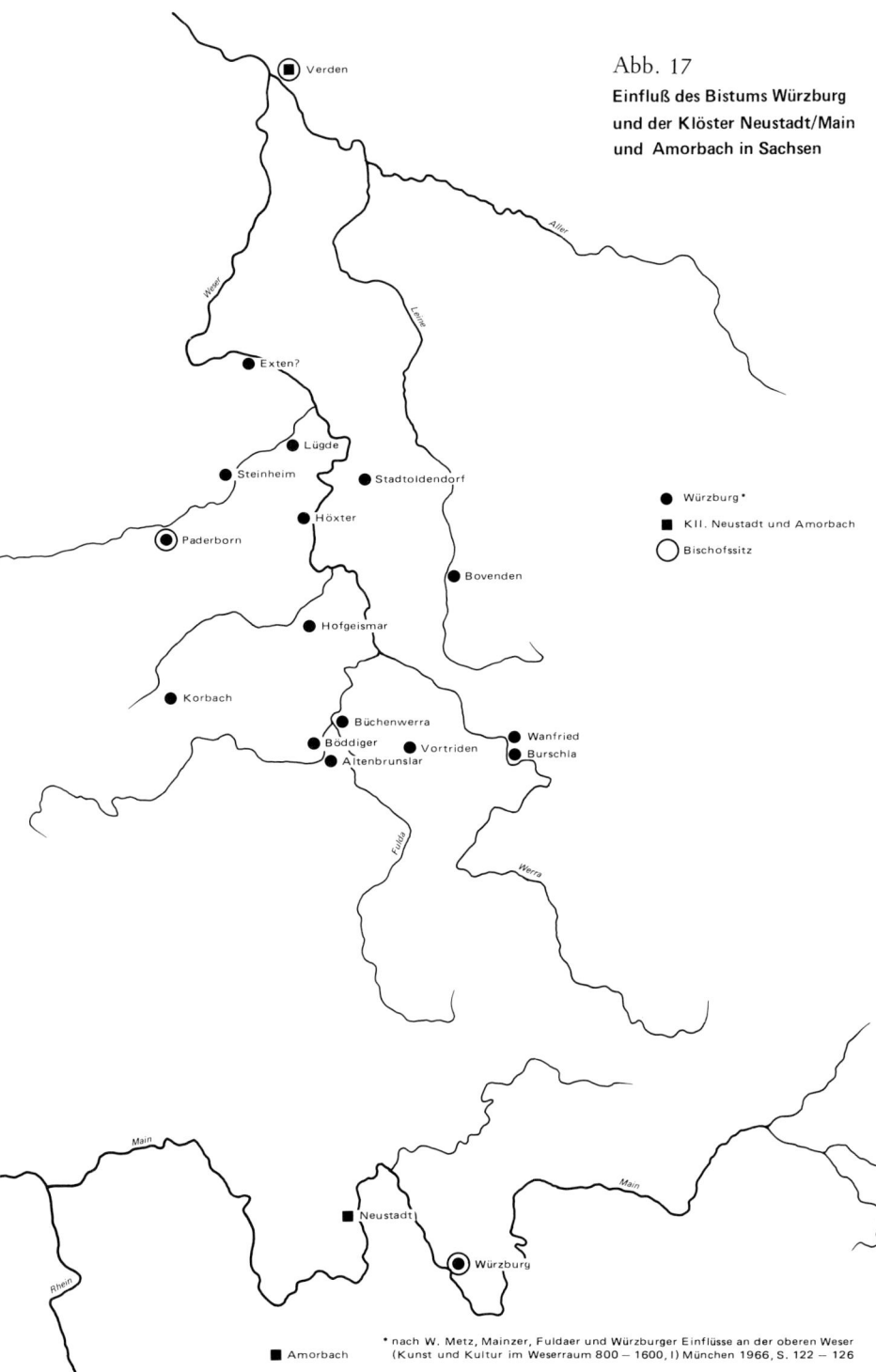

Abb. 17
Einfluß des Bistums Würzburg
und der Klöster Neustadt/Main
und Amorbach in Sachsen

● Würzburg *
■ KII. Neustadt und Amorbach
◉ Bischofssitz

* nach W. Metz, Mainzer, Fuldaer und Würzburger Einflüsse an der oberen Weser
(Kunst und Kultur im Weserraum 800 – 1600, I) München 1966, S. 122 – 126

159

Zeitlich noch vor Würzburg hatte Karl, der Sachsenmissionar mit eiserner Faust, bereits das Kloster Fulda zur Christianisierung Sachsens eingesetzt. Abt Sturmi, dessen Konvent schon einmal vor den Sachsen aus Fulda nach Hammelburg hatte fliehen müssen, hatte noch kurz vor seinem Tode 799 von der sächsischen Eresburg aus militärischen und kirchlichen Dienst zu leisten.[18]

Wenn der König Fulda großzügig ausstattete, so bereits 775 mit dem Kloster Holzkirchen[19] bei Würzburg, das ein Adeliger Throand gegründet hatte, und 777 mit der beachtlichen Königsmark Hammelburg[20], dann ist dies nicht zuletzt als Entschädigung oder als nachdrückliche Anregung für eine intensive Sachsenmission zu sehen. Der Bruder des Fuldaer Abts Baugulf (779–802), Erkanbert, im unter- und mittelfränkischen Raum begütert, wurde schließlich erster Bischof von Minden.[21]

Aber auch kleinere fränkische Klöster, wie Amorbach im Odenwald und Neustadt am Main, wurden von Karl zu Missionsaufgaben in Sachsen herangezogen. Dabei wird man sicherlich davon ausgehen dürfen, daß der Phase der Bistumserrichtung in Verden an der Aller bereits eine längere Missionsphase mit Hilfe von Amorbacher und Neustädter Mönchen vorausgegangen war.

Daß Karl der Große kurz nach seinem gewaltsamen Strafexempel über die Sachsen, von dem die Reichsannalen 782 berichten, dem sogenannten ›Blutbad von Verden‹, Konventualen der beiden fränkischen Klöster als Missionare, und spätestens seit 815 Ludwig der Fromme Amorbacher Äbte hier in das neue, sicherlich besonders schwierige Bistum als Bischöfe einsetzte, läßt auf überlegte Planung schließen: Es mußten Personen sein, die ausgesprochen qualifiziert für die Missionsarbeit waren, und dafür eigneten sich vermutlich besonders die ›Scotti‹ des Klosters Amorbach, die von ihrer insularen Tradition her wohl besseren Zugang zur sächsischen Mentalität hatten und nach außen hin vielleicht nicht so stark als ›fränkisch‹ vorbelastet galten. Die Amorbacher Abtbischöfe in Verden hatten trotz alledem einen überaus schwierigen Stand, wurden rasch verschlissen und konnten nur sporadisch den Bischofssitz halten. Das beweist die Verdener Überlieferung.

Ohne Frage hat diese schwierige Aufgabe im fernen Sachsen das Kloster selbst erheblich strapaziert. Daraus muß aber auch geschlossen werden, daß sowohl in der Amorbacher Mönchsgemeinschaft als auch in deren Grundherrschaft beachtliche Ressourcen vorhanden waren. Offenbar um diese Missionsbasis zu verbreitern, hat Karl der Große den genannten Abtbischöfen auch gleichzeitig die Abtei Neustadt am Main (die nächste Abtei mainaufwärts) übertragen.

Aus den ereignisgeschichtlichen Fakten dürfte deutlich geworden sein, wie stark Karl den ostfränkischen Raum für seinen Reichsaufbau nutzbar machen konnte. Dabei war besonders auffallend, daß die Kirche in diesem Raume in vielfältiger Weise die königlichen Pläne zu unterstützen hatte und in hohem Maße in den karolingischen Verwaltungsaufbau ›eingestaatet‹ wurde. Schließlich wurde aber auch deutlich, daß Karl zwar gerade bezüglich der kirchlichen ›Missionsaufgaben‹ auf lange Sicht plante, im 9. Jahrhundert aber bald nicht mehr direkt in diesem Raume aktiv wurde. Eine Spätphase der Ermattung ist unübersehbar.

3. *Die Würzburger Bischöfe und ihr Wirken als kirchliche Amtsträger*
   und als Interessenwahrer des Königtums.
   Von Bischof Berowelf (768/69–800) bis Bischof Rudolf I. (892–908)

Zwei Bischöfe hatten bereits am Bischofssitz Würzburg und im Diözesanraum grundlegende Aufbauarbeit geleistet, als Karl der Große die Herrschaft über das Frankenreich übernahm. Wenn wir von dem Keil absehen, den die Mainzer Diözese über das Lioba-Kloster Tauberbischofsheim bis in die Nähe Würzburgs trieb, so ist doch im wesentlichen der mainfränkische Raum östlich von Spessart und Odenwald und südlich des Kammes des Thüringer Waldes bis zur Fulda unter der Diözesangewalt des Würzburger Bischofs.[22]
Die Nachfolge des Bischofs Megingoz war keineswegs konfliktfrei. Welcher Art freilich die Konflikte Megingoz' mit seinem Nachfolger Bischof Berowelf (768/69–800) waren, ist schwer zu sagen. Megingoz war 768 nicht verstorben, sondern hatte – im 8. Jahrhundert nicht ganz unüblich – die Leitung des Bistums niedergelegt und sich in sein Kloster Neustadt am Main zurückgezogen. Daß er, wie die jüngere Vita Burkardi es darstellt, seinen Nachfolger Berowelf, einen Angehörigen des Würzburger Domklerus, zu seinem Nachfolger bestimmt hatte, erscheint zweifelhaft. Es ist wohl nicht auszuschließen, daß das politische Revirement im Reich auch gleichzeitig zu einem geistlichen in Würzburg führte. Die Neueinführung der Chrodegangsregel im Domkloster mag dabei eine wichtige Rolle gespielt haben.
Über die Würzburger Bischöfe in der Zeit Karls des Großen sind die Quellen bedauerlicherweise sehr sparsam. Wir erfahren, daß Berowelf bereits im April 769 gemeinsam mit zwölf fränkischen Bischöfen an der Lateransynode in Rom teilnahm. Er muß also schon kurz nach seiner Amtseinsetzung den Weg nach Rom angetreten haben. Seine kirchliche Tätigkeit ging weit über den engeren Würzburger Diözesanbereich hinaus. Während wir

über diesen kaum etwas erfahren, tritt die ihm offensichtlich vom König aufgetragene Missionstätigkeit um so deutlicher hervor. Sie besteht zum einen in der Mission und Kirchengründung bei den slawischen Main- und Rednitzwenden, zum anderen aber in der Planung und Errichtung des Bistums Paderborn in Sachsen. Für diese Mission wurden im Würzburger Domkloster zumindest zwei sächsische adelige Priester ausgebildet. Diese Missionstätigkeit in Sachsen muß den Würzburger Bischof beachtlich in Anspruch genommen haben.

Von den sicherlich umfangreichen Erwerbungen für die Würzburger Domkirche ist nur sehr Bruchstückhaftes überliefert. Immerhin ist der Erwerb des Klosters Ansbach auf dem Tauschwege – gegen die Martinskirche Brendlorenzen, die offensichtlich zur königlichen Pfalzausstattung um Salz verwendet wurde – ein wichtiger Baustein der Gebietsumgrenzung. Auch die nicht näher bekannten Lehensgüter des Bischofs von Worms, die der König dem Würzburger Bischof übertrug, wird man wohl als erste Abgrenzung gegenüber dem Bistum Worms verstehen dürfen.

Etwas nebelhaft bleibt die Tätigkeit Berowelfs an seinem Bischofssitz Würzburg. Und doch wird man die diffusen Quellen wohl so deuten müssen, daß er die Verlegung des Bischofssitzes in das rechtsmainische Siedlungsgebiet Würzburgs wenn nicht selbst inszenierte, so doch abschloß und den neuen Dom an der Stelle des heutigen Neumünsters einweihte. Die Feierlichkeiten zu Ehren des hl. Kilian in Anwesenheit Karls des Großen dürften den Abschluß dieser kirchlichen Bautätigkeit gebildet haben. Die neue Bischofskirche und Bischofspfalz auf der siedlungsgünstigeren Mainseite wurden zur Basis für die weitere urbane und kirchenbauliche Entwicklung Würzburgs.

Von den beiden Nachfolgern Berowelfs, Liutrit (800–803) und Egilwart (803–810), ist fast nichts bekannt. Sie haben offensichtlich das Missionswerk Berowelfs weitergeführt. Es gilt als sicher, daß Egilwart die Erbauung der Slawenkirchen für die Main- und Rednitzwenden abgeschlossen hat. Dem Bistum erwuchsen in dieser Zeit auch neue Fährnisse, vor allem von zwei Reichsklöstern. Die außerordentlich reiche Schenkungstätigkeit an Fulda mußte letztlich an die Substanz des Bistums, besonders im Grabfeldgau, gehen. Auch die Privilegierung des Klosters Neustadt am Main durch Karl den Großen führte zu einer stärkeren Herauslösung dieses Klosters aus dem Diözesanverband.

Der neue Bischof Wolfgar (810–832) sah sich rasch mit diesen schwierigen Problemen konfrontiert. Daß er 812 im Auftrag des Kaisers gemeinsam mit dem Erzbischof von Mainz und den Bischöfen von Worms und Augsburg die innerklösterlichen Konflikte Fuldas zwischen Abt und Mönchen beilegen konnte, hat das Verhältnis Würzburg – Fulda möglicherweise etwas entspannt, aber der Zehntstreit, der letztlich seine Ursachen in pastoralen Kompetenzkonflikten hatte, konnte erst 815 beigelegt werden, und zwar durch einen Vergleich. Der Bischof mußte der Abtei Fulda und ihren Eigenkirchen im heutigen Unterfranken den Zehnten an zahlreichen Orten zugestehen. Da die Ansprüche Fuldas aber wesentlich weiter gegangen waren, wertet man den Vertrag von Retzbach am Main im Grunde als einen Sieg des Bischofs. Bleibt Wolfgar in der Spätzeit Karls des Großen, in der sich politisch nur mehr wenig bewegte, im Reichsdienst ganz farblos, so scheint sich dies unter Ludwig dem Frommen (814–840) wesentlich geändert zu haben, denn Würzburg erfuhr in Wolfgars Amtszeit vom neuen Kaiser und seinem fränkischen Grafen Egino eine Reihe von wichtigen Gunsterweisen.

Wolfgars Nachfolger Hunbert (833–842) entstammt wiederum dem Würzburger Domklerus. Seine Amtszeit deckt sich im wesentlichen mit der teilweise recht turbulenten Spätphase Ludwigs des Frommen, dem er offensichtlich anhing. Kein Dokument bezeugt einen Kontakt des Bischofs mit Ludwig dem Deutschen, der sich seit 833 *rex in orientali Francia* nannte. Hunbert wird zwar in einigen Reichsversammlungen greifbar, scheint sich aber in der unruhigen Zeit zurückgehalten zu haben, zumal er selbst eine eher unpolitische Natur war. Er vermochte nicht nur die Dombibliothek unablässig zu fördern, sondern betrieb auch in gewissem Sinne eine Würzburger ›Heiltumspolitik‹, wobei er besonders in den Grenzzonen seiner Diözese tätig war. Der Tod Kaiser Ludwigs des Frommen einerseits und Hunberts andererseits leiteten eine neue Phase der Würzburger Bistumsbesetzung ein. Der neue Bischof Gozbald (842–855) kam aus Baiern. Seit 825/30 wirkte er als Abt des Königsklosters Niederaltaich, 830 bis 833 war er gleichzeitig Erzkapellan Ludwigs des Deutschen, dem er stets eng verbunden war. Es kann daher keine Frage sein, daß Gozbald vom baierischostfränkischen König auf den Würzburger Bischofsstuhl gesetzt wurde. Gozbald wird vom gut informierten Ermenrich von Ellwangen, Bischof von Passau, als Verwandter des Ellwanger Klostergründers Hariolf (kurzzeitig Bischof von Langres) bezeichnet.[23] Über diesen verlaufen wiederum enge Familienbeziehungen in den Mainzer Raum und zu den Stiftern des baierischen Klosters Schäftlarn. Da Gozbald aber vor seiner Würzburger Bischofserhebung seine Eigenkirche in Ochsenfurt (= Kleinochsenfurt am Main) weihen und mit ansehnlichen Reliquien versehen läßt, und da nach ihm wohl auch der Ort Goßmannsdorf jenseits des Mains benannt ist, darf man in ihm eine wichtige Person sehen, die in Mainfranken wie in Baiern verankert ist. Ein Würzburger Codex mit Gedenkeinträgen beweist trefflich seine Nähe zu den Hofkreisen.[24]

Die Würzburger Sedenzzeit Gozbalds ist denn auch gekennzeichnet durch enge Beziehungen zu Ludwig dem Deutschen (843–876), der wiederum dem Bistum seine Gunst erweist. Die Schenkung des Königsklosters Schwarzach an Würzburg unter Gozbald macht die Ambivalenz zwischen königlichem und bischöflichem Nutzen deutlich.

Kurz vor dem Tode des gelehrten Bischofs wurde der Würzburger Dom durch Blitzschlag zerstört, so daß erneut ein aktiver Bischof für den Wiederaufbau nötig wurde. In der Tat betritt mit Gozbalds Nachfolger Arn (855–892) für Jahrzehnte ein kirchlicher Vertreter einer ausgeprägten vita activa den Bischofsstuhl.

Im Bistum Würzburg begegnen wir Bischof Arn zunächst als Kirchenbauherrn. Nach dem Brand des alten Doms 855 ließ er die neue Kathedralkirche zu Ehren des hl. Kilian errichten, deren Weihedatum wir freilich nicht kennen. Darüber hinaus schuf er nach der Aussage Thietmars von Merseburg innerhalb von zehn Jahren neun Kirchen nach dem Muster seines Domes. Man sollte diese Baumaßnahmen keineswegs nur von architekturgeschichtlicher und technischer Seite sehen. Die kirchliche Bautätigkeit wird zunehmend ein »hochgeachteter Bestandteil der vorbildlichen Lebensführung unter der hohen Geistlichkeit«.[25] Dem entspricht, daß sein Diözesananliegen vor allem der Verchristlichung und dem Ausbau der kirchlichen Organisation galt.

Bischof Arn, der in seiner Amtszeit nicht weniger als vier Herrschern diente (Ludwig dem Deutschen, Ludwig dem Jüngeren, Karl III. und Arnulf), darf als frühes Beispiel eines hervorragenden Reichsbischofs gelten. Für ihn war die hohe Einstufung des Königtums in der irdischen Hierarchie ebenso wie der intensive Dienst für dieses Königtum eine religiöse Selbstverständlichkeit.

Zum Königsdienst des Bischofs gehörte für Arn auch der Kriegsdienst. »In mindestens vier Feldzügen ist Arn als umsichtiger und tapferer Heerführer und Wahrer der Missionsaufgaben seines Bistums für die Reichskirche tätig« (Wendehorst). Der in der älteren Passio sancti Quirini[26] berichtete Wunsch Arns, von seinem Freunde, dem Abt Megilo von Tegernsee, eine Reliquie des hl. Quirin zu erhalten, um sie im Kriegszug an der Brust tragen zu können, zeigt nicht nur die mittelalterliche Frömmigkeit Arns, sondern auch das Bewußtsein der Gefahren. Arn ist 892 auf einem Heerzug gegen die Slawen gefallen. Thietmar berichtet, er werde von den Slawen als Märtyrer verehrt. Der Nachfolger Bischof Arns von Würzburg, Rudolf I. (892–908), wurde vom König wegen seiner Verwandtschaft zur königlichen Gemahlin protegiert und auf den Würzburger Bischofsstuhl gesetzt, obgleich dieser Mann von den Zeitgenossen als dumm und unfähig charakterisiert wurde. Als enger Verwandter der Königin und damit des Königs hat er sicherlich an zahlreichen Reichsversammlungen teilgenommen, ist aber ganz selten in den Quellen greifbar. Vielleicht hängt dies mit seiner Beschränktheit zusammen. Die Tatsache, daß der Konradiner Rudolf nun den Würzburger Bischofsstuhl inmitten des Mainlandes innehatte, mußte zu schweren Konflikten vor allem mit den Babenbergern, dem mächtigsten Geschlecht des Diözesanraumes, führen. Auf diesen Konflikt, der nahezu zehn Jahre dauerte und den Raum fast völlig paralysierte, ist in anderem Zusammenhang später einzugehen. Über die innerkirchliche Tätigkeit Rudolfs schweigt die schriftliche Überlieferung fast völlig. Der Bischof ist vom König auch zu militärischen Aufgaben eingesetzt worden. In einem Feldzug im August 908 fiel er in Thüringen.

Rudolfs Nachfolger Thioto (908–931) scheint ebenfalls mit Hilfe der Konradiner auf den Würzburger Bischofsstuhl gekommen zu sein. Er ist sowohl unter Ludwig dem Kind (900–911) als auch unter König Konrad I. (911–918) eifrig im Reichsdienst tätig. Über seine kirchliche Tätigkeit in der Diözese Würzburg erfahren wir praktisch nichts.

4. Die Reichsabtei Fulda und die mainfränkische Klosterlandschaft der Karolingerzeit

Die frühen Klostergründungen in diesem Gebiet sind der Initiative verschiedener Kräfte zu verdanken. Auch im Mainland ist das 8. Jahrhundert als das eigentliche Jahrhundert des monastischen Aufbruchs in die Geschichte eingegangen. Dabei wissen wir freilich – wenn wir von Fulda absehen – über die Mönche viel weniger als über die Stifter, die zu ihrem Seelenheil, bisweilen darüber hinaus auch aus anderen Beweggründen, Klöster auf ihrem Grund und Boden errichteten, mit Besitz ausstatteten und vielfach noch mit Reliquien versorgten.

Eine Betrachtung der mainfränkischen Klöster der Karolingerzeit (Abb. 18) muß von der Großabtei Fulda ausgehen, obgleich im ostfränkischen Raum selbst drei ältere Klöster liegen (das Imminakloster Würzburg, Karlburg und Amorbach). Wenn Sturmi 744 im Auftrag seines Lehrers das benediktinische Musterkloster Fulda²⁷ an Stelle einer alten fränkischen ›curtis‹ errichtete, gleichzeitig vom fränkischen Hausmeier unterstützt und sicherlich auch mit dessen Konsens erster Abt Fuldas wurde, so läßt dieses Faktum auf engen Kontakt mit den frühen Karolingern schließen.

Das Verhältnis Sturmis zu Karl dem Großen scheint stets sehr gut gewesen zu sein. Der Abt wurde denn auch früh mit dem Bekehrungswerk der Sachsen beauftragt. Noch 779 hatte er trotz seines Alters auf Weisung des Königs eine militärische Schlüsselstellung in Sachsen zu sichern. Mit einer Be-

Abb. 18

Mainfränkische Klöster und Zellen der Karolingerzeit

● Königskloster   □ Zelle der Abtei Lorsch

■ Kloster oder Zelle der Abtei Fulda   △ adeliges Eigenkloster

▲ würzburgisches Eigenkloster   ◑ Kloster Einhards

○ mainzisches Eigenkloster   ⊞ Kloster keinem Herrn exakt zuzuordnen

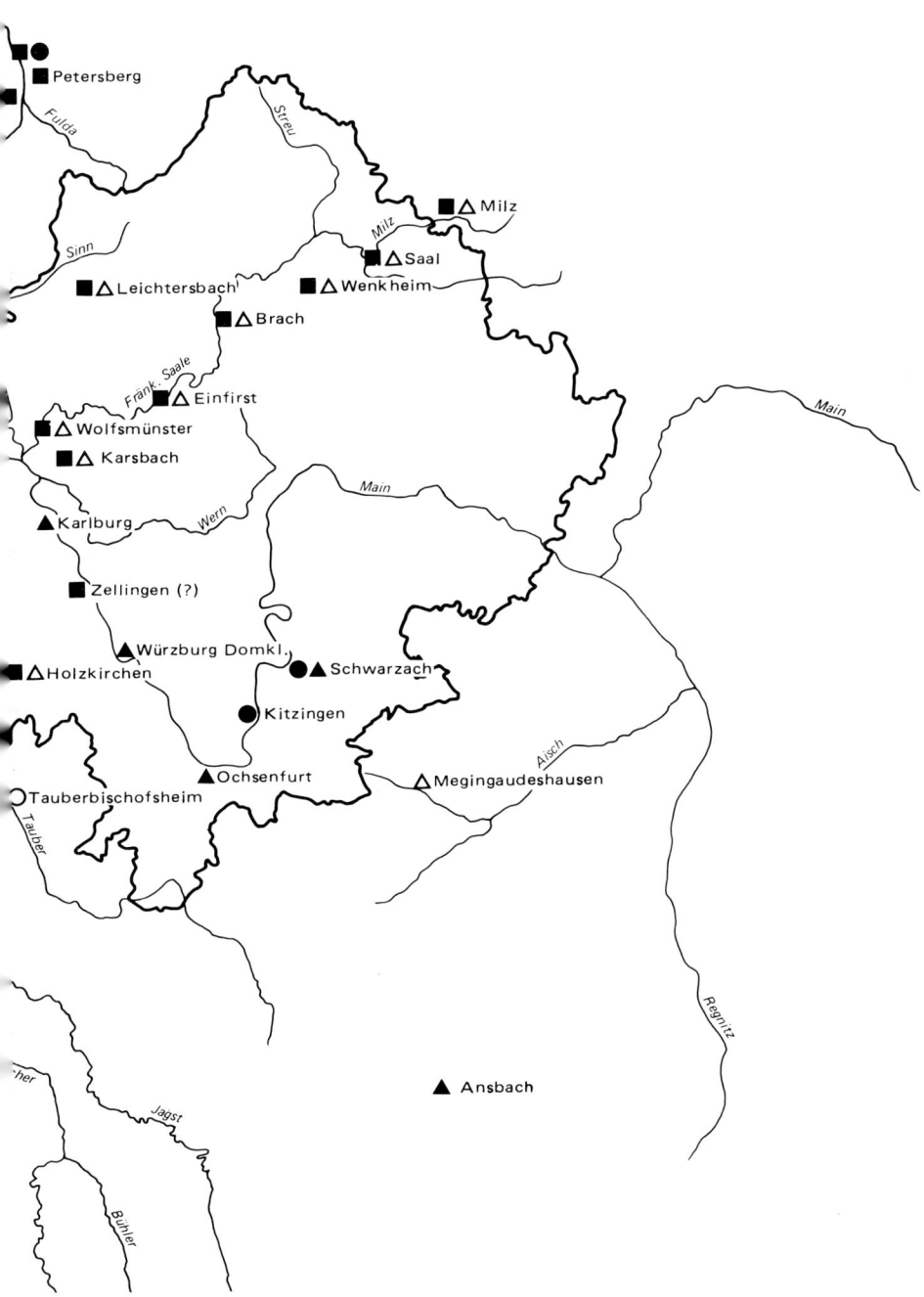

■● Petersberg
■

■△ Milz

■△ Saal
■△ Wenkheim

■△ Leichtersbach
■△ Brach

■△ Einfirst

■△ Wolfsmünster
■△ Karsbach

▲ Karlburg

■ Zellingen (?)

▲ Würzburg Domkl.
■△ Holzkirchen
●▲ Schwarzach
● Kitzingen

▲ Ochsenfurt
○ Tauberbischofsheim
△ Megingaudeshausen

▲ Ansbach

Fulda
Streu
Milz
Sinn
Frank. Saale
Wern
Main
Main
Aisch
Regnitz
Tauber
Jagst
Bühler

167

satzung hielt er persönlich die Eresburg (Obermarsberg) an der Diemel gegen die Sachsen.[28] Bald darauf, am 17. Dezember 779, starb Sturmi in Fulda. Unter seiner Abtsherrschaft verlieh Karl der Große dem Kloster die Immunität, durch die Fulda schließlich zur Reichsabtei wurde.[29] Sturmi muß ein ausgezeichneter Organisator gewesen sein, sonst hätte Fulda nicht in so kurzer Zeit einen gewaltigen Besitz vornehmlich durch Schenkungen erwerben können. Gleichzeitig muß er auch eine große Anziehungskraft auf Laien ausgeübt haben, so daß *viele Edle in gewaltigem Wetteifer dorthin eilten und sich und all ihr Gut dem Herrn widmeten*.[30] Die große Zahl von Mönchen in Fulda – noch unter Sturmi waren es 400 – läßt sich wohl nicht ausschließlich aus dem klösterlichen Heiltum[31], dem Grab des hl. Bonifatius, erklären: die monastische Aktivität Sturmis hat hier wohl eine bedeutende Rolle gespielt.

Umfaßte die Gesamtzahl des Fuldaer Konvents um 825 etwa 675 Personen, so sank sie um 875 auf etwa 360 bis 400 Insassen ab. Die Zahl der um 875/78 namentlich bekannten 96 Schüler in den Nebenklöstern – und zwar in Hameln, Großburschla, Brunshausen, Rasdorf, Hünfeld und vor allem Holzkirchen bei Würzburg – zeigt, daß eine wichtige Aufgabe mancher Nebenklöster in der Heranbildung klösterlichen Nachwuchses bestanden haben muß. Eigil betont in seiner Vita Sturmi, daß unmittelbar nach der Gründung des Klosters Fulda die Gesandten des Hausmeiers alle Adeligen des Grabfeldes motivierten, ihren Grundbesitz im engsten Raum Fulda dem hl. Bonifatius zu schenken. Auf einem Landtag, der von den Königsboten angesetzt wurde, nahm Sturmi als Vertreter des Bonifatius die Schenkungen entgegen.[32]

Die erste große Welle von Schenkungen aus dem Grabfeld an das Kloster Fulda erfolgte, soweit wir sehen, unter Abt Baugulf (779–802). Baugulf hatte selbst an der unteren Saale ein Klösterchen gegründet, das seinen Namen Baugulfsmünster = Wolfsmünster erhielt und von ihm an das Großkloster geschenkt wurde.[33] Als Baugulf 802 seine Abtwürde niederlegte, zog er sich wieder in sein Kloster Wolfsmünster zurück, wo er 815 starb. Die Fuldaer Urkunden zeigen, daß die großen Schenkungen ostfränkischer Adeliger an Fulda erst unter diesem (offensichtlich im Saale- und Grabfeldgau recht einflußreichen) Abt Baugulf einsetzten. Unter dessen Nachfolger, Abt Ratgar (802–817), verstärkte sich dann der Zustrom von Schenkungen aus den Mittelrheingebieten und den Landschaften des mittleren Mains, während das Grabfeld, das unmittelbare Hinterland Fuldas, erst wieder unter den Äbten Eigil (818–822) und Raban (822–842) dem Kloster voll erschlossen wurde.

Kennzeichnend ist, daß besonders vor 800 nicht nur große Besitzschenkungen an Fulda ergingen, sondern auch eine ganze Reihe von adeligen

Eigenklöstern Fulda übergeben wurde. Eine exakte Chronologie dieser Klosterübergaben läßt sich freilich nicht mehr erstellen.

Eine einzige Sippe, die zweifellos zu den bedeutendsten Mainfrankens gehörte und die man heute als Mattonen bezeichnet, hat nicht weniger als drei Klöster gegründet. Darüber hinaus hat sie offensichtlich mitgeholfen bei der Gründung Neustadts durch Bischof Megingoz. Auf die Mattonen gehen das Nonnenkloster Wenkheim, das in besonderem Maße als ihr Eigenkloster angesehen wird, die cella Einfirst und das um 816 errichtete Mönchskloster Megingaudeshausen zurück (Abb. 19). In der Regel lassen sich die Gründungsdaten nicht mehr mit Sicherheit feststellen, da diese Klöster zumeist nur in Schenkungsurkunden greifbar werden. Die ältere Annahme, die Mattonenklöster seien alle vor 744, d.h. bereits vor der Gründung Fuldas, entstanden, trifft kaum zu. Man kann dieser Vorstellung die Gründung von Megingaudeshausen um das Jahr 816 entgegenhalten. Dieses späte Mattonenkloster[34] ist im Gegensatz zu den anderen nicht an Fulda geschenkt worden.

788 übertragen die Mattonenbrüder Matto und Megingoz zu ihrem Seelenheil einen Teil ihres Vatererbes mit ihren Besitzungen in drei Gauen, nämlich im Aschfeld, im Gozfeld und im Waldsassengau, an Fulda. Dazu gehörte auch die cella Einfirst[35], die also der Vater schon gegründet haben muß (Abb. 19). Während die übrigen Güter aus dem Vatererbe bis zum Lebensende in der Hand der beiden Brüder bleiben sollten, wurde das Klösterchen sofort übergeben. Möglicherweise spielt dabei die Nachwuchssorge für den Konvent bei dieser Sondermaßnahme die Hauptrolle.

Eine 824 in *monasteriolo Mattencella*, das als Einfirst identifiziert werden konnte, ausgestellte Urkunde[36] zeigt, daß das ehemals mattonische Klösterchen noch selbständig wirtschaftete. Dies ist freilich die letzte Nachricht. Möglicherweise kam es infolge der Schrumpfung des Fuldaer Mönchskonvents im 9. Jahrhundert zur Auflösung dieser Mönchszelle; man wird annehmen dürfen, daß Einfirst ein Wirtschaftszentrum Fuldas blieb.

Das mattonische Frauenkloster in (Groß-)Wenkheim bei Münnerstadt wurde offensichtlich schon unter Bischof Megingoz, den man zu den Mattonen zählt, gegründet. Zwischen 779 und 796 übergab ein Matto – er ist offensichtlich identisch mit dem Schenker von Einfirst – gemeinsam mit dem ›Boten‹ Othelm zum Seelenheil seines Bruders Megingoz und seiner Schwester Juliana dieses *monasteriolum* mit den Reliquien und dem ganzen Besitz, zu dem bäuerliche Kolonen und 62 namentlich genannte Mancipien gehörten, an Fulda.[37]

Von einer anderen Adelsgruppe stammt das *monasteriolum* Brachau an der Fränkischen Saale (= Brach), das 823 erstmals genannt wird.[38] Aufgrund

Abb. 19

Adelsbesitz im karolingerzeitlichen Ostfranken I

Die Mattonen

● Schenkung Mattos und seines Bruders
Megingoz 788

■ Schenkung Mattos und Othelms 789 — 796

▲ Schenkung des Grafen Megingaud für
sein Eigenkloster Megingaudeshausen 816

○ Kloster Neustadt, Gründung des Bischofs
Megingoz und Mattonen-Ortsname

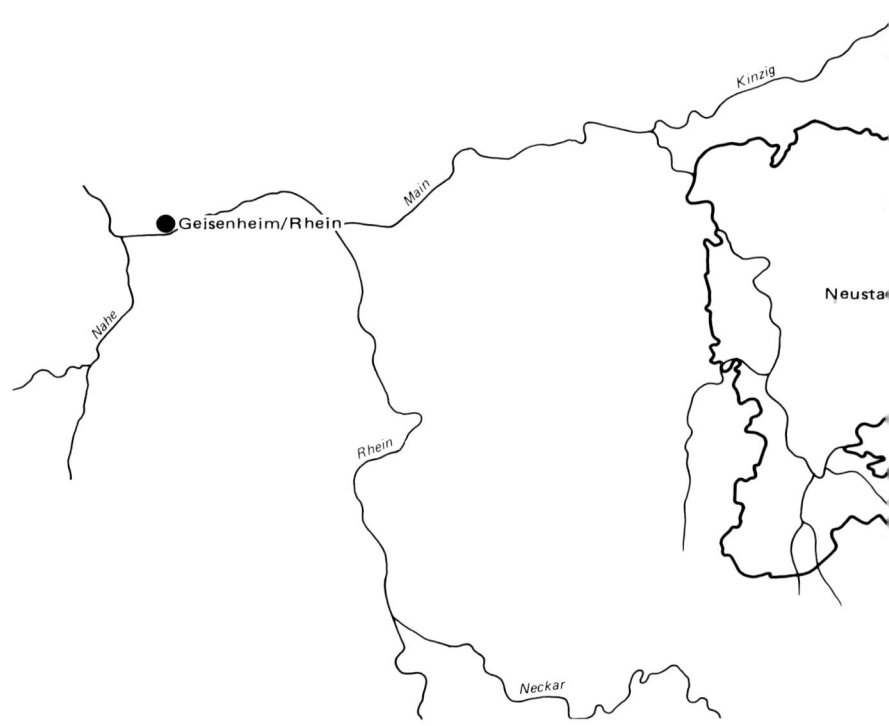

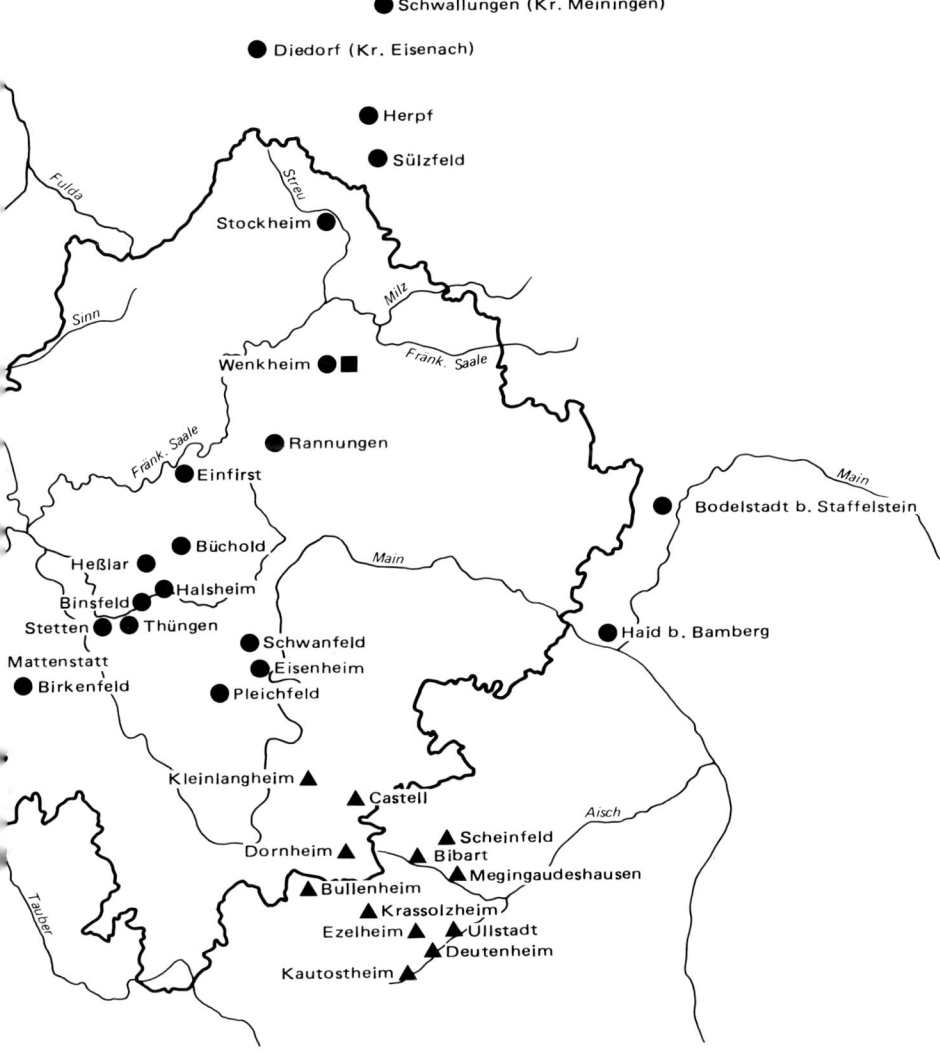

● Schwallungen (Kr. Meiningen)

● Diedorf (Kr. Eisenach)

● Herpf

● Sülzfeld

Stockheim ●

Wenkheim ● ■

● Rannungen

● Einfirst

● Büchold

Heßlar

Binsfeld ● Halsheim

Stetten ● ● Thüngen

Mattenstatt

● Birkenfeld

● Schwanfeld

● Eisenheim

● Pleichfeld

Kleinlangheim ▲

▲ Castell

Dornheim ▲

▲ Scheinfeld

▲ Bibart

▲ Megingaudeshausen

▲ Bullenheim

▲ Krassolzheim

Ezelheim ▲ ▲ Ullstadt

▲ Deutenheim

Kautostheim ▲

● Bodelstadt b. Staffelstein

● Haid b. Bamberg

Fulda

Streu

Milz

Fränk. Saale

Fränk. Saale

Sinn

Main

Main

Aisch

Tauber

einer später überlieferten Traditionsnotiz dürfen wir annehmen, daß es mit reichem Besitz bis in den Haßgau ausgestattet war. Die in der Traditionsliste erwähnten Schenkungen an Brach müssen etwa eine ganze Generation früher vorgenommen worden sein als die zahlreichen Schenkungen an Fulda im Saale- und Grabfeldgau. Vor 780/90 gingen nur verhältnismäßig wenige Traditionen aus diesem Raume an Fulda. Man wird wohl davon ausgehen dürfen, daß Brach um die Mitte des 8. Jahrhunderts schon als Kloster gegründet und unter Abt Baugulf (779–802) an Fulda gekommen ist. Untersuchungen haben ergeben, daß die Gründer dieses Klösterchens, das offensichtlich mit der Salzgewinnung befaßt war und das für den Schiffsweg auf der Saale als Raststätte dienen konnte, einer Adelsgruppe angehörten, die enge Beziehungen sowohl zum karolingischen Königshaus als auch zu Abt Fulrad von Saint-Denis, vor allem aber zu Abt Baugulf von Fulda hatte.

Der größte fuldische Gewinn aus dem Grabfeld ist zweifellos das Nonnenkloster Milz, das die reiche und hochadelige Dame Emhilt vor 784 auf ihrem Eigengut gegründet und überaus reich ausgestattet hatte. 799/800 übertrug auch sie ihr Eigenkloster der Großabtei Fulda.[39] Die mächtige Verwandtschaft Emhilts, zu der einige Grafen gehörten, konnte von Michael Gockel eingehend analysiert werden.[40]

Wohl etwas später dürfte die Übertragung des Klosters Karsbach an Fulda erfolgt sein, das von Gisela, der Tochter des sächsischen Großen Hessi, gegründet worden war. Gisela, vermählt mit dem ostfränkischen Grafen Unwan, errichtete für ihre beiden Töchter Eigenklöster oder vielleicht besser Kanonissenstifte: für Bilihilt Wendhausen im Harz, für Hruadhilt Karsbach in Franken.[41]

Inwieweit bei all diesen Klosterübertragungen der König mitgewirkt hat, wissen wir nicht. Da die Stifter und Schenker aber weitgehend hochrangige Adelige waren, wird man durchaus mit einem Einfluß Karls des Großen rechnen dürfen. In einem Falle wird dies ganz deutlich: Karl schenkte im November 775 das von Throand gegründete Kloster Holzkirchen[42] westlich von Würzburg an Fulda. Dieser Throand, offensichtlich ein führender Vertreter des ostfränkischen ›Adels‹, mit engen Beziehungen zu Baiern und vermutlich zum Rheinland, hatte das Kloster unter König Pippin (741/751–768) unweit der Königshöfe Remlingen und Albstadt gegründet. Aus welchen Gründen der *vir magnificus* Throand sein Eigenkloster, das sicherlich auch Zeichen seines adeligen Prestiges war, kurz vor 775 Karl dem Großen übertrug, ist unbekannt. Vielleicht erwartete er für sein Kloster königliche Immunitätsprivilegien. Karl benötigte damals Fulda für seine Sachsenpolitik und schenkte sicherlich aus diesem Grunde Holzkirchen an das Großkloster. Holzkirchen ist immerhin das einzige fuldische Nebenkloster, das bis zum Ende des Alten Reiches erhalten blieb. Es ist auch das einzige unterfränkische Kloster, von dem im späten 9. Jahrhundert eine Mönchs- bzw. Insassenliste erhalten ist. An den hier notierten 70 Klosterinsassen – darunter eine ganze Reihe von Klosterschülern – läßt sich deutlich die Blüte dieses Männerklosters ablesen.

Über die weiteren fuldischen Zellen in Ostfranken, Saal, Leichtersbach und Zellingen (?), haben wir fast keine Kenntnis.[43] Dies ist sicherlich auch als Zeichen des Niedergangs des Mönchtums in diesen Orten zu werten. Überhaupt ist auffällig, daß – mit Ausnahme von Holzkirchen – gerade die ostfränkischen Eigen- bzw. Nebenklöster Fuldas im 9./10. Jahrhundert wieder aufgelöst wurden. Worin aber lagen die Ursachen? In einer geringen Attraktivität dieser Klösterchen, in einer ›Flucht‹ der Insassen nach Fulda, in einem vorwiegenden Pfründeninteresse der Insassen oder gar Fuldas? In diesem Zusammenhang erscheint bemerkenswert, daß bereits seit 830 die Adelsschenkungen an das Großkloster Fulda ganz beträchtlich abnehmen. Ob man in der Folgezeit von einer Krise zwischen dem mainfränkischen Adel und Fulda sprechen darf, sei dahingestellt. Deutlich wird daraus auf jeden Fall, daß nun auch für die in diesem Raum initiierten Klöster keine oder kaum mehr Zuwendungen von den Nachkommen der Stifterfamilie kamen.[44]

Der bis 830 gewonnene dichte fuldische Grundbesitz an der Fränkischen Saale und im Grabfeld, wo zum Teil der Landesausbau noch durchaus im Gange war, konnte lange gehalten werden und war für das Großkloster von größter wirtschaftlicher Bedeutung.

Während Fulda, wie wir gesehen haben, eine ausgesprochene ›Klostergewinnungspolitik‹ betrieb, läßt sich dies vom Bischofssitz Würzburg keineswegs sagen. Vielleicht ist der Konflikt zwischen Bischof Berowelf und dem von seinem Vorgänger gegründeten Kloster Neustadt[45] mit schuld daran, daß das Würzburger Klosterinteresse ausgesprochen gering war. Will man die ›würzburgische Klosterlandschaft‹ rekonstruieren, dann scheint sich zunächst die sogenannte Restitutionsurkunde von 993 anzubieten, in der behauptet wird, daß die Klöster Neustadt am Main, Homburg am Main, Schlüchtern und Murrhardt/Württemberg von König Pippin dem Bischof Burkard geschenkt, dann aber der Domkirche Würzburg widerrechtlich entrissen worden seien.[46] Neustadt und Amorbach waren jedoch vor 993 nie würzburgische Eigenklöster, Neustadt schon deshalb nicht, weil Bischof Megingoz, der Gründer dieser Abtei, in Konflikt mit seinem Nachfolger stand und sie deshalb unter Königsschutz stellte. In den letzten Jahren Karls oder in der Anfangszeit Ludwigs des Frommen wurden Amorbach und Neustadt vom Kaiser ›fusioniert‹. Wie schon anderwärts betont, wurden kurz darauf drei Amorbacher Äbte, die gleichzeitig dem Kloster

Neustadt vorstanden, in der äußersten Rand- und Gefahrenzone des Reiches eingesetzt, und zwar als erste Bischöfe von Verden/Aller zur schwierigen Missionierung der Sachsen. Die Karolinger haben denn auch das Odenwaldkloster Amorbach im 9. Jahrhundert gefördert. Es erhielt ein beachtliches Waldgebiet rund um das Kloster, in dem es später planmäßige Rodungen anlegte. Vielleicht geht auch die Neustädter Klostermark im Spessart auf ein Geschenk Karls oder Ludwigs zurück. Sie ist jedenfalls 839 bezeugt.[47] Wie lange die beiden Klöster durch einen gemeinsamen Abt verbunden waren, bleibt unklar. Sollten, wie jüngst zur Diskussion gestellt wurde[48], die Würzburger Bischöfe Liutrit und Gozbald wirklich Neustadt – sicherlich vom König unterstützt – geleitet haben, dann besteht auch eine gewisse Wahrscheinlichkeit, daß dies für Amorbach gilt. Das hieße, daß Würzburg um die Jahrtausendwende seine Ansprüche auf die beiden Klöster nicht völlig aus der Luft gegriffen hat.

Die karolingerzeitliche und spätere Existenz eines Klosters Homburg am Main ist außerordentlich unsicher, ebenso der erst in der Vita Burkardi II berichtete Tod Bischof Burkards in diesem Ort. Möglicherweise hatte aber die Abtei Neustadt irgendwann in der Karolingerzeit eine Propstei in Homburg errichtet. Oder sollte schon Burkard hier den Versuch einer Mönchsniederlassung gemacht haben? Würzburg war jedenfalls an diesem Ort früh interessiert.

Ähnlich unsicher sind die Verhältnisse um das 993 ›zurückgewonnene‹ Kloster Schlüchtern am Oberlauf der Kinzig, dessen Lage durch bedeutende Verkehrswege gekennzeichnet war.[49] Sollte das in der Aachener Königsklosterliste von 817 genannte *monasterium Sculturbura*[50] mit Schlüchtern identisch sein, dann war es jedenfalls unter Ludwig dem Frommen und sicherlich schon unter Karl dem Großen ein Königskloster, das nur zu Gebeten für die Herrscherfamilie und für den Bestand des Reiches verpflichtet war. Diese Identifizierung ist freilich recht unsicher. Wie dem auch sei, offensichtlich hat das Kloster in der Karolingerzeit bestanden. Auffallenderweise ist es nie als Fuldaer Nebenkloster bezeugt. Eine frühe Würzburger Position in Schlüchtern ist also nicht auszuschließen.

Das letzte Kloster der sogenannten ›Fünfergruppe‹ von 993 ist Murrhardt/Württemberg. Ein karolingerzeitlicher Einfluß Würzburgs auf das Kloster Murrhardt ist aber höchst unwahrscheinlich. Bestenfalls wären Zusammenhänge zwischen Murrhardt und Neustadt über Bischof Megingoz von Würzburg zu vermuten.[51] Uns scheint, daß Würzburg die Ansprüche auf diese fünf Klöster nicht völlig aus der Luft gegriffen haben kann. Entweder beanspruchte man seit dem 8. Jahrhundert das Megingozkloster Neustadt und verband damit die vier weiteren Klöster, die wohl irgendwann mit Neustadt in irgendeiner Weise in Verbindung standen, oder diese Klöster

174

waren einem der Würzburger Bischöfe auf Lebenszeit zur Nutzung übertragen worden, eine Praxis, die besonders in der Karolingerzeit gepflegt wurde.

Sieht man vom Würzburger Domkloster St. Andreas (später Kloster St. Burkard) ab, das sich offensichtlich relativ kontinuierlich entwickeln konnte, dann ist die würzburgische Klosterinitiative in der Tat sehr bescheiden. Ob dies mit königlicher Politik zu tun hat, wissen wir nicht. Auffällig ist auch, daß das Domkloster keine weiteren Zellen auf dem Lande aufbauen konnte oder wollte. Als Würzburger Eigenkloster in der Region ist lediglich Ansbach/Mittelfranken (seit kurz vor 800) gesichert. Das Kloster Nonnenschwarzach (= Münsterschwarzach) wurde dem Bischof zwar urkundlich garantiert, konnte aber bestenfalls im endenden 9. Jahrhundert von Würzburg in Besitz genommen werden.

In der Karolingerzeit dürfte das Kloster Karlburg[52], das zur Gründungsausstattung des Bistums gehört, eingegangen sein. Und auch in (Klein-) Ochsenfurt, 825 offensichtlich mit dem Ziel einer Klostergründung von Gozbald mit wertvollen Reliquien ausgestattet und dem Bistum übergeben[53], konnte eine Klostergründung entweder gar nicht realisiert werden, oder die Gründung siechte dahin und überlebte nicht die Karolingerzeit. Neben dem Gumbertskloster Ansbach, das Karl der Große schon vor 800 dem Bistum auf dem Tauschwege übertrug[54], erhielt Würzburg das Kloster Nonnen- bzw. Münsterschwarzach, de facto freilich erst nach 877.[55]

Die bisherige Betrachtung der mainfränkischen Klöster hat ergeben, daß das karolingische Königtum als Faktor der Klosterentwicklung von nicht zu unterschätzender Bedeutung war. Dies zeigt sich auch beim Nonnenkloster Kitzingen[56], das zu den ältesten Klöstern Mainfrankens gehörte und 749 offenbar schon so ausgebaut war, daß die Nonnen in ihrem Xenodochium den Abt Sturmi von Fulda, der von einer Romreise zurückkam, gesundpflegen konnten. Die Legende nennt als Stifterin Kitzingens die adelige Hadeloga, eine angebliche Tochter Pippins des Jüngeren. Manche Historiker sehen in ihr aufgrund des Namens ein Sippenmitglied des Mattonengeschlechts und glauben, Kitzingen sei ein mattonisches Damenstift gewesen. Mit Sicherheit hat bereits Bonifatius dieses Damenstift oder Nonnenkloster durch seine Mitarbeiterin Thekla reformieren und wohl auch zu einem richtigen Kloster umgestalten lassen. Es ist unwahrscheinlich, daß Kitzingen ein grundherrliches Eigenkloster der Mattonen war. Mit ziemlicher Gewißheit war Kitzingen von Anfang an karolingischen Ursprungs. Es blieb auch bis 1007, als es dem Bistum Bamberg übergeben wurde, ein Königskloster. Kitzingen ist eines der wenigen fränkischen Klöster, deren Besitz wir – freilich erst aus der Sicht des 11. Jahrhunderts[57] – gut rekonstruieren können.

Die Karolinger hatten noch ein weiteres Kloster im östlichen Maindreieck gegründet, nämlich Nonnenschwarzach.[58] Es scheint vor 794 entstanden zu sein. Theotrada, eine Tochter Karls des Großen, war erste Äbtissin. Diese Prinzessin schenkte das Kloster, das ihr Vater offensichtlich zu ihrer Versorgung gestiftet hatte, dem Bistum Würzburg, das aber erst annähernd 100 Jahre später die vollen Eigentumsrechte über Schwarzach erhielt. König Ludwig der Deutsche verlieh nämlich 844 dieses Karolingerkloster einer Tochter des Grafen Volkbert namens Blutenda zur Nutznießung, falls sie die Äbtissin Theotrada überlebe. Erst nach dem Tod der beiden Damen sollte das Kloster endgültig an Würzburg fallen. Freilich erfolgte der Übergang an Würzburg immer noch nicht. Der König teilte 857 dem Würzburger Bischof mit, daß Theotrada zwar Nonnenschwarzach geschenkt habe, daß aber nach dem Tod seiner Tochter Hildegard (die also das Kloster als Pfründe genutzt hatte) seine andere Tochter Berta das Kloster besitzen solle. Erst nach ihrem Tod sollte es an Würzburg fallen. Berta starb 877. Heute wissen wir, daß das mattonische Eigenkloster Megingaudeshausen, das 816 vom Grafen Megingaud in der Umgebung von Scheinfeld gegründet worden war, nicht schon 819, sondern nach 877 an die Stelle des Frauenklosters verlegt wurde. Allem Anschein nach ist nach 877 die Frauenabtei Schwarzach aufgelöst worden. Was mit deren Grundherrschaft geschah, entzieht sich unserer Kenntnis; vermutlich kam sie an Würzburg. Das neue Männerkloster Münsterschwarzach wurde Nachfolger Megingaudeshausens. Da im frühen 10. Jahrhundert Bischof Dracholf von Freising (907–926), offensichtlich ein Mattone, Abt dieses Klosters war[59], scheint der würzburgische Einfluß auf diese Abtei minimal gewesen zu sein.

Überblickt man abschließend die karolingerzeitliche Klosterentwicklung im heutigen Unterfranken, dann stellt man das Fehlen von großen monastischen Zentren fest. Dies wirkte sich durchaus negativ auf die Entwicklung schon des 9. Jahrhunderts aus. Die wirklich bedeutenden und formgebenden Großklöster lagen außerhalb des Raumes. Fulda im Nordwesten wirkte noch sehr stark in das nördliche Mainfranken herein, Lorsch an der Bergstraße konnte seinen Einfluß nicht mehr bis in den mainfränkischen Raum ausdehnen.

5. Die geistliche Kultur

Die Kulturentwicklung jener Zeit läßt sich in Mainfranken wie auch anderwärts nur in einem ganz schmalen Ausschnitt fassen. Erfahrbar wird sie nur in Domkirche, Domkloster und einigen ganz wenigen Klöstern außerhalb des Bischofssitzes, allen voran in Fulda. Wir wissen nichts über Ausbildung und Bildung der Priester auf dem Lande. Man wird zumindest ihre lateinische Bildung nicht sehr hoch ansetzen dürfen, wenn es auch sicherlich Unterschiede gab.[60] Ob man geistliche Qualitätsunterschiede zwischen Priestern bischöflicher Eigenkirchen einerseits und adeliger Eigenkirchen andererseits vermuten darf, muß ebenfalls offenbleiben. Desgleichen fehlen für Ostfranken – im Unterschied zu Altbayern – jegliche Inventare von Landkirchen. Die Ausbildung der Landgeistlichen dürfte vorwiegend an der Beherrschung der Kultvorschriften orientiert gewesen sein. Man sollte in ihnen nicht unbedingt ›Gebildete‹ sehen. Sie standen in einer oralen Tradition, in welcher der Bevölkerung Glaubenswahrheiten bildhaft nahegebracht werden mußten.

Zur geistlichen Kultur gehört selbstverständlich auch der Kirchenbau.[61] Als gängige Architektur der Karolingerzeit wird man sich – besonders für Landkirchen – einfache Saalkirchen vorstellen müssen. Aus den schriftlichen Quellen erfahren wir bisweilen signifikante Charakteristika über das klösterliche Baugeschehen. So hatte in Fulda der Mönch Ratgar unter seinem Abt Baugulf (779–802, † 815) eine Klosterkirche entworfen, die in Ausmaß und Gestalt mit dem damaligen Petersdom in Rom vergleichbar sein sollte. Als sich 802 Baugulf in sein Eigenkloster Wolfsmünster zurückzog, wurde der Baumeister neuer Abt Fuldas. Von der karolingischen Klosterbaukunst unseres Raumes sind freilich nur mehr ganz wenige Reste vorhanden. Als Gesamtbau sind dies nur die Michaelskapelle in Fulda und die Einhardsbasilika in Steinbach bei Michelstadt. Von Einhards Klosterkirche Seligenstadt blieben noch die Umfassungsmauern des Querhauses und des Mittelschiffes in voller Höhe erhalten (alle bereits außerhalb Unterfrankens). Aus Aschaffenburg kennen wir durch Grabungen und durch Reste des aufgehenden Mauerwerks noch die wohl dem späten 9. Jahrhundert zugehörende Grabkapelle der Königin Liutgard. In den letzten Jahren wurden im Kloster Neustadt am Main die Fundamente einer karolingischen Kirche ergraben, wobei freilich nicht sicher ist, ob es sich um die eigentliche Klosterkirche handelt. Aus einer alten Planskizze der Abteikirche Amorbach läßt sich außerdem die karolingerzeitliche Ringkrypta ersehen. Die Ausgrabungen in der Rundkirche St. Maria auf der Würzburger Festung, im Domkloster St. Andreas (heute St. Burkard) und im Dom zu Würzburg haben wohl nur sehr bruchstückhafte, zum Teil strittige Vorstellungen erbracht.[62]

Auch dort, wo man in den Bibliotheksbeständen eindeutige Dokumente karolingischer Bibliotheks- und Schriftkultur fassen kann, sollte man sich davor hüten, diese Kulturentwicklung in einem hermetisch abgeschlossenen Raum Ostfranken zu sehen. Alle literarischen und bibliothekarischen Bemühungen in Klöstern und in Domkirchen sollte man vor allem unter dem Aspekt der Bereitstellung eines gelehrten Instrumentariums für das kirchliche Leben betrachten. Diese Zielsetzung läßt sich sehr schön an der Würzburger Dombibliothek der Karolingerzeit[63] ablesen: Erklärungen der Bibel, liturgische Handbücher, Lebensbeschreibungen der Heiligen, Rechtssammlungen, Regeln, Grammatiken und dergleichen. Glücklicherweise hat sich in einem Würzburger Kodex, der aus Nordostfrankreich stammt, ein zweispaltiges Bücherverzeichnis der Würzburger Dombibliothek aus der Zeit um 800 erhalten. Dieses Bücherverzeichnis enthält 36 verschiedene Materien und zeugt von einem hohen Bildungsbedürfnis. Als wichtigstes Herkunftsgebiet dieser Bibliothek erweisen sich die Schreibschulen des angelsächsischen England; hier spiegeln sich Herkunftsraum und Wirkungsgebiet des hl. Bonifatius wider (Farbbilder S. 150 und 151). Andere Handschriften der Würzburger Dombibliothek stammen aus Westdeutschland, Alamannien, Baiern, Frankreich und Italien. Die Herkunft der Schriften zeigt im wesentlichen die Richtung der geistlichen Einflüsse an.

»Drei Umstände machen den hohen Rang des ältesten Teils der (Würzburger Dom-)Bibliothek aus: Erstens zeichnet sich die Sammlung durch einen beispiellosen Reichtum an frühesten angelsächsischen Handschriften aus. Sie besitzt von diesen mehr als jede andere Bibliothek des Kontinents ... Zweitens erweist sich der Bestand an frühen Handschriften überhaupt qualitativ und quantitativ als überragend. Er stellt ... ›ein Monument von europäischem Rang‹ dar. Drittens verleihen einzelne Stücke von herausragendem theologischen, geistesgeschichtlichen, historischen oder kunstgeschichtlichen Wert dieser Sammlung einen besonderen Glanz.«[64]

In der Würzburger Dombibliothek des 9. Jahrhunderts konnten Bernhard Bischoff und Josef Hofmann die beachtliche Leistung der Würzburger Schreibschule herausarbeiten: Allein von 53 Handschriften ist die Herkunft aus Würzburg gesichert, bei sieben weiteren möglich bzw. wahrscheinlich. Fulda hat zu dieser Bibliothek elf Handschriften geliefert, während mainzischer Einfluß nur schwach vertreten ist. Fünf Kodizes hat ein mainfränkisches Kloster geliefert, das aber noch nicht lokalisierbar ist. Sollte es vielleicht Holzkirchen sein? Es ist das einzige Nebenkloster Fuldas in Mainfranken, für das zum 9. Jahrhundert eine Klosterschule nachgewiesen ist.

Seit Bischof Megingoz können wir mit einer ziemlich kontinuierlichen Entwicklung der Würzburger Schreibschule wie auch der Dombibliothek rechnen. Unter Bischof Berowelf, der vor allem in der Sachsenmission tätig war (Paderborn), ist feststellbar, daß Würzburg die Bildungsbestrebungen Karls des Großen tatkräftig unterstützte.

Der hochgebildete Bischof Hunbert (833–842) war es dann vor allem, der den energischen und systematischen Ausbau der Dombibliothek betrieb. Sein reger Briefwechsel mit Abt Raban von Fulda erweist ihn als vielseitigen Theologen. Bald darauf brachte Bischof Gozbald, der vorher schon Abt von Niederaltaich war, Handschriften und Schreiber aus diesem baierischen Kloster mit. Auffallenderweise erlahmten in der zweiten Hälfte des 9. Jahrhunderts Schreibertätigkeit und Bibliothekserweiterung am Würzburger Dom.

Für die Mönchskultur ist die Bedeutung Fuldas in der Karolingerzeit außerordentlich hoch einzuschätzen.[65] Gerade die zahlreichen fuldischen Nebenklöster Mainfrankens dürften von Schule und Gelehrsamkeit der Mutterabtei beeinflußt worden sein. Schriftkultur und Bibliothek wurden im frühmittelalterlichen Fulda sehr gepflegt. Rabanus Maurus (ca. 780–856), Schüler Alkuins, des berühmten Gelehrten am Kaiserhof, hat als Lehrer und Leiter seine Klosterschule in Fulda zur größten und vorbildlichsten in ganz Ostfranken gemacht. Gerade er vermittelte seinen Schülern die karolingischen Bildungsvorstellungen, die diese in andere Klöster trugen.

Er gilt als der fruchtbarste Schriftsteller seiner Zeit. Sein Werk gibt uns einen trefflichen Einblick in Gelehrsamkeit und politisches Engagement eines führenden Klostervorstehers. Nach dem Tode Kaiser Ludwigs des Frommen stand er publizistisch auf der Seite Lothars; der Sieg Ludwigs des Deutschen zwang ihn dann, auf die Abtei zu verzichten. Erst später wurde er Erzbischof von Mainz. In Fulda stand auch die Viten- und Translationsliteratur durch Rudolf von Fulda auf hohem Niveau.

Das karolingerzeitliche Mainfranken ist gekennzeichnet durch eine höchst einseitige Quellenlage. Während die Überlieferung Fuldas durch die Traditionen Eberhards zwar bisweilen verfälscht, aber im ganzen doch breit vorliegt, fehlt der Quellenbestand für das Bistum Würzburg, aber auch für eine Reihe von Klöstern, selbst von Nebenklöstern Fuldas, fast völlig. Peter Johanek hat indes wahrscheinlich machen können, daß das Würzburger Urkundenwesen im 9. Jahrhundert voll ausgebildet war. »Ostfranken ist kein unschriftliches Land, auch im Bistum Würzburg war das Urkundenwesen, wie das Frankenreich es ausgebildet hat, fest verwurzelt. Ein solches Fazit der Untersuchung entspricht auch besser dem Bild, das die Forschung vom Geistesleben und der Schreibkultur der Bischofsstadt am Main gezeichnet hat.«[66]

6. Mainfranken in den Parteikämpfen der Söhne Ludwigs des Frommen und unter den letzten Karolingern

Nach dem Tode Karls des Großen konnte sein Sohn Ludwig der Fromme als neuer Kaiser Mainfranken fast zeitlebens in seine Herrschaft voll integrieren. Bei den ersten Reichsteilungen blieb es unmittelbar beim Kaiser. Konflikte in der Herrschaftsspitze traten auf, als Ludwig der Fromme seit 829 auch seinen jüngsten, aus der Ehe mit der Welfin Judith geborenen Sohn Karl mit einem Reichsteil auszustatten versuchte, und die älteren Söhne sich hintergangen fühlten.[67] In diesen politischen Wirren konnte der Kaiser lange auf das rechtsrheinische Franken zählen.

831 kam Mainfranken erstmals in den Interessenbereich Ludwigs des Deutschen, der von Regensburg aus regierte. 833 wurden anläßlich einer neuen Empörung und Reichsteilung unter den älteren Kaisersöhnen alle rechtsrheinischen Gebiete des Frankenreiches unter Ludwig dem Deutschen vereinigt. Doch auch diese Teilung hielt nicht lange, da der Bruder Lothar die Oberherrschaft beanspruchte und gegen seine Brüder die Partei des kaiserlichen Vaters ergriff. Im folgenden Jahr schlossen sich aber Ludwig der Deutsche und sein Bruder Pippin mit ihrem Vater zusammen im Kampf gegen Lothar, wobei sie sich der Unterstützung der Ostfranken, Sachsen und Alamannen sicher sein konnten. Zum Jahre 838 berichten die Fuldaer Annalen freilich, daß der Kaiser seinem Sohn Ludwig das *Ostfrankenreich* wieder entzogen habe.[68] Vorsichtshalber wählte der Kaiser für seinen bevorstehenden Winteraufenthalt die Pfalz Frankfurt, um einem neuen Aufstand des Sohnes vorzubeugen. Freilich mußte er schon bei seinem Anmarsch auf Frankfurt erfahren, daß sein Sohn diese Pfalz bereits mit einem Heer besetzt hielt. Bezeichnenderweise schwenkten beim Anmarsch des Kaisers die Ostfranken wie die Sachsen, Thüringer und Alamannen wieder zu diesem über. Obgleich die rechtsrheinischen Stämme de facto rund sechs Jahre bereits zu Ludwig dem Deutschen gehört hatten, konnte er doch nicht auf ihre Mithilfe bauen. Vermutlich hatten Ludwig der Deutsche und sein Vater 833 bis 838 in Ostfranken gemeinschaftlich oder noch eher in Konkurrenz ihre Herrschaftsrechte ausgeübt.

Als Pippin starb (838), ging Ludwig der Fromme 839 daran, das Reich unter seinem Ältesten und Jüngsten zu teilen. Lothar wählte die Osthälfte, also auch die Mainlande, für sich. In den Fuldaer Annalen wird lapidar zur politischen Schlappe König Ludwigs des Deutschen ausgesagt: *Ludwig erhielt nur Baiern, weil er den Kaiser beleidigt hatte.*[69] Er rächte sich. Rudolf von Fulda berichtet dazu: *Ludwig zog durch Alamannien nach Frankfurt, wo er das rechtsrheinische Gebiet, als rechtens ihm gehörig, gewinnen wollte.*[70] Die Basis des ›Baiernkönigs‹ in Mainfranken war aber offensichtlich immer noch recht schmal. Der kaiserliche Vater konnte sich Zeit lassen. Er feierte erst noch das Osterfest in seiner Aachener Pfalz, sammelte ein Heer und überquerte nach Osten den Rhein. Bei seinem Vormarsch nach Mainfranken konnte er dem Sohn noch den kürzesten Rückweg nach Baiern abschneiden. Dieser sah sich gezwungen, seinen Weg nach Baiern *durch das Slawenland* (Ostthüringen und Oberpfalz?) zu nehmen.[71] Noch einmal weilte der offenbar schon vom Tod gezeichnete Kaiser in seiner Pfalz Salz. Da sich seine Gesundheit zusehends verschlechterte, mußte er bald nach dem Westen aufbrechen. Am 12. Mai scheint sein Zustand eine Pause an der Saale notwendig gemacht zu haben, denn an diesem Tag stellte er eine Urkunde im Königshof (Bad) Kissingen aus.[72] Von hier aus dürfte er den Wasserweg zum Rhein genommen haben. Am 20. Juni 840 starb er auf einer Rheininsel.

Nach dem Tod des Vaters war noch kein Ende des Kampfes um das Erbe abzusehen. Erst beim Vertrag von Verdun im August 843 erhielt Ludwig der Deutsche das gesamte rechtsrheinische Gebiet zugesprochen, dazu kamen noch die wichtigen Gaue am Mittelrhein.[73] Wenn auch an der Grenze, so lag doch hier ein entscheidendes Kerngebiet des neuen Ostfrankenreiches. Fast alle großen Reichsversammlungen fanden hier statt: in Frankfurt, Mainz, Tribur und Worms. Relativ lange hielt sich Ludwig der Deutsche nur in Frankfurt und Regensburg auf (39 bezeugte Aufenthalte in Frankfurt, 31 in Regensburg). Auf dem Weg zwischen den beiden Pfalzen muß er oft Mainfranken besucht haben.

865 teilte auch Ludwig der Deutsche noch zu seinen Lebzeiten testamentarisch sein ostfränkisches Reich unter die Söhne, *um den Frieden zu sichern.*[74]. Karlmann sollte Baiern mit seinen Marken, Ludwig der Jüngere Mainfranken, den mittelrheinischen Raum sowie die Stammesgebiete der Sachsen und Thüringer erhalten. Trotzdem inszenierte Ludwig der Jüngere bereits im folgenden Jahr von Franken aus einen Aufstand gegen seinen Vater.[75] Die Franken freilich scheinen weitgehend auf der Seite Ludwigs des Deutschen gestanden zu haben.

Einen tiefen Einschnitt in die politische Landschaft Ostfrankens brachte die Regierungszeit König Arnulfs von Kärnten (887–899).[76] Als der kranke Kaiser Karl III. politisch immer schwächer wurde, griff Arnulf rasch zu, verband sich 887 mit dem abgesetzten Erzkanzler Liutward zum Sturz seines Onkels. Entscheidend war die Mehrheit der Großen des ostfränkischen Reiches, die auf den Reichsversammlungen von Tribur und Frankfurt vom Kaiser abfielen und zu Arnulf, dem illegitimen, aber doch letzten aktiven Karolinger, überliefen, der mit einem baierischen und slawischen Heeresaufgebot gegen Karl eilte. Dabei scheinen ostfränkische Adelige eine relativ geringe Rolle gespielt zu haben. Die förmliche Wahl und Huldigung durch die Großen fand in Forchheim, also fast an der Grenze Baierns, statt; anschließend zog sich Arnulf in sein Kernland Baiern zurück. Offensichtlich war seine Herrschaft im Mainland noch relativ wenig gefestigt. Dieser Sachverhalt spiegelt sich auch in der Funktion der mainfränkischen Pfalzen: Salz tritt zunehmend in den Hintergrund, während Forchheim eine der wichtigsten Pfalzen des Ostfrankenreiches wird. Was das heutige Unterfranken betrifft, so fällt auf, daß er Bischof Arn von Würzburg, der offensichtlich aus Baiern kam, zwar zunächst vier ältere Diplome bestätigte, wohl um diesen auf seine Seite zu bringen. Später aber erhielt Würzburg von Arnulf keinerlei Wohltaten mehr, obwohl der König den Würzburger Bischof unbedingt für seine Kriegszüge brauchte.

Im Verhältnis des Königs zum fränkischen Adel trat ebenfalls eine wesentliche Änderung ein. Arnulf war mit der Konradinerin Uta verheiratet und favorisierte ganz erheblich die im heutigen Hessen sitzende Familie Utas. Dagegen schwächte er, wo er nur konnte, die sogenannten Babenberger in Ostfranken und nahm ihnen nach und nach sämtliche Grafschaften ab. Die Situation spitzte sich immer mehr zu, vor allem, als Arnulf 892 nach dem Tod Bischof Arns auch noch mit Rudolf I. einen Verwandten seiner Gemahlin Uta als Bischof von Würzburg einsetzte. Damit war der Kampf zwischen den Konradinern und Babenbergern programmiert. Arnulfs Regierungszeit, die geprägt ist durch den Zerfall des fränkischen Gesamtreiches und die Entstehung eines kräftigen ostfränkischen Sonderbewußtseins, das schließlich zur Entstehung des Deutschen Reiches führte, brachte durch seine politischen Eingriffe dem mainfränkischen Raum tiefe Wunden. Er hätte offensichtlich diesen Raum gerne als sein eigentliches Reichsland gesehen. Seine Hauptaufenthaltsorte waren Regensburg und Frankfurt; mehrmals finden wir ihn auch in Forchheim, zweimal in der Pfalz Salz. Da sich in Franken erhebliche Schwierigkeiten zeigten, förderte Arnulf besonders das Bistum Eichstätt, um den Raum an der Altmühl zwischen Baiern und Franken in seinen Griff zu bekommen.

Nach dem Tod Arnulfs konnte zwar sein Sohn Ludwig das Kind (900–911) die Regierung übernehmen, stand freilich völlig unter dem Einfluß einiger weniger Großer. Zu diesen gehörte kein Mainfranke. Ludwig das Kind scheint öfters Ostfranken besucht zu haben; im Zusammenhang mit der Babenberger Fehde ist er dreimal in Theres greifbar, einmal im Rangau. Als Ludwigs wichtigste ›Herrschafts‹-Orte lassen sich Regensburg, Forchheim, Frankfurt und Tribur am Mittelrhein ermitteln. In Süddeutschland zwischen Baiern und Thüringen, zwischen dem Böhmerwald und dem Rhein ist sein politischer Aufenthaltsraum. Zu den geistlichen Institutionen, die ihm nahestanden, gehörte zweifellos zunächst die Bischofskirche Würzburg, nämlich der Konradiner-Bischof Rudolf, der auch große Teile aus dem konfiszierten Gut der Babenberger 903 für Würzburg erringen konnte. Auch der Bischof von Eichstätt ist hier zu nennen. Wichtigste Berater Ludwigs des Kindes waren vor allem Erzbischof Hatto von Mainz und Markgraf Luitpold von Baiern. Durch sein Mitwirken bei der Beendigung der unheilvollen Babenberger Fehde konnte Luitpold sein baierisches Interessengebiet immer weiter nach Franken ausdehnen.[77]

7. Adelsgruppen und Grafen im mainfränkischen Raum

In der Frühzeit Mainfrankens dürfte wohl wie andernorts die mehr oder weniger freiwillige Unterordnung freier Bauernkrieger als Kampfgefährten im Kriegsfall eine wichtige Rolle gespielt haben. Die ›Herrengewalt‹ des Würzburger Herzogs war in der frühesten Zeit sicherlich noch eine Gefolgsherrschaft. Es scheint, daß zunächst freie Gefolgschaftskrieger zusammen mit dem regionalen Machthaber – sei es der Thüringer-, dann der Frankenkönig oder der Herzog – das Land beherrschten und bewohnten. Ihre Siedlungen, die sie von der Vorbevölkerung übernahmen oder neu anlegten, dürften im wesentlichen hausherrschaftlich organisiert gewesen sein. Im einzelnen wissen wir darüber außerordentlich wenig.

Der Kriegsdienst für den König oder Herzog war eine der wichtigsten Voraussetzungen für den wirtschaftlichen Zugewinn dieser Freien. Königs-, aber auch Herzogsnähe waren sicherlich die wichtigste Basis für den wirtschaftlichen und sozialen Aufstieg. Nicht von ungefähr gruppieren sich die mächtigen Familien Mainfrankens noch im 8. und 9. Jahrhundert gerade um die Königshöfe im Grabfeld. Königs- oder Herzogsnähe ist natürlich auch politisch zu verstehen. Sie dürfte der wichtigste Schlüssel für den Aufstieg von Freien in den Adel gewesen sein. Kühnheit im Krieg und Durchsetzungskraft im königlichen Auftrag waren stets gefragt. Heldendichtung und Geschichtsschreibung dokumentieren, daß glänzende Erfolge von Generation zu Generation überliefert wurden und das Ansehen der Nachfahren prägten. Es versteht sich, daß großzügige Landschenkungen für hervorragende Gefolgschaftsdienste allmählich eine Art Grundherrschaft schufen. Gleichzeitig fällt uns – besonders in der frühen Karolingerzeit – eine intensive Rodungstätigkeit dieser Herren auf, die besonders an den zahlreichen Ortsnamen auf -hausen mit Personennamen erkennbar wird. Wer im 8. und 9. Jahrhundert ganze ›Bauernhöfe‹, Unfreie oder gar Besitzungen in mehreren Orten an die Kirchen schenken konnte, war mit Sicherheit nicht mehr ein ›einfacher freier Bauer‹. Nicht von ungefähr begegnen uns in der Karolingerzeit im mainfränkischen Raum Personen, die ausdrücklich als ›Freie‹ bezeichnet werden, fast überhaupt nicht mehr. Nur die ehemalige Herzogszentrale Würzburg macht eine Ausnahme.

Die Hammelburger und die Würzburger Mark-(Grenz-)beschreibungen[78] mit ihren volkssprachlichen Einschüben, drei großartige Dokumente der Karolingerzeit, sind auch für die Gesellschaftsstruktur unseres Raums von hoher Relevanz. Die Besitzeinweisung des Abtes Sturmi von Fulda in das von Karl dem Großen geschenkte Gebiet um Hammelburg (8. Oktober 777; sogenannte Hammelburger Markbeschreibung) beinhaltet nicht nur die genaue Grenzbeschreibung, sondern auch das Protokoll über das von den Grafen Nithard und Heimo sowie von zwei königlichen Vasallen (Finnold und Gunthram) vor 21 namentlich genannten Zeugen vorgenommene Rechtsgeschäft. Viele der Zeugen werden in anderen Urkunden als Grundbesitzer der Umgebung greifbar. Hier wird nicht nur eine wichtige Amtsfunktion der Grafen, sondern auch der königlichen Vasallen sichtbar; dabei ist zu betonen, daß der Begriff *vasallus dominicus* kaum vorher in den Quellen aufscheint. In der ältesten Würzburger Markbeschreibung vom 14. Oktober 779 ist es der Königsbote Eberhard (*missus domni nostri Karoli excellentissimi regis*), der zusammen mit *allen Optimaten und ›Ältesten‹ (senibus) dieser Provinz* die Grenzabschreitung vornimmt. Die Grenzabschreitung wird in vier Strecken aufgeteilt, an denen jeweils andere Zeugen (d. h. senes und optimates) teilnehmen.

Die erste Strecke begehen und bezeugen 15 Männer, die zweite 27, die dritte 13 und die vierte 27. Wir können davon ausgehen, daß jeweils Personen, die mit dem Raum in einer engen Beziehung stehen, ausgewählt wurden. Die zweite, ebenfalls 779 oder doch nur wenig später niedergeschriebene Würzburger Markbeschreibung (Farbbild S. 152) spricht die Kategorien der Grundbesitzer der Mark an: *chirihsahha sancti Kilianes* = Kirchengut des hl. Kilian, d. h. die Domkirche, *frono* = Königsgut, *friero franchono erbi* = freier Franken Erbgut. Diese Formulierung ist um so verwunderlicher, als in den Fuldaer Traditionen jener Zeit durchaus schon vom Adel die Rede ist. Die Personenbegriffe der Würzburger Markbeschreibungen sind also im wesentlichen noch präfeudal – besonders im Vergleich zur etwas älteren Hammelburger Besitzeinweisung, die sowohl *vasalli dominici* kennt als auch *nobiliores terrae illius* als Zeugen. Man wird dies als ein Zeichen dafür sehen dürfen, daß der gesellschaftliche Schichtungsprozeß im 8. Jahrhundert noch nicht ganz abgeschlossen war.

Keine frühmittelalterliche Adelsgruppe im mainfränkischen Raum ist so früh dem historischen Betrachter aufgefallen wie die der sogenannten Mattonen.[79] Da wir zwar wenige, aber doch eindrucksvolle Urkunden von dieser Großfamilie haben, ist sie immer wieder ein interessantes Untersuchungsobjekt geworden, sei es für die monastische Geschichte oder für die Erforschung der frühmittelalterlichen Adelsstruktur.

In der Tat bietet keine Herrenfamilie oder Gruppe jener Zeit eine so breite Besitzstreuung in Mainfranken wie die Mattonen. Um so auffälliger ist, daß offensichtlich nur ein Mitglied dieser Familie die Grafenwürde innehatte. Bei den Mattonen können wir – was ausgesprochen selten ist – die Familie in mehreren Generationen verfolgen. Der älteste bekannte Vertreter der Familie ist Macco, der vor 788 gestorben ist. Höchstwahrscheinlich ist sein Bruder Bischof Megingoz von Würzburg, Gründer der Abtei Neustadt am Main. In dessen Briefen an Bischof Lull von Mainz wird deutlich, welche Schwierigkeiten zwischen mönchischen Idealvorstellungen und adeliger Familienrealität sich ergaben. Auch er war dafür, daß eine Vertreterin seiner eigenen Familie dem Familienkloster vorstehen sollte, doch mußte er dem Mainzer gestehen, daß seine Nichten dazu ungeeignet seien. Dem Mainzer Bischof schlug er auch vor, seinem (ungenannten) Verwandten – vielleicht ist sein Neffe Matto gemeint – vom Eintritt in das Kloster Fulda abzuraten. Söhne des Macco waren Matto und Megingoz, die 788 eine riesige Schenkung an das Kloster Fulda tätigten, wohlgemerkt: nicht an Würzburg oder Neustadt. Im Zentrum dieser Schenkung von Besitz in zahlreichen ostfränkischen Orten und in Geisenheim/Rhein steht das Eigenklösterchen Einfirst an der Fränkischen Saale (Abb. 19).

Ein paar Jahre später (789–794) schenkte ein Egilolf zum Seelenheil seines Sohnes Helpfolf ein Drittel des von seinem Vater Huntolf geerbten Eigenguts in 13 ostfränkischen Orten, und zwar in den Gauen Tullifeld, Grabfeld, Gozfeld, Ehegau sowie *unter den Slawen* und schließlich wiederum in Geisenheim/Rhein. In einer ganzen Reihe dieser Orte saßen auch Matto und Megingoz bzw. deren Vater Macco, so daß wir mit Sicherheit sagen können, daß Egilolfs Familie zumindest der gleichen Sippe wie Macco, Matto und Megingoz angehört, zumal auch der Besitzanteil Egilolfs in den 14 Orten ausdrücklich als Drittel bezeichnet wird. Huntolf und seine Söhne waren immerhin an zehn Orten begütert, in denen auch die Söhne Maccos Besitz an Fulda schenkten.

Weitere Familienangehörige der Mattonen werden zwischen 779 und 796 – vermutlich kurz nach 788 – sichtbar, als Matto zu seines und seines Bruders Seelenheil gemeinsam mit dem ›Boten‹ Othelm, der zum Seelenheil der Äbtissin Juliana, Mattos Schwester, schenkt, Eigen und Erbe zu Wenkheim, Kirche, Klösterchen und Grundherrschaft (mit 62 genannten Unfreien!) an Fulda tradiert. Damit wird das zweite mattonische ›Hauskloster‹ unter die Obhut Fuldas gegeben. Die Brüder Hruadgoz und Megingoz, die in Thüngen bei Karlstadt an Fulda schenken, dürften der nächsten Generation angehören.

Im beginnenden 9. Jahrhundert gründet dann ein weiterer Mattone ein Eigenkloster in einem Raum, in dem auch Egilolf Besitz hatte. Es ist Graf Megingaud, dessen Kloster am Leimbach im Iffgau des Stifters Namen trägt: Megingaudeshausen. Auch dieses Kloster wurde von ihm trefflich mit Besitz ausgestattet.

Ob der im Diedenhofener Capitulare 805 genannte kaiserliche Missus Madalgaud, der mit der Kontrolle des Handels zwischen Erfurt und Hallstadt bei Bamberg betraut war, ebenfalls ein Mattone ist, wissen wir nicht. Immerhin hatten die Mattonen auch um Hallstadt Besitz.

Im Lauf des 9. Jahrhunderts werden dann die Nachrichten über Mattonen außerordentlich dünn, doch steigt im beginnenden 10. Jahrhundert noch einmal ein Mattone auf einen Bischofsstuhl. Es ist Bischof Dracholf von Freising, Kommendatarabt des Nachfolgeklosters von Megingaudeshausen.

Als zweite, höchst einflußreiche Sippe der frühen Karolingerzeit ist jene der Äbtissin Emhilt von Milz zu nennen, die 799/800 ihr beachtlich ausgestattetes Eigenkloster der Bonifatiusabtei Fulda übertrug. »Bereits aufgrund der Tatsache, daß Emhilt ihr Eigenkloster gründen und mit Unterstützung ihrer Verwandten reich ausstatten konnte, sind die zum Milzer Schenkungskreis zusammengeschlossenen Personen ohne Zweifel der ostfränkischen Führungsschicht zuzuordnen ... Wie groß die Bedeutung der Milzer ... Schenker war, geht noch deutlicher daraus hervor, daß nicht weniger als fünf von ihnen ... Grafen waren.«[80]

M. Gockel konnte zeigen, daß diese Sippe ebenso wie die Mattonen schon in der Mitte des 7. Jahrhunderts in Ostfranken ansässig war. Der Schwerpunkt der Besitzungen der Emhilt-Sippe lag freilich ziemlich am nördlichen und nordwestlichen Rand Unterfrankens und jenseits davon in Thüringen und Hessen.

Nicht jeder dieser großen Schenker läßt sich genealogisch einordnen. Dies gilt unter anderem für den Kleriker Alwalah, der offensichtlich vornehmster Herkunft war und riesigen Besitz in 20 Orten zwischen dem inneren Thüringen, Schweinfurt und Taubergau hatte (Abb. 20).[81]

Ebenfalls läßt sich bislang noch nicht verwandtschaftlich einordnen die großzügige und reiche Schenkerin Amalbirg (Abb. 20).[82] Nur den Namen ihres Vaters Adelher kennen wir. Der Streubesitz in zehn Orten, dazu noch 100 Mancipien (unfreie landwirtschaftliche Arbeiter) zeigen eine trefflich ausgestattete Tochter. Weshalb sie im Gegensatz zu den meisten ihrer Standesgenossen im Grabfeld ihren gesamten Besitz an den Salvatordom in Würzburg schenkt, entzieht sich unserer Kenntnis. Es bleibt zu vermuten, daß sie in ein Würzburger Frauenkloster eintreten wollte.

Verwandtschaftsgruppen des weniger mächtigen ›Grundbesitzeradels‹ (K.

Bosl) lassen sich meist nur in einzelnen Orten, Marken oder Gauen auffinden, so ein ›Saalegaugeschlecht‹, ferner Tradentenkreise um Münnerstadt, Geldersheim, Schweinfurt, Meiningen, Mellrichstadt, Rannungen und Pfersdorf. Sie sind von Karl Bosl analysiert worden.[83] Weitere ›Kristallisationspunkte‹ solcher Grundbesitzersippen der Karolingerzeit sind Kissingen, Nüdlingen, Aschfeld und Thulba.[84]

Wenn man dieses in aller Kürze aufgezeigte Panorama von ›Adelsgruppen‹ überblickt, fällt auf, daß das südliche Mainfranken unterrepräsentiert ist. Man muß sich dabei unbedingt die höchst einseitige Quellenlage vor Augen halten. Nicht der mainfränkische Adel der Karolingerzeit wird greifbar, sondern bis auf verschwindende Ausnahmen lassen sich nur jene Gruppen greifen, die an das Großkloster Fulda Besitzungen geschenkt haben. Wir müssen damit rechnen, daß andere Grundbesitzerfamilien und -sippen – unter Umständen aber auch manche, die uns schon begegnet sind – umfangreichen Eigenbesitz an Würzburg und an nichtfuldische Klöster übertragen haben. Die Verhältnisse dürften ähnlich sein wie etwa in Baiern, wo die Quellenbasis wesentlich breiter ist. Freilich ist es nicht möglich, Schlüsse auf das Gesamtbild des frühen Adels in Mainfranken zu ziehen. Der größte Teil der Grundbesitzer schenkt, besonders nach 800, Besitz in Einzelorten. Bei diesen Herren ist nur dann eine Aussage über ihre gesellschaftliche Einbindung möglich, wenn sie auch an anderen Orten als Schenker oder Zeugen erscheinen. Man sollte sie aber nicht von vornherein als ›kleine Leute‹ abstempeln.

Unter den zahlreichen Tradenten fallen ganz wenige auf, die riesigen Besitz an Fulda übergeben, der sich zudem meist nicht auf das Gebiet des heutigen Unterfranken allein erstreckt, sondern bisweilen bis ins nördliche Thüringen, nach Oberfranken oder zum Mittelrhein (Geisenheim) reicht. Die Gründe für diese außerordentlich großen Schenkungsaktionen sind bis heute noch schwer abzuwägen.

Stellen wir nun den weltlichen Grundherren Unterfrankens die königlichen Amtsträger der Karolingerzeit, die Grafen[85], gegenüber. Sind diese aus den besagten Adelsgruppen hervorgegangen? Wir beginnen mit der Grafschaft im umfangreichen Grabfeldgau (Abb. 14), dessen Mittelpunkt die Grabfeldburg auf dem heutigen Michelsberg bei Münnerstadt war. Auffällig ist zunächst, daß die Zeugnisse aus der Zeit Karls des Großen recht unsicher sind. Graf Unwan, 788 Spitzenzeuge für die große Mattonenschenkung, 787/95 für eine Schenkung in Ostheim/Saalegau und in Münnerstadt, scheint sowohl Graf im Grabfeld als auch im Saalegau gewesen zu sein. Es gibt keinen Hinweis, daß er aus dem Raum stammte. Der nächste als Graf im Grabfeld vermutete Eburacar (784), Verwandter der Äbtissin Emhilt von Milz und Anteilsberechtigter in Milz, ist neueren Forschungen zufolge

Abb. 20

Adelsbesitz im karolingerzeitlichen Ostfranken II

● Besitz des adeligen Geistlichen Alwalah
  (an Fulda geschenkt)

■ Besitz der Amalbirg
  (an Würzburg geschenkt)

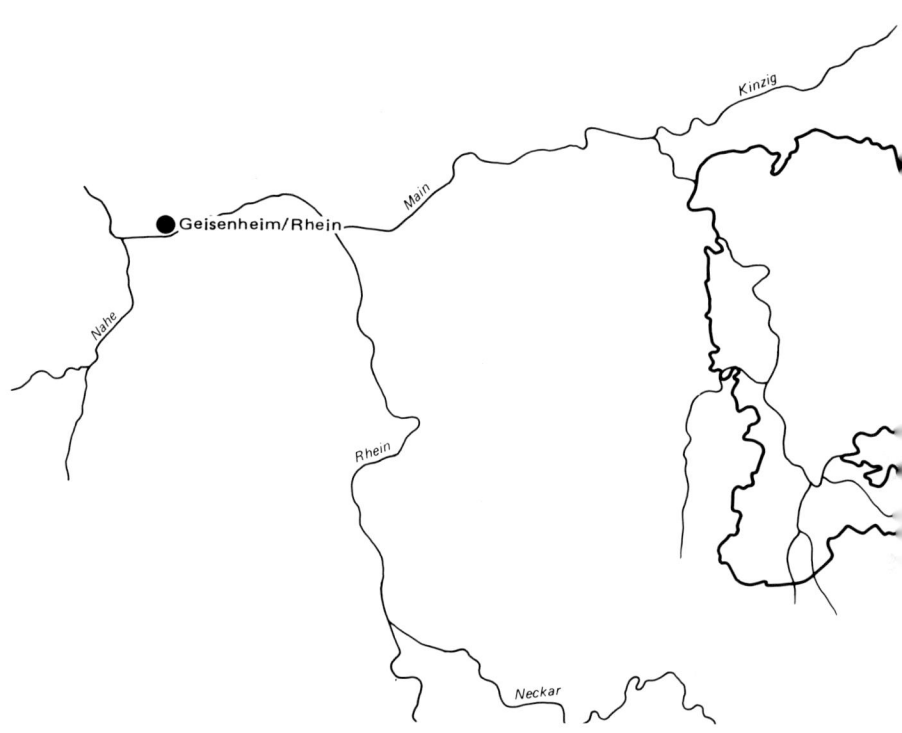

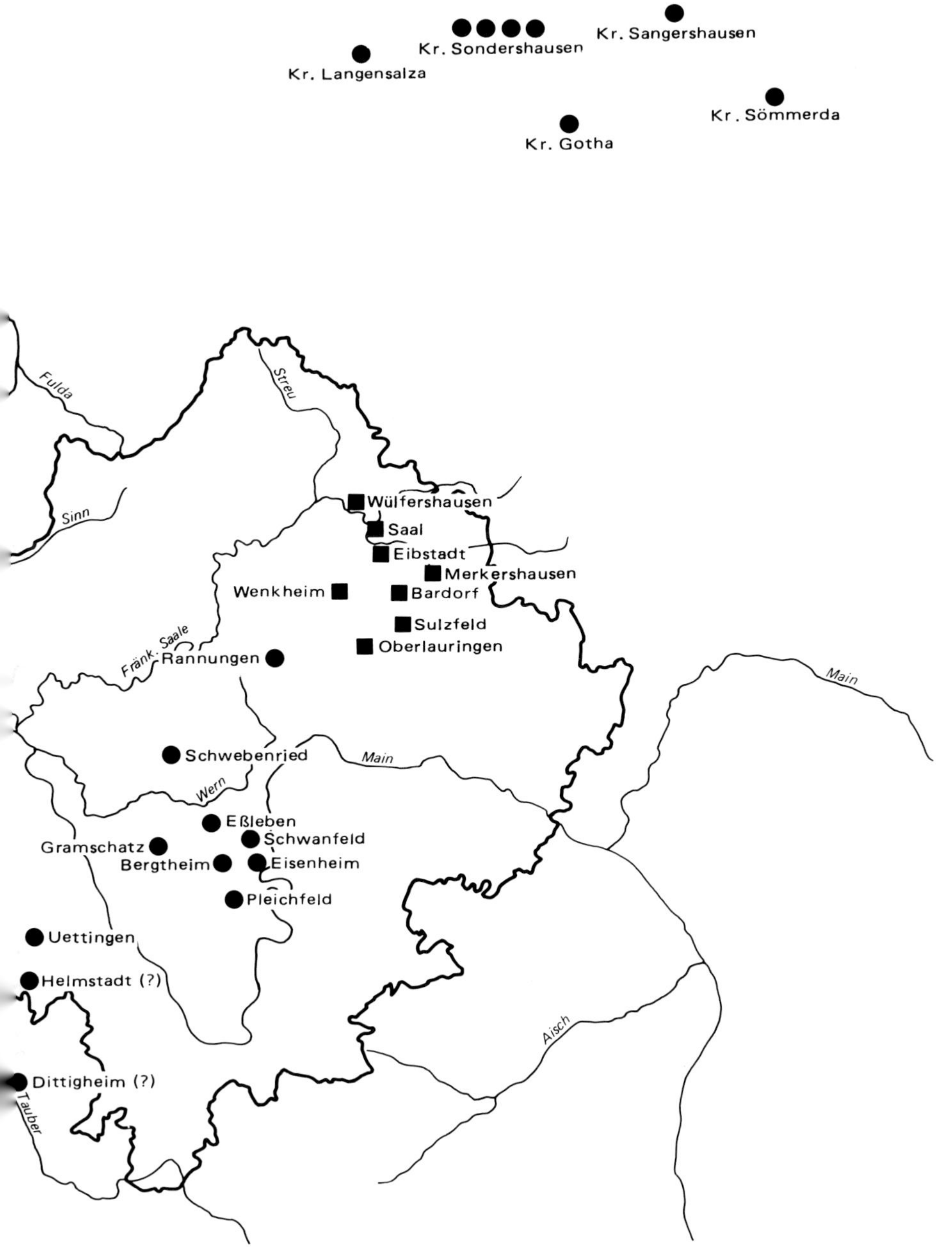

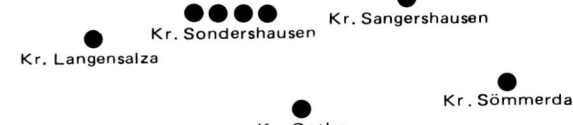

Kr. Langensalza
Kr. Sondershausen
Kr. Sangershausen
Kr. Gotha
Kr. Sömmerda

Fulda

Streu

Sinn

■ Wülfershausen

■ Saal

■ Eibstadt

■ Merkershausen

Wenkheim ■   ■ Bardorf

Fränk. Saale

■ Sulzfeld

■ Oberlauringen

● Rannungen

Main

● Schwebenried

Main

Wern

● Eßleben

● Schwanfeld

Gramschatz ●

Bergtheim ●   ● Eisenheim

● Pleichfeld

● Uettingen

● Helmstadt (?)

Aisch

● Dittigheim (?)

Tauber

189

wieder als Amtsträger für das Grabfeld unwahrscheinlich geworden. Da unter den Verwandten Emhilts mehrere Grafen sind, fragt sich freilich, wo diese Herren ihre Grafschaften hatten.

Der im Jahre 800 auf einem *conventus publicus* (einer öffentlichen, d. h. ›königlichen‹ Gerichtssitzung) in Münnerstadt vertretene Graf Liwicho dürfte dagegen mit ziemlicher Sicherheit Amtsträger im Grabfeld gewesen sein. 795 fungiert er erstmals als Spitzenzeuge für Besitz im Grabfeld. Allem Anschein nach kam auch er nicht aus diesem Raum.

Der folgende Graf entstammt wiederum nicht dem Grabfeld. Graf Poppo I. ist für beinahe die gesamte Regierungszeit Kaiser Ludwigs des Frommen als Amtsträger des Raumes bezeugt und gilt als einer der treuesten Anhänger des von seinen Söhnen hart bedrängten Kaisers. Es versteht sich, daß Poppo demgemäß ein Anhänger der Reichseinheitsidee und Gegner Ludwigs des Deutschen war. Verständlich wird auch, wenn der Kaiser diesem wichtigen Mann mehrere Grafschaften in Ostfranken übertrug. Seine Familie besaß offensichtlich in der Wetterau ihre Wurzeln. Er konnte sich aber früh im Grabfeld Besitz aneignen. Ob Poppo I. nach dem Tode Ludwigs des Frommen seine ostfränkischen Grafschaftsrechte verlor oder 841 im Kampf gegen Ludwig den Deutschen in der Schlacht an der Wörnitz den Tod gefunden hat, bleibt unklar.

Jedenfalls wechselt im Grabfeldgau wiederum die Grafenfamilie, wobei der folgende Graf freilich erst 857 faßbar wird. Zwei gleichnamige Grafen aus einer Familie amtieren jetzt im Grabfeld: Christian I. und Christian II. (zeitgenössischer Name Kristan). Christian I. gilt als der Gründer des Klosters Rohr bei Meiningen. Gemeinsam mit seiner Gemahlin, die dem Grafschaftsraum zu entstammen scheint, dürfte er zu den bedeutendsten Grundherren des Grabfelds gehört haben. Als Herkunftsraum Christians wird aber der Speyergau angenommen.

Christian II., wohl ein Sohn des vorhergehenden gleichnamigen Grabfeldgrafen, wird letztmalig 876 greifbar. Im gleichen Jahr ist Ludwig der Deutsche gestorben. Beide Christiane gehören also in die Zeit König Ludwigs des Deutschen und offensichtlich auch zu seinem engen Anhängerkreis. Es ist bezeichnend, daß unter Ludwigs Sohn Ludwig dem Jüngeren erneut die Grafenfamilie wechselt. Mit dem Grabfeldgrafen Heinrich, einem der treuesten Anhänger dieses Königs, tritt wieder die Verwandtschaft, möglicherweise gar die unmittelbare Nachkommenschaft Poppos I., auf. Heinrich war offensichtlich ein Vertreter des Reichseinheitsgedankens. Nach dem Tode des Königs wurde er zu einem der hervorragendsten Feldherren Kaiser Karls III. Er kämpfte vor allem im Westfrankenreich gegen die eindringenden Normannen und fiel 886 in einer Normannenschlacht vor Paris. Aufgrund seines Einsatzes für den König waren noch die Grafschaft im

Volkfeld und wohl auch im Radenzgau an ihn gefallen. Diese Grafschaften konnte er seinen drei Söhnen Adalhard, Adalbert und Heinrich erblich überlassen. Da diese aber beim ›Staatsstreich‹ Arnulfs von Kärnten offensichtlich nicht für den neuen König aus Baiern eingetreten waren, wurden ihnen um 890 die Grafschaftsrechte aberkannt. Hier liegen die tieferen Ursachen, die schließlich zur verheerenden Babenberger Fehde führten. Betrachtet man das Gesamtbild der karolingischen Grafen im Grabfeld, kann man sich dem Eindruck des starken königlichen Zugriffs nicht entziehen. An diesem Beispiel jedenfalls wird der von K. Bosl geprägte Begriff ›Königsprovinz Franken‹ recht deutlich.

Neben den Grabfeldgrafen werden noch am besten jene im Saalegau deutlich. Ob freilich die beiden Grafen der Hammelburger Markbeschreibung, Nithart und Heimo, hier als Grafen eingesetzt waren, ist kaum zu entscheiden; auch Unwan 788 ist wohl eher Grabfeldgraf als Graf im Saalegau, wenn nicht sein Amtsbezirk beide Räume umfaßte. Sehr wahrscheinlich ist dann 824 ein Egino Graf im Saalegau; er scheint dem Raum zu entstammen. Ab 837 sind im Saalegau nur noch Grafen mit dem Namen Hessi bezeugt, ein deutliches Zeichen für die Vererbbarkeit der Grafschaft. Die Hessi-Familie entstammt dem hohen sächsischen Adel, und zwar jenen Kreisen, die am frühesten zum Christentum und auf die fränkische Seite übertraten.

Die sächsische Hessi-Tochter Gisela war vermählt mit dem eben genannten Grafen Unwan; sie errichtete im Aschfeld südlich des Saalegaus in Karsbach ein Kloster für ihre Tochter Hruadhilt. Möglicherweise gingen die späteren Grafen namens Hessi aus ihrer Ehe mit Unwan hervor. Diese Hessi-Grafenfamilie war offensichtlich die einzige, die sich durch die erheblichen politischen Schwierigkeiten der Spätkarolingerzeit bis in die Ottonenzeit hindurchlavieren konnte. Da die Saalegaugrafen für die Könige bzw. Kaiser den wichtigen Reiseweg auf der Saale oder längs der Saale zur Pfalz Salz freizuhalten hatten, wenn diese von ihrer Pfalz Frankfurt kamen, müssen sie sich ebenso wie die Grabfeldgrafen durch Königsnähe ausgewiesen haben.

Die weiteren mainfränkischen Grafschaften sind recht bruchstückhaft überliefert. Südlich des von den Hessi-Grafen kontrollierten Aschfelds begegnet 811 ein Graf Wigbald. Sein Amtsbereich wird nicht konkret sichtbar. Östlich davon liegt das Volkfeld um die Mainschleife bei Volkach. Offenbar seit der Zeit Ludwigs des Jüngeren ist diese Grafschaft in der Hand des Babenberger-Popponen Heinrich und nach dessen Tod in der seiner Söhne. 891 aber übte hier bereits ein Konradiner, Graf Ebo-Eberhard, die Grafenrechte aus, Zeichen des Verdrängungsprozesses der Babenberger unter König Arnulf von Kärnten. Nach der erbitterten Babenberger-Fehde aber wird auffälligerweise unter dem Konradiner König Konrad I. im Volkfeld ein Graf Hessi sichtbar.

Im südlichen Grenzbereich Mainfrankens, im Iff- und Badanachgau, tritt uns seit 887/88 ein Graf Egino, enger Parteigänger der Babenberger, entgegen. Er konnte 906 gerade noch rechtzeitig die Partei wechseln. 908 fiel er freilich im Kampf gegen die Ungarn. Sein Nachfolger wurde ein Graf Ernst, offenbar identisch mit dem Grafen des Sualafeldgaues. Trifft die Identifizierung zu, dann ist diese Besetzung ein Zeichen des bairischen ›Vormarsches‹ nach Franken.

Im benachbarten Taubergau ist nur ein Graf zu greifen: Graf Audulf 807, der seit 799 schon Präfekt Karls über Baiern und das baierische Ostland, seit 802 Überwacher des Waffenhandels zwischen dem – heute oberfränkischen – Hallstadt (bei Bamberg) und dem oberpfälzischen Premberg war. Also auch hier wieder eine ganz wichtige Gestalt des Karlsreiches. Vom Waldsassengau ist nur das Amtsgut des Grafen Poppo I. bekannt, sicherlich Zeugnis für den weitreichenden Einfluß des ersten bekannten Popponen.

8. Bäuerliche Bevölkerung und Landwirtschaft

Intensivierung der Landwirtschaft durch mehr Getreideanbau einerseits und früher Landesausbau durch Rodung andererseits erforderten verstärkt arbeitende Menschen. Der arbeitende Mensch wird aber ebenso wie das Agrarsystem in den Quellen relativ wenig sichtbar. Nur selten erfahren wir in den Schenkungsurkunden und in den Kartularen Genaueres über die Struktur des geschenkten Besitzes. Meist wird nur gesagt, daß der betreffende Tradent in den Dörfern XY das schenkte, was er dort hatte, bisweilen werden dazu noch die Familiae = Hintersassen genannt.[86] Ausführlicher ist schon das folgende Beispiel: *Ezzelo schenkte seine Besitzungen in Kürnach und Dornheim, was er dort hatte, nämlich Äcker, Wiesen, Wälder und Familiae.*[87] Von Bauernhöfen oder von einem Fronhof ist hier gar nicht die Rede. Abhängige Bauernhöfe (Huben) erscheinen in folgender Quelle: *Die Schwestern Hadaburc und Hucca schenken im Saalegau alle Besitzungen, die sie dort hatten, und zwar in Huben, Äckern, Wiesen, Wäldern und Mancipien* (= unfreie Bauern).[88] In einer stattlichen Anzahl von Schenkungsnotizen wird zwar wenig oder gar nichts über Grund und Boden des betreffenden Objekts ausgesagt, dafür wird das unfreie, arbeitende Volk zahlenmäßig und namentlich genannt. Dazu ein erstes Beispiel: *Wulderich schenkt dem hl. Bonifatius, d. h. dem Kloster Fulda, seine Besitzungen mit 15 Manici-*

pien und deren Nachkommenschaft.[89] In einem anderen Beispiel wird die Größe der einzelnen Mancipienfamilien sichtbar: Ein Uoto schenkt in verschiedenen Orten der Rhön sein Eigen, dazu 26 fast durchweg genannte Unfreie – einige davon übrigens nur teilweise.[90] In der Liste der Mancipien wird genau die Familienstruktur dieser Unfreien sichtbar: Azzo und seine Frau Gozzila sowie zwei namentlich genannte Kinder, Hiltibald mit Frau und drei Kindern, Engilperaht mit Frau und Kindern (Zahl fehlt), Folcperaht mit Frau und einem Kind, usw. Demographisch sind diese Angaben außerordentlich wichtig. Auffallend ist die geringe Kinderzahl in den Mancipienfamilien. Es scheint, daß die genannten Familien jeweils eine Hufe bebaut haben, also nicht auf dem Fronhof arbeiteten, obgleich dies nicht ausdrücklich gesagt wird.

Relativ selten können wir mainfränkische Fronhofverbände aus den Quellen rekonstruieren. Der Fronhofbezirk Hammelburg, den König Karl einst dem Kloster Fulda geschenkt hatte, muß gewaltig gewesen sein.[91] 43 Unfreie arbeiteten allein auf dem Fronhof. Von ihm waren wiederum zahlreiche Bauernhöfe (Hufen) abhängig, auf einer Reihe dieser Huben saßen Liten (Halbfreie), auf anderen sogenannte Kolonen, die offenbar nach besonders freiem Wirtschaftsrecht lebten, zweihundert Hübner hatten nur Tribut (wohl Geld- oder Schweineleistungen) zu erbringen, hundert waren *servitores triduani*, d. h. unfreie Bauern, die nur halbwöchig auf ihrem eigenen Hof arbeiten konnten und die übrige halbe Woche auf dem Fronhof dienen mußten. In Diebach an der Saale ist der Fronhof[92] wesentlich kleiner, aber seine zugehörigen Hufen zeigen wiederum eine Vielfalt von Abhängigkeiten. Es gibt also in der Karolingerzeit durchaus nicht den Typ des Unfreien schlechthin. Die bäuerlichen Abhängigen weisen eine teilweise breite Differenzierungsskala auf. Die Hofarbeiter sind zweifellos die abhängigsten. Jene, die Bauernhöfe besitzen, müssen entweder drei Tage in der Woche oder andere nur saisonal arbeiten, viele haben primär Abgaben zu leisten, vor allem Schweine zu liefern, ihre Frauen sind zur Leinenweberei für den Herrn verpflichtet.[93]

Die Bewohner der frühmittelalterlichen Siedlungen Ostfrankens waren also vorwiegend Unfreie, unter denen es aber noch starke soziale Unterschiede gab. Die unterste Schicht bildete das auf den Herrenhöfen lebende Gesinde, das in der Regel keinen eigenen Hausstand hatte. Ob sich unter den Bewohnern der fränkischen Dörfer freie Bauern in nennenswerter Zahl befanden, ist von der schriftlichen Überlieferung her schwer zu beurteilen.

Auch über die landwirtschaftlichen Anbaumethoden in der Zeit Karl des Großen läßt sich wenig sagen. Der Mensch war dem Naturgeschehen, besonders den Naturkatastrophen, wie Sturm, Hagel, kalten Wintern, ganz ausgeliefert. Zu den Folgen solcher Katastrophen gehörte auch der Hunger. Die Landarbeit, die die Unfreien zu leisten hatten, galt wenig; sie wird in den Quellen praktisch überhaupt nicht angesprochen.

Wenn wir vom stark besiedelten Grabfeld und der unmittelbaren Umgebung Würzburgs absehen, dann lagen die bäuerlichen Ansiedlungen Mainfrankens noch immer wie Inseln mitten im Wald. Diese Wälder scheinen beachtlich groß gewesen zu sein. In den Rodegebieten[94] mußte jeder Quadratmeter der dörflichen Siedlungen dem Wald abgerungen werden. Der Wald brachte freilich dem Menschen auch viele Früchte, die man nicht säen, sondern nur ernten mußte. Besonders wichtig für den Bauern waren Eicheln zur Schweinemast. Die Laubbäume wurden allgemein zu den Fruchtbäumen gerechnet. Der Wald der Ortsumgebung mit seinen Produkten wie Holz, Wachs, Pech, Honig, Wild, Baum- und Bodenfrüchten war in die Landwirtschaft der Karolingerzeit durchaus integriert. Hier waren wichtige Nahrungs- und Rohstoffquellen des Menschen.[95]

Versuchen wir abschließend noch, die mainfränkische Siedlungsgeschichte der Karolingerzeit zu umreißen. Das kann nur in aller Vorsicht geschehen, da archäologisch zwar Reihengräber in Unterfranken bekannt sind (die freilich um 700 n. Chr. abbrechen), kaum aber Siedlungsfunde aus der Karolingerzeit – ein Phänomen, das im wesentlichen für ganz Süddeutschland zutrifft. Um die mittelalterliche Siedlungsgeschichte Mainfrankens haben sich vornehmlich Geographen der Universität Würzburg aus der Schule Helmut Jägers verdient gemacht.[96] Das frühe Mittelalter entzieht sich freilich weitgehend dem geographischen Blick, es sei denn, daß sich in Zukunft der in Altbayern entwickelte metrische Forschungsansatz Gertrud Diepolders[97] auch für Franken anwenden ließe.

Trotzdem gibt es gewichtige Indizien für eine expandierende Siedlungsentwicklung im karolingerzeitlichen Mainfranken. Diese Indizien stellen uns die Ortsnamen bereit. Während die -ingen-, -ungen-, -leben-, -feld- und -heim-Orte zum größten Teil auf die Merowingerzeit zurückgehen dürften, setzt nun auffallend eine neue Ortsnamengebungswelle ein, die einen Personennamen mit dem Grundwort -hausen verbindet. Karl Puchner hat für unser Gebiet nicht weniger als 112 Ortsnamen auf -hausen mit Personennamen feststellen können.[98] Er ist der Meinung, daß diese Ortsnamen in der kurzen Zeit von etwa 750/780 entstanden sind. Dies gilt sicherlich für eine Reihe dieser Orte, doch sollte man im wesentlichen für die -hausen-Orte mit Personennamen das 8. und 9. Jahrhundert verantwortlich machen. Karl Puchner ist völlig zuzustimmen, daß es sich dabei um Rodungssiedlungen einer (hoch- und niederadeligen) Grundherrenschicht handelt. Wichtig ist auch seine Feststellung, daß die jenen -hausen-Orten zugrundeliegenden Personennamen »sich zum größten Teil in den gleichzeitigen

Fuldaer und Würzburger Quellen, vereinzelt auch am Ort selbst oder in seiner Umgebung, nachweisen« lassen. Eine weitere alte Gruppe von -hausen-Orten, die nicht mit einem Personennamen zusammengesetzt ist (schematische Ortsnamen wie Westhausen, Mühlhausen, Pfaffenhausen), geht nach Puchner auf das 8. Jahrhundert zurück und ist seiner Ansicht nach Zeugnis der fränkischen Reichskolonisation.

Eine Zusammenstellung der quellenmäßig bezeugten Orte Frankens bis 830 zeigt deutlich, daß im heutigen Unterfranken des 8. und frühen 9. Jahrhunderts neben den genannten Ortsnamen auch -statt-, -stett-, -ach-, -bach-, brunnen-, -wang-, -tal-, -rod- und -wind bereits eine Rolle spielen[99]. Alles in allem wird man für die Karolingerzeit doch einen erheblichen, sicherlich zunächst extensiv verlaufenden Landesausbau konstatieren dürfen.

9. Ostfranken in der politischen Zerreißprobe: Der Konflikt der Babenberger-Fehde und seine unmittelbaren Folgen

Der blutige Machtkampf der großen Grafenfamilien, wie er sich im Markenraum des baierischen Ostens in der zweiten Hälfte des 9. Jahrhunderts abspielte, schien dank der Präsenz des Königtums dem mainfränkischen Raum erspart zu bleiben. Um die Jahrhundertwende ereilte auch Mainfranken dieses Schicksal, und zwar in einem Ausmaß, daß die ›Adelsfehde‹ die Grundfesten des ostfränkischen Reiches erschütterte.[100]

Der mainfränkische Graf Heinrich, ein Angehöriger der Popponen-Babenberger-Familie, war – wie wir gesehen haben – als *princeps militiae* (Fürst der Truppen) einer der mächtigsten Männer im ostfränkischen Reich geworden. Er konnte seine mainfränkischen Grafschaften seinen drei Söhnen Adalbert, Adalhard und Heinrich (II.) vererben, seine Tochter Hadwig mit Herzog Otto von Sachsen, dem mächtigsten Mann im Norden des ostfränkischen Reiches, vermählen. Ein Jahr vor dem Staatsstreich Arnulfs von Kärnten ist er gefallen, als Märtyrer des christlichen Glaubens hochgeehrt. Allein schon durch seine militärische und politische Amtstätigkeit für König Ludwig den Jüngeren und Karl III. mußte Heinrich, der berühmte Heermeister, Feind Arnulfs von Kärnten sein. Nun konnte der neue König Arnulf die drei Söhne des Gegners nicht sofort entmachten. Unter welchem Vorwand oder aus welchem triftigen Grund dies dann doch geschah, wissen wir nicht.

Die Fehde zwischen den Babenbergern und Konradinern, die sich in Franken und Hessen abspielte, ist in mancher Hinsicht aufschlußreich. Der zeitgenössische Geschichtsschreiber Regino von Prüm sagt, der Streit sei *ex parvis minimisque rebus* (aus kleinen und geringfügigen Ursachen) entstanden. 897 wurde in Prosselsheim bei Würzburg der königliche Diener Trageboto von den Leuten der babenbergischen Brüder Adalbert und Heinrich ermordet. Es bleibt zu vermuten, daß die beiden Brüder ›ererbtes‹ Amtsgut nicht herausrückten, das an den Grafen Eberhard, den Konradiner, fallen sollte.

Gleichzeitig kam es laut Regino zum ersten großen und blutigen Konflikt mit dem gehaßten Konradiner-Bischof Rudolf von Würzburg. ›Geringfügig‹ kann wohl nur der Anlaß der Fehde gewesen sein, die Ursachen lagen viel tiefer und sind im Machtkampf zwischen beiden Reichsaristokratenfamilien zu suchen. Es fällt auf, daß die Söhne des großen Heerführers gegen die Normannen, des Babenbergers Heinrich, dem Königtum Arnulfs von Kärnten fernblieben. Das hatte zur Folge, daß König Arnulf die in Hessen begüterten Konradiner in den ostfränkischen Verwaltungsbereich der Babenberger durch Schenkungen und Zuteilung der Grafschaft im Volkfeld hineinwachsen ließ. Höhepunkt dieser die Konradiner bevorzugenden Politik war die Besetzung des Bistums Würzburg durch den jüngsten Konradiner Rudolf 892. Das war offensichtlich für die Babenberger das Zeichen zum Angriff, und sicherlich mußte nur noch ein günstiger Anlaß gesucht werden. Ihre Fehde begann denn auch mit dem Bischof von Würzburg, wobei interessant ist, daß der König offensichtlich zunächst noch nicht einzugreifen wagte. Sie führte spätestens 902 zu großen Verwüstungen des Herrschaftsgebiets der Würzburger Domkirche durch die Babenberger Adalhard und Heinrich, worauf der Konradiner-Bischof seine Brüder Eberhard und Gebhard 902 zu Hilfe rief. Die Babenberger sammelten sich in ihrer Burg Babenberg (Bamberg) und brachen aus dieser im entscheidenden Augenblick hervor. In der Schlacht fällt je ein Vertreter beider Familien; der Babenberger Adalhard, der in Gefangenschaft gerät, wird von dem Konradiner Gebhard kurzerhand enthauptet. Jetzt mischt sich der König Ludwig das Kind ein, stellt sich auf die Seite der Konradiner und richtet über die Babenberger, deren Güter – vermutlich Reichslehen – zumindest teilweise konfisziert werden. Erst 906 erfahren wir wieder von der Fehde, als Adalbert sein Heer in die Wetterau gegen Konrad siegreich führte und beutebeladen nach Babenberg zurückkehrte. Auch hier mischte sich die Reichsgewalt wieder ein. Ludwig das Kind berief eine Reichsversammlung nach Tribur – er brauchte also die Hilfe und den Konsens der Großen –, um Adalbert einen politischen Prozeß zu machen. Immerhin wurde dem Babenberger die Möglichkeit gegeben, sich zu rechtfertigen. Adalbert aber blieb aus, wahrscheinlich weil ihm die Situation zu gefährlich schien, vielleicht auch, weil er sich in einer ›legalen Fehde‹ dünkte. Das bedeutete nun, daß ein Reichsheer gegen ihn aufgeboten wurde und die Babenbergerburg Theres bei Schweinfurt belagerte, in der sich Adalbert verschanzt hatte. Durch eine List, bei der sich auch der baierische Markgraf Luitpold beteiligte, wurde er bewogen, die Burg zu öffnen und gnadeflehend in das Lager des Königs zu gehen, wo er gefangengenommen wurde. Nach einem neuen Prozeß wurde auch er enthauptet.

Diese Fehde ist deshalb für die Verfassungsgeschichte so wichtig, weil in sie der König – sofern er nicht eine Marionette der Großen war – aktiv eingriff, nicht so sehr, weil er die Partei der Konradiner ergriff, sondern weil er einen politischen Prozeß machte und den ›Reichsgegner‹ – notgedrungen durch Beschluß der Großen – zu vernichten suchte. Die Reichsgewalt siegte hier also über die adelige Fehde. »Das wirksamste Mittel zur Beseitigung von unliebsamen Grafen war die Friedloslegung; dann mochten sich immer benachbarte Adelige finden, die sie vollstreckten, freilich zu ihrem eigenen Vorteil, nicht zu dem des Reiches« (W. Schlesinger). Regino von Prüm sagt über die Konfiskationen, daß die *facultates et possessiones* (Amtsgüter und Besitzungen) des Babenbergers Adalbert dem Fiskus übergeben und in Form königlicher Geschenke unter die Großen, d. h. die Gegner der Babenberger, verteilt worden seien.

Nun war für die Konradiner der Weg frei, eine beherrschende Stellung in Ostfranken einzunehmen.[101] Konrad, der Sohn des gleichnamigen gefallenen Konradiners, begann den Titel *dux* zu tragen. Nachdem 907 der baierische Markgraf Luitpold gefallen war, der als wichtiger Ratgeber Ludwigs des Kindes seine politischen Fühler schon weit in den fränkischen Raum ausgestreckt hatte, und nachdem der thüringische *dux*, ferner der Würzburger Bischof, nämlich der Konradiner Rudolf, und schließlich Graf Egino vom Badanachgau 908 im Kampf gegen die Ungarn sein Leben verloren hatte, konnte Ostfranken in erhöhtem Maße Einflußgebiet der Konradiner werden. Welche Stellung sie im ganzen Reich errungen hatten, verdeutlichen die Königsdiplome. Seit 909 intervenierten, wenn wir von den geistlichen Würdenträgern absehen, nur noch Konradiner in den Urkunden Ludwigs des Kindes. Alleinige Machthaber konnten sie in Ostfranken dennoch nicht werden. Es ist auffallend, daß seit 906 wieder Grafen aus dem verwandtschaftlichen Umkreis der Babenberger in den Gauen Volkfeld, Grabfeld, Tullifeld und Radenzgau sichtbar werden. Für diesen Augenblick hatten offensichtlich die sächsischen Rivalen der Konradiner, die Herzöge Otto und Heinrich (später König Heinrich I.), vorgesorgt. Der Einfluß der Liudolfinger reichte also bis Franken und erstrebte hier wiederum ein gewisses Gleichgewicht der Kräfte. Angesichts der Ungarngefahr war hier innerer Friede dringend nötig.

Nach dem Tod Ludwigs des Kindes wurde der Konradiner *dux* Konrad, der sich schon als Quasi-Herzog über Ostfranken gefühlt hatte, 911 in Forchheim zum König gewählt. Die regionalen Herrschaftsfunktionen übernahm nun Konrads Bruder Eberhard, der aber nie ausdrücklich dux Francorum genannt wird. Sein Einfluß auf Ostfranken scheint relativ gering gewesen zu sein. Entscheidend war, „daß Eberhard nie über die nicht seiner Familie gehörigen Grafschaften und über die Bistümer zu verfügen hatte wie die anderen Herzöge, nie jene vizekönigliche Stellung einnahm« (G. Zimmermann). Ostfranken wurde eher wieder Königsland wie unter den früheren Karolingern.[102] König Konrads Reiseweg muß häufig über Franken geführt haben, zweimal ist er in Würzburg bezeugt. Frankfurt, Weilburg an der Lahn und Forchheim sind seine wichtigsten ›Residenzen auf Zeit‹. Der politischen Wertigkeit des Raumes entspricht, daß Bischof Thioto von Würzburg immerhin fünfmal als Intervenient bei königlichen Urkunden bezeugt ist; für weltliche Amtsträger dieses Raumes trifft dies allerdings nicht zu. Würzburg empfing auch, ebenso wie Fulda, vier Urkunden des Königs, nur noch übertroffen vom Kloster Lorsch. Konrad I. hat zwar kräftig konradinische Familienpolitik betrieben; um für die Auseinandersetzung mit dem Baiernherzog Arnulf gewappnet zu sein, mußte er aber zunehmend Mainfranken in seine ›Regierungslandschaft‹ einbinden. Konrads früher Tod verhinderte, daß er seine Ansprüche bis zum Ende hat verfolgen können. In dieses königliche Konzept hätte nie ein selbständiges ›Herzogtum Ostfranken‹ gepaßt.

Anmerkungen

[1] Die Briefe des hl. Bonifatius u. Lullus, hg. v. M. Tangl, MG Epistolae selectae I, 1916, Brief 43, S. 68 f.

[2] Vita S. Bonifatii auctore Willibaldi (Vitae sancti Bonifatii archiepiscopi Moguntini), ed. W. Levison, MG SS rer. Germ., 1905.

[3] Annales Bertiniani, ed. G. Waitz, MG SS rer. Germ., 1883, S. 2 zu 830: *Saxones et orientales Franci*; S. 4 zu 832: *omnes Francos occidentales et australes necnon Saxones; ut omnes australes Franci et Saxones ei auxilium ferre deberent.* Vgl. dazu J. Dienemann, Der Kult des heiligen Kilian im 8. und 9. Jahrhundert, QFW 10, 1955, S. 184 ff.; Bosl, Franken um 800, S. 10 f.

[4] K. Roth, Kleine Beiträge zur Sprach-, Geschichts- und Ortsforschung 3, 1854, S. 41.

[5] Wendehorst, GS Würzburg 1, S. 29 f.

[6] Dazu s. unten.

[7] Stengel (Hg.), Urkundenbuch des Klosters Fulda I, (zit. künftig Stengel, FUB), nr. 240. Einhard hat für Fulda 5 Urkunden geschrieben, davon zwei, die den Ort Ballingshausen bei Bad Kissingen betreffen; s. auch Stengel, S. LXIII f.

[8] Einhardi Vita Karoli Magni, ed. O. Holder-Egger, MG SS rer. Germ., 1911, S. 25.

[9] Zum Hardrataufstand s. bes. Annales regni Francorum, ed. F. Kurze, MG SS rer. Germ., 1895, S. 70 f.; MG SS I, S. 32, 41 ff., 92; MG SS II, S. 596; MG SS III, S. 38, 122.

[10] MG SS I, S. 41 ff.

[11] H. Wagner, Neustadt an der Saale (HAB, Teil Franken 7), S. 17 f. Zur Pfalz Salz s. auch Bosl, wie Anm. 3, S. 146 ff.

[12] Wagner, wie Anm. 11, S. 40.

[13] H. Wagner, Zur Frühzeit des Bistums Würzburg (II), in: WDGBl 48, 1986, S. 111–131, hier S. 119.

[14] Annales regni Francorum, S. 94, Annales qui dicuntur Einhardi (ebd.), S. 95; Wendehorst, wie Anm. 5, S. 32.

[15] K. Hauck, Die fränkisch-deutsche Monarchie und der Weserraum, in: Kunst und Kultur im Weserraum 800–1600 I, 1966, S. 97–121, hier S. 101.

[16] Translatio sancti Liborii, MG SS IV, S. 149–157, hier S. 149 f.

[17] Ebd. S. 151.

[18] Eigilis Vita sancti Sturmi, MG SS II, S. 377.

[19] Stengel, FUB nr. 73.

[20] Stengel, FUB nrr. 77, 83.

[21] Bosl, wie Anm. 3, S. 88.

[22] In diesem Kapitel verzichte ich in der Regel auf Quellenangaben, da diese bei Wendehorst, wie Anm. 5, leicht ersichtlich. Zu diesen Bischöfen und dem Bistum des 8./9. Jhs vgl. noch K. Bosl, wie Anm. 3, S. 141 f; Wagner, Schmale, Schich (s. Lit. Verz.).

[23] MG SS 10, S. 11. Zu den Beziehungen Hariolfs nach Bayern s. W. Störmer, Bischöfe von Langres aus Alemannien und Bayern, in: Langres et ses évêques VIIIe–XIe siècles, 1986, S. 43–77.

[24] H. Wellmer, Persönliches Memento im deutschen Mittelalter (Monographien z. Gesch. d. Mittelalters 5), 1973, S. 13–43.

[25] W. Giese, Zur Bautätigkeit von Bischöfen und Äbten des 10. bis 12. Jahrhunderts, in: DA 18, 1982, S. 388–438, hier S. 437.

[26] Passio sancti Quirini Tegernseensis, MG SS rer. Merov. III, S. 19. Arn muß also engen Kontakt zum Kloster Tegernsee gehabt haben.

[27] Zur Gründungsproblematik s. Heinemeyer, Die Gründung des Klosters Fulda, S. 1–45. Zur personellen Entwicklung Fuldas in der Karolingerzeit unentbehrlich: K. Schmid (Hg.), Die Klostergemeinschaft Fulda. Für unsere Fragestellung sind dabei besonders zu berücksichtigen die Beiträge von K. Schmid in I, S. 108–135, M. Sandmann in I, S. 178–204, und II, S. 697–780, F.-J. Jacobi in II, S. 505–525, E. Freise in II, S. 1003–1269. Weitere Lit. s. Bibliographie.

[28] Eigilis Vita sancti Sturmii, MG SS II, S. 377.

[29] Stengel, FUB nr. 68, vgl. auch nr. 67.

[30] Vita s. Sturmi, S. 373.

[31] So sieht es allerdings die Vita sancti Sturmi.

[32] Vita s. Sturmi, cap. 12.

[33] MG D Kar. I. 292 (unecht).

[34] B. Schmeidler, Fränkische Urkundenstudien, in: JffL 5, 1939, S. 73 ff.; R. Kengel, Megingaudeshausen – Münsterschwarzach, in: MainfrJb 1, 1949, S. 81 ff. S. ferner Anm. 55.

[35] Stengel, FUB nr. 175.

[36] Dronke, CDF nr. 445.

[37] Stengel, FUB nr. 202.

[38] Dronke, CDF nr. 410. Zum Folgenden s. Störmer, Die Wohltäter, S. 469–479.

[39] Stengel, FUB nrr. 154, 264. Wie aus letzterer nr. hervorgeht, stand die Äbtissin immerhin 22 Nonnen in Milz vor.

[40] Gockel, Zur Verwandtschaft der Äbtissin Emhilt von Milz, S. 1–70.

[41] Das Leben der Liutbirg, hg. O. Menzel (Deutsches Mittelalter. Kritische Studientexte des Reichsinstituts für ältere deutsche Geschichtskunde 3), 1937, cap. 2, S. 10 f.

[42] Stengel, FUB nr. 73. Zum Folgenden s. Störmer, Eine Adelsgruppe, S. 1–34.

[43] Dronke, CDF nrr. 447, 593; Bosl, wie Anm. 3, S. 121, 135.

[44] Vgl. den ganz ähnlichen Sachverhalt in Baiern und Alamannien: Störmer, Früher Adel, 2, S. 374 ff.

[45] Dazu s. Wagner, Die Äbte, hier. S. 7 ff.

[46] MG D O. III. 140. Dazu s. G. Zimmermann, Die Klosterrestitutionen Ottos II. an das Bistum Würzburg, in: WDGBl 25, 1963, S. 1–28; W. Störmer, Die Reichskirche im Spessart-Odenwald-Gebiet von der Karolinger- bis zur Salierzeit, in: JffL 48, 1988, S. 1–17.

[47] Dronke, CDF nr. 655. Die neue Spessartmark Fulda stößt an die Klostermark Neustadts: *inde ad marcam monasterii uocabulo Niustat.*

[48] Wagner, wie Anm. 45, bes. S. 12 f., 17 ff.

[49] W. Kathrein, Alte Beziehungen zwischen der Reichsabtei Fulda und dem Kloster Schlüchtern, in: Fuldaer Geschichtsblätter 61, 1985, S. 29–42, bes. S. 30 ff.

[50] MG Capit. reg. Franc. I, 1883, S. 351.

[51] G. Fritz, Kloster Murrhardt im Früh- und Hochmittelalter (Forschungen aus Württembergisch Franken 18), 1982, S. 22 f., 42 ff.

[52] H. Daul, Die Karlburger Königsgüter, in: MainfrJb 14, 1962, S. 84–100, bes. S. 94 ff.

[53] Wellmer, wie Anm. 24, S. 13 f.

[54] J. F. Böhmer, E. Mühlbacher, Regesta Imperii I, ²1908 (BM), nr. 971; W. Scherzer, in: WDGBl 14/15, 1952, S. 115 ff.

[55] Wendehorst, Die Anfänge, S. 163 ff.

[56] Zum Folgenden s. H. Weber, Kitzingen (HAB, Teil Franken 16), 1967, S. 25 ff.

[57] E. Frhr. v. Guttenberg, Fränkische Urbare, in: ZBLG 7, 1934, S. 173 ff.

[58] Zum Folgenden: Wendehorst, wie Anm. 55; Weber, wie Anm. 56, S. 27 ff.

[59] MG D Konr. I. nr. 6; vgl. W. Störmer, Artikel Dracholf in LexMA III, Sp. 1346 f.

[60] Vgl. A. Wendehorst, Wer konnte im Mittelalter lesen und schreiben?, in: J. Fried (Hg.), Schulen und Studium im sozialen Wandel des hohen und späten Mittelalters (Vorträge und Forschungen 30), 1986, S. 9–33.

[61] Zum Folgenden s. Oswald, Schaefer, Sennhauser (Hg.), Vorromanische Kirchenbauten, 1966–70, bes. S. 5, 28 f., 87 ff., 309 ff., 320 ff., 382 ff. Herrn Dr. Oswald/Amorbach danke ich für wichtige Hinweise.

[62] Neueste Stellungnahme, die allerdings wenig die Forschungssituation berücksichtigt: E. Kuhn, Die Rundkirche St. Maria auf der Festung Marienberg in Würzburg, in: WDGBl 47, 1985, S. 5–30.

[63] Zum Folgenden Bischoff, Hofmann, Libri Sancti Kyliani; F. K. Scheibe, Karolingischer Humanismus. Studien zu Geist und Ausdrucksform des Imperium christianum. Diss. Würzburg 1957; H. Thurn, Die Pergamenthandschriften der ehemaligen Dombibliothek, in: Die Handschriften der Universitätsbibliothek Würzburg III/1, 1984; G. Mälzer, Die Bibliothek des Würzburger Domstifts, in: WDGBl 50, 1988, S. 509–544.

[64] Mälzer, wie Anm. 63, S. 509 f.

[65] St. Hilpisch, Der hl. Rabanus Maurus, 1956; P. Lehmann, Erforschung des Mittelalters I/II, 1959; Schmale, in HbbG III/1, S. 114 f.; D. Geuenich, Zur althochdeutschen Literatur aus Fulda, in: Von der Klosterbibliothek zur Landesbibliothek, hg. v. A. Brall (Bibliothek des Buchwesens 6), 1978, S. 99–124.

[66] P. Johanek, Die Gründung von St. Stephan und Neumünster und das ältere Würzburger Urkundenwesen, in: MainfrJb 31, 1979, S. 32–68, hier S. 56.

[67] H. Zatschek, Die Reichsteilungen unter Ludwig dem Frommen, in: MIÖG 49, 1935, S. 185–224.

[68] Annales Fuldenses, ed. F. Kurze, MG SS rer. Germ., a. 838, S. 29.

[69] Annales Fuldenses a. 839, S. 30.

[70] Annales Fuldenses a. 840, S. 30.

[71] Anonymi vita Hludovici, Quellen z. Karol. Reichsgeschichte I, ed. R. Buchner, 1955, a. 840, S. 374.

[72] BM, nr. 1006. Zu Ludwigs letztem mainfränkischen Aufenthalt s. nrr. 1003 f–1007.

[73] Annales Bertiniani, Quellen z. Karolingischen Reichsgeschichte II, ed. R. Buchner, 1958, a. 843, S. 60.

[74] Erchanberti Breviarium Continuatio, MG SS 2, a. 865, S. 329.

[75] Annales Fuldenses a. 866, S. 64 f.

76 Zum Folgenden E. Dümmler, Geschichte 3; W. Schlesinger, Die Auflösung des Karlsreiches, in: Karl der Große I, hg. v. H. Beumann, 1965; F. Geldner, Neue Beiträge zur Geschichte der ›alten Babenberger‹, 1971.

77 K. Reindel, Die bayerischen Luitpoldinger 893–989 (QE z. bayerischen Geschichte 11), 1953, nrr. 28, 30, 42, 43.

78 Stengel, FUB nr. 83; Roth, wie Anm. 4, S. 34–46.

79 Bosl, wie Anm. 3, S. 74 ff.; Gockel, wie Anm. 40, S. 47 ff., 65 ff.

80 Gockel, wie Anm. 40, S. 58.

81 Stengel, FUB nr. 57.

82 F. J. Bendel (Hg.), Urkundenbuch der Abtei St. Stephan in Würzburg, 1912, nr. 1. Dazu s. Dronke, CDF nr. 173 (Schenkung Adelhers).

83 Bosl, wie Anm. 3, S. 64–135.

84 Dazu demnächst eine Veröffentlichung von mir.

85 Zum Folgenden s. H. K. Schulze, Die Grafschaftsverfassung der Karolingerzeit in den Gebieten östlich des Rheins (Schriften zur Verfassungsgeschichte 19), 1973, S. 215–250; vgl. auch Sprandel, Gerichtsordnung und Sozialstruktur (s. Lit.Verz.).

86 Beispielsweise Stengel, FUB nr. 91–99, 412, 417 usw. Zum Begriff familia s. K. Bosl, Die familia als Grundstruktur der mittelalterlichen Gesellschaft, in: ZBLG 38, 1975, S. 403–424.

87 Dronke, TAF S. 20, cap. 4, nr. 96.

88 Dronke, TAF S. 23, cap. 5, nr. 3.

89 Dronke, TAF S. 23, cap. 5, nr. 11.

90 Stengel, FUB nr. 232; vgl. nr. 210, 283, 404 b.

91 Dronke, TAF S. 126, cap. 44, nr. 26.

92 Dronke, TAF S. 126, cap. 44, nr. 27.

93 Dazu u. a. die Beispiele Dronke TAF S. 127 f., cap. 44, nr. 50; K. Glöckner (Hg.), Codex Laureshamensis III, 1936, nr. 3677. Vgl. dazu das Staffelseer Inventarverzeichnis, ferner: F. Staab, Untersuchungen zur Gesellschaft am Mittelrhein in der Karolingerzeit, 1975, S. 281 ff., 331–370.

94 Zum Siedlungsausbau s. die einzelnen Bände des HAB, ferner K. Puchner, Die Ortsnamen auf -hausen in Unterfranken, in: Bll f. oberdt. Namenforschung 5, 1962/64, S. 2–27; Bosl, wie Anm. 3, S. 39–62; Gockel, Die Träger von Rodung und Siedlung, S. 1–24.

95 H. Rubner, Wald und Siedlung im Frühmittelalter am Beispiel der Landschaften zwischen Alpen und Main, in: Berichte z. dt. Landeskunde 32, 1965.

96 Vgl. W. Pinkwart (Hg.), Genetische Ansätze in der Kulturlandschaftsforschung. Festschrift für Helmut Jäger (Würzburger geographische Arbeiten 60), 1983; H. Jäger, W. Scherzer, Territorienbildung, Forsthoheit und Wüstungsbewegung im Waldgebiet westlich von Würzburg (Mainfränkische Studien 29), 1984. Vor dem Abschluß steht ferne eine siedlungshistorische Arbeit über Unterfranken im hohen Mittelalter (P. Rückert, voraussichtlich Diss. Würzburg 1989).

97 G. Diepolder, Ortsgeschichtliche, siedlungs- und flurgenetische Beobachtungen im Raum Aschheim (Aschheim im frühen Mittelalter II = Münchner Beiträge zur Vor- und Frühgeschichte 32), 1988, 193 pass. (metrische Analysen).

98 Puchner, wie Anm. 94, S. 2–27.

99 Bosl, wie Anm. 3, S. 155–191.

100 Zum Folgenden: Geldner (s. Lit.Verz.); Wendehorst, wie Anm. 5, S. 52 ff.; Schmale (s. Lit.Verz.), S. 46 ff.; Friese, Studien, S. 103–118; Brunner, Oppositionelle Gruppen, S. 146 ff. Der Modellcharakter dieser Babenberger-Fehde ist bislang von der allgemeinen Forschung viel zu wenig berücksichtigt worden.

101 Zum Folgenden Zimmermann (s. Lit.Verz.), S. 383 ff.; Friese (s. Lit.Verz.), S. 173 f.; Geldner, Neue Beiträge S. 15 ff., 23 ff.

102 Zum Folgenden H. W. Goetz, Der letzte ›Karolinger‹? Die Regierung Konrads I. im Spiegel seiner Urkunden, in: ADipl 26, 1980, S. 56–125.

Literatur (Auswahl)

Karolingerzeit allgemein

Abel-Simson, Jb d. fränk. Reichs unter Karl d. Gr., I ²1882, II 1883; E. Dümmler, Geschichte des Ostfränkischen Reiches, 3 Bde., 1887/88; Ders., Die Entstehung des deutschen Reiches (Wege der Forschung 1), 1963; H. Fichtenau, Das karolingische Imperium, 1949; Gebhardt, Handbuch der deutschen Geschichte I, ⁹1970, S. 150–223; P. Riché, Die Welt der Karolinger, 1981. B. Simson, Jb d. fränk. Reichs unter Ludwig d. Fr., I 1874, II 1876; W. Störmer, Früher Adel I/II (Monographien zur Gesch. des Mittelalters 6), 1973.

Angrenzende Regionen

B. U. Abels, W. Sage, Ch. Züchner (Hg.), Oberfranken in vor- und frühgeschichtlicher Zeit, 1986; H. Patze, W. Schlesinger (Hg.), Geschichte Thüringens I, 1968; H. Roth, E. Wamers (Hg.), Hessen im Frühmittelalter, 1984; W. Schlesinger (Hg.), Althessen im Frankenreich (Nationes 2), 1975; F. Staab, Untersuchungen zur Gesellschaft am Mittelrhein der Karolingerzeit, 1975; . F. Trautz, Das untere Neckarland im frühen Mittelalter (Heidelberger Veröffentlichungen 1), 1953.

Ostfranken in der Karolingerzeit allgemein

K. Bosl, Franken um 800, 1969²; G. Pfeiffer, Wie die Mainlande fränkisch wurden (Geschichte am Obermain 9), 1974/75, S. 23–48; F.-J. Schmale, Franken vom Zeitalter der Karolinger bis zum Interregnum, in: M. Spindler (Hg.), Handbuch der bayerischen Geschichte III/1, 1971, S. 29–52; W. Schlesinger, Die Entstehung der Landesherrschaft, 1964; S. Stein, Geschichte Frankens I, 1885.

Zu 2. Karl der Große und Ostfranken

W. Metz, Das karolingische Reichsgut, 1960; F.-J. Schmale (HbbG III/1). Zur Sachsenmission; M. Last, Die Bedeutung des Klosters Amorbach für Mission und Kirchenorganisation im sächsischen Stammesgebiet, in: F. Oswald, W. Störmer (Hg.), Die Abtei Amorbach im Odenwald, 1984, S. 33–53; W. Metz, Mainzer, Fuldaer und Würzburger Einflüsse an der oberen Weser, in: Kunst und Kultur im Weserraum 800–1600, 1966, S. 122–126.

Zu 3. Die Würzburger Bischöfe und ihr Wirken als kirchliche Amtsträger und als Interessenwahrer des Königtums

P. J. Fraundorfer, Ehemalige Dotations- und Eigenkirchen des Hochstifts Würzburg (Sonderhefte Deutsche Gaue), 1925; W. Schich, Würzburg im Mittelalter (Städteforschung A/3), 1977, Kap. 1–3; P. Schöffel, Herbipolis sacra (Darstellungen aus der fränkischen Geschichte 7), 1848; H. Wagner, Zur Frühzeit des Bistums Würzburg I, in: MainfrJb 33, 1981, S. 91–121. A. Wendehorst, Das Bistum Würzburg I (GS NF 1), 1962, S. 31–58.

Zu 4. Die Reichsabtei Fulda und die mainfränkische Klosterlandschaft der Karolingerzeit

K. Heinemeyer, Die Gründung des Klosters Fulda im Rahmen der bonifatianischen Kirchenorganisation, in: Hessisches Jb f. Landesgeschichte 30, 1980, S. 1–45; K. Lübeck, Fuldaer Nebenklöster in Mainfranken, in: MainfrJb 2, 1950, S. 1–52; H. Petzolt, Abtei Kitzingen (Masch. Diss. Würzburg), 1951; F. Prinz, Frühes Mönchtum im Frankenreich, ²1988, S. 237–259, 368 f.; K. Schmid (Hg.), Die Klostergemeinschaft von Fulda im frühen Mittelalter (Münstersche Mittelalter-Schriften 8/1–3), 3 Bde. in 5 Teilen, 1978; E. E. Stengel (Hg.), Urkundenbuch des Klosters Fulda I, 1958; W. Störmer, Eine Adelsgruppe um die Fuldaer Äbte Sturmi und Eigil und den Holzkirchener Klostergründer Throand, in: Gesellschaft und Herrschaft. Eine Festgabe für K. Bosl, 1969, S. 1–34; Ders., Die Wohltäter des frühmittelalterlichen Klosters Brach an der Fränkischen Saale, in: WDGBl 37/38, 1975, S. 469–479; H. Wagner, Die Äbte des Klosters Neustadt am Main im Mittelalter, in: WDGBl 46, 1984, S. 5–60; H. Weber, Kitzingen (HAB Teil Franken 16), 1967, S. 23–29; A. Wendehorst, Die Anfänge des Klosters Münsterschwarzach, in: ZBGL 24, 1961, S. 163–174.

Zu 5. Die geistliche Kultur

B. Bischoff, J. Hofmann, Libri Sancti Kyliani. Die Würzburger Schreibschule und die Dombibliothek im VIII. und IX. Jahrhundert, QFW 6, 1952; P. Lehmann, Die alte Klosterbibliothek Fulda und ihre Bedeutung (Aus der Landesbibliothek Fulda 2), 1928; F. Oswald, L. Schaefer, H. R. Sennhauser, Vorromanische Kirchenbauten, 1966–70 (Veröff. des Zentralinsituts für Kunstgeschichte in München III).

Zu 6. Mainfranken in den Parteikämpfen der Söhne Ludwigs des Frommen und unter den letzten Karolingern

B. Simson, Jahrbücher des fränkischen Reichs unter Ludwig dem Frommen I, 1874.

Zu 7. Adelsgruppen und Grafen im mainfränkischen Raum

A. Friese, Studien zur Herrschaftsgeschichte des fränkischen Adels (Geschichte und Gesellschaft 18), 1979; M. Gockel, Zur Verwandtschaft der Äbtissin Emhilt von Milz, in: H. Beumann (Hg.), Festschrift für Walter Schlesinger II (Mitteldeutsche Forschungen 74/II), 1974, S. 1–70; Ders., Die Träger von Rodung und Siedlung im Hünfelder Raum in karolingischer Zeit, in: Hessisches Jb f. Landesgeschichte 26, 1976, S. 1–24; R. Sprandel, Gerichtsordnung und Sozialstruktur Mainfrankens im früheren Mittelalter, in: JffL 38, 1978, S. 7–38; Ders., Die frühmittelalterliche Grundbesitzverteilung und Gerichtsordnung im fränkischen und alemannischen Raum, in: F. Quarthal (Hg.), Alemannen und Ostfranken im Frühmittelalter, 1985, S. 47–59; H. Steuer, Die frühmittelalterliche Gesellschaftsstruktur im Spiegel der Grabfunde, in: H. Roth, E. Wamers (Hg.), Hessen im Frühmittelalter, 1984, S. 78–86; W. Störmer, Adelsgruppen im früh- und hochmittelalterlichen Bayern (Studien zur bayer. Verfassungs- und Sozialgeschichte 4), 1972; Ders., Bayerisch-ostfränkische Beziehungen vom 7. bis zum frühen 9. Jahrhundert, in: H. Wolfram, A. Schwarcz (Hg.), Die Bayern und ihre Nachbarn I (Österr. Akademie d. Wiss., Phil.-Hist. Kl., Denkschriften 179), 1985, S. 227–252.

Zu 8. Bäuerliche Bevölkerung und Landwirtschaft

R. Bauer, Die ältesten Grenzbeschreibungen in Bayern und ihre Aussagen für Namenskunde und Geschichte (Die Flurnamen Bayerns 8), 1988, S. 3–92; W. Emmerich, Die siedlungsgeschichtlichen Grundlagen, in: H. Patze, W. Schlesinger (Hg.), Geschichte Thüringens I, 1968, S. 207–315, bes. 282–306; M. Gockel, Die Träger von Rodung und Siedlung im Hünfelder Raum in karolingischer Zeit, in: Hessisches Jb f. Landesgeschichte 26, 1976, S. 1–24; Einzelbände des HAB Teil Franken; W. Schlesinger, Die Entstehung der Landesherrschaft, ²1964; Ders., Die Hufe im Frankenreich, in: H. Beck, D. Denecke, H. Jankuhn (Hg.), Untersuchungen zur eisenzeitlichen und frühmittelalterlichen Flur in Mitteleuropa und ihrer Nutzung I, 1979, S. 41–70; F. Schwind, Beobachtungen zur inneren Struktur des Dorfes in karolingischer Zeit, in: H. Jankuhn, R. Schützeichel, F. Schwind (Hg.), Das Dorf der Eisenzeit und des frühen Mittelalters, 1977, S. 444–493; R. Sprandel, Gerichtsorganisation und Sozialstruktur Mainfrankens im frühen Mittelalter, in: JffL 38, 1978, S. 7–38; T. Werner-Hasselbach, Die ältesten Güterverzeichnisse der Reichsabtei Fulda, 1942.

Zu 9. Ostfranken in der politischen Zerreißprobe: Der Konflikt der Babenberger-Fehde und seine unmittelbaren Folgen

K. Brunner, Oppositionelle Gruppen im Karolingerreich, 1979, S. 164 ff.; F. Geldner, Neue Beiträge zur Geschichte der ›alten Babenberger‹ (Bamberger Studien z. fränk. u. dt. Geschichte 1), 1971; G. Zimmermann, Vergebliche Ansätze zu Stammes- und Territorialfürstentum in Franken, in: JffL 23, 1963, S. 379–408.

OTTO MEYER

In der Harmonie von Kirche und Reich

1. Der Aufstieg der Konradiner in Ostfranken bis zum Königsthron

Am 13. Januar 888 starb Kaiser Karl III., der Dicke.[1] Noch einmal hatte er das karolingische Gesamtreich unter seiner Krone vereint, freilich mehr in der Idee, denn in der Wirklichkeit. Dessen Auflösungsprozeß war schon viel zu weit fortgeschritten, um einem noch dazu schwerkranken Herrscher das Gesamtregiment zu ermöglichen. Die Unzufriedenheit über ihn nahm zu, als sich herausstellte, daß er den Schutz des Reiches vor Feinden nicht gewährleisten konnte; namentlich gegen die ständig sich wiederholenden Einfälle der Normannen konnte er, wie der Chronist lapidar feststellt, *nichts Denkwürdiges* ausrichten. Ein Reichstag in Tribur im November 887 versagte ihm weitere Gefolgschaft und ersetzte ihn durch Arnulf, den unehelichen Sohn des ostfränkischen Karolinger-Königs Karlmann. Bereits schwer krank, überlebte Karl diese Demütigung nicht lange.

Regino von Prüm, ohne Zweifel der kundigste Deuter der Ereignisse seiner Zeit, würdigt in seiner Chronik zwanzig Jahre später rückschauend das Ereignis mit folgenden Worten[2]: *Nach seinem Tod lösen sich die Reiche, die seinem Gebote gehorcht hatten, da sie eines gesetzmäßigen Erben entbehrten, aus ihrem Verbande in Teile auf und erwarten nicht mehr ihren natürlichen Herrn, sondern ein jeder schickt sich an, sich einen König aus seinem Innern zu wählen. Dieser Umstand rief große Kriege hervor, nicht etwa weil es den Franken an Fürsten gefehlt hätte, die durch Adel, Tapferkeit und Weisheit über die Reiche herrschen konnten, sondern, weil unter ihnen selbst die Gleichheit der Abkunft, der Würde und Macht die Zwietracht steigerte, da niemand den andern so überlegen war, daß die übrigen sich dazu verstanden hätten, sich seiner Hoheit zu beugen. Denn viele zur Lenkung des Reiches tüchtige Fürsten hätte Francien erzeugt, wenn das Schicksal ihnen nicht im Wetteifer der Kraft zu gegenseitigem Verderben die Waffen in die Hand gegeben hätte.*

Regino entwirft hier aus seinen Erlebnissen seit 888 ein durchaus treffendes Bild für alle Teile des einstigen karolingischen Großreiches, auch für die Francia orientalis. Sie erlebte im ersten Jahrzehnt des 10. Jahrhunderts die Eskalation der Rivalität zwischen den Sippen der Konradiner und der Popponen. Jene, die Konradiner, erscheinen mit dem Kern ihrer Besitzungen am Mittelrhein, in Hessen – Fritzlar war einer ihrer Sitze[3] – und in der Wetterau; königliches Wohlwollen hat ihnen Grafschaften in der Francia orientalis verschafft. Die Popponen hatten sich in dieser Region ansässig machen können; schon Poppo der Ältere (819–839) erscheint hier und im Tullifeld, aber auch im Waldsassengau begütert, die Grafschaft im Grabfeld schuf ihnen einen Schwerpunkt (für die Gaue vgl. Abb. 14 S. 76); die Burgen Bamberg und Theres am Main waren in ihrer Hand. Man kann sich des Eindrucks nicht erwehren, daß sie sich in Franken beheimatet fühlten und die Konradiner als Eindringlinge betrachteten. Stammen sie vielleicht aus einer Sippe, die nicht zu den in der karolingisch gewordenen Francia neu angesiedelten gehörten, sondern dem Kreis der schon in der Epoche des Thüringerreichs hier Ansässigen zuzurechnen sind? Wenn einer der Ihren, Graf Poppo der Jüngere, bei der Abwehr slawischer Bedrohung Thüringens sich besonders engagiert, u. a. im Jahre 892, könnte eine solche Tradition mitspielen. An Bedeutung in der Reichspolitik überstrahlt ihn sein Bruder Heinrich. Unter Karl dem Kahlen wird er zum energischen Führer der Abwehrkämpfe gegen die Normannen, freilich mit wechselndem Erfolg. Fränkische Kontingente spielten bei diesen Operationen eine erhebliche Rolle. Daß Heinrich schließlich bei der Belagerung der Normannen, die sich in Paris festgesetzt hatten, den Tod im Kampf erlitt, sicherte ihm ein ehrendes Gedenken: ein Epitaph rühmte sein Wirken.

Eine gewaltsame Auseinandersetzung zwischen den beiden Konkurrenten um die Macht in der orientalis Francia, ja vielleicht sogar um die Macht im ostfränkischen Teilreich überhaupt, wurde unvermeidlich. Man braucht nicht nach kleinen Anlässen zu suchen, die nur undeutlich erkennbar werden und lediglich als Vorwand zu dienen haben. Noch einmal Regino (zum Jahr 897)[4]: *Um diese Zeit entsteht zwischen dem Bischof Rudolf von Würzburg und den Söhnen des Herzogs Heinrich Adalbert, Adalhard und Heinrich, aus kleinen und geringfügigen Ursachen ein gewaltiger Hader der Zwietracht und ein Streit voll unversöhnlichen Hasses, und wie aus einem ganz geringen Funken eine ungeheure Feuersbrunst entfacht wird, so vergrößert er sich von Tag zu Tage zunehmend ins Unermeßliche. Und während sie sich über den Adel ihres Blutes, über die zahlreiche Menge ihrer Verwandten, über die Größe ihrer irdischen Macht über Gebühr erheben, fallen sie sich in gegenseitigen Metzeleien an, unzählige gehen auf beiden Seiten durch das Schwert zu Grunde, Verstümmelungen an Händen und Füßen werden verübt; die ihnen untertänigen Landschaften werden durch Raub und Brand von Grund aus verwüstet.* Die Konradiner erreichten bei Kaiser Arnulf die Entmachtung Poppos; er verlor seine Lehen (892), aber nur für kurze Zeit. 899 versichert ihn Arnulf erneut seiner Huld unter Beteuerung seiner Schuld an

206

der vorangegangenen Entscheidung und restituiert seinen gesamten Besitz. Die Rivalität, jetzt wesentlich gestützt auf den Konradiner Bischof Rudolf von Würzburg und seine Brüder Eberhard und Gebhard, anderseits auf die Söhne des Kriegshelden Heinrich nämlich Adalbert, Adalhard und Heinrich, blieb unvermindert heftig. Nur Poppos Name fällt nicht mehr. Ist er verstorben oder hat die Aussöhnung von 899 ihn veranlaßt, sich aus der Fehde herauszuhalten? Wir versagen uns die Einzelheiten der immer gewalttätiger werdenden Auseinandersetzung, die 902 oder 903 einerseits Eberhard, anderseits Heinrich das Leben raubte; Adalhard ließ der Konradiner Gebhard sicher mit Billigung des jetzt regierenden Königs Ludwig enthaupten. 906 unternahm Adalbert einen Zug, um das Haupt der gegnerischen Partei, Konrad, zu beseitigen. Er überfiel ihn in dessen Sitz Fritzlar und blieb erfolgreich: Konrad kam im Kampf um. Der Poppone hatte damit aber die Reichsexekution heraufbeschworen, König Ludwig das Kind belagerte seine Burg Theres, erzwang seine Kapitulation und ließ die Todesstrafe an ihm vollziehen. Sein Besitz wurde eingezogen.[5]

Die Rivalen waren beseitigt; die Konradiner konnten die Initiative zu weiterem Machtaufstieg realisieren. Ihr größter Erfolg wurde die Königswahl des jüngeren Konrad, die zustande kam, ohne daß man noch an die Möglichkeit der Fortsetzung karolingischer Tradition durch einen westfränkischen Vertreter dieser Dynastie dachte (911).[6] Sie hatte verspielt, und Tradition klang nur noch insoweit mit, als man wenigstens einen Franken erkor, und zwar auf fränkischem Boden, in Forchheim, das in der zweiten Hälfte des 9. Jahrhunderts als Grenzort zu den Slawen und als Operationsbasis für kriegerische Unternehmen gegen diese eine zentrale Bedeutung erlangt hatte.[7]

Der bemerkenswert reibungslose Thronwechsel mochte den Erkorenen darüber hinwegtäuschen, daß die ehrgeizigen Machtkämpfe einer Reihe adliger Familien uneingeschränkt weitergingen, deren Herr zu werden, königliche Autorität jetzt nicht ausreichte. Auf ihre führende Stellung in ihrem Stamm pochend, usurpierten etwa der Luitpoldinger Arnulf von Baiern und der Hunfridinger Burchard von Schwaben nicht anders als der Liudolfinger Otto der Erlauchte von Sachsen die Würde eines Herzogs. Königsurkunden vermeiden dessen Gebrauch, aber die zeitgenössische Chronistik, etwa Regino oder Liutprand, übernehmen ihn nicht selten und wenden ihn an, auch wann und wo er von den als Herzog (dux) Titulierten selbst gar nicht in Anspruch genommen wird, nur weil er diesen nach ihrer Meinung zukomme. Diese Willkür schafft große Unsicherheit über die tatsächlich beanspruchte Machtstellung. Ein charakteristisches Beispiel: Liutprand von Cremona[8] führt einmal nebeneinander auf Arnulf von Baiern und Burchard von Schwaben als *principes*, Giselbert von Lothringen und

Heinrich von Sachsen, den Sohn Ottos des Erlauchten, als *duces*, ohne daß ein Grund für diese Differenzierung und für die völlig untypische Verwendung des Terminus *princeps* ersichtlich wäre. Als vierten nennt er noch Eberhard, den Bruder des Königs Konrad I., als *comes potentissimus Franciae, mächtigsten Grafen Frankens. Princeps* als Bezeichnung derer, die ein gewichtiges Wort mitzureden haben, wird jetzt üblicher, daß es Liutprand nur für Arnulf und Burchard anwendet, kann nur Laune sein. Sie drangen darauf, *duces* ihres Stammes zu sein wie auch der Sachse. Weder Giselbert noch Eberhard konnten sich auf eine solche Basis stützen; jener taktierte mit seiner Grenzstellung zwischen westlichem und östlichem Königreich, Eberhard aber sah sich besonders nach 906 als der siegreichen Sippe in der *orientalis Francia* zugehörig; seine Macht schätzte Liutprand richtig ein. Seinem Selbstbewußtsein Rechnung tragend, erkennen manche Chronisten ihm auch den Titel *dux* zu; *comes* scheint ihnen ungemäß. Aber selbst der königliche Bruder nennt ihn in einer Urkunde, seiner Verdienste um Grenzschutz gegen Osten gedenkend, nur *marchio, Markgraf.* Eberhards Autorität stieg noch, als ihn König Konrad, seines nahen Lebensendes gewiß, ausersah, die Regelung der Thronfolge, wie sie ihm vorschwebte, ins Werk zu setzen. Sicher hat Eberhard damit gerechnet, als nächster Verwandter des kinderlosen Herrschers selbst als dessen Nachfolger in Frage zu kommen. Konrad aber war realistisch genug, um zu erkennen, daß er an der Aufgabe, die Königsmacht gegenüber den eigensüchtigen Interessen der *principes* durchzusetzen, gescheitert war. Der Verfasser der Sachsengeschichte Widukind[9] hat ebenso eindrucksvoll wie ausschmückend berichtet, welche Konsequenz Konrad daraus zog; er läßt ihn zu seinem Bruder Eberhard sagen: *Sorge für das ganze Frankenreich, indem Du auf meinen Rat achtest. Wir können Truppen und Heere aufbieten ... wir haben alles, was die königliche Würde erheischt, nur kein Glück und keine Eignung. Das Glück samt der herrlichsten Befähigung ist Heinrich zuteil geworden, die Entscheidung liegt in der Sachsen Hand.* Er weist darum Eberhard an, dem Sachsenherzog Heinrich die Kroninsignien zu überbringen und ihn so zum Nachfolger zu designieren. Und Eberhard akzeptiert diese Entscheidung und macht damit den Weg zur Wahl Heinrichs I. frei. Der erste Herrscher aus der Sippe der Liudolfinger hat diese Tat gewürdigt; die Zeitgenossen melden uns nichts von einer Trübung des Verhältnisses zwischen Eberhard und dem neuen König. Dieser ließ offenbar Rang und Bedeutung des Konradiners unangetastet.

Die liudolfingische Dynastie setzte sich durch. Heinrich I. folgte im Jahre 936 unangefochten dessen Sohn Otto I. Ja, die kirchliche und weltliche Feier von Wahl und Krönung[10] machte allen sichtbar, welche Männer sich als die Obersten im Reich durchgesetzt hatten: die Stammesherzöge von

208

Baiern, Schwaben, Sachsen und ihnen gleichgestellt ebenfalls als ›duces‹ Giselbert von Lothringen und der Konradiner Eberhard. Gleich den anderen – Sachsen war durch den König selbst vertreten – nahm Eberhard ein Hofamt in Anspruch. Er diente beim Festmahl als Truchseß, während Giselbert als Kämmerer, Hermann von Schwaben als Mundschenk und Arnulf von Baiern als Marschall fungierten. Der sicherlich wohldurchdachte Ablauf des Festes bedeutete einerseits die Anerkennung der Herzogämter als Strukturelemente des neuen deutschen Königreiches, anderseits auch die Einbindung ihrer Träger in dessen und des Herrschers Dienst. Was in den vorangegangenen Jahrzehnten erstritten, ja ertrotzt worden war, ist nunmehr anerkannte Realität. Auch der ›dux Francorum‹ Eberhard hatte sich seinen Rang in diesem System erobert.

Die Harmonie währte nicht lange. Die Kämpfe um Macht, die Regino als das Charakteristikum der nachkarolingischen Zeit voraussah, gingen auch jetzt noch weiter.[11] Enttäuschung über ungenügende Berücksichtigungen seines Ranges in der Familie trieb Ottos I. Halbbruder Thangmar in gewalttätige Opposition; sein anderer Halbbruder Heinrich stellte sich gegen ihn. Eberhard, verärgert über die Unbotmäßigkeit eines sächsischen Lehnsmannes, schloß sich Thangmar an. Witterte er Ablehnung seiner Herzogswürde? Thangmars Tod im Kampf schuf keinen Frieden. Jetzt schmiedete Heinrich, pochend auf sein Erbrecht – er war anders als Otto nach der Königswahl seines Vaters geboren, also, um es nach byzantinischem Zeremoniell zu bezeichnen, ein Purpurgeborener –, Pläne zu gewaltsamer Übernahme der Königswürde. Er gewann für sein Vorhaben nicht nur Herzog Giselbert von Lothringen, sondern auch Eberhard. Die selbstbewußten ›Diener‹ Ottos wagten eine Machtprobe – und verloren: Im Laufe der kriegerischen Auseinandersetzungen, die größeren Umfang annahmen und in die sich sogar der westfränkische Karolinger König Ludwig IV. einmischte, gelang es Otto und seinen Anhängern doch, die große Gefahr für seine Krone abzuwenden. Bei einem Rheinübergang nahe der Feste Andernach wurden Eberhard und Giselbert angegriffen, jener wurde erschlagen, dieser ertrank beim Fluchtversuch im Fluß. Liutprand von Cremona, der immer recht treffend urteilende Geschichtsschreiber seiner Zeit[12], weiß zu berichten, daß Eberhard mit seiner Teilnahme an dem Aufstand den Plan verfolgte, sich dabei selbst die Königskrone zu sichern. Er habe zu seiner Gemahlin geäußert: *Sei fröhlich an der Seite eines Grafen, bald erwartet dich größere Freude in der Umarmung eines Königs.* Mag diese Äußerung ihm auch unterschoben sein, so verrät sie zumindest, wessen sich die Zeitgenossen von diesem ›dux Francorum‹ gewärtig sein zu müssen meinten. Item: Eberhard starb ohne Nachkommen; seine Herzogswürde erlosch mit ihm. Sie war eben nicht sachlich fundiert, sondern nur ein auf seine Person abgestellter Anspruch. Der Einfluß der Konradiner in der Francia orientalis ist damit erloschen.

Bis jetzt mußte von den Schicksalen der orientalis Francia in ihrem ganzen Umfang von der Mündung des Mains in den Rhein bis an die Ufer der Regnitz und auf die Höhen des Jura die Rede sein. Es will als Schicksalbestimmung erscheinen, daß für das Kolonialland des fränkischen Reiches jetzt, da seine Strukturierung zu einem Herzogtum aus historischer Logik heraus scheitern mußte, Jahrzehnte heraufkamen, in denen seine zukunftsträchtige Regionalisierung sich anbahnte, eine Entwicklung, die schließlich dazu führte, daß man heute nach Jahrhunderten von einem spezifischen ›Unterfranken‹ wie selbstverständlich spricht.

2. *Würzburgs Bischöfe in der ottonischen Reichskirchenpolitik*

Bevor wir darauf eingehen, gilt es zunächst zu skizzieren, wie das Bistum Würzburg als der Kern des ganzen Gebiets die Aufgabe anging, die das neue Königtum der Ottonen der Kirche stellte. Die Träger seiner Krone, namentlich deren bedeutendster, Otto I. (936–973), sahen sich als *vicarii Christi* verantwortlich, nicht nur für die weltlichen Belange der ihnen anvertrauten Menschen, sondern auch für deren spirituelle.[13] Damit ergab sich eine auf Harmonie abgestellte Symbiose von Staat und Kirche, als Konsequenz eine Heranziehung kirchlicher Organe auch für staatliche Aufgaben: Die Reichskirche, eine königliche Kirchherrschaft, war das Ergebnis.[14] An sie mußten die Oberhirten der Bistümer sich anpassen lernen, auch in Würzburg. Voraussetzung für die Effektivität dieses Systems war, daß die Bischöfe das unbedingte Vertrauen des Herrschers besaßen, d.h., daß dieser auf ihre Auswahl größtmöglichen Einfluß besaß. Das strebte er denn auch unbedingt an. Der Weg zu dem hohen kirchlichen Amt begann meist mit der Aufnahme eines jungen Geistlichen in die königliche Kapelle, d.h. in den Kreis der Geistlichen, die dem König bei der Abwicklung seiner Regierungsgeschäfte Hilfe leisteten, modern würde man wohl von einem Kabinett sprechen.[15] Hatte der Kaplan sich hier bewährt, so wurde er bei einer der nächsten Vakanzen eines Bischofsstuhls vom Herrscher auf diesen ernannt. Zwar erhielten manche Bistümer als Ausdruck besonderer königlicher Huld das Privileg freier Bischofswahl, wie es Würzburg seit dem 13. Dezember 941 auch besaß.[16] In praxi bedeutete dieses höchstens ein Vorschlagsrecht, durch das der Herrscher nicht unbedingt gebunden war. Die freie Ernennung wird die normale Besetzungsform. Für einen solchen Vertrauensbeweis erwartete der Herrscher mit gewissem Recht auch Hilfe und Stütze seiner Regierung, während er seinerseits die Bischöfe auch zur Übernahme weltlicher Aufgaben heranzog. Daß diese Symbiose Staat/Kirche unter königlicher Leitung eines Tages den Ruf nach ›libertas ecclesiae‹ seitens führender Kirchenmänner auslösen würde, sah man nicht voraus; das Zeitalter Papst Gregors VII. wird ihn zum Programm machen.[17]

Würzburg hat in dieser Reichskirche voll mitgearbeitet, seine Bischöfe sind dabei meist nicht schlecht gefahren. Schon Rudolf I., ein Konradiner (892–908), hat dank seiner guten Beziehungen zu König Arnulf den Stuhl des hl. Burkard einnehmen können. Er hat sich gegen die Popponen dort behauptet, freilich einmal Invasion und Verwüstung seines Sprengels hinnehmen müssen.[18] Während sein Nachfolger Thioto (908–931) wohl noch unter konradinischem Einfluß den Bischofshut erhielt, folgten dem wenig profilierten Burchard II. (932–941) mit Poppo I. und II. (941–961 bzw. 961–983) zwei Angehörige der mächtigen Sippe mit diesem Leitnamen.[19] Von ersterem ist seine vorangehende Tätigkeit bei Hof, und zwar in der herausragenden Stellung des Kanzlers, so gut wie gesichert überliefert. *Regi percarus* sei er gewesen, meldet eine zeitgenössische Quelle[20] und charakterisiert damit das Vertrauensverhältnis zwischen den Herrschern und den von ihnen auserwählten bewährten Mitarbeitern.

Wie viele ihrer Amtsbrüder erfüllten auch die Würzburger Oberhirten dieses Jahrhunderts in der neuen Würde die erwarteten Dienste für das Reich. Das bedeutete nicht nur Teilnahme an Hof- oder Reichstagen und Synoden der Reichskirche, sondern auch Stellung von Kontingenten, unter Umständen persönliche Teilnahme an kriegerischen Unternehmungen und den vielen Reisen der Herrscher von Pfalz zu Pfalz. Der mittelalterliche deutsche König hatte keine Residenz und übte seine Regierung »im Umherziehen« aus (A. Schulte). Größere Belastungen bedeutete noch die Politik Ottos I. um Erneuerung der Kaiserwürde, wozu man die Verbindung mit dem Papst brauchte, und um Wiedereinbeziehung der Herrschaft über das alte langobardische Königreich Oberitaliens. Solche Unternehmungen waren langwierig, aufwendig und opferreich, gehörten aber künftig zu den Anforderungen der Reichspolitik. Welche Geschäfte sonst noch bei den häufigen Aufenthalten auch der Würzburger Bischöfe bei Hofe anfielen, wird selten erkennbar. Sie deuten sich lediglich an, wenn in Königsurkunden des öfteren der ›Intervention‹ eines Bischofs gedacht wird, die doch nichts anderes bedeuten kann als Anteil an der Vorbereitung und dem Zustandekommen des im fixierten Diplom geschilderten Rechtsvorganges. Von der Alltagsarbeit am Hof wird eben nur ausnahmsweise etwas bekannt, so, wenn der erzählfreudige Mönch Ekkehard von St. Gallen eine Visitation in seinem Kloster ausführlich berichtet.[21] Der Kaiser – seine Kirchherrschaft wird deutlich – hatte sie angeordnet auf Grund einer Denunziation des Abtes des Klosters Reichenau über St. Galler Disziplinlosigkeit in der Handhabung der Regel des hl. Benedikt. Der von Otto I. und seinem mitregierenden Sohn Otto II. eingesetzten Untersuchungskommission gehörte auch Bischof Poppo II. von Würzburg an, der – nach Ekkehard – dabei keineswegs eine Nebenrolle spielte. Freilich waren mit dem Reichsdienst auch Gunsterweise der Herrscher verbunden, etwa das Wahlfreiheitsprivileg oder die Gewährung von Immunität als Abgabenbefreiung und eigenes Gericht sowie Güterschenkungen. Wenn es zu spektakulären Schritten in der Regierung des Bistums Würzburg jetzt nicht kam, so ist das den Zeitläufen zuzuschreiben; das 10. Jahrhundert hatte viel Einbußen zu verzeichnen: langwierige Ungarneinfälle[22], oppositionelle Auseinandersetzungen um den Aufbau einer Staatsmacht, wie sie uns schon bekannt geworden sind, mit allem dem verbunden Opfer fordernder Einsatz von Menschen und Material, das ließ für Aufbauleistung nicht viel Gelegenheit.

3. Der Beginn des Wegs zu ›Unterfranken‹

Sie kam trotzdem noch zum Tragen – eben in jenen Schritten zur Neugliederung der orientalis Francia, die bereits angekündigt wurden. Wenden wir uns ihnen zu! Die energischen Bemühungen Ottos I., seine Herrschaft gegenüber den eigenständigen Machtgelüsten seiner Herzöge durchzusetzen, haben wir bereits kennengelernt. Sie mußten besonders gegenüber dem unbotmäßigen Herzog von Baiern gelten. Arnulf hatte bereits Heinrich I. zu schaffen gemacht, als er unbekümmert um dessen Wahl zum König zunächst versuchte, sich selbst als solcher durchzusetzen.[23] Waffengewalt überzeugte ihn von der Erfolglosigkeit dieses Anspruchs. Eigenwillig aber designierte er 935 seinen Sohn Eberhard als seinen Nachfolger im Herzogtum, bequemte sich freilich zur Anerkennung der Nachfolge Ottos als König und bezeugte, wie erwähnt, seine Botmäßigkeit durch seinen Dienst beim Königsmahl. Nach seinem Tod 937 war Eberhard nicht bereit, Huldigung zu leisten, weil er sich bereits rechtens in seinem Herzogsamt glaubte.[24] Energisch vertrieb ihn Otto I. aus diesem und setzte einen Bruder Arnulfs, Berthold, als Herzog ein, dem 947 der König seinen mit ihm ausgesöhnten Bruder Heinrich nachfolgen ließ. Dessen Herzogsjahre bis zu seinem Tod 955 brachten keine Befriedung, verwickelten ihn vielmehr in sehr ernste Aufstandsbewegungen zwischen 953 und 955, zur Komplizierung der Vorgänge begleitet von neuen Einfällen der Ungarn als der Gottesgeißel des Reichs in den Jahrzehnten seines Aufbaus.[25] Daß gerade jetzt, am 10. August 955, ein entscheidender Sieg gegen sie auf dem Lechfeld bei Augsburg gelang, muß angesichts des keineswegs gesicherten inneren Friedens als eine erstaunliche Leistung Ottos angesehen werden, die seine Krieger, folgt man Widukinds Worten, dazu hinrissen, ihn auf dem Schlachtfeld als Imperator auszurufen und damit die päpstliche Kaiserkrönung von 962 vorwegzunehmen.[26]

Herzog Heinrichs minderjähriger Sohn Heinrich (II.) folgte ihm in Baiern ohne Schwierigkeiten. Sowohl das vormundschaftliche Regiment seiner Mutter Judith wie die Jahre seiner Selbständigkeit brachten allerdings die Fortsetzung des Ränkespiels gegen Kaiser Otto I. und ab 973 gegen dessen Sohn Otto II.[27] Dieser unternahm gleich zu Beginn seiner Regierung eine bedeutsame Regierungshandlung. Sie betraf die Francia orientalis. Zu Beginn des Jahrhunderts waren die Güter und Lehen der Popponen, die im Kampf gegen die Konradiner den Reichsfrieden brachen und die Reichsexekution auf sich gezogen hatten, durch Konfiskation dem König anheimgefallen. Jetzt konnte Otto II. die dazugehörige Burg Bamberg samt dem umliegenden Königsgut – nach subtiler Forschung[28] den Sprengel der oberen Pfarre des mittelalterlichen Bamberg einschließlich Stegaurach – ein *praedium unseres Rechts*, wie er ausdrücklich betont, dem Baiernherzog übereignen. Welche umfassenden Pläne bei dieser oft nur als Versöhnungsgeste angesehenen Schenkung mitsprachen, wird noch zu erörtern sein. Aber den Hader legte das nicht bei; er eskalierte 976 bis zur vorläufigen Absetzung Heinrichs, dem Spätere den Beinamen ›Zänker‹ gaben.

Diesem zukunftsträchtigen Geschehen war – fast unbemerkt – seit einigen Jahrzehnten ein anderes bedeutsames vorausgegangen. Als der unbotmäßige Eberhard 937 aus Baiern vertrieben wurde, benutzte dies König Otto I., um den bairischen Nordgau vom Herzogtum abzutrennen und einen Markgrafen dort einzusetzen in der Person des Grafen Berthold, den luitpoldinische Verwandtschaft einerseits, popponische anderseits dem Herrscher als zuverlässig erscheinen ließ. Er hat ihn offenbar nicht enttäuscht. Wie es freilich Berthold gelang, seine gewiß wichtige Markgrafenaufgabe zum Aufbau einer eigenen Herrschaft zu benutzen, lassen uns die Quellen im einzelnen nicht erkennen.[29] Jedenfalls kann sein Sohn Heinrich 980 schon ein stattliches Erbe antreten. Ausgehend von der zum Stammsitz gewordenen Burg Schweinfurt, auf der später Petersstirn genannten Höhe, die jetzt namengebend für die Familie wird, legt sich ein Kranz von Burgen – Banz, Kronach, Creussen, Ammerthal und Hersbruck – schützend um den übrigen Besitz. »So darf man getrost behaupten, daß die wichtigsten Punkte des Landes, die nachmals in seiner Geschichte eine Rolle zu spielen berufen waren – abgesehen von Bamberg und den Königsgütern –, schon in der kraftvollen Hand der Schweinfurter Markgrafen vereinigt waren.«[30]

Die eigenständige Geschichte des Ostens der Francia orientalis war eingeleitet. Die Dinge vollzogen sich ohne Reaktion in deren Westen, obgleich sie dessen Schicksal mitbestimmten.

Mitbestimmend für dessen Zukunft war aber auch ein Vorgang, der sich in diesem selbst abspielte. Zwischen 974, dem Jahr der Amtsübernahme in Schwaben, und seinem Todesjahr 982 hat Herzog Otto aus der liudolfingischen Königssippe, der Neffe Kaiser Ottos II., Aschaffenburg dem Erzstift Mainz unter dessen Erzbischof Willigis übereignet. Das teilt uns die folgende Eintragung in dem altehrwürdigen Evangeliar des Stiftes St. Peter und Alexander in dem genannten Ort mit[31]: *Willigis, ehrwürdiger Erzbischof des heiligen Mainzer Stuhls, hat in geheiligter Absicht eine Gedächtnisstiftung errichtet, damit niemals sein Andenken untergehe und das des Herzogs Otto und dessen Schwester Mathilde unverbrüchlich erhalten bleibe, welche diesen Ort dem Altar des Bekenners Martin um ihres Seelenheils willen übergeben haben.* Es folgt dem die Spezifizierung der Stiftung, die an Allerheiligen eine Geldspende für Arme, ferner deren Speisung und außerdem ein Festmahl für den Konvent vorsieht. Aus der Tatsache, daß dieser Rechtsakt in einer liturgischen Handschrift, also an einem religiös ausgezeichneten Platz Aufnahme gefunden hat – eine öfters zu beobachtende mittelalterliche Übung –, zeigt, welche besondere Bedeutung man ihm zumaß. In der Tat bestimmte die Besitznahme Aschaffenburgs durch Mainz dessen Weg für viele Jahrhunderte.

Was war der Ort – *locus* nennt ihn der Eintrag – Aschaffenburg in diesem Augenblick?[32] Seit dem späten 9. Jahrhundert ist er in der Hand der liudolfingischen Sippe nachzuweisen. Die Tochter des liudolfingischen Stammvaters Liudolf (gest. 866) und seiner Gemahlin Oda, Liutgard, verheiratet mit dem karolingischen König Ludwig III. dem Jüngeren, begegnet uns hier, wo sie in bisherigem Königsgut ihren Witwensitz hatte. Hier starb sie 882 und wurde, ebenso wie später ihre politisch aktive Tochter Hildegard, auch beigesetzt. Beider Grab hat sich bis heute in der Stiftskirche erhalten. Daß Liutgard hier auch Hochzeit gefeiert hat, berichtet leider erst ein Geschichtsschreiber des 15. Jahrhunderts; daß dieser nur einen entsprechenden Rückschluß aus ihrer Grablege gezogen hat, ist nicht von der Hand zu weisen. Daß Aschaffenburg schon für die Karolingerzeit ein interessanter Platz war, ist angesichts seiner geographischen Situation einsichtig. Es lag an Fernverbindungen, insbesondere an der großen Straße von Frankfurt in den Südosten und an deren Mainübergang. Ludwigs des Deutschen ostfränkisches Königreich war geopolitisch orientiert an der Achse Regensburg – Frankfurt; für ihn mußte die Situation Aschaffenburgs damit wichtig sein. Unmittelbar über diesem boten Badberg und danebenliegender Stiftsberg Platz für eine umfangreiche Burganlage, deren Existenz für diese frühe Zeit nicht zu leugnen ist. Hier wird Liutgard residiert haben, hier entstand eine frühe steinerne Kirche, deren Initiatorin sie gewesen sein mag. Offen bleiben muß, ob sie nur Burgkapelle oder gar erste Pfarrkirche gewesen ist.

Daß die Liudolfinger, mit Heinrich I. zur Königssippe aufgestiegen, es verstanden, Aschaffenburg weiter in ihrer Hand zu halten, überrascht nicht. Wie sich das im einzelnen abspielte, verrät uns keine Überlieferung. In dieser Sicht ist es durchaus plausibel, in dem höchst eigenwilligen, ehrgeizigen Sohn König Ottos I., des Großen, Herzog Liudolf von Schwaben als an Aschaffenburg interessiert zu betrachten. Der wichtige Mainübergang sicherte ihm die Verbindung von seinem Amt zu seiner sächsischen Heimat. Er, der wohl nie verwinden konnte, nicht selbstverständlich zum Nachfolger und Mitkönig nominiert zu sein, ließ sich zu eigenmächtiger Italienpolitik neben Otto I. hinreißen, ja zur Führung eines Aufstandes gegen den Herrscher, der gewaltsam niedergeschlagen werden mußte.[33] Versöhnt mit seinem Vater, starb er 957. Er und seine Gemahlin Ida werden es gewesen sein, die Aschaffenburg aufwerteten durch Gründung eines Kanonikerstiftes St. Peter und Alexander, von dessen Existenz man dann 974 Kunde hat durch die erste einer Reihe von Urkunden Kaiser Ottos II. zu dessen Gunsten.[34] Da war der Ort bereits in den Händen von Herzog Otto von Schwaben, dem Sohn Liudolfs, der 954 geboren, ein Jahr jünger war als der Herrscher, mit dem er gemeinsame Erziehungsjahre als Halbwaise am Königshof durchlebte. Das hatte eine enge Bindung zwischen den beiden jungen Männern bewirkt, die zu bereitwilliger Förderung des liudolfingischen Aschaffenburg seitens Ottos II. führten. Acht Schenkungs- oder Bestätigungsurkunden sollten der Sicherung der materiellen Existenz des Stiftes dienen; nur eine von diesen fällt durch ihren Inhalt auf, sie wird daher noch zu erörtern sein.

Mit der erwähnten Übereignung Aschaffenburgs, d. h. insbesondere des Stifts an Mainz, ist die volle Tragweite dieser Entscheidung nicht erfaßt. In dem gleichen Evangeliar, das uns diese überliefert, ist auch von einer Hand des 11. Jahrhunderts die Grenzbeschreibung eines Forstes *quod pertinet ad Aschaffenburg, der zu Aschaffenburg gehört*, eingetragen.[35] Die dabei aufgeführte Topographie verrät, daß es sich im großen und ganzen um das Gebiet handelt, das später als der Mainzer Anteil am Spessart bezeichnet wird. Dessen Zugehörigkeit zu Aschaffenburg wird schon zu Herzog Ottos Zeit zu gelten haben, seine Übergabe an Mainz demnach von der Willenserklärung Ottos und Mathildes mit erfaßt worden sein. Damit wird also für Mainz der Kern jenes Verfügungsbereichs geschaffen, der als erzstiftisches Oberamt Aschaffenburg Jahrhunderte überdauert bis zu dessen Einordnung in das neue Königreich Bayern 1814. Es verdient Beachtung, daß Herzog Otto über Königsgut der Karolingerzeit seither in liudolfingischer

Hand nicht zugunsten dessen Rückfalls an das Reich denkt, sondern es der Kirche übereignet. Die enge Zusammenarbeit zwischen Königtum und Kirche, die Kaiser Otto der Große zu einem tragenden Pfeiler seiner gesamten Politik gemacht hatte, setzte sich auch hier nachdrücklich durch. Sie trug auch den Entschluß Herzog Ottos und seiner Schwester Mathilde. Man war davon überzeugt, daß die Überantwortung von Gütern an die Kirche, diese den besitzgierigen Ränken weltlicher Adliger entziehen und so der Verfügungsgewalt der Herrscher, die als vicarii Christi auch für die Kirche in gleicher Weise verantwortlich seien, eher zugänglich bleiben würden. Damit stellt sich die Überlassung Aschaffenburgs und seines Stifts an Mainz an die Seite der ein Vierteljahrhundert später erfolgenden Gründung des Bistums Bamberg auf Grund und Boden, der wieder ans Reich gefallen war und jetzt in kirchliche Hand gegeben wurde, worauf noch zurückzukommen sein wird.

Noch prägender für das heutige Unterfranken: Der Raum von den Höhen des Spessarts bis zur Mainmündung tritt den Weg an vom liudolfingisch-ottonischen zum Mainzer Aschaffenburg, dem freilich erst Erzbischof Adalbert I. im 3. Jahrzehnt des 12. Jahrhunderts sein Gesicht geben wird. Vorläufig begnügt sich Erzbischof Willigis, im Zuge der heutigen Bundesstraße 8 von Frankfurt her bei deren Mainübergang vor Aschaffenburg eine Brücke zu bauen und so die Verbindung zu dem ihm zugeteilten Landstrich herzustellen.

Eine der Urkunden, mit denen Kaiser Otto II. dem neuen Stift St. Peter und Alexander besondere Huld erweist, nötigt zu Überlegungen. Am 30. März 981 verleiht er ihm während seines Aufenthalts in Rom im Zuge des großen Italienzuges, der mit Ottos Niederlage gegen die Sarazenen in Unteritalien am 15. Juli 982 und mit seinem Tod am 7. Dezember in Rom enden sollte, ein bemerkenswertes Immunitätsprivileg.[36] In diesem wird zunächst mitgeteilt, daß das Stift in Ebermannstadt an der Wiesent am Fuß des Fränkischen Jura und in zugehörigen Orten von einem nicht näher bekannten Razo Besitz übereignet erhielt. Jetzt gewährt der Kaiser den in diesem ›praedium‹ (Gut) Ansässigen Immunität, sichert ihnen damit Erleichterung ihrer Abgabenleistungen und alleinige Gerichtszuständigkeit ihres Herrn, des Stiftpropstes oder seines Vogts, zu. Man ist versucht, die Urkunde aus der gleichen Absicht erlassen zu sehen wie diejenige vom 5. Juli 976, mit der der Kaiser seine Kirche – sie steht also noch auf Königsgut – in Forchheim samt allem ihrem Zubehör dem Bistum Würzburg übereignet hat; zeitgemäßer Übung entsprechend wird statt dessen der Patron St. Kilian als Empfänger angesprochen, hier mit dem Zusatz orientalium Francorum episcopo, also seine legendarische Bischofswürde aufnehmend. Nimmt man zu beiden Diplomen noch die erwähnte Vergabe der Burg

Bamberg an Herzog Heinrich von Baiern wenige Jahre vorher[37], so wird darin ein stärkeres Interesse des Herrschers für den Grenzraum der orientalis Francia vom Tal der Regnitz ostwärts erkennbar. An ihm will Otto II. auch verläßliche kirchliche ›unterfränkische‹ Kräfte interessieren, das Bistum Würzburg und das Stift Aschaffenburg. Wenn diesem Planen auch die Bamberg-Schenkung an den Herzog dienen sollte, dann mußte er 976 enttäuscht sein. Die Urkunde für Würzburg ergeht bei einem Aufenthalt in Forchheim selbst, am Tag vorher, am 4. Juli 976 ist der Kaiser in Bamberg, im Besitztum des Herzogs, nicht von ungefähr, sondern sicher im Zusammenhang mit dessen erneuter gewalttätiger Unbotmäßigkeit. Als Grenzwächter war er also unverläßlich. Kaiserliche Kirchherrrschaft legte daher Entscheidungen nahe, wie sie Otto II. sofort in Forchheim und wenige Jahre später zugunsten Aschaffenburgs traf.

Aber was löste diese Sorge um die Ostgrenze überhaupt aus? Ein Passus in der Urkunde betreffs Ebermannstadt gibt vielleicht Auskunft. Die gewährte Immunität soll gelten für alle Ansässigen, *de quacumque gente commanendum illuc convenirent*, also für Ankömmlinge jedweder Herkunft.[38] Nun erwachte die slawische Welt im 10. Jahrhundert ganz allgemein zu Aktivität, nicht nur die ostslawische um Kiew, die westslawische im neuen Polen, auch die ostelbischen Stämme, Abodriten, Liutizen – diese zetteln einen Aufstand an im letzten Regierungsjahr Ottos II. zur Beseitigung deutscher Herrschaft –, schließlich die Böhmen. Gibt es darum auch slawischen friedlichen Zuzug in das neue, ihnen attraktiv erscheinende deutsche Reich? Sind solche Neuankömmlinge in dem zitierten Passus der Ebermannstadter Urkunde gemeint? Mußte etwas geschehen, um hier friedliche Entwicklung zu gewährleisten? Das Protokoll der Synode des Bistums Bamberg vom 13. April 1059[39], ein Jahrhundert später, das von einem slawischen Bevölkerungsanteil des Bistums spricht, der Sonderrechte in Anspruch nimmt, die Zahlung des Zehnten verweigert und sich von seiner heidnischen Religiosität nicht trennen will, hat die Forschung immer wieder stutzig gemacht. Anfangs des Mittelalters in diesem Raum noch siedelnde Slawen sieht man mit Recht für bereits lange amalgamiert an; nur slawische Ortsnamen erinnerten noch an sie. Die Slawen des Synodalprotokolls könnten jedoch diese Neuankömmlinge des 10. Jahrhunderts sein, ein slawischer Bevölkerungsanteil inmitten fränkischer Ansässiger; sein Pochen auf Sonderbehandlung könnte als Konsequenz der Ebermannstadter Urkunde und vielleicht entsprechender anderer auch nach langer Zeit noch verständlich erscheinen. Sie werden ihnen aber nun verweigert. Darum hört man später nichts mehr von ihnen. Sie haben sich wohl doch angepaßt, sind in der übrigen Bevölkerung aufgegangen. Das alles sind Vermutungen, die jedenfalls nachdenklich stimmen.

4. *Würzburgs innerer Ausbau unter Bischof Heinrich I. (995/96–1018)*

Zurück in das ›Unterfränkische‹! Die Episkopate der nächsten Würzburger Oberhirten, Hugos (983–990), Bernwards (990–995) und Heinrichs I. (995/96–1018)[40] sind in erster Linie geprägt von einer Aufgabe, die sie sich selbst stellen mußten: der Regeneration der Klöster und Stifte. An deren Niedergang im 10. Jahrhundert im Reich wirkten sich die unruhigen, kriegerischen Zeiten aus, die im altbaierischen Raum, dem ausgesprochenen Klosterland seit merowingischer Zeit, für viele solcher Institutionen Plünderung bescherten, zur Flucht der Gemeinschaften zwangen und zur Rückkehr in eine zerstörte Stätte nicht einluden. Daß auch andere Gründe, nämlich ein Mißvergnügen des Zeitgeistes an der strengen Regel monastischen Daseins erheblich mitsprach, erweist sich in der Francia orientalis, die, soweit wir erkennen können, von Einfällen der ›Hunnen‹ – so die häufige zeitgenössische Bezeichnung der Ungarn – weitgehend verschont blieb. Nicht nur in Würzburg, auch anderswo gingen die Bischöfe daran, hier Wandel zu schaffen. In Regensburg war es der sehr aktive Bischof Wolfgang, der zunächst mit der Reform des bedeutenden Klosters St. Emmeram, das seit jeher eng mit dem Bischof verbunden war, ein Signal gab, das sich auswirkte auf Salzburg, auf Tegernsee, auf Altaich und andere.[41] In Würzburg erkannte Hugo, vorher Angehöriger der kaiserlichen Kapelle, die Notwendigkeit, das Andreas-Kloster in seiner Bischofsstadt aus der Zeit der Bistumsgründung wieder zu beleben. Hier fehlte es, folgt man einer freilich erst im 12. Jahrhundert entstandenen Quelle[42], an dem Nötigsten für den Lebensunterhalt eines Konvents, sicherlich, weil seine Güter entfremdet worden sind. Regelverpflichtungen waren offenbar längst aufgegeben; anderen Beispielen folgend, hatte man wohl eine Art Gemeinschaft von Weltgeistlichen daraus gebildet. Fries überliefert uns den Text einer Inschrift im Kreuzgang des Klosters, die des Ereignisses gedenkt und Hugos Ausstattung für das Kloster im einzelnen aufführt, darunter bemerkenswert die Pfarrei auf dem Marienberg samt diesem und die Pfarrei Sonderhofen, ferner die Dörfer Heidingsfeld und Büttelbrunn.[43] Sein Werk krönte er mit der hochfeierlichen Überführung der Gebeine des ersten Bischofs Burkard in das wieder eingerichtete Kloster und dessen Erhebung zum Patron dieses Konvents statt des bisherigen Andreas.
Den Weg, den Hugo während seines kurzen Pontifikats einschlug, geht sein Nachfolger Bernward weiter. Dessen Lebensweg bis zum Einstieg in die neue Würde bleibt verborgen. Daß auch er vorher im Königsdienst stand, mag man daraus rückschließen, daß er als Bischof einen hochpolitischen Auftrag erhielt, nämlich gemeinsam mit dem Griechen Johannes Philagathos, der unter Otto II. und dessen griechischer Gemahlin Theophanu

großen Einfluß bei Hof hatte, jetzt Bischof von Piacenza war, eine Brautwerbung für den eben großjährig gewordenen Otto III. am Hof in Byzanz durchzuführen. Schon auf der Hinreise ist Bernward am 20. September 995 auf der Insel Euböa gestorben, wohl ein Opfer der Strapazen dieser Reise und des ungewohnten Klimas.[44]

Umfassender als Hugo ist Bernward die Klosterreform in seiner Diözese angegangen. Er hat erkannt, daß das Schicksal von St. Burkard auch für die anderen Mönchsniederlassungen in seinem Bistum galt. Er beschloß daher, für sie die rechtliche Situation wieder in Anspruch zu nehmen, die sie nach seiner festen Überzeugung vor dem Niedergang eingenommen hatten. Wo solcher Überzeugung in der schriftarmen frühmittelalterlichen Zeit schriftliche Fixierung fehlte, hielt man sich für berechtigt, sie zu konstruieren, d.h. man ›fälschte‹, wie wir es nennen, entsprechende Dokumente. Was die Abtei Münsterschwarzach angeht, so konnte er eine echte Urkunde König Ludwigs des Deutschen vom 27. März 857 vorweisen[45], aus der ihr Charakter als bischöfliches Kloster eindeutig hervorgeht. Deren Existenz mag ihn ermutigt haben, für Ersatz ebensolcher Belege für die anderen Klöster durch ›Fälschungen‹ zu sorgen. Mit zwei solchen, die eine von Pippin (verschollen) und die andere von Karl dem Großen erreichte er die Restitution der *Orte* Neustadt am Main, Homburg am Main, Amorbach, Schlüchtern und Murrhardt, damit dort *monastica vita* – mönchische *Lebensform* gepflegt werden könne.[46] Die Zuweisung der Ausstattung – ehemals Königsgut – an Würzburg sollte also die Voraussetzung für die Restitution der genannten Konvente bilden. Und diese sollte sich unter bischöflicher Kontrolle vollziehen. Daß Bernwards Forderung im Denken der Amtsbrüder seiner Zeit lag, belegt die Tatsache, daß der Nachfolger, Bischof Heinrich I., alsbald nach seiner Amtsübernahme von König Heinrich II. eine Bestätigung beider Urkunden einholte (9. Febr. 1003).[47] Daß die damit erreichte oberhirtliche Kontrolle, die allzu selbständiges Dasein der Konvente verhindern sollte, Erfolg hatte, verraten manche Indizien der folgenden Jahrzehnte, ja Jahrhunderte, die hier nicht weiter zu verfolgen sind. Am nachhaltigsten hat sich für Neustadt am Main die Anbindung an den Bischof ausgewirkt.[48]

Bernwards Nachfolger Heinrich I. ist eben schon genannt worden (995/996–1018).[49] Mit ihm nimmt die profilierteste Persönlichkeit den Stuhl des hl. Burkard in den anderthalb Jahrhunderten zwischen der Gründung des deutschen Reiches und dem Beginn der ersten Auseinandersetzung zwischen Kirche und Staat ein. Sein Pontifikat ist auch durch bedeutsame Ereignisse gekennzeichnet. Er entstammte einem hochadligen rheinfränkischen Geschlecht. Das sicherte ihm und seiner Familie Einfluß auf die Reichspolitik. Sein Bruder Heribert wird 999 Erzbischof von Köln,

Verwandte, vermutlich Neffen, Heribert und Gezemann, werden Bischöfe von Eichstätt (1022 bzw. 1042). Er selbst wird früh Beziehungen zum Hof unterhalten haben, ohne daß man davon mehr als einen späteren Hinweis auf diesbezügliche Dienste erfährt. Den durch Bernwards Tod in der Fremde vakanten Bischofsstuhl von Würzburg wollte Otto III. zunächst mit Heribert besetzen, der aber ablehnte und die Aufmerksamkeit auf seinen jüngeren Bruder lenkte.[50] Seine häufige Teilnahme an den Regierungsgeschäften und Unternehmungen der Herrscher lassen Heinrich als einen hervorragenden Vertreter des Reichsepiskopats ottonischer Prägung erscheinen. Er machte die Italien-Aufenthalte des Rom-begeisterten Otto III. ebenso mit wie sein Bruder Heribert, Kanzler des Kaisers und einer seiner vertrautesten Mitarbeiter. Aber anders als dieser trat er nach dem raschen Tod des kinderlosen jugendlichen Herrschers sofort für die durchaus nicht selbstverständliche Nachfolge des bairischen Herzogs Heinrich, des Sohnes jenes immer unzufriedenen Heinrich des Zänkers, ein. Von seiner Teilnahme an der Wahl und Krönungsfeier des neuen Königs an entwickelte sich ein vertrauensvolles Verhältnis, das im regen Anteil am Hofgeschehen, bezeugt in ›Interventionen‹ bei Rechtsgeschäften, in wiederholten Aufenthalten in der Umgebung des Herrschers, namentlich aber in der Teilnahme an dessen Italienzug 1013/14 zur Kaiserkrönung in Rom, zum Ausdruck kommt. Nicht wenige Vergünstigungen für sein Bistum sind die Konsequenz der Ergebenheit gegenüber Heinrich II.

Schon mit dem Vorgänger Otto III. bestanden gleiche spannungslose Beziehungen. Unter ihm begann die Auszeichnung der Kirche des hl. Kilian in bisher ungewöhnlicher Weise. Ein Privileg vom 1. Mai 1000[51] verlieh Würzburg den Wildbann über den zu Burgbernheim und Leutershausen gehörenden umfangreichen Forst, der über die Frankenhöhe bis Ansbach und Schillingsfürst reichte. Aber nicht das Recht, *Hirsch, Wildschwein, Bär und Reh* hierin zu jagen, ist das Entscheidende dieser Schenkung, sondern, daß damit ein königliches Regal an Würzburg übergeht; das Bistum erhält ein Hoheitsrecht, übernimmt damit staatliche Aufgaben. Das wird Bischof Heinrich höchst willkommen gewesen und sicher nicht ohne sein Zutun zustande gekommen sein. Er scheint gleichzeitig seinem Eigenkloster Neustadt am Main ebenfalls einen Wildbannbezirk erwirkt zu haben, der damit auch seiner Obrigkeit unterstand.

Unter Heinrich II. setzte sich das fort. Im Jahre seiner Kaiserkrönung überantwortete er den *Bann* über einen genau umgrenzten Forst, in dem Bischof Hugo bereits teilweise ein Jagdrecht hatte, nämlich um Karbach und Zellingen, an Wern und Main an Bischof Heinrich, der damit die Pflege von *pax et securitas, Friede und Schutz* für die Umgebung erhält, also wieder Obrigkeitsaufgaben.[52]

Was mit dem Wildbann begonnen wurde, fand mit Grafschaftsschenkungen seine Fortsetzung, und wieder gingen Otto III. und Heinrich II. dabei den gleichen Weg. Jener übergibt am 30. Mai 1000 Würzburg die Grafschaften Waldsassen- und Rangau[53], dieser die Grafschaft Bessungen, die im lokalen Zusammenhang mit dem Königshof Groß-Gerau stand, mit dem er gleichzeitig Würzburg entschädigt für dessen Abtretung seiner Pfarrkirchen Hallstadt, Amlingstadt und Seusling im Regnitztal an das neue Bistum Bamberg.[54] Nachdrücklich werden königliche Rechte durch diese Maßnahmen an einen kirchlichen Empfänger abgetreten: Bann = Königsrecht zu gebieten und zu verbieten, Friedenssicherung (securitas et pax) = Königsfriede, schließlich ganz decidiert dominium = Herrschaft.

Das Vertrauensverhältnis zwischen Bischof Heinrich und König Heinrich II. wurde durch einen Entschluß des letzteren auf eine harte Probe gestellt und erlitt auf Zeit eine schwere Beeinträchtigung. Der Herrscher setzte seinen Willen äußerst entschlossen durch, scheute dabei auch nicht politische Ranküne. So hartnäckig der bischöfliche Gegenspieler sein Recht verteidigte, schließlich mußte er demgegenüber doch zum Nachgeben bereit sein. Der König anerkannte dies, suchte ihn großzügig zu entschädigen und dadurch das alte gute Einvernehmen wiederherzustellen. Worum ging es?[55] Heinrich II. stand vor einer schweren politischen Aufgabe. Von der gewichtigen Position der Markgrafen von Schweinfurt, die sich auf die Grafschaft im bairischen Nordgau und im Radenz- und Volkfeldgau sowie auf ihren Burgenkranz stützte, war bereits die Rede. Sie waren sich dessen durchaus bewußt, daß sie eine Brückenstellung zwischen Nord und Süd des Reiches beherrschten, die Reichspolitik also fördernd oder hemmend beeinflussen konnten. Ja, sie haben sich wohl Gedanken darüber gemacht, nach Ottos III. Tod bei der Regelung der Nachfolge eine große Rolle zu spielen, vielleicht sogar selbst diese oder doch wenigstens die Nachfolge des Herzogs von Baiern antreten zu können, der die Königswahl für sich gewonnen hatte. Der neue Herrscher, Heinrich II., hatte es ihnen zugesichert, wie uns der trefflich orientierte Chronist Thietmar, Bischof von Merseburg, als Abkömmling der Grafen von Walbeck mit den Schweinfurtern weitläufig verwandt, ausdrücklich meldet. Der König, an die Erfüllung seines Versprechens gemahnt, verwies jetzt ausweichend auf das freie Herzogswahlrecht der Baiern, denen er freilich gern den Markgrafen als Kandidaten empfehlen werde.

Die Verstimmung war perfekt. Der Polenherzog Boleslav und der Markgraf fanden sich in gemeinsamer Opposition gegen den neuen König. Auf einem Hoftag zu Pfingsten 1003 traf die Nachricht vom offenen Aufstand der beiden ein.[56] Die Reichsexekution gegen Markgraf Heinrich mußte die Folge sein, beschwor doch der Aufstand eine Existenzkrise des keineswegs schon voll anerkannten Königtums Heinrichs II. herauf. Thietmar hat – seine Worte bezeugen es – diese Auseinandersetzung zu Recht mit Kummer und Sorge erfüllt: *Wer den Anlaß zu seinem* (des Markgrafen) *schlimmen Vorhaben kennt, mag nun wohl sagen, er habe so handeln müssen. Denen entgegne ich: Jede Herrschaft in dieser Welt stammt von Gott, und wer sich gegen sie erhebt, vergeht sich an der Majestät Gottes ... Gern würde ich meinen Vetter* (den Markgrafen) *irgendwie verteidigen, doch ich wage es nicht, die Wahrheit zu verletzen, die allen Gläubigen teuer sein muß.*[57] Die Operationen gegen den Unruhestifter führten nach einer anfänglichen Schlappe bei Hersbruck zur Eroberung und Niederbrennung seiner Burg Ammerthal nahe Amberg. Es folgte die Belagerung der Burg Creussen am Roten Main, die der Markgraf vergeblich zu entsetzen versuchte. Sein Mißerfolg überzeugte die Burgbesatzung, daß sie sich nicht behaupten könne. Sie entschloß sich zur Übergabe, rettete damit der Gemahlin Graf Heinrichs das Leben und bewahrte die Burg vor der völligen Zerstörung. Die Sinnlosigkeit seines Unternehmens einsehend, ließ der Markgraf seine Burg Kronach selbst niederbrennen und flüchtete zu seinem Verbündeten, dem Herzog Boleslav von Polen. König Heinrich aber mußte zur Kenntnis nehmen, welch starke Unterstützung er von anderen ›Mißvergnügten‹ gefunden hatte. Nahm man bei der Eroberung Ammerthals unter deren Verteidigern viele Polen gefangen, so fand sich in Kronach der Sohn des norddeutschen Grafen Siegfried von Northeim zur nun nicht mehr zum Tragen kommenden kriegerischen Unterstützung ein.

Den letzten Akt der Reichsexekution vertraute Heinrich II. höchst charakteristisch zwei hohen Geistlichen an: dem Bischof Heinrich von Würzburg und dem Abt Erkanbald von Fulda.[58] Sie sollten die Stammburg Schweinfurt zerstören. Sie handelten maßvoll zurückhaltend. Darüber Thietmar wörtlich: *Sie brachen lediglich die Mauern und Gebäude nieder.* Der markgräflichen Mutter Eila versprachen sie, sich beim König für eine Wiederherstellung zu verwenden. Dieser hatte inzwischen die Eigengüter des Markgrafen als Lehen an verläßliche Männer vergeben, und konnte seinen durchgreifenden Erfolg am Fest Mariä Geburt (8. September) auf seiner Burg Bamberg und anschließend mit einer fröhlichen Jagd im Spessart gebührend feiern.

Der Sieg hatte ein politisches Vakuum im Frankenwald, am Obermain und im Fränkischen Jura geschaffen, dem Heinrich II. eine neue Aufgabe stellen mußte, selbstverständlich unter Ausschluß der Schweinfurter, so versöhnungsbereit er sich schon nach wenigen Monaten zeigte. Er gab dem bußfertig vor ihm erschienenen Markgrafen seine Eigengüter zurück, behielt ihn aber in Haft, die er auf Burg Giebichenstein verbringen mußte.[59] Auf Verwendung insbesondere des Bischofs Gottschalk von Freising wurde er wenig später in die Freiheit entlassen. Ohne erneut politisch hervorzutreten, starb er am 18. September 1017; seine Bestattung nahmen drei Bischöfe, Heinrich von Würzburg, Eberhard von Bamberg und Rikulf von Triest an der Nordseite der Kirche in der Burg Schweinfurt vor.[60]

König Heinrich war mit den geographischen und politischen Gegebenheiten des geschilderten äußersten Ostens der orientalis Francia vertraut, hatte er doch seine Jugend des öfteren auf Burg Bamberg zugebracht, *unice dilecta – einzig geliebt von ihm* nennt sie Thietmar.[61] Bei seiner Vermählung hatte er sie seiner Gemahlin Kunigunde als Morgengabe dargebracht. Sicher war ihm voll bewußt, daß von ihr aus ein Jahrhundert früher schon Rebellion ausgegangen war, heraufbeschworen von den Popponen, nicht weniger gefährlich für die Brückenaufgabe dieser Gegend zwischen Nord und Süd des Reiches. Sie wieder nach Macht strebenden Adligen zu überlassen, schien ihm daher wohl gefährlich, die bessere Lösung aus reichskirchlicher Programmatik heraus die Gründung einer geistlichen Institution, eines Bistums also, dessen Oberhirte, zur Ehelosigkeit verpflichtet, keine machtgierige Dynastie entwickeln konnte. Auch war die jeweilige Besetzung des Bischofsstuhls weitestgehend dem maßgebenden Willen des Königs unterworfen. Heinrich brachte dazu seine Burg Bamberg ein; sie sollte der neue Bischofssitz werden. Dazu habe ihn wesentlich, wie er selbst hervorhob, die seiner Ehe auferlegte Kinderlosigkeit bestimmt, die ihn Gott zu seinem Erben machen ließ.

Das Gelingen des Plans hing in erster Linie von der Zustimmung des Bischofs von Würzburg ab; er mußte bereit sein, den vorzusehenden Sprengel des neuen Bistums aus der Zugehörigkeit zur Diözese Würzburg zu entlassen, die seit deren Gründung als gegeben angesehen wurde und durch ein, wenn auch recht weitmaschiges Pfarreinetz praktiziert wurde. Es bedurfte offenbar langwieriger Verhandlungen, Bischof Heinrich zu gewinnen, und nur mit einem Versprechen, dessen Einlösung der König – wie seinerzeit dasjenige gegenüber Markgraf Heinrich[62] – gar nicht gewährleisten konnte. Gegen die zugesagte Erhebung Würzburgs zum Erzbistum würde Mainz wegen der Minderung seines Rechts – Würzburg unterstand ihm – ein Veto einlegen und dazu sicher auch das Papsttum zu gewinnen wissen. Als dem Würzburger Oberhirten dies deutlich wurde, zog er seine Bereitschaft zum Verzicht zurück. Eine Synode des Reichsepiskopats an Allerheiligen 1007 in Frankfurt wurde einberufen, um dem Entschluß des Herrschers zuzustimmen.[63] Bischof Heinrich von Würzburg blieb ihr fern; lediglich sein Kaplan Berengar erschien, um namens seines Herrn Protest anzumelden. Vergeblich! Die versammelten Oberhirten hießen einmütig den königlichen Plan gut: Das Bistum Bamberg war gegründet. Es erhielt als ersten Bischof den bisherigen Kanzler Heinrichs II., Eberhard. Und es wurde reich ausgestattet, so reich mit Königsgut, daß darob Äußerungen des Neids in kirchlichen Kreisen laut wurden.[64]

Wir verfolgen seinen Weg nicht weiter, fragen vielmehr nach der Reaktion Bischof Heinrichs auf das Geschehen. Ein wertvolles Dokument gibt uns einigen Einblick, ein wortreicher Brief des Bischofs Arnold von Halberstadt an seinen Würzburger Amtsbruder.[65] Er genoß offenbar das besondere Vertrauen Heinrichs und wurde deswegen vom Reichsepiskopat zu einer Art Schlichter in dem ausgebrochenen Konflikt ausersehen. Heinrich hatte alle Brücken der Verständigung abgebrochen und sich völlig zurückgezogen. Nicht einmal seine Briefe habe ein Bote an den Unauffindbaren zustellen können, klagte Arnold. So versuchte er es jetzt erneut, sei es doch wichtig, über seinen Kummer zu sprechen, den er freilich zu ernst nehme, wenn er sich dem *conventus fratrum* entziehe und die Begegnung mit dem König meide. Er benehme sich nicht wie ein Klarsichtiger, sondern wie ein Schlaftrunkener. Arnold erinnerte seinen Amtsbruder an seine bisherige entschlossene Parteinahme für König Heinrich, an seine hingebende Dienstbereitschaft und an deren Anerkennung durch des Königs Freundschaft. *Woran Dir auch immer gelegen war, das hast Du bei ihm erreichen können. Ist Dir nicht von ihm soviel Macht in diesen Gegenden verliehen worden, daß auf Deinen Wink alle gehorchen?*[66] Der Briefschreiber mahnt, gute Ratschläge des Erzbischofs Willigis von Mainz, seines eigenen Bruders, Erzbischofs Heribert von Köln, und Bischof Burchards von Worms nicht zurückzuweisen. Der Gründungsbeschluß sei nicht rückgängig zu machen, darum möge auch er seine Unterschrift daruntersetzen, auf daß es nicht ein Schisma gebe, sondern in allem die einige Liebe herrsche.

Mit Nachdruck vertritt Arnold die Berechtigung der Neugründung unter Hinweis auf viele Präzedenzfälle: Wenn immer ein Bistum zu groß geworden sei, habe man es geteilt. Dabei habe er, Heinrich, keine Einbuße zu fürchten. *Mit vielem Gewichtigen und Nützlicheren hat er* (Heinrich II.) *Dich schon entschädigt. Weitere Entschädigungen wird er zugestehen, wenn Du Dich dem Gespräch stellst.*[67] Arnold ruft einen gemeinsamen Ritt nach Bamberg im Vorjahr – also 1006 – ins Gedächtnis, zu dem ihn Heinrich eingeladen habe. Dabei habe er geäußert, jene abgelegene Gegend bringe ihm wenig Gewinn, er besuche sie nie oder selten, sie sei fast völlig Waldland und von Slawen bewohnt *(Slavos ibi habitare)*. Das lege doch nahe, die getroffene Entscheidung anzunehmen, die große Aufgabe zu teilen und damit die Sorge für weniger Gläubige um so nachdrücklicher zu gestalten. Mit seinen zahlreichen Argumenten glaubt Arnold klargestellt zu haben, daß der Schritt König Heinrichs II. die Religion nicht verletze. Als eindrucksvolle Begründung für seinen Entschluß habe er seine Kinderlosigkeit hervorgehoben; das habe bei den Teilnehmern der Synode lebhaftes Mitge-

fühl ausgelöst. Nach all dem schließt Arnold seine Epistel mit dem Appell an seinen Amtsbruder, seinen Widerstand aufzugeben: *Erweise Dich von nun an aufgeschlossen gegenüber allem dem. Worüber Du trauerst, wirst Du nach der Prüfung mit Gottes Hilfe viel Freude empfinden.*[68]
Aufhorchen läßt in diesem langen Schreiben die Äußerung des Würzburger Oberhirten selbst über den Ostraum seiner Diözese. Ödes Waldgebiet, wohl mit slawischer Immigration im ostfränkischen Grenzraum auch in neuerer Zeit, die mithelfen sollte, diesen unterentwickelten Landstrich zu fördern, woran wir auch ›Unterfranken‹ beteiligt erkannten.[69] Daß dies eine Aufgabe sei, wird König Heinrich schon in seiner Jugend bewußt geworden sein. Jetzt war es ihm möglich, mit der Gründung Bambergs auch dazu beizutragen.

Arnolds Vermittlertätigkeit – andere mögen ähnliches unternommen haben – ist nicht ohne Erfolg geblieben. Schon am 7. Mai 1008 wurde die Abtretung von 150 Mansen um Meiningen an Würzburg als Entschädigung für den verlorengegangenen Diözeseanteil beurkundet.[70] Wiedergutmachungen kleineren Umfangs erfolgten mehrfach in den darauffolgenden Jahren, so etwa noch, als 1017 der Tausch von Gaukönigshofen und Trennfeld aus Bamberger Besitz gegen die Würzburger Belange im Raum Erlangen und Forchheim von Heinrich II. bestätigt wurde. Daß die Verleihung von Hoheitsrechten weiterging, ist bereits erörtert worden. Arnold hat nicht übertrieben: Der König erwies sich als großzügig, nicht nachtragend. Bischof Heinrich aber sah ein, daß ihm die Freundschaft des Königs für sein Bistum wertvoll sein mußte und war. Der Konflikt war ausgestanden und ein für die orientalis Francia sehr wertvoller und in die Zukunft weisender Schritt unternommen. Der Weg in ein neues ›Oberfranken‹ wurde angetreten, die Bildung des Raumes ›Unterfranken‹ im wesentlichen abgeschlossen. Dieses Ergebnis war unverrückbar, auch wenn Würzburg seinen Grundbesitz, die Zehnten von seinen Pfarrkirchen im neuen Sprengel Bamberg behielt, soweit nicht ein Tausch mit anderen für Verlust entschädigte.

Heinrichs weitgespanntes Wirken für sein Bistum wäre unvollständig geschildert, bezöge man nicht seine Sorge um dessen kirchliche Belange ein. Von dem Bemühen seines Vorgängers, auch mit Hilfe von ›gefälschten‹ Dokumenten – was immer jene Zeit unter solchen verstand –, Klöster in seiner Diözese wieder ins Leben zu rufen, ließ er sich ebenso angelegen sein. Und es ging damit aufwärts. War in Ottos III. erster einschlägiger Urkunde von 993 zunächst von den *Orten* (*loca*) Neustadt, Homburg, Amorbach, Schlüchtern und Murrhardt die Rede, die Würzburg in karolingischer Zeit übereignet worden seien *zur Einrichtung monastischen Lebens*, und die man jetzt zurückerhielt, so spricht die zweite bereits von *Abteien*.

Die wohl gänzlich desolaten Konvente sind also reaktiviert; freilich wird Homburg überhaupt nicht mehr genannt, während Münsterschwarzach erstmals erscheint, das also eine solche Reaktivierung nicht benötigte. Bischof Heinrich verfolgte diese Entwicklung weiter. König Heinrich II. bestätigte ihm die *Orte* Neustadt und Homburg und die *Zellen* Amorbach, Murrhardt und Schlüchtern und – gesondert – *Abtei und Kloster* Schwarzach (*abbatia nomine Suarzaha et monasterium*).[71] Der Eindruck trügt wohl nicht: es geht mit den nunmehr bischöflichen Eigenklöstern nur langsam aufwärts. Amorbach entwickelt am raschesten eine rege Tätigkeit. 1007 wird bereits ein Abt genannt.[72] Unter dessen Nachfolger Richard hält der Geist des blühenden westfränkischen Klosters Fleury, vermittelt durch dessen Mönch Dietrich, seinen Einzug. Amorbach kann bereits dem ersten Kloster der Diözese Bamberg, Michelsberg, seine Lebensform (ordo Amorbacensis) vermitteln. Und Abt Richard wird von Heinrich II. ausersehen, das Kloster Fulda als dessen Abt zu reformieren. Er verschafft auch Schlüchtern einen Abt. Zeugen des Aufstiegs werden der beginnende Neubau einer Kirche in Schwarzach und der rasche Abschluß eines solchen in Schlüchtern. Um den Nonnenkonvent bereits ehrwürdigen Alters in Kitzingen – er stammt aus Bonifatius' Tagen – brauchte der Würzburger Oberhirte nicht besorgt zu sein; er war durch Kaiser Heinrichs II. Freigebigkeit als Reichsabtei dem neuen Bamberg gleich so vielem anderen Ausstattungsgut 1007 übereignet worden.[73]

Das wachsende politische Gewicht des Bistums mußte sich auswirken auf die Bedeutung seines Zentrums. Würzburg wuchs. Aus welchen Gründen auch immer notwendig werdende Bautätigkeit am Dom vermutete die Forschung schon früher; jetzt bestätigen baugeschichtliche Beobachtungen solche Tätigkeit unter den Bischöfen Hugo und Heinrich.[74] Auf die Mehrung der Weltgeistlichkeit seines Bischofssitzes war er bedacht, darin dem Zeitgeist folgend, der der vita communis, dem stiftischen Leben des Säkularklerus eher zugeneigt war als dem monastischen, dessen große Zeit erst zwei Dezennien später beginnen sollte. Zwei als Domnebenstifte zu verzeichnende Einrichtungen gehen auf Bischof Heinrich zurück: das Stift St. Johannes auf dem Haug nördlich der bischöflichen Siedlung Würzburg, entstanden bereits in den ersten Regierungsjahren seines Gründers, und St. Peter, Paul und Stephan (Farbbild S. 235) in der späteren Vorstadt Sand. Ein drittes Kollegiatstift wird gleichzeitig an St. Gumbert in Ansbach eingerichtet, ohne daß über die Rechtslage des ursprünglichen Klosters zu dieser Zeit Kenntnis zu erhalten ist und dadurch der Anteil Heinrichs an dieser Neuerung zu dokumentieren wäre. Auch Ansbachs Wachstum wird damit angezeigt; wenig später wird es als Markt genannt.[75]

Als Bischof Heinrich I. am 14. November 1018 starb, ging ein ereignisreicher Pontifikat zu Ende, der sein Bistum aus der Stagnation des 10. Jahrhunderts herausführte. Das Werden des deutschen Reiches des Mittelalters hatte viel Kraft gekostet, Bedrängnis durch Feinde, die Ungarn, Jahrzehnte lang lähmende Angst, wenn nicht Tod und Vernichtung bedeutet. Das gilt namentlich für geistliche Institutionen, Bistümer und Klöster. Zu Bischof Heinrichs Zeit sorgte die perfekte Harmonie von Kirche und König, das System der ›Reichskirche‹, für Aufschwung. Würzburg profitierte davon besonders. Die ihm übertragenen Hoheitsrechte, Grafschaften, Forsten, Wildbänne konnten zum Fundament auch weltlicher Herrschaft werden, wie sie im 13. Jahrhundert zum ›Fürstbistum‹ und zum Bischof als ›Landesherr‹ wurden. Bischof Heinrichs gutes Verhältnis zu Kaiser Otto III. und seine entschlossene Parteinahme für den Nachfolger König Heinrich II. – nur die Gründung Bambergs hat sie vorübergehend getrübt – wurden mit den genannten Privilegien honoriert. Dabei ist seine Beteiligung am Reichsdienst keineswegs übertrieben intensiv. Wohl bekundete er durch Teilnahme an Wahl und Krönung Heinrichs II. sein Eintreten für den neuen Herrscher, wohl zeugen ›Interventionen‹ für seine Teilnahme an der Verwaltung, wohl nimmt er teil an dem Italienzug, der 1014 in Rom die Kaiserkrönung brachte, aber an dem wichtigen kriegerisch wie friedlich hartnäckig verfolgten Ziel des Königs, deutschen Einfluß im neuen Polen und damit im Westslawentum zu sichern, finden wir ihn nur einmal aktiv beteiligt, an dem Sommerfeldzug des Jahres 1017. Und einen Höhepunkt der Regierung Heinrichs II., die Gipfelkonferenz des Osterfestes 1020 in dem jungen Bamberg, die Kaiser Heinrich II. und Papst Benedikt VIII. vereinte und die dem Überblick über die Beziehungen des westlichen zum östlichen Kaisertum, insbesondere in Italien und dem ersten politischen Auftreten der Normannen im Süden der Apenninenhalbinsel diente, hat der Würzburger Oberhirte nicht mehr erlebt.[76]

Zeitgenossen wie folgende Generationen waren sich seiner Leistung durchaus bewußt und haben dem auch Ausdruck verliehen. Selbst der Fälscher einer Urkunde zugunsten Würzburgs im 12. Jahrhundert nennt seinen Namen nicht ohne den Zusatz: *praesul moribus et vita probatissimus, ein Bischof höchst bewährt in Charakter und Lebensführung*, und sein Amtsbruder Bischof Arnold von Halberstadt findet das vielleicht treffendste Urteil über ihn: *scharfsinnig und hellsichtig (nimis acutus et clare videns)*.[77]

5. Weiterer Ausbau des Bistums unter den Bischöfen
Meginhard I. (1018–1034) und Bruno (1034–1045)

Sein Nachfolger Meginhard I. hatte ein leichtes Spiel.[78] Mit Würzburg
ging es weiter aufwärts. Die 16 Jahre seines Pontifikats verraten kein eigen
geprägtes Profil. In der Reichspolitik spielt er, vielleicht nicht einmal Mitglied der königlichen Kapelle, keine tragende Rolle. Dem bemerkenswer-
ten Ablauf einer völlig freien Wahl des ersten Saliers Konrads II. 1024
wohnte er bei. Wenn überhaupt, wurde er als Mann der Kirche tätig, enga-
gierte sich in innerkirchlichen Vorgängen, auf Synoden der Reichskirche,
die sich mit Streitigkeiten beschäftigte wie dem Dissens zwischen dem
Papst und dem streitbaren und prestigebewußten Erzbischof Aribo von
Mainz in der Eheangelegenheit der Gräfin Irmingard von Hammerstein
und in dem Gandersheimer Kirchenstreit, der nach Jahrzehnten jetzt in die
letzte Phase ging und dem Bischof von Hildesheim endgültig die Jurisdiktion über das adlige Kanonissenstift zusprach.[79]
Gleichwohl heimste Meginhard weitere wertvolle Privilegien ein: Wildbann im Steigerwald (1023), den Forst um Murrhardt (1027) und Mellrichstadt (1031).[80] Am wichtigsten aber war die Urkunde Kaiser Konrads II.
vom 13. Oktober 1030, mit der dieser der ganz offensichtlich gestiegenen
Bedeutung des Bischofssitzes und der damit verbundenen Siedlung Rechnung trug und dies wohl auch verstand als Möglichkeit, Würzburgs Platz
im Gefüge des Reichs nicht hinter das von Heinrich II. verwöhnte Bamberg
zurückfallen zu lassen. Der Kaiser bestätigt in der Urkunde schon bestehende Einrichtungen, nämlich einen täglichen Markt, die Münzgerechtig-
keit *(moneta publica)*, die Zollerhebung, dazu das Fährrecht. Wichtiger
noch war die Genehmigung eines Jahrmarktes jeweils vom 18. bis 26. August, dessen Besuch gleichzeitig unter Königsschutz und -friede gestellt
wurde.[81] Würzburg ist also bereits ein Warenumschlagplatz für Nah- und
Fernhandel. Das läßt verkaufswillige Handwerker und in geringem Ausmaß wohl auch schon ansässige Kaufleute, nicht nur wandernde, erkennen.
Eine Einzelheit muß noch bedacht werden. Am 9. August 1033 bestätigt
Konrad II. Würzburg die Schenkung seiner Gemahlin Gisela aus ihrem
Erbe Regenbach samt zwei zugehörigen Dienstleuten und deren Besitz im
benachbarten Schmalfelden.[82] Das würde nichts Auffälliges bedeuten, be-
träfe es nicht einen Ort, an dem seit langem und noch immer nicht völlig
abgeschlossene archäologische Forschung im Bereich älterer Kirchenanla-
gen in Unterregenbach für die erste Hälfte des 11. Jahrhunderts den
Neubau eines basilikalen Baus fixiert hätte, der samt den ebenfalls ergrabenen Profanbauten – darunter Wohnraum und Wirtschaftshof – auf die An-

lage eines Klosters oder Stifts (geplant oder unvollendet gelassen) schließen ließe, wofür keinerlei schriftliche Äußerung vorliegt. Die zitierte Urkunde kann nur für die Profanbauten in Anspruch genommen werden; sie
waren wahrscheinlich Herrenhaus und Wirtschaftshof der genannten
Dienstleute. Der Befund erhellt, wie oft uns schriftliche Quellen nur unvollständig aufklären und in welchem Maß Mittelalterarchäologie darüber
hinaus Hilfe leisten kann.

Die kurze Vakanz nach Meginhards Tod zeugt für die Selbstverständlichkeit, mit der ein Verwandter der neuen Dynastie die Nachfolge antreten
konnte: das Reichskirchensystem in seiner bestmöglichen Anwendung.
Der neue Amtsträger Bruno war ein Neffe Kaiser Konrads II.[83] Mitzutra-
gen hatte er an der Tatsache, daß sein Bruder Konrad der Jüngere, der un-
terlegene Gegenkandidat des neuen Königs gewesen war. Selbstverständlich wurde Bruno Mitglied der königlichen Kapelle und als solches schon
früh mit schwierigeren Aufgaben betraut, so mit der Entscheidung in einem
Prozeß des oberitalienischen Klosters Leon. Sie war der Auftakt zu seinem
Wirken als Kanzler für Italien, ein Amt, das er 8 Jahre innehatte
(1027–1034) und das ihn zum Experten der unter Konrad II. und seinem
Nachfolger nachdrücklicher verfolgten Reichsinteressen dort werden ließ.
Dazu gehört seine Beteiligung als Kanzler am ersten Romzug seines Onkels 1026–1028, während dem auch die Kaiserkrönung erfolgte, und als Bischof an dem zweiten Zug 1037/38. Zahlreiche Rechtsgeschäfte in Italien
kommen unter seiner Beteiligung zustande.

Sein Verhältnis zu seinem Vetter König Heinrich III., seit 1039 Konrads II.
Nachfolger, war von derselben Familienverbundenheit getragen. Sie war
auch maßgebend für seine Betrauung mit einer Diskretion verlangenden
Mission. Der junge Herrscher hatte nach zwei Ehejahren seine Gemahlin
Gunhild/Kunigunde, die Tochter des Dänenkönigs Knut, begraben müssen. Mit ihrem Schwiegervater Konrad II. auf der Italienfahrt, erlag sie
dem Klima des italienischen Sommers (18. Juli 1038). Die Ehe war wesentlich von politischen Erwägungen getragen. Kunigundes Vater, König Knut
von Dänemark, war zum mächtigsten Potentaten des europäischen Nor-
dens geworden. Zum Deutschen Reich suchte er enge Beziehungen, er
weilte bei der Kaiserkrönung Konrads II. in Rom. Die politische Freundschaft, die beiderseitigem Interesse Rechnung trug, hat durch eine Fami-
lienverbindung symbolischen Ausdruck finden sollen. Nach seiner Thronbesteigung mußte nun Heinrich III. bestrebt sein, durch eine neue Heirat
einen männlichen Thronerben zu gewinnen. Wieder verfolgte man dabei
auch ein politisches Ziel. In Frankreich waren neben dem König aus dem
Haus der Capetinger noch immer Fürsten, wenn auch meist Lehensträger
der Krone, die eine Politik eigenständiger Zielsetzung betrieben. Derzeit

war der hervorragendste der Herzog Wilhelm V. von Aquitanien, der seine
Zeitgenossen ungemein stark beeindruckt hat. Die Reichspolitik wurde auf
ihn aufmerksam, als die Opposition in Italien das deutsche Regiment dort
abzuschütteln versuchte. Sie bot dem Herzog die Krone des italienischen
Königreichs an und Wilhelm V. war ehrgeizig genug, auf Verhandlungen
darüber einzugehen, wohl in der Hoffnung, seinen Sohn dort durchzusetzen und ihm damit gar den Weg zur Kaiserkrönung möglich zu machen.
Aus allem dem wurde nichts. Gleichwohl meinte Heinrich III., durch gute
Beziehungen zu Aquitanien Gefahr von dort fernhalten zu können. So entstand sein Plan einer Heirat mit Wilhelms Tochter Agnes.[84] Und Bischof
Bruno wurde ausersehen, die Werbung um diese anzubringen. Das Pfingst-
fest 1042 feierte der König in Würzburg, vielleicht gerade wegen Verhandlungen über das geplante Unternehmen. Jedenfalls brach der Bischof alsbald auf – mit großem Gefolge, dem auch Frauen angehörten, denn es galt,
das Reich würdig zu repräsentieren –, um seiner Aufgabe nachzukommen.
Es wurde ein voller Erfolg. Im Herbst des folgenden Jahres – so erzählen
die Annalen aus dem Kloster Niederaltaich – empfing Heinrich seine Braut
im burgundischen Besançon – er war ihr also entgegengezogen – *führte sie*
nach Mainz, ließ sie hier zur Königin weihen und machte, nachdem die Tage
der Weihe vorüber waren, zu Ingelheim Hochzeit mit königlichem Gepränge,
wie es sich gebührte.[85]
Bischof Bruno hat sich – und nicht nur in diesem Fall – um Reichs- und
salische Familienpolitik verdient gemacht. Aber das Füllhorn königlicher
Gunsterweise ergoß sich auf sein Bistum keineswegs so reichlich wie unter
seinen Vorgängern. Glaubte man bei Hof, Würzburg sei saturiert? Wollte
man keinen Neid erregen durch seine weitere Auszeichnung als die eines
Bistums, dessen Oberhirte ein naher Verwandter des Königshauses war?
Fragen, die sich nicht schlüssig beantworten lassen. Jedenfalls mußte Bruno
selbst tätig werden, wollte er eine Mehrung an liegendem Gut für seine Diözese erreichen. Am 15. August 1036 übereignete er in feierlicher Weise –
wahrscheinlich war auch Kaiser Konrad II. anwesend – sein väterliches
Erbgut Sunrike im Bistum Paderborn der Kirche des hl. Kilian.[86] Sogar
eine Urkunde, besser: eine Traditionsnotiz, in dem noch weitgehend un-
schriftlich vor sich gehenden germanischen Rechtsleben eine Seltenheit,
wurde ausgefertigt. Verkündet hatte er seinen Entschluß bereits am Fest
Johannes des Täufers (24. Juni) nach der Predigt, wollte ihn, um eine Ein-
spruchsfrist zu wahren, aber erst an Mariä Himmelfahrt in Kraft setzen.
Das geschah. Ein Stück salischen Familienvermögens ging damit an Würzburg; das Königshaus ließ dadurch erkennen, wie sehr ihm an der Treue
des Bistums gelegen war, dessen Brückenfunktion für die Reichspolitik
man sich eben durchaus bewußt blieb.

Verbundenheit mit der Reichspolitik pflegte Bruno auch unter der Regierung Heinrichs III., des Sohnes Konrads II. (1039–1056). Sie ließ ihn auch teilnehmen am Unternehmen des Herrschers nach Ungarn 1045.[87] Jahre hindurch hatte dieser alsbald nach seiner Thronbesteigung Reichsinteresse an dem jungen Königreich Ungarn bekundet. Es war in Thronwirren verwickelt. Im Jahre 1044 hatte der deutsche Sieg in einer blutigen Schlacht an der Raab die Vertreibung des Usurpators bewirkt. Der von Heinrich III. unterstützte König Peter nahm seinen Thron wieder ein. Jetzt sollte ein Besuch bei diesem die Anerkennung der Reichslehnherrschaft über Ungarn besiegeln. Auf der Donau zu Schiff begab man sich im Mai 1045 von Regensburg aus auf die Reise. Sie wurde unterbrochen zu einem Aufenthalt bei Gräfin Richlinde von Ebersberg in Persenbeug, die um Unterstützung bei der Ordnung des Erbes ihres eben verstorbenen Gatten, des Grafen Adalbero von Ebersberg, gebeten hatte. Sie erwies sich als großzügige Gastgeberin. Bei dem festlichen Mahl, das sie bereiten ließ, ereignete sich jedoch ein folgenschweres Unglück. Wie öfters im Mittelalter, achtete man nicht auf die Tragfähigkeit der Geschoßböden eines Gebäudes. Das führte auch hier das Mißgeschick herbei. Eine der Säulen, die den Festsaal trugen, hielt nicht stand; der Bruch des ganzen Bodens war die Folge. Die Gesellschaft stürzte in die Tiefe. Der König kam mit leichter Verwundung davon. Aber Gräfin Richlinde, die Hausherrin, Abt Altmann von Ebersberg und Bischof Bruno wurden so schwer verletzt, daß sie, noch aus den Trümmern geborgen, die nächsten Tage nicht überlebten. Bruno starb als erster am 27. Mai. Wie sehr sein jäher Tod die Menschen bewegte, verrät eine Geschichte, die man alsbald erzählte. Er sei, so hieß es, unmittelbar vorher durch eine Vision vom bevorstehenden Unheil gewarnt worden. Die Annalen von Kloster Altaich schildern das so[85]: *An der gefährlichsten Stelle des Flusses* (Donaustrudel bei Grein) *sah Bruno eine Erscheinung, die Gestalt des Teufels, und hörte wie sie zu ihm sprach: › Wenn ich Dir auch jetzt nichts tue, in Zukunft werde ich Dich doch treffen‹. Nach diesen Worten wurde er von der Beschwörung des Bischofs gebannt, verstummte und verschwand.* Die Leiche des tragisch jäh Verschiedenen wurde in seine Residenz überführt.

Am kirchlichen Leben seiner Diözese hat Bischof Bruno lebhaft Anteil genommen, auch initiativ gewirkt. Bedeutsamer als die Weihe einer Benediktus-Kapelle im aufblühenden Kloster Münsterschwarzach war bereits die Weihe der bischöflichen Eigenpfarreien Oberschwarzach und im neuwürzburgischen Meiningen[89], erst recht die Weihe der neuen Kirche des Klosters Sankt Burkard in der Bischofsstadt selbst.[90] Tiefer als die Erinnerung an andere Würzburger Oberhirten prägte sich den folgenden Generationen das Andenken an Bruno ein. Der Grund dafür: Er plante und begann den Bau eines neuen Doms. Das lag im Zeitgeist. Die Salier hatten den Bau der Klosterkirche von Limburg begonnen und dem die Errichtung eines imponierenden romanischen Domes in ihrer bevorzugten Stadt Speyer folgen lassen. In Paderborn unter Bischof Meinwerk erstanden Dom- und Klosterkirchenbauten. Auch sie waren eine Art Konkurrenz zu dem Dom des jungen Bamberg, auf das man ohnehin mit etwas scheelen Augen sah. Bruno reihte sich in diese Bau-Euphorie ein, die schon von manchen Zeitgenossen kritisiert wurde. Eine Stimme aus Eichstätt lastete sie besonders den Würzburgern an: Ihnen sei es von Natur aus eigen, abzureissen und neu zu bauen, alles Eckige rund zu machen *(quadrata rotundis mutare)!* In der Tat wollte Bruno sich nicht mehr mit kleinen Umbauten und Ergänzungen begnügen. Der Baubeginn mit einer Krypta kündet wie sonst auch hier von völliger Erneuerung.[91] Bruno erlebte freilich nur deren Fertigstellung eben noch. Wie selbstverständlich wurde sie die Grabstätte des ›fundators‹, wie man ihn bald nannte. Seine Beisetzungsfeier wurde gleichzeitig die Feier der Weihe seiner Krypta (16. Juni 1045). Das begründete eine spontane Verehrung alsbald, die auch zum Ausdruck kam in deren Sichtbarmachung mit seinem Monogramm am Chor ›seines‹ Doms (Farbbild S. 236).

Es fällt nicht leicht, sich den pragmatisch in Kirche und Welt tätigen Bischof der Reichskirche als gelehrten Autor religiösen Schrifttums vorzustellen. Und doch galt und gilt er seit Jahrhunderten, freilich nicht ohne daß daran immer wieder Zweifel aufgekommen wären, als Verfasser eines Psalmenkommentars. Andere ihm auch zugeschriebene Werke hat man schon lange bekannten Autoren zusprechen können. Was den Psalmenkommentar angeht, ist das letzte Wort über sein Entstehen noch nicht gesprochen. Der jüngste Biograph seines Vorgängers, Bischof Paul-Werner Scheele, hat dazu einfühlsame Worte gefunden: »Hören wir in den Worten aus dem Bruno zugeschriebenen Psalmenkommentar ihn selbst oder lediglich eine Anzahl verschiedener Stimmen, die von einem unbekannten mittelalterlichen Theologen gesammelt und irgendwann mit dem Namen unseres Heiligen verbunden wurden? ... Viele kritische Fragen sind ungeklärt ... Sie laden zu einer neuen Auseinandersetzung mit dem Psalmenkommentar ein, der nicht von ungefähr unter Brunos Namen überliefert ist.«[92]

Wir sagten schon: spontan-kultische Verehrung ist Bruno alsbald zuteil geworden. Hauptanlässe gaben dazu sein tragischer Tod, der bald einem Martyrium gleichgestellt wurde, und die Planung des Doms. Berichte über wunderbare Heilungen an seinem Grab wurden schon um 1200 gesammelt. Gleichwohl blieben Versuche, ihn offiziell kanonisieren zu lassen, erfolglos, im 13. Jahrhundert ebenso wie später. Das tat der ›canonisatio per viam cultus‹ keinen Abtrag; noch immer wird sein Fest begangen (17. Mai).

Die Farbbilder

Seite 234   *Durch Ausgrabung freigelegte Grundmauern des Chores der ottonischen Pfalzkapelle in Geldersheim (wieder überbaut).*

Seite 235   Oben: *Neubau aus der Zeit um 1230, der in den Maßen dem ottonischen Chor der Pfalzkapelle in Geldersheim entspricht (sog. Frühmeßkapelle; Foto um 1960).* – Unten: *Die 1018 geweihte Krypta des ehemaligen Kollegiatstifts St. Peter und Paul, nachmals Benediktinerabtei St. Stephan zu Würzburg.*

Seite 236   *Monogramm des Bischofs Bruno am Chor des Domes zu Würzburg.*

Seite 237   *Karte des Territoriums des Erzstifts Mainz im Bereich des heutigen Unterfranken am Ende des Alten Reiches (Ausschnitt aus dem Bayer. Geschichtsatlas, hg. von M. Spindler, S. 30/31).*

Seite 238   Oben: *Zweitältestes Siegel der Stadt Aschaffenburg, ab 1290 (Stadt- und Stiftsarchiv Aschaffenburg).* – Unten: *Ältestes Siegel der Stadt Aschaffenburg, ab 1240 (Stadt- und Stiftsarchiv Aschaffenburg).*

Seite 239   *Urkunde von Papst Lucius III. für das Stift Aschaffenburg aus dem Jahr 1184 (Stadt- und Stiftsarchiv Aschaffenburg).*

Seite 240   *Rekonstruktion (Modell) des abgerissenen ›Stäblerhauses‹, des vermutlich ersten Rathauses von Aschaffenburg, von A. Grimm (Stadt- und Stiftsarchiv Aschaffenburg).*

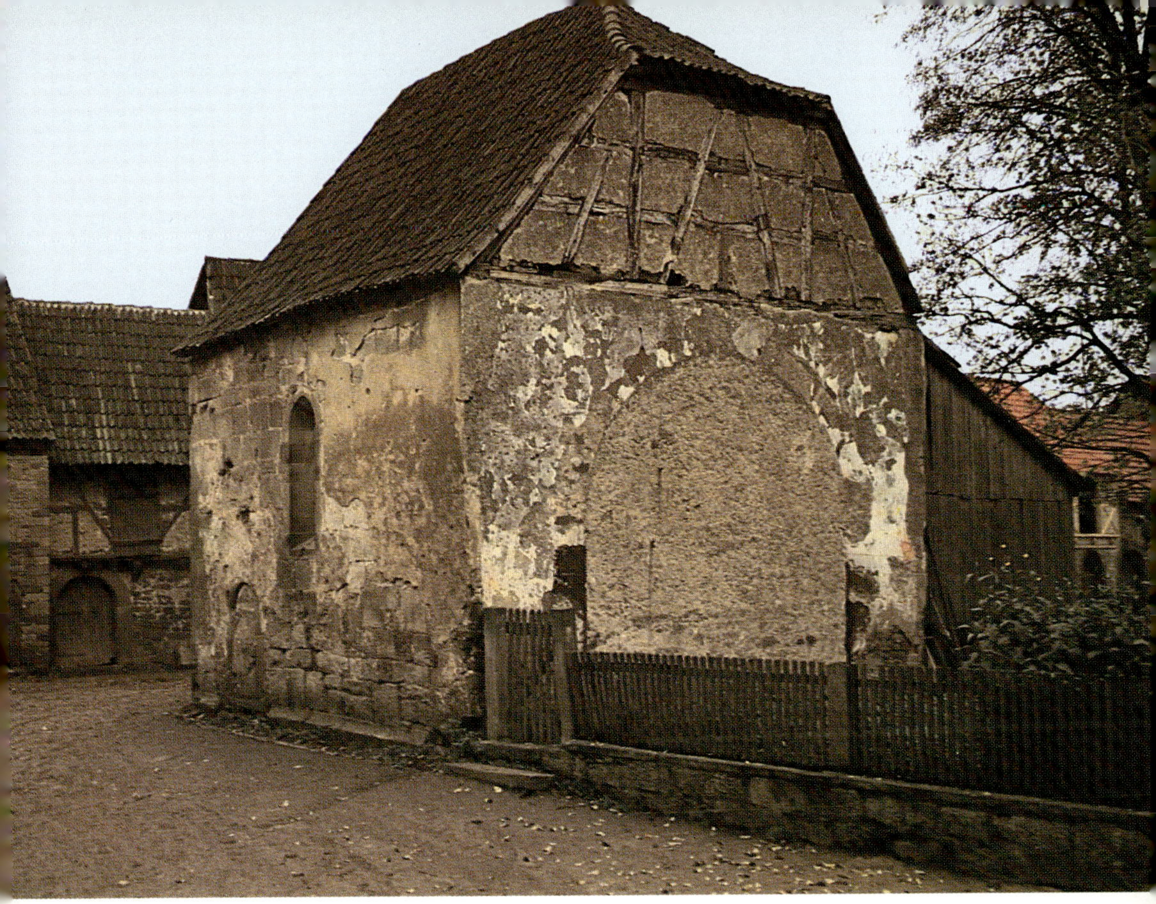

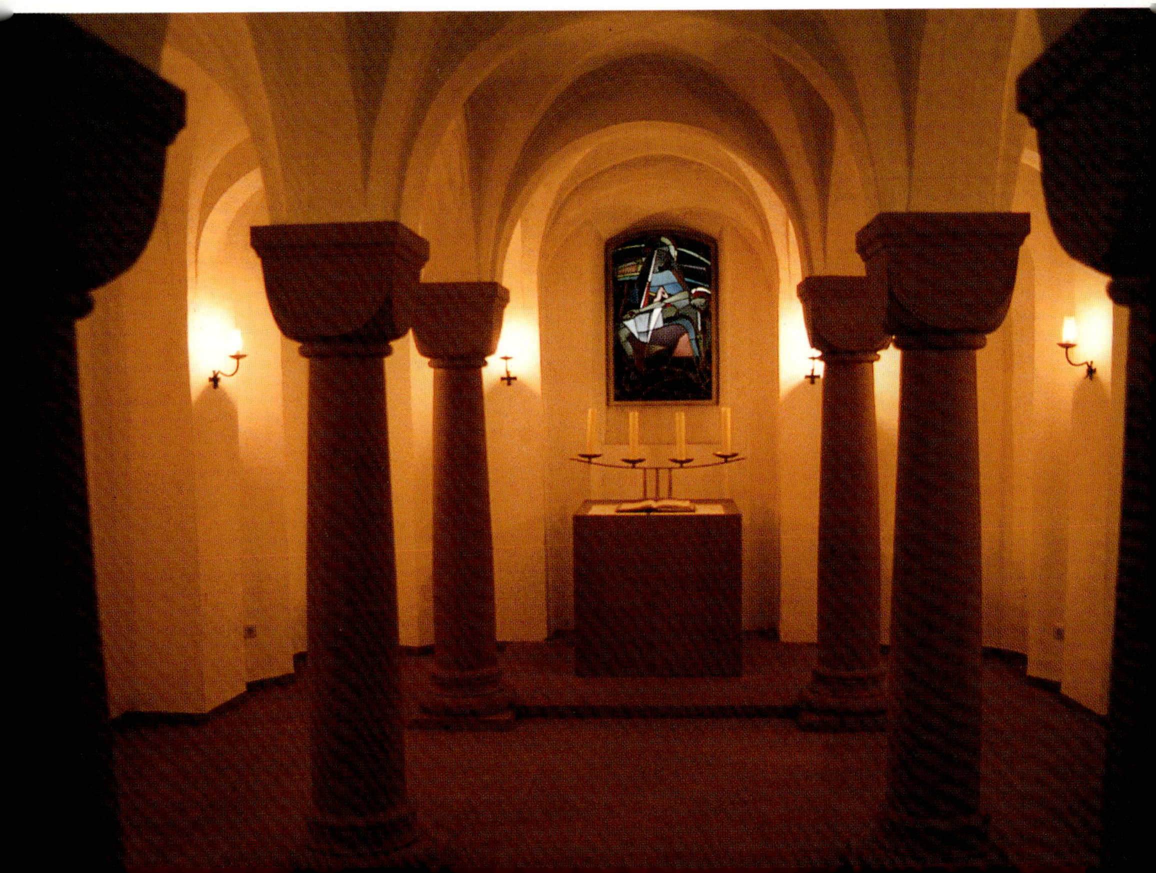

Kurfürst von Mainz

Kurfürst von Pfalzbayern

Hoch- und Deutschmeister

Fürstbischof von Würzburg

Fürstbischof von Fulda

Markgrafschaft Ansbach

Landgraf von Hessen-Darmstadt

Fürst zu Isenburg-Birstein
Graf zu Isenburg-Büdingen
Graf zu Isenburg-Wächtersbach
Graf zu Isenburg-Meerholz

Fürst zu Hohenlohe-Öhringen
Fürst zu Hohenlohe-Langenburg
Fürst zu Hohenlohe-Ingelfingen
Fürst zu Hohenlohe-Kirchberg
Fürst zu Hohenlohe-Bartenstein
Fürst zu Hohenlohe-Schillingsfürst

Graf zu Erbach-Fürstenau
Graf zu Erbach-Erbach
Graf zu Erbach-Schönberg

Fürst zu Löwenstein-Wertheim-Rochefort
Grafen zu Löwenstein-Wertheim

Unmittelbare freie Reichsritterschaft

Herzog von Württemberg

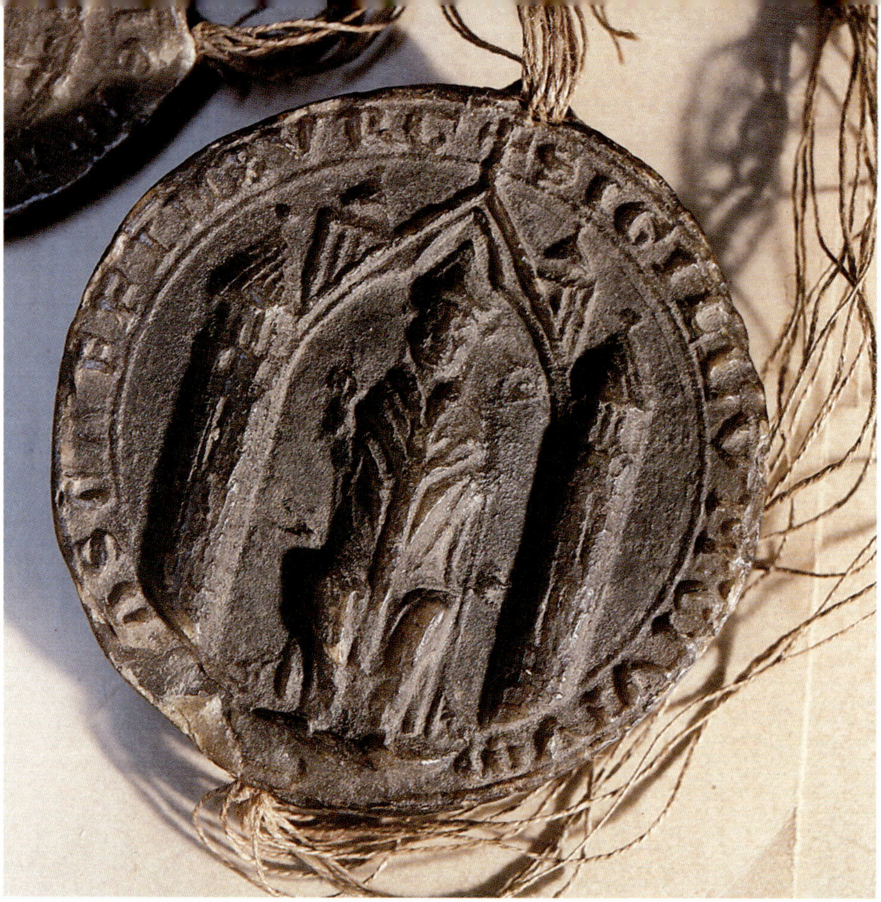

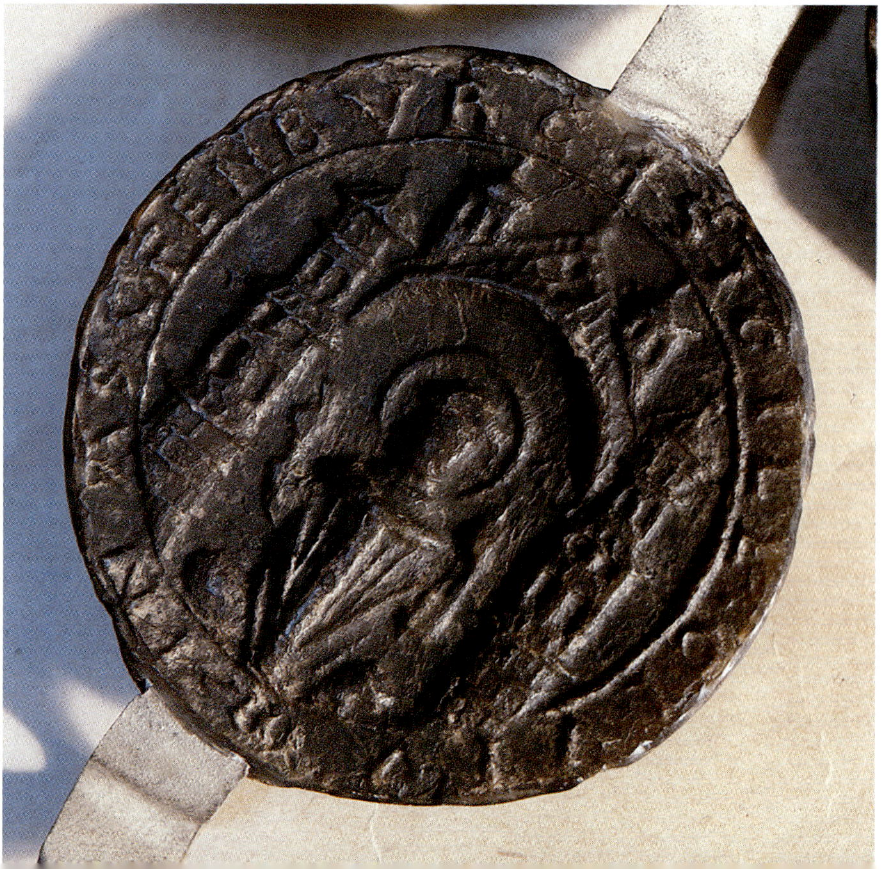

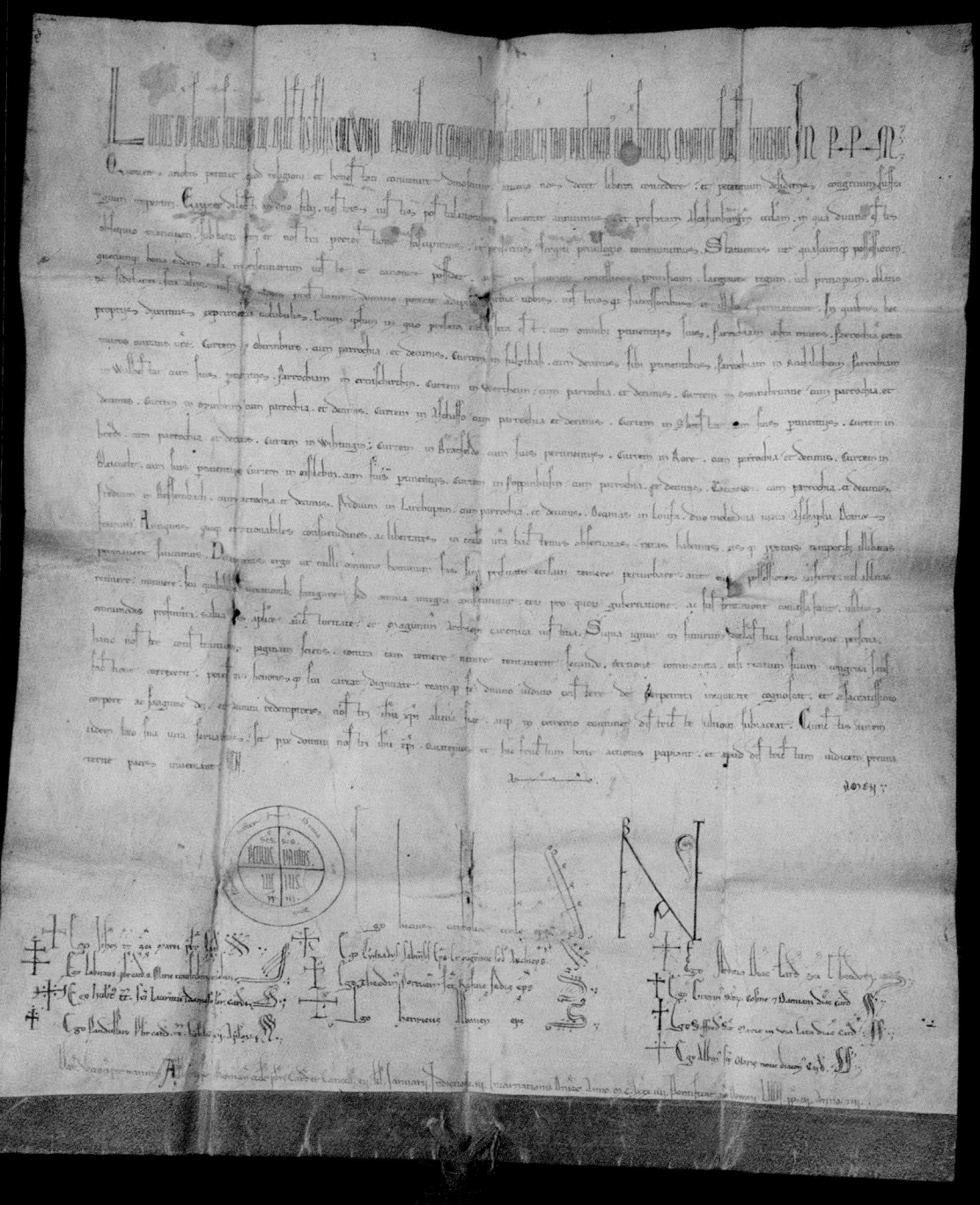

240

6. *Aspekte der gesellschaftlichen und wirtschaftlichen Situation sowie des geistigen Lebens*

Der Ablauf des reichs- und kirchenpolitischen Geschehens in ›Unterfranken‹ in der Epoche vom Entstehen des ottonischen regnum Theutonicorum zu Beginn des 10. Jahrhunderts bis zum Beginn der Auflösung der Harmonie von Kirche und Staat in der Mitte des 11. Jahrhunderts bettet die kaum vernehmbaren regionalen Vorgänge in der Gesellschaftsentwicklung, in der Landwirtschaft, der Kaufmannschaft und dem Handwerk, im kirchlichen und religiösen sowie im allgemeinen Geistesleben ein. Zu chronikalischer Dokumentation ihres Wirkens und Erlebens hat es die Menschen der orientalis Francia kaum je gedrängt; ganz schweigsam blieben sie in dem hier zu behandelnden Zeitraum. Und Schriftlichkeit des Rechtslebens, die Ersatz für jenes Schweigen bieten könnte, kennt man außer in der königlichen Verwaltung noch kaum.

Die Notwendigkeit, Herrschaft besser zu organisieren und intensiver zu gestalten, ließ einen in Ansätzen bereits länger existierenden Beruf wichtig werden, die Ministerialen.[93] Sie werden für Aufgaben verschiedener Art gebraucht, am wichtigsten werden sie für den Kriegsdienst, woraus sich die Sonderform des miles = Ritter entwickelt. Die geburtständische Herkunft des Ministerialen ist nicht entscheidend; aus niedrigem Stand kommende überwiegen zunächst, höher Geborene, Adlige übernehmen aber auch Dienstaufgaben, freilich gehobenen Rangs. Voll ausgebildet ist diese Berufssparte erst im 12. Jahrhundert; in diesem wird sie zum prägendem Strukturwandel der Gesellschaft des späteren Mittelalters. Doch schon im 11. Jahrhundert wird sie erkennbar, freilich kaum in ›Unterfranken‹. Im jungen Bistum Bamberg hatte man zu Bischof Gunthers Regierungszeit (1057–1064) ein kodifiziertes ius ministerialium (Dienstmannenrecht).[94] Ministeriale wiesen 1063 eine diesem nicht gemäße Anforderung zurück.[95] In Würzburg werden ›ministeriales‹ noch nicht faßbar, vielleicht nur, weil es uns an Quellen mangelt. Schwierigkeiten, die Erzbischof Bardo von Mainz (1031–1051) mit unzufriedenen Dienstmannen hatte, bezeugen deren Wirken im Mainzer Sprengel, damit wohl auch in Aschaffenburg.

Wenn im ländlichen Bereich nichts verlautet außer einigen Besitzveränderungen durch königliche Schenkungen oder Tauschabmachungen – namentlich im Gefolge der Gründung Bambergs –, so darf das dahin gedeutet werden, daß sich wirklich nichts Wesentliches verändert hat. Bevölkerungszunahme wird erst ein Charakteristikum des nächsten Jahrhunderts; im unruhigen 10. und beginnenden 11. blieb sie sicher aus und damit die Notwendigkeit, neue Siedlungen zu erschließen. Davon scheint – nicht in ›Unterfranken‹, aber wohl unter seiner Beteiligung – nur die Aktivität im östlichen Grenzraum der orientalis Francia mit mutmaßlicher slawischer Immigration eine Ausnahme zu bilden.[96] Wann das Kloster Fulda, das an dem Erschließungsprozeß Frankens in der Karolingerzeit dank zahlreicher Güterschenkungen der Ansässigen, großen Anteil hat, diesen verlor, bleibt unerkennbar; im 12. Jahrhundert ist jedenfalls davon nichts übrig als der Anspruch darauf und die Erinnerung daran.[97] Erheblich war nach wie vor der Anteil königlichen Landbesitzes in der Region. Dafür sprechen die schon erwähnten Schenkungen, vornehmlich die Auszeichnung Würzburgs mit Forsten. Gelegentlich werden auch Verwaltungsmittelpunkte dieses Besitzes erkennbar, wenn etwa Otto II. und Heinrich III. in Geldersheim nahe Schweinfurt (Farbbilder S. 234 und 235) Aufenthalt nehmen, um dort zu urkunden, oder Konrad II. in Thüngen, was eine dort datierte Urkunde belegt (976 und 1049 bzw. 1029)[98].

Stagnierende Bevölkerungszunahme wird auch verantwortlich sein für das nur langsame Wachsen von Siedlungen über agrarische Verhältnisse hinaus in Vorformen der späteren Stadt, wie umgekehrt die rasche Bevölkerungszunahme im 12. Jahrhundert diesen Prozeß beschleunigen wird, ja Könige sowie weltliche und geistliche Herren veranlaßt, ihn nachdrücklich zu fördern. Für Würzburg wurde bereits das Marktprivileg von 1030 als Wachstums-Zeichen herausgestellt.[99] Es setzt vielfältigere Zusammensetzung der Angesiedelten voraus, Handwerker und Kaufleute müssen bereits anwesend sein. Vergeblich sucht man zu ermitteln, wie weit die Siedlung neben dem Nonnenkloster Kitzingen, oder jene zu Füßen der Stammburg Schweinfurt der Markgrafen, gediehen war; eine Kilianskirche in ihr spricht für hohes Alter, das näher zu bestimmen deren kaum mehr mögliche archäologische Untersuchung vielleicht hätte klären können. Die erste Kirche des ältesten Lohr – sie ist für das 8. Jahrhundert gesichert – macht eine frühe Burgsiedlung bescheidenen Ausmaßes wahrscheinlich, deren weiteres Wachstum nicht vor 1200 anzusetzen ist. Kaum anderes ist für Neustadt an der Saale anzunehmen. Die bescheidenen Anfänge von Karlstadt am Main und Haßfurt liegen noch mehr im Dunkel. Eine Rückentwicklung macht das liudolfingische Aschaffenburg seit seinem Übergang an Mainz durch. Der Abt Ekkehard des Klosters Aura notiert in seiner Weltchronik zum Jahr 1122, es sei *viele Generationen hindurch* beinahe völlig ruinös.[100] Erzbischof Adalbert I. (seit 1122) entschließt sich, diesen Mainzer Besitz zu reaktivieren: die Geschichte des mainzischen Aschaffenburg beginnt unter ihm. Kurz: Kennzeichen zukünftigen Stadtwerdens sind in der Region noch kaum festzustellen. Das städtische Sein hinter dem Limes ist selbstverständlich schon viel entwickelter. In der Römerstadt Regensburg spricht man um 1050 von einem Stadtteil der Kaufleute.[101] Zur kirchlichen Organisation ist bereits alles gesagt. Festzuhalten bleibt die

Übergröße der Pfarrsprengel, namentlich im Ostteil der Diözese Würzburg, die die Gründung Bambergs mitveranlassen mußte. Daß die Klöster der Region, vom Bischof reaktiviert und in sein Regiment genommen, trotzdem nie das Format und die Ausstrahlung des benediktinischen Altbaiern, insbesondere als Kulturfaktor, erreichten, muß als fränkische Eigenart festgehalten werden.

Dem entspricht es auch, daß das Zentrum religiösen Lebens der Dom ist. Seit der Erhebung der Gebeine des irischen Mönches Kilian und seiner Gefährten im Jahre 752 hat sich sein Kult einen unverrückbaren Platz erobert und seine Verehrung in ›seinem‹ Dom unabdingbar werden lassen. Die Gläubigen drängt es an seinem Fest, dem 8. Juli, zu dessen Besuch. Wenigstens einmal wird uns dieser Brauch ausdrücklich bezeugt, nämlich zum Jahr 994. Thietmars Chronik erzählt davon.[102] Anlaß dazu bietet ein Mord, der die Feststimmung trübte. Ein Ritter Bischof Bernwards von Würzburg namens Erwerker war von Markgraf Heinrich von Schweinfurt gefangengenommen und geblendet worden. Durch königliche Intervention wurde die darob zwischen Bernward und Heinrich entstandene Verstimmung wieder beigelegt. Der Markgraf und sein Verwandter Leopold, Markgraf der bairischen Ostmark, wurde nun *ad missam sancti Kiliani, quae est VIII. id. Julii* (8. Juli) – man ist versucht zu übersetzen *zur Kiliani-Messe* – eingeladen und freundlich empfangen. *Jedoch in der heiligen Nacht*, so fährt Thietmar fort, *wurde der Markgraf* (Leopold) *von einem Freund des Geblendeten* (Erwerker) ... *hinterrücks durch Pfeilschuß verwundet.* Er starb – völlig unschuldig an der Bestrafung Erwerkers – zwei Tage darauf.

Gegen Ende des hier behandelten Zeitraums drängte offensichtlich Spontan-Verehrung des tragisch umgekommenen Bischofs Bruno zu dessen zweiten Platz neben dem irischen Patron.

Zentrale Stelle nimmt der Dom auch ein im kulturellen Wirken jener Epoche. Seine Schule macht von sich reden, als Kaiser Otto I. sich bemüht, durch Import von gelehrten Männern aus dem traditionsreichen Italien Rückständigkeit nördlich der Alpen zu beheben. Einer dieser Schritte ist die Vermittlung eines *Stephanus grammaticus* aus Novara an die Domschule in Würzburg zur Zeit Bischofs Poppo I.[103] 20 Jahre lehrte Stephan hier (951–970), ehe er es vorzog, wieder in seine Heimat zurückzukehren, wo er, nunmehr mit einem Kanonikat am Novareser Marien-Dom bepfründet, noch Jahre hindurch lehrend tätig blieb. An sein Wirken am Dom des hl. Kilian erinnern bis heute die von ihm hier hinterlassenen Bücher, ferner in einem dieser von ihm eingetragene Distichen, mit denen er sich vorstellt. Mit einigem Schmunzeln über die Überheblichkeit, mit der die Südländer geringfügig auf die Welt nördlich der Alpen damals herabsahen, liest man auch die Anekdote, die der Mönch Otloh von St. Emmeram in der Lebensbeschreibung des bedeutenden Bischofs Wolfgang von Regensburg über Stephans Schule zu erzählen weiß. Sie hat offenbar rasch großen Ruf genossen, so daß man sich drängte, ihr eine Zeitlang angehört zu haben. Der junge Wolfgang, zunächst erzogen in der Schule des Klosters Reichenau, läßt sich von Heinrich, dem späteren Erzbischof von Trier, gewinnen für einen Wechsel nach Würzburg. Stephan findet zunächst durchaus Gefallen an seinen neuen Schülern. Dann aber kommt es zum Konflikt. Stephan gelingt es eines Tages nicht, eine schwierige Stelle in dem viel verbreiteten Lehrbuch der Sieben freien Künste (septem artes liberales) des Martianus Capella verständlich zu interpretieren. In einer Unterrichtspause bitten seine Mitschüler Wolfgang, von dessen geistigen Format sie überzeugt sind, ihnen die Partie aus Martianus zu deuten. Wolfgang geht darauf ein, liefert auch die gewünschte Erklärung, der Lehrer erfährt davon, und weist, in seinem Stolz beleidigt, den Schüler aus dem Unterricht.

Gleichwohl hat Stephans Würzburger Gastspiel der Domschule Renomee für längere Zeit gesichert. Der außerordentlich farbig erzählende sogenannte Anonymus von Eichstätt – er schreibt im letzten Viertel des 11. Jahrhunderts – teilt von seinen Bischöfen vorwiegend Anekdoten mit. So auch von Bischof Heribert, der 1021 zur Regierung gekommen ist.[104] Der hat die Würzburger Schule besucht und von ihr eine hohe Meinung bewahrt. Er glaubt daher, ein geringschätziges Urteil über die Fähigkeiten seines Domschulmeisters Guntram fällen zu können, schon weil dieser nicht in Frankreich studiert hat – ein auffälliges Zeugnis für das Ansehen französischer Schulen schon im 11. Jahrhundert. So war er willens, ihn zu entlassen. Da besuchte eines Tages der *famosus magister Pernolfus – der berühmte Lehrer Pernolf* von Würzburg Eichstätt und wurde vom Bischof ehrenvoll empfangen. Heribert benutzte seine Anwesenheit, um die Schule zu visitieren, und lud Pernolf ein, ein Arithmetik-Buch zu interpretieren. Guntram, darob natürlich beleidigt, bestand darauf, den Unterricht selbst halten zu wollen und dem anwesenden Pernolf höchstens das Recht, Verbesserungen vorzuschlagen, einzuräumen. So geschah es auch. Nachdem er geendet hatte, wandte sich der Besucher an Heribert mit den Worten: *Dieser Ort braucht keinen gelehrteren Magister. Und wenn ich sein Mitbruder wäre, würde ich, ob er wollte oder nicht, täglich seine Stunde anhören.* Das Urteil überzeugte den Bischof so, daß er Guntram das Lehramt beließ.

Fast zur gleichen Zeit wie diese Anekdote spielt ein Streit der Domschulen von Würzburg und Worms, von dem man Kunde hat durch einige Briefe in einer Wormser und durch ein Gedicht in einer Tegernseer Sammlung.[105] Wie häufig, erlaubt eine Korrespondenz, von der man oft nur die eine Seite besitzt, nur schwer eine eindeutige Interpretation. Keineswegs ist geklärt, ob es sich hier um eine Auseinandersetzung zu Übungszwecken handelte, oder um eine ernsthafte Diskussion um widerstreitende Auffassungen, wohl gar unter Einschluß persönlicher Differenzen. Hier ist nicht der Platz, Klärungsversuchen weiter nachzugehen. Jedenfalls zeugt der Streit von der überregionalen Bedeutung, die beide Schulen, die Würzburger wie die Wormser, zu dieser Zeit besitzen. Auch die Beteiligung des Klosters Tegernsee, seit seinem Wiederaufleben um das Jahr 1000 ein altbairisches Zentrum geistigen Lebens, an der Worms-Würzburger Auseinandersetzung, vermutlich in der Person des Abtes Ellinger, spricht dafür.

Anders ist es mit Schreibwerkstätten in Würzburg bestellt gewesen. Blühendes Klosterleben, eine Voraussetzung dafür, war noch kaum zu verzeichnen. Aber auch am Dom gab es damals keine bedeutende. Sonst wäre es wohl kaum nötig gewesen, den wegen seiner Schreibleistungen schon in jugendlichem Alter bekannten Othloh – er war noch nicht Mönch, sondern *in habitu canonico* – nach Würzburg kommen und von ihm Erzeugnisse seiner Fertigkeit schreiben zu lassen.[106] Leider verrät er uns nicht in seinem Œuvre-Katalog, was er hier vollendet hat. Immerhin zeugt es für Bischof Meginhards Interesse an Büchern, daß er sich zu dieser Berufung entschloß.

Uns ist Othlohs Aufenthalt in Würzburg noch aus einem ganz anderen Grund willkommen. Er war auch Autor nicht weniger höchst eigenwilliger Werke, darunter auch eines ›Liber visionum‹, eine Thematik, die diese komplizierte Persönlichkeit immer wieder fesselte. In diesem Traktat nun schildert er ein Erlebnis in Würzburg.[107] Als er hier weilte, wurde er mit einem die Bewohner stark interessierenden, so etwas wie das ›Stadtgespräch‹ bildenden Vorfall bekannt gemacht. Es gab damals in der Bischofsresidenz zwei *tribuni*, Adalrich und Engilpertus mit Namen. Die Magd des letzteren war nach schwerer Krankheit gestorben. Als man sie beisetzen wollte, so erzählt man Othloh, sei sie wieder ins Leben zurückgekehrt, um, wie sie verkündete, in Gottes Auftrag seine Gebote zu verkünden. Sie ließ Adalrich rufen, um ihm zu verkünden, daß sein Vater Ruotpold in der Hölle schmachte, weil er zu Unrecht ein Zinsgut usurpiert habe. Sie fordert zu dessen Rückgabe auf. Erfolge sie nicht, werde kein Almosen und keine andere Wohltat ihn von der ewigen Verdammnis lösen. Auch Adalrichs Mutter im Paradies beschwor ihn, sich und den Vater davon zu retten. Noch vieles habe er, Othloh, von dieser wieder Erstandenen erzählt bekommen.

Er erfuhr aber auch, wie es zur Wegnahme des Zinsgutes gekommen ist. Ein Armer (pauper) habe mehrere Jahre die fälligen Zinsen nicht zahlen können, worauf man die dreifache Summe verlangte. Sie zu erlegen, war er völlig unfähig; er entschloß sich, sein ererbtes Gut an Ruotpold, der sein *magister* war, abzutreten (*publica traditione condonare*). Ruotpold baute das Gut prächtig aus und vermachte es seinem Sohn Adalrich. Dieser scherte sich um das jetzt ihm mitgeteilte göttliche Gebot überhaupt nicht, zog also die ewige Verdammnis seines Vaters vor.

Die visionäre Einkleidung einmal beiseite lassend, erfahren wir ein Stück Würzburger Verwaltungs- und Wirtschaftsleben jener Zeit, deren Unschriftlichkeit uns das sonst völlig vorenthält. Da gibt es zwei Tribunen. Dann und wann kommt der Begriff für Vertreter eines Grafen vor. Was meint Othloh hier mit dem Begriff aus der römischen Verwaltung? Es bleibt kaum eine andere Deutung als die eines Vorstehers der Gemeinde, wohl gleichzeitig mit Gerichtsbefugnis. Man meint seinen Worten auch entnehmen zu können, daß sich zwei Männer diese Amtsstellung angemaßt hätten (*potestate potiti*) und nun konkurrierten. Will Engilpert mit der Vision seiner wieder belebten Magd, wie immer diese Geschichte auch vor sich gegangen ist, Adalrichs Ruf zerstören und ihn damit für die angemaßte Tribunen-Würde unmöglich machen? Die Bewohner Würzburgs hat er jedenfalls gegen ihn einnehmen können, aber Adalrich zu beseitigen, ist ihm offenbar nicht gelungen.

Die Herabsetzung Adalrichs allein genügt Engilpert noch nicht. Auch dessen Vater Ruotpold wird einbezogen, ja sein Vorgehen ist der Hauptgrund für die Erregung, die Würzburg beherrscht. Als *magister*, hier doch wohl Gutsherr, hat er einen Erbpächter durch seine unmäßige Forderung um dessen Existenz gebracht; darin sieht man bitteres Unrecht, das Adalrich jetzt durch Restitution wieder gutmachen soll. Dieser aber lehnt das ab. Othloh hat übrigens auch erfahren, wo das fragliche Gut liegt: im Norden der Würzburger Gemarkung *nahe der Basilika der heiligen Helena* – hier hat er sicher mißverstanden oder ist später einem Gedächtnisfehler aufgesessen. Er dürfte das neue Stift Haug gemeint haben.

Besäßen wir doch mehr solche Berichte. Wir gewännen ein facettenreicheres Bild vom Zusammenleben der Menschen jener Tage! So bleiben viele Fragen an ihre Situation offen – es fehlen Nachrichten. Das gilt namentlich für die Erkenntnis über Berufe. Daß noch keine Ministerialität entwickelt ist, wurde bereits ausgeführt, auch angedeutet, daß Ansätze dazu vorhanden sein mußten. Auch der Bischof von Würzburg hat Reisige zu stellen für Kriegs- und Italienzüge, Poppo II. etwa für das Italienunternehmen Ottos II. im Jahre 981 80 Gepanzerte.[108] Wie rekrutierte er sie? Nur einmal wird ein tüchtiger *miles*, Erwerker, genannt, weil er ein schweres Schicksal hatte, das bereits berührt wurde. Keine Aussage ist möglich über die akute gesellschaftliche und wirtschaftliche Situation im agrarischen Bereich. Selbständige, nicht mehr in einer Grundherrschaft abhängige Handwerker sind sicher schon in Würzburg, aber auch anderswo in ›Unterfranken‹, ansässig geworden. Auch die Kaufmannschaft hatte in Würzburg bereits Fuß gefaßt, kaum nur wandernde Händler; das Marktprivileg von 1030 spricht dafür. Wenn man an anderen Orten bereits von der Existenz einer *schola publica* und damit von selbständigen Lehrern hört, möchte man sie in ›Unterfranken‹ auch bereits existent sehen.

Über so viel Enttäuschung in dieser Hinsicht hilft uns der schon zitierte anonyme Chronist von Eichstätt mit seinen Plaudereien über seine Bischöfe hinweg. Er vermittelt uns einen Eindruck von dem Verkehr in der adligen Gesellschaft, wie er auch im kirchlichen Bereich üblich war, oft unbekümmert um den Beruf, den man vertrat. Hier eine seiner Anekdoten![109] Freundschaftlich verbunden waren der Würzburger Oberhirte Heinrich – unser Gewährsmann nennt irrig dessen Nachfolger, der aber erst vier Jahre nach Megingauds Ableben zur Regierung kommt – und eben der Eichstätter Bischof Megingaud. Mit letzterem beschäftigt sich unser Autor intensiver, war er doch eine Erscheinung, die seinen Zeitgenossen manches Kopfschütteln abnötigte. Krankhafte Eßsucht ließ ihn die einem Christen und erst recht einem Bischof wohl anstehende Mäßigung völlig außer acht lassen und sogar religiöse Amtspflichten vernachlässigen. Cholerisch veranlagt, gab er diesem Charakterzug oft hemmungslos nach, konnte das Fluchen nicht unterlassen und übernahm sich in harten Urteilen über seine Umgebung, um danach ebenso übertreibend den Gescholtenen mit Geschenken wieder zu versöhnen. Er war wohl nicht geneigt, adlige Lebensform, wie sie ihm nun einmal eigen war, um des Berufsethos' willen aufzugeben, ein Problem, mit dem die mittelalterliche Kirche seit eh und je zu kämpfen hatte. Sein Selbstbewußtsein war freilich hervorragend geeignet, das Ansuchen Kaiser Heinrichs II., auch einen Teil von Eichstätt für das neue Bamberg abzutreten, hartnäckig abzulehnen; erst unter seinem Nachfolger kam es dazu.

Eines Tages, so erzählt nun der Chronist, empfing Megingaud einen Boten seines Würzburger Amtsbruders. Als er ihn kommen sah, bemerkte er, daß dieser einen Falken auf der Hand trug. Er wies einen seiner Diener an, den Gast zu empfangen; dieser nahm dessen Pferd in Obhut und ließ sich auch den Falken aushändigen, schlug aber alsbald auf den Ankömmling ein mit den Worten: *Du Strick, mit einem Vogel wagst Du zum Bischof zu kommen?* Der Würzburger, beleidigt ob solcher Schmach, kündigte bei Megingaud an, er werde bei seinem Herrn darüber Klage führen. Megingaud fertigte ihn ab: *Wenn Ihr Euch damit nicht abfindet, werde ich Eurem Herrn mitteilen, wie ungehörig Ihr zu mir gekommen seid, und ich werde Euch nicht nur um seine Huld, sondern auch um Eure Güter und Stellung bringen. Ihr habt töricht gehandelt, ebenso mein Diener, bekennt einander Eure Sünde. Hütet Euch im übrigen, jemals wieder zu einem Bischof so unziemlich zu kommen.* Sprachs und entließ den also Gemaßregelten mit reichen Geschenken. Abbitte leistend, schied der Bote in Frieden.

Die Freundschaft zwischen den beiden Oberhirten äußerte sich vor allem in regelmäßigem Geschenkaustausch. Der Eichstätter schickte Fische, namentlich Hausen, ferner Seide, Pelze und feine Tuche, woran es ihm nicht gebrach, der Würzburger revanchierte sich mit bestem Wein aus seinen reichen Beständen. Als nun wieder einmal der Herbst nahte, beschloß Heinrich, sich mit Megingaud einen Schabernack zu leisten. Dieser hatte schon seine Geschenke geschickt und wartete nun sehnsüchtig auf die Gegengabe. Da kam eine Ladung, die der Überbringer grußlos vor den Bischof hinwarf: *Mein Herr schickt Euch Eure Geschenke zurück; ihm sind sie nichts wert, Euch aber unentbehrlich.* Megingaud entgegnete wutentbrannt: *Dein Herr ist solcher Gaben unwürdig, darum hat er sie mit Recht zurückgeschickt. Der närrische König wußte nicht, was er tat, als er so jemandem ein Bistum anvertraute.* Als daraufhin der Bote die Sendung aufschnitt und Most herauslief, war der Bischof erst recht außer sich über den Spott, den man mit ihm trieb. Inzwischen langte der nachkommende Bote mit der richtigen Sendung ein. *Mein Herr*, begann er seine Worte, *entbietet Euch seinen Dienst und wünscht alles Gute.* Megingaud herrschte ihn an: *Wer ist Dein Herr?* Ruhig antwortete jener: *Der Bischof von Würzburg. Er schickt Euch diese zehn Fuder Wein.* Voller Mißtrauen ließ sich Megingaud nur langsam überzeugen, daß es sich wirklich um den erwarteten Wein handle. Seine Stimmung schlug darauf völlig um. Jetzt verstieg er sich zu den höchsten Lobsprüchen auf Heinrich: *Der weise Kaiser hätte das Bistum nicht besser besetzen können.* Der Anonymus schließt die Geschichte mit dem Bemerken, so schnell schlage – bei einem Mann wie Megingaud – Tadel in Lob um, werde aus einem ungeeigneten ein ganz hervorragender Bischof.

Nebenbei: Die Anekdote wirft ein Schlaglicht auf Tauschhandel, der sich hier als Geschenkaustausch abspielt, sicher aber im kaufmännischen Bereich so ähnlich vor sich gegangen ist. Beredtes Zeugnis liefert sie auch von der wirtschaftlichen Bedeutung des fränkischen Weins schon in jenen Zeiten.

Mit diesem Genrebild aus dem gesellschaftlichen Leben des adligen Reichsepiskopats in seinem ungeschminkten Ablauf, gilt es, die Darstellung des Werdens und der Geschicke der Region ›Unterfranken‹ im 10. und der ersten Hälfte des 11. Jahrhunderts abzuschließen, in der der staatlich-kirchliche Ordo wesentlich mitgeprägt wurde von jenem Reichsepiskopat, der auch das Lebensgesetz unseres Raums repräsentierte. Wenige Jahre nach Bischof Brunos Tod, schon 1046, wird die Synode von Sutri, ihren Veranstaltern freilich unbewußt, dem Drängen aus diesem Ordo hinaus zur ›libertas ecclesiae‹, zur Diastase von Kirche und Welt den Weg öffnen. Brunos Nachfolger Adalbero wird bereits die ganze Schwere dieser grundsätzlichen Auseinandersetzung zu tragen haben.

Anmerkungen

[1] Regino, S. 278 f.

[2] Ebenda S. 278–80.

[3] Zu Fritzlar als Besitz der Konradiner: Regino, S. 316 f.; zu den Popponen: Dümmler, 3, S. 168 f.; Heinrichs Epitaph: MG Poetae IV, 137; es rühmt ihn: *Saxonibus, Francis, Fresonibus ille triarchus fuit.*

[4] Regino, S. 304–307.

[5] Zu Poppos Entmachtung: Annales Fuldenses (892), S. 154 f.; zu Kaiser Arnulfs Aussöhnung mit ihm: MG D Arn. 174; zur Babenberger Fehde: oben S. 195 ff.

[6] Vgl. Dümmler, 3, S. 574 ff.

[7] Vgl. K. Kupfer, Forchheim, Geschichte einer alten fränkischen Stadt, 1960, S. 38 ff.

[8] Liudprand, Antapodosis Buch II, Kap. 18, S. 314 f.: *Sub quo potentissimi principes Arnaldus in Bagoaria, Burchardus in Suevia, Everhardus comes potentissimus in Francia, Giselbertus dux in Lotharingia erant.* Eberhardus als *marchio* bezeichnet in: MG D K. I. nr. 23. Zu Eberhards Ansprüchen Zimmermann, in: JffL 23, 1963, S. 379 ff.

[9] Widukind Buch I, Kap. 25, S. 56 f.

[10] Ebenda Buch II, Kap. 1 und 2, S. 84–91.

[11] Zum Folgenden Widukind Buch II, Kap. 6, 9–13, 15, 24–26, 94–111.

[12] Liudprand, Antapodosis Buch IV, Kap. 23, S. 424 f.

[13] Dazu nur E. Hlawitschka, Vom Frankenreich zur Formierung der europäischen Staaten und Völkergemeinschaft 840–1046, S. 29 (dazu Literatur S. 256 f.); Wipo, Gesta Chuonradi II. imperatoris Kap. 3 berichtet, daß der Erzbischof von Mainz bei der Salbung Konrads II. diesen als *vicarius Christi* bezeichnet habe, was der Autor dann selbst übernimmt. Heinrich III. nennt er gelegentlich *alter post Christum* (MG, Werke Wipos, SS rer. Germ. 3. Aufl. S. 23, 26, 76).

[14] Hlawitschka, wie Anm. 13, S. 53 ff.

[15] Fleckenstein, Hofkapelle.

[16] MG D O.I. nr. 44.

[17] Gerd Tellenbach, Libertas. Kirche und Weltordnung im Zeitalter des Investiturstreites, 1936.

[18] GS Würzburg 1, S. 51 ff.

[19] GS Würzburg 1, S. 55 ff. (Thioto), S. 58 f. (Burchard II.), S. 59 ff. (Poppo I. und Poppo II.).

[20] Adalbert, Fortsetzung der Chronik des Regino, zum Jahre 961, S. 214.

[21] Ekkehardi IV. Casus S. Galli, übersetzt v. H. Helbling, Kap. 99 ff., S. 177 ff.; Poppos Rolle bei der Visitation S. 182, 188 f.

[22] Dazu nur Szabolcs de Vajay, Der Eintritt des ungarischen Stammesbundes in die europäische Geschichte (862–933), 1968 (mit umfangreicher Literatur S. 121 ff.).

[23] Hlawitschka, wie Anm. 13, S. 105 f.

[24] Zu Eberhard von Baiern: Hlawitschka, wie Anm. 13, S. 116; dort auch zu dessen Nachfolger Burchard.

[25] Zu Heinrich, Bruder Ottos I., ebenda S. 120 f.

[26] Widukind Buch III, Kap. 49, S. 158 f.: *Glorreich durch den herrlichen Sieg wurde der König von seinem Heere als Vater des Vaterlandes und Kaiser begrüßt.*

[27] Zu Herzog Heinrich von Baiern (955–995): Hlawitschka, wie Anm. 13, S. 120, 132 f., 135 f.

[28] O. Meyer, Der Bürger in Bambergs tausendjähriger Geschichte, in: Varia Franconiae Historica I, S. 269 ff.; grundlegend K. Arneth in: 92. BHVB, 1953, S. 161 ff.

[29] E. Freiherr von Guttenberg, Territorienbildung am Obermain in: 79. BHVB, 1925, S. 57 ff.

[30] Ebenda S. 60 f.

[31] Edition: Notae Aschaffenburgenses, MG SS XV, S. 757 f., auch bei Hofmann, Evangeliar, S. 195 (mit Abb. 30, S. 194).

[32] Für das Folgende demnächst R. Fischer, Aschaffenburg im Mittelalter, phil. Diss. Würzburg, und derselbe unten S. 256 ff.

[33] Hlawitschka, wie Anm. 13, S. 120 ff.

[34] D O. II. nr. 84. – Weitere Urkunden Ottos II. zugunsten des Stifts: D O. II. nrr. 98, 117, 128, 188, 215, 245, 284, ferner die Fälschungen 321 und 324.

[35] Notae Aschaffenburgenses, a.a.O., S. 759, Anm. 5, und Hofmann, Evangeliar, S. 198.

[36] D O. II. nr. 245.

[37] D O. II. nr. 132; D O. II. nr. 131 belegt Ottos II. Aufenthalt in Bamberg am 4. Juli 976.

[38] Der fragliche Passus in Übersetzung: *von welchem Volk sie dort auch sich sammeln werden.*

[39] E. Freiherr von Guttenberg, Die Regesten der Bischöfe ... von Bamberg, Reg. nr. 312.

[40] GS Würzburg 1, S. 67 ff. (Hugo), S. 70 ff. (Bernward) und S. 74 ff. (Heinrich I.).

[41] R. Bauerreiß, Kirchengeschichte Bayerns II, 1958, S. 16 ff.

[42] Vita sancti Burkardi, hg. v. F. Bendel, übers. von Joachim Schmitt, in: WDGBl 48, 1986, S. 85 f. (Buch III, Kap. 3); zum Umbau der Klosterkirche bei dieser Gelegenheit neuestens: H. Schulze, Neue Gedanken zur Baugeschichte der Andreas-Burkarduskirche in Würzburg, S. 163 ff.

[43] Fries, Geschichte, Namen, Geschlecht ... (Bonitas-Bauer-Ausgabe 1848) 1, S. 114.

[44] GS Würzburg 1, S. 73.

[45] D L. D. nr. 79. – Zu dem ganzen Komplex Zimmermann, in: WDGBl 25, 1963, S. 1 ff.

[46] D KAR. I. nr. spur. 247. – D O. III. nr. 140 und 315.

[47] D H. II. nrr. 37 und 38.

[48] O. Meyer, Handschriften in Wertheim, S. XXVI.

[49] GS, wie Anm. 40.

[50] MG SS IV, 742.

[51] D O. III. nr. 358. – Vorangegangen war am 1. Januar 1000 bereits die Übereignung des Forstes, D O. III. nr. 352. Wildbann-Schenkung für Kloster Neustadt, zu erschließen aus der überarbeiteten Urkunde nr. 354.

[52] MG D H. II. nr. 326 vom 29. Dez. 1014.

[53] MG D O. III. nr. 366.

[54] MG D H. II. nrr. 267 und 268 vom 21. Juni 1013.

[55] Die Fülle der Literatur zur Gründung des Bistums Bamberg kann hier weder registriert noch diskutiert werden. Meine Aufassung in: Meyer, Oberfranken S. 13 ff., wird durch die oben gegebene kurze Darstellung zum Teil ergänzt.

[56] Heinrichs Rückzieher in der Vergabe des Herzogtums Baiern an Markgraf Heinrich eindrucksvoll geschildert bei Thietmar, Buch V, Kap. 14, S. 206–209. Die Nachricht vom Aufstand des Markgrafen ebenda Kap. 32, S. 226 f.

[57] Ebenda.

[58] Thietmar, Buch V, Kap. 38, S. 232–234.

[59] Ebenda Buch VI, Kap. 2, S. 244 f.

[60] Ebenda Buch VI, Kap. 14, S. 258 f.: In seine Predigt an Mariä Geburt 1004 in Prag flocht Bischof Gottschalk von Freising den Passus ein: *Erbarme Dich* (Heinrich II.) *des früheren Markgrafen Heinrich, der jetzt, wie ich hoffe, aufrichtig Buße tut; löse seine Bande und gewähre ihm Huld, damit Du heute um so leichteren Herzens Gott bitten darfst: Und vergib uns unsere Schuld usw.* Das nahm sich der Kaiser zu Herzen.
Markgraf Heinrichs Tod und Bestattung meldet Thietmar, Buch VII, Kap. 63, S. 424 f. Er habe ausdrücklich gewünscht, außerhalb der Kirche beigesetzt zu werden; Thietmar spricht bereits von der Nordseite des Klosters dort. Das spricht dafür, daß der Wunsch der Mutter Heinrichs, die Burg in eine monastische Niederlassung umzuwandeln – vgl. unten S. 307 –, bereits realisiert worden ist.

[61] Zum Folgenden: Thietmar, Buch VI, Kap. 30–32, S. 274–79.

[62] Dazu oben S. 221.

[63] Das ausführliche Protokoll dieser Synode: MG D H. II. nr. 143.

[64] Die Chronik des Klosters Petershausen, hg. von O. Feger, 1956, S. 88–90, Buch III, Kap. 3: *... Da nun der König Heinrich allerorts aus anderen Kirchen das, was zur Ausstat-*

tung und zum Glanze des von ihm gegründeten Ortes nötig war, aufs eifrigste zusammenholte, beraubte er durch seine Forderungen viele Orte, bis er seine Kirche über alles Maß bereichert hatte. Es hat sich also um eine vom Kaiser auferlegte Zwangsabgabe gehandelt.

[65] Ediert von Ph. Jaffé, Monumenta Bambergensia, 1869, S. 472 ff. Nr. 2.

[66] Ebenda S. 474: *Quidquid tibi libuerat, ... apud illum obtinere potueras. Nonne tanta tibi potestas in his regionibus ab eo concessa est, ut ad nutum tuum omnia pareant?*

[67] Ebenda S. 477: *Multo enim potiora, ut audio, atque utiliora iam reddidit. Atque etiam redderet et adhuc forsitan reddet, si tantum in audientiam venies.*

[68] Ebenda S. 478.

[69] Ebenda S. 477: Arnold erinnert seinen Amtsbruder an dessen Äußerungen anläßlich eines gemeinsamen Ritts nach Bamberg. Er habe sich so geäußert: *totam illam terram pene silvam esse; Sclavos ibi habitare; te in illa longinqua vel nunquam vel raro venisse.*

[70] D H. II. nr. 174. Eine weitere Entschädigung am gleichen Tag: D. H. II. nr. 175.

[71] D H. II. nrr. 37 und 38, dat. 9. Februar 1003.

[72] Amorbach S. 17 ff.

[73] D H. II. nr. 165. Petzolt, Abtei Kitzingen, 1955/57 (auch in: JffL 15–17, 1955–57).

[74] Schulze, Baugeschichte S. 74 ff.

[75] GS Würzburg 1, S. 85 f.: Haug, gegr. vor 1002, St. Stephan, gegr. 1013/15, Ansbach, St. Gumbert, Gründungsjahr unbekannt.

[76] Vgl. dazu Meyer, Oberfranken S. 26 ff.

[77] Jaffé, wie Anm. 65, S. 476.

[78] GS Würzburg 1, S. 89 ff.

[79] Eheprozeß Irmingards von Hammerstein: Jedin, Handbuch III, 1, S. 337 f. Gandersheimer Kirchenstreit: Hauck III, S. 268 ff., 548 ff.

[80] D H. II. nr. 496, D K. II. nrr. 107 und 173. Selbstverständlich läßt Meginhard sich auch die Eigenklöster – vgl. Anm. 71 – erneut bestätigen, D K. II. nr. 37 vom 20. Mai 1025.

[81] D K. II. nr. 154.

[82] D K. II. nr. 199. Zu Unterregenbach Fehrings grundlegendes Werk.

[83] GS Würzburg 1, S. 92 ff. Paul-Werner Scheele, Bruno.

[84] Jb Heinrichs III., I, S. 41 f.: Tod Gunhilds/Kunigundes. Ebenda S. 153 ff.: Werbung um Agnes von Aquitanien. Ebenda S. 187 ff.: Verlobung und Vermählung mit Agnes und deren Krönung. Vgl. M.L. Bulst-Thiele, Kaiserin Agnes, 1933, Nachdr. 1972.

[85] Jb Altaich, übersetzt von L. Weiland, 5. Aufl., 1940, zu 1042 (Werbung um Agnes) und 1043, S. 31, 35.

[86] MB 37, S. 21 Nr. 64. Vgl. dazu Johanek, Siegelurkunde S. 18 ff., dessen entschiedenes Eintreten für die Echtheit des in Abschriften vorliegenden Schriftstückes nicht alle meine Bedenken beseitigt. Spätere ergänzende Überarbeitung erscheint mir immer noch möglich.

[87] Jb Heinrichs III., I, S. 202 ff.: Zum dritten Mal griff Heinrich 1044 militärisch in Ungarn ein. Eine siegreiche Schlacht an der Raab (5. Juli) führte zur Flucht des Thronusurpators Ovo und zur Wiedereinsetzung König Peters. Ebenda S. 229 ff.: Heinrich bricht im Mai 1045 nach Ungarn auf, um sich das Königreich als Lehen auftragen zu lassen. Der Verlauf der Schiffsreise wird geschildert.

[88] Jb Altaich, S. 43.

[89] GS Würzburg 1, S. 97. An der Kirche in Meiningen Bruno-Monogramm. Zu Meiningen neuestens: Günther Wölfing, Meiningens Entwicklung.

[90] Schulze, Neue Gedanken zur Baugeschichte der Andreas-Burkardus-Kirche, S. 169 ff.: Bau III, entstanden unter Abt Willemund 1033 bis 1042.

[91] Neustens Schulze, Baugeschichte, S. 76 f. – Zur Kritik an Bau-Euphorie: Anonymus Haserensis, MG SS VII, 261, Kap. 29.

[92] Scheele, Bruno, S. 8.

[93] Die überwiegende Mehrheit der reichen Literatur zur Ministerialität sieht sie als einen Stand an, obwohl bereits ihr Name dafür zeugt, daß es sich um einen Beruf handelt. Dazu einschlägige Bemerkungen bei Bosl, Reichsministerialität, I, S. 1 ff. und passim. Der

berufsständischen Auffassung kommt erheblich näher Haendle, Dienstmannen. Der Komplex Ministerialität verlangt Umdenken.

[94] Guttenberg, Regesten ... Bamberg Nr. 329.

[95] Ebenda Nr. 345.

[96] Vgl. oben S. 217.

[97] Zeugnis legt dafür ab die Sammlung der Besitzrechte im Codex des Fuldaer Mönches Eberhard und der Rechenschaftsbericht des Abtes Marquard I. (1150–1165); dazu UB d. Klosters Fulda, bearb. von E. E. Stengel, 1958, S. XXVIII.

[98] Geldersheim D O. II. nr. 128. D H. III. nr. 246 – Thüngen D K. II. nr. 140.

[99] Siehe oben S. 228.

[100] Ekkehard, MG SS VI, 269. Dazu auch R. Fischer, wie Anm. 32.

[101] Translatio S. Dionysii, MG SS XI, S. 353.

[102] Thietmar Buch IV, Kap. 21.

[103] O. Meyer, Stephan von Novara.

[104] Anonymus Haserensis, MG SS VII, S. 261, Kap. 28.

[105] Wormser Briefsammlung, Brief nrr. 15, 25, 26. Tegernseer Briefsammlung, Gedicht nr. XLIII.

[106] Othloh, Liber visionum, visio sexta, MG SS XI, S. 379.

[107] Ebenda. Schauwecker, Othloh, S. 72 ff.

[108] MG Constitutiones I, nr. 436.

[109] Anonymus Haserensis, MG SS VII, S. 259, Kap. 22.

Literatur (Auswahl)

Die folgende Titelauswahl beschränkt sich auf Werke, die für die eigene Darstellung konstitutive Bedeutung gewannen.

Quellen:

Ausgewählte Quellen zur Geschichte des Mittelalters (Freiherr-von-Stein-Gedächtnis-Ausgabe); Bd. 7: Regino von Prüm, Chronik; Bd. 8: Widukind, Sachsengeschichte, S. 1 ff; Adalbert, Fortsetzung der Chronik des Regino von Prüm, S. 188 ff; Liudprand, Werke, S. 233 ff; Bd. 9: Thietmar, Chronik; Die großen Jahrbücher von Altaich, in: Geschichtsschreiber der deutschen Vorzeit, 3. Aufl., 1940; Othloh von St. Emmeram, Liber visionum, MG SS XI; Die Tegernseer Briefsammlung, hg. von K. Strecker (MG Epp. sel. 3), 1925; Die Ältere Wormser Briefsammlung, bearb. von W. Bulst (Briefe der deutschen Kaiserzeit 3), 1979.

Bibliographien:

Fränkische Bibliographie, hg. von G. Pfeiffer, 1–4, 1965–1978; M. Günther, Unterfränkische Bibliographie, jeweils in: MainfrJb seit Bd. 15, 1963 – Bd. 40.

Durchgängig benutzt:

Germania Sacra (GS) NF 1: Das Bistum Würzburg 1, bearb. von A. Wendehorst, 1962; A. Hauck, Kirchengeschichte Deutschlands, 3. Teil, 3./4. Aufl., 1906; E. Hlawitschka, Vom Frankenreich zur Formierung der europäischen Staaten und Völkergemeinschaft 840–1046, 1986; H. Jedin, Handbuch der Kirchengeschichte, III, 1, 1968; Jahrbücher der deutschen Geschichte: E. Dümmler, Geschichte des ostfränkischen Reichs, 3, 2. Aufl., 1888, Nachdr. 1960; R. Köpke/E. Dümmler, Kaiser Otto der Große, 1890; K. Uhlirz, Jb. ... Otto II., 1902; K. Uhlirz/M. Uhlirz, Jb. ... Otto III.; S. Hirsch, Jb. ... Heinrich II.,

3 Bde., 1862–1875; H. Bresslau, Jb. ... Konrad II., 2 Bde., 1879–84, Nachdruck 1967; E. Steindorff, Jb. ... Heinrich III., 2 Bde., 1874–1881, Nachdruck 1963; H. Planitz, Deutsche Rechtsgeschichte, 1950; M. Spindler (Hg.), Handbuch der bayerischen Geschichte, III, 1: Franken, 1971, darin einschlägig F.-J. Schmale, S. 53–62; 103–112; 113–125.

Zu 1. Der Aufstieg der Konradiner in Ostfranken bis zum Königsthron

G. Zimmermann, Vergebliche Ansätze zum Stammes- und Territorialherzogtum in Franken, in: JffL 23, 1963, S. 379 ff.

Zu 2. Würzburgs Bischöfe in der ottonischen Reichskirchenpolitik

J. Fleckenstein, Die Hofkapelle der deutschen Könige, 2 Teile, 1955.

Zu 3. Der Beginn des Weges zu ›Unterfranken‹

J. Hofmann, Das älteste Evangeliar der Aschaffenburger Stiftskirche, in: AJB 4, 1957, S. 153–202; M. Klewitz, Die Baugeschichte der Stiftskirche St. Peter und Alexander zu Aschaffenburg, 1953, VGKA 2; Die Pfarrei zu Unserer Lieben Frau in Aschaffenburg, Festschrift zur 200. Wiederkehr der Weihe, 1975.

Zu 4. Würzburgs innerer Ausbau unter Bischof Heinrich I. (995/96–1018)

O. Meyer, Handschriften in den Fürstl. Löwensteinischen Bibliotheken in Wertheim, in: Kostbare Bücher aus drei alten fränkischen Bibliotheken, 1989; O. Meyer/E. Roth/K. Guth, Oberfranken im Hochmittelalter, 2. Aufl., 1987; F. Oswald/W. Störmer (Hg.), Die Abtei Amorbach im Odenwald, 1984; H. Schulze, Die Baugeschichte des Kiliansdomes und seiner Vorgänger, in: Richard Schömig (Hg.), Ecclesia cathedralis, Der Dom zu Würzburg, 1989; Ders., Neue Gedanken zur Baugeschichte der Andreas-Burkardus-Kirche in Würzburg, in: WDGBl 48, 1986, S. 163–180; G. Zimmermann, Die Klosterrestitutionen Ottos III. an das Bistum Würzburg, in: WDGBl 25, 1963, S. 1 ff.

Zu 5. Weiterer Ausbau des Bistums unter den Bischöfen Meginhard I. (1018–1034) und Bruno (1034–1045)

G. F. Fehring, Unterregenbach, Kirchen, Herrensitz, Siedlungsbereich, Text- und Tafelband, 1972; P. Johanek, Die Frühzeit der Siegelurkunde im Bistum Würzburg, QFW 20, 1969; P.-W. Scheele, Bruno von Würzburg, Freund Gottes und der Welt, 1985; G. Wölfing, Meiningens Entwicklung zur Stadt, in: Jb für Regionalgeschichte 15,1, 1988, S. 1–44.

Zu 6. Aspekte der gesellschaftlichen und wirtschaftlichen Situation sowie des geistigen Lebens

L. Benkert, Bad Neustadt a. S., Die Stadtchronik, 1985; K. Bosl, Die Reichsministerialität der Salier und Staufer, Teil 1, 1950; O. Freiherr von Dungern, Adelsherrschaft im Mittelalter, 1927, Nachdruck o. J.; O. Haendle, Die Dienstmannen Heinrichs des Löwen, 1930; O. Meyer, Stephan von Novara und seine Gesinnungsgenossen in der geistigen Auseinandersetzung ihrer Zeit, in: Derselbe, Varia Franconiae Historica 2, 1981, S. 733–763; A. Ruf, Die Pfarrkirche St. Michael in Lohr und ihre Baugeschichte, 1983; H. Schauwecker, Otloh von St. Emmeram, in: StMBO 74, 1963, S. 1 ff. (auch gesondert erschienen); W. Schich, Würzburg im Mittelalter. Studien zum Verhältnis von Topographie und Bevölkerungsstruktur, 1977.

Roman Fischer

Das Untermaingebiet und Aschaffenburg im frühen und hohen Mittelalter

1. *Das Aschaffenburger Untermaingebiet als historische Landschaft*

Betrachtet man eine Karte jener Territorien, die am Ende des Alten Reiches das Gebiet des heutigen Unterfranken abdeckten, ist auf den ersten Blick zu erkennen, daß neben dem Hochstift Würzburg das Erzstift Mainz den größten und geschlossensten Landesanteil besaß (Farbbild S. 237). Das mainzische Gebiet umfaßte Teile des Nordspessarts um Bad Orb zwischen Kinzig und Jossa, die heute hessisch sind, den größten Teil des Mainvierecks mit Ausnahme des äußersten Südostens, aber mit einem breiten Saum westlich des Mains, und schließlich einen nicht ganz so geschlossenen Komplex südlich des Mainvierecks, zu dem die Städte Amorbach, Buchen, Osterburken, Külsheim, Tauberbischofsheim, Königshofen, Krautheim und Ballenberg gehörten. Flächenmäßig umfaßt dies schätzungsweise etwa ein Fünftel Unterfrankens, und noch heute sind die Nordgrenze und die Westgrenze des Mainzer Territoriums in Unterfranken mit der bayerischen Staatsgrenze fast identisch.

Die territoriale Situation, die hier umrissen worden ist, war jedoch nicht erst das Produkt der Neuzeit, sondern reicht im wesentlichen unverändert ins Spätmittelalter zurück, in seinem Kernbestand sogar ins Frühmittelalter, wenn man als Kernbestand Aschaffenburg und den bayerischen Untermain sowie den Spessart innerhalb des Mainvierecks begreift.

Dieses Gebiet, das nunmehr den westlichen Teil Unterfrankens bildet, war bis 1803 kein Bestandteil von Franken, gehörte nicht dem fränkischen Reichskreis an, sondern dem kurrheinischen Kreis, dessen östliche Grenzlandschaft es bildete. Damit hat sich seit dem 19. Jahrhundert sein Blickwinkel, wenigstens in politischer Hinsicht, um 180 Grad verändert: Aschaffenburg schaut nicht mehr nach Westen, nach Mainz, sondern nach Osten, nach Würzburg. Die Umgangssprache hat sich indessen von allen politischen Veränderungen unbeeindruckt erwiesen: sprachlich gehört Aschaffenburg bis heute nicht dem fränkisch-oberdeutschen, sondern dem mittelrheinisch-mitteldeutschen Raum an. Der Spessart wirkte sich als Barriere aus, die immer noch als Dialektgrenze wirksam ist. Auch in wirtschaftlicher und kultureller Hinsicht ist das Untermaingebiet des 20. Jahrhunderts noch eher mit dem Rhein-Main-Gebiet als mit den östlich angrenzenden Teilen Unterfrankens verbunden. Seine historische Eigenständigkeit wurde vom bayerischen Staat bei der Umbenennung der Regierungsbezirke von Flußnamen nach historischen Gebieten unter König Ludwig I. 1837 auch dadurch anerkannt, daß der Bezirk den Namen ›Unterfranken und Aschaffenburg‹ erhielt, der ihm erst von den Nationalsozialisten genommen wurde. Die Geschichte Unterfrankens wäre also unvollständig, wenn sie sich auf die alte ›orientalis francia‹, das historische Ostfranken, beschränken würde, ohne seine ›rheinfränkischen‹ Anteile mit zu berücksichtigen. Der folgende Beitrag wird sich im wesentlichen auf das eingangs skizzierte Gebiet, den Anteil des Mainzer Erzstifts am heutigen Unterfranken beschränken, kann aber nicht umhin, auch Orte mit einzubeziehen, die jetzt zwar nicht mehr zu Unterfranken gehören, im Früh- und Hochmittelalter aber organisch mit Aschaffenburg verbunden waren, wie etwa das unmittelbar an der Grenze gelegene Seligenstadt.

2. *Von der alamannischen Volksburg bis zum fränkischen Königshof*

Über die Frühzeit Aschaffenburgs gibt es nur wenige gesicherte schriftliche Nachrichten. Unumstritten ist allerdings in der Forschung eine Mitteilung des Geographen von Ravenna, wonach Aschaffenburg im ausgehenden 5. Jahrhundert eine alamannische Burg war.[1] Von seiner topographischen Lage her bot sich das Areal der Aschaffenburger Altstadt sowohl für eine Befestigung als auch für eine dauernde Siedlung bestens an: es handelt sich um ein natürliches Dreieck zwischen den Punkten Badberg, Schloßberg und Stiftsberg, dessen Verbindungslinien der Main, der Landinggraben und der Löhrgraben bilden, das nach allen Seiten hin steil abfällt und das eine Fläche von etwa 5 Hektar umfaßt. Hier war nicht nur Raum für einen befestigten Herrensitz, sondern für eine ganze befestigte Siedlung, weshalb man auch von einer ›Volksburg‹ gesprochen hat.

Nach dem Sieg der Franken über die Alamannen und der ›Verfrankung‹ der Gebiete östlich des Rheins, die sicher auch über die Verkehrslinie des Mains vorangetrieben wurde, übernahmen die neuen Herren die befestigte Siedlung Aschaffenburg, während sich auf dem flachen Land alamannische Einflüsse noch etwas länger nachweisen lassen. Es ist anzunehmen, aber nicht zu beweisen, daß Aschaffenburg in königlichen Besitz überging, denn im Rhein-Main-Gebiet erstreckte sich ein umfangreicher Königsgutkomplex von der Wetterau im Norden über die Dreieich im Süden bis zum Spessart im Osten, in dem sich das Königsgut vor allem auf beiden Seiten

256

des Mains massierte. Die erste sichere schriftliche Quelle aus der fränkischen Zeit stammt aus dem frühen 8. Jahrhundert, als der Priester Udalhuno während der Amtszeit des Mainzer Bischofs Sigibert und eines Herzogs Theobald dem hl. Dionysius in Nilkheim eine Kapelle weihte, innerhalb des Stadtgebiets des heutigen Aschaffenburg, jedoch von der Altstadt durch den Main getrennt.[2] Dies ist die erste bezeugte Kirchenweihe in der Mainzer Diözese östlich des Rheins seit der Weihe der Georgskirche in Kastel bei Mainz um 565. In der Forschung streitet man darüber, ob dieser Herzog Theobald identisch ist mit dem Herzog Gozbert aus der passio Kiliani, der seinen Amtssitz in Würzburg hatte (Friese), oder ob er ein Sohn Gozberts und Bruder von dessen Nachfolger Herzog Heden war; möglicherweise hatte er auch einen eigenen Herrschaftsbereich zwischen der Wetterau und der Aschaffenburger Gegend (Lindner).[3] Die Quellenlage ist jedoch äußerst dürftig. Die Frage läßt sich nicht entscheiden.

Es ist aber nicht anzunehmen, daß St. Dionysius in Nilkheim die erste Kirche im Gebiet des heutigen Aschaffenburg war, ebensowenig, daß seit 565 östlich des Rheins keine Kirche mehr geweiht wurde. Vielmehr muß innerhalb der befestigten Siedlung Aschaffenburg neben dem Herrensitz auf dem Badberg schon ein kirchlicher Mittelpunkt auf dem Stiftsberg existiert haben; die Existenz einer solchen Kirche weisen Grabungen nach.[4] Sie stellten genau an der Stelle des Ostchors der Stiftskirche Reste einer Steinkirche sicher, die man auf die karolingische Zeit datierte. Ob nun diese Reste noch über die karolingische Zeit hinausreichen, oder ob dieser Steinkirche noch eine ältere Holzkirche vorausging, bleibt unklar (Abb. 21).

Für die Annahme, daß Aschaffenburg schon in merowingischer Zeit eine befestigte Siedlung mit Herrensitz und Kirche war, spricht auch die strategische Lage des Ortes: hier befand sich, mainaufwärts kommend, die erste Erhebung am Ostrand der Rhein-Main-Ebene, die für eine Befestigung geeignet war; hier überquerte ein wichtiger Landweg, die 839 als Reichs-

Abb. 21
*Grundriß des
karolingischen Baues*

straße belegte Verbindung von Frankfurt über Aschaffenburg, Rohrbrunn, Lengfurt nach Würzburg[5], den Main, der seinerseits eine herausragende West-Ost-Verbindung darstellte und nachweislich von Karl dem Großen und Ludwig dem Frommen zu Schiff befahren wurde; hier endete eine Altstraße von Worms über den Königshof Großumstadt, und hier schließlich konnte man den Zugang zum Spessart über das Aschafftal kontrollieren. Darüber hinaus bildete Aschaffenburg die Nahtstelle zwischen dem fruchtbaren Altsiedelland westlich des Mains mit dem Königshof in Großumstadt und dem Spessart, der 839 als königlicher Forst bezeugt ist[6] und von Aschaffenburg aus beherrscht und verwaltet wurde.

Sicheren Boden gewinnen wir jedoch erst in der Karolingerzeit: jetzt sind nicht nur die Reichsstraße Frankfurt–Aschaffenburg–Würzburg und der Königsforstcharakter des Spessarts belegbar, sondern auch eine Steinkirche als Vorläuferin der Stiftskirche. Der Geschichtsschreiber Gobelinus Person berichtet, die sächsische Grafentochter Liutgard habe in Aschaffenburg König Ludwig den Jüngeren geheiratet[7]; man nimmt an, daß dieser Festakt im Jahr 869 stattgefunden hat. In Aschaffenburg ist Königin Liutgard nach einem Bericht des Annalisten Saxo auch am 30. November 885 gestorben und anschließend beigesetzt.[8] Wie Ausgrabungen aus dem Jahr 1956 ergeben haben, befinden sich ihre Gebeine noch heute neben den sterblichen Überresten ihrer Tochter Hildegard und Herzog Ottos von Baiern und Schwaben († 982) in der Aschaffenburger Stiftskirche.[9] Diese Quellen lassen eine engere Verbindung der königlichen Familie zu Aschaffenburg erkennen. Da Liutgard in Aschaffenburg begraben wurde, ist zu vermuten, daß sie diesen Ort nach dem Tode ihres Gatten als Wittum erhielt; möglicherweise hat sie ihn an ihre Tochter Hildegard vererbt, die 894/95 wegen Rebellion angeklagt und als Nonne ins Kloster Frauenchiemsee verbannt, später aber begnadigt wurde und ihren Lebensabend vielleicht in Aschaffenburg verbrachte. Von dem Chronisten Regino von Prüm werden die Besitzungen Hildegards als Reichsgut (regiae possessiones) bezeichnet, und Aschaffenburg hat wahrscheinlich dazugehört.[10]

Hochzeit und Beerdigung einer Königin setzen eine Kirche und geeignete Räumlichkeiten voraus, um solche repräsentativen Feierlichkeiten begehen zu können. Es spricht daher manches dafür, daß der erwähnte Herrenhof auf dem Badberg ein Königshof, möglicherweise sogar eine Königspfalz war.

In der karolingischen Zeit entstanden auch in der Umgebung von Aschaffenburg eine ganze Anzahl von Kirchen, die die Christianisierung und die kirchliche Erschließung des flachen Landes durch das Bistum Mainz bezeugen: so sind St. Hippolyt in Dettingen und die Kirche in Mainaschaff uralt. Auf eine sehr frühe Gründungszeit deuten auch die Patrozinien St.

Laurentius in Stockstadt, Aschaffenburg-Leider, Radheim und Kleinostheim, St. Georg in Pflaumheim, St. Martin in Großostheim, Mömlingen
und Wörth, Peter und Paul in Großwallstadt, Obernburg und Ruchel-
heim, Maria in Großostheim und Wörth[11]; 834 wurde Nilkheim erneut geweiht.

Vermutlich schon in der ersten Hälfte des 8. Jahrhunderts wurde im nördlichen Odenwald die Benediktinerabtei Amorbach gegründet, aber nicht von
einem Schüler des hl. Pirmin, wie die Legende lautet, sondern von einer
fränkischen Adelsfamilie aus dem Raum zwischen Worms und Speyer. Die
Abtei spielte eine wichtige Rolle bei der Erschließung des Odenwaldes,
auch wenn darüber nur äußerst spärliche Nachrichten auf uns gekommen
sind.[12]

Im Jahr 828 ließ Einhard, der ehemalige Vertraute und Biograph Kaiser
Karls des Großen, in einer feierlichen Prozession die Gebeine der heiligen
Märtyrer Marcellinus und Petrus aus Steinbach im Odenwald nach Seligenstadt überführen, nachdem diese erst im Vorjahr aus Rom über die Alpen gekommen waren.[13] Einhard gründete dort ein Kloster, dessen erster
(Laien-)Abt er selbst wurde, und in dem sowohl er (†840) als auch seine
Frau beigesetzt sind. Mit der Benediktinerabtei Seligenstadt entstand in unmittelbarer Nähe Aschaffenburgs ein religiöser Mittelpunkt und eine berühmte Wallfahrtsstätte, die an Bedeutung die Aschaffenburger Kirche
mindestens bis zur Gründung des Stifts Ende des 10. Jahrhunderts über-
flügelte.

Die Besitzgeschichte des Aschaffenburger Raums am Ende der Karolingerzeit ist bisher ungeklärt; es stehen sich zwei Theorien gegenüber, die beide
in Ermangelung sicherer Quellen nicht zu erhärten sind. Nach der älteren
Auffassung wurde der Königin Liutgard die Aschaffenburger Gegend als
Heiratsgut übertragen; nach ihrem Tod oder der Rebellion ihrer Tochter
Hildegard sei dieser Besitz von den Karolingern wieder eingezogen und
durch König Arnulf (König von Ostfranken 887, Kaiser 896) den Konradi-
nern übereignet worden. Über den Konradiner Herzog Hermann von
Schwaben (†949) und seine Tochter Ida, die mit Herzog Liudolf von
Schwaben verheiratet war, sei Aschaffenburg an den Gründer des Stifts
St. Peter und Alexander gekommen.[14]

Dagegen vertritt eine neuere Theorie die Auffassung, daß Aschaffenburg
zum Erbe der Fränkin Oda gehört habe, der Mutter Königin Liutgards und
Gattin des Sachsenherzogs Liudolf. Nach dem Tod von Liutgard und ihrer
Tochter Hildegard sei Aschaffenburg wieder an das liudolfingisch/säch-
sisch-ottonische Haus zurückgefallen, unter König Heinrich I. (†936) und
seiner Schwester Oda, die mit dem Konradiner Gebhard verheiratet war,
geteilt, schließlich aber durch die Heirat von Heinrichs I. Enkel Liudolf

von Schwaben mit Odas Enkelin Ida, der Tochter des Konradiners Hermann von Schwaben, wieder in einer Hand vereinigt worden.[15] Noch unklarer sind die Grafschaftsverhältnisse während der karolingischen Zeit. Fest steht eigentlich nur, daß Aschaffenburg am östlichen Rand des Maingaus lag, welcher sich etwa zwischen dem Main im Norden und Osten, einer Linie von Offenbach nach Süden als Westgrenze bis zum Odenwald im Süden erstreckte (Abb. 22). Ob der Maingau in sogenannte ›Untergaue‹ unterteilt war, Kleinlandschaften wie etwa den Bachgau oder Plumgau, und ob Gau und Grafschaft in diesem Gebiet identisch waren, ist in der Forschung kontrovers beantwortet worden. Nach überwiegender Meinung ist der ›Maingau‹ aber lediglich ein geographischer Begriff und keine politisch-administrative Einheit gewesen.[16]

3. Von der Gründung des Stifts bis zum Übergang an Mainz

Für die zweite Hälfte des 10. Jahrhunderts ist die Quellenlage ausgezeichnet dank der Gründung einer Institution, die in der Folgezeit und bis zum Ende des Alten Reiches für den Aschaffenburger Raum von überragender Bedeutung war: das Kollegiatstift St. Peter und Alexander. Über dessen Gründung selbst gibt es zwar keine urkundliche Überlieferung, wohl aber für seine Frühzeit. Die Forschungen anläßlich des 1000jährigen Stiftsjubiläums, das 1957 gefeiert wurde, haben ergeben, daß nicht Herzog Otto von Baiern und Schwaben (954–982), der das Stift großzügig ausgestattet und gefördert hat und in der Tradition als *fundator* verehrt wurde, sondern seine Eltern, Herzog Liudolf von Schwaben (949–953, †957) und dessen Frau Ida als wirkliche Gründer in Frage kommen.[17] Liudolf war der erste Sohn von Kaiser Otto dem Großen aus erster Ehe, Ida die Tochter Herzogs Hermann von Schwaben aus der Familie der Konradiner.
Als Motive für die Gründung kommen nicht nur religiöse, sondern vor allem auch politische Aspekte in Betracht: die Einrichtung einer Stiftskirche war ein Mittel der Herrschaftssicherung und des Landesausbaus. Da die Gründung und Besetzung von Bistümern dem König vorbehalten war, so war die Gründung eines Kollegiatstifts die angemessene Form von Kirchenpolitik für einen Herzog oder Fürsten. Eine hohe Zahl von Stiftsgründungen fällt nicht zufällig in die Zeit des ottonisch-salischen Reichskirchensystems[18], so daß man füglich von einem Landeskirchensystem in Analogie zum Reichskirchensystem sprechen kann. Auf welche Weise eine ganze Landschaft durch die Errichtung von Stiftskirchen planmäßig organisiert wurde, zeigt das mittlere Lahntal, wo die Familie der Konradiner,

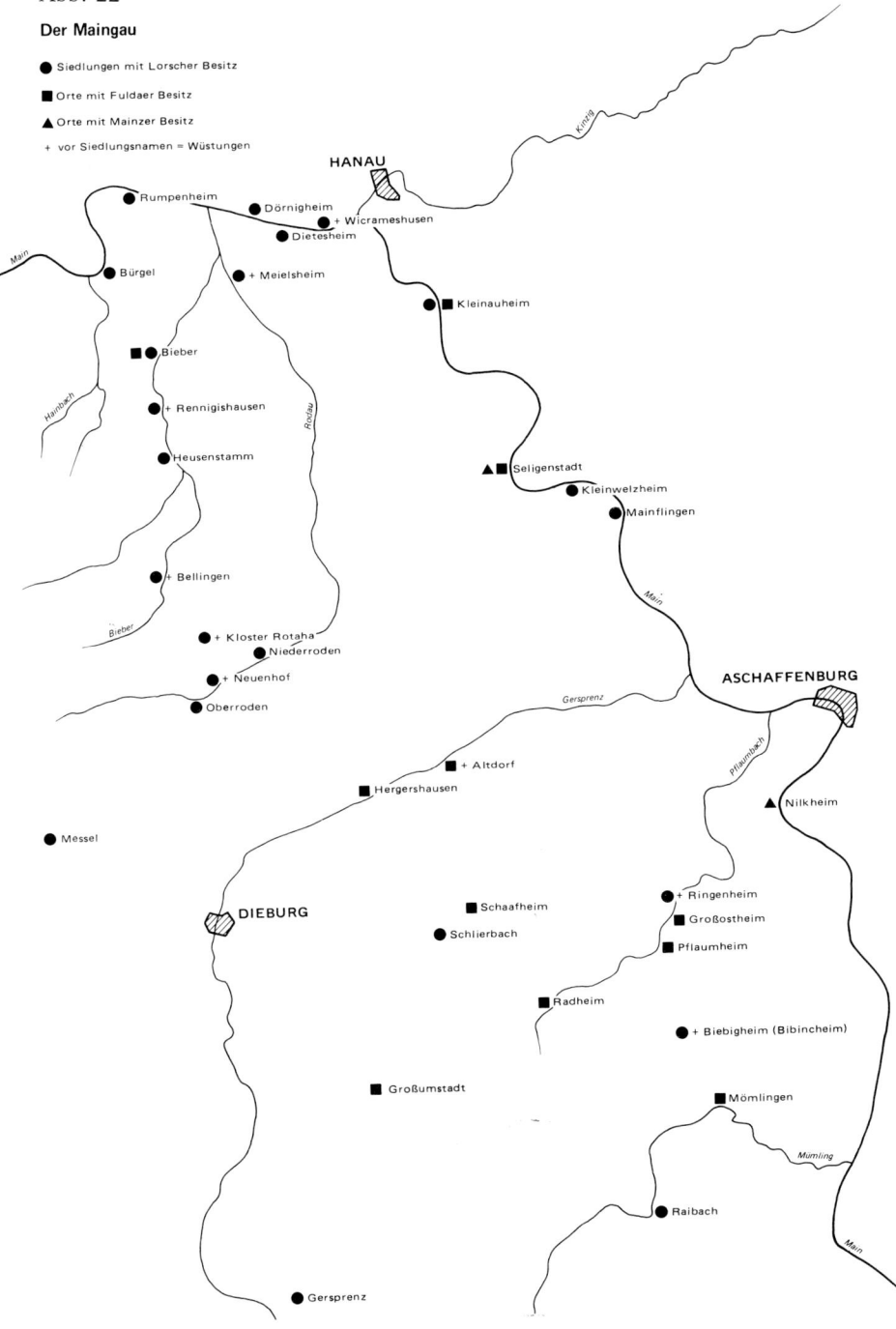

Abb. 22

Der Maingau

● Siedlungen mit Lorscher Besitz

■ Orte mit Fuldaer Besitz

▲ Orte mit Mainzer Besitz

+ vor Siedlungsnamen = Wüstungen

HANAU

● Rumpenheim

● Dörnigheim

● + Wicrameshusen

● Dietesheim

● Bürgel

● + Meielsheim

● + Kleinauheim

■ Bieber

● + Rennigishausen

● Heusenstamm

▲ ■ Seligenstadt

● Kleinwelzheim

● Mainflingen

● + Bellingen

● + Kloster Rotaha

● Niederroden

● + Neuenhof

● Oberroden

ASCHAFFENBURG

■ + Altdorf

■ Hergershausen

▲ Nilkheim

● Messel

DIEBURG

■ Schaafheim

● + Ringenheim

● Schlierbach

■ Großostheim

■ Pflaumheim

● Radheim

● + Biebigheim (Bibincheim)

■ Großumstadt

■ Mömlingen

● Raibach

● Gersprenz

der Ida entstammte, mit dieser Form der Kirchenpolitik sehr erfolgreich war.[19]

Eine enge räumliche Verbindung von Burg und Stift, wie sie in Aschaffenburg bestand, war keineswegs ungewöhnlich, sondern durchaus üblich; dadurch entstanden Herrschaftszentren, aus denen häufig Städte hervorgingen. Selbst Könige errichteten Stiftskirchen, so etwa Konrad I. das Walpurgisstift in Weilburg (915) und Heinrich III. St. Simon und Juda in Goslar und Kaiserswerth.

Hätten Liudolf und Ida überwiegend religiöse Motive besessen, so wäre ein Benediktinerkloster besser geeignet gewesen; freilich hatte sich das Nebeneinander von Burg und Kloster als unverträglich herausgestellt.[20] Stiftskirchen konnten für die herrschaftliche Finanz- und Territorialverwaltung aktiviert werden, sie unterhielten Schulen, pflegten Arme und Kranke, beherbergten Reisende, konnten also auch soziale Aufgaben wahrnehmen, die vorher Klöstern vorbehalten waren. Seinen Einfluß auf ein Stift konnte der Eigenkirchenherr dadurch behaupten, daß er sich das Besetzungsrecht für die Kanonikate vorbehielt.

Herzog Liudolf verband also mit Aschaffenburg politische Absichten: es lag geographisch und verkehrsmäßig im Zentrum des ottonischen Reiches, bildete eine Brücke zwischen seinem Herzogtum Schwaben und seinem Stammland Sachsen. Liudolf starb jedoch früh, er wurde in St. Alban in Mainz beigesetzt, wohl, weil der begonnene Kirchenbau in Aschaffenburg noch nicht fertiggestellt war. Sein Sohn Otto, Herzog von Baiern und Schwaben, Neffe von Kaiser Otto II. und mit diesem zusammen erzogen und aufgewachsen, setzte das Werk seiner Eltern fort. Er vollendete den Kirchenbau, eine große ottonische Anlage (Abb. 23 und 24), die der heutigen in der Größe kaum nachsteht, und, wichtiger noch, er förderte intensiv die materielle Ausstattung der jungen Institution. Unter seiner Ägide setzt eine urkundliche Überlieferung auf breiter Basis ein: aus der Zeit zwischen 974 und 982 sind nicht weniger als zehn Diplome Kaiser Ottos II. zugunsten des Aschaffenburger Stifts vorhanden, in denen Herzog Otto entweder als Intervenient (Bittsteller) oder als Schenker auftritt, darunter jedoch zwei unechte und eine verfälschte.[21]

Dem Stift werden darin folgende Besitzungen übertragen: aus kaiserlichem Besitz die Kirchen in Salz und Brendlorenzen (Lkr. Rhön-Grabfeld), die Kirche und der Hof in Rohr (Kreis Suhl/Thüringen), die Ortschaften Wirtheim, Kassel und Höchst im Nordspessart, der kaiserliche Besitz in Meiningen und Walldorf sowie der ganze kaiserliche Besitz in der Mark Meiningen. Aus dem Besitz Herzog Ottos stammen Abgaben aus Kleinostheim und Dettingen (beide Lkr. Aschaffenburg), der Ort Liebrighausen in Nordhessen, welchen Herzog Otto und schon sein Vater zu Lehen beses-

262

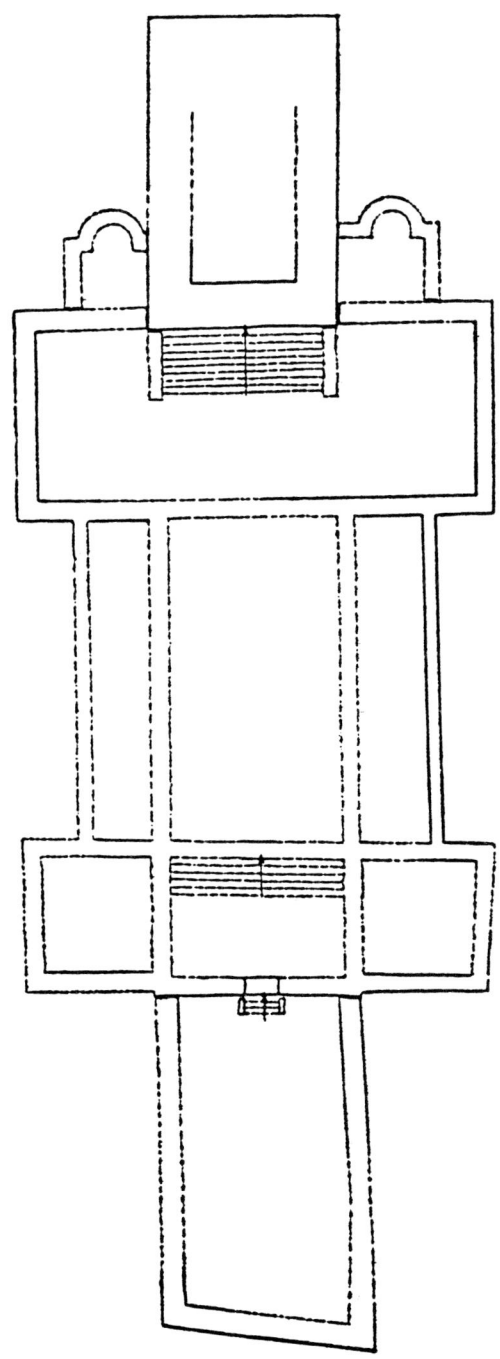

Abb. 23   *Grundriß der ottonischen Anlage*

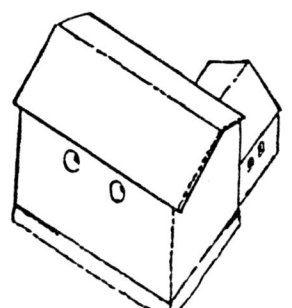

Vorgängerbau um 900

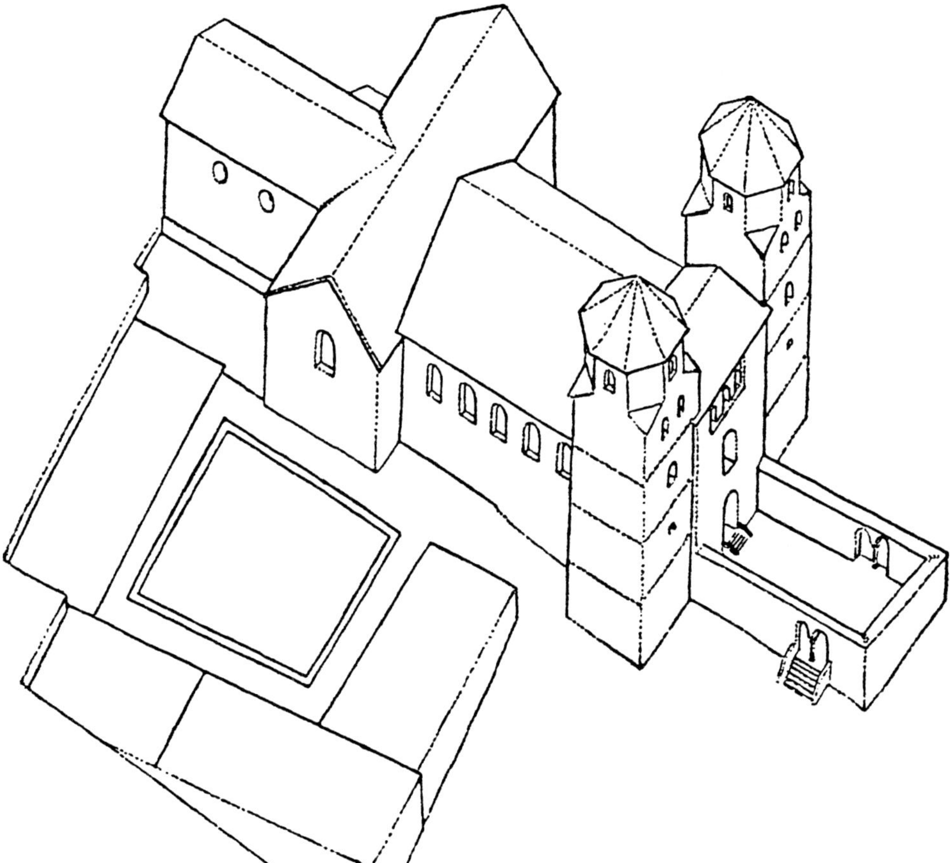

Abb. 24 *Stiftskirche um 1000*

264

sen hatten, und die Orte Kleinostheim und Dettingen. Ein gewisser Razo, von dem weiter nichts bekannt ist, vermachte dem Stift ein Gut in Ebermannstadt im Radenzgau, dessen Einwohnern zugleich die Immunität verliehen wurde.

Zu diesen Schenkungen muß man noch das eigentliche Stiftungsgut Herzog Liudolfs und seiner Frau hinzurechnen, über dessen Umfang wir allerdings keine klare Vorstellung besitzen, da es hierüber keine urkundliche Überlieferung gibt. Der urprüngliche Name des Stifts, wie er aus den echten Urkunden des 10. Jahrhunderts hervorgeht, lautete lediglich St. Peter; das Nebenpatrozinium Alexander kam erst am Ende des 12. Jahrhunderts anläßlich der Einweihung eines Neubaus auf.[22]

Für die Stadtgeschichte Aschaffenburgs ist von Interesse der Hinweis, wonach das Stift *in civitate Ascaffaburg* errichtet worden sei[23]; civitas bedeutet zwar um diese Zeit noch nicht ›Stadt‹, sondern Burg, aber auch die zur Burg gehörige Siedlung. Da das Stift aber nicht innerhalb des Herrensitzes auf dem Badberg errichtet wurde, sondern an seiner heutigen Stelle auf dem Stiftsberg, ist daraus zu schließen, daß schon der ganze Altstadtbereich zwischen Badberg, Schloßberg und Stiftsberg eine einzige *civitas,* eine Burg mit Ummauerung oder Umwallung, gebildet hat.

Eine weitere wichtige Quelle für die Geschichte Aschaffenburgs vor der Jahrtausendwende bildet ein Evangeliar, das im 9. Jahrhundert auf der Insel Reichenau angelegt und von Herzog Liudolf oder Herzog Otto, die ja beide Herzöge von Schwaben waren, dem Aschaffenburger Stift geschenkt wurde.[24] Da freie Seiten in diesem Evangeliar, der Sitte der Zeit entsprechend, für wichtige dokumentarische Notizen genutzt wurden, sind auf diese Weise sonst nirgends überlieferte historische Nachrichten, zwei Schatzverzeichnisse, drei Reliquienverzeichnisse, eine Grenzbeschreibung und eine Namensliste erhalten. Letztere enthält die Namen von 25 Personen, mit großer Wahrscheinlichkeit die Kanoniker des Stifts, und ist damit schon sehr nahe an der Zahl von 28 Kanonikaten, die das Stift in späterer Zeit besaß[25]; die hohe Zahl dokumentiert das Gewicht, das die Gründerfamilie dem Aschaffenburger Raum beimaß. Eine historische Notiz berichtet, daß Herzog Otto nach einem Italienzug, den er mit Kaiser Otto II. angetreten hatte, auf dem Rückweg verstarb und in Aschaffenburg von Erzbischof Willigis von Mainz in Gegenwart seiner Mutter Ida und seiner Schwester, Äbtissin Mathilda von Essen, beigesetzt wurde.[26] Noch wichtiger aber ist die Eintragung über eine Gedächtnisstiftung von Erzbischof Willigis für Herzog Otto und seine Schwester Mathilde. Sie bietet den sicheren Nachweis für den Übergang von Aschaffenburg an das Erzstift Mainz, unter dessen Herrschaft es bis zum Ende des Alten Reiches verbleiben sollte, und lautet übersetzt: *Willigis, ehrwürdiger Erzbischof des heiligen*

Mainzer Stuhls, hat, damit sein Andenken niemals verblasse und damit die Erinnerung an Herzog Otto und seine Schwester Frau Mathilde ewig erhalten bleibe, welche diesen Ort (istum locum) zum Heil ihrer Seele an den Altar des hl. Bekenners Martin übergeben haben, in heiliger Absicht diese Gedächtnisstiftung vermacht: alljährlich am Allerheiligenfest sollen von seiten des Erzbischofs ein Pfund Pfennig ausgegeben werden, und ebensoviel von seiten des Propstes für die Ernährung von Armen mit Speise und Trank; am selben Tag soll die heilige Gemeinschaft der Geistlichen ein Festmahl abhalten, an dem sie sich ehrenvoll laben kann.[27]

Daraus geht unstreitig hervor, daß Otto und seine Schwester Mathilde den Ort Aschaffenburg, den sie gemeinschaftlich besaßen, zu ihrem Seelenheil dem Erzstift Mainz vermachten, denn mit dem Altar des hl. Martin ist nicht eine alte Martinskirche in Aschaffenburg angesprochen, sondern der Patron der Erzdiözese Mainz. Umstritten ist in der Forschung, ob diese Schenkung des Ortes Aschaffenburg auch das Stift St. Peter einschloß. Thiel verneint dies mit der Begründung, daß das Stift sich noch 1184 dagegen gewehrt habe, „in eine völlige Mediatbeziehung zu Mainz abzuleiten".[28] Dagegen erheben sich jedoch gravierende Einwände, denn das Stift als geistliche Institution konnte nicht ohne Eigenkirchenherrn existieren. Dafür, daß das Reich, der König selbst diese Rolle übernommen hätte, gibt es keinerlei Hinweis, obwohl sicher etwaige Rechte aus dieser Zeit später reaktiviert worden wären. Überdies war der ›Aschaffenburger Forst‹ schon im 11. Jahrhundert in unangefochtenem Besitz von Mainz, obwohl dieser nicht Annex der Stadt, sondern des Stifts war.

Der Hintergrund der Schenkung von Otto und Mathilde ist folgender: Herzog Otto, der 954 geboren wurde, starb jung, ohne Nachkommen zu hinterlassen. Seine ältere Schwester war ins Kloster eingetreten und starb als Äbtissin in Essen. Somit war also der fränkisch-schwäbische Zweig der Liudolfinger ausgestorben und die Pläne vom Aufbau einer Machtbasis im Rhein-Main-Gebiet, im Zentrum des Reiches, die mit der Errichtung des Aschaffenburger Stifts verbunden waren, hatten sich durch diesen dynastischen Zufall erledigt. Mit der Übertragung an Mainz wurde gleichzeitig sichergestellt, daß keine andere, womöglich konkurrierende Adelsfamilie in diesem Raum eine dauerhafte Machtposition beziehen konnte.

In dem Evangeliar befindet sich weiter eine Grenzbeschreibung des ›Aschaffenburger Forstes‹, mit welchem Begriff der Spessart bezeichnet wurde *(terminus foresti quod pertinet ad Ascafanaburc)*.[29] Dieser Forst umfaßt das gesamte Mainviereck und den südlicheren Teil des Nordspessarts (Abb. 25). In der Forschung ist bisher nicht sicher geklärt, wer diesen Forst wann an wen übertragen hat, und worin der materielle Rechtsgehalt des Forstrechts bestand. Nach herrschender Meinung er-

Abb. 25

Der Aschaffenburger Forst

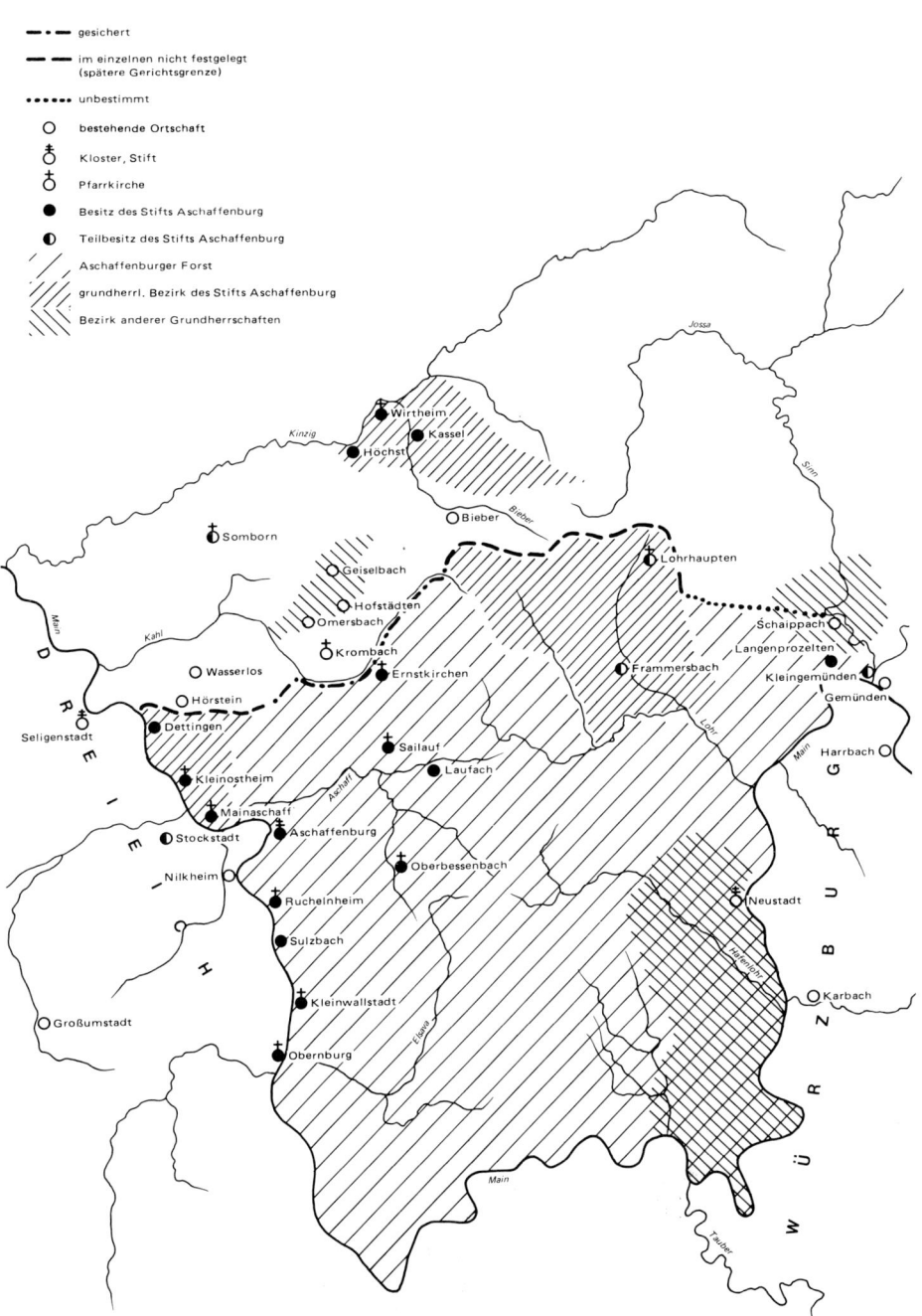

Legend:
- gesichert
- im einzelnen nicht festgelegt (spätere Gerichtsgrenze)
- unbestimmt
- ○ bestehende Ortschaft
- Kloster, Stift
- Pfarrkirche
- ● Besitz des Stifts Aschaffenburg
- ◐ Teilbesitz des Stifts Aschaffenburg
- Aschaffenburger Forst
- grundherrl. Bezirk des Stifts Aschaffenburg
- Bezirk anderer Grundherrschaften

folgte die Übertragung durch Kaiser Otto II. an das Stift Aschaffenburg, und zwar bevor Aschaffenburg an Mainz überging, also in den Jahren 980–982. Der materielle Gehalt bestand wohl im Wildbann, nicht in Gerichtsrechten und nicht in Grund und Boden, weil im Südosten des Forstes das Kloster Fulda begütert war und die Mark des Klosters Neustadt lag.[30] Obwohl diese herrschende Meinung durch Quellen nicht zu erhärten ist, gibt es jedoch keine Gründe, die daran Zweifel aufkommen lassen könnten; somit ging also der Wildbann im Spessart zugleich mit Stift und Stadt Aschaffenburg an das Erzstift Mainz und wurde zum Grundstock des späteren mainzischen Territoriums im heutigen Unterfranken.

Im nachhinein bestätigt diese Grenzbeschreibung auch, daß der 839 nachzuweisende königliche Forst Spessart schon von Anfang an auf einen herrschaftlichen Mittelpunkt in Aschaffenburg bezogen war, nach dem er benannt war und von dem aus er verwaltet wurde. Über die Diplome Kaiser Ottos II. und das Evangeliar hinaus gibt eine weitere Urkunde wichtige Aufschlüsse über den Aschaffenburger Raum kurz vor der Jahrtausendwende: die berühmte Schulstreiturkunde Erzbischof Willigis', datiert vom 28. April 976.[31] Diese Quelle, die bis in die jüngste Zeit hinein als echt angesehen wurde, ist zwar verfälscht, birgt aber einen echten Kernbestand. Darin verurteilt Erzbischof Willigis im Auftrag des Papstes und unter dem Beisitz der Bischöfe von Speyer, Worms, Prag und Mähren den Gozmar, Kantor der Aschaffenburger Kirche, wegen der Tötung seines Neffen zum Verlust seines Amtes und seiner Pfründe sowie zum Eintritt in das Kloster Neustadt am Main. Vorausgegangen war ein Streit zwischen dem Kantor Gozmar und dem Hilfslehrer Alemar, der den Neffen des Gozmar zu unterrichten hatte; Gozmar wollte mit einer Schreibtafel auf den Hilfslehrer losgehen, traf aber unglücklicherweise seinen Neffen derart, daß dieser verstarb. Alemar mußte sich vor dem rasenden Kantor und seiner Sippe auf die Türme der Stiftskirche flüchten und konnte erst durch den am nächsten Tag zufällig herbeieilenden Grafen Meingoz gerettet werden.

Der zweite, verfälschte Teil der Urkunde regelt ausführlich die Rechte des Scholasters, des Leiters der Stiftsschule, und postuliert eine regelrechte Schulordnung, auf die in diesem Zusammenhang nicht näher einzugehen ist. Wichtiger ist jedoch der Hinweis auf die Grafschaftsorganisation, aus dem hervorgeht, daß Aschaffenburg zum Amtssprengel eines Grafen Meingoz gehörte, ohne daß dieser Sprengel mit Namen genannt worden wäre, und daß Aschaffenburg nicht der Amtssitz des Grafen war, da er nur zufällig *(divinitus superveniens)* am Tag nach der Totschlagsaffäre dorthin kam. Ob der Maingau und die Grafschaft des Meingoz miteinander identisch waren, bleibt also weiterhin im unklaren. Gleichzeitig aber war Graf Meingoz auch Vogt des Stifts *(vir ecclesiasticus)*, also Beauftragter für dessen

Schutz und die rechtliche Wahrnehmung seiner Interessen. Nur in dieser Eigenschaft, nicht als Graf, war er befugt, den Kantor, der als Prälat geistlicher Würdenträger war und Immunität genoß, gefangenzusetzen und dessen Güter einzuziehen.

Erzbischof Willigis von Mainz hat sich um seinen neuen Besitzkomplex am Main noch tatkräftig gekümmert, denn außer der erwähnten Gedächtnisstiftung zugunsten der Armen und der Stiftskanoniker hat er auch an der Stelle der alten Furt über den Main eine hölzerne Brücke errichtet, vermutlich im Jahr 989.[32] Dieser Brückenbau, dem ein weiterer in Bingen über die Nahe korrespondiert, fällt in eine Zeit, in welcher der Handel nach dem Ende der Ungarngefahr in der zweiten Hälfte des 10. Jahrhunderts kräftig aufblühte, in der an vielen Orten entlang der Flüsse und großen Handelswege neben Bischofs-, Kloster- und Stiftssiedlungen auch Kaufmannssiedlungen entstanden, die den wandernden Fernkaufleuten Schutz vor den Plünderungen des Adels und eine Bleibe im Winter boten. Die rechtliche Besonderheit dieser Kaufmannssiedlungen bestand in der Freiheit ihrer Bewohner von der Bindung an die Scholle und ihrer freien Verfügung über ihre Person, ihren Besitz und ihre Tätigkeit. Da das Stift Aschaffenburg zu seiner eigenen Versorgung auf solche Kaufleute angewiesen war, hatte es durchaus Interesse daran, daß sie sich auch in seinem Einflußbereich niederließen, zumal sie für ihr Privileg der Freiheit von der Scholle Steuern zahlen mußten. Neben einer kleinen Niederlassung von Kaufleuten, die in Aschaffenburg so am Ende des 10. Jahrhunderts entstand, gab es wahrscheinlich zu gleicher Zeit auch eine Anzahl von Handwerkern, die zwar persönlich noch unfrei waren und im Dienst des Stifts oder des Stadtherrn standen, aber im Rahmen ihrer Tätigkeit schon eine gewisse Unabhängigkeit genossen und die Produkte ihres Fleißes, soweit sie nicht von der Herrschaft beansprucht wurden, auf eigene Rechnung auf dem Markt verkauften. Der Brückenbau läßt auch auf eine Zollstätte schließen, denn die Benutzung der Brücke war ein Anlaß, um Zoll und Wegegeld zu erheben, womit sich die Mainzer Erzbischöfe eine ergiebige Einnahmequelle erschlossen. Auch hat die Brücke dem Warenumschlag in der Siedlung Aschaffenburg einen bedeutsamen Auftrieb verschafft, ebenso wie schon die Gründung des Stifts mit seinen hohen Einkünften aus weitverstreuten Besitzungen, wodurch es sowohl als Käufer wie als Verkäufer von Naturalbezügen gleichermaßen eine Wirtschaftsmacht darstellte. Wenn auch ein Markt um diese Zeit noch nicht schriftlich bezeugt ist, so war doch die Zeit dafür reif, und gerade die Tatsache, daß keine Marktrechtsverleihung überliefert ist, deutet auf das hohe Alter dieses Marktes hin.

Für Seligenstadt ist aus derselben Zeit, kurz vor der Jahrtausendwende, ein Zinsregister in dem Lorsch-Seligenstadter Evangeliar überliefert[33], welches

Einkünfte aus 40 Orten zwischen Bad Nauheim im Taunus und Miltenberg verzeichnet, darunter auch Geldzahlungen von drei Wachszinsern aus Aschaffenburg. Wachszinser waren Schutzhörige einer Kirche, entweder in die Freiheit entlassene ehemalige Unfreie, oder ehemalige Freie, die sich selbst dieser Schutzherrschaft unterstellt hatten. Daß die Abtei Seligenstadt einige ihrer Knechte aus der Unfreiheit entlassen und an den aufstrebenden Ort Aschaffenburg entsandt hatte, um dort für ihre Bedürfnisse Handel zu treiben oder ein Handwerk auszuüben, läßt sich daraus nicht nachweisen, aber auch nicht ausschließen.

4. Stagnation und erneuter Aufschwung in der Salierzeit

Im Verlauf des gesamten 11. Jahrhunderts ist kein einziges schriftliches Zeugnis über die Stadt Aschaffenburg überliefert, über das Stift St. Peter und Alexander besitzen wir nur zwei Nachrichten; für Seligenstadt und Amorbach ist die Quellenlage nicht viel besser.

Das Fehlen schriftlicher Quellen aus dieser Zeit erklärt sich nicht etwa aus einem Brand in der Stiftskirche, der alle Urkunden vernichtet hätte, wie früher angenommen wurde, sondern schlicht aus der Ereignislosigkeit der Zeitläufe. Die Stifterfamilie von St. Peter und Alexander war erloschen, der mit ihr verwandte Kaiser Otto II., der das Stift noch tatkräftig gefördert hatte, starb früh, und Kaiser Otto III. hinterließ keine Erben. Dessen Nachfolger Heinrich II. wandte sein Hauptaugenmerk Bamberg zu, wo er 1007 das Bistum gründete und reich ausstattete, und unter den Saliern spielte Speyer die Hauptrolle. Aschaffenburg lag also abseits der wichtigen Zentren und Ereignisse der Zeit, befand sich gewissermaßen im Windschatten der Geschichte. Die Schenkungen an das Stift versiegten fast völlig, die Mainzer Erzbischöfe nach Willigis wandten dem Untermaingebiet offensichtlich wenig Aufmerksamkeit zu, bedeutendere Adelsfamilien konnten hier nicht emporkommen, und das vorstädtische Gemeinwesen war noch recht unbedeutend.

Das Stift erwarb lediglich in der Mitte des 11. Jahrhunderts drei Hufen in Creunitz (im östlichen Thüringerwald) als Seelgerätstiftung der polnischen Königin Richiza[34] und die Kirche und den Ort Lohrhaupten[35]. Es ist also Christ durchaus zuzustimmen, wenn er in diesem Zeitraum von einer »rückläufigen Entwicklung« für Aschaffenburg spricht.[36]

Das Kloster Amorbach war wenige Jahre, nachdem Aschaffenburg mainzisch geworden war, in Würzburger Besitz gekommen: Im Jahr 993 gelang es Bischof Bernward von Würzburg, mit Hilfe einer auf Karl dem Großen gefälschten Urkunde, Amorbach zu einem würzburgischen Eigenkloster zu machen. Diese Übereignung wurde 1003 und 1025 von Heinrich II. und Konrad II. bestätigt, und so verblieb Amorbach bis ins 17. Jahrhundert unter der geistlichen Jurisdiktion des Bischofs von Würzburg. 1016 erhielt Amorbach von Kaiser Heinrich II. die Immunität verliehen, ein Privileg, das nur schwer zu interpretieren ist, da es die Stellung des Klosters zwischen Würzburg und dem Reich ins Zwielicht rückt. Die geistige Ausstrahlung Amorbachs in diesen Jahrzehnten ist als außerordentlich zu bezeichnen (s. u. Kap. 7). Auch wenn es wenig Amorbacher Quellen gibt, scheint das Kloster im 11. und beginnenden 12. Jahrhunderts nicht stagniert zu haben, denn eine ganze Reihe von Traditionsnotizen aus jener Zeit beweist, daß es in gesunden wirtschaftlichen Verhältnissen gelebt hat.[37]

Die Abtei Seligenstadt, die 1002 von Kaiser Heinrich II. dem Würzburger Bischof Heinrich (†1018) auf Lebenszeit vermacht worden war, erhielt unter König Heinrich III. 1045 ein Immunitätsprivileg, mit dem auch Markt-, Münz- und Zollrecht verbunden war, wurde aber schon 1063 unter Erzbischof Siegfried I. als mainzisches Eigenkloster bestätigt. So konnte die Abtei Seligenstadt ebenfalls keine selbständige Machtposition mehr aufbauen; jedoch ist ihr Anteil an der kirchlichen Erschließung des Nordspessarts nicht gering gewesen.[38]

Im Laufe des 11. Jahrhunderts griff die Besiedlung, die sich bis dahin auf das Maintal und die westlich angrenzenden Gebiete beschränkt hatte, auch in den Vorspessart, in das Aschaff- und Bessenbachtal aus; auch hierfür fehlen schriftliche Zeugnisse fast völlig.[39]

1024 wird Stockstadt als namengebender Ort für eine Grafschaft erwähnt[40]. Da Stockstadt aber auch als Bestandteil des Maingaus nachzuweisen ist, läßt sich daraus kein klares Bild für die Grafschaftsverhältnisse gewinnen. Ein umfänglicher Besitzkomplex im Bachgau gehörte, wie erst die jüngste lokale Geschichtsforschung eruieren konnte, zur Gründungsausstattung des neuen Bistums Bamberg, nämlich der ganze Ort Leider (heute Stadtteil von Aschaffenburg), Besitz in den Orten Niedernberg, Mömlingen, Biebigheim (abgegangen), Hausen (abgegangen), Neustadt und Hainstadt.[41] Vielleicht meint der Begriff *comitatus Stoddenstadt* nichts anderes als den um den bambergischen Besitz reduzierten Bachgau. 1151 erhielten die Brüder Boppo IV. und Bertold I. von Henneberg diesen Besitzkomplex im Bachgau von Bamberg zu Lehen, weitere Quellen hierüber finden sich erst in der zweiten Hälfte des 13. Jahrhunderts. Die Abtei Fulda, die *comitatus Stoddenstadt* 1024 von Kaiser Heinrich II. erhielt, konnte ihren Einfluß in diesem Gebiet, in dem sie bereits im 8. Jahrhundert begütert war (s. Abb. 22), nicht lange behaupten: die Herren von Hagen und Hanau-Münzenberg, die in der Folge als Herren über diese Grafschaft erschienen, waren zwar auch fuldische Lehensträger, die Verwaltung der Grafschaft hatten sie aber vermutlich direkt vom Reich inne, an das der Comitat zurückgefallen war.[42]

Ende des 11. Jahrhunderts (1085) sind die Grafen von Loon-Rieneck als Vögte des Erzstifts und als Burggrafen von Mainz nachweisbar; ob sie zu diesem Zeitpunkt auch schon die Vogtei über das Stift Aschaffenburg übernommen haben, ist ungewiß und erst ein volles Jahrhundert später nachzuweisen (1187).[43] Der Vogt Eberhard, der anläßlich der Übertragung der Kirche von Lohrhaupten an das Aschaffenburger Stift zwischen 1060 und 1084 erscheint, kann deshalb keinem bestimmten Geschlecht zugeordnet werden.[44]

Erst im Verlauf des Investiturstreits besann sich Mainz erneut auf den Wert seines untermainischen Territoriums. In seiner Auseinandersetzung mit Kaiser Heinrich V. befestigte der Mainzer Erzbischof Adalbert I., nachdem er der allgemeinen Fürstenopposition gegen den Kaiser beigetreten war, die Burg Aschaffenburg neu und reorganisierte die Verwaltungsstrukturen im ganzen Mainzer Erzstift. Ekkehard von Aura berichtet in seinem Chronicon zum Jahr 1122, daß Adalbert das *castrum antiquum et iam per multas generationes pene funditus dirutum, quod (...) Askenburg dicitur*, die alte Burg also, die schon seit vielen Generationen gänzlich zerstört gewesen sei, neu befestigt habe.[45] Mit *castrum* könnte nun sowohl die alte Herrenburg auf dem Badberg als auch die gesamte ›civitas‹, die befestigte Siedlung gemeint sein. Eine Inschrift am Döngestor oberhalb des Landings, in unmittelbarer Nähe der Stiftskirche, die jetzt im Stiftsmuseum verwahrt wird, spricht aber von Erzbischof Adalbert als Erbauer dieses Tores und belegt damit, daß Adalbert nicht den alten Herrensitz auf dem Badberg, sondern die gesamte ›civitas‹ neu befestigt hat.[46] In diesem Zusammenhang muß auch erstmals eine Burg auf dem Schloßberg an der Stelle des heutigen Schlosses entstanden sein. Zwar ist diese Burg im Jahr 1285 anläßlich der Einweihung einer Kapelle erstmals urkundlich faßbar[47], aber ihr Alter muß weiter zurückreichen. Als wahrscheinlichster Zeitpunkt bietet sich nun die Neubefestigung Aschaffenburgs durch Adalbert an. Als Motiv könnte die Tatsache dienen, daß eine Wiederbefestigung der alten Herrenburg auf dem Badberg aus technischen oder rechtlichen Gründen unmöglich geworden war, sei es, weil das Areal als zu klein erschien, oder weil das Eigentum daran ganz oder teilweise in andere Hände übergegangen war. Der Stadtherr mußte sich also nach einem anderen Baugelände umsehen, und er fand es etwa 450 m weiter auf dem benachbarten Hügel am Main, dem Schloßberg. Dessen Erhebung ist zwar nicht sehr steil und auch vom Flußübergang weiter entfernt, bot also nur die zweitbeste Lösung für eine Verteidigungsanlage, aber sie allein stand nur zur Verfügung.

Der Bau und Erwerb von Burgen waren ein wesentliches Mittel der Politik Erzbischofs Adalbert zur Sicherung seines Territoriums; er stand damit ganz auf der Höhe seiner Zeit, sagte man doch auch seinem prominenten Gegner, dem Stauferherzog Friedrich II. von Schwaben nach, daß er am Schweif seines Pferdes stets eine Burg nach sich ziehe.

Gleichzeitig mit der Wiederbefestigung der civitas Aschaffenburg und der Errichtung einer neuen Burg auf dem Schloßberg setzte Adalbert einen *vicedominus* (Viztum) in Aschaffenburg ein[48], eine Art Statthalter, der als Vertreter des Territorialherrn oberster Gerichts-, Verwaltungs-, Militär- und Finanzbeamter innerhalb seines Sprengels war. Das Amt des Viztums ist im frühen Mittelalter an fast allen deutschen Bischofshöfen bezeugt; sein Inhaber war mit den Aufgaben des Hofmarschalls, des Verwalters der Bischofspfalz und obersten Inspektors der bischöflichen Güter und Einkünfte betraut. Unter Adalbert schied der Viztum aus der Zentralverwaltung aus und wurde zum Regionalbeamten: insgesamt vier ›vicedomini‹ wurden in allen wichtigen Landesteilen des Mainzer Territoriums eingesetzt, in Mainz, Erfurt, Aschaffenburg und auf dem Rusteberg (für Hessen und Eichsfeld). Diese Neuorganisation der Verwaltung war notwendig geworden, weil durch den Ausbau des Territorialstaats und die Intensivierung der Herrschaftsrechte die Regierung aller Landesteile des zersplitterten Territoriums allein von der Zentrale aus sich zunehmend als ineffektiv, ja unmöglich erwies. Die Kompetenzen eines Viztums waren weder zeitlich noch inhaltlich eingeschränkt, die einzige Begrenzung seiner Amtsgewalt lag beim Herrn selbst, der die Aufgaben des Viztums jederzeit selbst an sich ziehen oder diesen absetzen konnte. Personell wurde das Amt durchwegs mit Adeligen aus der jeweiligen Region besetzt, wie die seit 1122 ununterbrochene Liste der Aschaffenburger Amtsinhaber erkennen läßt. Die Erblichkeit innerhalb einer Familie konnte sich nicht durchsetzen, der Amtscharakter dieser Institution blieb immer gewahrt.

Die räumliche Ausdehnung des Aschaffenburger Vicedominats ist nicht klar festzustellen, es ist aber anzunehmen, daß ihm im Hochmittelalter alle Mainzer Besitzungen am Main, im Spessart, Odenwald und an der Tauber unterstellt waren.

Der Verlauf der Stadtmauern, die Erzbischof Adalbert errichten ließ, entsprach der Befestigungslinie der alten alamannischen Volksburg, da sie durch die natürlichen Gegebenheiten determiniert war: die neuen Mauern zogen sich vom Döngestor an der Stiftskirche bis zur neuen Burg auf dem Schloßberg, von dort parallel zum Main bis zum ›Windfang‹, wo sich das Metzgertor befand, und wieder zum Stift bzw. zum Döngestor. Es gab also nur zwei Tore und zusätzlich eine kleine Pforte, das Badpförtlein, das zwischen Badberg und Stiftsberg zum Landing hinunterführte. Zwischen den beiden Stadttoren, dem Metzgertor (porta inferior), auf das man, von der Mainbrücke kommend, stieß, und dem Döngestor am Ausgang der Stadt zum Spessart hin verlief die Metzgergasse, die Hauptstraße der mittelalterlichen Stadt, die heutige Dalbergstraße.

5. *Der Aufstieg der Stadt Aschaffenburg im 12. Jahrhundert*

Nachdem schon um die Jahrtausendwende in Aschaffenburg wichtige Kristallisationskerne für eine spätere Stadtbildung vorhanden waren – Burg, Kollegiatstift, Verkehrsknotenpunkt mit Brücke und Zoll, Markt und vorbürgerlicher Kaufmanns-, Handwerker- und Fischersiedlung – und da im 11. Jahrhundert keine neuen Antriebskräfte und gestaltenden Momente hinzukamen, vielmehr der Ort sogar ins Abseits geriet, begann mit der Befestigungspolitik und der Verwaltungsreorganisation von Erzbischof Adalbert I. der ›take off‹ Aschaffenburgs zur Stadt im Rechtssinn. Die Neubefestigung der alten civitas, die Errichtung einer neuen Burg auf dem Schloßberg und die Einsetzung eines Viztums als Statthalter für das gesamte Mainzer Oberstift im Jahr 1122 könnte man als Initialzündung ansehen für einen Prozeß, der im Rheinland schon in den siebziger Jahren des 11. Jahrhunderts begonnen hatte: das Aufblühen des Städtewesens, eines Phänomens, das seit der Römerzeit nördlich der Alpen praktisch nur noch in Schwundformen existiert hatte.

1144 ist erstmals in Aschaffenburg der Markt urkundlich nachgewiesen, der allerdings wesentlich älter ist. Zum gleichen Zeitpunkt werden Aschaffenburg nicht mehr als Burg *(civitas)*, sondern als Stadt im engeren Sinne des Wortes bezeichnet *(urbs)* und ein Schultheiß erwähnt.[49] Der Schultheiß war erzbischöflicher Beamter wie der Viztum, wobei ungeklärt ist, ob er letzterem nachgeordnet war oder direkt dem Mainzer Erzbischof unterstand; protokollarisch rangierte er unmittelbar hinter dem Viztum. Sein Amtsbezirk war nunmehr aus dem Sprengel des Viztums ausgesondert, die Stadt stellte für sich einen eigenen Rechtsbezirk dar. Der Schultheiß stand als unmittelbarer Vertreter des Stadtherrn an der Spitze des Stadtgerichts, dem außerdem noch zwölf Schöffen aus den Reihen der Stadtbürgerschaft angehörten, in der Regel Angehörige der Oberschicht, zum Teil Adelige. Das Stadtgericht war nicht allein für höhere und niedrige Gerichtsbarkeit zuständig, sondern zugleich für alle Angelegenheiten der städtischen Verwaltung. Schultheiß und Schöffen gemeinsam, Stadtherrn und Stadtbewohner repräsentierend, vertraten die Stadt nach außen hin und führten – seit 1240 nachweisbar – das Stadtsiegel (Farbbilder S. 238).[50] Innerhalb der

Stadt hatte der Schultheiß als Vertreter des Stadtherrn alle diejenigen Rechte auszuüben, die in der Region der Viztum besaß, also Gerichtsbarkeit, Finanzverwaltung und allgemeine Verwaltung; ob er auch Militärbefehlshaber der Stadt und der Burg war, ist nicht ersichtlich. Aus der Liste der Stadtschultheißen, die im Gegensatz zu der Viztumsliste nicht lückenlos ist, geht hervor, daß die Schultheißen ebenso wie die Vicedome zumeist dem in der Stadt oder der näheren Umgebung ansässigen Adel angehörten; vereinzelt sind jedoch auch Nichtadelige unter ihnen zu finden. Um die Mitte des 12. Jahrhunderts wird die Entstehung von Nebenmärkten angesetzt: einem Milchmarkt, einem Salzmarkt und einem Heumarkt. 1157 ist auch der Aschaffenburger Zoll nachweisbar, allerdings nicht der Brückenzoll, sondern der Wasserzoll. Kaiser Friedrich Barbarossa verfügte nämlich auf vielfältige Klagen von Bürgern und Kaufleuten hin, die sich über neue und ungewohnte Zölle beschwerten, daß alle Mainzölle zwischen Bamberg und Mainz abgeschafft sein sollten mit Ausnahme derjenigen zu Neustadt am Main, Aschaffenburg und des kaiserlichen Zolls zu Frankfurt. Aus dieser Urkunde geht weiter hervor, daß der Aschaffenburger Zoll schon in der Hand des Erzbischofs von Mainz war, und daß er nicht nur von den Schiffen auf dem Fluß erhoben wurde, sondern auch von den Kaufleuten auf dem Landweg an den Ufern des Mains, der ausdrücklich als Reichsstraße klassifiziert wurde.[51]

Mitte des 12. Jahrhunderts wurde in Aschaffenburg auch eine Münzstätte eingerichtet; sie war zunächst direkt neben der Stiftskirche angesiedelt, wurde aber schon 1160 an einen anderen Ort verlegt, als das Haus des Münzmeisters einer Stiftskurie weichen mußte.[52]

Erhalten sind in Aschaffenburg geprägte Brakteaten (einseitig geprägte, dünne Silbermünzen) mit den Bildnissen der Erzbischöfe Christian von Buch (1165–1183), Konrad von Wittelsbach (1161–1165 und 1183–1200) und Siegfried von Eppstein (1200–1230).[53]

Schon vor 1173 muß es auch erstmals zu Spannungen zwischen der selbstbewußter gewordenen Bürgerschaft und den Stiftsgeistlichen gekommen sein, denn in diesem Jahr ließ Kaiser Friedrich Barbarossa einen Schiedsspruch fällen, in welchem verlautet, daß die Geistlichen der Städte Mainz, Aschaffenburg, Frankfurt und Bingen bei der Abfassung von Testamenten frei über ihre beweglichen Güter innerhalb des Immunitätsbezirkes verfügen dürfen, d.h. innerhalb desjenigen Areals in der Stadt, zu welchem die weltliche Gerichtsbarkeit und Obrigkeit keinen Zutritt hatte.[54] Offenbar hatten Angehörige verstorbener Geistlicher Klage geführt, daß Besitztümer, die als Familienerbe an Geistliche gekommen waren, der Familie durch Legate an die Kirche entfremdet wurden. Der Schiedsspruch stellt insofern einen Kompromiß dar, als die Testierfreiheit der Geistlichen nur in beschränktem Umfang anerkannt wurde, nämlich für bewegliche Güter und nicht für Grundbesitz, und hier nur für diejenigen, die sich innerhalb des Immunitätsbezirkes befanden. Mainz wird übrigens in dieser Urkunde als *civitas* bezeichnet, Frankfurt, Bingen und Aschaffenburg als *municipium*; ob die letztgenannten Städte damit als Städte geringeren Stellenwerts qualifiziert werden sollten, muß dahingestellt bleiben; sicher ist jedoch, daß Aschaffenburgs Rechtsqualität als Stadt in diesem Spruch reichsrechtlich anerkannt ist. Der Schiedsspruch bezieht sich nur auf die genannten Städte, da offensichtlich nur hier Auseinandersetzungen in dieser Frage stattgefunden hatten. Wir erblicken hier gleichsam die Ouvertüre zu den heftigen Kämpfen und Streitigkeiten um die geistlichen Standesprivilegien im Spätmittelalter.

Unter Erzbischof Konrad von Wittelsbach (1161–1165 und 1183–1200) bekam Aschaffenburg erstmals eine förmliche Stadtrechtsurkunde verliehen; wir wissen davon allerdings nur indirekt, nämlich aus einer Urkunde von Erzbischof Christian II. aus dem Jahr 1249 für die Bewohner von Schweinheim, in der es heißt, daß sich letztere *aller Rechte und Freiheiten erfreuen sollen, die unsere Bürger in Aschaffenburg unter unseren Vorgängern bis zu den Zeiten des Mainzer Erzbischofs Herrn Konrad zurück gehabt haben*.[55] Da die Urkunde nicht einmal in abschriftlicher Form überliefert ist, kann man über ihren Inhalt nur Vermutungen anstellen. Aufschlüsse hierüber kann die Stadt Dieburg bieten, 25 Kilometer westlich von Aschaffenburg, in deren Stadtrecht, das 1218 in ein Lehenbuch eingetragen wurde, festgelegt wird: *die genannte Stadt* (scil. Dieburg) *erfreue sich dieser Freiheit, daß jeder Fremde, der dort ein Jahr und einen Tag wohnt, ohne daß ihn jemand reklamiert und für sich das Eigentum über ihn beansprucht, niemandem anders verpflichtet ist als dem Stadtherrn.*[56]

Mit dieser Formulierung wird ausgesprochen, daß ein entlaufener Leibeigener, der sich in der Stadt niederläßt, nach Jahr und Tag aus der Leibeigenschaft entlassen und frei ist, sofern ihn sein früherer Herr nicht fristgerecht als sein Eigentum reklamiert hat, und künftig nur mehr dem Stadtherrn verpflichtet ist, oder noch allgemeiner ausgedrückt, der Grundsatz ›Stadtluft macht frei‹. Die Freiheit der Person war im Mittelalter nicht selbstverständlich, die Masse der Bevölkerung war unfrei, das heißt von einem Herrn abhängig. Es galt der Grundsatz ›Luft macht eigen‹, was zur Folge hatte, daß jeder, der in den Herrschaftsbereich irgendeines Herrn zuzog, von diesem Herrn als Leibeigener beansprucht wurde. Persönlich frei waren lediglich der Adel und der Klerus, seit dem Aufblühen des Städtewesens auch die Stadtbürger, die damit zu einem privilegierten Stand heranwuchsen.

Mit Sicherheit bildete die Erlangung der Freiheit der Person nach einer

Frist von einem Jahr und einem Tag auch den wesentlichen Inhalt des Aschaffenburger Stadtrechts. Durch diese Privilegierung der Stadtbürger wurden die alten Abhängigkeiten aufgehoben, die Bindungen zwischen Stadtherrn und Stadtbewohnern dagegen intensiviert. Die Gründung von Städten wurde deshalb von den Fürsten als wichtiges Mittel zur Festigung und Durchdringung ihrer zu Territorien heranwachsenden Herrschaftsgebiete betrieben. Verbunden mit der bürgerlichen Freiheit war auch die Freiheit von Vogteiabgaben, wie sie 1249 den Bewohnern von Schweinheim ausdrücklich zugesichert wurde. Im Gegenzug waren von den Bürgern persönliche und finanzielle Leistungen zu erbringen, wie zum Beispiel Bau, Unterhalt und Verteidigung der städtischen Befestigungsanlagen. Durch die rechtliche Privilegierung ihrer Bürger stieg die Attraktivität der Städte natürlich sprunghaft an, das weitere Bevölkerungswachstum wurde dadurch vorprogrammiert. Ein solches Bevölkerungswachstum und ein gestiegenes Selbstbewußtsein der Stadtbürger waren die Gründe, weshalb um die Mitte des 12. Jahrhunderts in Aschaffenburg eine eigene Pfarrkirche neben der Stiftskirche errichtet wurde, Beata Maria Virgo (B.M.V.). Zwar ist diese Pfarrei erstmals im Jahr 1183 anläßlich einer Gedächtnisstiftung des dortigen Pfarrers urkundlich nachweisbar[57]; da jedoch schon im Folgejahr, 1184, eine weitere Pfarrkirche in Aschaffenburg existierte, wird man zwischen der Gründung dieser beiden Pfarreien eine Zeitspanne von etwa einer Generation ansetzen dürfen. Grundlage dieser Schätzung ist die Annahme, daß die beiden Pfarrkirchen nach Maßgabe des Bedarfs durch das Bevölkerungswachstum nacheinander erforderlich wurden, und daß B.M.V. durch ihre Lage innerhalb der Stadtmauern die ältere der beiden Kirchen ist (die andere Pfarrei, St. Agatha, lag außerhalb der Stadtbefestigung).

Daß die Aschaffenburger Bürgerschaft um diese Zeit schon durchaus selbstbewußt geworden war, erhellt schon daraus, daß sie sich im Jahr 1160 kräftig in die Wahl des Mainzer Erzbischofs einmischte. So berichtet die Eberbacher Chronik der Erzbischöfe von Mainz: *Am Fest St. Johannis des Täufers im Jahr des Herrn 1160, nach der Ermordung des* (Erzbischofs) *Arnold* (durch die Mainzer Bürger), *wählten die Mainzer Bürger einen Adeligen namens Rudolf, den Bruder des Herzogs von Zähringen, zum Bischof; gegen diese wählten der Landgraf* (von Thüringen) *und die Bürger von Erfurt und Aschaffenburg und vom ganzen äußeren Bistum* (d. h. außerhalb der Bischofsstadt) *einen gewissen Christian, Sohn eines Grafen von Thüringen.*[58] Zur Bereinigung des Streits mußte der Kaiser selbst mit einem Heer eingreifen: er zerstörte die Mainzer Stadtmauern, setzte beide Prätendenten ab und hob Konrad von Wittelsbach auf den Bischofsstuhl.

In dem Privileg von Papst Lucius III. für das Stift Aschaffenburg aus dem

Jahr 1184[59] (Farbbild S. 239), auf das noch ausführlicher einzugehen ist, wird erstmals die Existenz einer zweiten Pfarrkirche in Aschaffenburg *außerhalb der Mauern* bezeugt. Bei dieser Kirche kann es sich nur um St. Agatha handeln, da B.M.V. ja innerhalb der Stadtmauern liegt. Dadurch wird im nachhinein bestätigt, daß wirklich die gesamte Aschaffenburger Altstadt zwischen Badberg, Stiftsberg und Schloßberg von einem Mauerring umgeben war, nicht etwa nur der Bergsattel, den Badberg und Stiftsberg bilden. Die Interpretation der chronikalischen Notiz Ekkehards von Aura als Altstadtbefestigung ist damit zumindest für das Jahr 1184 auch urkundlich zu erhärten.

Von besonderem Interesse ist aber die topographische Lage von St. Agatha: sie beweist nicht nur, daß schon 1184 die Stadt aus ihren Nähten von 1122 geplatzt war, sondern sie deutet auch darauf hin, daß im Anschluß an die neue Burg auf dem Schloßberg ein neues Viertel entstanden war. An dieser Stelle nämlich, direkt neben St. Agatha, befand sich in späterer Zeit der Amtssitz des Viztums, und nichts spricht dagegen, ihn auch schon in jener frühen Zeit hier zu lokalisieren. Es ist anzunehmen, daß das ganze Gelände zwischen Schloßberg und St. Agatha im Besitz des Stadtherrn war, und daß an diesem Ort die Beamten und das Dienstpersonal des Erzbischofs, soweit es nicht in der Burg selbst untergebracht war, angesiedelt wurden. Da das Areal ja, im Gegensatz zur Altstadt, noch verfügbar war, hatte der Stadtherr freie Hand, hier ein ›herrschaftliches‹ Viertel zu gründen, das sich um die Burg als Kristallisationskern entwickelte.

Gegen Ende des 12. Jahrhunderts, ungefähr 1180, entstand in Aschaffenburg das älteste nachzuweisende steinerne Profangebäude, das Wohncharakter besaß, nämlich das sogenannte Stäblerhaus (Farbbild S. 240), einer der seltenen romanischen Profanbauten in Deutschland; es überstand zwar den Zweiten Weltkrieg, wurde aber 1953 wegen ›Baufälligkeit‹ abgerissen.[60] Dem Namen nach handelte es sich um das Haus des Stäblers, eines stiftischen Amtsträgers; man vermutet jedoch, daß dieses Haus dem erzbischöflichen Stadtschultheißen als Wohn- und Amtssitz diente, gewissermaßen also das älteste ›Rathaus‹ der Stadt darstellte. Denn erst 1353 wurde von der Stadt ein Adelshof erworben, der ausdrücklich als Rathaus diente[61], aber die städtische Verwaltung bzw. der Schultheiß mußte doch auch schon vor diesem Zeitpunkt einen Sitz gehabt haben.

6. Das Untermaingebiet im Rahmen der staufischen Reichslandpolitik

Obwohl vom alten Reichsbesitz am Untermaingebiet fast nichts mehr vorhanden war, nahm Friedrich Barbarossa von Anfang an großes Interesse an dieser Region. Schon wenige Jahre nach seinem Regierungsantritt kümmerte er sich um die Zollverhältnisse auf dem Main und schaffte alle ungerechtfertigten Zölle ab (s. o. S. 275). Bei dieser Gelegenheit unterstrich Kaiser Friedrich I. seinen Anspruch sowohl auf den Wasserweg als auch auf den Landweg entlang des Flusses als Reichsstraßen, die in die unmittelbare Zugehörigkeit des Kaisers fielen.

Da aber sonst im Gebiet des Mainzer Oberstifts keine direkten Zugriffsmöglichkeiten oder Gelegenheiten für Restitutionen zugunsten des Reiches bestanden, konnte Friedrich I. nur in den angrenzenden Räumen aktiv werden, und gerade hier setzte er wichtige Akzente: so förderte er namentlich die Stadt Frankfurt, die bereits vor seiner Regierung einen raschen Aufschwung erlebt hatte, der zeitlich parallel mit Aschaffenburg ging, aber im Ausmaß ungleich bedeutender war; schon 1150, also noch unter Konrad III., ist hier erstmals die Messe nachweisbar.

Ein zweiter Schwerpunkt entstand in Gelnhausen im Nordspessart, wo Friedrich I. eine Pfalz und eine Stadt mit regelmäßigem Grundriß und zwei Märkten an der wichtigen Handelsstraße von Frankfurt nach Leipzig gründete, die 1170 das Stadtrecht erhielt; hiermit plante er wohl eine allmähliche Ausweitung seiner staufischen Stammlande. In Gelnhausen, in unmittelbarer Nachbarschaft zu den stiftisch-aschaffenburgischen Dörfern Kassel, Wirtheim und Höchst, ungefähr 25 Kilometer Luftlinie von Aschaffenburg entfernt, fand 1180 der berühmte Reichstag statt, auf dem Heinrich der Löwe abgesetzt wurde, und hier predigte auf dem Reichstag von 1195 der Kardinallegat Johannes von Salerno mit großem Erfolg die Teilnahme am 3. Kreuzzug. Frankfurt und Gelnhausen waren die wichtigsten staufischen Stützpunkte in der Umgebung von Aschaffenburg; überall an den Grenzen des mainzischen Einflußbereiches wurden darüber hinaus Adels- oder Ministerialenfamilien eingesetzt, die in enger Verbindung mit dem Kaiserhaus standen.

Westlich und nördlich des Mainzer Oberstifts und in der Wetterau stieg die Ministerialenfamilie von Hagen-Münzenberg zu einem mächtigen Geschlecht auf; ihre Erben, die Grafen von Hanau, erlangten die Territorialhoheit und eine fürstengleiche Position. In unserem Untersuchungsgebiet faßten sie allerdings erst im Laufe des 13. und 14. Jahrhunderts Fuß, und zwar von der Main-Kinzig-Niederung aus entlang der Birkenhainer Straße und im Freigericht.[62] Im Süden, zwischen Amorbach und Walldürn, erschienen unter Friedrich I. die Herren von Dürn. Ihr erstes nachweisbares

Familienmitglied Ruprecht I. war seit 1171 Vogt des Klosters Amorbach und begegnet häufig in der Nähe Barbarossas; er scheint in Amorbach weniger würzburgische als kaiserliche Interessen vertreten zu haben.[63]
Ebenfalls im Süden des Oberstifts, im südwestlichen Mainviereck, in einem Saum von 35 Kilometer längs des Maintals zwischen Klingenberg und Prozelten, wurde die Ministerialenfamilie von Schüpf-Klingenberg-Prozelten eingesetzt; sie ist unter dem Namen der Schenken bzw. Reichsschenken von Klingenberg bekannt geworden, von ihr stammen die Herren von Bickenbach ab. In ihrer Hand lag der Befehl über zwei wichtige Reichsburgen am Main, Klingenberg und Prozelten.[64]
Im Osten des Spessarts schließlich, zwischen Lohr und Rieneck, hatten die Grafen von Loon-Rieneck ihren Schwerpunkt; sie waren zwar schon lange vor den Staufern Mainzer Erzstiftsvögte und Burggrafen gewesen, standen aber mit Friedrich I. in enger Verbindung. Graf Gerhard II. von Rieneck begleitete Friedrich auf seinem Italienzug von 1184 und ist mehrfach als Zeuge in der Umgebung des Kaisers nachweisbar. Unter Friedrich I., im Jahr 1187, ist Gerhard auch erstmals als Aschaffenburger Stiftsvogt bezeugt.[65] Es scheint, wenn es auch nicht im einzelnen zu belegen ist, daß die Rienecker einen gewichtigen Faktor bei der Sicherung der Verbindung zwischen den beiden wichtigen Königslandschaften um Frankfurt und der Wetterau einerseits und Ostfranken andererseits bildeten.
Nimmt man noch die Edelfreien von Grumbach, die Vögte der würzburgischen Klöster Schlüchtern und Neustadt am Main, welche die Burg Rothenfels errichteten, und die Grafen von Wertheim hinzu[66], die ebenfalls beide in enger Verbindung zum Reich standen, so ist unschwer zu erkennen, daß das Mainzer Oberstift, das ja in der Tat einen Sperriegel zwischen dem Frankfurter Raum und Ostfranken bildete, auf allen Seiten von Adels- oder Reichsministerialenfamilien umgeben war, die zur staufischen Anhängerschaft gezählt werden dürfen.
Die Kirchenvogtei, welche die Rienecker in Mainz und Aschaffenburg, die Herren von Dürn in Amorbach ausübten, und die Übernahme von Kirchenlehen, die sogar der Kaiser nicht verschmähte, boten die Möglichkeit, ein geistliches Territorium zugleich von innen heraus dem staufischen Interesse dienstbar zu machen. So nahm Friedrich I. vom Erzstift Mainz Gelnhausen und Seligenstadt zu Lehen, ebenso den alten Königshof Tauberbischofsheim im äußersten Südosten des Erzstifts. Daß die Staufer selbst die Vogtei über das Stift Aschaffenburg innehatten, bevor sie den Grafen von Rieneck übertragen wurde, läßt sich nicht nachweisen.[67] Auch die Einrichtung von Freigerichten und die Ansiedlung von königlichen Freileuten im Nordspessart und im Kahlgrund läßt sich als Mittel staufischer Reichslandpolitik interpretieren.[68] Mit Propst Wortwin finden wir ab

1182/83 einen Mann aus der unmittelbaren Umgebung des Kaisers an der Spitze des Aschaffenburger Stifts. Wortwin war zunächst in der Würzburger Bischofskanzlei, seit 1165 in der Reichskanzlei tätig, seit 1172 als Protonotar, und erwarb sich hervorragende Verdienste um die kaiserliche Politik. Als Belohnung erhielt er Würde und Pfründe eines Propstes im Stift St. Andreas in Worms, entsagte jedoch 1180 aus unbekannten Gründen dem politischen Leben und gab sowohl das Protonotariat als auch die Wormser Propstei ab. In den nächsten Jahren erwarb er mehrere geistliche Ämter und widmete sich ganz der Erfüllung der damit verbundenen Pflichten. 1182 oder 1183 wurde er Propst in Aschaffenburg, was gewöhnlich die Mitgliedschaft im Mainzer Domkapitel voraussetzte.[69] Ob die Wahl Wortwins zum Propst auf Fürsprache des Kaisers hin geschehen ist[70], oder ob er, nachdem er sich möglicherweise mit Barbarossa überworfen hatte, als dessen Antipode vom Mainzer Domkapitel hierher entsandt wurde, ist mangels aussagefähiger Quellen nicht zu entscheiden. Sicher ist jedoch, daß seine Person eine außerordentlich gewichtige Position im Kalkül um die staufische Reichslandposition einnehmen mußte.

Auf dem Mainzer Erzstuhl regierte zu dieser Zeit Christian von Buch (1165–1183), der Prototyp eines staufischen Reichsbischofs, der weitaus häufiger in Italien als in seiner Diözese weilte. Schon 1160 war er erstmals, unter anderem von der Aschaffenburger Bürgerschaft, zum Erzbischof von Mainz proklamiert worden, die päpstliche Bestätigung indessen blieb aus. Als Konrad von Wittelsbach nach den Würzburger Beschlüssen von 1165 zu Friedrichs Gegner, Papst Alexander III., übergetreten und von seinem Mainzer Stuhl vertrieben worden war, wurde Christian im September 1165 erneut zum Mainzer Erzbischof gewählt und konnte sich nunmehr behaupten.[71] Obwohl er sich selten in seiner Diözese aufhielt, hat er doch mehrfach für das Aschaffenburger Stift geurkundet[72]; vielleicht geht auch die Gründung der Pfarrei St. Agatha in Aschaffenburg auf seine Regierungszeit zurück, denn es gibt gute Gründe dafür, daß er die dazu benötigten Reliquien aus Italien nach Aschaffenburg verbracht hat.[73] In deutlichem Kontrast hiergegen schildert Konrad von Wittelsbach, der nach dem Tod Christians die Mainzer Erzdiözese 1183 erneut in Besitz nahm, in einem einzigartigen Rechenschaftsbericht, der vermutlich 1189 oder 1190 abgefaßt wurde, in welchen Zustand der Unterdrückung, Verwüstung und Demütigung Christian seine Diözese während seiner Abwesenheit hatte herabsinken lassen. So seien u. a. die Mainzer Besitzungen in Schweinheim an Hartmut von Büdingen und Gerhard von Kälberau entfremdet worden, die Münze in Aschaffenburg und der Hof Sailauf seien ebenfalls an Gerhard von Kälberau gekommen. Er, Konrad, habe alle diese Besitzungen zurückerworben, wobei er allein für die Lösung der Aschaffenburger Münze und des Hofes Sailauf aus dem Lehensrecht des Gerhard von Kälberau 40 Mark Silber habe aufwenden müssen.

Noch schlimmer war jedoch, daß der Aschaffenburger Viztum Konrad vor den Toren von Aschaffenburg eine Befestigung anlegte und diese dem Reich unterstellte, womit er die Mainzer Kirche bedrängt habe.[74] Das weitere Schicksal dieser Burg und ihr Standort sind nicht bekannt; man vermutet, daß es sich um die abgegangene Burg Waldenberg östlich Kleinwallstadts gehandelt hat, zehn Kilometer südlich von Aschaffenburg. Sicherlich wurde die Unterstellung unter das Reich vom Mainzer Erzstift als akute Bedrohung aufgefaßt, denn mit dieser Burg sollte offensichtlich ein Gegengewicht gegen die Aschaffenburger Burg geschaffen werden, die diese im Konfliktfalle hätte neutralisieren können: ein klassisches Stück Burgenpolitik im staufischen Reichslandkonzept. Offensichtlich ist es Konrad von Wittelsbach gelungen, die Gefahr abzuwenden. Am 21. Dezember 1184, kurz nach der Übernahme der Aschaffenburger Propstei durch Wortwin und dem erneuten Amtsantritt von Konrad von Wittelsbach als Erzbischof von Mainz, ließ sich das Stift Aschaffenburg von Papst Lucius III. in apostolischen Schutz nehmen, die Unverletzlichkeit seines Besitzes garantieren sowie seine alten Freiheiten und Gewohnheiten bestätigen.[75] Dieses feierliche Privileg Lucius' III. (Farbbild S. 239) ist die wichtigste Quelle nicht nur für das Stift, sondern auch für die Stadt und die Region Aschaffenburg während der Regierungszeit Kaiser Friedrich Barbarossas; es lohnt sich daher, sie näher zu betrachten. Lucius III. bestätigt dem Stift zunächst den Ort, in welchem die Stiftskirche liegt, mit allen seinen Zugehörungen, die Pfarrkirchen innerhalb und außerhalb der Mauern *(locum ipsum, in quo prefata ecclesia sita est, cum omnibus pertinentiis suis; parrochiam infra muros; parrochiam extra muros civitatis vestre).* Mit dem Ort ist freilich nicht die gesamte Stadt gemeint, sondern lediglich der befriedete Bezirk um die Stiftskirche, d. h. die engere Immunität. Die weiteren Besitzungen des Stifts seien hier aufgezählt, um eine Vorstellung von ihrem Umfang und ihrer geographischen Ausdehnung zu vermitteln; zugehörige Besitzungen sind nicht ausdrücklich erwähnt:

Südlich von Aschaffenburg liegen Obernburg (Fronhof, Pfarrkirche und Zehnt), Sulzbach (Hof und Zehnten), Ruchelnheim (abgegangene Pfarrkirche zwischen Obernau und Sulzbach) und Kleinwallstadt (Pfarrkirche); nordöstlich und nördlich von Aschaffenburg im weiteren Einzugsgebiet von Kahl und Bieber nennt die Urkunde Ernstkirchen (Pfarrei), Wirtheim (Gem. Biebergemünd, Main-Kinzig-Kreis: Hof mit Pfarrkirche und Zehnten) und Somborn (Gem. Freigericht, Main-Kinzig-Kreis: Hof mit Pfarrkirche und Zehnten); in der engsten Umgebung von Aschaffenburg befinden sich Kleinostheim (Hof mit Pfarrei und Zehnten), Mainaschaff (Hof mit Pfarrei und Zehnten) und Stockstadt (Hof); im Einzugsgebiet der Fränkischen Saale begegnen wir Brendlorenzen (Stadt Bad Neustadt a. d. Saale, Lkr. Rhön-Grabfeld: Hof mit Pfarrei und Zehnten), Weichtungen (Markt Maßbach, Lkr. Bad Kissingen: Hof), Langenprozelten (Stadt Gemünden a. M., Lkr. Main-Spessart: Hof) und Rohr (Kr. Suhl/Thüringen: Hof mit Pfarrei und Zehnten); im Würzburger Raum werden Unterpleichfeld (Lkr. Würzburg: Hof), Eßleben (Gem. Werneck, Lkr. Schweinfurt: Hof) und Poppenhausen (Gem. Wittighausen, Main-Tauber-Kreis: Hof mit Pfarrei und Zehnten) erwähnt. Weitere Besitzungen sind nicht mehr geographisch gegliedert: Dodenau (Gem. Battenberg, Kreis Waldeck-Frankenberg: mit Pfarrkirche und Zehnten), Lohrhaupten (Gem. Flörsbach, Main-Kinzig-Kreis: Hof mit Pfarrei und Zehnten), Laufach (Zehnten), zwei Mühlen an der Aschaff und schließlich die Häuser der Stiftsangehörigen. Der Forst Spessart ist bezeichnenderweise nicht mehr aufgeführt, weil er schon in Mainzer Erzstiftsbesitz übergegangen war.

Die Lucius-Urkunde ist in der Literatur ausführlich und sehr kontrovers diskutiert worden, zunächst unter dem Gesichtspunkt, ob das Besitzverzeichnis vollständig ist, oder ob sich das Stift nur diejenigen Besitzungen vom Papst bestätigen ließ, die es als gefährdet erachtete; diese Frage soll hier ausgeklammert werden.

Wichtiger erscheint das Problem, gegen wen sich die Abwehrbestrebungen des Aschaffenburger Stifts richteten. Die Meinungen gehen hier weit auseinander: Ruf sieht eine Stoßrichtung gegen die Stiftsvögte, die Grafen von Rieneck.[76] Krimm ist der Ansicht, das Privileg solle »gegenüber dem Vordringen von Vogt und König (...) retten, was zu retten ist«, sieht also eine Interessengemeinschaft von Friedrich I. und Rieneck gegen Mainz und Aschaffenburg.[77]

Thiel vertritt die Auffassung, das Privileg sei aus dem Bemühen entstanden, »nicht in eine völlige Mediatbeziehung zu Mainz abzugleiten«[78], weil er davon ausgeht, daß das Stift Aschaffenburg nicht durch Schenkung Mainzer Eigenkirche geworden sei (s. o. S. 266). Dagegen spricht allerdings, daß Erzbischof Konrad von Wittelsbach selbst das Privileg für das Stift unterzeichnet hat, obwohl er doch damit seiner Politik der Rückgewinnung und Stärkung der Mainzer Machtposition zuwidergehandelt hätte, falls das Stift noch von Mainz unabhängig gewesen wäre. Geht man dagegen davon aus, daß das Stift schon 982/3 mainzisch wurde und betrachtet man das Privileg von 1184 in Zusammenhang mit einigen Fälschungen oder Verunechtungen von Urkunden des 10. Jahrhunderts, die Ende des 12. Jahrhunderts im Stift hergestellt wurden, also zur gleichen Zeit wie die Urkunde Papst Lucius', ergeben sich einige nähere Aufschlüsse: so bestimmt die Fälschung einer Urkunde auf Kaiser Otto II. vom 9. Februar 976, daß das Stift nur einen einzigen Vogt haben soll, dem nur fest umrissene Einkünfte zustehen, der nur auf Aufforderung durch den Propst tätig werden und keine Steuern auf Güter und Hintersassen legen darf. Diese Fälschung gehört ins Ende des 12. Jahrhunderts, ist also eindeutig gegen die Rienekker Vögte gerichtet.[79]

Die Verfälschung einer Urkunde Ottos II. vom 20. Juni 974, wohl in den 80er Jahren des 12. Jahrhunderts erfolgt, schenkt dem Stift Aschaffenburg die Kirchen in Salz und Brendlorenzen; sie ist nach Thiel gegen das in diesem Raum mit Aschaffenburg konkurrierende Hochstift Würzburg gerichtet.[80]

Es liegt nun nahe, daß in dieser Zeit, in der das Stift sich nicht mehr auf den Schutz des Kaisers und seiner Vögte verlassen konnte, in der es an allen Ekken und Enden von seinen Nachbarn, aufstrebenden Adels- und Ministerialenfamilien bedrängt wurde oder sich bedrängt sah, in der die eigenen Vögte und die Bürger der eigenen Stadt gefährlich wurden und selbst der Kaiser zum territorialpolitischen Konkurrenten erwuchs, man sich nach allen Richtungen hin absichern wollte und mußte. Der Papst, die höchste Autorität der Christenheit, war die geeignetste Instanz dafür, zumal man keine königliche Privilegienbestätigung besaß und eine solche auch nicht mehr erwarten konnte; für den Rest behalf man sich selbst, indem man vermeintliche Rechte mit unrechtmäßigen Mitteln zu sichern suchte. Ist es ganz und gar abwegig, als Urheber hinter den Fälschungen und Verunechtungen dieser Zeit den Propst Wortwin mit seiner großen Kanzleierfahrung zu suchen? Seine Politik war, aufs Ganze gesehen, durchaus erfolgreich: das Stift hat seine Stellung und seinen Besitz dauerhaft behaupten können; was sein Verhältnis zu Mainz betrifft, hat die Lucius-Urkunde eine immer engere Abhängigkeit von den Mainzer Erzbischöfen nicht verhindern können.

7. Geistig-geistliche Kultur

Die Frühzeit der Christianisierung des Untermaingebietes liegt völlig im dunkeln. Das erste sichere Zeugnis stammt von der Weihe der Dionysius-Kapelle in Nilkheim, ungefähr 711 bis 716. Über die nur wenig später erfolgte Gründung des Klosters Amorbach gibt es lediglich Legenden: danach sind die Anstöße zur Gründung des Klosters von dem iroschottischen Missionar Pirmin ausgegangen, dessen Schüler, der hl. Amor, das spätere Kloster Amorbach an der Quelle Amorsbrunn gegründet haben soll. In Wirklichkeit dürfte es sich um eine grundherrliche Gründung aus der Zeit

Karl Martells (714–741) handeln, die Stifterfamilie aus dem Wormser-Speyerer Raum stammen. Wenn diese Datierung zutrifft, handelt es sich bei Amorbach nach Würzburg und Karlburg um das älteste Kloster in Ostfranken. Ein Bezug zur iroschottischen Mission ist insofern gegeben, als die Äbte des Klosters Amorbach als *scotti* bezeichnet wurden.[81]

Zwei Frauenklöster in der Nähe von Aschaffenburg aus karolingischer Zeit sind nur ein einziges Mal bezeugt: am 25. Februar 786 schenkte die Äbtissin Aba das Kloster St. Maria in Neuenhof bei Roden (Ober- und Niederroden) an das Kloster Lorsch[82]. Bei der Überführung der Gebeine der Heiligen Petrus und Marcellinus von Steinbach im Odenwald nach Seligenstadt kam eine gichtbrüchige Nonne aus dem Kloster Mosbach im Bachgau an die Bahre der Heiligen und wurde von ihrer Gicht geheilt.[83] Die Spuren beider Klöster verlieren sich in der Geschichte.

Besser orientiert sind wir über die Gründung der Benediktinerabtei Seligenstadt durch den Bericht Einhards über die Translation der Heiligen Petrus und Marcellinus. Wegen ihrer großen Bedeutung für das 9. Jahrhundert – beide Märtyrer waren seit etwa 500 in die römische Meßliturgie aufgenommen, und schon Konstantin hatte über ihrer Katakombe eine Basilika und eine Grabrotunde für seine Mutter Helena errichtet – entwickelte sich Seligenstadt zu einer berühmten Wallfahrtsstätte des frühen Mittelalters.[84] Die heute noch erhaltene Basilika Einhards, die einzige karolingische Großbasilika nördlich der Alpen, die noch überkommen ist, vermittelt ein eindrucksvolles Bild der hochkarolingischen Klassik. Wenn es auch Seligenstadt an Bedeutung weder mit Lorsch noch mit Fulda aufnehmen konnte, so verdrängte es doch den Lorscher Einfluß in der näheren Umgebung.

Für die Geschichte Amorbachs während der ersten fünf Jahrhunderte gibt es fast keine Quellen aus dem Kloster selbst, man ist nahezu ausschließlich auf Fremdquellen angewiesen. Eine der wichtigsten dieser Quellen, das Chronicon episcoporum Verdensium überliefert, daß Amorbacher Äbte bei der Konstituierung des Bistums Verden an der Aller maßgeblich beteiligt waren. Offenbar hat Karl der Große nach dem ›Blutbad von Verden‹ (782) das Kloster Amorbach mit der Missionierung von Verden beauftragt, und mindestens drei der ersten Verdener Bischöfe waren Amorbacher Äbte. Karl der Große übertrug den Amorbach-Verdener Abtbischöfen zusätzlich die Benediktinerabtei Neustadt am Main; zu dieser Zeit muß Amorbach eine beträchtliche Ausstrahlungskraft besessen haben.[85]

Bei der Missionierung des Untermaingebietes haben die Klöster Amorbach und Seligenstadt indessen wenig Anteil gehabt: Amorbach beschränkte sich hier auf seine unmittelbare Umgebung, den nördlichen Odenwald, und Seligenstadt strahlte mehr auf den nördlichen Spessart aus, aber erst in späterer Zeit. Im Maintal und im Altsiedelland westlich des Mains ist die Christianisierung von Mainz ausgegangen, wie die Weihe der Dionysiuskapelle in Nilkheim beweist.

Die Gründung des Stifts Aschaffenburg drängte die Abteien Amorbach und Seligenstadt mehr und mehr in den Hintergrund. Amorbach erlebte Anfang des 11. Jahrhunderts in Zusammenhang mit der lothringischen Klosterreform eine neue Blütezeit; wohl um 990 schloß es sich, angeregt von Lorsch, der Reformbewegung an. Nach 1010 bis wenigstens 1018 hielt sich Theoderich von Fleury in Amorbach auf und war hier literarisch tätig. Abt Richard I. (1012–1039) gehörte zu den bedeutendsten Persönlichkeiten der Gorzer Reform in Deutschland, er erhielt 1018 in Personalunion zu seiner Amorbacher Abtswürde das Kloster Fulda. Im neugegründeten Reformkloster Michelsberg bei Bamberg wurde 1015 die ordo Amorbacensium eingeführt, wodurch Amorbach gewissermaßen zum Mutterkloster von Michelsberg wurde. Auch das Kloster Tegernsee und der Schriftstellermönch Othlo von St. Emmeram (1010–1070) unterhielten enge Verbindungen zu Amorbach; jedoch blieb das Kloster mit seiner Ausstrahlung im monastischen Bereich.[86]

In Seligenstadt fand 1023 eine Mainzer Synode statt, auf welcher Bestimmungen über Kultus und kirchliche Disziplin getroffen wurden. 1026 folgte ein Provinzialkonzil am gleichen Ort.[87] Bedeutendstes geistliches Zentrum am Untermain wurde jedoch das Stift St. Peter, wozu sein Besitz und seine politische Bedeutung mehr beitrugen als seine kulturellen Leistungen. Über die geistliche Kultur des Stifts kurz nach seiner Gründung geben die beiden Schatzverzeichnisse und die drei Reliquienverzeichnisse Aufschluß, die um die Jahrtausendwende in das älteste Evangeliar eingetragen wurden. Bei dem älteren Schatzverzeichnis handelt es sich um ein Sakristeiinventar, das liturgische Bücher, Gewänder und Tücher sowie Gefäße aufzählt. Es nennt 13 Bücher, zum Teil mit Neumierung der Gesangstexte, was darauf hindeutet, daß der geistlichen Musik in Aschaffenburg ein nicht unbedeutender Stellenwert eingeräumt wurde. Zwei weitere Bücher waren zum Stichtag an die Kirchen in Kleinostheim und Obernburg ausgeliehen. Das jüngere Schatzverzeichnis führt keine Bücher mehr auf, sondern nur besonders wertvolle Gegenstände aus Edelmetall und Edelmetallschmuck, kirchliche Gewänder und Tücher. Von den drei Reliquienverzeichnissen enthält das erste den Urbestand, das zweite die Zuwendungen Herzog Ottos und das dritte die Verteilung eines Teils dieser Reliquien auf die Altäre der Stiftskirche. Es überwiegen dabei beliebte westliche Heilige, aber auch Kilian und seine Gefährten sind vertreten. Das dritte Reliquienverzeichnis gibt Einblick in die innere Einrichtung der Stiftskirche um das Jahr 1000: danach gab es je einen rechten und linken Altar, und einen er-

höht gestellten westlichen Altar; der im Ostchor stehende Hauptaltar des
hl. Petrus wird nicht erwähnt. Ein Nachtrag aus dem 11. Jahrhundert fügt
noch einen Dreifaltigkeitsaltar neben dem Kreuz hinzu.[88]
Die These, wonach dem Stift Aschaffenburg ein Benediktinerkloster, ein
Tochterkloster der Abtei Honau im Elsaß, vorausgegangen sei, wie die ältere lokale Geschichtschreibung behauptete, ist unbegründet; sie geht auf
den bekannten französischen Historiker Grandidier aus dem 18. Jahrhundert zurück.
Die innere Verfassung des Stifts sei hier nur kurz umrissen: an der Spitze
der 28 Kanoniker standen ein Propst und ein Dekan, als weitere Prälaten
waren Scholaster, Kantor und Kustos vorhanden. Alle diese Dignitäten
scheinen von Anfang an bestanden zu haben. Der Propst war der Verwal-
ter des Vermögens und der Einkünfte des Stifts, besorgte als Vertreter des
Kapitels alle weltlichen Geschäfte, übte die Gerichtsbarkeit aus über die
stiftischen Untertanen und war zugleich oberster Lehensherr.
Der Dekan war das geistliche Haupt des Stifts; ihm kam die Leitung der
kirchlichen Angelegenheiten zu. Er überwachte das priesterliche Leben der
Vikare und Kanoniker, über welche er auch geistliche Strafen verhängen
konnte. Er führte den Vorsitz bei den Kapitelssitzungen und hielt an den
hohen Festtagen das Hochamt. Der Scholaster oder Schulmeister hatte ursprünglich die Pflicht, den geistlichen Nachwuchs zu unterrichten. Zu diesem Zweck nahm er die jungen Kanoniker, die Domizellare, in sein Haus
auf, und übte über sie die Gerichtsbarkeit aus; auch wenn sie später als Stu-
denten an auswärtigen Schulen oder Universitäten weilten, unterstanden
sie seiner Aufsicht. Er vertrat das Stift in Streitsachen und Rechtsgeschäften, weshalb oft die gelehrtesten, vor allem aber juristisch gebildete Mitglieder des Kapitels in dieses Amt gewählt wurden. Dem Scholaster unterstanden auch Bibliothek und Archiv, er vertrat den Dekan in dessen Abwesenheit. Der Kantor war für den Chorgesang im Gottesdienst zuständig; er
unterrichtete darin die Domizellare und dirigierte selbst in der Kirche den
Gesang. Dem Kustos oblag die Sorge um die Kirche und das Kircheninven-
tar, er mußte das gottesdienstliche Gerät in Ordnung halten oder beschaffen, und war für den baulichen Zustand der Kirche selbst verantwortlich,
ebenso für die Abhaltung der gestifteten Jahrtagsgedächtnisse. Zur Präla-
tur wurde die Kustodie allerdings erst 1329 erhoben.[89]
Die Zahl der Kanoniker, die zusammen das Kapitel bildeten, betrug vermutlich von Anfang an 28 (einschließlich der Prälaten, s. o. S. 265). Jeder
Kanoniker mußte am Ort des Stifts residieren und einen eigenen Haushalt
führen; später war sogar der Besitz einer Stiftskurie Voraussetzung für die
Aufnahme in das Kapitel. Den Stiftskurien, also den Häusern der Kanoniker, wurde im Privileg von Papst Lucius III. 1184 dieselben Rechte verlie-

hen wie dem Immunitätsbezirk um die Stiftskirche, nämlich die Freiheit von jeglicher weltlichen Gerichtsbarkeit und Steuererhebung. Ein gemeinsames kanonisches Leben, wie es die Regel Chrodegangs von Metz 755 und die Aachener Regel von 816 vorschreiben, hat an der Aschaffenburger Stiftskirche nie stattgefunden, weil zum Zeitpunkt der Gründung des Stifts diese Regeln bereits überholt waren; nur die Domizellare mußten im Hause des Scholasters wohnen.

Neben den Prälaten, Kanonikern und Domizellaren gab es noch die Stiftsvikare, Inhaber von Altarbenefizien mit der Verpflichtung, die gestifteten Messen am jeweiligen Vikarie altar zu lesen, ansonsten im Chor präsent zu sein und am täglichen Choroffizium teilzunehmen; sie erhielten dafür zusätzlich zu ihren Benefizien Anteil an den stiftischen Präsenzeinkünften. Die Zahl der Vikare wuchs im Laufe der Zeit immer mehr an, auf dem Höhepunkt der Entwicklung Mitte des 16. Jahrhunderts sollen es 32 gewesen sein.[90] Zu dieser Zeit waren also 60 Geistliche am Stift Aschaffenburg tätig, wozu man noch die weltlichen Beamten und das Dienstpersonal rechnen muß, um die Bedeutung dieser Institution für die Stadt und für die Region ermessen zu können. Über die inneren und schulischen Verhältnisse am Stift sowohl Ende des 10. als auch Ende des 12. Jahrhunderts gibt die bereits angesprochene Schulstreiturkunde interessante Aufschlüsse; in zwei Zeiträumen deshalb, weil die 976 datierte Urkunde Ende des 12. Jahrhunderts verfälscht wurde. Aus dem unverfälschten Kernbestand der Quelle geht deutlich hervor, daß das Stift bereits vor dem Jahr 1000 eine Schule unterhielt, in welcher der Schulmeister die Stiftsschüler und künftigen Kanoniker unterrichtete, während sie Angehörige seines Hauses waren. Zur Unterstützung seiner Tätigkeit hatte der Schulmeister einen Hilfslehrer an seiner Seite. Die Schule, soviel darf man annehmen, hatte keine externen Schüler, sondern war ausschließlich auf die Ausbildung des stiftischen Nachwuchses (*scholares canonicos*) beschränkt. Um diese Zeit kann das Zölibat noch nicht bestanden haben, denn die Urkunde verfügt, daß künftig Vater und Sohn nicht mehr gleichzeitig Kanoniker sein dürfen (*filius cum patre non canonizetur*). Aus diesem Grund waren wohl einige Familien im Stift recht zahlreich vertreten, weshalb weiter bestimmt wurde, daß nicht mehr als drei Angehörige einer Sippe gleichzeitig dem Stift angehören dürften.

Der zweite, verfälschte Teil der Urkunde enthält eine regelrechte Schulordnung, die bis ins Detail Rechte und Pflichten des Scholasters regelt. Da das Falsifikat aber vermutlich in Mainz entstanden ist und Gültigkeit für die gesamte Erzdiözese hatte, kann man daraus keine spezifischen Einzelheiten für das Aschaffenburger Schulleben ableiten. Aufschlußreich ist jedoch die Schlußbestimmung, wonach der Scholaster das Recht hatte, für zwei, drei oder noch mehr Jahre auf Studienreise zu gehen, ohne daß ihm seine Einkünfte deshalb gekürzt werden dürften.[91]

Wenn auch in Aschaffenburg am Ende des 12. Jahrhunderts einige Urkundenfälschungen vorgenommen wurden, hat sich hier kein Scriptorium, keine Schreiberwerkstatt mit hauptberuflichen Schreibern, entwickeln können. Die Bibliothek des Stifts war nicht sonderlich umfangreich. Nachdem der erste ›Bibliothekskatalog‹ aus der Zeit um 1000 nur 13 liturgische Bücher enthält (s. o. S. 286), datiert die erste Nachricht darüber von 1186, als Papst Urban III. eine Verfügung von Erzbischof Christian bestätigt, wonach die Pfründeneinkünfte abwesender Kanoniker für Baureparaturen an der Kirche und für die Herstellung von notwendigen Büchern *(conscribendis libris necessariis)* verwendet werden sollen; es scheint zu dieser Zeit in der Bibliothek noch am nötigsten gefehlt zu haben.[92] Der private Buchbesitz in der Hand der einzelnen Stiftsgeistlichen, soweit sich dies aus testamentarischen Verfügungen und Stiftungen ersehen läßt, war eher bescheiden, vor 1200 ist solcher überhaupt nicht nachzuweisen. Erst kurz nach 1400 wurde ein eigener Bibliotheksraum eingerichtet.[93]

Immerhin war das Stift als Auftraggeber von Bedeutung, sowohl als Bauherr – Ende des 12. Jahrhunderts wurde eine Kirchenweihe gefeiert, die vielleicht aufgrund eines Brandes notwendig geworden war –, als auch als Auftraggeber für sakrale Kunst für die Innenausstattung der Kirche. Auch die Kirchenmusik pflegte man, schon in der zweiten Hälfte des 14. Jahrhunderts wurde eine erste Orgel angeschafft.[94]

Zu einem kulturellen Zentrum mit überregionaler Ausstrahlungskraft, wie es etwa das Kloster Fulda mit seinen Leistungen in der Buchmalerei, Goldschmiedekunst, Geschichtsschreibung und Dichtung darstellte, konnten sich weder das Stift Aschaffenburg noch die Abteien Amorbach und Seligenstadt entwickeln.

Seligenstadt hatte seine Blüte im 9. und 10. Jahrhundert, als es ein bedeutendes Wallfahrtszentrum war, Amorbach in seiner Frühzeit, im 8. und 9. Jahrhundert, als es in der Sachsenmission aktiv war, und erneut im 11. Jahrhundert als Vorort der Lothringer Klosterreform; danach versiegte die geistig-kulturelle Strahlkraft beider Klöster. Das Stift Aschaffenburg hatte von Anfang an nicht die kulturelle Bedeutung, die ein Benediktinerkloster besaß, und konnte kaum mit eigenen Leistungen in diesem Bereich aufwarten. In der Stauferzeit lösten dann Laien das kulturelle Monopol der Geistlichkeit ab: Adelige und selbst Ministeriale wurden zu Kulturträgern ersten Ranges. So entstand auf dem Stammsitz der Herren von Dürn, der Burg Wildenberg bei Amorbach, in der Zeit zwischen 1200 und 1210 eines der bedeutendsten Werke der deutschen Dichtung: Wolfram von Eschenbachs ›Parzival‹.[95]

Anmerkungen

[1] J. Schnetz, Zur Frage der rechtsrheinischen Alemannenorte des Geographen von Ravenna, AUFr 60, 1918, S. 57; A. Adam, Die ›alemannischen‹ Städtereihen des Geographen von Ravenna, 1981, S. 35 f. und 38.

[2] Joannis, Scriptores rerum Moguntiacarum I, S. 168 (Inschrift und Kapelle sind nicht mehr erhalten).

[3] Friese, Studien, S. 40 f.; K. Lindner, Untersuchungen zur Frühgeschichte des Bistums Würzburg und des Würzburger Raumes, 1972, S. 71.

[4] Klewitz, Die Baugeschichte, S. 80–82.

[5] Dronke, CDF, S. 302 f., Nr. 655; RI Nr. 996.

[6] Cramer, Landeshoheit und Wildbahn, S. 61; MG Epp. V, S. 133, Nr. 47.

[7] M. Jansen (Hg.), Cosmidromius Gobelini Person, 1900, S. 19.

[8] MG SS 6, S. 586.

[9] W. Klenke, Die Gebeine aus den Aschaffenburger Stiftergräbern, in: AJb 4, 1957, S. 287–297; F. Arens, Die Grabmäler des Herzogs Otto und der Königin Liutgard in der Aschaffenburger Stiftskirche, in: AJb 4, 1957, S. 239–285.

[10] MG SS rer. Germ. 50, S. 142.

[11] B. Demandt, Die mittelalterliche Kirchenorganisation in Hessen südlich des Mains, 1966, Karte II (Patrozinien).

[12] Störmer, Miltenberg, (HAB, Teil Franken 25), 1979, S. 36–46, hier S. 36 f.; Oswald/Störmer (Hg.), Die Abtei Amorbach im Odenwald; P. Schöffel, Amorbach, Neustadt am Main und das Bistum Verden, ZBKG 16, 1941, S. 131–143.

[13] Translatio et miracula sanctorum Marcellini et Petri auctore Einhardo, MG SS 15, 1; deutsch von Karl Esselborn, 1925.

[14] Dietrich, Konradiner, S. 184; H. Büttner, Die Mainlande um Aschaffenburg im frühen Mittelalter, in: AJb 4, 1957, S. 107–128, hier S. 128.

[15] Decker-Hauff, Die Anfänge, S. 129–151, bes. S. 145 f. mit Anm. 48 und 49; Friese, wie Anm. 3, S. 108 mit Anm. 145.

[16] Zur Grafschaftsverfassung vgl. W. Fischer, Die verfassungsgeschichtlichen Grundlagen des Mainzer Oberstifts, Diss. masch. 1944, Druck (1. Teil) in: AJb 10, 1986, S. 1–98 (überholt); H. K. Schulze, Die Grafschaftsverfassung der Karolingerzeit in den Gebieten östlich des Rheins, 1973, S. 173–214 und 315; G. Christ, Aschaffenburg, (HAB, Teil Franken 12), S. 37; Friese, wie Anm. 3, S. 101 und 108 mit Anm. 145; K. Bosl, Franken um 800, ²1969, S. 32.

[17] Decker-Hauff, wie Anm. 15, S. 131–139.

[18] P. Moraw, Über Typologie, Chronologie und Geographie der Stiftskirche im deutschen Mittelalter, in: Max-Planck-Institut für Geschichte (Hg.), Untersuchungen zu Kloster und Stift, 1980, S. 9–37, hier S. 21.

[19] W.-H. Struck, Die Stiftsgründungen der Konradiner im Gebiet der mittleren Lahn, Rheinische Vierteljahresblätter 36, 1972, S. 28–52; Moraw, wie Anm. 18, S. 26 f.

[20] U. Lewald, Burg, Kloster, Stift, in: H. Patze (Hg.), Die Burgen im deutschen Sprachraum, 1976, S. 155–180, hier S. 170 f.

[21] Thiel, Urkundenbuch Nr. 3–7, 9–13.

[22] Thiel, wie Anm. 21, Nr. 10–12.

[23] Thiel, wie Anm. 21, Nr. 4.

[24] Hofmann, Das älteste Evangeliar, S. 153–202; Thiel, wie Anm. 21, Nr. 14–19.

[25] Thiel, wie Anm. 21, Nr. 17.

[26] Thiel, wie Anm. 21, Nr. 16.

[27] Thiel, wie Anm. 21, Nr. 15.

[28] M. Thiel, Das Privileg Papst Lucius' III. für das Stift Aschaffenburg, 1984, S. 13 f. (Beihefte zum AJb 1).

[29] Thiel, wie Anm. 21, Nr. 14.

[30] Ebd. S. 60 (mit weiterer Literatur).

³¹ Thiel, wie Anm. 21, Nr. 8; Rexroth, Der Stiftsscholaster S. 203–230 (überholt, geht von der Echtheit der Urkunde aus).

³² J. F. Böhmer/C. Will, Regesten zur Geschichte der Mainzer Erzbischöfe, I, Neudruck 1966, S. 141 (Nr. 169) und S. 143 f. (Nr. 173).

³³ Hessische Landesbibliothek Darmstadt, Hs. 1957, Druck Adolf Schmidt, Mittheilungen aus Darmstädter Handschriften, NA 13, 1888, S. 607–613.

³⁴ Thiel, wie Anm. 21, Nr. 18 mit älterer Literatur.

³⁵ Thiel, wie Anm. 21, Nr. 19.

³⁶ Christ, wie Anm. 16, S. 25.

³⁷ Störmer, wie Anm. 12, S. 43 f.

³⁸ W. Küther, Seligenstadt, Mainz und das Reich, AMKG 30, 1978, S. 9–57, hier S. 16–19; Christ, wie Anm. 16, S. 3.

³⁹ Christ, wie Anm. 16, S. 12.

⁴⁰ MG D H. II. 509.

⁴¹ W. Hartmann, Auf den Spuren des Bamberger Fernbesitzes am bayerischen Untermain und im Odenwald, in: W. Wackerfuß (Hg.), Beiträge zur Erforschung des Odenwaldes und seiner Randlandschaften, IV, 1986, S. 119–150.

⁴² Christ, wie Anm. 16, S. 40.

⁴³ Th. Ruf, Die Grafen von Rieneck. Genealogie und Territorienbildung, Mainfr. Studien 32, 1984, 1, S. 25 und 128–130.

⁴⁴ Thiel, wie Anm. 21, Nr. 19.

⁴⁵ MG SS 6, S. 259.

⁴⁶ K. Dinklage, Burg und Stadt Aschaffenburg, in: AJb 4, 1957, S. 49–73, hier S. 61.

⁴⁷ Thiel, wie Anm. 21, Nr. 121.

⁴⁸ MZ UB I, Nr. 501.

⁴⁹ MZ UB II, Nr. 67.

⁵⁰ F. L. Büll, Quellen und Forschungen zur Geschichte der mittelalterlichen Frauenabtei Schmerlenbach im Spessart, Diss. masch. 1970, S. 84 f.

⁵¹ MG D F. I., Nr. 165.

⁵² MZ UB II, Nr. 249.

⁵³ Aus 1000 Jahren Stift und Stadt Aschaffenburg, Jubiläumsausstellung 1957, S. 24.

⁵⁴ MG Const. I, S. 335.

⁵⁵ V. F. Gudenus, Codex diplomaticus exhibens anecdota Moguntiaca ... illustrantia, I, 1743, S. 609.

⁵⁶ Sauer, Die ältesten Lehensbücher der Herrschaft Bolanden, 1882, S. 16, vgl. Dieburg. Beiträge zur Geschichte einer Stadt, 1977, S. 47.

⁵⁷ Thiel, wie Anm. 21, Nr. 28.

⁵⁸ S. Widmann, Die Eberbacher Chronik der Erzbischöfe von Mainz, NA 13, 1888, S. 119–143, hier S. 134.

⁵⁹ Thiel, wie Anm. 21, Nr. 29.

⁶⁰ K. Gruber, Aschaffenburg-Stadt zwischen Stift und Schloß, in: AJb 4, 1957, S. 33–48, hier S. 43 f.

⁶¹ W. Fischer, Die Erbauung des Aschaffenburger Rathauses im Jahr 1790, in: AJb 3, 1956, S. 283.

⁶² Bosl, Die Reichsministerialität; Fächer, Alzenau (HAB, Teil Franken 18), S. 48.

⁶³ Störmer, wie Anm. 12, S. 73–75; W. Eichhorn, Die Herrschaft Dürn und ihre Entwicklung bis zum Ende der Hohenstaufen, 1966, S. 108 ff.: Rupert I. von Durne ist zwischen 1171 und 1196 rund 150mal Zeuge in Urkunden Kaiser Friedrichs I. und Heinrichs VI.

⁶⁴ Störmer, wie Anm. 12, S. 88–90.

⁶⁵ Ruf, wie Anm. 43, 1, S. 130, 2, S. 107.

⁶⁶ Ebd. 2, S. 103; Störmer, Staufische Herrschaftsbildung, S. 528.

⁶⁷ Störmer, wie Anm. 66, S. 528.

⁶⁸ Ebd.; Fächer, wie Anm. 62, S. 30–41.

⁶⁹ Hausmann, Wortwin, S. 321–372.

[70] Thiel, wie Anm. 21, S. 123.

[71] W. Schöntag, Untersuchungen zur Geschichte des Erzbistums Mainz unter den Erzbischöfen Arnold und Christian I. (1153–1183), 1973.

[72] Thiel, wie Anm. 21, Nr. 24, 25, 27.

[73] R. Fischer, Aschaffenburg im Mittelalter, VGKA 31, 1989, S. 52–54.

[74] MZ UB II, Nr. 531.

[75] Thiel, wie Anm. 21, Nr. 29; vgl. Thiel, Das Privileg.

[76] Ruf, wie Anm. 43, 1, S. 130,

[77] St. Krimm, Die mittelalterlichen und frühneuzeitlichen Glashütten im Spessart, VGKA 18, 1, 1982, S. 137.

[78] Thiel, Das Privileg, wie Anm. 75, S. 13 f.

[79] Thiel, wie Anm. 21, Nr. 6.

[80] Ebd. S. 14.

[81] Störmer, wie Anm. 12, S. 38 f.

[82] MZ UB I, Nr. 62; Codex Laureshamensis I, Nr. 12.

[83] Einhard, wie Anm. 13 lib. I cap. 13; H. Dörr, Mosbach und seine Johanniterkirche, 1983, S. 13.

[84] H. Roth/E. Wamers, Hessen im Frühmittelalter, 1984, S. 314.

[85] Störmer, wie Anm. 12, S. 36–39.

[86] Ebd. S. 43–44.

[87] J. D. Mansi, Sacrorum conciliorum nova et amplissima collectio, 19, 1767 (Neudr. 1960), Sp. 393–406; MG Const. I, S. 633, Nr. 437 (zu 1023); Mansi, Sp. 460 (zu 1026).

[88] Hofmann, wie Anm. 24, S. 179–188.

[89] A. Amrhein, Die Prälaten und Canoniker des ehemaligen Collegiatstifts St. Peter und Alexander in Aschaffenburg, AUFr 26, 1882, S. 45–52.

[90] Ebd. S. 30 f.

[91] Thiel, wie Anm. 21, Nr. 8.

[92] Ebd. Nr. 30.

[93] R. Fischer, Privater Buchbesitz im mittelalterlichen Aschaffenburg, in: AJb 9, 1985, S. 1–32.

[94] H. Fischer, Orgelgeschichte der Stiftskirche zu Aschaffenburg, in: AJb 10, 1986, S. 106–206, hier S. 106.

[95] W. Stammler, Zur Wildenburgfrage, in: AJb 1, 1952, S. 188 f.; H. Walz, Die deutsche Literatur im Mittelalter, 1976, S. 106; U. Meves, Die Herren von Durne und die höfische Literatur, in: Oswald/Störmer, wie Anm. 12, S. 113–143.

Quellen und Literatur (Auswahl)

Zu 1. Das Aschaffenburger Untermaingebiet als historische Landschaft sowie allgemein

Quellen: An erzählenden Quellen aus dem Untermaingebiet gibt es nur die ›Translatio et miracula sanctorum Marcellini et Petri auctore Einhardo‹ (MG SS 15, 1; deutsch von K. Esselborn 1925). Die urkundliche Überlieferung für das Stift Aschaffenburg ist ediert bei M. Thiel, Urkundenbuch des Stifts St. Peter und Alexander zu Aschaffenburg, Bd. 1: 861–1325, VGKA 26, 1986.

Für Amorbach und Seligenstadt existieren keine Urkundenbücher. Für Mainz s. das Mainzer Urkundenbuch (MZ UB), Bd. I, hg. von M. Stimming (bis 1137), 1932; Bd. II, hg. von P. Acht, Teil 1 (1137–1175), 1968 und Teil 2 (1176–1200), 1971.

Literatur: Aschaffenburg: A. Amrhein, Die Prälaten und Canoniker des ehemaligen Collegiatstifts St. Peter und Alexander in Aschaffenburg, AUFr 26, 1882 (nur teilweise überholt); G. Christ, Aschaffenburg, (HAB, Teil Franken 12) 1963; Roman Fischer, Aschaffenburg im Mittelalter, VGKA 31, 1989 (für die Stadtgeschichte); Willibald Fischer, Die verfassungsgeschichtlichen Grundlagen des Mainzer Oberstifts, Diss. masch. Wien 1944, Druck (1. Teil) in: AJb 10, 1986, S. 1–98 (überholt). Zahlreiche Ortschroniken aus dem Untermaingebiet sind trotz jüngeren Datums für das Früh- und Hochmittelalter meist ohne neuere Erkenntnisse.

Für die übrigen Landkreise des Untermaingebietes vgl. J. Fächer, Alzenau (HAB, Teil Franken 18), 1968; R. Wohner, Obernburg, (HAB, Teil Franken 17), 1968; W. Störmer, Miltenberg (HAB, Teil Franken 25), 1979.

Amorbach: F. Oswald/W. Störmer (Hg.), Die Abtei Amorbach im Odenwald, 1984; A. Schäfer, Untersuchungen zur Wirtschafts- und Rechtsgeschichte der Benediktinerabtei Amorbach, Diss. masch. Freiburg 1955.

Seligenstadt: J. Koch, Die Wirtschafts- und Rechtsverhältnisse der Abtei Seligenstadt im Mittelalter, AHG NF 21, 1940, S. 209–312 und 22, 1941/42, S. 1–53, 165–208; W. Küther, Seligenstadt, Mainz und das Reich, AMKG 30, 1978, S. 9–57.

Zu 2. Von der alamannischen Volksburg bis zum fränkischen Königshof

C. Cramer, Landeshoheit und Wildbann im Spessart, in: AJb 1, 1952, S. 51–123; I. Dietrich, Das Haus der Konradiner, Diss. masch. Marburg 1952; K. Dinklage, Burg und Stadt Aschaffenburg bis zum Ausgang des 14. Jhs, in: AJb 4, 1957, S. 49–73; A. Friese, Studien zur Herrschaftsgeschichte des fränkischen Adels, 1979; W. Görich, Betrachtungen zum Aschaffenburger Stadtgrundriß, in: AJb 5, 1972, S. 251–275; A. Grimm, Tastende Vorstöße mit dem Ziel, ein Bild von Aschaffenburgs ältester Altstadt zu gewinnen, in: Spessart, Heft 8, 1979, S. 7–11; W. Heß, Geldwirtschaft am Mittelrhein in karolingischer Zeit, in: Bll. f. deutsche Landesgeschichte 98, 1962, S. 26–63; M. Klewitz, Die Baugeschichte der Stiftskirche St. Peter und Alexander zu Aschaffenburg, 1953, VGKA 2.

Zu 3. Von der Gründung des Stifts bis zum Übergang an Mainz

H. Decker-Hauff, Die Anfänge des Kollegiatstifts St. Peter und Alexander zu Aschaffenburg, in: AJb 4, 1957, S. 129–151 (grundlegend); J. Hofmann, Das älteste Evangeliar der Aschaffenburger Stiftskirche, in: AJb 4, 1957, S. 153–202; K. H. Rexroth, Der Stiftsscholaster Herward von Aschaffenburg und das Schulrecht von 976, in: AJb 4, 1957, S. 203–230 (teilweise überholt).

Zu 6. Das Untermaingebiet im Rahmen der staufischen Reichslandpolitik

K. Bosl, Die Reichsministerialität der Salier und Staufer, 2 Bde., 1950/51; F. Hausmann, Wortwin, Protonotar Kaiser Friedrichs I., Stiftspropst zu Aschaffenburg, in: AJb 4, 1957, S. 321–372; W. Störmer, Staufische Herrschaftsbildung am Untermain, in: FS. F. Hausmann, 1977, S. 505–529; M. Thiel, Das Privileg Papst Lucius' III. für das Stift Aschaffenburg von 1184 (Beihefte zum AJb 1, 1984).

Alfred Wendehorst

Im Ringen zwischen Kaiser und Papst

1. *Die Anfänge Bischof Adalberos*

In jener alten Ordnung, welche in der neueren Literatur meist als die otto-nisch-salische Reichskirche bezeichnet wird, schienen ›Staat‹ und ›Kirche‹ in ihren Existenzbedingungen eine unauflösliche Einheit gebildet zu ha-ben. Für die Karolinger, für die Ottonen und für die salischen Kaiser hat – wenigstens der Intention nach – stets und unbestritten der Einsatz für das Reich Gottes die oberste Stelle unter den Herrscherpflichten eingenom-men. Umgekehrt haben die Bischöfe Aufgaben wahrgenommen, die man im nachhinein, als man die für kohärent gehaltenen geistlichen und weltli-chen Seiten ihres Amtes gesondert denken konnte, als weltliche bezeichnet hat.

Es waren verschiedene Quellen, aus denen der Strom der später so genann-ten gregorianischen Reform zusammenfloß. Sie entsprangen außerhalb oder am Rande des Reiches; die meisten lagen im Westen, in Burgund und Lothringen vor allem, einige in der Toscana und in Rom. Nach der Jahr-tausendwende setzte allmählich die große Umwertung ein. Päpstlicherseits ging es schließlich um die Superiorität der geistlichen Gewalt und die Durchsetzung dreier Verbote: 1. der Simonie (wobei der Begriff auf die Besetzung geistlicher Stellen durch Nichtgeistliche schlechthin erweitert wurde)[1], 2. der Klerikerehe (der Zölibat wurde als ein Stück Freiheit ver-standen)[2] und 3. der Investitur der Reichsbischöfe durch den König.[3] Nach dem Kampf um das dritte Verbot ist schließlich die ganze Epoche benannt worden. Die Verteidiger der herkömmlichen Ordnung, Heinrich IV. und eine zunächst große, dann kleiner werdende Zahl von Reichsbischöfen, er-hoben gegen die Reformer den Vorwurf der unerhörten Neuerung. Wobei zu bedenken ist, daß die Bezeichnung ›Neuerer‹ im Mittelalter ein negati-ves Werturteil implizierte.[4]

Nach dem Tode Kaiser Heinrichs III. (1056), der sich so erfolgreich der Reform des Papsttums angenommen hatte, riß das gerade eben durch ihn reformierte Papsttum die Führung in der Kirchenreform an sich. Mochten die Erfolge der päpstlichen Legaten in Deutschland zunächst auch nur be-scheidene sein, war an ein wirkliches Durchgreifen überhaupt noch nicht zu denken, so änderten sich die Dinge, als der aus der Toscana stammende Benediktiner Hildebrand am 22. April 1073 zum Papst gewählt wurde. Er betrachtete sich als den eigentlichen Interpreten des göttlichen Willens, dem das letzte, verbindliche Wort zukomme. Bald nach seinem Amtsantritt ging er an die Säuberung der Geistlichkeit und zwar zunächst des Episkopates von Simonisten. Binnen kurzem bestätigte sich auch hier einer der hintergründigsten Sätze Rankes: »In den einmal zur Herrschaft gekommenen Ideen liegt eine nötigende Gewalt«.[5] Schon Zeitgenossen haben den Investiturstreit als ein Ereignis von schicksalhafter, den weiteren Verlauf der Geschichte bestimmender Schwere empfunden.

In Mainz und Eichstätt, auch in Bamberg, wo das Domkapitel – die Gunst der Situation nutzend – sich durch Erhebung einer Anklage beim Papst seines ungeliebten Bischofs Hermann I. zu entledigen verstand[6], regierten bis in die Zeit des Wormser Konkordates Bischöfe, die vom König investiert und ihm, wenn auch Erzbischof Siegfried I. von Mainz zeitweise der Faszination Gregors VII. erlag, treu ergeben waren. Mit einem Teil des Reichsepiskopates suchten sie die alte Ordnung zu verteidigen. Gleiches gilt auch für die Äbte der seit ihrer Exemtion (751) so eng mit Rom verbundenen Reichsabtei Fulda.[7]

Auf die Seite Papst Gregors VII. aber stellte sich nach nur kurzem Schwanken Bischof Adalbero von Würzburg, der wie der Papst mit eiserner Konsequenz an der Linie, die er für richtig erachtete, festhielt bis zu seinem Tode im Exil. Deshalb erschütterte der Investiturstreit das Bistum Würzburg viel stärker als das übrige Franken. Blutige Wirren, erbitterte Kriege, dann fortdauerndes Schisma waren die Signaturen des Investiturstreitszeitalters in Würzburg. Zu dessen Bischof hatte noch Kaiser Heinrich III. im Sommer 1045 Adalbero (fränkisch: Adalbéro, österreichisch: Adálbero), den letzten Sproß der Grafen von Lambach-Wels ernannt.[8] Wahrscheinlich war er Mitglied der kaiserlichen Hofkapelle gewesen[9], und nach einer möglicherweise glaubwürdigen Quelle hatte Heinrich III. ihn (neben Abt Hugo von Cluny) zum Paten seines 1050 geborenen Sohnes Heinrich IV. gewählt.[10] Das Mainbistum galt als eines der mächtigsten und angesehensten im Reiche. Der Chronist Adam von Bremen, der sich in Franken auskannte, schrieb um das Jahr 1075, daß von den Bischöfen des Reiches nur der Würzburger alle Grafschaften seines Sprengels innehabe und die Aufgaben eines Herzogs wahrnehme.[11]

Zunächst wandte Adalbero sich mehr seinen neuen Aufgaben als Bischof von Würzburg denn den Reichsangelegenheiten zu. Bei den Versuchen, seinen geistlichen und weltlichen Machtbereich auf Kosten Fuldas und Bambergs auszudehnen, handelte er sich allerdings Niederlagen ein[12]. Nach Kaiser Heinrichs III. Tod (5. Okober 1056) ist er mehrfach am Hofe der Vormundschaftsregierung anzutreffen. Heinrich IV. ließ am 29. Juni 1066 seine Braut Bertha von Savoyen in Würzburg krönen.[13] Adalbero zog auf die Nachricht vom Aufstand der Sachsen im Sommer 1073 dem König mit seinem Aufgebot zu Hilfe, und alles deutete darauf hin, daß Würzburg seiner Tradition als Reichsbistum treu bleiben und eine ähnliche Stellung einnehmen würde wie seine Nachbarn.

Dann aber zog Papst Gregor VII. Bischof Adalbero in seinen Bann. Spätestens auf der Versammlung der Kardinäle am 12. April 1075, die mit auf sein Zeugnis hin Bischof Hermann I. von Bamberg der Simonie schuldig sprach, hat er den Papst persönlich kennengelernt. Man wird vermuten, nicht aber beweisen können, daß der Papst Bischof Adalbero damals für sein Programm der Kirchenreform gewonnen hat. Aber noch sind auch seine Beziehungen zu Heinrich IV. heil: Er und Erzbischof Siegfried I. von Mainz werden als Angehörige des Heeres, das der König im Juni 1075 bei Homburg an der Unstrut zum Sieg über die Sachsen geführt hatte, von Erzbischof Werner von Magdeburg als besondere Vertraute des Königs um Fürsprache, Vermittlung und Schiedsspruch angegangen, und beide gehören auch zu den fünf von den Sachsen namentlich erbetenen Fürsten, die Ende Oktober 1075 als Abgeordnete des Königs durch Verhandlungen die Unterwerfung der Sachsen herbeiführen.[14]

Der bald folgende Bruch Heinrichs IV. mit dem Papst bedeutete in Adalberos Leben eine Wende. Auf der Wormser Synode am 24. Januar 1076, von welcher der noch nicht sechsundzwanzigjährige König in maßloser Überschätzung seiner Kräfte und der ihm entgegengebrachten Sympathien die Absetzung des Papstes aussprechen ließ, blieb der Reichsepiskopat im großen und ganzen, was er war, nämlich kaisertreu.[15] Von den anwesenden Bischöfen erhoben nur Adalbero von Würzburg und Hermann von Metz feierlich Protest gegen das Vorgehen des Königs. Erst als Bischof Wilhelm von Utrecht, der sich auf eine in der Erregung des Augenblicks ziemlich kompakte Majorität der Synode stützen konnte, die beiden unter Druck gesetzt hatte, unterschrieben auch sie das Absageprotokoll. Gewiß aber gehörten sie zu jenen Bischöfen, von welchen noch während der Fastensynode 1076 Briefe in Rom eintrafen, in denen sie ihre Teilnahme an den Wormser Beschlüssen bedauerten und dem Papst hinfort Treue gelobten.[16]

2. Heinrichs IV. Kämpfe mit der deutschen Opposition auf fränkischem Boden. Die Königswahlen in Forchheim (1077) und Ochsenfurt (1081)

Nachdem Heinrich IV. von der römischen Fastensynode des Jahres 1076 abgesetzt und exkommuniziert worden war, wurde Bischof Adalbero eine Hauptstütze der Gregorianer im Reich; ›Säule‹ *(columna)* nennt ihn später der ihm geistesverwandte Chronist Berthold, Abt des Klosters Zwiefalten.[17] Adalbero war kein Taktiker und kein Vermittler. Abwägen von Vorteilen, die er eventuell auf der anderen und zunächst stärkeren Seite der Front hätte finden können, das hätte er als Verrat angesehen. Von dem Weg, den er als den richtigen erkannt hatte, wich er keinen Schritt ab. Ohne Rücksicht auf die eigene Person kämpfte er mit Überzeugung und Leidenschaft für die Sache des heiligen Petrus und dessen Repräsentanz auf dieser Welt.[18]

Mit den Häuptern des wachsenden Kreises der Fronde weltlicher Fürsten und einigen Bischöfen gregorianischer Observanz trat Adalbero schon gegen Ostern 1076 zu Beratungen zusammen, die nichts anderes als den Sturz des Königs zum Ziele hatten. Als Heinrich IV. dann am 28. Januar 1077 zu Canossa die Absolution des Papstes erhalten hatte, stellte sich der größte Teil der Reichsbischöfe, die am Rechte des Königs irre geworden und von ihm abgerückt waren, wieder auf seine Seite. Nicht so Adalbero von Würzburg. Er trat mit den übrigen Anführern der Opposition, denen die Entspannung der Lage in Canossa als eine wenig glückliche Wende erschien, bereits Mitte Februar 1077 zu gemeinsamem Handeln in Ulm zusammen.[19] Die dort Versammelten, die nur in einer gänzlichen Ausschaltung Heinrichs IV. die Voraussetzung für eine dauerhafte Lösung der Konflikte erblickten, beschlossen, am 13. März in Forchheim über das Wohl des Reiches zu beraten. Dort wählte eine nicht gerade große Versammlung geistlicher und weltlicher Fürsten[20] am 15. März in Anwesenheit zweier päpstlicher Legaten, die ihrer Instruktion gemäß eine Königswahl zu verschieben bestrebt waren, sie aber dann doch nicht verhinderten, wahrscheinlich nach förmlicher Absetzung Heinrichs IV. unter entscheidender Mitwirkung Bischof Adalberos den dort anwesenden Herzog Rudolf von Schwaben (von Rheinfelden) zum König.[21]

Über Bamberg und Würzburg zog Adalbero mit dem Gewählten nach Mainz zur Krönung (26. März); von dort begleitete er ihn mit anderen Fürsten nach Sachsen, um Verbindung mit der dortigen Opposition aufzunehmen und mit sächsischen Kontingenten die Streitmacht gegen Heinrich IV. zu verstärken. Als er dann mit dem Heer nach Süden zog, verschloß ihm die königstreue Stadt Würzburg die Tore. In einer fast den ganzen Monat August andauernden Belagerung versuchte Rudolf vergeblich, die Stadt für sich und Adalbero zurückzugewinnen.[22] Für Heinrich IV. war der Besitz Würzburgs und der Mittelmainlande strategisch notwendig; denn nur der Besitz dieses Gebietes konnte verhindern, daß die sächsischen Gegner des Königs sich mit den oberdeutschen vereinigten. So setzte Heinrich IV. in dem für ihn so wichtigen Würzburg den ihm in unverbrüchlicher Treue ergebenen, aus seinem Bistum vertriebenen Eberhard

(Eppo) von Naumburg, der mit ihm auch den winterlichen Alpenübergang und die schweren Tage von Canossa geteilt hatte[23], als Administrator ein. Doch verlor Eberhard schon im Frühjahr 1078 bei einem Unfall, der den gregorianisch Gesinnten Anlaß zu Spott und Hohn gab[24], sein Leben. Wenn Bischof Adalbero auch im Herbst 1077 vom sächsischen Goslar aus Kirchenstrafen über alle jene verhängt hatte, die mit Rat oder Tat an seiner Vertreibung schuldig geworden waren, so blieb Würzburg doch weiterhin fest in den Händen der Parteigänger des Königs.[25] Auch in der mit großer Erbitterung und hohen Verlusten auf beiden Seiten geführten Schlacht an der Streu unweit Mellrichstadt am 7. August 1078 konnte Heinrich IV. einen Angriff seines Gegenspielers Rudolf, wenn auch mit Mühe, abwehren.[26] Doch wurde dieser am 15. Oktober 1080 in der für ihn und seinen Verbündeten Otto von Northeim siegreichen Schlacht an der Elster gegen Heinrich IV. durch den Verlust der rechten Hand, mit der er dem König die Treue geschworen hatte, tödlich verwundet; er starb noch am Abend der Schlacht.[27]

Erst im August 1081 wählten Fürsten aus Schwaben und Sachsen in Ochsenfurt den lothringischen Grafen Hermann von Salm zu Rudolfs Nachfolger.[28] Eine Teilnahme Bischof Adalberos an der Wahl des Schattenkönigs, dessen Macht noch begrenzter blieb als die Rudolfs von Schwaben, ist nicht bezeugt, aber auch nicht ganz auszuschließen.

Auf der Quedlinburger Synode dieses Gegenkönigs Hermann zu Ostern 1085 ließ Adalbero, wohl durch Anhänger der kaiserlichen Partei in Oberdeutschland zurückgehalten, sich vertreten. Da er der Ladung Heinrichs IV. zu der nur wenig später im Mainzer St. Albanskloster stattfindenden Synode, die von den Gregorianern als Afterkonzil *(conciliabulum)* verdammt wurde, nicht Folge leistete, wurde er von dieser Versammlung, die auch die Absetzung Papst Gregors VII. erneuerte, zusammen mit vierzehn anderen papsttreuen Bischöfen exkommuniziert und abgesetzt. Zum Bischof von Würzburg ernannte Heinrich IV. bald danach den gelehrten Bamberger Domscholaster Meinhard (Meginhard II.).

Im Juni 1086 aber gelang es König Hermann von Salm mit seinen sächsischen und schwäbischen Truppen, die von Herzog Friedrich I. von Schwaben und dem Gegenbischof Meinhard verteidigte Stadt Würzburg einzuschließen. Das von Heinrich IV. selbst herbeigeführte Entsatzheer wurde von den Belagerern am 11. August 1086 bei dem nordöstlich von Würzburg gelegenen Ort (Ober-)Pleichfeld vernichtend geschlagen.[29] Am Tage darauf konnte Bischof Adalbero nach neunjährigem Exil wieder in die von der kaiserlichen Partei geräumte Stadt einziehen. Doch der Sieg leitete keinen Umschwung ein. Die nach dem Abzuge der Hauptstreitkraft der Schwaben und Sachsen dort zurückgelassene Besatzung war zu schwach, um dem bald mit einem neuen Heer zurückkehrenden Kaiser standhalten zu können. Heinrich IV. bot dem eingeschlossenen Adalbero das Bistum nochmals an. Aber weder geistliche noch weltliche Fürsten vermochten ihn auch nur zum Verhandeln zu bewegen. Er sagte, man könne ihn töten, beugen aber nicht.[30] Großmütig gewährte der Kaiser freien Abzug, und Adalbero verließ nun für immer seine Bischofsstadt.

3. Bischof Adalberos letzte Jahre, die Bischöfe Meginhard II. (1085–1088), Emehard (1089–1105) und Rupert (1105–1106)

Seine letzten Lebensjahre verbrachte Bischof Adalbero teils in den hirsauischen Klöstern des südwestlichen Franken und Schwabens, meist aber in seiner Heimat Lambach, wo er 1056 das von seinem Vater gegründete Kanonikerstift in eine Benediktinerabtei umgewandelt und mit Mönchen aus Münsterschwarzach besiedelt hatte.[31] Er ragt noch hinein in die zweite Phase des Investiturstreites. Manche Bischöfe gregorianischer Observanz waren inzwischen gestorben, andere hatten Frieden mit dem Kaiser geschlossen, der dafür seine Gegenbischöfe fallenließ. Zu den wenigen, die der gregorianischen Sache und sich selbst unentwegt treu blieben, gehörte Adalbero, der im Exil weilend noch die Einsetzung zweier kaiserlicher Gegenbischöfe in Würzburg erlebte.

Offenbar hochbetagt starb er am 6. Oktober 1090 im Kloster Lambach, wo er auch bestattet wurde (Farbbild S. 313). Leidenschaftliche Urteile des Hasses wie der Verehrung begleiteten ihn über seinen Tod hinaus. Von Papst Gregor VII., der am 25. Mai 1085 in Salerno im Exil gestorben war, wird berichtet, seine letzten Worte seien gewesen: *Ich habe die Gerechtigkeit geliebt und das Unrecht gehaßt, deshalb sterbe ich in der Verbannung.*[32] Die Parallele – vertrieben von seinem Sitz, Tod in der Fremde, deshalb den Märtyrern gleiche Heiligkeit – zog nicht der in Lambach schreibende Verfasser der Vita Adalberos, sondern Berthold von Zwiefalten in seiner Chronik.[33] Waren es die Leiden des Gerechten, die Adalbero sichere Heilsgewißheit verhießen[34], so erwiesen die Wunder, die sich an seinem Grab in großer Zahl ereigneten[35], seine Heiligkeit. Doch gelangte der Kult des im österreichischen Exil verstorbenen Bischofs erst in nachmittelalterlicher Zeit nach Franken (Kloster Münsterschwarzach, Kloster St. Stephan und Stift Neumünster in Würzburg).[36] Und erst Papst Leo XIII. sprach den Würzburger Bischof, hauptsächlich auf Betreiben des Klosters Lambach, im Jahre 1883 heilig.[37]

Im Jahre 1085, wohl gleich nach Adalberos Absetzung, ernannte Heinrich IV. den gelehrten Bamberger Domscholaster Meinhard zum Bischof von Würzburg (Meginhard II.). Dieser hatte sich bei den Bamberger Wirren um Bischof Hermann I. als Mann des Ausgleichs bewährt.[38] Auch die Gegenpartei erkannte ihn als einen überragenden Geist an; aus mehreren Äußerungen ihrer Vertreter glaubt man ein Bedauern darüber herauslesen zu können, daß Meinhard nicht im gregorianischen Lager stand.[39] Die von ihm in seiner Bamberger Zeit verfaßten 66 (oder 68) Briefe vermitteln nicht nur die wichtigsten Aufschlüsse über das geistige Leben in Bamberg zu seiner Zeit, sondern gehören auch, zumal der Kreis seiner Partner groß war, zu den wichtigsten Quellen für die Zeit des Investiturstreites.[40] Aus seiner Adalbero gegenüber schwierigen Situation befreite ihn sein früher Tod am 20. Juni 1088.[41]

Heinrich IV. zögerte dann ein gutes Jahr lang mit der Einsetzung eines neuen Bischofs in Würzburg. Erst am 25. Juni 1089 ernannte er den Würzburger Domherrn Emehard zu Meinhards Nachfolger.[42] Dieser entstammte dem Hause der Grafen von Rothenburg-Komburg, die zur Ausstattung des Stiftes Neumünster in Würzburg, einer Gründung Adalberos, wesentlich beigetragen hatten.[43]

Emehard war kein scharf markierter Parteigänger. Vielleicht verfehlte Papst Urbans II. Politik der Verständigungsbereitschaft den kaiserlichen Bischöfen gegenüber[44] auch bei ihm nicht ihre Wirkung, jedenfalls glaubt man aus der Summe seiner Handlungen jene seit dem 11. Jahrhundert überhaupt zu bemerkende Verinnerlichung von Christentum und Kirchlichkeit feststellen zu können, die, von den Themen des Investiturstreites kaum berührt, für Reformen, die auf ein apostolisches Leben hinzielten, offen war. Konnte nicht gerade dadurch auch ein Beitrag zur Stabilisierung der durch die Schismen erschütterten bischöflichen Autorität geleistet werden?

Die in Würzburg durch fortdauerndes Schisma wirksam bleibenden Parteiungen versuchte Emehard zu entschärfen. So entschloß er sich erst nach Adalberos Tod zum Empfang der Bischofsweihe. Der größere Teil des Würzburger Domkapitels hatte sich offenbar mit den kaiserlichen Gegenbischöfen abgefunden. Einige Stiftskleriker aber, insbesondere Angehörige des von Adalbero gegründeten Stiftes Neumünster hatten nach dessen endgültiger Vertreibung im August 1088 die Stadt verlassen und waren mainabwärts nach Triefenstein gezogen, wo sie ein Augustiner-Chorherrenstift unter dem Patrozinium St. Petrus begründeten. Dabei hatte ihnen Bischof Emehard geholfen, der das Stift am 5. November 1102 bestätigte und zu seiner Ausstattung beitrug. Gleichzeitig erfreute Emehard sich aber auch hohen Ansehens bei Heinrich IV.

Die Nachfolge des Bischofs, der am 27. Februar 1105 starb, stand im Zeichen der Empörung Heinrichs V. gegen seinen Vater, den alten Kaiser. Auf Verwenden Bischof Ottos I. von Bamberg erhob Heinrich IV. bald nach Emehards Tod seinen Kanzler Erlung zu dessen Nachfolger. Doch Heinrich V. vertrieb diesen im Juli 1105 aus Würzburg und setzte den Dompropst Rupert an seine Stelle, der auch vom Metropoliten, Erzbischof Ruodhard von Mainz, inthronisiert wurde. Rupert seinerseits wurde noch im gleichen Sommer von Heinrich IV. vertrieben, doch nach Erlungs Verzicht von Heinrich V. im Oktober wieder in Würzburg eingeführt. Auf dem Mainzer Reichstag am 5. Januar 1106 war Bischof Rupert Zeuge der erzwungenen Übergabe der Reichsinsignien und der Regierung des Reiches an Heinrich V. Doch er starb bereits unterwegs zur Synode von Guastalla, auf der Papst Paschalis II. den Schlußstrich unter den Investiturstreit ziehen wollte, am 11. Oktober 1106.[45]

4. *Bischof Erlung (1105–1121)*

Um die Jahrhundertwende konnte Heinrich IV. nicht wenige Bischofsstühle in ausdrücklichem oder stillschweigendem Einvernehmen mit den betroffenen Kirchen mit Männern seines Vertrauens besetzen.[46] Zum Bischof von Eichstätt ernannte er Eberhard I. von Hildrizhausen (1099/1100), in Bamberg investierte er wenig später (1102) in herkömmlicher Weise mit Ring und Stab seinen Kanzler Otto, der dann sein Bistum aus den Kämpfen herauszuhalten und nach allen Seiten hin gute Beziehungen zu pflegen suchte. In Würzburg führte der Aufstand Heinrichs V. gegen seinen Vater zu neuen Wirren.
Auf Verwenden Bischof Ottos von Bamberg ernannte Heinrich IV. bald nach Emehards Tod Erlung, einen Neffen Bischof Meinhards (s. oben) zum neuen Bischof. Im Sommer 1105 von Heinrich V. aus Würzburg vertrieben, verzichtete er im Oktober und trat auf die Seite des Empörers, der ihn ehrenvoll in seine Kapelle aufnahm. Nach dem Tode seines Rivalen Rupert († 11. Oktober 1106) aber kehrte Erlung auf Verlangen von Klerus und Volk mit Genehmigung Papst Paschalis' II. und König Heinrichs V. als Bischof nach Würzburg zurück.[47]
Noch im Januar 1105 hatte Heinrich IV. seinen Kanzler Erlung mit den Erzbischöfen von Trier und Köln sowie Herzog Friedrich I. von Schwaben zu Heinrich V. geschickt, um diesen umzustimmen. Die Gesandten erinnerten den jungen König in aller Eindringlichkeit, doch vergeblich daran, daß er sich durch den Aufstand gegen seinen Vater der allgemeinen Verachtung preisgäbe, daß er durch den Bruch des bei seiner Krönung geleiste-

ten Schwures einen Meineid auf sein Gewissen lade, und daß es nicht seine Freunde, sondern seine ärgsten Feinde gewesen seien, die ihn zu diesem Unternehmen angestiftet hätten.[48]

Die Motive, die Erlung noch im Oktober gleichen Jahres dann doch veranlaßten, die Partei zu wechseln, sind nicht klar; dies um so weniger, als wohl kein anderer als Erlung die ergreifende Lebensgeschichte Kaiser Heinrichs IV. verfaßt hat, die der Weltliteratur angehört.[49] Die Verfasserfrage der anonym überlieferten, in Einzelheiten nicht sonderlich zuverlässigen Biographie ist seit Wilhelm Giesebrecht, der im Jahre 1868 als erster Bischof Erlung von Würzburg als ihren Verfasser vermutete[50], oft erörtert worden; zuletzt hat Helmut Beumann nochmals alle Argumente zusammengetragen, weitergeführt und gebündelt, die für Erlung als Verfasser sprechen.[51] Auf den Verfasser der Vita des Kaisers, also höchstwahrscheinlich Bischof Erlung, geht auch ein Gedicht auf den Sachsenaufstand 1075/76 zurück[52], in welchem er ebenfalls Heinrich IV. pries.[53]

Nachdem dieser am 7. August 1106 in Lüttich gestorben war, kämpfte sein Sohn in der Investiturfrage für die gleichen Ziele wie sein Vater, und er schickte zu den Verhandlungen mit Papst Paschalis II. in Châlons-sur-Marne im Mai 1107 auch Bischof Erlung von Würzburg, der hier nachdrücklich den von Heinrich V. eingenommenen Standpunkt vertrat: keine Preisgabe der Investitur mit den Regalien.[54]

1110/1111 begleitete Bischof Erlung Heinrich V. auf seinem Romzug. Daran nahm auch der Schotte David teil, den Erlung 1108/09 als Domscholaster nach Würzburg berufen hatte und der nun im Auftrag Heinrichs V. eine (verlorene und nur noch erschließbare) Darstellung des Romzuges verfaßte.[55] Nach Deutschland zurückgekehrt nahm der Bischof teil an der feierlichen Beisetzung Kaiser Heinrichs IV. im Speyerer Dom am 7. August 1111.[56]

Als Heinrich V. in der Investiturfrage seinen kompromißlosen Standpunkt immer schroffer vertrat und ein immer despotischeres Regiment zu führen begann, rückte ein großer Teil der weltlichen und geistlichen Fürsten von ihm ab und schloß sich gegen ihn zusammen. Bischof Erlung aber feierte mit dem inzwischen exkommunizierten Kaiser Heinrich V. 1115 in Speyer das Weihnachtsfest und wurde von ihm dann zu Verhandlungen mit der in Köln versammelten oppositionellen Fürstenmehrheit abgeordnet. In Köln erlebte auch Erlung seinen Umschwung, er verweigerte den Umgang mit dem exkommunizierten Kaiser und trat schließlich offen ins andere Lager über.[57]

Dieser Abfall Bischof Erlungs im Jahre 1116 hat für die politische Geschichte Gesamtfrankens insofern weitreichende Bedeutung, als im Gefolge dieses Ereignisses die Staufer, die gerade das Erbe der wohl ebenfalls

1116 erloschenen Grafen von Rothenburg-Komburg angetreten hatten[58], ihren Vorstoß an den Main weiterführen konnten und das ostfränkische ›Herzogtum‹ etwas deutlicher in das Licht der Geschichte tritt. Denn Heinrich V. beantwortete Erlungs Abfall mit dem Entzug des *ostfränkischen Herzogtums, das gemäß einer alten Verleihung der Herrscher dem Bistum Würzburg zusteht;* und Heinrich V. übertrug dieses Herzogtum Ostfranken seinem staufischen Neffen Konrad, dem nachmaligen König Konrad III., Sohn seiner Schwester Agnes, die mit Friedrich I. von Staufen, Herzog von Schwaben, verheiratet war.[59] Dieser ostfränkische Dukat ist nicht als Stammesherzogtum zu verstehen. Es handelte sich um die weltliche Gewalt der Bischöfe von Würzburg, die aus Grafenrechten und Besitzungen aller Art allmählich zusammengewachsen war, – zu einer Gewalt, welche jener der Stammesherzöge ähnlich war. Zwar gab der Kaiser nach seiner Aussöhnung mit Erlung im Jahre 1120 ihm die herzogliche Gewalt wieder zurück[60]; die Staufer aber hatten in der kurzen Zeit ihre Position in Franken weiter stärken können.

Am 29. September 1121 war auf einem von beiden Parteien beschickten Fürstentag in Würzburg über den Frieden im Reich und über die Beilegung des Streites zwischen den beiden obersten Gewalten verhandelt und die Einberufung eine Synode empfohlen worden.[61] Die Schlußverhandlungen, die das Konkordat vorbereiteten, hat Bischof Erlung nicht mehr erlebt. Er starb am 28. oder 30. Dezember 1121 und wurde im Kloster Münsterschwarzach bestattet, da die Stadt Würzburg mit dem Interdikt belegt war.[62]

Die deutschen Fürsten wollten die Verhandlungen mit den päpstlichen Legaten am 1. August 1122 in Würzburg fortsetzen.[63] Indes begannen sie nach dem Willen Heinrichs V. am 8. September in Worms, wo man am 23. September 1122 ans Ziel gelangte und den Streit um die Investitur der Reichsbischöfe und Reichsäbte formell beilegte. Das Vertragswerk (Wormser Konkordat) besteht aus zwei Urkunden. Heinrich V. verzichtete auf die Investitur mit den geistlichen Symbolen, Bischofsring und Hirtenstab. Ferner gestand er kanonische Wahl und freie Weihe zu. Der Papst aber räumte Heinrich V. für das deutsche Reichsgebiet einen wesentlichen Einfluß auf die Wahl ein: sie sollte in seiner oder seines Bevollmächtigten Gegenwart stattfinden. Gleich nach der Wahl konnte der Gewählte mit den Regalien belehnt werden; Symbol dafür war die Übergabe des Szepters.[64] Die erste Urkunde »enthielt die Zugeständnisse des Kaisers an Papst Kalixt und die römische Kirche, die andere jene des Papstes an Heinrich V., und zwar an ihn allein, ein Umstand, der in kirchlichen Kreisen die Meinung begünstigte, nach Heinrichs Tod sei das Papstprivileg erloschen. Diese unter formalem Aspekt durchaus vertretbare ... These konnte jedoch gegen die tiefer gegründete Natur des nun einmal abgeschlossenen Vertrages nicht aufkommen«.[65] Die Rechtsgrundlagen blieben bestehen. Allerdings ist gerade bei der Besetzung des Würzburger Bischofsstuhles bis zum Ende des Jahrhunderts bei entsprechenden Machtverhältnissen die alte kaiserliche Besetzungspraxis noch oft genug angewandt worden.

5. *Klöster und Stifte im Wandel*

Schon lange vor der gregorianischen Reform und später nur lose mit ihr verbunden setzte im späten 10. Jahrhundert, ausgehend von Burgund und Lothringen, die Klosterreform ein. Ihr Ausgriff nach Osten und an den Main, den wir hier weder in seiner Komplexität noch in den Einzelheiten darlegen können, veränderte das Klosterwesen auch des Bistums Würzburg von innen heraus. Reformierte Klöster, fest eingegliedert in das Bistum, waren das Ergebnis des Wirkens der Bischöfe Hugo (983–990), Bernward (990–995) und Heinrich I. (996–1018) gewesen. Ein Ergebnis, das auch die im 12. Jahrhundert in Neustadt am Main und Amorbach zugunsten ihres alten Rechtsstatus als Reichsklöster gefälschten Urkunden nicht mehr zu erschüttern vermochten.

Schon bald nach der Jahrtausendwende hatte das Würzburger Kloster Amorbach Beziehungen zum Reformzentrum Cluny; dichter waren die Beziehungen Amorbachs und dann auch Münsterschwarzachs zu Gorze, dem anderen Reformzentrum.[66] Wenn in der Literatur von Reform die Rede ist, so wird damit in erster Linie die Vorstellung von Beendigung von Verrottung und Beseitigung von Mißständen vermittelt; darum ging es oft genug gewiß auch. Die Quellen aber sprechen meist von der Einführung einer neuen Ordnung *(ordo)*. Gewiß schloß diese stets eine geistliche Erneuerung ein. Eigentlich neu geordnet aber wurden direkt oder indirekt nach dem Modell eines Reformzentrums der klösterliche Tagesablauf mit der Liturgie, die Verfassung und die Ordenstracht. Kassius Hallinger hat vor nun fast vierzig Jahren die Unterschiede zwischen den Ordnungen und deren Filiationen aufzeigen können.[67]

Im 11. Jahrhundert ist die Geschichte der Klosterreform – weit über Franken hinaus – mit Bischof Adalbero und der Abtei Münsterschwarzach verbunden. Adalbero, ein Freund des Mönchtums und zunächst Anhänger einer Kirchenreform im Sinne Kaiser Heinrichs III., berief im Jahre 1047 den Mönch Ekkebert[68] aus dem lothringischen Gorze nach Münsterschwarzach am Main, einem damals ziemlich heruntergekommenen Kloster, das durch Ekkebert erneuert und dann Zentrum jener Reform wird, die man seit Kassius Hallinger als ›Junggorzer‹ bezeichnet.[69] Unter Adalberos und Ekkeberts Initiative trugen Münsterschwarzacher Mönche die Reform in das ganze Reich, von Niedersachsen bis in die Steiermark. Als Bischof Adalbero das von seinem Vater gegründete Marienstift in Lambach wohl 1056 in ein Benediktinerkloster umwandelte, übertrug er Ekkebert die Leitung. Zeitweise war Ekkebert auch Abt von Neustadt am Main und St. Burkard in Würzburg[70] (Farbbilder S. 314, 315). In Münsterschwarzach nahm Ekkebert seinen alten Förderer, den 1075 von Papst Gregor VII. abgesetzten Bischof Hermann I. von Bamberg auf und begleitete diesen 1075/76 nach Rom, wo er, das erste Opfer des Investiturstreites in Deutschland, die Absolution erhielt, nicht aber, wie er ursprünglich gehofft hatte, als Bischof wiedereingesetzt wurde.[71]

Das bald nach der Jahrtausendwende gegründete Kollegiatstift St. Peter, Paul und Stephan in der Würzburger Vorstadt Sand wandelte Adalbero 1057 in eine Abtei um und besiedelte sie zunächst mit Mönchen aus Münsterschwarzach.[72]

Beginn und Höhepunkt des Investiturstreites ließen Neugründungen von Klöstern verebben, aber gegen die Jahrhundertwende zu begann eine neue Reformwelle über Franken zu gehen. Schon Bischof Adalbero hatte in den Jahren seines Exils mit Hirsau, Clunys deutschem Ableger, Beziehungen aufgenommen.[73] Eine Zeitlang blieb das von (Land-)Graf Ludwig von Thüringen dotierte Priorat Schönrain am Main bei Gemünden das einzige hirsauisch geformte Kloster in Franken.[74] Denn die aus der Sonderstellung des Mutterklosters resultierenden Ansätze zu einer zentralistischen Verfassung ging, anders als bei den Gorzern, der Tendenz nach anfänglich auf Unabhängigkeit des Klosters von der geistlichen Jurisdiktion des Bischofs, gegen die man in Rom Sicherungen zu erlangen suchte.[75] Nach der Jahrhundertwende, als Hirsau das bischöfliche Eigenklosterrecht grundsätzlich akzeptiert hatte, begann die auch in den Osten des Bistums Würzburg ausgreifende Eigenklosterpolitik Bischof Ottos des Heiligen von Bamberg (1102–1139) die Klosterlandschaft Frankens nachhaltig zu verändern.[76] Otto verstand es, Adelige zur Gründung von Klöstern zu bewegen und ihm diese dann zu übereignen. Für Aura an der Fränkischen Saale, 1108 gegründet, holte er den Konvent mit Ausnahme des aus Tegernsee berufenen Abtes Ekkehard aus Hirsau[77]; für Münchaurach (etwa 1125 gegründet) ist die Herkunft des Gründungskonventes aus Hirsau anzunehmen.[78] Auch die beiden älteren bambergischen Eigenklöster im Würzburger Sprengel, Banz und Theres, erhielten durch Otto von Bamberg 1114 beziehungsweise 1120 Äbte aus hirsauischen Klöstern.[79] Etwa gleichzeitig gewann Hirsau auch zunehmenden Einfluß auf die Klöster im Zentrum des Bistums Würzburg.[80]

306

Während des Investiturstreites, der das Bistum Würzburg so stark erschütterte, zeigte das Mönchtum keine einheitliche Haltung. Gregorianische Gesinnung und Eifer für die Klosterreform waren zunächst zweierlei Dinge, die allerdings zusammenfallen konnten.[81] Einige Abteien, allen voran Fulda mit seinen weit ins Würzburgische hineinreichenden Nebenklöstern[82], teilten den reichskirchlich-konservativen Standpunkt Heinrichs IV. Abt Ruthard von Fulda (1075–1096) war während des Investiturstreites als unbedingter Anhänger Heinrichs IV. bekannt, nicht minder aber auch wegen seines monastischen Reformeifers.[83] Münsterschwarzach dagegen blieb eine Hochburg der Gregorianer.

Erst mit der Hirsauer Reform zieht päpstliche Gesinnung in die Konvente ein.[84] Von Anfang an den Gregorianern zuzuordnen ist das Kloster Aura an der Fränkischen Saale (Farbbild S. 316) unter seinem ersten Abt Ekkehard († wohl 1126). Dessen Überarbeitung und Fortsetzung der Weltchronik des Priors Frutolf vom Michelsberg († 1103) spiegeln alle Beurteilungsmaßstäbe und Stimmungen der gregorianisch Gesinnten wieder.[85]

Es überrascht, daß im Zeitalter des Investiturstreites im Bistum Würzburg Frauenklöster fast völlig fehlen. Die zahlreichen Gründungen der karolingischen Zeit sind schon im Laufe des 9. Jahrhunderts so gut wie alle erloschen.[86] Nur Kloster Kitzingen, das König Heinrich II. 1007 dem Bistum Bamberg übereignete[87], scheint wenigstens als Wirtschaftskörper überdauert zu haben.[88] Das von Eila, Witwe Markgraf Bertholds von Schweinfurt, um die Jahrtausendwende in Schweinfurt gegründete Kloster[89] war ursprünglich wohl für Nonnen bestimmt[90], ist aber vor 1155 als Männerkloster bezeugt.[91]

Neben dem Kloster bestand als Grundform kirchlicher Gemeinschaft das Stift. In der Stadt Würzburg gab es neben dem Domstift die beiden von Bischof Heinrich I. (996–1018) bald nach der Jahrtausendwende gegründeten Nebenstifte Haug und St. Peter, Paul und Stephan, die beide vor der Stadtmauer lagen.[92] Im Gegensatz zu den Mönchen legten die Kanoniker keine Profeß ab, Besitz war ihnen gestattet. Wohl von Anfang an war ein Hauptzweck der Nebenstifte der Einsatz ihrer Mitglieder für Aufgaben der Diözesanverwaltung. Da die Kanoniker also beweglicher sein mußten als Mönche, konnte es nicht ausbleiben, daß sich ihr ursprünglich ebenfalls gemeinsames Leben schon seit Beginn des 12. Jahrhunderts schrittweise auflöste. Mit dem Domkapitel waren die Nebenstifte dadurch verbunden, daß ihre Pröpste aus dessen Reihen gewählt wurden.

Unter Bischof Adalbero kommt Bewegung, auch geistige Bewegung, in die Entwicklung der Kanonikerstifte. Adalbero hat die sakrale Topographie des Bischofssitzes, deren Strukturen auf Bischof Heinrich I. zurückgingen, entscheidend umgestaltet. Wie oben schon berichtet, hatte er Mönche aus dem reformierten Kloster Münsterschwarzach im Jahre 1057 in das in der Würzburger Vorstadt Sand gelegene Stift St. Peter, Paul und Stephan (später meist nur noch St. Stephan genannt) geholt, die dort lebenden Kanoniker aber in ein neues Stift in der Stadt umgesiedelt, das er neben dem Dom, der Überlieferung nach an der Stelle, an welcher der Frankenapostel Kilian mit seinen Gefährten ermordet worden war, gegründet hatte. Mit Hilfe der Königin Richiza von Polen und der Grafen von Rothenburg-Komburg konnte er die Gründung so ausstatten, daß sie sich auf Dauer als lebensfähig erwies (Farbbild S. 317). Im Gegensatz zum Dom, dem alten Münster, wurde die Gründung Neumünster *(Novum monasterium)* genannt.[93]

Klösterliche Lebensformen konnten sich lockern; am Ende eines solchen Prozesses stand manchmal ein Stift.[94] Umgekehrt konnte ein Stift auch zum Kloster reformiert werden; doch das war selten. Wie das Mönchtum durch die Ansätze von Cluny, Gorze und weiteren monastischen Zentren und deren Ableger erneuert wurde, so erhielten auch die in den Kanonikerstiften lebenden Priester ein erneuertes, dem Mönchtum angeglichenes Leitbild apostolischen Lebens, wie es die Lateransynode von 1059 unter ausdrücklicher Kritik an der Aachener Regel empfahl.[95] So traten – allenthalben gefördert von den Parteigängern Papst Gregors VII. – neben die Kanonikergemeinschaften alten Stils die Augustiner-Chorherren, die sich nach den geistlichen Lebensregeln Sankt Augustins richteten.[96] Im Bistum Würzburg waren dies Heidenfeld und Triefenstein. Markgraf Hermann von Habsberg und seine Frau Alberada geborene Markgräfin von Schweinfurt übereigneten Bischof Adalbero im Jahre 1069 die von ihnen ausgestattete, ein wenig unterhalb von Schweinfurt gelegene Propstei.[97] Der Tradition nach hat Adalbero 1071 die Augustiner-Chorherrenregel in Heidenfeld eingeführt und aus Baiern den ersten Propst mit Namen Otto berufen[98], vermutlich unter Vermittlung des mit ihm befreundeten Bischofs Altmann von Passau.[99] Die Gründung des Augustiner-Chorherrenstiftes Triefenstein am Main steht in direktem Zusammenhang mit den Investiturstreitswirren in Würzburg, wo 1088 eine dem vertriebenen Bischof Adalbero treue, gregorianisch gesinnte Minderheit der Kanoniker des Stiftes Neumünster mit (ihrem Dekan?) Gerung an der Spitze aus der Bischofsstadt auszog, um in Triefenstein nach der Augustinusregel zusammenzuleben; ihr Stift hatte Sankt Petrus zum Patron.[100]

Bis über die Wende zum 12. Jahrhundert hinaus gab es zwei Grundformen geistlicher Gemeinschaften, das Kloster für die Mönche und das Stift für die Kanoniker. Dann kommt, zunächst mit den Cisterciensern und Prämonstratensern, die mit dem Elan des Neuen das ganze 12. Jahrhundert prägten, ohne die alten Institutionen in den Strudel ziehen zu können, Unruhe, Wandel und Vielfalt in die geistlichen Lebensformen.

6. Das Pfarreinetz um das Jahr 1100

Das Pfarreinetz erwuchs aus zwei Wurzeln; den bischöflichen beziehungsweise erzbischöflichen Gründungen und den grundherrschaftlichen Kirchen. Der in den Einzelheiten schwer zu fassende Assimilations- und Verschmelzungsprozeß, der unter dem Einfluß der Kirchenreform seinen Abschluß fand, kann hier nicht nachzuzeichnen versucht werden. Nur darauf sei hingewiesen, daß der größere Teil der ehemals königlichen Kirchen im mainfränkischen Raum schon 742 bei der Dotation des Bistums Würzburg in die Hand des Bischofs gelangte; so setzte der Assimilationsprozeß bereits mit der Bistumsgründung ein.

Die sogenannten Urpfarreien hatten kein einheitliches Alter und waren sowohl wegen der unterschiedlichen Siedlungsdichte als auch wegen der Schwäche der ordnenden Hand des Bischofs von sehr verschiedener Ausdehnung. Im Norden und Nordosten waren die Sprengel groß, im Altsiedelland waren die Kirchen nicht so weit voneinander entfernt. Gemeinsam war den Urpfarreien ihre Position an Siedlungsschwerpunkten, war ihnen auch eine zentrierende und stabilisierende Raumordnungsfunktion mit Tendenz zur Stadtbildung. Doch haben nicht alle den Rang einer Pfarrkirche auf Dauer behaupten können.

Die Kirchenbauten waren klein und von gleichförmigem Grundriß: schmales Rechteck mit angesetztem kleineren rechteckigen oder quadratischem Altarraum[101]; seit dem 11. Jahrhundert wurden dem Schiff Türme vorgesetzt.

Die Bischöfe waren bis in die Zeit des Investiturstreites darauf angewiesen, den laikalen und klösterlichen Eigenkirchen Pfarrechte zu verleihen, um für manche Gegenden Gottesdienst und Sakramentenspendung sicherzustellen. Sie konnten auch versuchen, Eigenkirchen an das Bistum zu bringen, was ihnen bei den laikalen manchmal gelang, bei den klösterlichen nicht. Im Gegenteil, die Klöster waren die Hauptgewinner bei der Auflösung des alten Eigenkirchenwesens, dessen Einkünfte bringenden Nutzen sie auf dem Weg über die Inkorporation oft genug für sich retten konnten. Was an laikalen Eigenkirchenrechten noch übrigblieb, hat dann die Kanonistik zum bloßen Patronatsrecht, wie es bis vor kurzem noch praktiziert wurde, abgeschwächt.[102]

Die Landpfarrer bestritten ihren Unterhalt von der Mitgift (dos) der Kirche und vom Zehnten oder einem Anteil daran. Ihnen fehlte eine einheitliche spirituelle Formung; denn es gab noch keine normierte Klerusbildung. Auch gab es kaum Kommunikation unter ihnen; denn Diözesansynoden wurden vor Beginn des 12. Jahrhunderts noch nicht abgehalten[103], Landkapitel und Priesterbruderschaften waren noch nicht organisiert. Die äußeren

Lebensumstände des Pfarrers waren von denen des Bauern kaum sehr verschieden.

Über die Stellung der Stifte und Klöster im Investiturstreit weiß man wenig; über die des Landes so gut wie nichts, obwohl die Kontroverspunkte Simonie (im weitesten Sinne) und Klerikerehe auf dem Lande wegen weitgehenden Fehlens einer Kontrolle wohl eine größere Bedeutung hatten als in der Stadt.[104]

In der folgenden Zusammenstellung kann nur auf Grund der schriftlichen Quellen das Ergebnis einer fast vierhundertjährigen Entwicklung des Pfarreinetzes, wie es, von welchen Kräften auch immer gefördert, gewachsen ist, angedeutet werden, nicht der Verlauf der Entwicklung selbst. Die Aufzählung umfaßt alle Taufkirchen Würzburger Diözesanzugehörigkeit im heutigen Unterfranken, soweit sie bis zum Jahre 1120 genannt werden. Es braucht kaum eigens hervorgehoben zu werden, daß damit nicht der vollständige Bestand verzeichnet ist. Nichtschriftliche Quellen wie Sprengelumfang, Architektur und Patrozinium, lassen oft auf hohes Alter einer Kirche schließen, ohne daß dieses auch durch die schriftliche Überlieferung abgesichert werden könnte. Mitgeteilt wird die erste Erwähnung der Kirche oder des Pfarrers, das Patrozinium und schließlich, soweit bekannt oder sicher zu erschließen, der Stifter und der Kirchenherr (Patron).

Für das ehemals zum Erzbistum Mainz gehörende Gebiet des heutigen Unterfranken sind die Vorarbeiten noch nicht so weit gediehen, daß eine ähnliche Zusammenstellung gewagt werden könnte. Hingewiesen sei jedoch auf die ins frühe 8. Jahrhundert zurückreichende Kirche in Nilkheim (heute zu Aschaffenburg gehörig)[105], auf die angeblich am 1. November 1009 von Erzbischof Willigis vorgenommene Weihe der Kirche in Dorfprozelten[106] und die zwischen beiden Orten liegende Urpfarrei Bürgstadt bei Miltenberg.[107]

In der folgenden Zusammenstellung ist die im Literaturverzeichnis notierte Literatur bei den einzelnen Orten nicht wiederholt worden. Festgehalten sind nur diejenigen Belege, die in dieser Literatur fehlen, und weiterführende Untersuchungen.

Allersheim, Georg und Walburg. Kirchweihe durch Bischof Gundekar II. von Eichstätt (1057–1075).[108] Wohl Eigenkirche des Frauenklosters Monheim Eichstätter Diözese.[109]

Aschfeld, Bonifatius. Adelige Eigenkirche, um 800 an Kloster Fulda geschenkt.[110]

Brend(lorenzen), Martin. Dotationskirche von 742. Patronat um 1100: Stift Aschaffenburg.

Frickenhausen am Main, Gallus. Babenbergische Eigenkirche, 903 von König Ludwig dem Kind dem Bistum Würzburg geschenkt.[111]

Gaukönigshofen, Martin. Dotationskirche von 742.

Gerlachshausen, Egidius. Adelige Eigenkirche, ca. 1115 an Kloster Münsterschwarzach geschenkt.[112]

(Grafen-)Rheinfeld, Stephan, später Bartholomäus. Ursprünglich wohl babenbergische Eigenkirche, 889 bischöfliche Eigenkirche, 899 den Babenbergern zurückerstattet, später markgräflich schweinfurtische, dann magdeburgische, vor 1112 eichstättische Eigenkirche.[113]

Großwenkheim ursprünglich wohl Georg, im Spätmittelalter Maria. Eigenkirche der Mattonen, um 790 dem Kloster Fulda übereignet.[114]

Hammelburg, Martin, später Johannes Baptist. Dotationskirche von 742.[115]

Herlheim, Johannes Baptist. Dotationskirche von 742.[116]

Hofheim, Johannes Baptist. Um 1100 adelige Eigenkirche.

Iphofen, Johannes Baptist, später Martin. Dotationskirche von 742.[117]

Kleinochsenfurt, Cyprian und Sebastian. Kirchweihe durch Bischof Hunbert (833–842). Eigenkirche eines Gozbald, vermutlich des späteren Bischofs von Würzburg (842–855).[118]

Königshofen im Grabfeld, Petrus. Dotationskirche von 742.[119]

Maßbach, Alban. Bischöfliche Eigenkirche, mit der Bischof Heinrich I. (996–1018) das Stift St. Peter, Paul und Stephan, Vorgänger des späteren Klosters St. Stephan, dotierte.

Mellrichstadt, Martin. Dotationskirche von 742.[120]

Münnerstadt, Bergkirche St. Michael, Adelige Eigenkirche, ca. 807/11 dem Kloster Fulda übereignet.

Prosselsheim, Bartholomäus. Babenbergische Eigenkirche, 903 von König Ludwig dem Kind dem Bistum Würzburg geschenkt.[121]

Röttingen, Kilian. Wohl adelige Eigenkirche, 1103 Kirche genannt.[122]

Sailershausen, Laurentius. Wohl adelige Eigenkirche. Kirchweihe durch Bischof Gundekar II. von Eichstätt (1057–1075).[123]

Schweinfurt, Burgkirche, Petrus. 1003 Eigenkirche der Markgrafen von Schweinfurt.

Schweinshaupten (Patrozinium unbekannt). Die von einem Adeligen erbaute Kapelle wird von Bischof Emehard (1089–1105) geweiht und von ihrer Mutterkirche Hofheim getrennt. Die Patronatsrechte lagen bei den Fuchs von Schweinshaupten, wohl Deszendenten des Stifters.

Seinsheim, Petrus. Adelige Eigenkirche, zu Beginn des 9. Jahrhunderts an Kloster Fulda übertragen.[124]

Sonderhofen, Remigius. Dotationskirche von 742.

Sulzfeld im Grabfeld, Bartholomäus. Im Jahre 800 *basilica* genannt.[125]

Untereßfeld, Martin. Dotationskirche von 742.

Veitshöchheim, Veit. Bischof Emehard schenkt die Pfarrei 1097 dem Kloster St. Peter, Paul und Stephan in Würzburg[126]; die Urkunde ist eine formelle Fälschung, doch die Tatsache der Schenkung kaum zu bezweifeln.

Willanzheim, Martin. Dotationskirche von 742.

Wülfershausen, Veit. Bischöfliche Eigenkirche, mit der Bischof Heinrich I. (996–1018) das Stift St. Peter, Paul und Stephan, Vorgänger des späteren Klosters St. Stephan, dotierte.

Würzburg.[127] Erste Pfarrkirche für die rechtsmainische Stadt war wohl die Martinskirche.[128] Ihr Taufrecht scheint aber schon im frühen 9. Jahrhundert auf die Domkirche übertragen worden zu sein.[129] Die Reihe der Dompfarrer beginnt 1131.[130] Die übrigen Pfarrkirchen – St. Burkard für das linksmainische Würzburg, Haug und St. Peter –, die sämtlich außerhalb der ursprünglichen Ummauerung lagen, stehen alle in Beziehungen zu Klöstern und Stiften, die für den Gemeindegottesdienst eigene Kirchen errichteten, deren Besetzungsrechte sie mit Ausnahme von St. Peter bis zur Säkularisation behaupteten.[131]

Zellingen, Georg. Bischof Erlung bestätigt 1120 die von seinem Vorgänger Emehard (angeblich 1097)[132] verfügte Schenkung der Pfarrei an das Spital des Klosters St. Peter, Paul und Stephan in Würzburg.[133]

Die Farbbilder

e kibuut tua leg

·S· maria patrona ura.

Adalbus epus herbipolens tim dalor m̄ ✠

ar huius loci Et hic sepultus ⫶

316

Noscat & recolat noticia omniu tam presentiu qua futuri cu fideliu, qualiter nos, amplificanda eccle nre utilitate cogitantes, primorib. nris. Winithero sciliceт cancellario.

Bernasto ppofito. Asclone decano. Hattone archidiacono. Hahechone ppofito wirdensi. Maccilino ppofito. Accilino ppofito aliusq. sacri ordinis fribus. Cbephardo qq eccle domusq. nre aduocatu. Hartwigo & Burchardo comitib. Gumbrichone & Marcuuardo milineb. pie consulentib. Insup multis conpuinnalib. una cu clero familiaq. adhortantib. unanimemq.

consensum phentibus. iusta. firma. stabileq. pcaria fecimus. cu domna Richiza nobilissima matrona & religiosa bolanie, regina clonis palatini comitis filia, sorore uero Hermanni coloniensis archi epi. ducisq. oтonis alemannia. Ipsa enim nro desiderio denote se exhibens multa, q pentione eadé cupientiu nris postponens, pdm Salze

qd hereditario iure possidet cu omnib. utensilib. adiacentib. cuiusq. rei Apricantib. uilliis uiris mancipiis utriusq. sexui agris edisiciis territoriis cultis & incultis. agris pratis campis siluis pascuis. uenationibus. forestis. & forestariis. aquis aquarumq. decursib. piscationibus. molendinis. uiis & inuiis exitib. & reditib. mobilib. & immobilib. quesitis & inquirendis cunctisq. aliis

appendiciis. que adhuc dici aliquomodo t nominari possunt manu ppria & manu fideiussoris sui Gohuuini comitis Adalrate sce saluatoris & see marie priosaq. martyris kyliani sociisq. absq. omni contradictione firmissime delegauit. exceptis duob. mansis & dimidio. & una uinea. & trib. feminis. Berhda. Hildegunda. Adelheida. & aliis xx mancipiis scilicet Usenbero

in beneficiu concessit. Tradidit qq in eade delegatione absq. pcaria. sed pstalute anime sue xxvi utriusq. sexus seruientes. Saltinsi familie conubio aliis ue pauss associatos. Qua nomina

subscripta sunt. Cotto & eius filius. Chunrat Hildegunt eiusq. filii. Udelrich cu uxore & filiis suis. Hadeuuic & eo filii. Sigvuin cu filiab. suis. Sigeuuina & Hilda. Saxo. Adalbhare. Gepa.

Liungart & eius filii. Uffo. Sigebodo. Liebesta. Ipcetra uolente & ea iubente eade domna inuartio seruiens sui Saxonis confirmatu e & se eande gadmione scdm nram uolunate esiluq. nre. fideliu ommimodo corroborauerat. Addidit etiam & hanc editione ut milites sui pfecessiones filia sua beneficia eode iure obtinerent. quo aparte cui felici memorie Clone. huius patri

wislhui accepuerunt. Hoc ipsis delegauenib. sanctitu e & inca dalia qua parte eoru seruientie melinerent. Adhuius q tante tuq. laudabilis beninolentie recopensatione. debonis eccle nre quanui nris eiusq. familiaribus coplacuit. pmpto & uoтiuo Animo cecessimus. scilicet qd in turmingia adnrm dominicatu respexit. & inpago grabfelde Smalekaldun. Ludolfsdorf.

Meningeromarka. Qmunfelt. Madelpichestat. Wernburgohusun. cu omnib. appendiciis suis. exceptis bonis clericis & seruientiu. Ite exntra parte inuartio seruiens nri Bernhardi

fideli factu e. ut eande pcaria usq. adterminum uite sue possidenda iuxta cstilium fideliu suq. stabile facerem. Aisi ma felici diffinitus. postremo pactu fce huiusmodi ut si uel nos t successoru nra aliquis depnominatis possessionib. etia uoluntate eius auferre quicqua t minuere ipsa libere sua recipere.

Hi quoq. hic nomina inrestimoniu subscripta sunt. gadmione hanc Linder & audier.

Winithei Cancellarius. Bernolf ppoftrus. Aselo decanus. Hahecho. Maccilin.

Accilin. ppofitir. Adelbharr. Volpar. Robbolt. Pecelin. Hilzigg. Eppo. Engilhart. Luppprach presbiteri. Hatто archidiacon. Cinhart. Perngег. Chono. Aselo. Heinrich. Sigeftir.

Lor. Pereman. Suriker. Ellenbero diaconi. Hatто. Bilif. Bern. Tiemo. Willehalm. Chono. ortlif. subdiaconi.

[...] comes nreq. aduocat eccle. Burchart. comes. Hartuuic. Gumbrachт. Robbrach. Hacho. Saxar. Heinrich. Adelboch. Marcuuart. Diemar. Ebo. Helpreht. Arnolt. Geruuic. Robbrach.

[...] Ramuolt. Chanimunt. Marcuuart. Sigebharh. Wernher. Richart. Sigebolt. Sigeboto. Walcrich. Hartuuic. Senruum. Sigeфrit. ortloch. Reginolt. Gerhune. Alemar. Suriger.

Liudouuic. Herman. Suriker. Vocco. Suriker. Diemar. Volopprach. Albgast. Wernher. Adelboch. Wernher. Pillung. Walcrich. Hanrich. Pabo. Arnolt. Udelrich. Goteffrit.

Actum est hec Anno Incarnat dominicе Millesimo quinquagesimo VII. Indict. X. V. Nonmarii. Regnante domno Hinrico IIII. pfidente eode epo Adelberone xii ordinat sue anno feliciter.

Die Macht des Adels wurde durch die ottonisch-salische Reichskirche begrenzt. Deren Auflösung im Investiturstreit begünstigte das Streben des Adels nach Sicherung seiner autogenen Rechte und auch nach Ausweitung seines Besitzes auf Kosten des durch die Erschütterungen geschwächten Königtums wie der Kirche.

In Franken wurde der Adel – anders als etwa in Schwaben – nicht zum Vorkämpfer für die kirchliche Reform. Sein Eifer für diese wurde durch eigene Interessen begrenzt. Die Klostergründungen des fränkischen Adels hatten zwar nicht das Gewicht wie die des Königtums und die der reichseigenen Abtei Fulda, aber auch in Franken war eine Anzahl von Klöstern vom Adel für den Adel gestiftet worden. Hier galt es, Rechte und Zugang zu sichern, nicht mehr gegen den König, wohl aber gegen den Bischof, mit dem man auch beim Ausbau der Herrschaft in Konkurrenz stand.

Mächtigstes Adelsgeschlecht Frankens in der ersten Hälfte des 11. Jahrhunderts waren die Markgrafen von Schweinfurt, deren namengebender Sitz im äußersten Westen ihres bis in den Frankenwald, das Fichtelgebirge und den Böhmerwald reichenden Herrschaftsgebietes lag. Sie sind wohl den Deszendenten der älteren Babenberger (Popponen) zuzurechnen. Ihre starke Position war zwar nach ihrer Niederwerfung durch König Heinrich II. (1003) und der Gründung des Bistums Bamberg (1007) geschwächt, aber nicht gebrochen; denn ihre Eigengüter waren ihnen verblieben.[134] Die Bedeutung der Markgrafen im fränkischen Raum sank erst, als Heinrich III. Otto, dem letzten seines Geschlechtes, im Januar 1048 das Herzogtum Schwaben verlieh.[135] Bei seinem Tode am 27. September 1057 hinterließ Otto fünf Töchter.[136] In den Kämpfen um ihr Erbe, das in verschiedene Hände geriet, wollte auch Bischof Adalbero von Würzburg sich in hartem Durchgreifen einen Anteil sichern.[137]

Im Süden des Bistums Würzburg, an der mittleren Tauber, an Jagst und Kocher, behaupteten die Grafen von Rothenburg-Komburg in der zweiten Hälfte des 11. Jahrhunderts eine beherrschende Position. Sie leisteten einen wesentlichen Beitrag zur Ausstattung des Stiftes Neumünster in Würzburg (1057), wandelten, dem Beispiel anderer Adelsfamilien folgend, ihre Burg Komburg in ein Kloster um (1078) und machten noch weiteren Stiften und Klöstern Zuwendungen. Das auf diese Weise stark geschmälerte Erbe des wohl 1116 im Mannesstamm erloschenen Geschlechtes traten im wesentlichen die Staufer an.[138]

Die von der neueren Adelsforschung geführte Diskussion über die Herkunft der im Zeitalter des Investiturstreites aufsteigenden Dynasten mit weiteren Hypothesen zu befrachten, kann hier nicht unsere Aufgabe sein.

Es ist teils auszuschließen, teils möglich, teils so gut wie sicher, daß es sich bei ihnen um Deszendenten karolingischer Grafengeschlechter handelt. Friedrich Steins Argumente für die Herkunft der Herren beziehungsweise (seit 1205) Grafen von Castell von den Mattonen der Karolingerzeit[139] sind noch nicht widerlegt. 1091 wird ein Rupert von Castell genannt, der (oder ist es sein Vater?) ohne Herkunftsbezeichnung und nur mit dem castellischen Leitnamen Rupert bereits 1057 und 1091 urkundlich bezeugt ist.[140] Grundbesitz und Vogteien sind die ältesten Elemente ihrer Herrschaft, die sie zwischen den Westabhängen des Steigerwaldes und dem Main in Konkurrenz zu anderen edelfreien Geschlechtern, vor allem aber zu geistlichen Institutionen, aufbauten.[141]

Die Grafen von Rieneck treten in Franken mit einem Arnold (I.) in Erscheinung, der durch Heirat die Mainzer Burggrafschaft und Hochstiftsvogtei gewonnen hatte, sich zunächst noch nach seiner in Brabant gelegenen Heimat, der Grafschaft Loon, und seit 1108 nach seinem neuen, am Nordrand des Spessarts gelegenen Ansitz benannte. In den Nischen zwischen Fulda, Mainz, Wertheim und Würzburg gelang den Rieneckern der Aufbau einer Herrschaft mit den Zentren Rieneck, Lohr und Grünsfeld.[142]

In deren Nachbarschaft versuchten die Edelherren von Grumbach eine Herrschaft aufzubauen. Sie treten 1099 in die urkundliche Überlieferung ein, zunächst als Vögte der alten Klöster Neustadt am Main und Schlüchtern. Aus Burggrumbach bei Würzburg stammend, bauten sie Burg Rothenfels zum Mittelpunkt ihrer Herrschaft aus, erloschen aber im Mannesstamm bereits im Jahre 1243.[143]

Die mit den Abenbergern, Vögten der Bamberger Kirche, verwandten Grafen von Wertheim, deren Herkunft trotz zahlreicher Untersuchungen noch nicht als geklärt gelten kann[144], erbauten wohl noch in der zweiten Hälfte des 11. Jahrhunderts oberhalb der Taubermündung eine Höhenburg als ihren Ansitz, die Zentrum einer den südlichen Spessartrand zusammenfassenden Herrschaft und eines ausgedehnten Streubesitzes wurde.

Während des Investiturstreites ist der fränkische Adel nicht in den Reihen der antikaiserlichen Opposition zu finden. Zu den Dynasten, welche im Gefolge Heinrichs IV. aufstiegen, gehörten die Grafen von Henneberg[145], deren Abkunft von den älteren Babenbergern (Popponen) neuerdings mit guten Gründen wieder angezweifelt wird.[146] Doch wie dem auch sei, Poppo von Henneberg legte durch seine entschiedene Parteinahme für Heinrich IV. das Fundament für die bald weit über das südwestlich von Meiningen gelegene Allodialgut vor allem ins Grabfeld ausgreifende Besitz- und Machtfülle seines Geschlechts.[147] Poppo, dessen Tapferkeit gerühmt wird, fiel am 7. August 1078 auf seiten des Kaisers in der Schlacht bei Mellrichstadt gegen Rudolf von Rheinfelden.[148] Seinen Bruder Godebold (I.) aber setzte Heinrich IV. als Wahrer seiner Interessen mit offenbar weitgehenden Vollmachten in Würzburg zum Burggrafen ein (urkundlich erstmals 1091 genannt); seit 1103 sind die Henneberger auch im Besitz der Hochstiftsvogtei nachzuweisen.[149] Die Positionen in Würzburg waren Etappen auf ihrem Weg an den Main.

Eine große Gruppe ursprünglich nichtadeliger Krieger fand zunehmend im Zeitalter des Investiturstreites Verwendung in der Verwaltung des Reichsgutes, dann aber auch kirchlicher und dynastischer Güter. Sie werden Ministerialen *(servientes, meliores, familiares, ministeriales)* genannt. Nicht Herrschaft, sondern militärischer Dienst und Verwaltung waren ihre Aufgaben. Der Rückzug des Königtums und ritterliche Lebensführung begünstigten ein Abstreifen ihrer Freiheitsbeschränkungen, eine soziale Anlagerung an die Edelfreien und schließlich eine Integration in den Adel als dessen unterste Stufe. In der Folge entwickelten die Ministerialen sich zu Konkurrenten der anderen Herrschaftsträger. Die Anfänge der Reichsministerialität liegen in der Zeit der Salier, ihr Aufstieg aber fällt schon in die staufische Zeit. Auf die ersten Ministerialen des Hochstifts Würzburg trifft man – später als in Bamberg[150] – erst in der Zeit Bischof Adalberos (1057), auf klösterliche Ministerialen im Bereich des Bistums Würzburg ein halbes Jahrhundert später.[151]

Der Aufstieg des Adels war begleitet vom Bau fester Häuser, eines dem Anspruch nach königlichen Rechtes, das aber weder gegen Dynasten und bedeutende edelfreie Geschlechter noch gegen die Bischöfe durchgesetzt werden konnte. Burgen sicherten als militärische, gerichtliche und wirtschaftliche Zentren oder als Grenzbefestigungsanlagen die Herrschaft; beides gilt in Franken auch für die geistliche Herrschaft. Die Höhenburgen, die im 11. Jahrhundert vorherrschten, begünstigten die Stadtbildung in etwas tieferer Lage (Rieneck, Rothenfels, Wertheim u. a.). Die für Franken charakteristische Burgendichte ist erst ein Ergebnis späterer Entwicklung.

8. Die Würzburger Doppelwahl von 1122

Das Würzburger Schisma von 1122 war keines mehr zwischen einem päpstlichen und einem kaiserlichen Parteigänger. Hauptursache der Doppelwahl war die staufisch-hennebergische Rivalität in Franken. Von einem Teil des Domkapitels wird wohl im Februar 1122 der junge

Gebhard von Henneberg, Favorit Kaiser Heinrichs V., zum Bischof von Würzburg gewählt. Er war ein Sohn des Würzburger Burggrafen Godebold II. († 1144) und Großneffe des in der Schlacht bei Mellrichstadt (1078) gefallenen Poppo I.[152] In einer wohl Ende des Jahres 1126 verfaßten Denkschrift, die als Nachtrag zum Codex Udalrici überliefert ist[153], stellt er die Begleitumstände seiner Wahl so dar: In Frankreich, wo er studiert habe, sei er durch Abgesandte des Bischofs von Speyer davon unterrichtet worden, daß Erzbischof Adalbert von Mainz, seine Familie, Freunde und Leute der Würzburger Kirche beim Kaiser seine Nachfolge für den verstorbenen Bischof Erlung erreicht hätten. Er sei nach einigem Zögern nach Würzburg geeilt, wo Boten des Erzbischofs dessen Zustimmungserklärug überbracht hätten; er habe sich dann dem Kaiser vorgestellt. Von seiner Investitur durch den Kaiser berichtet Ekkehard von Aura.[154] Durch Klerus und Volk, so bekannte Gebhard weiter, sei seine Wahl erfolgt, der (angeblich) nur der Dompropst Otto und der Domherr Rugger (der dann sein Gegenkandidat wurde) ferngeblieben seien. Im Gefolge des Kaisers sei er nach Herrenbreitungen gezogen, wo der Erzbischof ihm die Weihe versprochen habe, und sei dann nach Würzburg zurückgekehrt.

In Würzburg aber wurde bald eine Gegenpartei erfolgreich tätig. Im Sommer (Juni/Juli) wählte ein Teil von Klerus und Volk den Domherrn und Propst des Stiftes Neumünster, Rugger, zum Bischof, der wie es scheint mit den Grafen von Rothenburg-Komburg versippt war. Rugger wurde von den staufischen Brüdern Friedrich und Konrad (der spätere König Konrad III.) unterstützt. Zweifellos bezweckten diese mit ihrer Schützenhilfe, wenn sie nicht überhaupt die Initiatoren von Ruggers Kandidatur waren, die Macht der Henneberger einzudämmen, deren Einfluß, wäre auch der Würzburger Bischofsstuhl mit einem der ihren besetzt gewesen, in ganz Franken übermächtig geworden wäre. Ob Rugger den Staufern auch Zugeständnisse hinsichtlich des ostfränkischen Herzogtums gemacht hat, ist ungewiß. Bald nach seiner Wahl aber wurde Rugger von seinem Rivalen Gebhard aus Würzburg vertrieben. Doch Erzbischof Adalbert, wohl irritiert über die Investitur durch Heinrich V., läßt Gebhard, der sich im Zentrum des Bistums behaupten kann, fallen und weiht Rugger in Gegenwart dreier päpstlicher Legaten in Münsterschwarzach zum Bischof. Dieser aber kann sich nur im Südwesten des Bistums und an einigen anderen Plätzen halten. Sein früher Tod am 26. August 1125, offenbar auch im Kloster Münsterschwarzach, ersparte ihm weitere Kämpfe[155], nicht aber seinem Gegenspieler Gebhard von Henneberg.

Denn dieser hatte nicht nur die Staufer zu Gegnern, sondern, was nun entscheidender wurde, auch den Papst. Erzbischof Adalbert schien zwar

nach Ruggers Tod zur Förderung Gebhards bereit, da die Erhebung eines anderen Kandidaten große Schäden für das Bistum befürchten ließ. Doch scheiterte Gebhard letztlich am Einspruch Papst Honorius' II. War Gebhard doch der letzte Bischof im Reiche, der zu einem Zeitpunkt in herkömmlicher Weise vom Kaiser investiert worden war, als die Investitur gerade den Gegenstand der letzten, zum Wormser Konkordat führenden Verhandlungen bildete. Nach Kämpfen in und um Würzburg, in denen ihn sein Vater Godebold (II.) mit Erfolg unterstützte, forderte ein päpstlicher Legat wohl im März 1126 zur Neuwahl eines Bischofs auf und verhängte über Gebhard die Exkommunikation.[156] Der Würzburger Bischofsstuhl galt seitdem als vakant. Norbert von Xanten, auf den die streitenden Parteien sich bereits als Erzbischof von Magdeburg geeinigt hatten, kam Ostern (11. April) 1126 nach Würzburg, wo er im Dom eine Messe zelebrierte; doch verließ er nach dem Bericht seines Biographen rasch die Stadt, die keinen Bischof hatte, da er Grund für die Befürchtung sehen mußte, selbst zum Bischof von Würzburg gewählt zu werden.[157]
Gebhard von Henneberg aber machte noch einen letzten Versuch, seine Ansprüche durchzusetzen, mit den – jedenfalls 1126 – untauglichsten Mitteln. Er ließ König Lothar von Supplinburg 300 Pfund Silber anbieten, wenn er ihn anhöre. Der König beantwortete dieses Anerbieten mit der Vorbereitung einer Neuwahl. Bald danach sah Gebhard seine Sache als verloren an. Wohl bei seiner gleichzeitig mit der Investitur seines Nachfolgers Embricho (1127–1146) erfolgten Absetzung durch König Lothar hat er auf das Bistum förmlich verzichtet. Erst viel später und unter gewandelten Verhältnissen wird er 1150 nochmals zum Bischof von Würzburg gewählt und bleibt bis zu seinem Tode allgemein anerkannt.[158]
Die Doppelwahl von 1122 ist in der Würzburger Geschichte ein Einschnitt: Nicht mehr das Vertrauen des Königs, sondern der Adel des Landes, der bald das Domkapitel beherrschte, hatte den entscheidenden Einfluß auf die Besetzung des Bischofsstuhls.

Anmerkungen

[1] J. Leclecq, »Simoniaca Haeresis« (Studi Gregoriani 1) 1947, S. 523–530; R. Schieffer, Spirituales Latrones. Zu den Hintergründen der Simonieprozesse in Deutschland zwischen 1069 und 1075, in: Histor. Jahrbuch 92, 1972, S. 19–60; Otto Meyer, Meinhard von Bamberg als ›Simonist‹, in: Ders., Varia Franconiae Historica 1, 1981, S. 292–295.
[2] Hauck 3, S. 774 f.
[3] R. Schieffer, Die Entstehung des päpstlichen Investiturverbots für den deutschen König (Schriften der MGH 28) 1981.
[4] J. Spörl, Das Alte und das Neue im Mittelalter, in: Histor. Jahrbuch 50, 1930, S. 299.

[5] Die römischen Päpste (III. Buch). Vollständige Ausgabe mit einem Vorwort von W. P. Fuchs 1, 1986 (Insel Verlag) S. 219.

[6] GS Bamberg 1, 1937, S. 106–111; Fleckenstein, Heinrich IV. und der deutsche Episkopat; Schieffer, wie Anm. 1, S. 22–41; Ders., Hermann I., Bischof von Bamberg, in: Fränkische Lebensbilder 6 (VGffG VII A/6) 1975, S. 55–76.

[7] K. Lübeck, Das Kloster Fulda und die Päpste in den Jahren 1046–1075 (Studi Gregoriani 1) 1947, S. 459–489; Ders., Die Reichsabtei Fulda im Investiturstreite (ebd. 4) 1952, S. 149–169.

[8] GS Würzburg 1, S. 103.

[9] J. Fleckenstein, Die Hofkapelle der deutschen Könige 2 (Schriften der MGH 16/II) 1966, S. 259f.

[10] Mariani Scotti chron. cont. II., MG SS 5, S. 564.

[11] Mag. Adam Brememsis gesta Hammaburg. eccl. pont., MG SS rer. Germ.³, S. 188.

[12] GS Würzburg 1, S. 109–111.

[13] Meyer v. Knonau, Jbb 1, S. 525f.

[14] GS Würzburg 1, S. 103–105.

[15] Fleckenstein, Heinrich IV. und der deutsche Episkopat, S. 232f.

[16] Meyer v. Knonau, Jbb 2, S. 614–622; Hauck 3, S. 790–798; GS Würzburg 1, S. 105f.

[17] Chronicon, MG SS 10, S. 101f.

[18] Bernoldus, Chronicon, MG SS 5, S. 450.

[19] Meyer v. Knonau, Jbb 3, S. 627–638; W. Schlesinger, Die Wahl Rudolfs von Schwaben zum Gegenkönig 1077 in Forchheim, in: Ders., Ausgewählte Aufsätze (Vorträge und Forschungen 34) 1987, S. 273–296.

[20] Teilnehmer: Schlesinger, ebd. S. 282f.

[21] Meyer v. Knonau, Jbb 2, S. 783–785; 3, S. 1–8.

[22] Ebd. 3, S. 46–48; Schich, Würzburg, S. 113f.

[23] W. Schlesinger, Kirchengeschichte Sachsens im Mittelalter 1 (Mitteldeutsche Forschungen 27/1) 1962, S. 119–124.

[24] Brunonis De bello Saxon., MG SS rer. Germ.², S. 60.

[25] GS Würzburg 1, S. 106f.

[26] Meyer v. Knonau, Jbb 3, S. 137–145; Cram, S. 140–143.

[27] Meyer v. Knonau, Jbb 3, S. 337–341; Cram, S. 145–148.

[28] Meyer v. Knonau, Jbb 3, S. 627–638; Otto Meyer, ›... sie wählten den König in Ochsenfurt ...‹, in: Ders., Varia Franconiae Historica 1, 1981, S. 140–147.

[29] Meyer v. Knonau, Jbb 4, S. 125–130; Schich, Würzburg, S. 113f.

[30] GS Würzburg 1, S. 109.

[31] GS Würzburg 1, S. 113f.

[32] MG Briefe der deutschen Kaiserzeit 5, S. 75f. Nr. 35.

[33] MG SS 10, S. 101f.

[34] P. E. Hübinger, Die letzten Worte Papst Gregors VII. (Rheinisch-Westfälische Akademie der Wissenschaften, Geisteswissenschaften, Vorträge G 185) 1973.

[35] Vita Sancti Adalberonis, hg. und übersetzt von I. Schmale-Ott (QFW 8) 1954, S. 38–81.

[36] P. J. Jörg, Die Verehrung des hl. Adalbero in historischer Sicht, in: WDGBl 13, 1951, S. 206–216; L. Dörr, Zur Verehrung des hl. Adalbero in der Abtei Münsterschwarzach, ebd. 21, 1959, S. 161f.; GS Stift Neumünster in Würzburg (im Druck).

[37] GS Würzburg 1, S. 116.

[38] Schieffer, Hermann I., wie Anm. 6, S. 71.

[39] GS Würzburg 1, S. 118f.

[40] Vgl. zuletzt Otto Meyer u. a., Oberfranken im Hochmittelalter, 1973, S. 38–44, 175f.

[41] GS Würzburg 1, S. 119.

[42] Ebd., S. 119f.

[43] GS Stift Neumünster in Würzburg (im Druck).

[44] A. Becker, Urban II. und die deutsche Kirche, in: Investiturstreit und Reichsverfassung (s. S. 330) S. 241–275.

45 GS Würzburg 1, S. 120–125.

46 Fleckenstein, Hofkapelle und Reichsepiskopat, in: Investiturstreit und Reichsverfassung (s. S. 330) S. 137.

47 GS Würzburg 1, S. 126 f.

48 Meyer v. Knonau, Jbb 5, S. 211.

49 Vita Heinrici IV. Imperatoris, MG SS rer. Germ. ³1899 (Neudruck 1949).

50 W. v. Giesebrecht, Geschichte der deutschen Kaiserzeit 3, 1868, S. 1022 f. (in den späteren Auflagen wiederholt).

51 H. Beumann, Zur Verfasserfrage der Vita Heinrici IV. (Institutionen, Kultur und Gesellschaft im Mittelalter. Festschrift für Josef Fleckenstein), 1984, S. 305–319.

52 M. Schluck, Die Vita Heinrici IV. imperatoris. Ihre zeitgenössischen Quellen und ihr besonderes Verhältnis zum Carmen de bello Saxonico (Vorträge und Forschungen, Sonderband 26) 1979.

53 Carmen de bello Saxonico, ed. O. Holder-Egger, MG SS. rer. Germ., 1889.

54 Meyer v. Knonau, Jbb 6, S. 44–50; GS Würzburg 1, S. 127.

55 Lexikon des Mittelalters 3, 1986, Sp. 606 f. (T. Struve).

56 Meyer v. Knonau, Jbb 6, S. 206–209; GS Würzburg 1, S. 128.

57 GS Würzburg 1, S. 129.

58 R. Jooss, Kloster Komburg im Mittelalter (Forschungen aus Württembergisch Franken 4), ²1987, S. 19 f.

59 Ekkehardi chron.: ... *ducatum orientalis Franciae, qui Wirciburgensi episcopio antiqua regum concessione competebat* (MG SS 6, S. 249 f.); Meyer v. Knonau, Jbb 6, S. 359 f.

60 GS Würzburg 1, S. 130.

61 Meyer v. Knonau, Jbb 7, S. 171–175; Hauck 3, S. 919 f.

62 GS Würzburg 1, S. 131.

63 Ekkehardi chron., MG SS 6, S. 259.

64 Text der kaiserlichen Urkunde: MG Const. 1, S. 159 f. Nr. 107; verbesserter Text der päpstlichen Urkunde: A. Hofmeister, Das Wormser Konkordat (Festschrift Dietrich Schäfer, 1915, S. 64–148); Sonderausgabe mit einem Vorwort von Roderich Schmidt in der Reihe Libelli 89, 1962.

65 Kempf in: Handbuch der Kirchengeschichte (s. S. 330) S. 458.

66 Wendehorst, Das benediktinische Mönchtum, S. 46–49.

67 Hallinger 1–2. Einige Überzeichnungen sind inzwischen korrigiert worden, s. Artikel Cluny (A, I, 2 und B, III) im Lexikon des Mittelalters 2, 1983, Sp. 2173 f. (N. Bulst) und Sp. 2181 f. (P. Engelbert).

68 NDB 4, 1959, S. 286 (Th. Kramer) und Lexikon des Mittelalters 3, 1986, Sp. 1764 (A. Wendehorst).

69 Dazu jetzt K.-U. Jäschke, Zur Eigenständigkeit einer Junggorzer Reformbewegung (Zeitschrift für Kirchengeschichte 81) 1970, S. 17–43.

70 Hallinger 1, S. 320–416; zu den einzelnen Klöstern vgl. GB II.

71 Die Regesten der Bischöfe und des Domkapitels von Bamberg, bearb. von E. Frhr. v. Guttenberg (VGffG VI/2) 1963, Nr. 475–482; Schieffer, Hermann I., wie Anm. 6, S. 72–75.

72 Johanek, Die Gründung, S. 34 f.

73 GS Würzburg 1, S. 107–109.

74 W. Weigand, Das Hirsauer Priorat Schönrain am Main, 1951; H. Jakobs, Die Hirsauer, S. 36, 39, 119 f. Das Kloster fehlt in GB II.

75 Jakobs, S. 104–151.

76 GS Bamberg 1, S. 129–136.

77 Jakobs, S. 54.

78 Ebd. S. 74.

79 Ebd. S. 67 f.

80 Wendehorst, wie Anm. 66, S. 51 f.

81 Hauck 3, S. 864 f.; Johanek, wie Anm. 72, S. 38.

[82] K. Lübeck, Fuldaer Nebenklöster in Mainfranken, in: MainfrJb 2, 1950, S. 1–52.

[83] Hallinger 1, S. 238; K. Lübeck, Die Reichsabtei Fulda im Investiturstreite (Studi Gregoriani 4) 1952, S. 156 f.

[84] Jakobs, S. 190–223.

[85] Zuletzt Th. Frenz, Ekkehard von Aura, in: Fränkische Lebensbilder 11 (VGffG VII A/11) 1984, S. 1–10.

[86] Wendehorst, Mönchtum (s. S. 331), S. 44 f.; Lübeck, wie oben Anm. 82, S. 32–51.

[87] MG DH. III. Nr. 165.

[88] H. Petzolt, Abtei Kitzingen, in: JffL 15, 1955, S. 77 läßt diese Frage offen. Die Zeugnisse für ein klösterliches Leben setzen in der ersten Hälfte des 12. Jahrhunderts wieder ein.

[89] Die Chronik des Bischofs Thietmar von Merseburg, MG SS rer. Germ. N. S. 9, S. 420 f.; Annalista Saxo, MG SS 6, S. 669.

[90] F. Beyschlag, Zur Geschichte des vormaligen Bergklosters zu St. Peter in Schweinfurt, in: Schweinfurter Heimatblätter 12, 1935, S. 20.

[91] Annales Herbipolenses, MG SS 16, S. 9. Das Kloster fehlt in GB II.

[92] GP III/3, S. 188–192; GS Würzburg 1, S. 85 f.

[93] Johanek, wie Anm. 72; GS Stift Neumünster in Würzburg (im Druck).

[94] Beispiele aus dem alten Bistum Würzburg: Ansbach, Mosbach, Hünfeld, Rasdorf; aus dem 15. Jahrhundert: St. Burkard in Würzburg (1464) und Komburg (1488).

[95] G. Bardy, Saint Grégoire VII et la réforme canonicale au XIe siècle (Studi Gregoriani 1) 1947, S. 47–64; spätere Entwicklung und weitere Zusammenhänge: St. Weinfurter, Reformkanoniker und Reichsepiskopat im Hochmittelalter, in: Histor. Jahrbuch 97/98, 1978, S. 158–193.

[96] L. Verheijen, La Règle de saint Augustin, 2 Bde., Paris 1967.

[97] Codex Udalrici E 112/J 35 (Bibliotheca Rerum Germanicarum V: Monumenta Bambergensia, ed. Ph. Jaffé, 1869, S. 66 f.).

[98] Ae. Ussermann, Episcopatus Wirceburgensis, St. Blasien 1794, S. 374.

[99] N. Backmund, Die Chorherrenorden und ihre Stifte in Bayern, 1966, S. 84–87.

[100] W. Störmer, Marktheidenfeld (HAB Teil Franken 10), 1962, S. 87–90; Ders., Das Augustinerchorherrenstift Triefenstein (Lengfurt. Beiträge zur Ortsgeschichte 1) 1978, S. 116–126; Johanek, wie Anm. 72, S. 37 f.; GS Stift Neumünster in Würzburg (im Druck).

[101] Vgl. etwa KDB III, UFr 22, 1922, S. 46–50 (Brendlorenzen).

[102] H. E. Feine, Kirchenreform und Niederkirchenwesen (Studi Gregoriani 2) 1947, S. 505–524.

[103] Die erste 1115 unter Bischof Erlung (GS Würzburg 1, S. 130).

[104] Vgl. Hauck 3, S. 779–782; H. M. Weikmann, Beobachtungen zur Darstellung des Widerstandes gegen den Zölibat bei Lampert von Hersfeld (Porta Ottoniana – Beiträge zur fränkischen und bayerischen Landesgeschichte), 1986, S. 160–186.

[105] MG SS rer. Merov. 5, S. 711 mit Anm. 4; A. Metz, Geschichtliches von dem ehemaligen Pfarrdorfe Nilkheim, seiner Kapelle und seinem Hofe, in: AGBl 3, 1909, S. 29–32, 36–40, 44–48.

[106] Notae Brotseldenses, ed. A. Hofmeister, MG SS 30/2, 1934, S. 1483–1487; L. Becker, Eine ›Urkunde‹ über die Konsekration der Vituskirche von Dorfprozelten, nebst Altarweihebericht und Ablaßverzeichnis, in: WDGBl 4/I, 1936, S. 48–61.

[107] Norbert Schmitt, Die alte Mutterpfarrei Bürgstadt und ihre ehemaligen Filialen, in: WDGBl 33, 1971, S. 5–49.

[108] Die Regesten der Bischöfe von Eichstätt, bearb. von F. Heidingsfelder (VGffG VI/1) 1938, Nr. 251 (42).

[109] MB 45, S. 102 Nr. 64.

[110] E. E. Stengel, UB des Klosters Fulda 1, 1958, S. 418 Nr. 287.

[111] MG DD Germ. Karol. DLK Nr. 23.

[112] Chronicon Schwarzacense: Scriptores Rerum Germanicarum, ed. I. P. Ludewig 2, Frankfurt/Leipzig 1718, Sp. 20; F. X. Wegele, Zur Literatur und Kritik der Fränkischen Necrologien, 1864, S. 21.

[113] F. Grumbach, Parochia Rheinfeldensis, in: WDGBl 37/38, 1975, S. 295–335.

[114] Stengel, wie Anm. 110, S. 301 Nr. 202.

[115] K. Dinklage, Hammelburg im Frühmittelalter, in: MainfrJb 11, 1959, bes. S. 39–42.

[116] F. Abel, Aus Leben und Geschichte des würzburgischen Dorfes Kolitzheim [1961] S. 89 f.

[117] A. Wendehorst, Der karolingische Königshof Iphofen, in: 120. BHVB, 1984, S. 121–126.

[118] P. Schöffel, Das Alter Ochsenfurts im Lichte der mittelalterlichen Pfarreiorganisation, in: Die Frankenwarte Jg. 1937, Nr. 26, 27.

[119] A. Wendehorst, Zwischen Haßbergen und Gleichbergen, in: Festschrift für Andreas Kraus (Münchner Historische Studien, Abt. Bayerische Geschichte 10), 1982, S. 8.

[120] W. Sage, Untersuchungen in der königlichen St. Martins- und späteren Kilianspfarrkirche zu Mellrichstadt in Unterfranken, in: Jahresbericht der bayerischen Bodendenkmalpflege 10, 1969, S. 50–69.

[121] MG DD Germ. Karol. DLK Nr. 23.

[122] Cod. Hirsaugiensis, ed. E. Schneider, in: Württembergische Vierteljahrshefte für Landesgeschichte 10, 1887, Beilage S. 30 f.

[123] Die Regesten der Bischöfe von Eichstätt, wie Anm. 108, Nr. 251 (94).

[124] Dronke, TAF, S. 18 c. 4 Nr. 50.

[125] UBSt 1, S. 3 Nr. 1.

[126] MB 46, S. 3 Nr. 1.

[127] J. Ahlhaus, Entstehung und Entwicklung des Parrochialsystems in Bischofsstädten, besonders in Würzburg (ca. 1930), StAW MS. f. 1241.

[128] GS Stift Neumünster in Würzburg (im Druck), S. 34.

[129] A. Wendehorst, Der Dom, das Reich, das Bistum und die Stadt (Ecclesia Cathedralis – Der Dom zu Würzburg, hg. von R. Schömig), 1967, S. 88.

[130] MB 37, S. 41 Nr. 78.

[131] Vgl. G. Schwinger, Das St.-Stephans-Kloster O.S.B. in Würzburg, in: AUFr 41, 1899, S. 172 f. – Alte eigenkirchenrechtliche Elemente findet man noch in der Gründungsurkunde der Pfarrei St. Gertraud in der Würzburger Vorstadt Pleich von 1133: C. G. Scharold, Geschichte und Beschreibung des St.-Kilian-Doms oder der bischöflichen Kathedralkirche zu Würzburg, in: AUFr 4/I, 1837, S. 5 f.

[132] MB 46, S. 3 Nr. 1.

[133] UBSt 1, S. 92 Nr. 81; vgl. Johanek, Siegelurkunde, S. 45 f.

[134] E. v. Guttenberg, Die Territorienbildung am Obermain, in: 79. BHVB, 1927, S. 61.

[135] E. Steindorff, Jahrbücher des deutschen Reiches unter Heinrich III. 2, 1881, S. 35 f.

[136] F. Stein, Das Ende des markgräflichen Hauses von Schweinfurt, in: Forschungen zur deutschen Geschichte 14, 1874, S. 382–389.

[137] GS Würzburg 1, S. 110 f.

[138] Jooss, s. Anm. 58, S. 15–20.

[139] F. Stein, Geschichte der Grafen und Herren zu Castell, 1892, S. 4–10.

[140] Monumenta Castellana, hg. von P. Wittmann, 1890, S. 1 Nr. 1–3.

[141] Otto Meyer/H. Kunstmann, Castell. Landesherrschaft – Burgen – Standesherrschaft (Neujahrsblätter der Gesellschaft für fränkische Geschichte 37), 1979.

[142] Zuletzt Th. Ruf, Die Grafen von Rieneck, Genealogie und Territorienbildung (MainfrStud 32/I–II) 1984.

[143] F. Hausmann, Die Edelherren von Grumbach und Rothenfels, in: Festschrift Karl Pivec (Innsbrucker Beiträge zur Kulturwissenschaft 12), 1966, S. 167–199.

[144] Die Ausführungen von P. P. Albert, Die Herkunft der Grafen von Wertheim, in: MainfrJb 3, 1951, S. 94–105 lösen das überaus verwickelte Problem so wenig wie jene von A. Friese, Studien zur Herrschaftsgeschichte des fränkischen Adels (Geschichte und Gesellschaft 18), 1979, S. 131–133.

[145] Die ältesten Belege für das Geschlecht (seit angeblich 1034) sind gefälscht oder fragwürdig, s. Günther Schmidt (s. S. 331) S. 59. Die verstreute Literatur jetzt bei E. Henning/G. Jochums, Bibliographie zur Hennebergischen Geschichte (Mitteldeutsche Forschungen 80), 1976.

[146] E. Henning, Genealogische und sphragistische Studien zur Herrschaftsbildung der Grafen von Henneberg im XI. und XII. Jahrhundert (Festschrift zum hundertjährigen Bestehen des Herold, hg. von K. Winckelsesser), 1969, S. 33–57.

[147] E. Henning, Die Entwicklung der Landeshoheit zwischen dem nördlichen Thüringer Wald und dem südlichen Maingebiet am Beispiel der Grafschaft Henneberg (1078–1583), in: MainfrJb 24, 1972, S. 1–36.

[148] Frutolfi chron., MG SS 6, S. 203; vgl. oben S. 299.

[149] Parigger, Das Würzburger Burggrafenamt, S. 9–31.

[150] v. Guttenberg, Territorienbildung, wie Anm. 134, S. 300.

[151] J. Reimann, Die Ministerialen des Hochstifts Würzburg in sozial-, rechts- und verfassungsgeschichtlicher Sicht, in: MainfrJb 16, 1964, S. 4 f.

[152] S. oben S. 299.

[153] Codex Udalrici E 335/J 233 (Bibliotheca Rerum Germanicarum V: Monumenta Bambergensia, ed. Ph. Jaffé, 1869, S. 405–412).

[154] Ekkehardi chron., MG SS 6, S. 258.

[155] GS Würzburg 1, S. 132–134, 137–139; H. Zielinski, Der Reichsepiskopat in spätottonischer und salischer Zeit (1002–1125) 1, 1984, S. 180.

[156] GS Würzburg 1, S. 134–136.

[157] Vita Norberti archiep. Magdeburgen., MG SS 12, S. 690.

[158] GS Würzburg 1, S. 136, 155–161; NDB 6, 1964, S. 117 (A. Wendehorst).

Literatur (Auswahl)

Allgemein:

G. B. Borino (Hg.), Studi Gregoriani, 10 Bde., Rom 1947–1975; Investiturstreit und Reichsverfassung, hg. von J. Fleckenstein (Vorträge und Forschungen 17) 1973; H. Fuhrmann, Deutsche Geschichte im hohen Mittelalter, ²1983; GS NF 1: Das Bistum Würzburg 1, bearb. von A. Wendehorst, 1962; A. Hauck, Kirchengeschichte Deutschlands 3, ⁹1958; H. Jedin (Hg.), Handbuch der Kirchengeschichte III/1, 1973, S. 401–461: F. Kempf, Die gregorianische Reform (1046–1124); S. 485–539: Ders., Die innere Wende des christlichen Abendlandes während der gregorianischen Reform; P. Johanek, Die Frühzeit der Siegelurkunde im Bistum Würzburg (QFW 20) 1969; G. Meyer v. Knonau, Jahrbücher des Deutschen Reiches unter Heinrich IV. und Heinrich V., 7 Bde., 1890–1909 (Neudruck 1964–1965); W. Schich, Würzburg im Mittelalter (Städteforschung A/3) 1977.

Zu 1. Die Anfänge Bischof Adalberos

J. Fleckenstein, Heinrich IV. und der deutsche Episkopat in den Anfängen des Investiturstreites (Adel und Kirche – Gerd Tellenbach zum 65. Geburtstag) 1968, S. 221–236; Ders., Hofkapelle und Reichsepiskopat unter Heinrich IV., in: Investiturstreit und Reichsverfassung (Vorträge und Forschungen 17) 1973, S. 117–140; GS NF 1: Das Bistum Würzburg 1, S. 100–117 (mit den Quellen und der gesamten älteren Literatur über Bischof Adalbero und den Investiturstreit im Bistum Würzburg); W. Goez, Bischof Adalbero von Würzburg, in: Fränkische Lebensbilder 6 (VGffG VII A/6) 1975, S. 30–54; L. Santifaller, Zur Geschichte des ottonisch-salischen Reichskirchensystems (Österr. Akademie der Wissenschaften, Phil.-Hist. Kl., SB 299/1) ²1964.

Zu 2. Heinrichs IV. Kämpfe mit der deutschen Opposition auf fränkischem Boden.
Die Königswahlen in Forchheim (1077) und Ochsenfurt (1081)

K.-G. Cram, Iudicium Belli. Zum Rechtscharakter des Krieges im deutschen Mittelalter (Beihefte zum Archiv für Kulturgeschichte 5) 1955; Meyer v. Knonau, Jahrbücher 2 und 3; F. Stein, Geschichte Frankens 1, 1885, S. 173–184.

Zu 3. Bischof Adalberos letzte Jahre, die Bischöfe Meginhard II. (1085–1088), Emehard (1089–1105) und Rupert (1105–1106)

GS Würzburg 1, S. 107–125; Meyer v. Knonau, Jahrbücher 4–6.

Zu 4. Bischof Erlung (1105–1121)

GS Würzburg 1, S. 124–132; Meyer v. Knonau, Jahrbücher 5–7; Günther Schmidt, Das würzburgische Herzogtum (Quellen und Studien zur Verfassungsgeschichte des Deutschen Reiches V/2) 1913.

Zu 5. Klöster und Stifte im Wandel

GP III/3; K. Hallinger, Gorze – Kluny. Studien zu den monastischen Lebensformen und Gegensätzen im Hochmittelalter, 2 Bde. (Studia Anselmiana 22/23–24/25), Rom 1950/51 (Neudruck 1971); J. Hemmerle, Die Benediktinerklöster in Bayern (GB II) 1970; H. Jakobs, Die Hirsauer (Kölner Historische Abhandlungen 4) 1961; P. Johanek, Die Gründung von St. Stephan und Neumünster und das ältere Würzburger Urkundenwesen, in: MainfrJb 31, 1979, S. 32–68; A. Wendehorst, Das benediktinische Mönchtum im mittelalterlichen Franken, in: Untersuchungen zu Kloster und Stift (Veröffentlichungen des Max-Planck-Instituts für Geschichte 68) 1980, S. 38–60.

Zu 6. Das Pfarreinetz um das Jahr 1100

W. Deinhardt, Frühmittelalterliche Kirchenpatrozinien in Franken, 1933; GS Würzburg 1, S. 15f; P. J. Fraundorfer, Ehemalige Dotations- und Eigenkirchen des Hochstifts Würzburg (Deutsche Gaue, Sonderheft 120) 1925; KDB III: Die Kunstdenkmäler von Unterfranken und Aschaffenburg, 24 Hefte, 1911–1927; P. Schöffel, Pfarreiorganisation und Siedlungsgeschichte im mittelalterlichen Mainfranken, in: Aus der Vergangenheit Unterfrankens (Mainfränkische Heimatkunde 2) 1950, S. 7–39; A. Wendehorst, Der Archidiakonat Münnerstadt am Ende des Mittelalters, in: WDGBl 23, 1961, S. 5–52; G. Zimmermann, Patrozinienwahl und Frömmigkeitswandel im Mittelalter, dargestellt an Beispielen aus dem alten Bistum Würzburg, 2 Teile in: WDGBl 20, 1958, S. 24–126; 21, 1959, S. 5–124.

Zu 7. Der Adel im Umbruch

HAB Teil Franken, Reihe I, bis jetzt 27 Hefte, seit 1951; F. Stein, Geschichte Frankens 1, 1885, S. 157–159, 167–169; 2, 1886, S. 328–333; C. Tillmann, Lexikon der deutschen Burgen und Schlösser, 4 Bde., 1958–1961.

Zu 8. Die Würzburger Doppelwahl von 1122

GS Würzburg 1, S. 132–139; Hefele, Der Streit um das Bisthum Würzburg in den Jahren 1122–1127, in: Anzeiger für Kunde der deutschen Vorzeit 9, 1862, S. 1–5, 33–36, 73–78, 105–109, 145–148; Meyer v. Knonau, Jahrbücher 7; H. Parigger, Das Würzburger Burggrafenamt, in: MainfrJb 31, 1979, S. 9–31.

Peter Herde

Das staufische Zeitalter

1. Der Weg zur herzogähnlichen Stellung der Würzburger Bischöfe

Wie in der vorausgehenden Zeit so war auch in der staufischen Periode der
wichtigste kirchliche und weltliche Herrscher des späteren Unterfrankens
der Bischof von Würzburg. Der kirchlich-jurisdiktionelle Bereich des Bischofs, die Diözese, erstreckte sich von Hersfeld und Schmalkalden im
Norden bis südlich von Schwäbisch-Hall und Ansbach im Süden, von Heilbronn und Amorbach im Westen bis vor die Tore von Bamberg und Nürnberg im Osten, umfaßte also viel mehr als das heutige Unterfranken; lediglich im Untermaingebiet ab etwas westlich von Wertheim und südlich davon an der Tauber bis nahezu vor die Tore von Würzburg ragte das Erzbistum Mainz in dieses große Würzburger Bistum hinein.[1] Kleiner als der
kirchliche Amts- und Jurisdiktionsbezirk des Bischofs war dessen keineswegs geschlossener Herrschaftsbezirk, in dem er weltliche Rechte ausübte,
Grundherr war, Kern des späteren Territorialstaates, des entstehenden
Hochstifts. Diözese und Hochstift umfaßten in ihrem zentralen Bereich einen Raum, der keinen Stammesverband kannte, vielmehr altes ›Kolonialgebiet‹ der viel weiter westlich angesiedelten Franken und anderer benach-
barter Stämme (Alamannen, Baiern, Thüringer, Sachsen) darstellte und in
den seit dem 9. Jahrhundert der Frankenname gewandert war, obschon es
zu keiner nennenswerten Siedlung von Franken gekommen war; es war
Ostfranken, ›Francia orientalis‹. Ein Stammesherzogtum kannte dieser
Raum also nicht, und frühere Ansätze zur Schaffung einer herzoglichen
Machtstellung waren infolge des Niedergangs der sie tragenden Adelsgeschlechter erfolglos geblieben. Es war daher geradezu natürlich, daß der
Bischof von Würzburg, zumal mächtige Dynastengeschlechter in diesem
Gebiet im 11. und 12. Jahrhundert keine Konkurrenz bildeten, in das Vakuum hineinstieß und eine herzogsgleiche Würde für sich erstrebte, wo
doch in den vorhergehenden Jahrzehnten des sogenannten ›ottonisch-salischen Reichskirchensystems‹ die Bischöfe zentrale Funktionen weltlicher
Herrschaft übernommen hatten. Bereits der aus Ostfranken stammende
Adam von Bremen hatte um 1075 behauptet, der Bischof von Würzburg
habe in seinem Bistum keinen Mächtigen seinesgleichen; da er alle Grafschaften seiner Diözese innehabe, übe er herzogliche Gewalt in seiner *Provinz* aus.[2] Obschon es sicher übertrieben war zu behaupten, der Würzbur-

ger Bischof habe alle Grafschaften seiner Diözese besessen, so wird doch deutlich, daß er eine herzogähnliche Funktion vornehmlich auf der Grundlage gräflicher Rechte, vor allem der Gerichtsbarkeit, wahrnahm. Einem solchen ›Herzogtum‹ fehlten wesentliche Elemente des vollwertigen Stammesherzogtums, es fehlten der Stammesverband, die Stammesversammlungen mit dem Herzog als Vorsitzendem, es fehlte die militärische Führungsrolle des Herzogs. Der regionale Umfang dieser eingeschränkten Herzogsgewalt ist nicht ganz klar gewesen, da die lateinische Terminologie nicht eindeutig ist; Adam von Bremen jedenfalls dachte an eine die ganze Diözese, ja ganz Ostfranken umfassende Gewalt, was den Bischof von Würzburg jedoch bald in Auseinandersetzungen mit dem von Bamberg bringen mußte. Nach der bislang Ekkehard von Aura zugeschriebenen Kaiserchronik soll bereits Kaiser Heinrich II. nach dem Tode Herzog Ernsts von Ostfranken dessen *dignitas* (Amt, Würde) dem *episcopium* Würzburg verliehen haben[3] (wohl als Ausgleich für die durch die Gründung Bambergs 1007 verlorenen Gebiete). Derselbe Geschichtsschreiber berichtet über das zeitgenössische Ereignis, wonach Kaiser Heinrich V. dem von ihm abgefallenen Bischof Erlung im Jahre 1116 den *Dukat über Ostfranken* (*ducatus orientalis Francie*), der seit alters her durch wohl königliche Verfügung dem *episcopium* Würzburg zustand, entzogen und dem Staufer Konrad (dem späteren Konrad III.) übertragen habe.[4] Bestätigt wird dieser Entzug durch ein Diplom desselben Kaisers vom 1. Mai 1120, in dem Heinrich, der sich mit Erlung wieder versöhnt hatte, *die richterliche Würde* (bzw. *das richterliche Amt*) *in ganz Ostfranken* (*dignitas iudiciaria in tota orientali Francia*) zurückerstattete.[5] Von einem Herzogsamt ist in diesem ersten offiziellen Schriftstück über die Angelegenheit nicht die Rede, vielmehr von einer bestimmten Regierungsgewalt, der richterlichen Gewalt, die Heinrichs Vorgänger der hier bezeichneten Domkirche und ihren Patronen zuerkannt hatten; ihr Geltungsbereich wird auf ganz Ostfranken ausgedehnt, was immer man darunter verstehen wollte. Manches an dieser Würde des Bischofs blieb mithin unbestimmt, doch scheint bezüglich der räumlichen Ausdehnung des Herzogtums der Umfang der Diözese gemeint zu sein, und ihr wesentlicher Inhalt bestand aus der von der Grafengewalt abzuleitenden Gerichtsbarkeit.

Im gesamten in diesem Kapitel behandelten Zeitraum steht die Politik der Bischöfe von Würzburg in engster Beziehung mit den Staufern. Konrad III. und noch stärker Friedrich I. Barbarossa pflegten derart enge Kontakte zu den Bischöfen von Würzburg, beherrschten ihre Wahl und spannten sie (zum wirtschaftlichen Nachteil des Bistums) in die Reichspolitik ein, daß Würzburg, wo zahlreiche Reichstage abgehalten wurden, zeitweilig so etwas wie der Hauptort des Reiches wurde. Dadurch wurden potentielle

Spannungen zwischen den Staufern und den Bischöfen als Folge territorialer Konkurrenz zunächst zurückgedrängt. Denn die Staufer waren 1116 in den Besitz der ausgestorbenen Grafen von Komburg getreten, die Grafschaftsrechte im Maulach-, Kocher- und Taubergau und möglicherweise sogar eine Teilvogtei über das Bistum Würzburg besessen hatten; diese Gebiete gehörten damals längst zur Diözese Würzburg.[6] Anders als in dem (allerdings eventuell verfälschten) Testament des letzten Grafen Heinrich vorgesehen, der seinen Besitz dem Kloster Komburg vermachte, gelangte der Besitz zusammen mit der alten Grafenburg (westlich des späteren Neuen Spitals von Rothenburg) größtenteils an den Staufer Konrad III., der, wie wir sahen, dafür zum ersten Male zwischen 1116 und 1120 die Herzogswürde kraft Verleihung durch Heinrich V. innehatte; vielleicht traten die Staufer das Erbe an, weil Konrad III. in erster Ehe mit Gertrud, einer Tochter des Grafen Heinrich vermählt war (was freilich nicht sicher ist).[7] Von hier aus bis Nürnberg und darüber hinaus begannen die Staufer den Ausbau eines weiteren Haus- und Reichsgutkomplexes. Im Jahre 1142 tauschte Konrad III. vom Würzburger Stift Neumünster Güter im Dorfe Detwang ein[8], darunter den Bergrücken, auf dem die Stauferburg errichtet wurde, für die ab 1144 der Name Rothenburg belegt ist und an die anschließend in der Folgezeit die gleichnamige Stadt entstand.[9] Die nachgeborenen Staufersöhne Friedrich und Konrad bezeichneten sich bald danach als Herzöge von Rothenburg. Nachdem der Titel des Dukats von Ostfranken 1120 somit an den Würzburger Bischof zurückgefallen war, entstand hier also ein neues Titularherzogtum ohne Stammesverband für den neuen Komplex staufischen Haus- und Reichsgutes, zu dessen Verwaltung Ministerialen eingesetzt wurden, von denen die bedeutendsten zunächst die Truchsesse von Rothenburg, später, um 1200, die älteren Reichsküchenmeister waren.

2. Würzburg als Rückhalt staufischer Politik

2.1 Von Bischof Embricho (1127–1146) bis Bischof Heinrich II. von Stühlingen (1159–1165)

Den Übergang in die staufische Periode deutscher Geschichte verkörpert in Würzburg Bischof Embricho.[10] Seine Herkunft ist unbekannt; möglicherweise stammte er (der Name könnte darauf hinweisen) aus einem rheinfränkischen Adelsgeschlecht. Wo er seine Bildung genossen hat, ist ebenfalls nicht bekannt. Auf jeden Fall besaß er einen hohen Grad von Bildung, die sich in literarischen Werken niederschlug. Bei der Beisetzung Bischof Ottos I. von Bamberg Anfang Juli 1139 hielt er eine Leichenrede, die den Chronisten zu einem Lob von Embrichos Geist und Weisheit veranlaßte.[11] Erhalten ist aus seiner Feder weiterhin eine Beichte in 102 Hexametern mit Zäsurreim (sog. leoninische Hexameter).[12] Seine engen Verbindungen zu Byzanz lassen sogar vermuten, daß er gewisse griechische Sprachkenntnisse besaß, was in der damaligen Zeit äußerst selten war.[13] Seine kirchliche Laufbahn führte ihn mit der Protektion des Erzbischofs Adalbert von Mainz ab ca. 1118 über Erfurt (Propst des Marienstifts, Archidiakon) in die Reichskanzlei; Ende 1125 nahm er dort die Funktionen des Kanzleileiters, des Kanzlers, ein (das Amt war damals nicht besetzt).[14] Das war der übliche Weg auf einen hohen geistlichen Posten im Zeitalter der Kirchenherrschaft der deutschen Könige und Kaiser des Hochmittelalters: die Karriere über die Stellung eines Hofkaplans (Hofgeistlichen) des Herrschers – die besonders schreibkundigen dieser Hofkapläne bildeten das Kanzleipersonal – auf einen Bischofssitz. Embricho, der mithin in einem Vertrauensverhältnis zu König Lothar von Supplinburg gestanden haben muß, brauchte nicht lange zu warten; zwei Jahre später war er Bischof von Würzburg. Seine Erhebung erfolgte wohl in Anwesenheit des Königs, der ihn zu Weihnachten 1127 mit den Regalien investierte. Vielleicht hat Lothar dem neuen Bischof bei dieser Gelegenheit erneut die Herzogswürde für Ostfranken verliehen, denn auf Münzen führte Embricho als erster Würzburger Bischof die Bezeichnung ›dux‹, was seine Nachfolger dann fortsetzten.[15] Am 18. März 1128 erteilte ihm sein Förderer, Erzbischof Adalbert, in Mainz die Weihen. Embricho war also als enger Vertrauter Lothars auf den Würzburger Bischofsstuhl gelangt. Freilich hielt sich der neue Bischof in der Reichspolitik vorerst zurück. Doch finden wir ihn bei wichtigen Entscheidungen im Umkreis des Königs, auch wenn er nicht zu dessen engeren Beratern gehört zu haben scheint. So war er Gastgeber der Bischofssynode, die sich im Oktober 1130 unter dem Einfluß des Magdeburger Erzbischofs und Gründers der Prämonstratenser Norbert von Xanten zusammen mit Lothar in dem im Februar 1130 ausgebrochenen Papstschisma für Innocenz II. aussprach, der später aus diesem Schisma als Sieger hervorging.[16] Ebenfalls anwesend war der Würzburger Bischof auf dem Hoftag in Lüttich im März 1131, wo in Anwesenheit des führenden Geistes jener Zeit, Bernhards von Clairvaux, Lothar und Innocenz II. zusammentrafen. Beim ersten Romzug des Königs, der im Juni 1133 mit der Kaiserkrönung durch Innocenz II. seinen Höhepunkt fand, war Embricho jedoch nicht mit dabei, was erneut darauf hindeutet, daß er nicht zum engeren Beraterkreis Lothars zählte. Nach der Rückkehr aus Italien hielt der Kaiser freilich im September 1133 in Würzburg einen

Reichstag ab, und auch sonst findet sich Embricho in der Folgezeit in der Umgebung des Kaisers, der 1134 von Würzburg aus den entscheidenden Schlag gegen die staufischen Brüder Friedrich und Konrad führte (der letztere war 1127 zum Gegenkönig, 1128 zum italienischen König erhoben worden), die sich in den folgenden Monaten beugen mußten. Offensichtlich hat die Zurückhaltung, die sich der Würzburger Bischof in diesem Kampf auferlegte, dazu beigetragen, daß er später zum künftigen König Konrad III. ein, vielleicht durch Abt Adam von Ebrach vermitteltes, enges Verhältnis gewann. Zwar fand der dem zweiten Italienzug des Kaisers vorausgehende Reichstag im August 1136 erneut in Würzburg statt, doch fehlte Embricho an diesem auf Drängen Bernhards von Clairvaux und des Papstes vornehmlich gegen Roger II. von Sizilien gerichteten Zug wiederum. Als der Kaiser, bereits schwer krank, sich nach dem langen, letztlich erfolglosen Feldzug in Apulien im Herbst 1137 wieder Deutschland näherte, erwarteten ihn die Fürsten, die am Italienzug nicht teilgenommen hatten, im Dezember in Würzburg. Doch zu dem geplanten Reichstag sollte es nicht mehr kommen; am 3. Dezember 1137 starb Kaiser Lothar im Dorf Breitenwang bei Reutte in Tirol. Nachfolger wurde nicht sein welfischer Schwiegersohn Heinrich der Stolze, Herzog von Baiern, sondern der Staufer Konrad. Wie 1125, als der sächsische Graf Lothar in einer ›freien Wahl‹ dem nach Geblütsrecht die nächste Anwartschaft auf die deutsche Krone besitzenden Staufer Friedrich II. vorgezogen worden war, wurde mit kirchlicher Unterstützung am 7. März 1138 wiederum in einer ›freien Wahl‹ Konrad, der während des Italienzugs Lothars dem Papst als die im Vergleich zu dem Baiernherzog konziliantere Persönlichkeit aufgefallen war, zum König gewählt. Mit dem jetzt beginnenden jahrzehntelangen Kampf zwischen Staufern und Welfen wurde das ›Herzogtum‹ Würzburg, das die beiden welfischen Herrschaftsbereiche in Baiern und Sachsen trennte, für die staufischen Herrscher von großer strategischer Bedeutung; Embricho, dessen Teilnahme an der Wahl vom 7. März 1138 in Koblenz durch zeitgenössische Quellen nicht belegt ist, wuchs sehr schnell in die Rolle eines der engsten Vertrauten Konrads III. hinein, der ihn als *unser Herz und unsere Seele*[17] bezeichnete. Wir finden ihn seitdem bei den wichtigsten Aktionen des Königs gegen die Welfen an dessen Seite: so im Juli 1138 in Würzburg auf dem Reichstag, auf dem gegen Heinrich den Stolzen die Reichsacht ausgesprochen wurde; ein Jahr später war er an den Vorbereitungen des Feldzugs Konrads gegen Sachsen beteiligt. Nach dem Tode Heinrichs des Stolzen (20. Oktober 1139) beteiligte sich Embricho an den Feldzügen des Königs gegen den Bruder Heinrichs, Welf VI., in Schwaben, so im November 1140 an der Belagerung der Burg Weinsberg. Dazwischen hatte er im April 1139 die Lateransynode Innocenz' II. in Rom besucht, hatte damit zum ersten Male seine Tätigkeit als Ratgeber des Königs nach Italien hin verlagert. Im Mai 1141 fand in Würzburg wiederum ein großer Reichstag statt, auf der die sächsische Frage geregelt werden sollte. Kurz darauf brach der Bischof im Auftrag des Königs erneut nach Rom auf, um den geplanten Italienzug vorzubereiten, der ein Zusammengehen mit dem byzantinischen Kaiser Johannes II. Komnenos gegen Roger II. von Sizilien einleiten sollte; offensichtlich kehrte er noch im Herbst 1141 mit positiven Ergebnissen nach Deutschland zurück.[18] Damit war Embricho in die Vorbereitungen des gegen die süditalienischen Normannen gerichteten deutsch-byzantinischen Bündnisses eingeschaltet worden, dessen Abschluß durch den König im Oktober 1148 in Thessaloniki auf der Rückkehr vom zweiten Kreuzzug er freilich nicht mehr erleben sollte. In den folgenden vier Jahren 1142–1145 weilte er zunächst weiter in der Nähe des Königs, der sich vor allem 1142 und 1144 längere Zeit in Würzburg aufhielt; 1142 nahm er wohl auch am Feldzug gegen Böhmen teil. Bald nach Ostern 1145 sandte ihn der König dann als Leiter einer Gesandtschaft mit seiner Schwägerin Bertha von Sulzbach nach Byzanz, wo diese im Januar 1146 mit dem Basileus Manuel I. Komnenos (1143–1180) vermählt wurde; sie nahm den Namen Irene an. Damit hat Embricho wesentlichen Anteil am deutsch-byzantinischen Zusammengehen gehabt. Einzelheiten über den Inhalt der Verhandlungen, die der Würzburger Bischof bei seinem monatelangen Aufenthalt in Byzanz führte, sind nicht bekannt; daß es dabei um die Niederringung Rogers II. ging, beweist die Tatsache, daß zwei hohe süditalienische Adelige der Gesandtschaft angehörten. Auf der Heimreise verstarb Embricho am 10. oder 11. November 1146 in Aquileia und wurde im dortigen Dom beigesetzt. Die nachhaltigen Ergebnisse seiner Tätigkeit in Byzanz hat er nicht mehr miterlebt. Für Würzburg blieb aus seinem Pontifikat bedeutsam die Gründung des Schottenklosters St. Jakob, dessen irischer Konvent (Schotten kámen erst 1595 hierhin) die alte Kilians-Tradition stärkte[18a] (Farbbild S. 318).

Sein Nachfolger wurde der aus dem Hochadelsgeschlecht von Truhendingen (bei Gunzenhausen) stammende Siegfried (1146–1150), bislang Würzburger Domkanoniker und Propst des Stifts Neumünster[19]; in letzterer Stellung hatte er sich große Verdienste erworben und wohl auch bei Konrad III. beliebt gemacht, als er, wie wir sahen, 1142 die neumünsterschen Güter im Dorf Detwang im Tausch dem König überließ.[20] Eine Tätigkeit Siegfrieds in der Hofkapelle und der Reichskanzlei ist dagegen nicht belegt. Vermutlich erfolgte seine Wahl Ende November 1146 in Gegenwart Konrads III.; die Weihe nahm Erzbischof Heinrich von Mainz am 15. Juni 1147 im Marienstift in Erfurt vor. Trotz vielfältiger Verbindungen zum König gehörte der neue Bischof anders als sein Vorgänger nicht zu dessen engsten Beratern. Zwar nahm er an den Vorbereitungen des Kreuzzugs Konrads III. auf den Hoftagen zu Frankfurt im März 1147 und zu Nürnberg im April des gleichen Jahres teil, nicht jedoch am Kreuzzug selbst. In dessen Vorfeld hatte der gerade gewählte Siegfried in Würzburg eine schwere Krise zu bewältigen. Wie bereits 50 Jahre zuvor der erste Kreuzzug, so hat auch der zweite aus einem Gemisch von Jerusalem-Eschatologie, Vergegenwärtigung des Leidens Christi und Raublust zu Judenpogromen geführt, die diesmal die wohl während des ersten Kreuzzugs aus Verfolgten der rheinischen Städte entstandene Würzburger Judengemeinde traf. Die Unruhen wurden im Februar 1147 von durchziehenden Haufen von Kreuzfahrern in die Stadt getragen; sie dauerten mehrere Wochen. Ein Teil der Stadtbevölkerung vor allem aus den Unterschichten scheint sich ihnen angeschlossen zu haben. Anlaß war die Auffindung einer verstümmelten Leiche am Main. Der Tote soll ein Dietrich gewesen sein; als Mörder wurden die Juden angesehen. So kam es trotz der Mahnungen Bernhards von Clairvaux zu einem Pogrom, dem über 20 Juden zum Opfer fielen. Als Bischof und Domkapitel, die entsprechend der kirchlichen Lehre und wohl auch aus Furcht vor weiterreichendem Aufruhr an den Ausschreitungen unbeteiligt waren, sich weigerten, das angebliche Judenopfer heiligzusprechen, wurden sie vom Mob selbst bedroht; der Bischof entging nur durch rasche Flucht in eine Befestigung dem Tode. Zu einer nachhaltigen Verschlechterung der christlich-jüdischen Beziehungen in Würzburg haben diese Vorfälle kaum beigetragen. Mit dem Abzug der undisziplinierten Horden kehrte wieder die Normalität ein, und erst etwa ein Jahrhundert später haben Ritualmordbeschuldigungen und angebliche Hostienschändungen durch Juden diese Beziehungen endgültig vergiftet.[21] Nach der Rückkehr Konrads III. vom Kreuzzug finden wir Bischof Siegfried wiederum in der Umgebung des Königs, der die Tradition Würzburger Hof- und Reichstage fortsetzte, so im Juni 1149 und im Juli 1150. In der inneren Verwaltung der Diözese tat sich Siegfried durch Förderung von Klöstern und Stiftern hervor. Seine besondere Gunst erfuhr das Stift Neumünster in Würzburg, aus dem er hervorgegangen war. Dem Zisterzienserkloster Ebrach bestätigte er einen Gütertausch mit dem Domstift. Weitere Unterstützung erfuhren die Benediktinerklöster Komburg und Mönchröden sowie die Propstei Triefenstein. Weitreichende Nachwirkungen hat seine Regierung nicht gehabt; am 16. September 1150 ist er gestorben.

Sein kurz darauf gewählter Nachfolger wurde erneut Gebhard von Henneberg (1150–1159), der bereits 1122 nach einer Doppelwahl den Würzburger Bischofsstuhl bestiegen hatte, damals noch als antistaufischer Kandidat, dann aber 1127 dem gemeinsamen Druck König Lothars und Papst Honorius' II. hatte weichen müssen.[22] Seine erneute Erhebung verdankte er dem Landgrafen Ludwig II. von Thüringen, der sich bei Herzog Friedrich III. von Schwaben, dem späteren König Friedrich I. Barbarossa, für seinen Verwandten einsetzte und ihn bat, Gebhard Konrad III. zu empfehlen[23], offensichtlich mit Erfolg. So stand der Bischof anders als drei Jahrzehnte zuvor von Anfang an auf staufischer Seite und setzte damit die Tradition seiner beiden Vorgänger fort. Bereits an der Vorbereitung der Wahl Friedrich Barbarossas war er beteiligt; vermutlich war er auch bei der Wahl selbst am 4. März 1152 in Frankfurt anwesend. In den darauffolgenden Jahren finden wir ihn auf verschiedenen Reichsversammlungen in der Umgebung des Königs, vor allem auf dem Würzburger Reichstag im Oktober 1152, auf dem Barbarossa seine Versöhnungspolitik zwischen Heinrich dem Löwen und Albrecht dem Bären realisierte und den ersten Italienzug plante, der ihm die Kaiserkrönung brachte. Freilich hat der Würzburger Bischof an diesem Zug nicht teilgenommen, doch war er nach der Rückkehr des Kaisers wieder bei wichtigen Gelegenheiten in seiner Nähe, so bei der Hochzeit Friedrichs mit Beatrix von Burgund in Würzburg im Juni 1156, auf dem Würzburger Hoftag im März 1157 und auf dem Reichstag in Worms im folgenden Monat. Hier entsprach der Kaiser mit einem Diplom vom 6. April[24] den bereits 1155 an ihn herangetragenen Bitten der Würzburger Bürger und Kaufleute und verfügte, einen Fürstenspruch von Weihnachten 1155 ausführend, die Aufhebung aller Mainzölle zwischen Bamberg und Mainz, ausgenommen den Zoll zu Neustadt am Main und den kaiserlichen Zoll zu Frankfurt. Im Spätsommer 1157 nahm Gebhard am Feldzug gegen Polen teil; auf dem anschließenden Reichstag in Würzburg Ende September war er erneut in der Umgebung des Kaisers, ebenso 1158, wo er sich im Sommer dem zweiten Italienzug anschloß und im August bei der Belagerung Mailands zu finden ist. Am berühmten Reichstag von Roncaglia am 11. November 1158, auf dem die wichtigsten Entscheidungen zur Neuordnung Italiens getroffen wurden, war er beteiligt, kehrte jedoch bald darauf nach Deutschland zurück und starb bereits am 17. März 1159 in Würzburg. Es war eine Politik ganz im Dienste des Reiches, die die wirtschaftlichen Kräfte des Hochstifts überforderte. Seinem Nachfolger Heinrich gegenüber bemerkte der Kaiser 1161, daß Gebhard das Bistum Würzburg *aus der Notwendigkeit und dem Dienst am Reiche heraus teilweise verschleudert* habe.[25] Daß angesichts dieser Zentrierung aller Kräfte auf die Reichspolitik die Territorialpolitik Gebhards von Henneberg zurückstehen mußte, nimmt nicht wunder. In den Auseinandersetzungen mit Bamberg zog er den kürzeren. Aufgrund einer Klage des Bamberger Burgvogts Rapoto von Abenberg gegen die von Gebhard im Hinblick auf seine Herzogswürde beanspruchten Rechte in der Grafschaft Rangau, nämlich das Gericht über Eigen, die Einsetzung von ›centuriones‹ und das

Gericht über Landfriedensbruch, fällte das kaiserliche Hofgericht bereits im Juli 1157 auf dem Hoftag in Bamberg ein Urteil zugunsten Bischof Eberhards von Bamberg: diesem und seinen Nachfolgern wurden sowohl in der Grafschaft Rangau als auch in allen anderen Bamberger Grafschaften diese Rechte zuerkannt; am 14. Februar 1160 bestätigte Friedrich Barbarossa in einem in Pavia ausgestellten Diplom das Urteil des Hofgerichts.[26] Damit war den herzoglichen Ambitionen des Würzburger Bischofs ein Dämpfer versetzt worden. Im übrigen beschränkte sich die territorialpolitische Tätigkeit Gebhards auf gewisse Arrondierungen außerhalb des Bistums gelegenen Würzburger Besitzes, die Errichtung eines Stadtgerichts und eines Zentgerichts in Meiningen und die Schaffung eines Marktes in Schwäbisch Hall.[27]

Landesausbau und Kirchenpolitik Gebhards von Henneberg trafen sich in seiner Förderung des Zisterzienserordens, des bedeutendsten der neuen Orden in dem hier behandelten Zeitraum.[28] Der aus dem Benediktinerorden hervorgegangene Orden von Cîteaux bewegte sich in den Bahnen benediktinischer Spiritualität, beschritt aber im organisatorischen Bereich, in der hierarchischen Filiation und daneben in der Rückkehr zur Landarbeit in unbewohnten, wenig kultivierten Gegenden neue Wege; damit wurde er in erster Linie der Orden der Rodung und Kultivation. Das schwere Landleben in abgelegenen Gebieten erforderte strenge Regelmäßigkeit, Disziplin und Gemeinschaftsgeist, die für die Zisterzienser besonders charakteristisch wurden. In der Würzburger Diözese entstand 1127 mit Ebrach, gestiftet von den ritterlichen Brüdern Berno und Richwin, die nach Altenkamp und Lützel drittälteste und eine der bedeutendsten deutschen Zisterzienserabteien.[29] Der erste Abt, Adam, der vier Jahrzehnte hindurch das Kloster leiten sollte, kam mit zwölf Ordensbrüdern aus der ersten von Cîteaux aus gegründeten Primarabtei Morimond. Unter der Protektion Erzbischof Adalberts I. von Mainz nahm die Abtei trotz geringer Erstausstattung einen schnellen wirtschaftlichen Aufschwung; bereits 1136 besaß sie neben dem zentralen Wirtschaftshof Ebrach fünf Grangien (Eigenbauhöfe) in (Main?)-Stockheim, Alitzheim, Kaltenhausen (abgegangen bei Volkach), Mönchherrnsdorf und Sulzheim sowie einen Hof in Würzburg. Gebhard schenkte dem Kloster einen Weinberg, eine Salzquelle und anderen Besitz. Bis gegen 1200 verdoppelte sich die Anzahl der Grangien nahezu, und später im 13. Jahrhundert kamen weitere Besitzkomplexe hinzu, bis dann die großen Schenkungen ausliefen. Wie allgemein bei der mittelalterlichen Grundherrschaft, wurde der Besitz teils im Eigenbau bewirtschaftet, teils verpachtet. Die Vogteifreiheit hat sich Ebrach lange erhalten können. Die ältesten Abteibauten, darunter die Klosterkirche, waren 1134 beendet. König Konrad III. und seine Gemahlin Gertrud, die hier 1146 ihre

Ruhestätte fand, gehörten wohl bereits vor der Königskrönung von 1138 zu den Wohltätern der Abtei. Die Filiationen Ebrachs griffen weit aus: bis nach Böhmen (Nepomuk), in die Diözesen Salzburg (Rein), Passau (Aldersbach), Eichstätt (Heilsbronn) und Bamberg (Langheim). In die Regierungszeit Gebhards fällt die ebenfalls von Ebrach ausgehende Gründung des Zisterzienserklosters Bildhausen, wohl 1156, durch den Pfalzgrafen Hermann von Stahleck, das Friedrich Barbarossa im März 1157 auf dem Würzburger Hoftag in seinen Schutz nahm;[30] die in Aussicht genommene Förderung durch Bischof Gebhard konnte infolge von dessen Tod nicht verwirklicht werden. Auch das um 1130 gegründete Zisterzienserinnenkloster Wechterswinkel bei Mellrichstadt weist Verbindungslinien zu Ebrach auf.

Nachfolger Gebhards wurde der aus dem badischen Adelsgeschlecht von Stühlingen (bei Waldshut) stammende Straßburger Domkanoniker Heinrich (II.), der am 5. Oktober 1159 in Seligenstadt von Erzbischof Arnold von Mainz geweiht wurde (1159–1165).[31] Er fand ein durch den Reichsdienst finanziell ausgeblutetes Bistum vor. Als er 1161 am Zug Barbarossas gegen Mailand teilnehmen wollte, wie der Kaiser es von ihm erwartete, sah er sich außerstande, sein Aufgebot zu finanzieren. So wandte er sich an das Domkapitel um Hilfe, das einerseits befürchtete, die notwendigen Ausgaben würden zum endgültigen Ruin des Bistums führen, andererseits jedoch verhindern wollte, daß sich Würzburg die kaiserliche Ungnade zuzog. So stimmte es schließlich dem Ersuchen des Bischofs um ein Darlehen zu, für das er alle bischöflichen Einkünfte verpfändete; der Kaiser genehmigte und beurkundete diese Geldleihe ausdrücklich.[32] Weitere Schulden machte der neue Bischof bei den Juden und dem Kloster Ebrach, das er neben Wechterswinkel ebenso wie sein Vorgänger förderte. In den schweren kirchenpolitischen Auseinandersetzungen des Kaisers mit Papst Alexander III. ergriff Heinrich II. von Würzburg eindeutig die Partei Barbarossas; so nahm er im Juni 1161 am Konzil von Lodi teil, das die in Pavia im Januar 1160 ausgesprochene Bestätigung des Gegenpapstes Viktor IV. erneuerte[33], war auch in der Folgezeit in Norditalien in der Umgebung des Kaisers und unmittelbarer Zeuge der Unterwerfung Mailands im März 1162.[34] Dann folgte er dem Kaiser nach Burgund, wo am 29. August 1162 auf der Brücke über die Saône bei St. Jean-de-Losne ein Treffen mit König Ludwig VII. von Frankreich geplant war, das zur Verständigung und zur Beendigung des alexandrinischen Schismas führen sollte, aber nicht zustande kam; der Würzburger Bischof war auch hier und auf der Synode zu St. Jean-de-Losne Anfang September, die wiederum zur Verurteilung Alexanders III. führte, unmittelbarer Zeuge und wohl auch Mitgestalter der Vorgänge.[35] Im Februar 1163 hielt Barbarossa in seinem Beisein in Würzburg erneut einen Hoftag ab;[36] im April finden wir den Bischof auf dem Hoftag in Mainz,[37] auf dem der Kaiser ein Strafgericht über die Stadt abhielt, deren Bürger Erzbischof Arnold ermordet hatten. Wir wissen nicht, ob Heinrich von Würzburg damals an der Regelung der Angelegenheit Heinrichs des Löwen in Sachsen und an den ersten Kontakten mit Alexander III. beteiligt war; an dem neuerlichen Italienzug Barbarossas im Herbst 1163 nahm er jedoch nicht teil. Nach dessen Rückkehr finden wir Heinrich von neuem in der Umgebung Friedrichs, so im November 1164 in Bamberg. Anfang 1165 verhandelte man in Würzburg über den Streit zwischen dem Domkapitel von Bamberg und Adalbert von Truhendingen um den Markt Staffelstein, den der Kaiser dem Domkapitel zusprach; den auf den dortigen Gütern ansässigen Leuten der Würzburger Kirche gewährte Barbarossa jedoch Sonderrechte.[38] Kurz darauf, wohl am 23. Februar 1165, starb der Bischof in Würzburg. Seine intensiven Bemühungen um die Reichspolitik und die lange Abwesenheit in Italien ließen Heinrich II. wenig Zeit, sich um sein Bistum zu kümmern. Immerhin scheint er sich in seinen beiden letzten Jahren, die er in Würzburg verbrachte, um den inneren Ausbau des Hochstifts, vor allem um die Gerichtshoheit, bemüht zu haben. Vermutlich in dieser Zeit ließ er durch den Würzburger Schreiber Heinrich (der nicht, wie man früher annahm, identisch ist mit dem gleichnamigen Protonotar der Reichskanzlei) drei weitgehend gleichlautende Fälschungen von Königsurkunden auf die Namen Heinrichs II., Konrads II. und Heinrichs III. anfertigen[39], die dem Würzburger Bischof die Herzogswürde in Ostfranken zuerkannten. Bischof Herold hat diese Stücke 1168 Barbarossa vorgelegt, der jedoch, wie wir sehen werden, nicht gewillt war, die herzogsgleiche Stellung des Würzburger Bischofs in diesem weiten Umfang anzuerkennen.

2.2 Bischof Herold (1165–1171) und die güldene Freiheit (1168)

Der nächste Würzburger Bischof war erneut zweifellos ein Kandidat Friedrich Barbarossas, obschon er ebensowenig wie seine Vorgänger aus der Hofkapelle hervorging: es war der Würzburger Dompropst Herold, aus einem adligen fränkischen Geschlecht stammend (er war zugleich Propst der Stifte Haug und Ansbach), der offensichtlich im Zusammenhang mit dem Würzburger Hoftag Ende Mai 1165 zum Bischof gewählt wurde.[40] Anders als seine Vorgänger war er jedoch in der staufischen Reichspolitik nicht mehr sehr aktiv, sondern widmete sich mehr seinem Bistum. Die Gründe für diese Zurückhaltung dürften einmal in der schwierigen finanziellen Lage der Diözese, sodann im alexandrinischen Schisma zu suchen sein. Freilich finden wir auch den neuen Bischof gelegentlich am Hofe des Kaisers, so bereits 1165/66, sodann besonders auf einem Bamberger Hoftag im Juni 1169, wo Barbarossa in Anlehnung an das französische Vorbild die Erbfolge im Reich herzustellen versuchte und seinen dreijährigen Sohn Heinrich zum König wählen ließ; die Zustimmung der deutschen Fürsten war damals einstimmig, und auch Herold dürfte unter den Befürwortern dieser verfassungsrechtlichen Neuerung gewesen sein, die Heinrich als Kaiser später im Jahre 1196 allerdings nicht für alle Zukunft durchsetzen konnte, wie unten noch zu zeigen sein wird.

Auf einem Reichstag in Würzburg im Juli 1168 unternahm es dann Herold, sich angesichts der Auseinandersetzungen mit Bamberg die herzoglichen Rechte des Bischofs von Würzburg vom Kaiser in aller Form bestätigen zu lassen. Das Ergebnis war ein kaiserliches Diplom vom 10. Juli 1168, das in doppelter Ausfertigung noch heute im Original erhalten ist, wobei die einfachere, mit einem gewöhnlichen aufgedrückten Wachssiegel beglaubigte Ausfertigung die Urschrift darstellt, die durch eine ausgedehnte Rasur entstellt war, weshalb Herold offensichtlich eine Zweitschrift erbat, die der an der Reinschrift des ersten Exemplars nur wenig beteiligte Notar der Reichskanzlei Wortwin anfertigte und die mit einem goldenen Siegel (Goldbulle) versehen wurde; von dieser Zweitschrift rührt der seit Fries geläufige Name *güldene Freiheit* her.[41] Verfaßt wurde die berühmte Urkunde von einem Würzburger Experten, Wortwin, dem Kanoniker und späteren Propst von Neumünster (der 1172 auch Domkanoniker von Würzburg und ca. 1183 Stiftspropst von Aschaffenburg wurde). Er ist aus der Kanzlei Bischof Heinrichs II. und Herolds hervorgegangen und war ab 1165 in der Reichskanzlei tätig, wo er 1172 zum Protonotar (d. h. ersten Notar) aufstieg. 15 Jahre hindurch, bis 1180, ist er meist an der Seite des Kaisers zu finden, zu dessen engeren Beratern er gehört haben dürfte.[42] Wurde somit die wohl berühmteste für Würzburg ausgestellte Urkunde gleichsam im eigenen Hause verfaßt, so muß ihr Inhalt für Bischof Herold doch eine Enttäuschung gewesen sein. Denn Barbarossa war keineswegs gewillt, die herzogliche Stellung des Würzburger Bischofs in ganz Ostfranken anzuerkennen, wie sie Herold forderte und wie sie durch die zuvor gefälschten Urkunden auf die Namen Heinrichs II., Konrads II. und Heinrichs III. untermauert werden sollte.[43] Zwar beruft sich die Kaiserurkunde auf die alten Jurisdiktionsrechte des Bischofs von Würzburg seit den Zeiten Karls des Großen, übergeht jedoch die vorgelegten Fälschungen, auf die lediglich mit der vagen Formulierung, der Kaiser habe Freude am Auffinden des Alten, indirekt hingewiesen wird. Bestätigt wird dem Bischof die Gerichtshoheit lediglich *im ganzen Bistum und Herzogtum Würzburg (per totum episcopatum et ducatum Wirzeburgensem)* und in allen Grafschaften in diesem Bereich mit Ausnahme der den Grafen vorbehaltenen Erhebung der Gerechtsame von den Bargilden. Außerdem wurde verboten, ohne Zustimmung des Bischofs die gerade für Franken charakteristischen Zentgerichte[44] zu errichten oder Zentgrafen zu ernennen. Der Wiederaufbau der vom Kaiser zerstörten Burgen Bramberg (Lkr. Haßberge), von wo aus der Friede des ganzen Gebietes gestört worden ist, und Frankenberg (wohl bei Amorbach), von wo das Kloster Amorbach bedroht wurde, wurde untersagt. Das Diplom blieb somit hinter den Erwartungen des Würzburger Bischofs zurück. Es fügt sich jedoch in den umfassenderen Rahmen der Politik Barbarossas einer Auflösung der alten Stammesherzogtümer und der Schaffung neuer territorialer Herzogtümer ein. Dieser Prozeß hatte 1156 mit der Abtrennung der Ostmark von Baiern und ihrer Erhebung zum Herzogtum begonnen; Österreich war kein Stammesgebiet mehr, und das alte Stammesherzogtum Baiern umfaßte seitdem nur einen Teil des baierischen Volkes. Ebensowenig war das neue Herzogtum Würzburg ein Stammesherzogtum, und der Prozeß wurde fortgesetzt durch die Zerschlagung des Stammesherzogtums Sachsen nach dem Sturze Heinrichs des Löwen: der westliche Teil kam an den Erzbischof von Köln, der östliche an die Askanier. Gleichzeitig entwickelten sich die Pfalzgrafschaft bei Rhein und die Landgrafschaft Thüringen zu Gebietsherrschaften, ohne den Titel eines Herzogtums zu erhalten, den 1180 freilich die Steiermark, wie das längst zum Herzogtum erhobene benachbarte Kärnten ebenfalls ohne Stammesverband, erlangte. Zähringer, Welfen und Andechser erhielten Titularherzogtümer oder übten eine herzogsgleiche Stellung aus. Damit hatte Würzburg Anteil an einem entscheidenden verfassungsgeschichtlichen Umformungsprozeß des deutschen Königreichs, an der Ablösung der alten Stammesherzogtümer durch neuere Territorialherrschaften, die in den folgenden Jahrzehnten vornehmlich auf der Grundlage der Gerichtshoheit an den inneren Ausbau ihrer Gebiete herantraten. Indem sich der Würzburger Bischof die vom König übertragene hohe Gerichtsbarkeit selbst vorbehielt, wurde auch die Funktion des Hochstiftsvogtes überflüssig, der innerhalb der kirchlichen Immunität bislang die Hochgerichtsbarkeit ausgeübt hatte. Somit war auch das Ende der seit 1103 belegten hennebergischen Hochstiftsvogtei gekommen, die in der Tat in den folgenden Jahren verschwand; dabei nahm Würzburg an einem Prozeß teil, der überall in Baiern und anderswo bis zur Mitte des 13. Jahrhunderts dazu führte, daß sich die Bischöfe ihrer Vögte und damit eines Hemmschuhs beim Ausbau ihrer Territorialherrschaft entledigten.[45]

Bischof Herold, unter dem die verfassungsrechtlichen Grundlagen für diesen Territorialisierungsprozeß gelegt wurden, hat freilich noch wenig für den inneren Landesausbau getan. Einiges deutet darauf hin, daß er in der Umgebung von Würzburg die Rodungstätigkeit des Prämonstratenserklosters Oberzell förderte, im übrigen aber war seine Tätigkeit im inner-kirchlichen Bereich durch häufigere Abhaltung von Diözesansynoden und Fürsorge für Klöster und Stifter (hier besonders Ansbach, dessen Propstei er bis ca. 1166 beibehielt) bedeutsamer. Er starb am 3. August 1171, ver-mutlich in Würzburg.

2.3 Von Bischof Reginhard von Abenberg (1171–1186) bis Bischof Gottfried II. (1197)

Wohl noch im gleichen Jahr 1171 wurde der Würzburger Kanoniker und Propst von Neumünster, Reginhard von Abenberg[46], zum neuen Bischof gewählt. Offensichtlich wegen des päpstlichen Schismas hat er rund sieben Jahre lang die Bischofsweihe nicht erhalten und das Bistum als Elekt re-giert. Reginhard war wie seine Vorgänger hochadliger Herkunft. Er ent-stammte dem Geschlecht der Grafen von Abenberg (bei Schwabach); sein Bruder Rapoto war Vogt des Hochstifts Bamberg und Gründer des Klo-sters Heilsbronn. Wie bei nachgeborenen Söhnen aus Adelsgeschlechtern üblich, war er für eine Laufbahn in der vom Adel beherrschten Kirche be-stimmt; seit 1151 finden wir ihn als Kanoniker von Neumünster, seit 1154 als Domkanoniker von Würzburg. Auch Reginhard legte sich wie sein Vorgänger angesichts der schlechten Finanzlage des Bistums in der Reichs-politik Zurückhaltung auf. Vielleicht läßt die Tatsache, daß er erst nach Beendigung des Schismas seine Weihen erhielt, auf eine gewisse Neutrali-tät im Kampf Barbarossas gegen Papst Alexander III. schließen. Freilich deutet andererseits nichts auf ein gespanntes Verhältnis zum Kaiser hin. Schon im Januar 1170[47] hatte ihn Friedrich zum Prokurator von Heidings-feld ernannt, das nach dem Tode Herzog Friedrichs von Rothenburg an den Kaiser heimgefallenes Lehen war; auch hatte er ihn mit der Abwick-lung von Geschäften beauftragt. Und bereits im April 1172 setzte der Kai-ser die Würzburger Hoftage fort;[48] vermutlich hat der erwählte Bischof da-mals die Regalien erhalten. Am 22. April schenkte ihm der Kaiser den Wildbann im östlichen Grabfeldgau innerhalb eines umgrenzten Gebiets zwischen dem Zeilberg, der Rodach, der Itz, dem Main, dem Ebelsbach und den Haßbergen[49], und zwei Tage später ist ein Diplom datiert, in dem Friedrich der Würzburger Kirche als Ausgleich für Einkünfte aus dem Würzburger Katzenwickerhof, der seinem Sohn, Herzog Friedrich von Schwaben, zu Lehen gegeben wurde, Weingärten und eine Geldsumme zu-erkannte und den Domkanonikern das freie Testierrecht für ihre bewegli-che und andere Habe innerhalb der Stiftsimmunität verlieh.[50] Ende dessel-ben Jahres war der Kaiser erneut in Würzburg und bestätigte am 6. Dezem-ber dem Prämonstratenserkloster Oberzell (Farbbild S. 319) einen bereits

1164 getätigten Tausch mit dem Bistum Naumburg.[51] In den folgenden Jahren findet sich der Bischof mehrfach an der Seite des Kaisers, der damals in mehr als sechs Jahren die Verhältnisse im Reich regelte;[52] allerdings haben wir keine Belege dafür, daß er wesentlich an den politischen Entwicklungen beteiligt war. Am fünften Italienzug Barbarossas nahm Reginhard offensichtlich nur zeitweilig teil; damit war er am Endkampf gegen die Lombarden und am Frieden mit Papst Alexander III. kaum beteiligt. Nachdem der Vorfriede von Montebello (April 1175) gescheitert war, wandte sich der Kaiser Ende 1175 an die weltlichen und geistlichen Fürsten Deutschlands mit der Bitte, ihm mit ihren Aufgeboten zu Hilfe zu kommen. Auch Reginhard wurde damals aufgefordert, sich dem deutschen Heer anzuschließen. Wieder war die prekäre finanzielle Lage der Grund dafür, daß der Bischof zögerte. Friedrich forderte deshalb das Domkapitel auf, Reginhard Güter als Pfand zur Verfügung zu stellen, damit er ein zur Finanzierung seines Italienzugs notwendiges Darlehen von 350 Mark aufnehmen könne.[53] Es waren die Wochen, die durch den schweren Zusammenstoß zwischen dem Kaiser und Heinrich dem Löwen überschattet wurden, der seine Hilfe verweigert hatte. Der Würzburger Bischof scheint in der Tat nach Italien aufgebrochen zu sein, denn im Sommer 1176 ist er Zeuge eines kaiserlichen Diploms.[54] Beim Frieden von Venedig mit Alexander III. im Juli 1177 fehlte er[55], doch war Würzburg durch den Reichskanzler (seit 1172) Gottfried von Helfenstein, Dompropst von Würzburg und später Bischof, den Protonotar Wortwin und zwei Domkanoniker, Abgesandte Reginhards, vertreten. Das deutet auf keine besondere Teilnahme des Würzburger Bischofs an der entscheidenden Reichspolitik dieser Jahre hin. Der Kaiser wird angesichts der schwierigen Lage des Bistums Verständnis für seine geringe Aktivität aufgebracht haben. Zu einem Bruch ist es nicht gekommen, denn schon bald nach seiner Rückkehr aus Italien finden wir Barbarossa Ende 1178 erneut in Würzburg. Ein gutes Jahr später war Bischof Reginhard dann unmittelbar am Sturz Heinrichs des Löwen beteiligt. Im Januar 1180 fand in Würzburg der Reichstag statt, auf dem Heinrich alle Reichslehen aberkannt wurden.[56] Um Pfingsten, auf dem Zuge nach Süden, wo in Regensburg die Vorbereitungen zur Erhebung Ottos von Wittelsbach zum neuen Herzog von Baiern getroffen wurden, weilte der Kaiser erneut in der Bischofsstadt am Main[57], und am Feldzug gegen Heinrich den Löwen im Spätsommer 1180 nahm Reginhard teil.[58] Dann aber wird es wieder still um ihn; zum letzten Male treffen wir ihn am Mainzer Hoftag Pfingsten 1184 im Gefolge des Kaisers. Beim sechsten Italienzug Barbarossas (1184–1186) war er nicht mit dabei; seit 1180 hat sich der Kaiser nicht mehr in Würzburg aufgehalten, vielleicht ein Zeichen für die Einflußlosigkeit des Würzburger Bischofs. Von einer bedeutenderen

Territorialpolitik Reginhards ist nichts überliefert, und auch seine kirchlichen Aktivitäten betrafen kaum mehr als Routineangelegenheiten. So ging mit seinem Tode am 15. Juni 1186 (vermutlich in Würzburg) ein zwar langer, aber glanzloser Pontifikat zu Ende.

Das sollte sich unter seinem Nachfolger ändern. Zu einem nicht bekannten Zeitpunkt, jedenfalls vor Ende November 1186, wurde der Kanzler Barbarossas, Gottfried von Helfenstein, gewiß auf Veranlassung des gerade aus Italien zurückgekehrten Kaisers und seines Sohnes Heinrich VI., zum Bischof gewählt und geweiht.[59] Der Sohn des Grafen von Sigmaringen und Spitzenberg und der Erbtochter des Geschlechts von Helfenstein hatte seine kirchliche Karriere in Würzburg begonnen; vom Domherrn (1172) war er zum Dompropst (1174) aufgestiegen. Bereits seit Juli 1172 ist Gottfried als Kanzler, Leiter der Reichskanzlei, belegt, ein Amt, das er bis September 1186, d. h. bis zu seiner Wahl zum Würzburger Bischof, innehatte. Damit verbunden besaß er ab 1180 auch die Propstei des Aachener Marienstifts. Hochgebildet – er ist wahrscheinlich der Verfasser einer Schrift zur Verteidigung der Heiligsprechung Karls des Großen durch den Gegenpapst Paschalis III. 1165 auf Veranlassung Barbarossas und galt als Fachmann des römischen und kanonischen Rechts[60] – stieg er in das höchste Amt der Reichskanzlei auf und war damit seit den siebziger Jahren einer der engsten Berater des Kaisers; seine Erhebung zum Bischof von Würzburg war der Lohn für seine Dienste. Bereits im Juni 1185 war er zum Bischof von Regensburg gewählt worden, hatte jedoch im Februar 1186 auf diese Würde verzichtet, um kurz darauf die des Würzburger Bischofs anzunehmen. Sein Hofamt hatte zur Folge gehabt, daß er die meiste Zeit nicht in Würzburg residierte; seine dortigen Pfründen dürften von Anfang an in engem Zusammenhang mit seiner Tätigkeit in der Reichskanzlei stehen. Auch als Bischof nahmen ihn seine Aktivitäten im Dienste des Reiches derart in Anspruch, daß er sich seiner Diözese kaum widmen konnte. Seine Tätigkeit in der Reichspolitik nach seiner Wahl zum Bischof bestand zunächst im wesentlichen darin, den Streit des Kaisers mit Papst Urban III. um das Spolien- und Regalienrecht und die Neubesetzung von Trier durch diplomatische Aktionen zu entschärfen. So ging er bereits im Frühjahr 1187 mit Bischof Otto II. von Bamberg nach Verona, wo die Abgesandten in der Trierer Bischofsangelegenheit einen Vergleich mit dem Papste schlossen.[61] Bei einer neuerlichen Gesandtschaft nach Ferrara im Herbst des gleichen Jahres traf er den Papst nicht mehr lebend an († 19. Oktober 1187). Von da an widmete sich Gottfried seiner zweiten Aufgabe, dem Kreuzzug, der aufs engste mit seinem Namen verbunden ist.[62] Auf dem ›Hoftag Christi‹ in Mainz Ende März 1188 nahm er mit anderen Reichsfürsten das Kreuz und predigte im Anschluß an die Verlesung einer päpstlichen Kreuzzugs-Botschaft durch Kardinal Heinrich von Albano mit derartiger Überzeugungskraft, daß die meisten Zuhörer ebenfalls das Kreuz nahmen. Obschon Gottfried dem Kaiser den dringenden Rat gab, den Seeweg zu wählen, entschloß sich Barbarossa, auf dem Landweg über den Balkan und Kleinasien ins Heilige Land zu ziehen. Loyal hat sich der Würzburger daraufhin erfolgreich bemüht, die üblichen byzantinischen Bedenken gegen den Durchzug eines großen Heeres zu zerstreuen. In Nürnberg war er Ende 1188 an entsprechenden Abmachungen mit einer Gesandtschaft Kaiser Isaak Angelos' beteiligt.[63] Im April 1189 spielte er in Hagenau beim endgültigen Friedensschluß mit Papst Klemens III. eine wichtige Rolle.[64] Dann begab er sich nach kurzem Aufenthalt in Würzburg nach Regensburg, dem Sammelplatz des Kreuzheeres. Auf dem Zug über den Balkan sorgte er als engster Berater des Kaisers für die Disziplin der Kreuzfahrer. Wie damals vielfach üblich, nahm er trotz kanonischer Verbote aktiv am Kampfgeschehen teil, so im Februar 1190 in Thessalien.[60] Seine wohl bedeutendste Leistung vollbrachte er im Mai 1190 bei den Kämpfen um Konya.[66] Am 10. Juni hat er offensichtlich aus unmittelbarer Nähe den Tod Barbarossas im Saleph (dem heutigen Göksu) miterlebt. Wenige Tage später schrieb er wohl jenen *Brief über den Tod Kaiser Friedrichs* an deutsche Kirchenfürsten[67], der einen Abriß über den vorherigen Verlauf des Kreuzzugs bietet und mit der genauen Beschreibung des Todes des Kaisers im reißenden Fluß endet. Gottfried hat Friedrich Barbarossa kaum einen Monat überlebt. Am 8. Juli 1190 erlag er in Antiochia zusammen mit dem größten Teil des Heeres einer Ruhrepidemie.[68] Er wurde dort, wohl ebenso wie der Leichnam Barbarossas, in der Kathedrale beigesetzt. Es war das Ende einer glanzvollen Karriere im Dienste des Reiches und in unmittelbarer Umgebung des Kaisers. Freilich hatte darunter die Fürsorge um die Diözese, in der sich der Bischof ohnehin nur sporadisch aufgehalten hatte, gelitten. Die überlieferten Akte seiner kirchlichen und territorialen Tätigkeit im Bistum sind Routinesachen. Eine Verbesserung der prekären Lage der Diözese hat er nicht herbeigeführt (Farbbild S. 320).

Die Regelung der Nachfolge lag wie schon bei der Wahl Gottfrieds weitgehend in der Hand König Heinrichs VI., der in Deutschland zurückgeblieben war und bereits im August 1189 in Würzburg einen Reichstag abgehalten hatte, auf dem am 10. August die Bischöfe von Eichstätt und Merseburg kraft Delegation durch Papst Klemens III. Bischof Otto I. von Bamberg heiliggesprochen hatten.[69] Im April 1191 erscheint der ursprünglich für die kirchliche Laufbahn bestimmte Sohn Barbarossas, Philipp von Schwaben, in einer Urkunde Heinrichs VI. als Elekt von Würzburg.[70] Der damals etwa fünfzehnjährige Philipp war seit 1189 Propst zu Aachen. Es kann kaum ein Zweifel daran bestehen, daß ihn sein königlicher Bruder nach Eingang der Meldung vom Tode Gottfrieds wohl gegen Ende 1190 – der König befand sich damals in Thüringen – zum Bischof von Würzburg wählen ließ. Irgendwelche Spuren hat er in der Diözese jedoch nicht hinterlassen, und kurz darauf dürfte er auch, entweder wegen des fehlenden kanonischen Alters auf Druck des Papstes oder wegen des Todes seines Bruders Friedrich vor Akkon aus Rücksicht auf die Erbfolge, auf das Bistum verzichtet haben. Da er noch keine Weihen empfangen hatte, konnte Philipp später die klerikale Laufbahn aufgeben und deutscher König werden.

Damit war der Weg frei für die Wahl eines neuen Bischofs, die, wiederum durch Intervention Heinrichs VI., wohl noch Ende 1191 erfolgte. Sie fiel auf einen schwäbischen Kandidaten, Heinrich (III.; 1191–1197), Sohn des Grafen Diepold von Berg und der Gisela von Dießen-Andechs.[71] Seine geistliche Laufbahn hatte ihn zuvor nicht nach Würzburg geführt, wo allerdings sein Bruder Diepold als Domkanoniker gewirkt hatte, bevor er Bischof von Passau (1172–1190) geworden war; ein weiterer Bruder, Manegold, wurde später ebenfalls Bischof von Passau (1206–1213), ein dritter, Otto, Bischof von Freising (1184–1220). Als sein Neffe erscheint Graf Berthold von Henneberg. Das alles sind wiederum Beweise für die Beherrschung der deutschen Kirche durch den Adel. Das Grafengeschlecht von Berg war den Staufern treu ergeben und vielleicht sogar mit ihnen verwandt. Heinrich hatte seine kirchliche Laufbahn als Domherr von Speyer begonnen, war auf Betreiben Barbarossas 1170 anstelle des Anhängers Alexanders III. Albo zum Bischof von Passau erhoben worden, dann aber ein Opfer des Schismas geworden; 1172 war er nach Speyer zurückgekehrt, dort 1176 und ca. 1180 auch in Bamberg Dompropst geworden. Seit dieser Zeit finden wir ihn gelegentlich im Umkreis des Kaisers, und auch am Kreuzzug scheint er anfangs teilgenommen zu haben, war dann aber wohl mit seinem Onkel, Bischof Otto II. von Bamberg, von Preßburg aus wegen der Heiligsprechung Ottos I. nach Würzburg und Bamberg zurückgekehrt. Vermutlich im Januar 1192 hat er vom Kaiser Heinrich VI. die Regalien erhalten, kurz darauf wurde er in herkömmlicher Weise in Mainz von Erzbischof Konrad geweiht. Als eindeutiger Parteigänger der Staufer war er somit auf den Würzburger Bischofsstuhl erhoben worden. Dennoch hat er in der Reichspolitik bei weitem nicht die Aktivitäten Gottfrieds entwickelt. Nur gelegentlich finden wir ihn im Gefolge Heinrichs VI., zumeist wenn sich dieser im Würzburger Raum aufhielt. An der Italienpolitik des Herrschers hatte er offensichtlich keinen Anteil. Aber auch sonst war er an der hohen Politik nur marginal beteiligt: Am 14. Februar 1193 schloß der Kaiser in Würzburg mit Herzog Leopold von Österreich einen Vertrag über die Auslieferung des bei der Rückkehr vom Kreuzzug gefangenen englischen Königs Richard Löwenherz.[72] Anfang 1194 erstattete er dem Zisterzienserkloster Ebrach entfremdeten Besitz bei Waldschwind, Vollburg, Alitzheim und Hausen zurück; der Kaiser bestätigte diesen Rechtsakt.[73] Einen gewissen Anteil scheint er an den Kreuzzugsvorbereitungen gehabt zu haben; auf dem Wege zum Reichstag in Worms im Juli 1195 nahm er das Kreuz, und auch im Oktober des gleichen Jahres war er in Würzburg in der Umgebung des Kaisers, der dort wohl zum ersten Male mit einem päpstlichen Legaten einen Reichstag zur Vorbereitung des Kreuzzugs ins Auge faßte.[74] Freilich konnte er sich dann dem Ende 1196 und Anfang 1197 aufbrechenden Kreuzfahrerheer nicht mehr anschließen; noch bevor die letzten Kreuzfahrer abrückten, starb er am 14. April 1197, vermutlich in Würzburg. Wie Heinrich zu dem großen Projekt des Kaisers stand, aus dem Reich ein Erbreich zu machen, wissen wir nicht. Man wird annehmen können, daß er am Reichstag in Würzburg im April 1196 teilnahm, obschon er in zwei in dieser Zeit ausgestellten Diplomen nicht als Zeuge erscheint.[75] Der Kaiser erhielt damals die Zustimmung der Mehrzahl der deutschen Fürsten für seinen Erbreichplan, der dann jedoch an Papst Cölestin III. und am wachsenden Widerstand der Reichsfürsten scheiterte. Da auch über die Territorial- und Kirchenpolitik Bischof Heinrichs von Berg nichts Bedeutendes bekannt ist, endete mit seinem Tode wiederum ein wenig ereignisreicher Pontifikat, der in der Entwicklung des Bistums kaum nennenswerte Fortschritte gebracht hatte.

Über seinen Nachfolger Gottfried II. ist kaum etwas bekannt.[76] Wenn man Fries glauben darf – seine Quellen sind freilich unbekannt –, wurde er von der Mehrheit des Domkapitels gegen den Willen des Kaisers gewählt, der bereits damals seinen Kanzler Konrad von Querfurt für den Würzburger Bischofsstuhl vorgesehen hatte. Gottfried war vorher Würzburger Domscholaster und Dompropst. Seit dem 18. Jahrhundert, als im Würzburger Dom die beschädigte Inschrift auf dem Grab Bischof Gottfrieds III. von Hohenlohe († 1322) erneuert und auf Gottfried II. bezogen wurde[77], wird er irrtümlich dem Geschlecht der Hohenlohe zugerechnet. Er starb, ohne die Weihen erhalten zu haben, bereits am 24. August 1197. Irgendwelche Spuren hat er in der Diözese nicht hinterlassen.

3. Bischof Konrad von Querfurt (1198–1202)

An der Jahreswende 1197/98 bestieg mit Konrad von Querfurt die in diesem Jahrhundert wohl bedeutendste, aber auch eine der umstrittensten Gestalten den Würzburger Bischofsthron.[78] Er entstammte dem sächsischen

Adelsgeschlecht der Herren von Querfurt, die als Burggrafen von Magdeburg bekannt wurden; zu seinen Verwandten gehören der aus der Ottonenzeit bekannte Brun († 1009) und der Erzbischof Konrad von Magdeburg (1134–1142). Sein Vater und zwei seiner Brüder waren Burggrafen; eine Schwester war mit dem Grafen Adolf von Schauenburg verheiratet. Konrad hatte 1198 bereits eine glänzende Karriere im Dienste des Reiches und der Kirche hinter sich. Seine Ausbildung hatte er an der Domschule von Hildesheim erhalten, hatte dann die berühmten Schulen von Paris besucht, wo er vermutlich den ebenfalls dort studierenden jungen Lothar von Segni, den späteren Papst Innocenz III., kennenlernte.[79] Im Jahre 1188 wurde er Kaplan Friedrich Barbarossas und trat in ein enges Vertrauensverhältnis zum Thronfolger Heinrich VI., der ihm später wichtigste politische Aufgaben anvertraute. Er war ein Pfründenpluralist, hatte Domkanonikate in Hildesheim und Magdeburg, die Propstwürde an Stiftern in Goslar, Magdeburg und Aachen inne. Bereits 1194 war er zum Bischof von Hildesheim gewählt worden; die Weihen hat er erst Jahre später erhalten. Als Hildesheimer Elekt übernahm er 1195 das Amt des Reichskanzlers Heinrichs VI., das er auch unter Philipp von Schwaben bis 1202 behielt. Seit dieser Zeit war er eine der einflußreichsten Persönlichkeiten in der Umgebung des Kaisers, ein »bedeutender, aber wenig anziehender Mann«[80], umtriebig und machtbesessen, aber fähig und von rastloser Aktivität. Auf dem Reichstag in Gelnhausen Ende Oktober 1195 nahm er mit vielen anderen geistlichen und weltlichen Herren das Kreuz;[81] seitdem war er einer der wichtigsten Förderer des Kreuzzugs. Er begleitete den Kaiser nach Italien, wo er Ende 1196 oder Anfang 1197 die Bischofsweihe erhielt, und entfaltete hier eine umfassende Tätigkeit. Der Kaiser, der selbst am Kreuzzug nicht teilnehmen konnte, ernannte ihn zusammen mit dem Reichsmarschall Heinrich von Kalden zum Führer des Unternehmens. Vor seiner Abreise ins Heilige Land zur See weihte Konrad im Beisein zahlreicher hoher Geistlicher die Nikolauskirche in Bari. Das Kreuzfahrerheer stach Anfang September 1197 von Unteritalien und Sizilien aus in See; bei einem Zwischenaufenthalt in Zypern krönte der Bischof von Hildesheim Aimerich von Lusignan zum König von Zypern, das dadurch unter die Oberhoheit des Reiches kam. Als das Hauptkontingent in Akkon landete, lag der Kaiser bereits auf dem Sterbebette. Am 28. September 1197 erlag er in Messina einer Seuche. Die Wahl Konrads zum Würzburger Bischof durch das Domkapitel erfolgte in seiner Abwesenheit und bereits nach dem Tode des Kaisers Ende 1197 oder Anfang 1198. Konrad war damals an den Kämpfen um die Öffnung der Verbindung zwischen dem Königreich Jerusalem und der Grafschaft Tripolis beteiligt. Zu Beginn der Belagerung des Kastells Toron Anfang Februar 1198 verließ er jedoch das Heer. Es war weniger Bestechung durch die Templer, wie man damals munkelte, als vielmehr die Nachricht vom Tode des Kaisers, die erst Ende November in Akkon eingetroffen war, und vom beginnenden Thronstreit in Deutschland, die Konrad zur Rückkehr veranlaßte; langsam löste sich das deutsche Kreuzfahrerheer auf. Kurz vor seiner Abreise aus dem Heiligen Land nahm er Anfang März 1198 in Akkon an der Versammlung der geistlichen und weltlichen Herren des Königreichs Jerusalem und der prominenten deutschen Kreuzfahrer teil, bei der die Grundlagen für die Erhebung des deutschen Spitals zum Deutschen Ritterorden gelegt wurden.[82] Die Kunde von seiner Wahl zum Würzburger Bischof dürfte Konrad erst bei seiner Ankunft in Deutschland erreicht haben. Er war unter Berufung auf einen angeblichen Dispens Klemens' III. entschlossen, beide Bistümer, Hildesheim und Würzburg, zu behalten, zumal ihm König Philipp die Investitur mit den Würzburger Regalien erteilte. Das mußte ihn jedoch in Konflikt mit dem neuen, energischen Papst Innocenz III. (seit 8. Januar 1198) bringen. Denn das kanonische Recht verbot die Kumulation zweier Bistümer in einer Hand; sie galt in Anlehnung an die Hohelied-Exegese als Bigamie. Eine Translation von einem Bistum auf ein anderes war in den vergangenen Jahrzehnten möglich geworden; doch konnte nur der Papst eine solche vornehmen. Innocenz griff trotz seiner alten Bekanntschaft mit Konrad sofort durch, als ihm der Querfurter die Annahme seiner Würzburger Wahl mitteilte. Am 21. August 1198 suspendierte er ihn als Bischof von Würzburg, verbot ihm die weitere Ausübung des Amtes als Hildesheimer Bischof und untersagte Klerikern und Laien der Diözese Würzburg, ihm Gehorsam zu leisten; er suspendierte auch das Wahlrecht des Würzburger Domkapitels, weil es Konrad in unrechtmäßiger Weise gewählt hatte, und beauftragte den Bischof von Bamberg und den Scholaster von Mainz, ihn zu exkommunizieren, falls er nicht innerhalb von zwanzig Tagen nach Empfang des Schreibens die päpstlichen Anordnungen erfülle.[83] Konrad freilich lenkte nicht ein, fungierte weiter als Bischof von Hildesheim und Elekt von Würzburg und setzte das Hildesheimer Domkapitel unter Druck, um es an einer Neuwahl zu hindern; das Schreiben Innocenz' III. bezeichnete er als gefälscht oder als durch unwahre Behauptungen erschlichen (und damit ebenfalls als Fälschung).[84] Als auch eine weitere konziliante Ermahnung des Papstes[85] auf taube Ohren stieß, forderte Innocenz das Hildesheimer Kapitel am 6. Mai 1199 zu einer Neuwahl auf.[86] Durch seine Nichtbeachtung der päpstlichen Verfügung war Konrad bereits der Exkommunikation verfallen; zur Verstärkung sprach der Papst im Oktober 1199 die feierliche Exkommunikation über ihn aus und befahl, diese in Deutschland zu verkünden.[87] In der Folgezeit ging er weiter scharf gegen Konrad vor, erklärte seine Pfründenverleihungen für ungültig und setzte vor allem Erzbischof

Konrad von Mainz in Deutschland gegen ihn ein.[88] Im März 1200 gab
Konrad von Querfurt endlich nach, begab sich an die päpstliche Kurie nach
Rom und unterwarf sich dort in aller Form dem Papst. Er mußte auf beide
Bistümer verzichten, doch lenkte Innocenz insofern ein, als er Schritte zu
seiner Wiedereinsetzung als Bischof von Würzburg einleiten wollte, falls
das Domkapitel ihn postuliere.[89] Das Würzburger Domkapitel entsprach
dann auch Anfang 1201 den Anregungen des Papstes und postulierte Konrad, der jedoch von einer Minderheit des Kapitels an der Kurie wegen Ent-
fremdung von kirchlichem Besitz, Simonie und anderen Delikten belangt
wurde, so daß Innocenz III. nach Untersuchung der Anklagen Konrad erst
im Sommer des gleichen Jahres als Bischof von Würzburg bestätigte; eine
Bischofsweihe war nicht mehr notwendig, da er diese bereits fast fünf Jahre
zuvor als Elekt von Hildesheim erhalten hatte. Konrad stand in der Reichspolitik während des staufisch-welfischen Thronstreits nach der Doppelwahl von 1198 zunächst auf der Seite Philipps von Schwaben, der ihn als
Kanzler übernahm und der gewiß auch für seine Versöhnung mit dem
Papst eingetreten ist. Bereits wenige Monate nach der Wahl Philipps war er
maßgeblich an der Erneuerung des staufischen Bündnisses mit Frankreich
beteiligt[90], das, bei gleichzeitiger Anlehnung des Welfen Otto IV. von
Braunschweig an England, den deutschen Thronstreit an den englisch-
französischen Krieg koppelte; der Sieg der Franzosen bei Bouvines (1214)
hat den Streit schließlich zugunsten des Staufers Friedrich II. entschieden.
Bei der Krönung Philipps in Mainz am 8. September 1198 durch den Erzbischof von Tarentaise war er wohl ebenfalls anwesend, und um die gleiche
Zeit versuchte er, den Bischof Hermann von Münster der welfischen Partei
abspenstig zu machen. Innocenz III. hielt sich damals noch aus dem deutschen Thronstreit heraus, obschon Konrad bereits Ende 1198 den Verdacht hegte, er werde sich für den Welfen Otto entscheiden.[91] Wohl gerade
deswegen war er an der Eingabe der staufisch gesinnten Reichsfürsten an
den Papst von Ende Mai 1199 maßgeblich beteiligt; vermutlich hat er sie
verfaßt.[92] Und auch sonst finden wir Konrad damals im engen Einvernehmen mit dem Staufer. Dieses vertrauensvolle Verhältnis änderte sich jedoch mit seiner Romreise. Dort hatte ihn Otto IV. in seinem Schreiben an
den Papst von Mai 1200[93] im Zusammenhang mit dem Streit um das Bistum
Hildesheim mit scharfen Worten verunglimpft, ihn eine *lasterhafte Person*
genannt, *in dessen Munde niemals die Wahrheit und Treue zu finden* gewesen sei. Es ist zu vermuten, daß der Papst damals als Gegenleistung für
seine Zugeständnisse in der Würzburger Angelegenheit Konrads Abfall
von der staufischen Partei erzwungen hat. Denn um die Jahreswende
1200/1201 hat Innocenz in seiner berühmten, nur äußerlich objektiven Ab-
wägung der Rechte der drei Kandidaten auf den deutschen Königsthron

(Philipp, Otto und Friedrich II.) sich für Otto entschieden.[94] Und obschon der Würzburger Bischof nach seiner Rückkehr nach außen hin noch immer auf der Seite des Staufers stand und im August 1201 an der Belagerung von Braunschweig sowie am Reichstag in Bamberg im September 1201 teilnahm, scheint Philipp den Verdacht gehegt zu haben, daß er in geheimem Einvernehmen mit dem Papst stehe. Dennoch erhielt er für seine Dienste am Reich am 8. September 1201 die Burg Steineck a. d. Saale geschenkt[95], und um die gleiche Zeit verzichtete der König aus Liebe zu seinem Kanzler auf die erblichen Lehen, die seine Vorfahren und er selbst von der Würzburger Kirche erhalten hatten.[96] Anfang 1202 hat sich Konrad dann jedoch wohl auch öffentlich von der staufischen Partei abgesetzt; am Protest der prostaufischen Reichsfürsten gegen die Anerkennung Ottos IV. durch Innocenz[97] war er nicht mehr beteiligt und konspirierte mit dem Landgrafen von Thüringen, so daß ihm im Herbst 1202 der König das Kanzleramt entzog und Anfang November von Ulm aus zu einem Feldzug gegen ihn aufbrach. Zu einer großen Auseinandersetzung ist es jedoch nicht mehr gekommen, denn wohl am Abend des 3. Dezember 1202 wurde der Bischof von den Stiftsministerialen Bodo und Heinrich von Ravensburg und deren Vasallen Heinrich Fuso ermordet.[98] Die Hintergründe dieser Bluttat liegen im dunkeln. Es ist zu vermuten, daß Konrad ebenso wie seine Vorgänger zur Finanzierung seiner Reichspolitik nicht nur Kirchengut verpfändete, sondern auch die Stiftsministerialität finanziell belastete, was zu Streitigkeiten führte, bei denen der Reichsmarschall Heinrich von Kalden die Ravensburger gegen den Bischof aufgehetzt haben soll. Als Philipp wenige Tage nach dem Mord in Würzburg eintraf, wurden ihm die abgeschlagene Hand und die blutigen Kleider Konrads gezeigt, wobei er in Tränen ausgebrochen sein soll. Freilich ging er kaum gegen die Mörder vor.[99] Man beschuldigte ihn der Anstiftung bzw. der Mitwisserschaft an der Tat, doch zu Unrecht, denn Innocenz III. hätte eine solche Anklage, hätte sie auch nur den Schein der Berechtigung gehabt, sofort aufgegriffen. Freilich deutet die Tatsache, daß Philipp keine Maßnahmen gegen die Mörder ergriff, was einige Monate später erst der Papst tat, darauf hin, daß dem König die Ausschaltung seines Gegners nicht ungelegen kam.

Der gleichzeitige schwäbische Chronist Otto von St. Blasien berichtet, zu den Akten der Auflehnung des Bischofs gegen den König habe auch die Befestigung des Marienbergs bei Würzburg gehört.[100] Man hat diesen Ausbau als die eigentliche Rebellion des Bischofs aufgefaßt, daraus auf eine systematische, gegen das Reich gerichtete Territorialpolitik schließen und die Ermordung als Reaktion der mit der Reichsministerialität eng verbundenen Hochstiftsministerialen unter Führung des Reichsmarschalls Heinrich von Kalden sowie der Ministerialen, die durch die Rückerstattung der Kirchenlehen in die Abhängigkeit des Bischofs gerieten, sehen wollen[101]; doch überstrapaziert eine solche Deutung die Quellen. Die Schenkungen des Königs von September 1201 (Burg Steineck und Rückerstattung der Würzburger Kirchenlehen) lassen keineswegs auf einen Streit Philipps mit Konrad wegen dessen Territorialpolitik schließen. Gewiß sind die bezeugten Ansätze eines solchen Landesausbaus durch den Querfurter deutlicher als unter seinen Vorgängern.[102] Sie sollten jedoch nicht überschätzt werden, da sie sich in die allgemeinen Entwicklungen einordnen, die später von Friedrich II. in den Reichsgesetzen von 1220, 1231/32 und 1235 anerkannt wurden[103], und zu den dem Würzburger Bischof 1168 zuerkannten Grafschaftsrechten gehörte spätestens seit Ende des 12. Jahrhunderts das Befestigungsrecht.[104] So wird man den Übertritt Konrads in das antistaufische Lager als wesentlichen Grund für das Zerwürfnis mit dem König ansehen müssen und nicht Übergriffe des Bischofs auf Reichsrechte. Eine wirklich erfolgreiche Politik des inneren Ausbaus des Würzburger Territoriums verfolgte erst Konrads vierter Nachfolger, Bischof Hermann I. von Lobdeburg (1225–1254). Immerhin begann Konrad eine solche Politik mit seinem Burgenbau (Marienberg und vielleicht auch Fortsetzung des Baus der Burg Freudenberg) bzw. seinem Erwerb einer Burg (Steineck), mit der Inbesitznahme der Dörfer Elgersdorf (bei Neustadt/Aisch) und Kaltenbrunn (bei Staffelstein) durch Tausch vom Stift St. Jakob in Bamberg und eines Gebiets um Freudenberg durch Tausch vom Kloster Bronnbach. Wichtiger noch ist seine Gründung der Stadt Karlstadt am Main[105], die von herrschaftlichen Lasten und der Vogteigerichtsbarkeit befreit und mit Steuerprivilegien ausgestattet wurde; die Gründung dürfte auch die Absicht verfolgt haben, eine Art Bollwerk gegen die Expansion der Rienecker zu errichten. Damit finden wir bei Konrad von Querfurt erste Ansätze, den durch die *güldene Freiheit* von 1168 abgesteckten verfassungsrechtlichen Rahmen aufzufüllen; die entscheidenden Entwicklungen in der Territorialisierung des Herzogtums Würzburg blieben jedoch der Folgezeit vorbehalten. Aus der allgemeinen, vor allem finanziellen Krise, Folge der stauferfreundlichen Reichspolitik, hat er das Bistum Würzburg freilich nicht hinausführen können, und auch seine kirchenpolitischen Maßnahmen gingen über Routineangelegenheiten nicht hinaus.

4. Der Aufstieg der Stadt Würzburg

Zu größeren Auseinandersetzungen der Würzburger Bischöfe mit den benachbarten Adelsgeschlechtern[106], die ebenfalls mit dem Ausbau ihrer Territorien begannen, ist es im Laufe des 12. Jahrhunderts noch nicht gekommen. Die mit der Geschichte des Bistums Würzburg am engsten verflochtenen Henneberger[107] büßten durch das Ende der Hochstiftsvogtei an Bedeutung ein; das Amt des Burggrafen von Würzburg, das sie nachweislich seit 1087 innehatten, ging ihnen freilich erst um 1240 verloren.[108] Der Ausbau der Landesherrschaft eines anderen bedeutenden Adelsgeschlechts in der Nachbarschaft, der Rienecker, die sich vom Spessart her Würzburg näherten und gegen deren Ausbreitung wohl die Gründung Karlstadts gerichtet war, führte erst im 13. Jahrhundert zu Streitigkeiten mit den Bischöfen von Würzburg.[109] In die personelle Beherrschung der Bischofsstühle, der Domkapitel und der übrigen Stifte und Klöster teilten sich die fränkischen Adelsgeschlechter mit auswärtigen. Was die Entwicklung der Städte betrifft, so ist in dem hier behandelten Zeitraum des 12. Jahrhunderts nur die von Würzburg bedeutsam.[110] Die alte, bereits im 11. Jahrhundert durch eine Mauer befestigte ›civitas‹ hatte eine Fünfeckform; im Westen war der Main die Begrenzung, an dessen Ostufer die Stadtmauer verlief (sie wurde wohl im Zusammenhang mit dem Bau der Brücke 1133 näher an den Fluß verlegt); in etwa gleich weiter Entfernung von der Furt schloß sich eine Nord- und eine Südmauer an; im Osten war der Knick der Mauer der Eckturm, das ›Katzenwichhus‹. Im Süden schloß sich die Vorstadt Sand, im Norden die Vorstadt Pleichach an, und auch jenseits des Mains im Westen und östlich der Mauer entstanden Vorstädte. Fast in der Mitte dieser ca. 42 ha großen ummauerten Fläche stand der Dom. Konstitutive Elemente einer mittelalterlichen Stadt sind neben der Bausubstanz die wirtschaftliche Funktion und die Rechtsstruktur. Die wirtschaftliche Grundlage Würzburgs bildete das fruchbare agrarische Umland. Die Stadt war Zentralort dieses Gebiets, der Marktumschlagplatz. Stadt und Land produzierten in Arbeitsteilung; durch die Stadt nahm das Gebiet auch am Fernhandel teil. Im 12. Jahrhundert waren nach Aussage des königlichen Kaplans Gottfried von Viterbo (ca. 1125–ca. 1200), der an der Bamberger Domschule ausgebildet worden ist und die Gegend kannte, Leinentuch und Wein Ausfuhrprodukte des Maingebiets.[111] Die Domstraße, die Verbindung zwischen dem Dom und der 1133 errichteten steinernen Mainbrücke, wurde, vor allem in ihrem westlichen Teil, der Markt, der sich bis auf die Domtreppen ausdehnte. Um diesen Markt gruppierten sich die Handwerker; das Mainufer war den größeren Lagerraum benötigenden Gütern wie Bau- und Brennholz vorbehalten. Eine Kaufmannssiedlung (Wik) hat es in Würzburg nicht gegeben. Bei dem regen Schiffsverkehr auf dem Main war das Mainufer um die Brücke und bei der etwas nördlich davon gelegenen Furt der wichtigste Warenumschlagplatz; vor allem Holz wurde, nicht zuletzt für den Weinbau und für die Herstellung der Weinfässer, in großem Umfang benötigt, das später von Kärrnern durch das Holztor nördlich der Brücke befördert wurde (vgl. die noch heute bestehende Kärrnergasse). Bis ins 12. Jahrhundert oder noch darüber hinaus dürfte auch die Büttnergasse (südlich der Mainbrücke) zurückgehen. In dieser Gegend in Flußnähe waren wohl bereits im 12. Jahrhundert auch die übrigen mit dem umfangreichen Weinbau befaßten Handwerker ansässig.[112] Von den Arbeitern in den Weinbergen erfahren wir aus dieser Zeit noch nichts; sie gehörten zu den Unterschichten und wohnten später zumeist in den Vorstädten. Dicht an der heutigen Neubaustraße, d. h. an der südlichen Stadtmauer, finden wir im 12. Jahrhundert eine Gasse der Schmiede, wohl der Grobschmiede (Keßler), während die Feinschmiede in der Nähe des Marktes blieben. Die südliche Stadtmauer wurde um 1200 aufgelassen und die Vorstadt Sand in den Mauerring einbezogen; dorthin wurden später die Grobschmiede wegen des Lärms und der Feuergefahr abgedrängt. Nahe der südlichen Stadtmauer waren wohl anfangs auch viele Gerber ansässig; sie zogen später wegen der besseren Wasserversorgung und der Geruchsbelästigung in die nördliche Vorstadt. Während die Leinenproduktion vielfach in den Dörfern um Würzburg zerstreut war, befand sich das Zentrum der Herstellung grober Wolle im Nordostteil der Stadt (Lodenergasse); auch diese Handwerkersiedlung (um die heutige Oberthürstraße) dürfte bis ins 12. Jahrhundert zurückgehen. Die Häfner (Töpfer), die später vor allem in die nördliche Vorstadt Pleichach abgedrängt wurden, haben damals vermutlich im Nordteil der Stadt in der Häfnergasse ihre Werkstätten gehabt. Die übrigen Handwerker konzentrierten sich um den Dom und den Markt in der Domstraße; hier wirkten seit älterer Zeit die Lederhandwerker, die Schneider, Kürschner und Goldschmiede sowie die mit Lebensmitteln befaßten Handwerker, Bäcker und Metzger. Eine Judengemeinde war in Würzburg wohl durch Emigranten aus den rheinischen Städten infolge der Pogrome des ersten Kreuzzugs um 1100 entstanden.[113] Sie war im 12. Jahrhundert noch klein und umfaßte nur einige Dutzend Mitglieder; auch später dürfte sie nur wenige hundert Mitglieder, kaum 5% der Stadtbevölkerung, gezählt haben. Die Juden wurden im frühen Hochmittelalter vom Fernhandel in den Lokalhandel und das Darlehensgeschäft abgedrängt; diese wirtschaftlichen Funktionen dürften sie in Würzburg bereits im 12. Jahrhundert ausgeübt haben. Das demographische Wachstum schuf zunehmend Reibungsflächen zwischen Christen und Juden; die große Krise kam jedoch erst im 13. Jahrhundert mit Ritualmord- und Hostienschändungspsychosen und wachsendem wirtschaftlichen Konkurrenzdruck. Das Würzburger Pogrom von 1147 war, wie wir sahen, von auswärtigen Kreuzfahrern in die Stadt getragen worden; eine weitere Verfolgung ist 1188 belegt; die großen Pogrome folgten erst Ende des 13. und im 14. Jahrhundert und führten 1349 zur Vernichtung der Judengemeinde und der jüdischen Siedlung in Würzburg. Die Judensiedlung lag bereits im 12. Jahrhundert um den heutigen Marktplatz, in einem ›Rigol‹ genannten sumpfigen Gebiet, das durch die Umleitung der Kürnach entstanden war. Als Judengasse wird seit 1182 die von der Domstraße zum Marktplatz führende heutige Schustergasse bezeichnet, ebenso der von ihr abzweigende Schmalzmarkt. Damit siedelten die Juden zwar in einem zentralen, aber durch das sumpfige Gelände minderwertigen Teil der Stadt. Die Synagoge stand an der Stelle der heutigen Marienkapelle am Marktplatz; der Friedhof lag in der nördlichen Vorstadt beim heutigen Juliusspital. Es gibt keinerlei Hinweise dafür, daß das Wohngebiet der Juden bereits im 12. Jahrhundert durch Abtrennung von der übrigen Stadt zum Ghetto geworden war; das geschah offensichtlich erst später. Die Juden waren aber wohl bereits damals unter Führung von Rabbinern als Korporation organisiert, obschon quellenmäßige Belege dafür erst dem 13. Jahrhundert angehören. Der Judenschutz oblag seit früherer Zeit den deutschen Königen. Daneben trat wie anderswo der Bischof, vornehmlich wohl aus fiskalischen Interessen an der Judensteuer, als Schutzherr hervor.[114]

Stadtherr war wie in den meisten Städten des früheren Mittelalters auch in Würzburg der Bischof; seit der ersten Hälfte des 11. Jahrhunderts war er unter Übernahme königlicher Rechte einziger Hoheitsträger in der Stadt geworden. Die hohe Gerichtsbarkeit, damals bereits Blutsgerichtbarkeit, die die Kirche nicht ausüben durfte, lag in der Hand des Burggrafen (= Stadtgrafen), ein Amt, das, wie wir sahen, seit 1087 die Henneberger innehatten. Der gesamte Stadtbezirk bildete damit einen aus dem Umland herausgehobenen Gerichtsbezirk, in dem sich für die Bewohner aus dem Gewohnheitsrecht der einzelnen Gruppen ein schon im 12. Jahrhundert erwähntes Stadtrecht herausbildete. Damit besaß Würzburg das dritte konstitutive Element einer Stadt, die Rechtsstruktur. Die Führungsschicht in dieser Stadt bildete einmal der Klerus, insbesondere die Mitglieder des Domkapitels und des Stifts Neumünster. Ihnen war das geistliche Viertel um den Dom, vor allem östlich davon, die Domimmunität, vorbehalten. Spätestens gegen Ende des 11. Jahrhunderts war die ›vita communis‹, das Zusammenleben der Kanoniker, zu Ende gegangen. Diese, Mitglieder des Adels, errichteten sich seitdem ihre Höfe (Kurien) um den Dom herum, die das Bild dieses Stadtteils in den folgenden Jahrhunderten prägen sollten; im 13. Jahrhundert war die Zahl von 24 erreicht, der Zahl der Domherrenpfründen entsprechend. Aus dem Diplom Barbarossas von 1172[115] erfahren wird, daß die Domherren bei Reichstagen in Würzburg in ihren Höfen die Teilnehmer unterbringen mußten; der Kaiser beschränkte damals diese Pflicht insofern, als die Kanoniker nur noch weltliche und geistliche Fürsten bei sich aufnehmen mußten. Ähnlich besaßen die Kanoniker von Neumünster, die allerdings teilweise gleichzeitig Domkanoniker waren, eigene Höfe. Östlich der Domimmunität haben wohl bereits im 12. Jahrhundert fränkische Adelige Höfe errichtet, darunter die Familie Bolo; ein Teil des Areals vor der östlichen Stadtmauer (d. h. vor dem heutigen Dreieck Theaterstraße, Residenzplatz, Balthasar-Neumann- Promenade) war offensichtlich noch unbebaut und wurde als Garten genutzt.

Die Führungsschicht der nichtgeistlichen Bevölkerung waren die Ministerialen (Dienstmannen) des Bischofs.[116] Sie waren ursprünglich zumeist Halbfreie (Hörige), die durch Dienst für ihren Herren, vor allem in der Verwaltung der Stadt und des Bistums, sozial und wirtschaftlich aufstiegen und sich zum Patriziat der Stadt entwickelten. Von ihnen, und nicht von der Kaufmannschaft, geht in Würzburg wie in anderen, vor allem süddeutschen Städten die Gemeindebildung aus. Im Verlauf des 12. Jahrhunderts entzogen sie sich immer mehr der Bindung an den Bischof, verselbständigten sich und bildeten den Kern der Stadtbürger, d.h. der Bewohner mit Bürgerrecht. Zur gleichen Zeit errichteten sie, spätestens seit etwa 1100, innerhalb der Stadtmauer zahlreiche Höfe, zunächst nördlich der westlichen Domstraße. Durch Zuzug auswärtiger Ministerialen wuchs ihre Zahl und ihre Bedeutung; bereits 1131 galten sie als *die Mächtigsten der Stadt.*[117] Wir kennen seit dem 12. Jahrhundert die Namen zahlreicher Würzburger Ministerialengeschlechter und teilweise auch die Lage ihrer Höfe: de Foro, Dives, Pica, Cresse, Kugelberg, Rotenkolben, u. a. Ihre Höfe konzentrierten sich in der Innenstadt in der Nähe des Marktes, zwischen der Karmelitenstraße, dem Marktplatz und der Häfnergasse; weitere befanden sich südlich der Domstraße; insgesamt finden sie sich im westlichen Teil der Stadt in einer Linie zwischen nördlicher und südlicher Stadtmauer. Im geistlichen Viertel und im Osten sind keine Ministerialensitze belegt. Als Amtsleute des Bischofs übten die Dienstmannen die Aufsicht in verschiedenen Stadtteilen, so auch über den Markt, über Handel und Gewerbe aus, beteiligten sich jedoch auch bald daran. Bereits im 12. Jahrhundert, später noch deutlicher, war ein großer Teil des innerstädtischen Grundes außerhalb der geistlichen Immunität in ihrer Hand. Damit verwuchsen ihre Interessen mit denen der übrigen Bürgerschaft, der Handwerker und Kaufleute, und sie traten an die Spitze der Emanzipationsbewegung der Bürgergemeinde vom Bischof. Die Organisation dieser Bürgergemeinde zu einem Schwurverband, einer Eidgenossenschaft, die zumeist die Stadtherrschaft des Bischofs ablöste, ist ein wichtiges Element in der Entwicklung des europäischen Städtewesens.[118] Wir finden ihren Beginn im späten 11. Jahrhundert im oberitalienischen sowie im nordfranzösisch-flandrischen und rheinischen Raum; ob sie sich von Italien nach Norden ausgebreitet hat oder umgekehrt, ist umstritten. In Oberitalien organisierte sich die Bürgergemeinde unter Konsuln und Räten, die für die deutsche Entwicklung der Ratsverfassung vorbildlich wurden, freilich mit einer zeitlichen Verzögerung von fast einem Jahrhundert. Die städtische Gemeinde entwickelte sich in Würzburg unter führender Beteiligung der bischöflichen Dienstmannen im späten 12. Jahrhundert; genau faßbar ist sie 1195, als Ministerialen ein eigenes, vom bischöflichen verschiedenes Siegel mit der Umschrift *Wirciburg* benutzten.[119]

Damit haben wir ein die Bürgergemeinde repräsentierendes Gremium vor uns, die Urzelle des Rates, der dann zu Beginn des 13. Jahrhunderts immer deutlicher hervortritt. Dieser Emanzipations- und Organisationsprozeß der Bürgerschaft ging freilich in Würzburg im Unterschied zu vielen anderen Städten nicht in Konfrontation mit dem Bischof vor sich; er war, soweit die spärlichen Quellen eine Aussage erlauben, hier kein revolutionärer Akt zur Beendigung der bischöflichen Herrschaft, die davon kaum beeinträchtigt wurde. Bürgerliche Autonomiebewegung und bischöfliche Herrschaft gingen in Würzburg mithin offensichtlich nebeneinander her, und es gelang den Bischöfen, diese Autonomiebewegung einzugrenzen. Daß es letztlich zu keiner vollen Emanzipation von der bischöflichen Stadtherrschaft kam, der Bischof die Bewegung aufzufangen verstand, hat seine Ursachen in für Würzburg charakteristischen Entwicklungen im 13. und 14. Jahrhundert, die in einem späteren Band darzustellen sein werden. So bleibt abschließend festzuhalten, daß unter Führung der Ministerialität auch in Würzburg im Verlauf des späteren 12. Jahrhunderts die bürgerliche Stadtgemeinde entstand, die zu Beginn des 13. Jahrhunderts klar greifbar ist[120] und in der dann zunehmend auch nichtministeriale Bürger Gewicht und Einfluß gewannen.

Anmerkungen

[1] Der Zustand um 1500 im Bayerischen Geschichtsatlas, hg. v. M. Spindler, 1969, S. 26 f.; vgl. GS Würzburg 1, S. 17 Anm. 1.

[2] MG SS rer. Germ. in usum scholarum, ³1917, S. 188.

[3] MG SS VI, S. 193.

[4] Ebd. S. 249 f.; Frutolfs und Ekkehards Chroniken und die anonyme Kaiserchronik, ed. u. übers. v. F.-J. Schmale u. I. Schmale-Ott, 1972, S. 316.

[5] Leicht zugänglicher Druck MB 29/1, S. 238 ff. Zur ganzen Frage: Th. Mayer, Fürsten und Staat, 1950, S. 282 ff.; Ders., Die Würzburger Herzogsurkunde von 1168 und das österreichische Privilegium minus, S. 247 ff.; Schrader, Vom Werden und Wesen des würzburgischen Herzogtums Franken, S. 27 ff.; Zimmermann, Vergebliche Ansätze, S. 379 ff.

[6] R. Jooß, Kloster Komburg im Mittelalter, 1971, S. 14 ff.; teilweise gekürzte Neuauflage ²1987, S. 15 ff.; H. Heuermann, Die Hausmachtpolitik der Staufer von Herzog Friedrich I.

bis König Konrad III. (1079–1152), 1939, S. 27 ff.; H. Schwarzmeier, Die Heimat der Staufer, 1976, S. 41 f. u. ö.

[7] H. Decker-Hauff, Konrad III. und die Komburg, in: WürttembFr 62, 1978, S. 3 ff., bes. 8 ff.; Ders. in: Die Zeit der Staufer (Katalog d. Ausstellung Stuttgart 1977) 3, S. 350; kritisch dazu: F. Geldner in: Festschrift Ebrach 1127–1977, hg. v. G. Zimmermann, 1977, S. 51 f.

[8] Von Bischof Embricho beurkundet: K. F. Stumpf Brentano, Die Reichskanzler vornehmlich des 10., 11. und 12. Jh., 3: Acta imperii ... hucusque inedita, 1881, Nachdr. 1964, Nr. 109, S. 132. f.

[9] K. Borchardt, Die geistlichen Institutionen in der Reichsstadt Rothenburg ob der Tauber und dem zugehörigen Landgebiet von den Anfängen bis zur Reformation, 2 Bde., 1988, 1, S. 3 ff.

[10] GS Würzburg 1, S. 140 ff.

[11] Herbord MG. SS XX, S. 721 f.

[12] ed. W. Wattenbach, NA 2, 1877, S. 404 ff.

[13] Otto v. Freising u. Rahewin, Gesta Friderici imp., SS rer. Germ.³, S. 39.

[14] H. Bresslau, Handbuch der Urkundenlehre für Deutschland und Italien 1, ²1912, S. 502; D. Lothar. S. XVI; Nr. 1–3 S. 1 ff.; Petke, Kanzlei, Kapelle und königliche Kurie unter Lothar III. (1125–1137), S. 17 ff.

[15] Steinhilber, Dux, Fahne und Schwert, S. 65, 68 ff. Vgl. Schrader, wie Anm. 5, S. 57 f.

[16] Ausführlichste Darstellung (auch für das Folgende) immer noch W. Bernhardi, Lothar von Supplinburg (Jbb d. dt. Geschichte), 1879, S. 339 ff., u. W. v. Giesebrecht, Geschichte der deutschen Kaiserzeit 4, 1875, S. 3 ff.

[17] Otto von Freising, wie Anm. 13, S. 42. Ausführlichste Darstellung immer noch W. Bernhardi, Konrad III. (Jbb d. dt. Geschichte), 1883, S. 111; u. Giesebrecht, wie vorige Anm., S. 169 ff.

[18] Brief Konrads an Johannes Komnenos von (1142) Februar 12, MG D K. III. Nr. 69.

[18a] Vgl. R. Hochholzer, Das ›Schottenkloster‹ St. Jakob in Würzburg und das Generalkapitel der irischen Benediktiner von 1479, in: WDGBl 51, 1989, S. 515 ff.

[19] GS Würzburg 1, S. 151 ff. Zum Geschlecht vgl. S. Englert, Geschichte der Grafen von Truhendingen, 1885.

[20] Vgl. Anm. 8.

[21] Herde, Probleme der christlich-jüdischen Beziehungen in Mainfranken im Mittelalter, S. 79 ff., bes. 84 f. (mit Quellen u. Lit.).

[22] GS Würzburg 1, S. 132 ff., 155 ff. Vgl. oben S. 323 ff.

[23] Reinhardsbrunner Briefsammlung, MG Epp. sel. V Nr. 15, S. 15.

[24] MG D F.I. Nr. 165.

[25] Ebd. Nr. 345.

[26] Ed. Nr. 305.

[27] GS Würzburg 1, S. 157 f.

[28] Die neueste Forschung über die Zisterzienser findet man in den Sammelwerken: Die Zisterzienser. Ordensleben zwischen Ideal und Wirklichkeit, 1980; Ergänzungsband, hg. v. K. Elm, 1982, und: Die Cistercienser. Geschichte, Geist, Kunst, hg. v. A. Schneider, A. Wienand, W. Bickel, E. Coester, ³1986.

[29] Vgl. bes. H. Weiss, Die Zisterzienser-Abtei Ebrach. Eine Untersuchung zur Grundherrschaft, Gerichtsherrschaft und Dorfgemeinde im fränkischen Raum, 1962; Festschrift Ebrach 1127–1977, hg. v. G. Zimmermann, 1977.

[30] MG D F.I. Nr. 161.

[31] GS Würzburg 1, S. 162 ff.

[32] MG D F.I. Nr. 345.

[33] Ebd. Nr. 328, 334.

[34] Ebd. Nr. 337, 344, 347, 348, 349, 350, 353.

[35] Ebd. Nr. 388.

[36] Ebd. Nr. 394.

[37] Ebd. Nr. 397 f.

[38] Ebd. Nr. 478. Beurkundet erst Mai/Juni 1165.

[39] D H.II. Nr. 391; D K.II. Nr. 181; D H.III. Nr. 245.

[40] GS Würzburg 1, S. 165 ff.

[41] D F.I. Nr. 546.

[42] F. Hausmann, Wortwin, Protonotar Kaiser Friedrichs I., Stiftspropst zu Aschaffenburg, in: AJb 4, 1957, S. 312 ff.; Koch, Die Reichskanzlei, S. 63 ff., 116 ff.

[43] Daß diese Fälschungen kaum guten Glaubens als ›pia fraus‹, vielmehr bewußt in unzulässiger Weise zur Unterstreichung eines auf tönernen Füßen stehenden Rechtsanspruchs angefertigt wurden, darf angenommen werden. Zur Wertung mittelalterlicher Fälschungen vgl. umfassend: Fälschungen im Mittelalter, 5 Bde. (Schriften der MGH 33, I–V; 1988), und zusammenfassend: P. Herde, Fälschungen, Lexikon d. Mittelalters Bd. 4, 2, 1987, Sp. 246 ff.

[44] Vgl. aus der umfangreichen Lit. bes. K. Kroeschell, Die Zentgerichte in Hessen und die fränkischen Centene, in: ZRG GA 73, 1956, S. 305 ff., der wohl zu Recht eine Kontinuität der Zente aus fränkischer Zeit bestreitet und diese Blutgerichte als Neuschöpfung des hohen Mittelalters ansieht.

[45] Vgl. die Lit. Anm. 5. Zur Hochstiftsvogtei allgemein Ph. Dollinger, Der bayerische Bauernstand vom 9. bis zum 13. Jahrhundert, hg. v. F. Irsigler, 1982, S. 47 ff. Zu den Hennebergern vgl. Wendehorst oben S. 322.

[46] GS Würzburg 1, S. 170 ff.

[47] D F.I. Nr. 559.

[48] Ebd. Nr. 589 (eine auf einer echten, verlorenen Vorlage beruhende Fälschung) vom 19. April 1172.

[49] Ebd. Nr. 590.

[50] Ebd. Nr. 591. Zum Katzenwickerhof vgl. Schich, Würzburg im Mittelalter, S. 70 ff.

[51] D F.I. Nr. 595. Reginhard wird als Zeuge zwar aus der Vorurkunde von 1164 übernommen, doch dürfte er auch damals in der Umgebung des Kaisers gewesen sein.

[52] Ebd. Nr. 604, 613, 621.

[53] Ebd. Nr. 645. Das Original auf italienischem Pergament ist undatiert, aber auf Ende 1175 anzusetzen.

[54] Ebd. Nr. 649. Vgl. die Voranm., in der nachgewiesen wird, daß es sich um keine nachträgliche Ausfertigung handelt.

[55] Sein Name taucht weder in den Aktenstücken des Friedensschlusses noch sonst irgendwo in den Diplomen dieser Zeit auf.

[56] D F.I. Nr. 793: Der Kaiser entschied einen Rechtsstreit um Weinzinse zugunsten des Klosters Kitzingen im Sinne eines früheren Urteils des Bischofs, der als Zeuge genannt wird.

[57] F. Opll, Das Itinerar Kaiser Friedrich Barbarossas (1152–1190), 1978, S. 75 ff.

[58] D F.I. Nr. 799.

[59] GS Würzburg 1, S. 174 ff. Am 28. November 1186 erscheint er bereits als ›episcopus‹, hat also bereits die Weihen erhalten.

[60] ed. G. Rauschen, Die Legende Karls des Großen, 1890, S. 17 ff. Vgl. Historia de expeditione Friderici I, MG SS rer. Germ. N. S. 5, S. 13, 33.

[61] P. Scheffer-Boichorst, Kaiser Friedrichs I. letzter Streit mit der Kurie, 1866, S. 176 ff.

[62] Eickhoff, Friedrich Barbarossa im Orient, bes. S. 35 ff., 46.

[63] F. Dölger, Regesten der Kaiserurkunden des oströmischen Reiches von 565–1453, 1924–32, Nr. 1581.

[64] Scheffer-Boichorst, S. 161 f.

[65] Wichtigste Quellen sind die Historia de expeditione Friderici I, MG SS rer. Germ. N. S. 5, S. 1 ff., und die Historia peregrinorum, ebd. S. 116 ff. Vgl. Eickhoff, S. 72.

[66] Historia peregrinorum, S. 164 ff.; Eickhoff, S. 132 ff.

[67] MG SS rer. Germ. N. S. 5, S. 173 ff.

[68] Eickhoff, S. 167.

⁶⁹ J. Petersohn, Die päpstliche Kanonisationsdelegation des 11. und 12. Jahrhunderts und die Heiligsprechung Karls des Großen, Proceedings of the Fourth International Congress of Medieval Canon Law, Toronto, 21–25 August 1972, Città del Vaticano 1976, S. 183 ff.

⁷⁰ RI IV, 3, Nr. 144 (Urk. vom 9. April 1191, ausgestellt am Lago di Bracciano, nördl. von Rom, für den Bischof von Konstanz). Vgl. GS Würzburg 1, S. 179.

⁷¹ P. Schöffel, Herkunft und kirchliche Laufbahn Heinrichs III. von Würzburg (1191–1197), in: ZBKG 10, 1935, S. 129 ff.; GS Würzburg 1, S. 179 ff.

⁷² RI IV, 3, Nr. 280. Vgl. auch Nr. 221 a, 224, 235, 296–298.

⁷³ Ebd. Nr. 330 vom 2. Januar 1194. Vgl. auch Nr. 331 f.

⁷⁴ Ebd. Nr. 464, 474.

⁷⁵ Ebd. Nr. 502 f. vom 9. u. 10. April 1196.

⁷⁶ GS Würzburg 1, S. 183.

⁷⁷ Die Würzburger Inschriften bis 1525, bearb. v. Borchardt, Nr. 47.

⁷⁸ GS Würzburg 1, S. 183 ff.

⁷⁹ H. Tillmann, Papst Innocenz III. 1954, S. 5.

⁸⁰ K. Hauck, Kirchengeschichte Deutschlands 4, ⁸1954, S. 735, Anm. 3.

⁸¹ RI IV, 3, Nr. 481 a.

⁸² M.-L. Favreau, Studien zur Frühgeschichte des deutschen Ordens, o. J., S. 64 ff. Vgl. neben den allgemeinen Darstellungen zu den Kreuzzügen D. Rüdebusch, Der Anteil Niedersachsens an den Kreuzzügen und Heidenfahrten, 1972, S. 35 ff.

⁸³ Potthast Regesta pontificum Romanorum Nr. 352; Druck: Die Register Innocenz' III., 1, bearb. v. O. Hageneder u. A. Haidacher, 1964, Nr. 335.

⁸⁴ Potthast, Nr. 691; Register 2, 1979, Nr. 52. Zu den kanonistischen Grundlagen vgl. P. Herde, Römisches und kanonisches Recht bei der Verfolgung des Fälschungsdelikts im Mittelalter, Traditio 21, 1965, S. 291 ff., bes. 325 ff.

⁸⁵ Potthast Nr. 611; Register 1 Nr. 568.

⁸⁶ Wie Anm. 84.

⁸⁷ Potthast Nr. 865; Register 2 Nr. 195.

⁸⁸ Potthast Nr. 853, 875, 942, 944; Register 2 Nr. 192, 205, 207, 266, 272.

⁸⁹ Vgl. K. Ganzer, Papsttum und Bistumsbesetzungen in der Zeit von Gregor IX. bis Bonifaz VIII., 1968, S. 21 ff. Die Postulation, d. h. die Bitte an den Papst um Einsetzung eines Bischofs, hatte zu erfolgen, wenn der Kandidat für das Bischofsamt notwendige Eigenschaften nicht besaß; sie war auch bei der Translation eines Bischofs in eine andere Diözese notwendig.

⁹⁰ Er beschwört am 29. Juni 1198 den Freundschaftspakt zwischen Philipp von Schwaben und König Philipp II. von Frankreich, RI, V, 1, Nr. 18.

⁹¹ So Innocenz III. Register 1 Nr. 568. Vgl. F. Kempf, Papsttum und Kaisertum bei Innocenz III., 1954, S. 18 f.

⁹² Regestum Innocentii III papae super negotio Romani imperii, hg. v. F. Kempf, 1947, Nr. 14.

⁹³ Ebd. Nr. 20.

⁹⁴ Ebd. Nr. 29.

⁹⁵ RI V, 1, Nr. 57.

⁹⁶ Ebd. Nr. 58.

⁹⁷ Regestum super negotio imperii Nr. 61.

⁹⁸ Zu seinen Grabinschriften vgl. Würzburger Inschriften Nr. 23.

⁹⁹ RI V, 1, Nr. 73 a–c.

¹⁰⁰ Chronica, ed. A. Hofmeister, MG SS rer. Germ., S. 68.

¹⁰¹ K. Bosl, Aus den Anfängen des Territorialstaates in Franken, in: JffL 22, 1962, S. 67 ff.

¹⁰² P. Schöffel, Herbipolis sacra, 1948, S. 40; GS Würzburg 1, S. 195.

¹⁰³ E. Klingelhöfer, Die Reichsgesetze von 1220, 1231/32 und 1235. Ihr Werden und ihre Wirkung im deutschen Staat Friedrichs II., 1955.

¹⁰⁴ E. Schrader, Das Befestigungsrecht in Deutschland von den Anfängen bis zum Beginn des 14. Jahrhunderts, 1909, S. 42 ff.; Klingelhöfer S. 34 f.

[105] In einer nur formelhaft erhaltenen Urkunde eines Nachfolgers Konrads, wohl Ottos von Lobdeburg (1207–1223), bei L. Rockinger, Briefsteller und Formelbücher des eilften bis vierzehnten Jahrhunderts, 1, 1863, S. 343, wird darauf angespielt, vgl. Schöffel, S. 36 ff.

[106] Über die Henneberger, Rienecker, Wertheimer u. a. vgl. Wendehorst oben S. 321 ff.

[107] Ebd.

[108] E. Henning, Genealogische und sphragistische Studien zur Herrschaftsbildung der Grafen von Henneberg im XI. und XII. Jahrhundert, Festschrift zum hundertjährigen Bestehen des Herold zu Berlin, 1969, S. 33 ff., bes. 49 ff.

[109] Th. Ruf, Die Grafen von Rieneck. Genealogie und Territorienbildung, 1, 1984, S. 128 ff., 138 ff.

[110] Schich, Würzburg im Mittelalter.

[111] Pantheon, MG SS XXII, S. 161. Vgl. H. Schreibmüller, Gottfried von Viterbo und seine Beziehungen zu Bamberg, Würzburg und besonders Speyer, in: ZBLG 14, 1944, S. 248 ff.

[112] W. Lutz, Die Geschichte des Weinbaues in Würzburg im Mittelalter und in der Neuzeit bis 1800, MainfrH 43, 1965.

[113] Vgl. Anm. 21. Dort Quellen und Literatur; R. Flade, Die Würzburger Juden, 1987, S. 1 ff. Von allgemeinen Darstellungen am wichtigsten (mit umfassenden Literaturangaben) G. Kisch, The Jews in Medieval Germany: A Study of their Legal and Social Status, ²1970; Ders., Forschungen zur Rechts- und Sozialgeschichte der Juden in Deutschland während des Mittelalters, ²1978; Ders., Forschungen zur Rechts-, Wirtschafts- und Sozialgeschichte der Juden, 1979. Weiteres: P. Herde, Von der mittelalterlichen Judenfeindschaft zum modernen Antisemitismus, in: Geschichte und Kultur des Judentums, hg. v. K. Müller u. K. Wittstadt, QFW 38, 1988, S. 11 ff.

[114] Belege: Germania Judaica 1, 1963, S. 475 ff.; Schich, S. 159.

[115] MG D F.I. Nr. 591. Vgl. zu den Domherrnhöfen zuletzt bes. J. Lusin, Die Baugeschichte der Würzburger Domherrnhöfe, 1984.

[116] Reimann, Die Ministerialen des Hochstifts Würzburg in sozial-, rechts- und verfassungsgeschichtlicher Sicht, S. 1 ff.; Dies., Zur Besitz- und Familiengeschichte der Ministerialen des Hochstifts Würzburg, S. 1 ff.

[117] MB 37 Nr. 78.

[118] Vgl. bes. H. Planitz, Die deutsche Stadt im Mittelalter. Von der Römerzeit bis zu den Zunftkämpfen, 1954, S. 98 ff.; E. Ennen, Die europäische Stadt des Mittelalters, ⁴1987, S. 120 ff.

[119] MB 37 Nr. 152.

[120] 1211 vertreten 12 Würzburger Ministerialen die *tota civitas Wirceburgensis*, die gesamte Stadt Würzburg: MB 37 Nr. 179.

Literatur
(Auswahl; vgl. die Angaben zum vorherigen Beitrag von A. Wendehorst)

zu 1. Der Weg zur herzogähnlichen Stellung der Würzburger Bischöfe, und 2. Würzburg als Rückhalt staufischer Politik

E. Eickhoff, Friedrich Barbarossa im Orient: Kreuzzug u. Tod Friedrichs I. (Istanbuler Mitteilungen Beih. 17), 1977; W. Koch, Die Reichskanzlei in den Jahren 1167 bis 1174, (Österr. Akad. d. Wiss., phil.-hist. Kl. Denkschriften Bd. 115), 1973; Theodor Mayer, Die Würzburger Herzogsurkunde von 1168 und das österreichische Privilegium minus, in: Aus Geschichte und Landeskunde, Festschrift für Franz Steinbach, 1960, S. 246–77; W. Petke, Kanzlei, Kapelle und königliche Kurie unter Lothar III. (1125–1137) (Forschungen z. Kaiser- u. Papstgesch. d. Mittelalters Bd. 5), 1985; E. Schrader, Vom Werden und Wesen des würzburgischen Herzogtums Franken, in: ZRG GA 80, 1963; S. 27–81; D. Steinhilber, Dux, Fahne und Schwert auf Würzburger Münzen des Mittelalters, in: MainfrJb 7, 1955, S. 64–79; A. Wendehorst, Das Bistum Würzburg, Teil 1: Die Bischofsreihe bis 1254 (Germania Sacra NF Bd. 1), 1962; Die Würzburger Inschriften bis 1525, bearb. v. K. Borchardt (Die Deutschen Inschriften Bd. 27), 1988; G. Zimmermann, Vergebliche Ansätze zum Stammes- und Territorialherzogtum in Franken, in: JffL 23, 1963, S. 379–408.

zu 3. Bischof Konrad von Querfurt (1198–1202), und 4. Der Aufstieg der Stadt Würzburg

P. Herde, Probleme der christlich-jüdischen Beziehungen in Mainfranken im Mittelalter, in: WDGBl 40, 1978, S. 79–94; August Potthast, Regesta pontificum Romanorum inde ab anno post Christum natum MCXCVIII ad annum MCCCIV, 2 Bde, 1874/75; J. Reimann, Zur Besitz- und Familiengeschichte der Ministerialen des Hochstifts Würzburg, in: MainfrJb 15, 1963, S. 1–117; Dies., Die Ministerialen des Hochstifts Würzburg in sozial-, rechts- und verfassungsgeschichtlicher Sicht, in: MainfrJb 16, 1964, S. 1–266; W. Schich, Würzburg im Mittelalter: Studien zum Verhältnis von Topographie und Bevölkerungsstruktur (Städteforschung: Veröff. d. Inst. f. vergl. Städtegesch. in Münster A/3), 1977.

Reihenfolge der Bischöfe von Würzburg*

Burkard I. 742–753 (754?)
Megingoz/Megingaud 753–768(?), † 794(?)
Berowelf 768/69–800
Liutrit 800–803
Egilwart 803–810
Wolfgar 810–832
Hunbert 833–842
Gozbald 842–855
Arn 855–892
Rudolf I. 892–908
Thioto 908–931
Burchard II. 932–941
Poppo I. 941–961
Poppo II. 961–983
Hugo 983–990
Bernward 990–995
Heinrich I. 995/96–1018
Meginhard I. 1018 (1019?)–1034
Bruno 1034–1045
Adalbero von Lambach-Wels 1045–1090
Meginhard II. 1085–1088
Emehard 1089–1105
Rupert 1105–1106
Erlung 1105–1121
Gebhard von Henneberg 1122–1127
Rugger 1122–1125
Embricho 1127–1146
Siegfried von Truhendingen 1146–1150
Gebhard von Henneberg 1150–1159
Heinrich II. von Stühlingen 1159–1165
Herold 1165–1171
Reginhard von Abenberg 1171–1186
Gottfried I. von Spitzenberg-Helfenstein 1186–1190
Philipp von Schwaben 1190–1191
Heinrich III. von Berg 1191–1197
Gottfried II. 1197
Konrad I. von Querfurt 1198–1202

* Nach: GS Würzburg 1.

Reihenfolge der Bischöfe/Erzbischöfe von Mainz

Bischöfe *

Ältere Verzeichnisse der Bischöfe von Mainz, die jedoch auf Zuverlässigkeit keinen Anspruch machen können, nennen 40 Bischöfe der vorbonifa-
tianischen Zeit: hl. Crescens, Märtyrer um 80–103 (Schüler des hl. Paulus), hl. Marinus um 103–108, hl. Crescens um 109–126, hl. Cyriacus, hl.
Hilarius, hl. Martinus, hl. Celsus, hl. Lucius, hl. Gothard, hl. Sophronius,
hl. Herigerus, hl. Ruthenus, hl. Avitus, hl. Ignatius, hl. Dionysius, hl.
Ruthbertus, hl. Adelhardus, hl. Lucius Annaeus, hl. Maximus, Sidonius I.,
Sigismundus, Lupoldus, Nicetius, Marianus, hl. Auraeus um 438–454, Eu-
tropius, Adelbertus, Rodherius, Adelbaldus, Landfriedus, Rudhardus, Sidonius II. um 567–578, Wilebertus, Leonisius um 598–638, Ruthelmus,
Luthwaldus, Leowaldus, Sigbertus um 708–724, Gerold 724–743, Gewilib
743–745.

Erzbischöfe **

Bonifatius 746–754
Lullus 754–786
Richulf 787–813
Haistulf 813–825
Otgar 826–847
Rabanus Maurus 847–856
Karl von Aquitanien 856–863
Liutbert 863–889
Sunderild (Sunzo) 889–891
Hatto I. 891–913
Heriger 913–927
Hildebert 927–937
Friedrich 937–954
Wilhelm 954–968
Hatto II. 968–970

---

* Nach: Handbuch der Diözese Mainz, Mainz 1931, S. 37.
** Nach: B. Opfermann, Das Bischöfliche Amt Erfurt-Meiningen und seine Diaspora, 1988,
   S. 28/29.

Rotbert (Rupert) 970–975
Willigis 975–1011
Erkenbald 1011–1121
Aribo 1021–1031
Bardo 1031–1051
Luitpold 1051–1059
Siegfried I. von Eppstein 1060–1084
Wezilo (Wernher) 1084–1088
Ruthard 1089–1109
Adalbert I. von Saarbrücken 1109–1137
Adalbert II. 1138–1141
Markolf 1141–1142
Heinrich I. 1142–1153
Arnold von Selenhofen 1153–1160
Konrad I. von Wittelsbach 1161–1165
Christian I. von Buch 1165–1183
Konrad I. von Wittelsbach 1183–1200
Siegfried II. von Eppstein 1200–1230

Reihenfolge der Merowingerkönige ab 694 *

Childebert II. (III.) 694–711
Dagobert III. 711–715/16
Chilperich II. 715/16–721
Chlothachar IV. 718–719 (in Austrasien)
Theuderich IV. 721–737
           737–743 Interregnum
Childerich III. 743–751/52

* Nach H. Grotefend, Taschenbuch der Zeitrechnung des deutschen Mittelalters
und der Neuzeit, 11. Aufl., S. 112.

Reihenfolge der Hausmeier, deutschen Könige und Kaiser *

Karolinger

Pippin I., der Ältere, † 640 (austrasischer Hausmeier)
Grimoald, † 662 (austrasischer Hausmeier)
Pippin II., der Mittlere, †714 (ab 687 Hausmeier des ganzen Reichs)
Karl Martell 714–741 (Hausmeier)
Karlmann 741–747 (Hausmeier)
Pippin III. (von 741–751/52 Hausmeier, von 751/52–768 König)
Karl der Große 768–814
Ludwig der Fromme 814–840

Die deutschen Karolinger

Ludwig der Deutsche 843–876
Karlmann 876–880 (Baiern, südöstl. Marken)
Ludwig III. 876–882 (Mainfranken, Thüringen, Sachsen)
Karl III., der Dicke, 876–887 (Alamannien, Churrätien)
Arnulf von Kärnten 887–899
Ludwig IV., das Kind, 900–911

Konrad I. 911–918

Sachsen

Heinrich I. 919–936
Otto I. 936–973
Otto II. 973–983
Otto III. 983–1002
Heinrich II. 1002–1024

* Nach: Ploetz, Auszug aus der Geschichte.

Salier

Konrad II. 1024–1039
Heinrich III. 1039–1056
Heinrich IV. 1056–1106
Heinrich V. 1106–1125

Lothar von Sachsen-Supplinburg 1125–1137

Staufer

Konrad III. 1138–1152
Friedrich I. Barbarossa 1152–1190
Heinrich VI. 1190–1197
Philipp von Schwaben 1198–1208
Otto IV. 1198–1215 (Welfe)
Friedrich II. 1212–1250
Konrad IV. 1250–1254

Abkürzungsverzeichnis

ADB	Allgemeine Deutsche Biographie
ADipl	Archiv für Diplomatik
AGBl	Aschaffenburger Geschichtsblätter
AHG	Archiv für hessische Geschichte und Altertumskunde
AJb	Aschaffenburge Jahrbuch
AMKG	Archiv für mittelrheinische Kirchengeschichte
ArchJB	Das Archäologische Jahr in Bayern
AUFr	Archiv des Historischen Vereins von Unterfranken und Aschaffenburg
AU	Archiv für Urkundenforschung
BHVB	Bericht: Historischer Verein für die Pflege der Geschichte des ehemaligen Fürstbistums Bamberg
Bf.	Bischof
BVBl	Bayer. Vorgeschichtsblätter
DA	Deutsches Archiv für Erforschung des Mittelalters
Diss.	Dissertation
Dronke, CDF	Dronke, Codex Diplomaticus Fuldensis
Dronke, TAF	Dronke, Traditiones et Antiquitates Fuldenses
Eb.	Erzbischof
fol.	folio
GB	Germania Benedictina
GP	Germania Pontificia
GS	Germania Sacra
HAB	Historischer Atlas von Bayern, Teil Franken Reihe I
Hb.	Handbuch
HbbG I, II ...	Handbuch der bayer. Geschichte, Bd. I, II ...
Hs.	Handschrift
HZ	Historische Zeitschrift
Jb	Jahrbuch
JffL	Jahrbuch für fränkische Landesforschung
JbMFr	Jahrbuch des Historischen Vereins für Mittelfranken
KDB	Die Kunstdenkmäler des Königreichs Bayern
MB	Monumenta Boica
MainfrH	Mainfränkische Hefte
MainfrJb	Mainfränkisches Jahrbuch
MG	Monumenta Germaniae Historica
AA	Scriptores Auctores Antiquissimi
Capit.	Leges II. Capitularia regum Francorum
Conc.	Leges III. Concilia
Const.	Leges IV. Constitutiones
DD	Diplomata
DD Germ.Karol.	Die Urkunden der deutschen Karolinger
DD Karol.	Die Urkunden der Karolinger
D K.I. usw.	Die Urkunden Konrads I. (usw.) in: Die Urkunden der deutschen Könige und Kaiser
Epp. sel.	Epistolae selectae
SS	Scriptores
SS rer. Germ.	Scriptoresrerum Germanicarum in usum scholarum
SS rer. Merov.	Scriptores rerum Merovingicarum
MIÖG	Mitteilungen des Instituts für österreichische Geschichtsforschung (Wien)
Ms.	Manuskript

NA	Neues Archiv der Gesellschaft für ältere deutsche Geschichtskunde
NDB	Neue Deutsche Biographie
NF	Neue Folge
QFW	Quellen und Forschungen zur Geschichte des Bistums und Hochstifts Würzburg
r.	recto
RI	Böhmer: Regesta Imperii
RB	Regesta Boica
Reg.	Regesten
RGZM	Römisch-Germanisches Zentralmuseum Mainz
Schr. d. Inst. f. fränk. LF	Schriften des Instituts für fränkische Landesforschung
StMBO	Studien und Mitteilungen zur Geschichte des Benediktinerordens und seiner Zweige
U	Urkunde
UB	Urkundenbuch
UBSt	Urkundenbuch der Benediktinerabtei St. Stephan in Würzburg
UFr	Unterfranken
v.	verso
VGffG	Veröffentlichung der Gesellschaft für fränkische Geschichte
VGKA	Veröffentlichungen des Geschichts- und Kunstvereins Aschaffenburg e. V.
VSWG	Vierteljahresschrift für Sozial- und Wirtschaftsgeschichte
WDGBl	Würzburger Diözesangeschichtsblätter
WtJB	Wertheimer Jahrbuch
WürttembFr	Württembergisch Franken
WU	Würzburger Urkunde
ZBLG	Zeitschrift für bayerische Landesgeschichte
ZBKG	Zeitschrift für bayerische Kirchengeschichte
ZGO	Zeitschrift für die Geschichte des Oberrheins
ZRG	Zeitschrift de Savigny-Stiftung für Rechtsgeschichte
GA	Germanische Abteilung
KA	Kanonistische Abteilung
RA	Romanistische Abteilung
ZWLG	Zeitschrift für württembergische Landesgeschichte
Zs	Zeitschrift

Archive/Bibliotheken

BHStAM	Bayer. Hauptstaatsarchiv München
BStB	Bayer. Staatsbibliothek
DAW	Diözesanarchiv Würzburg
GStAM	Geheimes Staatsarchiv München
StAB	Staatsarchiv Bamberg
StAN	Staatsarchiv Nürnberg
StAW	Staatsarchiv Würzburg
StAWt	Staatsarchiv Wertheim
StadtAA	Stadtarchiv Aschaffenburg
StadtASW	Stadtarchiv Schweinfurt
StadtAW	Stadtarchiv Würzburg
StiA	Stiftsarchiv
UBW	Universitätsbibliothek Würzburg

Register der Orts- und Personennamen

zusammengestellt von Peter Kolb

Bf. = Bischof; Eb. = Erzbischof; Gf. = Graf; Hg. = Herzog; Hl. = Heiliger;
K. = Kaiser; Kg. = König; Lgf. = Landgraf; Mgf. = Markgraf; Pfgf. = Pfalzgraf

Abbildungsnachweis

Bayerischer Geschichtsatlas, hrsg. von Max Spindler, Bayer. Schulbuchverlag, München, 1969 (S. 30/31): S. 237

Bayerisches Hauptstaatsarchiv, München: S. 317

Bayerisches Landesamt für Denkmalspflege, München: S. 18, 22, 25, 30/31, 34, 36, 38, 39, 47, 49–56, 58, 64, 73, 75, 76, 78

Bodleian Library, Oxford: S. 151

Foto Alfen GmbH, Aschaffenburg: S. 238, 239, 240

Foto Zwicker-Berberich, Würzburg: S. 236, 314, 315, 316, 318, 319, 320

Dr. Hahn H., Geldersheim: S. 234, 235 oben

Klewitz M., Die Baugeschichte der Stiftskirche St. Peter und Alexander zu Aschaffenburg (S. 117–119): S. 257, 263, 264

Kolb Th., Würzburg: S. 235 unten

Neustadt am Main, Pfarramt: S. 148

Service photographique de le Réunion des musées nationaux, Paris: S. 149

Universitätsbibliothek, Würzburg: S. 146, 147, 150, 152

Weißenberger G., Regierung von Unterfranken, Würzburg: S. 118/119, 159, 166/167, 170/171, 188/189, 261, 267

Prof. Dr. Widder E., Linz: S. 313

Die Autoren

Dr. Roman Fischer, Archivrat, Frankfurt a. M.

Dr. Peter Herde, o. Prof für Geschichte, insbesondere mittlere Geschichte, Landesgeschichte und historische Hilfswissenschaften an der Universität Würzburg; Mitvorstand des Instituts für Geschichte der Universität Würzburg.

Dr. Otto Meyer, em. o. Prof. für mittlere Geschichte, Landesgeschichte und historische Hilfswissenschaften an der Universität Würzburg.

Dr. Dirk Rosenstock, Archäologe, Würzburg.

Dipl.-Theol. Erik Soder von Güldenstubbe, Diözesan-Archivar, Würzburg.

Dr. Wilhelm Störmer, Prof. für mittlere und neuere Geschichte an der Universität München; Mitvorstand des Instituts für Bayer. Geschichte der Universität München.

Dr. Ludwig Wamser, Hauptkonservator, Leiter der Abteilung für Vor- und Frühgeschichte des Bayer. Landesamtes für Denkmalpflege, Würzburg.

Dr. Alfred Wendehorst, o. Prof. für Landesgeschichte an der Universität Erlangen; Wissenschaftlicher Leiter der Gesellschaft für Fränkische Geschichte.